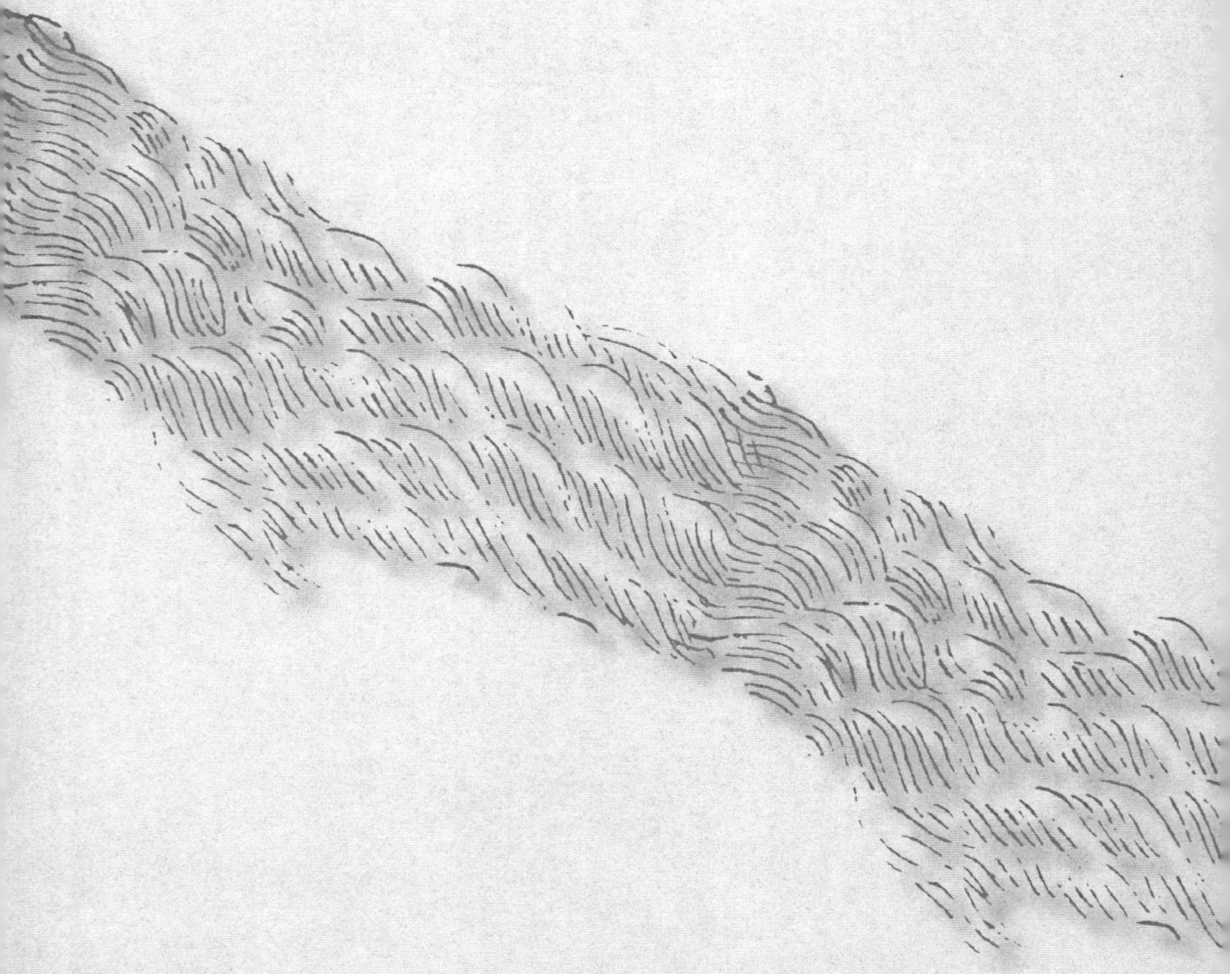

肃慎—女真族系研究

主编◎魏国忠

黑龙江人民出版社

图书在版编目(CIP)数据

肃慎—女真族系研究 /魏国忠主编. —哈尔滨:黑龙江人民出版社,2013.12(2021.8重印)

ISBN 978-7-207-09908-2

Ⅰ.①肃… Ⅱ.①魏… Ⅲ.①肃慎—民族历史—研究—中国 ②女真—民族历史—研究—中国 Ⅳ.①K289

中国版本图书馆 CIP 数据核字(2014)第 002935 号

责任编辑: 李智新
封面设计: 博鑫设计

肃慎—女真族系研究
Sushen—Nüzhen Zuxi Yanjiu
主　编　魏国忠

出版发行 黑龙江人民出版社
地　　址 哈尔滨市南岗区宣庆小区 1 号楼
邮　　编 150008
电子邮箱 hljrmcbs@ yeah. net
网　　址 www. longpress. com
印　　刷 三河市佳星印装有限公司
开　　本 787×1092　1/16
印　　张 28
字　　数 473 千字
版　　次 2021年 8 月第 1 版第 2 次印刷
书　　号 ISBN 978-7-207-09908-2
定　　价 84.00 元

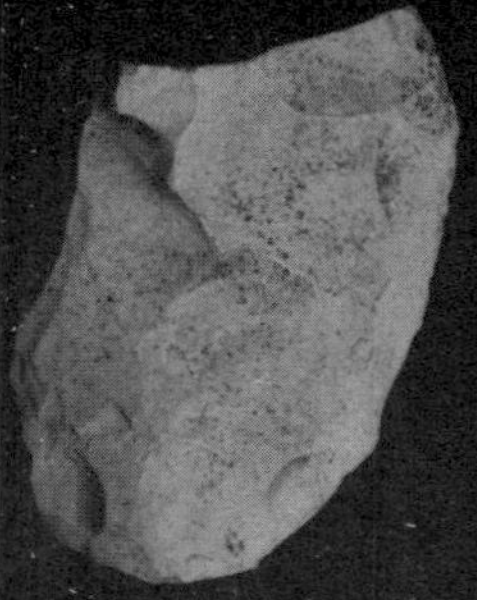

砍砸器
旧石器时代 呼玛老卡遗址出土

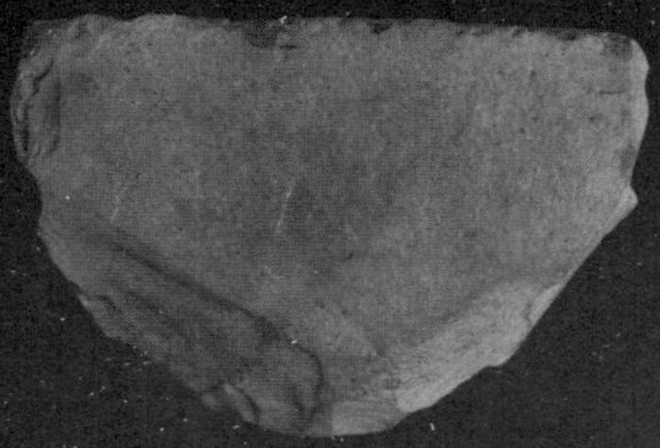

砍砸器
旧石器时代 呼玛老卡遗址出土

尖状器
旧石器时代 呼玛老卡遗址出土

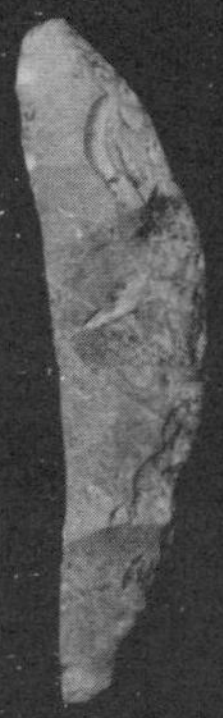

尖状器
旧石器时代 呼玛老卡遗址出土

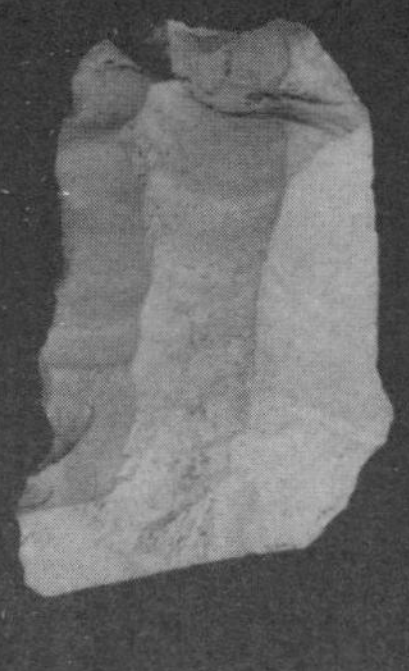

双边刃刮削器
旧石器时代 呼玛老卡遗址出土

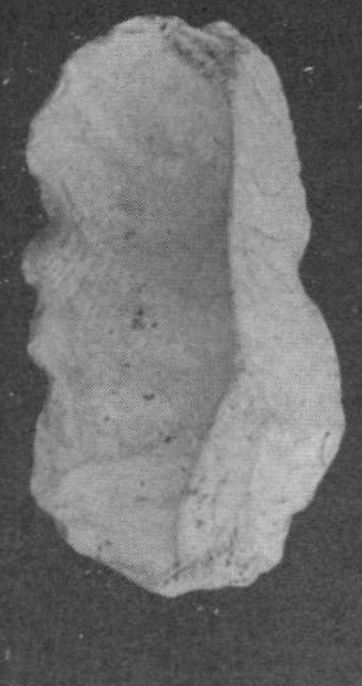

双边刃刮削器
旧石器时代 呼玛老卡遗址出土

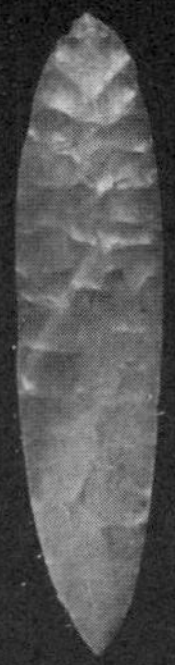

桂叶形石器
新石器时代
饶河小南山遗址出土

玉斧
新石器时代
饶河小南山遗址出土

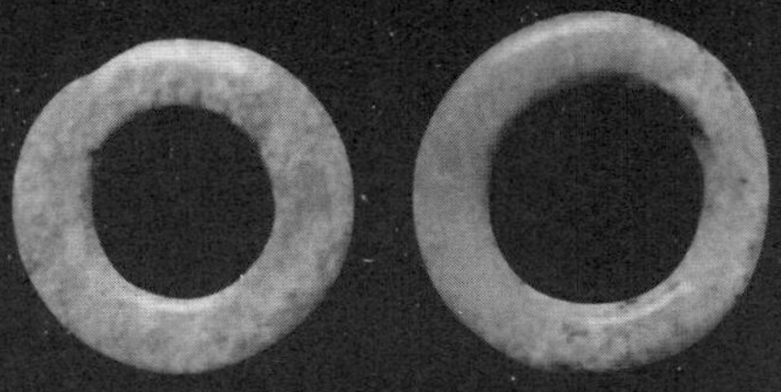

玉环
新石器时代 饶河小南山遗址出土

玉珠
新石器时代 饶河小南山遗址出土

玉玦
新石器时代 饶河小南山遗址出土

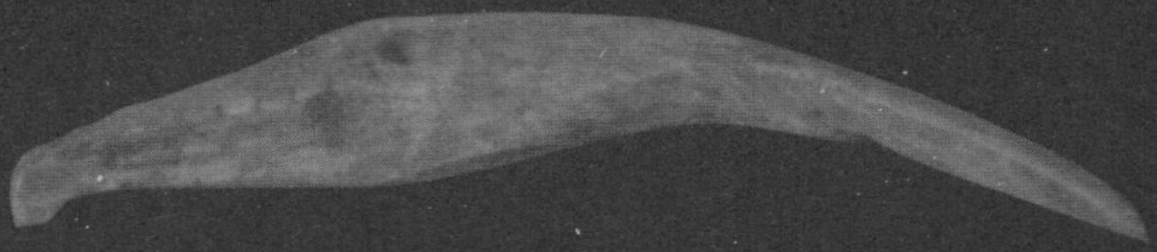

骨雕鹰首
新石器时代 密山新开流遗址出土

宁安渤海上京城宫城俯瞰

玉杖首
渤海时期 宁安渤海上京遗址出土

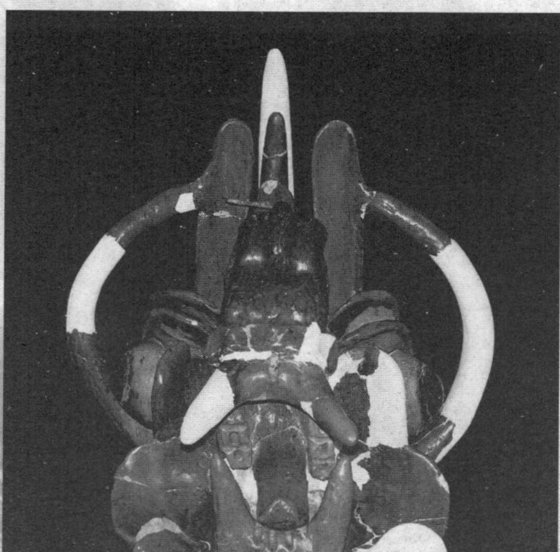

三彩陶兽头
渤海时期 宁安渤海上京遗址出土

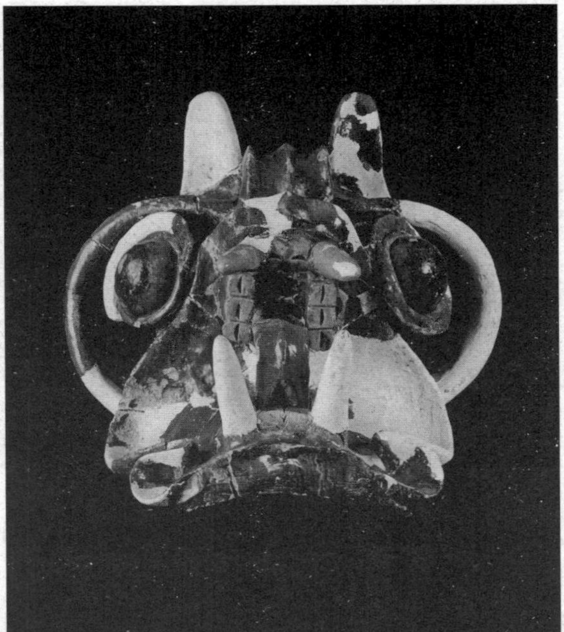

三彩陶兽头
渤海时期　宁安渤海上京遗址出土

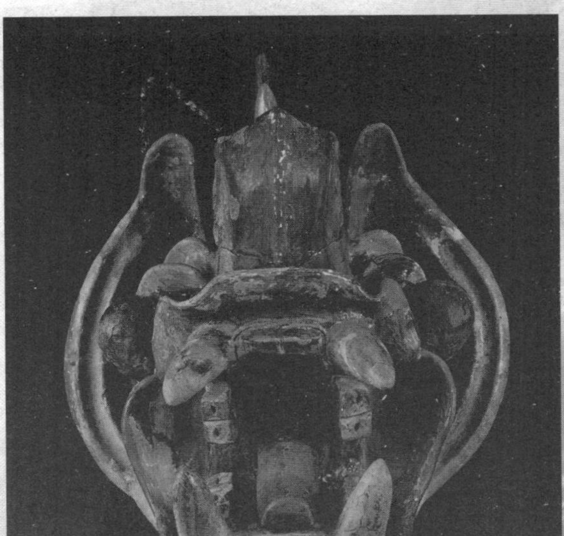

三彩陶兽头
渤海时期　宁安渤海上京遗址出土

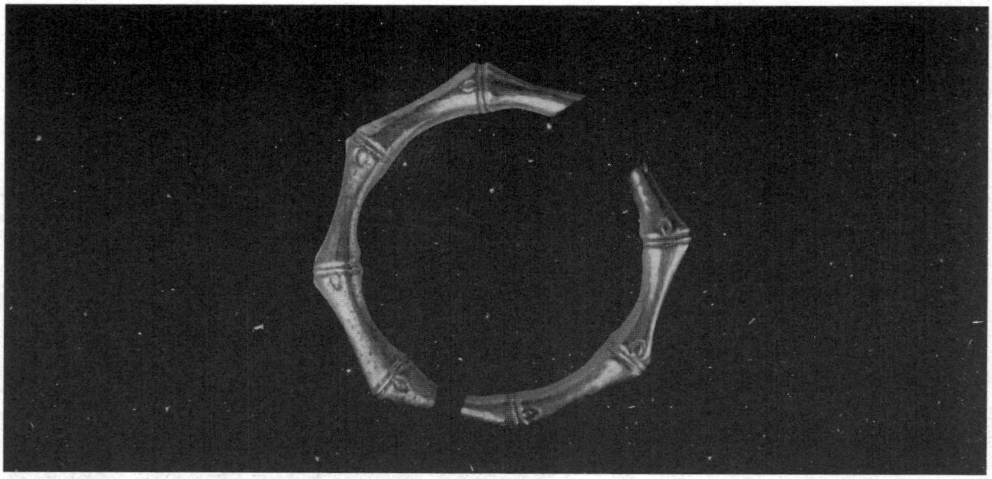

竹节形金环饰
金代 阿城城子村金齐国王墓出土

紫地云鹤金锦绵袍外襟
金代 阿城城子村金齐国王墓出土

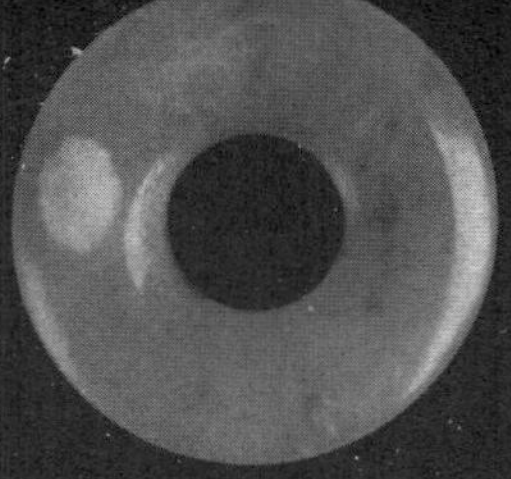

翡翠环
清代 讷河工农墓葬出土

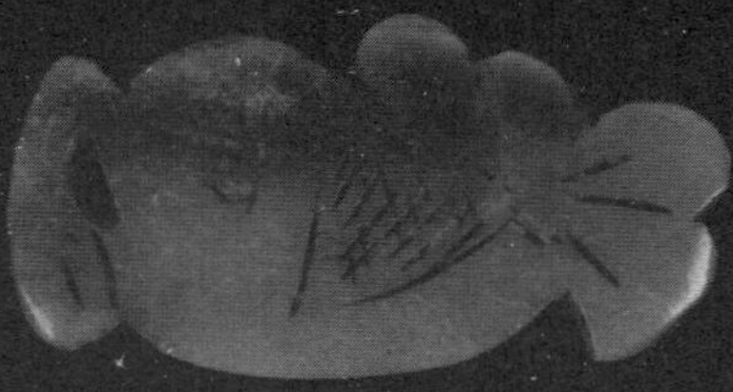

青玉鱼形佩
清代 讷河工农墓葬出土

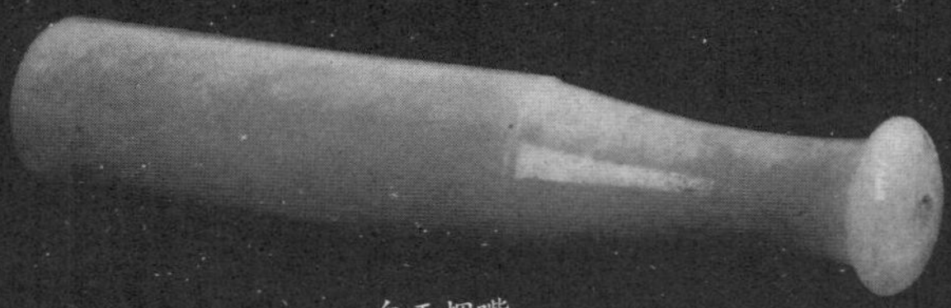

白玉烟嘴
清代 讷河工农墓葬出土

玛瑙烟嘴
清代 讷河工农墓葬出土

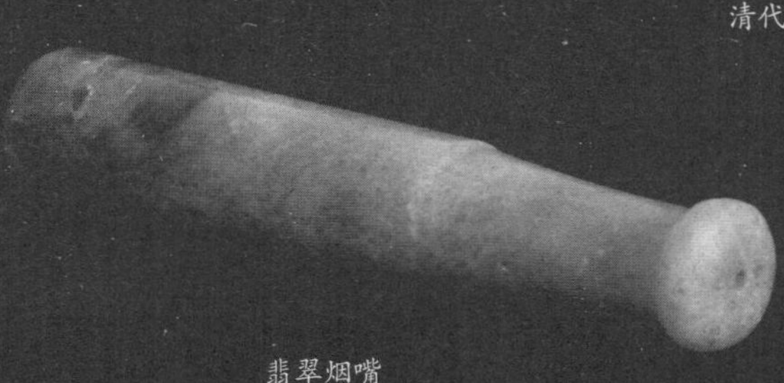

翡翠烟嘴
清代 讷河工农墓葬出土

镶嵌芙蓉石金耳坠
清代 讷河工农墓葬出土

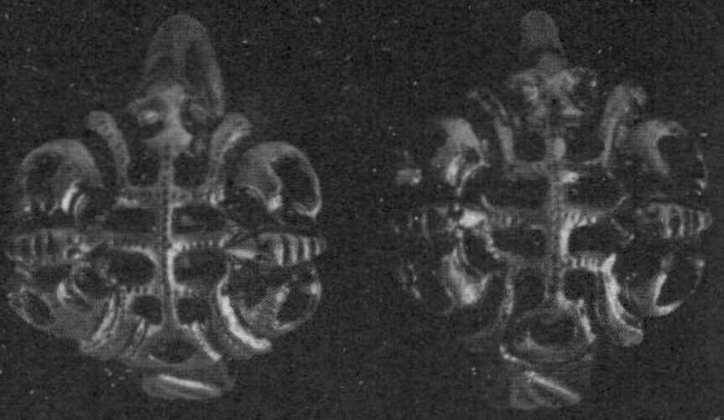

金耳珰
清代 讷河工农墓葬出土

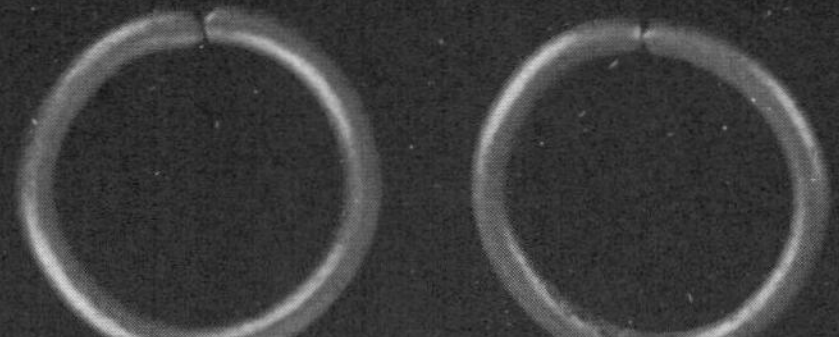

金耳环
清代 讷河工农墓葬出土

寿字铭文铜饰
清代 讷河工农墓葬出土

目 录

绪　论

作为黑龙江流域古代历史上三大族系之一的肃慎族系各族，曾世世代代劳动、生息、繁衍在白山黑水之间的黑土大地上，与另两个族系的各族人们一道共同创造了光辉灿烂、饶有特色的精神文明和物质文明，从而与黄河流域文明、长江流域文明等共同构架了中华文明。在前后数千年的历史长河中，肃慎人及相继以挹娄、勿吉、靺鞨、女真、满洲，以及赫哲、鄂伦春等为称的后续各族先后出现在不同时期的史载之中，既经历了曲折复杂而又悠久漫长的发展历程，也演义了生动活泼别具特色的历史画卷。其中的一些先进成分，还曾陆续地建立了地方性的民族政权，甚至多次入主中原和君临全国，在全中国的历史舞台上成功地扮演了主要角色。一言以蔽之，肃慎—女真族系各族以其生生不息的发展轨迹和英雄业绩永远彪炳于中华民族的光辉史册。

肃慎也称息慎、稷慎，为夏、商时期生活在当时黑龙江流域东部一带的一个古老部族。文献古籍中大都将“肃慎”部族的领地称之“肃慎国”，并记录其与中原王朝之间保持着交往。如著名的先秦古籍《竹书纪年·五帝篇》载：帝舜二十五年(公元前2155年)“息慎氏来朝”；而据东汉大学者郑玄的疏注：前文中的“息慎”就是东北夷中的肃慎，“虞夏以来东北大国也”。虞，就是“唐尧虞舜”中的舜帝；夏，就是公元前2100年左右建立的夏朝，即早在我国的传说时代或进入文明时代的初期，这个人们共同体就已经和当时中原地区的华夏人之间存在着某种程度的联系。当然也就难怪先秦时期古籍《山海经·大荒北经》中出现“大荒之中，有山名曰不咸，有肃慎之国”之载，而其中提到的“不咸山”，就是今天的长白山。即早在3000年左右前，肃慎人已定居在白山黑水之间的北至黑龙江中游，南至松花江中游地带，东抵海滨的黑土大地上。故西汉时著名史家司马迁在其《史记·五帝本纪》中也称之:“山戎、发、息慎……四海之内咸戴帝舜之功”,即认定“息慎(肃慎)”人曾与“四海之内”的诸多部落一起表示了对帝舜的拥戴。不止于此,《史记·卷四十七·孔子世家》又载:“有隼集于陈廷而死,楛矢贯之,石砮,矢长尺有咫。陈湣公使使问仲尼。仲尼曰:‘隼来远矣,此肃慎之矢也。昔武王克商,通道九夷百蛮,使各以其方贿来贡,使无忘职业。于是肃慎贡楛矢石砮,长尺有咫。先王欲昭其令德,以肃慎矢分大姬,配虞胡公而封诸陈。分同姓以珍玉,展亲;分异姓以远方职,使无忘服。故分陈以肃慎矢。’试求之故府,果得之。”这当然也就意味着,到了商周时代,肃慎人又与中原王朝之间进一步建立了政治性的联系或从属的关系。

从汉魏时起,挹娄人开始取代“肃慎”而进入史家们的视野。如《三国志·卷三十·东夷传》载:“挹娄在夫余东北千余里,滨大海,南与北沃沮接,未知其北所极。其土地多山险。其人形似夫余,言语不与夫余、句丽同。有五谷、牛、马、麻布。人多勇力。无大君长,邑落各有大人。处山林之间,常穴居,大家深九梯,以多为好。土气寒,剧于夫余。其俗好养猪,食其肉,衣其皮。冬以猪膏涂身,厚数分,以御风寒。夏则裸袒,以尺布隐其前后,以蔽形体。其人不洁,作溷在中央,人围其表居。其弓长四尺,力如弩,矢用楛,长尺八寸,青石为镞,古之肃慎氏之国也。善射,射人皆入(因)[目]。矢施毒,人中皆死。出赤玉、好貂,今所谓挹娄貂是也。自汉已来,臣属夫余,夫余责其租赋重,以黄初中叛之。夫余数伐之,其人众虽少,所在山险,邻国人畏其弓矢,卒不能服也。其国便乘船寇盗,邻国患之。东夷饮食类皆用俎豆,唯挹娄不,法俗最无纲纪也。”《后汉书·卷八十五·东夷传·挹娄国》所记与《三国志》的如上文字大同小异,这里从略。是知在当时中原地区史家们的笔下,汉魏之际“挹娄”人的分布区域、生产生活方式和社会形态与习俗,远比前人对肃慎之载翔实多了,而且明确指出当时的挹娄就是先秦时的“肃慎氏之国也”,即肃慎人的后续族体。唯其如此,唐人在编纂《晋书·肃慎氏传》时也就开宗明义地宣称:“肃慎氏一名挹娄”,即把挹娄看成是肃慎的后裔。至于挹娄人的地理方位,学界已大体上确定在以今三江平原腹地为中心的黑龙江中游和松花江中下游流域一带。

进入魏晋以后,史家们对勿吉、靺鞨、女真、满洲诸族之载,又比前人对“挹娄”的记录更为具体和详细。如《魏书·卷一〇〇·勿吉传》载:“勿吉国,在高句丽北,旧肃慎国也。邑落各自有长,不相总一。其人劲悍,于东夷最强。言语独异。常轻豆莫娄等国,诸国亦患之。去洛五千里。自和龙北二百余里有善玉山,山北行十三日至祁黎山,又北行七日至如洛瓌水,水广里余,又北行十五日至太鲁水,又东北行十八日到其国。国有大水,阔三里余,名速末水。其地下湿,筑城穴居,屋形似冢,开口于上,以梯出入。其国无牛,有车马,佃则偶耕,车则步推。有粟及麦穄,菜则有葵。水气醎凝,盐生树上,亦有盐池。多猪无羊。嚼米酝酒,饮能至醉。妇人则布裙,男子猪犬皮裘。初婚之夕,男就女家执女乳而罢,便以为定,仍为夫妇。俗以人溺洗手面。头插虎豹尾。善射猎,弓长三尺,箭长尺二寸,以石为镞。其父母春夏死,立埋之,冢上作屋,不令雨湿;若秋冬,以其尸捕貂,貂食其肉,多得之。常七八月造毒药傅箭镞,射禽兽,中者便死,煮药毒气亦能杀人。"《北史·卷九十四·勿吉传》的记载与之大体相当,这里从略。

而靺鞨之载,则比勿吉更为翔实。《隋书·卷八十一·靺鞨传》详载如下:"靺鞨,在高丽之北,邑落俱有酋长,不相总一。凡有七种:其一号粟末部,与高丽相接,胜兵数千,多骁武,每寇高丽中。其二曰伯咄部,在粟末之北,胜兵七千。其三曰安车骨部,在伯咄东北。其四曰拂涅部,在伯咄东。其五曰号室部,在拂涅东。其六曰黑水部,在安车骨西北。其七曰白山部,在粟末东南。胜兵并不过三千,而黑水部尤为劲健。自拂涅以东,矢皆石镞,即古之肃慎氏也。所居多依山水,渠帅曰大莫弗瞒咄,东夷中为强国。有徒太山者,俗甚敬畏,上有熊罴豹狼,皆不害人,人亦不敢杀。地卑湿,筑土如堤,凿穴以居,开口向上,以梯出入。相与偶耕,土多粟麦穄。水气咸,生盐于木皮之上。其畜多猪。嚼米为酒,饮之亦醉。妇人服布,男子衣猪狗皮。俗以溺洗手面,于诸夷最为不洁。其俗淫而妒,其妻外淫,人有告其夫者,夫辄杀妻,杀而后悔,必杀告者,由是奸淫之事终不发扬。人皆射猎为业,角弓长三尺,箭长尺有二寸。常以七八月造毒药,傅矢以射禽兽,中者立死。开皇初,相率遣使贡献。高祖诏其使曰:'朕闻彼土人庶多能勇捷,今来相见,实副朕怀。朕视尔等如子,尔等宜敬朕如父。'对曰:'臣等僻处一方,道路悠远,闻内国有圣人,故来朝拜。既蒙劳赐,亲奉圣颜,下情不胜欢喜,愿得长为奴仆也。'其国西北与契丹相接,每相劫掠。后因其使来,高祖诫之曰:'我怜念契丹与尔无异,宜各守土境,岂不安乐?何为辄相攻击,甚乖我意!'使者谢罪。高祖因厚劳之,令宴饮于前。使者与其徒皆起舞,其曲折多战斗之容。上顾谓侍臣曰:'天地间乃有此物,常作用兵意,何其甚也!'然其国与隋悬隔，唯粟末、白山为近。炀帝初与高丽战，频败其众，渠帅度地稽率其部来降。拜为右光禄大夫，居之柳城，与边人来往。悦中国风俗，请被冠带，帝嘉之，赐以锦绮而褒宠之。及辽东之役，度地稽率其徒以从，每有战功，赏赐优厚。十三年，从帝幸江都，寻放归柳城。在途遇李密之乱，密遣兵邀之，前后十余战，仅而得免。至高阳，复没于王须拔。未几，遁归罗艺。”《旧唐书》《新唐书》和之前的《通典》也都为其设有专传。不止于此，其他相关的古籍文献也都从不同的角度和侧面大大丰富了人们对靺鞨人的了解和认识。如《旧唐书·卷一九九·靺鞨传》称：“靺鞨，盖肃慎之地，后魏谓之勿吉，在京师东北六千余里。东至于海，西接突厥，南界高丽，北邻室韦。其国凡为数十部，各有酋帅，或附于高丽，或臣于突厥。而黑水靺鞨最处北方，尤称劲健，每恃其勇，恒为邻境之患。俗皆编发，性凶悍，无忧戚，贵壮而贱老。无屋宇，并依山水掘地为穴，架木于上，以土覆之，状如中国之塚墓，相聚而居。夏则出随水草，冬则入处穴中。父子相承，世为君长。俗无文字。兵器有角弓及楛矢。其畜宜猪，富人至数百口，食其肉而衣其皮。死者穿地埋之，以身衬土，无棺敛之具，杀所乘马于尸前设祭。”《新唐书·卷二一九·黑水靺鞨》也称：“黑水靺鞨居肃慎地，亦曰挹娄，元魏时曰勿吉。直京师东北六千里，东濒海，西属突厥，南高丽，北室韦。离为数十部，酋各自治。其著者曰粟末部，居最南，抵太白山，亦曰徒太山，与高丽接，依粟末水以居，水源于山西，北注它漏河；稍东北曰汨咄部；又次曰安居骨部；益东曰拂涅部；居骨之西北曰黑水部；粟末之东曰白山部。部间远者三四百里，近者二百里。”又，《金史·卷一·本纪第一》也载：“金之先，出靺鞨氏。靺鞨本号勿吉。勿吉，古肃慎地也。元魏时，勿吉有七部：曰粟末部，曰伯咄部，曰安车骨部，曰拂涅部，曰号室部，曰黑水部，曰白山部。隋称靺鞨，而七部并同。唐初，有黑水靺鞨、粟末靺鞨，其五部无闻……黑水靺鞨居肃慎地，东濒海……领黑水经略使。其后渤海盛强，黑水役属之，朝贡遂绝。五代时，契丹尽取渤海地，而黑水靺鞨附属于契丹。其在南者籍契丹，号熟女直；其在北者不在契丹籍，号生女直。生女直地有混同江、长白山，混同江亦号黑龙江，所谓‘白山黑水’是也……及太祖败辽兵于境上，获耶律谢十，乃使梁福、斡答刺招谕渤海人曰：‘女直、渤海本同一家’。盖其初皆勿吉之七部也。”

至于后人对女真族、满族以及赫哲族、鄂伦春族的记载，则又比靺鞨之载丰实多多，并明确女真人来自靺鞨（确切说是其中的黑水靺鞨）；而满族与赫哲族等均来自女真人,即都是女真人的后裔,只是因为篇幅所限,这里不再一一罗列。

正是如上所述的一切,难免不让人们隐隐约约地感觉到,在漫长的历史发展长河中,肃慎—挹娄—勿吉—靺鞨—女真—满洲诸族之间不仅存在着前后相续的关系,而且具有一脉相承的因素。因为不光是勿吉及其以后的各族之间,如勿吉与靺鞨、靺鞨与女真、女真与满族等族(满族、赫哲族、鄂伦春族等)确实存在着前后相续、一脉相承的内在关系;就是肃慎与挹娄、挹娄与勿吉之间也不仅仅是前后相续的关系,也或多或少地存在着某种程度的"亲缘关系",即不论其中的任何一个个体当初究竟是谁,及其在具体发展演变过程中不可避免地融入了其他成分,但由于在地望、族属、语言、习俗和生产生活方式以及文明发展程度的大体相近和类似所显示出的诸多"共性"和"亲缘关系",也就难免,在外人眼中很难不把其中任何前后相续的两个族体视为前后具有"继承"关系的族体。况且,不论肃慎—挹娄—勿吉—靺鞨—女真—满族族系中的任何一族在其具体发展、演变的过程中确实融入了其他别的成分而成为与其当初的"自身"不可能完全相同的"新"族体;却又都没有游离于肃慎这一族系之外,即肃慎—挹娄—勿吉—靺鞨—女真直到满族,毕竟在相关时段的演进中无一例外地都起到了主导的作用,并成为这一发展演变过程中的"主源和主流",故依然大体上给人以前后相续、一脉相承的感觉。

因之,尽管如上正史的记载相对粗略,甚至在个别问题上存在着不尽相同的记述而给肃慎族系各族历史的研究带来了诸多的局限甚至于困惑,但毕竟还是给后人留下了许多宝贵的文献资料,并且不难看出,肃慎、挹娄、勿吉、靺鞨、女真、满洲,以及赫哲等相互之间确实存在着非常密切的渊源。即由于地域、血统、语言、习俗和经济生活以及宗教信仰等诸多方面的基本类似或接近,一向被学者们视为同一区域即今三江平原地区不同时段前后相续的同一族系,并且形成了所谓一脉相承的说法。

诚然,近代以来,此说遭到了诸多学者们的置疑,尤其是挹娄与肃慎二者间似乎断断续续时隔上千年之久,而是否存在着亲缘或者必然的联系,未免令人置疑。尽管如此,但由于如上所述的记载和种种原因,这些置疑仍不足以撼动或推翻近代史家们所据以形成的"一脉相承"之说。因为第一,别说是其中的勿吉—靺鞨—女真—满洲以及赫哲、鄂伦春等前后之间确实存在着一脉相承的继袭关系而早已成为国内外学界的共识；就是挹娄和勿吉之间又何尝不存在着极其密切的亲缘关系？理由是综合各个方面的资料判断，勿吉人主要是由北边的挹娄人同其南边的沃沮人在魏晋之际相互接触和融合而形成的新的“部族”共同体（详见本书第三章第二节），它的代表性物质文化遗存——风林文化确实与同一地区挹娄人的滚兔岭文化之间明显存在着继袭的关系。第二，即便是文献记载中时隔上千年之久而最让人们质疑不是“一家人”的挹娄与肃慎之间的渊源。由于近些年来大量相当于商周时期最新考古资料的发现，也已大体上可以推论二者应该是具有某种亲缘关系的前后相续的族类（详见本书第二章）；况且，近些年来，随着人类学和考古学研究的进展，学者们还发现了通古斯语族（国内外一些学者往往把肃慎、挹娄、勿吉、靺鞨、女真、满洲以及赫哲等称之为“通古斯满语族”）和通古斯种族的一致性，即“人们通过纵、横体质数据比较，发现各历史时期的通古斯满语诸族在体质上具有共同特征”[①]。第三，大量的文献、考古和民俗学资料充分表明，这些部族之间在物质生活和精神文明方面确实存在着广泛的共性。由于其传统分布区域（今三江平原地带）的自然地理环境决定，他们自新石器时代后期以来，即“因地制宜地形成了定居式的渔猎、采集、畜牧和原始农业兼而有之的综合经济类型。它既不同于中原地区汉人的农业经济，又不同于北方蒙古地区匈奴、柔然、突厥、蒙古等的游牧经济”，而恰恰是这种以渔猎活动为主要特色的多样性综合经济类型，决定了他们在精神生活中的一致性，这“主要表现为他们创造、信奉和传播了萨满教”[②]，并以名鹰——海东青作为所崇拜的图腾。最后，正是这些不同历史时期的相关部族在传统分布地域和血统、语言、习俗、经济生活、宗教信仰等诸多方面的一致性，以及共同以海东青为图腾的属性，使世居于白山黑水之间的如上诸部族人们在前后数千百年间形成了强烈的部族认同感。如在女真人的语言中，“海东青”的音义与“肃慎”非常近似，诸如“珠申”“诸勒申”“朱理真”“虑真”等，均为“女真”与“肃慎”的同名异译，表明女真人自认为是肃慎的后裔；而且不光1616年建立政权的建州女真以大金为号（史称后金），即自认为是女真的后裔，就连那些世居于白山黑水各地而没有“从龙入关”或者

---

① 高凯军:《通古斯族系的兴起》,中华书局,2006年版,第3页。

② 高凯军:《通古斯族系的兴起》,中华书局,2006年版,第6页。

金朝灭亡后流落在中原各地(包括台湾)并未参与后金或清朝建国的那些女真人的后裔们,也都主动将自己的族籍归入于"满洲"即满族之中。同样,金朝建国之初所宣传"女真、渤海,本同一家"的口号,既反映了当时政治方面的实际需要,又足以表明二者确实都是靺鞨部族的不同分支,故自然而然地形成了同一部族的强烈认同感。至于后来"清贵族随着侵明的加剧,为了隐蔽汉族人民对完颜金旧恨的作用,皇太极开始否认自己是完颜金子孙,并禁用女真称号"①。天聪九年(1635 年),皇太极又进一步宣称"我国原有满洲、哈达、乌拉、叶赫、辉发等名,向者无人知之,往往称为诸申。夫诸申之号,乃席北墨尔根之裔,实与我国无涉。我国建号满洲,统诸绵远,相传奕世,自今以后,一切人等止称我国满洲原名,不得仍前妄称"②,此为蓄意"隐没"继袭自女真之类的举动,显然是欲盖弥彰的政治把戏,岂能改变"清"国号原称"后金",也即"满洲",是女真人后裔的历史真相?!

既然如此,则所谓肃慎、挹娄、勿吉、靺鞨、女真、满洲诸族一脉相承的说法确实让人们感到笼统或"不够"确切,但也大致反映了从肃慎到满洲诸族数千百年间部族源流自成一脉的历史真谛。尤其重要的是,目前越来越多的考古发现和研究资料,为如上所述的相对匮乏而又极其粗略的文献记载补充了大量生动鲜活的实物资料,为肃慎族系各族是世世代代繁衍生息在黑龙江东部地区的原住民的说法提供了充足的证据。

迄今在黑龙江东部地区尤其是乌苏里江流域的各个市县已经发现和发掘了大量的古代文化遗址、遗迹以及文物标本,而正是依据这些遗存遗迹所揭示或反映出来的物质文化特征,并探讨其相关族属的文化属性以及进而考证其族系源流与发展脉络,才让学者们越来越有把握认定肃慎—女真族系各族就是以今三江平原腹地为中心的黑龙江东部地区(不局限于今天黑龙江省的东部地区,也包括古代黑龙江地区的东部)土生土长、世代相续的"土著"居民和部族,也即黑龙江流域的东部地区确实是肃慎—女真族系各族的发祥和世居之地。

早在旧石器时代晚期,黑龙江流域的东部地区即已出现了远古人类的活动。据不完全统计,此类遗址多达数十处,与肃慎族系远古先民相关的饶

---

① 莫东寅:《满族史论丛》,生活·读书·新知三联书店,1979 年版,第 77 页。

② 《清太宗实录》卷二十五,天聪九年九月庚寅。

河小南山遗址便名列其中。其地理坐标为东经134°01′,北纬46°47′。经考古发掘,出土石器2件,一为由火山凝灰岩打制成的刮削器,一为刃缘前端突出、后端平直厚钝而便于手握的斧形石核;另有用猛犸象肩胛骨制成的尖状骨器1件,还有大量不同年龄个体的猛犸象碎骨化石,可能是古人食其肉后扔下的碎骨。据碳—14年代测定法测定,距今13000±460年,①无疑是黑龙江地区东部旧石器时代晚期的一处遗址,应该是当时以猎获猛犸象、披毛犀为生的远古人类的遗留,他们无疑是活动于当时当地的最早的原始先民。

至于新石器时代及其以后的考古遗存,则遍及黑龙江流域东部各地。考古工作者在黑龙江、松花江、乌苏里江、牡丹江流域先后发现了与肃慎—女真族系各族及其先世相关的遗址难以计数。其中属于新石器时代的代表性文化遗存为新开流文化遗址,位于密山市大、小兴凯湖之间的湖岗上。文化堆积分上、下两层。上层为墓葬,下层多为鱼窖,出土器物有石器、骨器、陶器等。从其器物形状、纹饰、用途分析,无疑是一支以捕鱼为主兼营狩猎的氏族在该地定居。通过对遗址上层5号墓人骨进行的碳—14年代测定法测定,并结合对俄罗斯地区出土的同类遗存比较研究,"推定新开流文化的年代约在公元前5500—公元前4500年间",即距今约7000年前。同一文化的分布范围较为广阔,"北到黑龙江下游,南到兴凯湖,东达日本海,西止老爷岭一带"②。迄今已经被学界大体上公认为是与肃慎先世相关的最早的历史文化遗存。而小南山遗址则位于黑龙江省饶河县城南郊、乌苏里江左岸的小南山上,1971年和1991年的两次试掘和清理,发现了大量的陶器、石器、牙器和玉器。陶器均为手制的夹砂粗红陶,火候较低,"器类简单,基本组合为卷沿罐和钵,器表以素面居多,少量的有纹饰,装饰有菱形纹、刻划纹、篦点纹、水波纹、弦纹……打制石器有矛、镞、刮削器和尖状器等。磨制石器有斧和镞……玉器数量较多,主要是饰品和工具,有玉琚、玉环、玉珠、玉斧、匕形器和斜形器等",根据其出土玉器与"东北地区其他文化的玉器进行对比研究,初步判定其年代约在公元前4500年—公元前4000年"。从陶器的纹饰上看显与新开流文化中的同类物相接近而可能具有某种密切的渊源。又,1950年由考古学家李文信主持发掘的"年代约在公元前3500年—

① 黑龙江省文物考古研究所编著:《考古·黑龙江》,文物出版社,2011年版,第30页。
② 黑龙江省文物考古研究所编著:《考古·黑龙江》,文物出版社,2011年版,第60页。

公元前3000年"的依兰县倭肯哈达洞穴遗址,①从其出土的玉璧、玉璜、玉环等玉器饰品看,与小南山墓地中的同类物也相当接近,故极有可能与新开流文化之间存在着一定的源渊。

继新石器时代之后,这一区域的考古文化也进入了考古学上的青铜时代(距今4000—2500年左右),以今黑龙江宝清的劝农遗址和依兰的桥南一期遗存为代表。前者位于宝清县劝农村二道岭的漫岗上、挠力河上游左岸,出土文物除少量石器外,主要是陶器,基本组合为罐、钵、杯等,其文化因素部分与俄国滨海地区的新石器时代的扎伊桑诺夫卡文化相近,部分与青铜时代的马尔加里托夫卡文化有共性,年代距今4000—3500年左右;②后者在原依兰县城南约1.5公里的牡丹江右岸的二级台地上,代表性陶器有鼓腹瓮、双耳壶、盆、钵等,器表多素面,骨器发达,器形富于变化,主要有锥、针、镞锄形器、鱼镖及装饰等,依据其自身特点及与相邻遗存的类比,其年代距今2500年左右,"相当于春秋晚期至战国早期,应是本地区商周时期年代最晚的遗存"③,显然与当时肃慎人的物质文化遗存相关联。

进入秦汉时期以后,一个以挹类为代表的人们共同体,已经以"新"的部落群为核心分布于今张广才岭以东、牡丹江下游及松花江、黑龙江、乌苏里江交汇地带的三江平原各地,其中代表性的遗存主要有双鸭山市滚兔岭遗址、绥滨蜿蜒河遗址、依兰的桥南二期遗存等,大体上与挹娄人的物质文化相对应。所出土的各类文物从各个方面反映了当时挹娄的经济、文化和社会状况,足以表明以七星河流域为中心的今三江平原地区,无疑是两汉之际挹娄人中某一重要分支的历史舞台,并在其地开始了向文明时代的过渡。

魏晋南北朝时,勿吉的名字已经见诸史籍,其考古遗址的代表是绥滨同仁一、二期文化。这种文化的年代经碳—14年代测定法测定(树轮校正)为540—670年,相当于南北朝至唐初,目前已知的同仁一期文化的遗址与墓葬有绥滨二九〇农场四十连、萝北团结墓地和俄罗斯的布拉戈斯洛文等。同仁二期文化的文物经过碳—14年代测定法测定(树轮校正)年代为940—1090年,约当五代至辽。同仁一、二期文化类型在黑龙江区域分布十分广泛,西自精奇里江,东至黑龙江下游,南到三江平原和松嫩平原,其间都有这

---

① 黑龙江省文物考古研究所编著:《考古·黑龙江》,文物出版社,2011年版,第63页。

② 黑龙江省文物考古研究所编著:《考古·黑龙江》,文物出版社,2011年版,第94页。

③ 黑龙江省文物考古研究所编著:《考古·黑龙江》,文物出版社,2011年版,第96页。

一文化类型遗址。其盘口鼓腹罐为代表性陶器,“与渤海早、晚两期的陶器有着极为明显的渊源嬗递关系,对渤海主体民族的族源与文化源流有着特殊意义,对探讨黑龙江地区考古文化序列亦有重要价值”①。

隋唐时期,勿吉演变为靺鞨,典籍所载勿吉七部与靺鞨七部悉同。而实际上所说的靺鞨七部不过是其中的著名者,总数实不止于此,如《唐右领军赠右骁卫大将军李他仁墓志铭并序》关于“君讳他仁,本辽东栅州人也……于时授公栅州都督兼总兵马,管一十二州高丽、统三十七部靺鞨”②之载就很说明问题。而从20世纪二三十年代俄国B. B. 包诺索夫、K. A. 热列兹涅柯夫,日本白鸟库吉、鸟山喜一、原田淑人等专家对渤海上京龙泉府及靺鞨文化遗存进行调查发掘开始,到1949年以后延边大学、吉林大学、吉林省博物馆、黑龙江省博物馆、黑龙江考古队、中国科学院考古研究所以及黑龙江和吉林两省的文物考古部门对靺鞨与渤海文化遗存的调查复查、探测发掘,收获颇为丰厚。其中,对上京龙泉府故城址、城门址、寝殿、官署、井址、禁苑址、中京显德府故城址、东京龙原府故城址、东牟山城址、渤海墓葬、渤海王室贵族墓葬、渤海平民墓葬、窑址二十四块石、桥址、佛教建筑遗址等多处考古遗迹所进行的发掘和考察,成功地勾勒出靺鞨与渤海文化分布区的大致轮廓,即除含有我国东北地区东部外还包括今俄罗斯的远东和滨海地区南部以及朝鲜半岛北部的部分地区,也进一步证实了靺鞨社会文明的进步,特别是渤海经济社会的腾飞和发展,对复原靺鞨社会和渤海历史的原貌具有不可替代的重要意义。

辽金时期女真族兴起,《文献通考》卷三二七载:“女真盖古肃慎氏,世居混同江以东,长白山鸭绿水之北。其族分六部,有黑水部,即今女真。唐贞观中,靺鞨来朝,太宗问其风俗,因言及女真之事,自是中国始闻其名,契丹目之曰虑真。唐开元中,其酋来朝,拜为勃利州刺史,遂置黑水部……五代时始称女真。”对辽金时期女真族的考古发现主要有辽代的绥滨三号墓地、黑河卡伦山墓地、绥滨永生墓地、哈尔滨新香坊墓地、俄罗斯犹太自治州纳杰日金斯科耶墓地等;金代的上京会宁府故城址、绥滨奥里米古城址、绥滨中兴古城址、克东蒲峪路故城址、绥滨中兴墓地、绥滨奥里米墓地、阿城巨源

---

① 《黑龙江省志·文物志》第五十三卷,黑龙江人民出版社,1994年版。

② 孙铁山:《唐李他仁墓志考释》,载《远望集》,陕西人民美术出版社,1998年版。

齐国王墓、阿城小岭冶铁遗址等。出土了大批的铁器、货币、铜镜、瓷器、金银器、玉器、官印等重要文物,从中大体上可以透视出辽金时期女真人“英雄”时代在黑龙江区域暨金源内地的风貌。对此,专家们评价道:“金朝是女真人建立的王朝,金代考古就是女真考古,金代采矿、冶铁遗址的发现和大批铁器的出土,是黑龙江地区金代考古的一项突出成就。在阿城小岭五道岭地区,已发现古矿洞数十处,据估算,其总开采量达 50 ~ 60 万吨,发现冶炼遗址 50 余处……黑龙江境内金代铁器出土非常普遍,肇东、五常、宾县、伊春大青川、大丰、依兰、逊克、虎林、饶河及俄罗斯的远东滨海地区,均有批量不等的金代铁器出土。有的国外学者对这个地区出土的金代铁制生产工具和生活用具进行了 600 多次分析化验,弄清了铸铁工艺,认为与 19 世纪末农民使用的工具没有什么区别,其中 1 件犁铧使人很难相信它在地下埋了近 900 年,结论是 12 至 13 世纪的女真人在发展生铁铸造方面比欧洲人领先 200 年。”①

金亡以后,居住在各地的女真人在不同环境下逐渐分化。明清之交,移居到中原地区的女真人后裔逐渐融合到汉族之中,居住在西北地区并与蒙古族杂居的女真人后裔大都融合到蒙古族之中,居住在东北地区的女真人后裔逐渐和邻近的其他各族融合成为满族以及赫哲、鄂伦春、鄂温克等族,也有一部分居住于今天东北、内蒙古交界处的女真人后裔与当初鲜卑人的后裔融合而形成了新的民族——锡伯族。②

凡此一切,足以证实肃慎、挹娄、勿吉、靺鞨、女真、满洲诸族等不单是以今三江平原地区为中心的黑龙江东部地域土生土长的土著——世居部族或其后裔,而且无疑表明肃慎、挹娄、勿吉、靺鞨、女真、满洲诸族一脉相承,其部族源流始终都是自成一脉的历史真谛。这也正是我们继续使用肃慎—女真族系概念而不采用某些学者所谓的通古斯族系概念的主要原因。不止于此,主张“通古斯”说的论者们一方面明确认为“通古斯的概念是建立在种族和语族相一致的基础之上的,它和民族的概念有着本质的不同,不应混为一谈”,即“事实上,从肃慎到满族以及鄂温克、鄂伦春、赫哲等只是一个相沿发展的种族和语族系统,而不是一个民族”,并强烈反对“通古斯民族”的提法;

---

① 干志耿:《黑龙江考古与民族历史》,载《民族研究动态》1988 年第 3 期。

② 孙进己、孙泓:《女真民族史》,广西师范大学出版社,2010 年版,第 288 页。

另一方面，却又宣称"它所指的是一个相沿发展的民族系统，包括先秦时期的肃慎，汉晋时期的挹娄，南北朝时期的勿吉，隋唐时期的靺鞨，宋辽金元明时期的女真，明末及其以后的满、鄂温克、鄂伦春、赫哲等不同历史时期的部落集团或民族"，也就难免陷入前后相悖、自相矛盾的境地，而让广大读者坠入五里雾中无所适从。因为众所周知，直到 1949 年 10 月之前，鄂温克、鄂伦春、赫哲等固然还处于部落或"部落集团"的发展阶段；但先后分别建立渤海政权的粟末靺鞨(渤海中叶以后又在其基础上融合吸纳其他成分而形成了"渤海族")和建立金王朝和后金政权的女真人以及他们的后裔即建立清朝的满族等，无疑都是名副其实的古代民族而实在难以用他们提出的"建立在种族和语族相一致的基础之上"的"通古斯"概念所能够构架；至于其他历史时期的肃慎、挹娄、勿吉三者虽说尚未发展到"民族"阶段，却又明显高出于鄂温克、鄂伦春、赫哲等之上而姑且可以称之为"部族"，也同样是不能用"通古斯"概念所能驾驭的，当然也就难以将他们统统都视为"一个相沿发展的民族系统"①。因之，本书也就只能继续使用"肃慎—女真族系"这一概念而摒弃所谓的"通古斯族系"的概念。

---

①　高凯军：《通古斯族系兴起的递进重构模式》，北京出版社、文津出版社，2001 年版，第 4 ~ 5 页。

第一章　肃慎人及其文化遗存

肃慎是我国东北地区最早被中原地区古籍所记载的古族，早在“虞舜之世，即有肃慎之名”①。故尽管相关古籍文献对肃慎的记载语焉未详或极其有限，肃慎—女真族系各族的源头部族却受到了学界的重视。事实上从18世纪问世的《满洲源流考》开始即已出现了对肃慎族最初的研究。不过，也正由于史料记载的语焉未详和极其有限，给学者们的研究造成了诸多的困难和歧义，因而研究在长时间里停滞不前。直到近世以来，此课题才越来越引起人们的关注，而近数十年来越来越多的考古资料的涌现，不但有力地推动了研究的深入开展，也使得一些重大难题开始获得解决和突破。

第一节　关于“肃慎”的研究状况

一、有关“肃慎”词义的研究

近代以来，对肃慎一词的最早研究可以追溯到抗战前夕著名学者傅斯年先生。当时，日本的一些御用学人从历史研究入手寻找侵略我国东北的借口，提出了“满蒙在历史上非支那领土论”，实在是狼子野心昭然若揭。为了驳斥他们的无耻谰言，配合方兴未艾的抗日救亡运动并增进人们对东北地区历史的了解，傅氏领衔编写《东北史纲》，于1932年10月出版第一卷，重点考订了历史上肃慎一称的演变，着重指出：“又《满洲源流考》言‘挹娄疆域与肃慎正同’，其说不误。又谓肃慎、挹娄、珠申、女真为一音之转，亦确。”

---

① 金毓黻：《东北通史》上编，社会科学战线杂志翻印本，1980年版，第72页。

同时提出探求肃慎的含义应从女真语中去寻找。①

紧接其后,另一著名学者金毓黻先生同样是基于抗日救亡之目的,积极着手东北史的研究,观点与傅氏大体相似,撰《肃慎、挹娄、勿吉三系语义考》一文,借用白鸟库吉的分类,以通古斯一词来概括肃慎、挹娄、女真等异称,主要观点认为:“肃慎一词,或作息慎、稷慎”,其译义为金,满语有“坚硬”之意。②

进入20世纪80年代以后,参加讨论者逐渐多了起来。先是傅朗云和杨旸主张:“肃慎”一词是鸟名,“汉语鹈鸠——鹰;满语译作宋昆,再汉译为海东青”③;何光岳也释义肃慎为鸟名,属于鸟夷的一支,但不是鹰,而是“鹔鷞鸟”。④

干志耿、孙秀仁及薛虹则认为“肃慎”是通古斯语“人”的意思,属于该族的自称。⑤ 崔广彬也主张,“肃慎”一词是自称,其来源、含义同本民族有关系;“肃慎”一词应来源于女真语 zhul(东方之义)和 shen(海青之义)的合成,即“东方之鹰(海东青)”之意。⑥

著名金史专家张博泉先生也对肃慎的含义进行剖析,认为肃慎本名朱理真,出自“东夷”一语,亦即由“东夷”(朱勒失)转音为民族的称谓,其义为“东”或“东人”⑦。喻权中与麻晓燕总汇以上诸说,认为肃慎既具箭神和东神之义,又有东方鹰之谓,即肃慎为箭人(神)—海东青—太阳神。⑧ 李德山也主张肃慎是一个连语族称,只是其含义为鄚娄⑨,即另一种鸟名。

蒙古族学者哈斯巴特尔则从语言学的语音演变关系方面探讨肃慎、挹娄、女真的族称关系,指出三者既都是操满—通古斯语的古老民族,三个族

---

① 傅斯年:《东北史纲》第一卷,载欧阳中生编《傅斯年全集》第二卷,湖南教育出版社,2000年版,第386页。

② 金毓黻:《肃慎、挹娄、勿吉三系语义考》,载东北大学东北史地经济研究室编《东北集刊》,1941年版,第1~3页。

③ 傅朗云、杨旸:《东北民族史略》,吉林人民出版社,1988年版。

④ 何光岳:《肃慎的起源与北迁》,《黑河学刊》1991年第2期。

⑤ 干志耿、孙秀仁:《黑龙江古代民族史纲》,黑龙江人民出版社,1987年版;薛虹:《肃慎的地理位置及其同挹娄的关系》,《东北师范大学学报》1980年第2期。

⑥ 崔广彬:《“肃慎”一名之我见》,《北方文物》1987年第3期。

⑦ 张博泉:《肃慎·挹娄·女真考辨》,《史学集刊》1992第1期。

⑧ 喻权中、麻晓燕:《肃慎系统族源神话的历史考察》,《黑龙江民族丛刊》1999年第1期。

⑨ 李德山:《关于肃慎族几个问题的探讨》,《北方民族》1993年第1期。

称又具有同源联系，属于不同发展变化的同源词，认为肃慎等族称在词源上来自“箭”，最初表示“猎民”，同史籍中所记载的“北夷”的称呼相一致。① 杨东晨和杨建国也认为，古肃慎是东夷鸟夷的裔支。②

陈文英撰文《“肃慎”考》，认为肃慎“既是古国名，也是古族名”，并据以重新介绍了肃慎的历史发展、疆域、物产、习俗等。③

此外，日本学者池内宏和吉本道雅也曾著文参与了这方面的讨论，前者强调必须用“近代科学”的方法来研究肃慎史，④后者重新梳理传统史料，旁涉考古资料，认定关于“肃慎”的研究仍不失为系统论述历史发展脉络的一份史料。⑤

二、肃慎与挹娄的关系

对肃慎、挹娄二者的关系，清朝学者丁谦认为：“（挹娄）不过肃慎境中一部族，并不足以名国。第因生齿繁衍，分布各方，而肃慎族群日渐衰替，不足以制驭之，其人遂据地自擅，互相雄长，于是肃慎一国，竟在若存若无之间。以余考之，其国至晋实未尝亡也”⑥。

他的这种观点在我国史学界产生很大影响，吴士鉴、刘承干、翦伯赞和冯家升等都表示支持和赞同。不止于此，姜维公和高福顺还对其观点有所发挥，认为肃慎部落于汉魏时期开始衰落，另一个部落挹娄强盛起来并取代了肃慎的地位，但挹娄也不是一个统一的民族，尚处于原始部落群时代；而肃慎作为挹娄部落群中的一支，在史籍上亦时有出现。⑦ 苏联学者沙弗库诺夫则宣称肃慎和挹娄本不相干，后来由于2 世纪末3 世纪初鲜卑人向东北迁

---

① 哈斯巴特尔：《试析肃慎、挹娄、女真的族称关系》，《黑龙江民族丛刊》2000 年第3 期。

② 杨东晨、杨建国：《论秦汉时期黑龙江地区的民族与文化》，《哈尔滨师专学报》2000 年第12 期。

③ 陈文英：《“肃慎”考》，《天中学刊》2001 年第1 期。

④ ［日］池内宏：《肃慎考》，杨保隆、古清尧译，载中国社会科学院民族研究所历史研究室资料组编译《民族史译文集》第12 辑，1984 年版，第39 ~59 页。

⑤ ［日］吉本道雅：《肃慎考》，《满语研究》2006 年第2 期。

⑥ 丁谦：《晋书四夷传地理考证》，载《浙江图书馆丛书》第一集，1915 年版。

⑦ 姜维公、高福顺：《东北历史地理简论》，吉林文史出版社，1990 年版。

徙，因而便把这些混有挹娄人的部落称之为肃慎。[①]

林树山认为“最早将挹娄与肃慎联系起来的不是别人，是《后汉书》的撰写者——南朝刘宋的史学家范晔。而以后有关之事，统统不过以讹传讹而已”[②]；并进而指出：《晋书》中“僆鸡”实为肃慎的一个氏族姓氏，至于“肃慎、挹娄这两个族称的更替，同样无法用‘音转’和‘异译’来加以解释，很清楚，它们两者的发音差距也是相当大的。”[③]

金毓黻则主张挹娄乃肃慎在汉代易名而来，晋宋北齐三书仍见肃慎之名，可见挹娄、肃慎之名有时并用。[④] 日本学者津田左右吉《渤海考》[⑤]和民国人类学家林惠祥《中国民族史》也支持肃慎族系观。[⑥]

杨保隆在《肃慎挹娄合考》一书中则认为汉晋所谓肃慎乃人们对挹娄的误称，其原因在于挹娄之称来自其族穴居的居住方式，“在一个偶然的场合，汉人或邻近各族依据他们穴居的特点，以他们的语言呼其为挹娄，后逐渐为多数人运用，久之，便当作族称称呼肃慎人了”[⑦]。

孙秀仁和干志耿也主张肃慎族到了汉代又称挹娄。[⑧] 杨保隆、陈显昌、张泰湘、奚柳芳都持此种观点，[⑨]冯季昌也认为，挹娄是肃慎的后裔。[⑩] 其中，杨保隆甚至有专文与丁谦观点商榷，反对丁谦所谓“挹娄为肃慎境内一部”

---

① [苏联]沙弗库诺夫：《渤海国及其在滨海区的文化遗存》第1章，列宁格勒，1968年版；[苏联]沙弗库诺夫：《渤海国及其在滨海区的文化遗存》，林树山译，载中国社会科学院民族研究所历史研究室资料组编译：《民族史译文集》第13辑，1985年版，第9～10页。

② 林树山：《〈后汉书·挹娄传〉考异》，《黑河学刊》1989年第1期。

③ 林树山：《肃慎姓氏僆鸡考》，《北方文物》1986年第3期。

④ 金毓黻：《东北通史》上编，五十年代出版社，1945年版。

⑤ [日]津田左右吉：《渤海考》，邢玉林译，载中国社会科学院民族研究所历史研究室资料组编译《民族史译文集》第13辑，1985年版，第1～8页。

⑥ 林惠祥：《中国民族史》，商务印书馆，1939年版。

⑦ 杨保隆：《肃慎挹娄合考》，中国社会科学出版社，1989年版。

⑧ 孙秀仁、干志耿：《“楛矢石砮”探源》，《哈尔滨师范学院学报》1978年第4期。

⑨ 杨保隆：《关于肃慎两个基本问题的辨析——与薛虹同志商榷》，《东北师范大学学报》1980年第1期；陈显昌：《肃慎的发展和渤海国的建立》，《学习与探索》1982年第3期；张泰湘：《从最新考古学成就看历史上的肃慎、挹娄人》，《东北师范大学学报》1982年第5期；奚柳芳：《肃慎东迁考》，《东北师范大学学报》1980年第2期。

⑩ 冯季昌：《地理环境与东北古代民俗的关系》，《北方文物》1988年第1期。

说。[①] 但是，郝庆云还是认为，肃慎和挹娄不是一脉相承、前后相袭的同一族体，而是以“挹娄”为名的部落群，大体来自曾以“肃慎”为名的部落群中，汉晋之际挹娄部落强大，代替了肃慎部落，肃慎部落则沦落为部落群中的一般部落而依然存在。[②]

另外，戚玉箴和孙进己都认为挹娄是肃慎人中的一支。[③] 张博泉还主张肃慎在东汉、三国时称为挹娄，挹娄是肃慎的同名异译。[④] 薛虹、李澍田也认为挹娄由肃慎改称而来。[⑤] 支持者有喻权中、麻晓燕[⑥]、佟冬[⑦]、宁梦辰[⑧]、栾凡[⑨]、张雷军[⑩]等。杨东晨和杨建国同样认为挹娄即古肃慎，文献中之所以有时称挹娄，有时称肃慎，是因为挹娄人少势弱，后又融入了肃慎族的缘故。[⑪]

薛虹主张挹娄是肃慎泛称下的一部分，肃慎和挹娄二者有不同的方面，不应该完全等同，不能仅仅看作时异名殊，肃慎是西团山文化的主人，是先秦时期东北地区松花江上游少数民族的自称；挹娄是《新唐书》上的靺鞨的虞娄部，是莺歌岭上层遗址的文化类型的主人，是汉魏之际对牡丹江、绥芬河、图们江流域古代居民的称呼，较肃慎落后，二者属于不同的血缘群体，汉魏时肃慎向东北方迁徙，和挹娄融合，其位置便重合为一。[⑫]

付波也指出：挹娄并非源于古肃慎，周昭王、穆王以前的肃慎与汉魏时发现的挹娄实无干系，汉魏后史书所见的肃慎，是中原为挹娄所加族称，这时的挹娄与肃慎当为一体，并非二指；而《新唐书》中的挹娄当为虞娄之误。[⑬]

---

① 杨保隆：《肃慎改称挹娄考释——兼对丁谦谓挹娄为肃慎境内一部之辨释》，《民族研究》1980 年第 2 期。

② 郝庆云：《曹魏军队进入“肃慎南界”考》，《黑龙江史志》1996 年第 1 期。

③ 戚玉箴、孙进己：《肃慎和挹娄的考古文化》，《学习与探索》1984 年第 5 期。

④ 张博泉：《肃慎 · 挹娄 · 女真考辨》，《史学集刊》1992 年第 1 期。

⑤ 薛虹、李澍田：《中国东北通史》，吉林文史出版社，1993 年版。

⑥ 喻权中：《“肃慎雄棠”与中国北方民俗传播学上的“三化”》，《学习与探索》1995 年第 1 期。

⑦ 佟冬：《中国东北史》（修订版），吉林文史出版社，2006 年版。

⑧ 宁梦辰：《东北地方史》，辽宁大学出版社，1999 年版。

⑨ 栾凡：《肃慎系民族的演进及其文化传承关系》，《黑龙江民族丛刊》2001 年第 4 期。

⑩ 张雷军：《试论楛矢石砮文化》，《黑龙江民族丛刊》2002 年第 2 期。

⑪ 杨东晨、杨建国：《论秦汉时期黑龙江地区的民族与文化》，《哈尔滨师专学报》2000 年第 2 期。

⑫ 薛虹：《肃慎的地理位置及其同挹娄的关系》，《东北师范大学学报》1980 年第 2 期。

⑬ 付波：《小议肃慎与挹娄的关系》，《辽宁大学学报》1986 年第 5 期。

李德山同样认为挹娄非肃慎,他们各成系统。[①]

台湾学者李学铭认为傅斯年、金毓黻和冯家升等人的观点皆不可信。并参照凌纯生和刘节的研究,认为挹娄与肃慎无关,非通古斯族。为古亚洲族秽貉系内之民族,与高句丽相近,[②]并在《对于勿吉靺鞨种族名称之管见》一文中明确指出:“吾国古籍之肃慎,与魏晋时之挹娄,两者绝非同族。”[③]

进入新世纪之年,青年学者王乐文和沈一民等也加入了这一争论,并分别撰文对肃慎和挹娄的关系进行了新的梳理和研究。其中,王乐文除在《“肃慎族系”观产生原因简论》[④]中分析了这种观点产生的主客观原因外,又撰《“肃慎族系”略论》,进一步地驳斥传统的“肃慎族系观”,即“由于诸方面的原因,难以考实早期的肃慎族被奉为挹娄、勿古等族之祖先。虽然唐代以后的一些史书不再坚持此观点,但其皆视挹娄、勿吉、靺鞨、女真等族为同族异称,也是不确切的。因为文献和考古资料显示,挹娄和靺鞨等族的人群构成都不是单一的,而他们的传续发展也绝非是线性的”[⑤]。沈一民的《再论肃慎、挹娄的关系》一文,则“在以往研究的基础上,尝试着对先秦直至魏晋南北朝时期的文献进行梳理,试图找出魏晋南北朝时期肃慎、挹娄并存于史籍的原因,从而解答肃慎、挹娄二者的关系”,结论是“以现有的先秦、秦汉文献进行分析,当时中原王朝对古肃慎的认识是相当浅薄而模糊的,古肃慎与东北地区也没有直接或者必然的联系。到了魏晋南北朝时期,由于中原王朝与东北关系的日益密切,魏晋史家以‘楛矢石砮’为依据,将古肃慎与东北民族联系在一起,对之进行了重新确认。但我们并不能以魏晋史家的看法,简单地把这一时期的肃慎和古肃慎画上等号。这一时期所出现的肃慎实际上就是挹娄,肃慎一词是中原王朝强行加给挹娄的族称,是中原王朝出于自己的政治需要,强行将挹娄进贡‘楛矢石砮’说成是肃慎进贡‘楛矢石砮’”[⑥]。

---

① 李德山:《挹娄族考略》,《黑河学刊》1988 年第 4 期。

② 李学铭:《肃慎与挹娄之商榷》,《大陆杂志》1957 年第 14 卷第 6 期,第 14~19 页。

③ 李学铭:《对于勿吉靺鞨种族名称之管见》,载《宋辽金史研究论集》,台北大陆杂志社“大陆杂志史学丛书”,1960 年版第 1 辑第 5 册,第 165~174 页。

④ 王乐文:《“肃慎族系”观产生原因简论》,《光明日报》2006 年 6 月 5 日。

⑤ 王乐文:《“肃慎族系”略论》,《历史教学》2008 年第 4 期。

⑥ 沈一民:《再论肃慎、挹娄的关系》,《民族研究》2009 年第 4 期。

概而言之，争论的核心依然是肃慎与挹娄二者是否是同一部族的不同称呼还是完全不同的两个部族，迄今为止争议还在继续而没有得到解决。

三、肃慎的分布区域及其考古学文化的研究

关于其分布地域，自《满洲源流考》首倡在"宁古塔、黑龙江诸境"以来，研究者们诸说纷纭，莫衷一是。如傅斯年在《东北史纲》中指出当在今辽河流域，或内及滦河，外及鸭绿。[①] 日本考古学者古谷清则认为肃慎在辽东半岛。[②]

冯家升主张肃慎系民族为三大通古斯之一，其住地大约西南在宁安，其东俄属东海滨省皆属之，南与延吉接，北为松花江。[③]

20世纪60年代郭沫若在《中国史稿》中指出，先秦时的肃慎族散布在松花江直到黑龙江流域的广阔地区。[④] 张博泉认为肃慎在今黑龙江下游，北及东至鄂霍次克海和日本海，西南约抵今黑龙江、松花江合流处及张广才岭，南约至今兴凯湖及兴凯湖之西的镜泊湖一带。[⑤] 程妮娜则指出，肃慎居住地在今长白山以北，牡丹江中下游至黑龙江下游广大地区。[⑥]

如上说法虽然较为笼统，却大体上接近文献记载所提供的地理方位和越来越多的考古资料的有力证明。

此外，还有别的说法。如20世纪60年代，佟柱臣以当时的考古资料为依据，著文提出在今松花江流域，并以吉林西团山文化为肃慎物质文化的遗存。[⑦] 后来，薛虹也以文献资料和考古资料相互参证为据，著文认定肃慎就是分布于吉林市近郊，沿松花江两岸的"西团山文化"的历史主人。[⑧] 杨东晨和杨建国主张其辖地为黑龙江省东部地区。黑龙江省牡丹江及绥芬河地区（有团结、东康、东兴三个类型文化）、三江平原地区（有滚兔岭、蜿蜒河类型

---

① 傅斯年：《东北史纲》第一卷，载欧阳中生编《傅斯年全集》第二卷，湖南教育出版社，2000年版。

② ［日］古谷清：《旅顺发现石器时代遗物》，《考古界》第7卷第10号，1908年版。

③ 冯家升：《述肃慎系之民族》，《禹贡》第3卷第7期，1935年版。

④ 郭沫若：《中国史稿》第1册，人民出版社，1962年版。

⑤ 张博泉：《东北地方史稿》，吉林大学出版社，1985年版。

⑥ 程妮娜：《东北史》，吉林大学出版社，2001年版。

⑦ 佟柱臣：《吉林西团山石棺墓发掘报告》，《考古学报》1964年第1期。

⑧ 薛虹：《肃慎和西团山文化》，《吉林师范大学学报》1979年第1期。

文化),在两汉时期大都是肃慎分布区。[①] 陈文英认为肃慎疆域包括长白山以北,黑龙江及松花江下游以南,东至日本海的广大地区。[②] 姜维公和高福顺则指出:肃慎种族,从语言上看属于阿尔泰语系的满—通古斯语族,主要分布于松花江下游、黑龙江中游及牡丹江流域。[③]

那么,究竟哪一说较为靠谱呢?学者们曾展开了热烈的讨论和争议。争议首先发生在杨保隆和薛虹之间。杨保隆指出薛虹“先秦文献中肃慎的地域只有松花江中上游地区”之说具有很大的片面性,认为挹娄的地域范围就是先秦文献中肃慎的地域,相当于今东至日本海,西到呼兰河流域,南至宁安、东宁县南,珲春、汪清县北,北达黑龙江入海处的广阔区域;而据考古发掘和其他史料说明,先秦肃慎的区域要比挹娄的这一地域大,即在西南方向,西团山文化分布的区域也是肃慎故土。[④] 薛虹随即发表文章再次阐述自己的观点,仍然认为“商周到春秋战国之际,中原所认识和记述的肃慎,是以吉林地区为中心的西团山文化为代表的原始社会群体”,挹娄则是莺歌岭上层遗址文化类型的主人。[⑤]

不过,西团山文化为肃慎遗存的说法,遭到了著名考古学家林沄等人的否定,因为无论从考古学文化序列的演变,还是从历史文献记载的延续性方面考虑,挹娄和肃慎之间都有巨大的时间缺环;[⑥]又,东北历史地理权威专家李健才在深入梳理从肃慎到挹娄埋葬习俗演变的基础上,再次重申西团山文化不可能是肃慎、挹娄的文化遗存。[⑦] 因之,所谓西团山文化即肃慎遗存的说法也就难以立足。

紧接其后,莺歌岭遗址即肃慎文化说成为热门话题。首先是孙秀仁主张距今约3000年的牡丹江流域镜泊湖东岸的莺歌岭原始社会遗址,在时间

---

① 杨东晨、杨建国:《论秦汉时期黑龙江地区的民族与文化》,《哈尔滨师专学报》2000年第12期。

② 陈文英:《“肃慎”考》,《天中学刊》2001年第1期。

③ 姜维公、高福顺:《东北历史地理简论》,吉林文史出版社,1990年版。

④ 杨保隆:《关于肃慎两个基本问题的辨析——与薛虹同志商榷》,《东北师范大学学报》1980年第1期。

⑤ 薛虹:《肃慎的地理位置及其同挹娄的关系》,《东北师范大学学报》1980年第2期。

⑥ 林沄:《肃慎、挹娄和沃沮》,《辽海文物学刊》1986年创刊号。

⑦ 李健才:《东北史地考略》第三集,吉林文史出版社,2001年版。

和地域上同有关肃慎族的记载相合，[1]应该是肃慎人的文化遗存。随后，陈显昌、张泰湘相继发表文章，认为距今6000年左右的黑龙江省新开流遗址和距今3000多年的莺歌岭遗址都是肃慎人的文化遗存。[2] 戚玉箴、孙进己同样根据文献记载和考证，推定牡丹江中游地区应是古肃慎活动地区，其同时期的考古文化应为肃慎、挹娄遗存。在今松花江以东的广大地区，分布着的“牡丹江类型文化”，即莺歌岭下层—上层—东康文化和“三江类型文化”，即新开流—小南山—海青（乌里尔）—蜿蜒河（波尔采）文化两系古代文化，均与肃慎、挹娄有关，应同属肃慎—挹娄文化，其差别则反映了同一族系内部不同部落群的差异，前者应是肃慎本部文化，后者或是挹娄本部文化。[3] 喻权中等也认为莺歌岭文化遗址为肃慎文化。[4]

佟冬则进一步指出，周代以前的肃慎占有黑龙江中下游向东直至日本海沿岸的广大地区，黑龙江宁安市莺歌岭遗址是肃慎文化遗存。[5]

薛虹、李澍田的《中国东北通史》也认为，汉以前肃慎大体活动在黑龙江省东部，即牡丹江中游至黑龙江下游广大地区，距今约3000年的宁安镜泊湖南端的莺歌岭遗址是肃慎的遗存。[6]

又，孙进己、干振玮、庄严和干志耿也都认为，宁安镜泊湖南岸莺歌岭原始社会遗址属古肃慎文化遗存；距今3000年前的饶河小南山和抚远海青遗址是古肃慎北支的文化遗存，即周初挹娄先世的遗留；距今约1980年的牡丹江市郊龙头山遗址和绥滨蜿蜒河遗址下层，以及距今约1695年的宁安东康遗址和蜿蜒河上层文化遗存都是挹娄、肃慎文化。[7]

虽然如此，所谓莺歌岭遗址即肃慎文化的说法却越来越为黑龙江考古和历史学界所摒弃，继20世纪90年代初出版的黑龙江考古方面的权威之作——《黑龙江区域考古学》认定石灰场下层文化、亚布力北沙场类型的“共

---

① 孙秀仁：《黑龙江历史考古述论》上，《社会科学战线》1979年第1期。

② 陈显昌：《肃慎的发展和渤海国的建立》，《学习与探索》1982年第4期；张泰湘：《从最新考古学成就看历史上的肃慎、挹娄人》，《东北师范大学学报》1982年第5期。

③ 戚玉箴、孙进己：《肃慎和挹娄的考古文化》，《学习与探索》1984年第5期。

④ 喻权中：《“肃慎雄棠”与中国北方民俗传播学上的“三化”》，《学习与探索》1995年第1期。

⑤ 佟冬：《中国东北史》，吉林文史出版社，1998年版。

⑥ 薛虹、李澍田：《中国东北通史》，吉林文史出版社，1993年版。

⑦ 孙进己、干振玮、庄严：《肃慎、挹娄、勿吉、黑水靺鞨的经济和社会性质》，《北方论丛》1985年第5期；干志耿、孙秀仁：《黑龙江古代民族史纲》，黑龙江人民出版社，1987年版。

同特点是均表现了山地林区的文化特征"而称其"是一种森林农业文化(或山地农业文化)"①,即与以渔猎文化为主要特色的肃慎文化遗存并无共同之处;2006年,当初曾赞同其说的考古学者张泰湘,在其题名《从考古新发现看通古斯—满语族的悠久历史》中提及赫哲和满族先世的新石器文化遗存,只是涉及了"新开流文化"而完全拔除了"莺歌岭遗址"的存在,证实其已经放弃了先前的观点。迄今为止已经越来越成为学者们的共识(详见后文)。

除此之外,还存在其他的说法。如苏联学者沙弗库诺夫认为肃慎在山东半岛,并指出肃慎部落当时居住在黄河下游以南泰山附近的平原地区,后来从那里被周朝全部排挤到山东半岛,而后又被排挤到辽东半岛和朝鲜半岛。② 奚柳芳据文献资料分析,西周成王、康王以前的肃慎分布在今辽宁省西部及相近的地方,大致在今燕山以东、医巫闾山以西;后来早自昭、穆时(仅仅是可能),迟到春秋晚期,肃慎已经迁徙到了东北广大地区,但是否已深入到黑龙江中下游地区还很难下结论。肃慎何时开始定居在黑龙江中下游地区,目前虽还不能确定,但最晚到后汉,不晚于3世纪。而肃慎之所以会远徙,是由于受到华夏民族(如燕)的向北扩张或邻近游牧民族(如匈奴)的侵扰。③

杨东晨和杨建国认为,古肃慎是东夷鸟夷的裔支,经过漫长的发展和迁徙,西周时已迁至燕山以东,战国初期时最后向东北迁至今辽宁省开原一带,后在战国末年其中一部分族人由开原东迁到了长白山;东迁的这部分族人和东北原有的居民相结合,以后演化为挹娄族。还有一部分迁入朝鲜北部。后来随着夫余王国的强大,肃慎人再次向北、东、南三方迁徙,北至黑龙江中下游,东至鞑靼海峡及日本岛,南至(今吉林)图们江及鸭绿江上游以至朝鲜北部。④ 何光岳也大体上持同样看法:"肃慎氏是夏商时代早已存在的古老部落,它是鸟夷的一支,属于东夷集团,从东夷繁衍和发展的中心山东半岛分出来,逐渐北迁,直到松花江流域和黑龙江中下游。"⑤

---

① 谭英杰等:《黑龙江区域考古学》,中国社会科学出版社,1991年版,第32页。

② [苏联]沙弗库诺夫:《渤海国及其在滨海区的文化遗存》第1章,列宁格勒,1968年版。

③ 奚柳芳:《肃慎东迁考》,《东北师范大学学报》1980年第2期。

④ 杨东晨、杨建国:《论秦汉时期黑龙江地区的民族与文化》,《哈尔滨师专学报》2000年第12期。

⑤ 何光岳:《肃慎的起源与北迁》,《黑河学刊》1991年第2期。

又，原北京大学历史系考古学教研室商周组也曾提出：辽河上游或者辽西是肃慎人最初活动的地区，夏家店下层文化和上层文化即包括肃慎文化在内；[1]著名考古学家邹衡先生在其《夏商周考古学论文集》中还明确指出：夏家店下层文化分布区是肃慎文化，[2]这些观点都曾在学界产生较大影响。

不过，这些说法尽管言之凿凿，却都没有提供出任何足以令人信服的论据，特别是考古资料的证明；况且，极难设想，在毫无任何文献记载和考古资料佐证的情况下，作为一个赫赫有名的肃慎族团整体有何必要从大老远的地方越过千山万水远徙到今松花江流域和黑龙江中下游的广袤地带?！因之，这些说法也就只能是没有任何根据的推论和不实之词。

四、关于肃慎的其他研究

杨保隆的专著——《肃慎挹娄合考》，是我国第一部系统研究满族先民肃慎、挹娄历史的专著。他运用当时能够收集到的史籍和考古发掘材料以及民族学资料，对肃慎、挹娄的源流、地域、社会性质、与中原地区的交往，以及勿吉、靺鞨、女真、满和赫哲等族的族系历史发展情况做了详细的考证和梳理、概括，有力地支撑了传统的肃慎族系史观；针对“二战”前日本人池内宏在其所撰写的《肃慎考》一文中否认历史上存在过肃慎族的观点，做出了有理有据的辩驳。在同书的第三章和第四章中，还运用大量的考古资料和文献资料论述了肃慎、挹娄人的社会性质及与中原的往来，可以说是填补了此领域的研究空白。另外，书后的附录除了将散见于几十种古籍中的肃慎、挹娄史料汇集一起并加标点外，还列出全书引用的160多种中外文献目录，大大方便了读者检索和查阅，故可以称之为研究肃慎历史的入门书。

一些相关的学术论文也对肃慎历史的一些方面进行了有益的探讨。其中郝庆云等的《论肃慎族系在中国历史发展中的作用》一文就很有代表性，其具体论述了肃慎族系发展的三次高潮；[3]白凤岐的《从肃慎到女真》一文则对从肃慎到女真的历史渊源和发展脉络进行了概述，探讨了互相间的继承

---

① 北京大学历史系考古学教研室商周组：《商周考古》，文物出版社，1979年版。

② 邹衡：《夏商周考古学论文集》，文物出版社，1980年版。

③ 郝庆云、魏国忠：《论肃慎族系在中国历史发展中的作用》，《满语研究》2001年第2期。

性和不同;[①]日人今西春秋的《肃慎国域考》[②]一文,主要是利用文献古籍的记载对肃慎的分布地域进行了探索和考证。傅朗云所撰《〈肃慎国记〉丛考》,则从史料入手,对古代文献所引《肃慎国记》佚文进行注释和考证,颇便初学,并认为《肃慎国记》可能是《肃慎记》。[③]

第二节 肃慎的源流与地域分布

关于肃慎人的来源,学术界向有异议。不少学者认为肃慎人原来并不是东北地区东部的土著民族,而是从外地辗转迁移过来的,代表者主要是金毓黻先生的推想:“最古之肃慎当起于山东半岛,再由登州海中之脊而移居于东北,其残留于山东半岛者即以肃慎为氏,又别书为夙沙。至其移居东北之时代,或在史以前。由是言之,则肃慎一族,亦由汉族所蜕化”[④],即认为其先民很可能由山东半岛经登州海中之脊而移居于东北的;至于其流变,金氏则在《东北通史》上编“总论”之“东北史与民族”一节有所论说,并列表示意之,即“肃慎族—挹娄—勿吉—靺鞨(渤海)—女真(金)—满洲(清)”一系诸族的演变序列。[⑤] 其中前者所谓的从外地辗转迁移过来的“外来说”,显然是没有任何根据的过时的说法(详见下文);至于后者即其发展的脉络和源流的演变,则大体上成为学界的共识。

一、肃慎名称的由来

肃慎是我国东北地区历史上著名的古代民族之一。据我国文献史料记载,早在尧舜时期就与中原有过联系。王国维著《今本竹书纪年疏证》卷上载:“(帝舜有虞)二十五年,息慎氏来朝,贡弓矢”。肃慎之名见于《史记》的《五帝本纪》《周本纪》和《孔子世家》以及《大戴礼记 · 少闲篇》《书序》《周书 · 王会篇》《左传 · 昭公九年》《国语 · 鲁语下》《说苑》《孔子家语 · 辨物

---

① 白凤岐:《从肃慎到女真》,《满族研究》1986 年第 1 期。

② [日]今西春秋:《肃慎国域考》,《东方学纪要》1967 年第 2 期。

③ 傅朗云:《〈肃慎国记〉丛考》,《图书馆学研究》1983 年第 3 期。

④ 金毓黻:《东北通史》上编,1980 年社会科学战线杂志翻印本,第 52 页。

⑤ 金毓黻:《东北通史》上编,五十年代出版社,1936 年版,第 25 ~ 26 页。

篇》等。其名称文献记载不同。今本《竹书纪年·五帝篇》称:帝舜二十五年(公元前2155年)"息慎氏来朝"。据东汉大学者郑玄的疏注:此"息慎"就是东北夷中的肃慎。另外,《满洲源流考》也曰:"息、稷、肃,音转之讹,其为一国无疑。"查"息"的上古音为职部,而"肃"字则在觉部,按音韵学中音转规律,职部与觉部可转,称为"对转",其元音相同,而韵尾的发音部位也相同,[①]故"息慎"与"肃慎"确有可能为一音之转,或者皆为同一族称的不同写法。以治史严谨而著称的史学大家司马迁在《史记·五帝本纪》中即采摭诸说而记载曰:"山戎、发、息慎……四海之内,咸戴帝舜之功。"

肃慎一系诸族不仅名称写法各异,而且在不同历史时期文献记载中的称呼也不尽一致,如先秦时期主要称呼为肃慎(有谐音的息慎、稷慎和肃昚等称呼),汉魏时期叫作挹娄,南北朝称勿吉,隋唐称靺鞨(也有靺羯的写法,既证明了其称呼原本就是勿吉一称的音译,也透露出勿吉和靺鞨音近的信息),只是唐时靺鞨七部经过分化组合,形成黑水和渤海南北并存的两大部分,后者建国于唐朝开元前后,以渤海名称为海东盛国,五代初期为契丹所灭;前者黑水靺鞨则逐渐演变成女真,由于避讳辽帝称之为"女直"并将其分为生熟两部分以进行羁縻统治,后来生女真建国灭辽和北宋,入主中原而为大金王朝。元时,进入中原各地的契丹、女真以及渤海人等都融入汉族;而留在东北地区的部分,到了明末分别形成建州、海西和野人三大部落群,其中建州女真的努尔哈赤建国,史称后金。此后,皇太极改族称为满洲,国号清。1949年10月后,称其为满族。这实际上也就成为来源于我国古籍记载中的"肃慎族系"的历史脉络。至于其名称的由来是自称还是他称,也一直存在争议。清人陈康祺在《郎潜纪闻初笔·满洲可称珠申》一书中即谓:"满洲初为部落名,国书本作满珠,二字皆平读。乾隆四十二年上谕:我朝肇兴时,旧称满珠,所属曰珠申,后改称满珠,而汉字相沿,讹为满洲,其实即古肃慎,为珠申之转音。谨案《淮南子》曰:东方多君子之国,信哉,莫古于肃慎。《竹书纪年》:帝舜有虞氏,息慎氏来朝,贡弓矢。《史记·虞帝纪》:北发息慎。《尚书序》:息慎来贺。自后《家语》《尚书传》《孔子世家》,皆称肃慎。《汲冢周书》王会解:西面者正北方稷慎。息、稷与肃,皆一音之转也。宋刘忠恕以金之姓为朱里真。盖北人读肃为须,须朱同韵,里真二字,合呼之亦

---

① 张世禄:《古代汉语教程》上册,复旦大学出版社,1991年版。

即慎字。金亦肃慎之地，忠恕误以为姓，舛谬殊甚。我朝旧称所属曰珠申，经高宗钦定，与金之女真，同为肃慎转音，可知天贶大东，数千年前，早开楛矢信义之俗，以待我祖宗诞膺景命，混一神州。而东之为位，又适为天地之所以成始而成终，于万斯年，洪基永固，不待卜矣（今满洲人自署地名，多称长白，窃谓不若珠申之雅切）。”①

综合各个方面的资料可知，肃慎之称的由来，应与该族的鸟图腾崇拜有关。只是，究竟是崇拜什么鸟？学术界也颇有争议。鉴于肃慎人分布的传统地域自古以来就出产一种叫作海东青的名鹰，其作为肃慎先民在渔猎生涯中不可缺少的猎鹰，历来受到当地人们的珍爱和崇拜；况且在肃慎人后裔女真人的语言中，“海东青”的音义又与“肃慎”相近。诸如“珠申”“诸勒申”“朱理真”“虑真”等，均为“女真”与“肃慎”的同名异译，而从语义上看，“朱理”或“诸勒”（zhul）又系女真语“东方”之意；“真”“申”“慎”（shen）则系“海青（即鹰）”之谓，二者相加即“东方海青”——“东方之鹰”之意，②因此，完全可以推定肃慎人所崇拜的鸟十有八九就是海东青，这当然也就意味着“肃慎”的得名应与崇拜海东青相关联，即肃慎一族是以海东青作为图腾的原始部族共同体。

二、关于“肃慎族系”说

“肃慎族系”这一观念的出现历史悠久，有可能萌芽于魏晋时期而形成于唐宋之际。但是，作为概念的明确提出却是现代的事情。有学者在《光明日报》著文提出这个说法，指出其形成有主客观两个原因。即“肃慎族系”观形成，主观上是由于历代统治者重视肃慎之贡，致使作史者不能正视早期文献对先秦肃慎之记载，仅以贡“楛矢石砮”这一特征去标识肃慎。客观上，挹娄以后诸族文化面貌存在共性，并有一定的承接关系，造成“肃慎族系”一脉相承的假象。而实际上，汉代以后的挹娄诸族与文献所记的先秦肃慎时隔上千年，未必是前后相续的一体。上述文献记载和考古资料所反映的诸族在文化上的共性，是由于他们适应共同的自然环境而造成的，既不能在考古学上决定其文化性质，更不能证明其人群未发生改变。况且，考古学文化改

① （清）陈康祺撰、晋石点校：《郎潜纪闻初笔二笔三笔》全二册，中华书局，1984 年版，第 94 ~ 95 页。

② 崔广彬：《“肃慎”一名之我见》，《北方文物》1987 年第 3 期。

变的背后都隐含着不同人群集团的流动与重组,即便是发生于同一系统的文化改变也是如此。所以,挹娄等族群的来源与形成都极其复杂,文献中每一次族称的变化,其背后都隐含着人群的重组和文化的流变,每个族的主体成员及其构成亦不尽相同。故其人群构成也不应该是单一的,故挹娄等族的传续发展绝非是线性的,而应是多元的。传统上的"肃慎族系"史观显然是过于简单化、理想化了。[①] 其言外之意,这种肃慎族系演变的脉络似近于神话;我们则认为,这种"神话"也并非完全没有历史的"依据"。

肃慎最早见之于先秦古籍,从文献资料的角度来说,至少可以早到商代,因为当时的公文中就已出现《贿肃慎之命》的文献;另据《竹书纪年》的记载,肃慎与中原的关系甚至于可以上溯到虞舜时期。汉晋以后,中原人民在注释古文经典的时候,已经认识到息慎、稷慎和肃眘都是肃慎的不同称呼,并已经知道肃慎为"东北夷"人之一了,而对其地理位置的了解则更加具体。如《汉书·武帝纪》记载肃慎在海外,[西晋]晋灼注引《东夷传》曰:"今挹娄地是也,在夫余之东北千余里大海之滨。"郭璞注释《汉书·司马相如列传》曰:"肃慎,国名。《魏略》主张'挹娄一名肃慎氏'。"《晋书·肃慎传》赞同。此后,所有的《挹娄传》都主张挹娄就是古肃慎国,居住在古肃慎故地,即较之先秦时期的认识大大深化而具体多了。至于南北朝以后的认识就更加明确了,如《魏书·勿吉传》进一步地将勿吉与肃慎联系起来,曰"勿吉国,在高句丽北,旧肃慎国也"。隋唐时期史籍中"勿吉""靺羯"和"靺鞨"等称谓逐渐增多并时而混淆并用,而且明显看出勿吉、靺羯、靺鞨三者的读音相近,不仅可以通假而且确系同音异译。杜佑在《通典》中还明确指出"古之肃慎,宜即魏时挹娄,自周初贡楛矢、石砮……至魏常道乡公末、东晋元帝初及石季龙时始皆献之。后魏以后曰勿吉国,今则曰靺鞨焉"[②]。"大唐圣化远被,靺鞨国频使贡献。详考传记,挹娄、勿吉、靺鞨俱肃慎之后裔。"[③]在这前后,文献古籍中又出现了渤海靺鞨的称呼,即将渤海国视为靺鞨人的国度或政权,以与其北方的黑水靺鞨相区别。而后来的女真族,恰恰出自黑水靺鞨,最早可能出现于唐贞观年间,后为避辽道宗讳,《辽史》多称之为女直。元人则直接称之为女真,其所编纂的《金史》也坚持女真源于黑水靺鞨说;清初以来的

---

① 王乐文:《"肃慎族系"观产生原因简论》,《光明日报》2006年6月5日。

② 《通典》卷一八五《边防典·东夷上》"序略"。

③ 《通典》卷一八六《边防典·东夷下》。

研究者们则从读音入手，认为女真又名朱理真，满洲原名诸申，从而将女真上与肃慎、下与满洲联系起来。清末民初以傅斯年和金毓黻为代表的东北史学者们，最后将肃慎族系观发挥到极致而形成了一边倒的观点，又由于其大体上反映了历史的客观实际，至今依然为许多研究者们所接受和传承。故尽管仍有学者继续对其质疑，但如绪论中所指出，本书依旧采纳并使用肃慎族系史观的概念。

三、肃慎人的分布范围

肃慎族，是东北最古老的民族之一。《竹书纪年·五帝纪》称："肃慎者，虞夏以来东北大国也。"文中的"虞"，就是"唐尧虞舜"中的舜帝；"夏"，则指公元前2100年左右时间建立的夏朝。这就是说，早在4000多年前，肃慎人即已经活动在当时中原王朝的"东北"方一带。那么，当时的"东北"方一带当在今何地？白山黑水之间。所谓白山黑水，就是今天的长白山与黑龙江一带，一般也泛指东北地区。考虑到先秦时代的古籍《山海经·大荒北经》载："大荒之中，有山名曰不咸，有肃慎之国"，而"不咸山"就是今天的长白山；则有可能在今我国东北地区长白山附近一带。

又，《左传》昭公九年条载："王使詹桓伯辞于晋曰……及武王克商，蒲、姑、商、奄，吾东土也；巴、濮、楚、邓，吾南土也，肃慎、燕、亳，吾北土也。"即指"肃慎之地"同燕、亳之地一样，都曾是周王朝北方的"领土"。对此"肃慎之地"方位的解释，我国学者傅斯年①、何光岳②、李德山③等和俄罗斯学者 3. B. 沙弗库诺夫④以"考古资料"为据称：夏家店下层文化"该是包括了肃慎和燕亳在内的文化"；而夏家店上层文化则"应该是包括了东胡、山戎、肃慎在内的诸戎狄文化"，这两种文化的分布区"北已越过西喇木伦河，南已越过拒马河，自辽河以西，包括京津在内的燕山南北一带"⑤。不过，这些说法或是主

---

① 傅斯年在《东北史纲》第一编中称《左传》《国语》所说的肃慎"必去燕不远，当在辽河流域，或内及滦河"。

② 何光岳：《东夷源流史》，江西教育出版社，1992年版，第288、396～397页。

③ 李德山：《关于肃慎族几个问题的探讨》，《北方民族》1993年第1期。

④ 其《渤海国及其在滨海边区的文化遗存》一书的第四章中，也认为肃慎原来"居住在黄河下游泰山附近的中国平原地区，看来他们是从那里被周朝各部排挤到山东半岛，而后又被排挤到辽东半岛和朝鲜半岛"。

⑤ 北京大学历史系考古教研室商周组：《商周考古》，文物出版社，1979年版。

观臆测,附会之言;或是论据不足,并无切实根据;况且,“无论是商还是周,河北北部和辽西地区均不可能有肃慎人的分布”[①]。

综合文献记载和考古资料,我们认为肃慎分布于今黑龙江地区东部、以牡丹江流域为中心的东北东部地区。

按照周人说法,肃慎之地必在周王朝疆域的北方偏东并与燕、亳之地相距不远之处。查春秋时燕候国北境已达辽西中部及其稍东处[②];又鉴于注《左传》的晋人杜预称:“肃慎,北夷,在玄菟北三千余里。”《山海经·大荒北经》有载“大荒之中,有山名曰不咸,有肃慎之国”;晚出的《晋书·四夷传》也载肃慎氏“在不咸山北”,加之晋人郭璞又注称“今肃慎国去辽东三千余里”,考魏晋之际的玄菟郡在今沈阳、抚顺之间的上柏官屯附近,辽东郡治在今辽阳市,当时的三千里约折合今天的二千余里,故可推定肃慎之地应在今长白山以北以东之地,似在今牡丹江中下游及其东北直到三江平原一带,而这里恰恰是汉晋之际被称为肃慎后裔的挹娄人的传统分布区域。

迄今为止,在三江平原腹地七星河流域的双鸭山、友谊和宝清等地发现的滚兔岭文化和分布在黑龙江中游两岸的波尔彩—蜿蜒河文化,被公认为肃慎后裔挹娄人的物质文化遗存。[③] 那么,在它们之前,同一地带是否存在着与它们相关而时代早些的远古文化呢?答案是肯定的。因为1997年在依兰县发掘的位于县城西郊牡丹江河口不远处的桥南一期遗存已经被推定为“距今约2500年左右,相当于春秋晚期到战国早期,应是本地区商周时期年代最晚的遗存”[④],并同黑龙江中游北岸今俄罗斯境内的被视为肃慎文化遗存的乌里尔文化基本类似。而耐人寻味的是,和乌里尔文化同一地区的波尔彩文化之间存在明显传承关系一样,桥南遗址的早、晚两期也存在着明显的继承关系,其中晚期所出土的陶器“器物和红衣陶球腹罐等则开了下一段,即滚兔岭—凤林文化的先河”,当然也就意味着“滚兔岭—凤林文化是桥

---

① 刘子敏:《东北亚“金三角”沿革开发史及其研究》,黑龙江朝鲜民族出版社,2000年版,第97~105页。

② 李殿福:《东北境内燕秦长城考》,《黑龙江文物丛刊》1982年第1期。

③ 贾伟民、魏国忠在《论挹娄的考古学文化》(刊于《北方文物》1989年第3期)一文中,首次提出滚兔岭文化为挹娄人南支的物质文化遗存,后来逐渐得到学界同人们的认同。

④ 黑龙江文物考古研究所编著:《考古·黑龙江》,文物出版社,2011年版,第96页。

南文化演变来的"[①]。与其相近的还有抚远县境内乌苏里江左岸海青遗址，分布范围大致在乌苏里江流域和松花江、黑龙江的汇流地带；又，在兴凯湖以北、穆棱河下游和乌苏里江左岸地带，还有同类型的虎林姚营、吉祥，大、小穆棱河，五林洞遗址，从年代上看应该早于海青。而据《光明日报》(2007年10月19日)报道："日前，黑龙江省双鸭山市考古工作又获得新发现，正在抢救性挖掘的'劝农'古人类遗址出土陶罐、陶纺轮、石器等器物100余件，经专家考证为商周时代人类活动遗址，填补了双鸭山区域青铜器时期的历史空白，成为这一区域从旧石器时代到汉魏时期过渡的标志"；近年来已经被黑龙江考古界认定为三江平原地区青铜时代的考古遗存，"其文化因素部分与俄国滨海地区的新石器时代的扎伊桑诺夫卡文化相近，部分与青铜时代的马尔加里托夫卡文化有共性。其年代为距今4000—3500年左右，大约相当于商周之际"[②]。

令人鼓舞的是，在三江平原各地还发现了远比桥南—乌里尔文化还要早得多的土生土长的远古文化。其中最著名的就是1972年发掘的新开流遗址，位于密山大、小兴凯湖之间的湖岗上，面积二万多平方米，分上下两层，大体属于同一文化的不同阶段。陶器主要是夹砂灰褐陶，其次是黄褐，素面极少，纹饰繁缛，常常几种纹饰复合并用，以各种各样的鱼鳞、网状纹居多；石器多为压制并以石镞的数量最多，剖面呈半圆形的磨制石斧也富有地域特点；骨、角、牙器数量很大，以鱼镖、鱼卡、鱼叉、投枪头等为典型器物，发掘了几座鱼窖，一般直径不到1米、深0.6米，里面堆集层层鱼骨，有的可以看出完整的鱼形，显为储存鲜鱼的所在，为我国已知的新石器文化遗存中所罕见。经碳—14年代测定法测定和树轮校正，上层年代为公元前4100年左右，下层还要略微早些。同类文化的分布范围，"北到黑龙江下游，南至兴凯湖，东达日本海沿岸，西止于老爷岭一带"而与邻近的俄罗斯境内的马雷舍沃文化大体相近；"年代约在公元前5500年—公元前4500年间"[③]。不言而喻，这是一处典型的极具地方特色的渔猎文化遗存，并早已被学者们推定为肃慎先世的物质文化遗存。而1980年在其邻近的鸡西市刀背山所发现的距

---

① 张泰湘：《黑龙江流域的远古文明》，载《黑龙江流域文明研究》，黑龙江人民出版社，2006年版，第13页。

② 黑龙江文物考古研究所编著：《考古·黑龙江》，文物出版社，2011年版，第94页。

③ 黑龙江文物考古研究所编著：《考古·黑龙江》，文物出版社，2011年版，第60页。

今约5000年前的新石器时代积石冢,则无疑是当地肃慎先人们的公共墓地,并进而证实肃慎先人不仅仅生活在今兴凯湖之滨,附近的今完达山的大小山包和岗地也曾经是他们的栖居场所。

不止于此,在乌苏里江中游的饶河县城,1971年还发现了比新开流遗址更早的新石器时代小南山遗址。出土有压制的镞、矛、尖状器、刮削器等石器,并有磨制石斧、石镞等。陶器为质地疏松、火候不高的夹砂红褐陶,多为素面无纹,少数有拍印方格纹、刻划纹、篦纹、弦纹、水波纹等,器形仅罐、钵两种,但罐的形式较多,如卷沿罐、侈唇罐、筒形罐及口沿呈锯齿状的直口罐等,钵的器形为敞口、斜直腹,素面无纹。这里的直口侈唇篦纹罐、小桂叶形石镞、剑锋形石镞、带柄圆头刮削器等与新开流类型的同类物相似,而富于特征的水波纹陶片也是如此。更让人们高兴的是,据新华网2015年10月25日报道,考古人员又在其地发掘早晚两期新的遗存。其中距今七八千年前的早期遗存中,发掘出多数为大篦点纹、少数为菱形纹的陶器碎片,以及小石叶等石器,并出土有匕形玉佩、鱺形玉佩、珠、璧、管、锛等多件玉佩饰。这在新石器时代早期的遗址中十分罕见,既体现出当时当地的原始先民们已经知道用玉以标示身份和地位,又表明小南山一带为当时东北亚地区的"用玉"中心区域之一。同时,在距今4000年左右的晚期遗存中,出土有以红褐色夹砂陶为主、间或饰有细篦点纹和划纹的陶器残片,据发掘领队李有骞博士判断,其内涵与新开流遗址的同类物接近,当然也是肃慎先世的遗存。此外,年代约在公元前3500年—公元前3000年的依兰倭肯哈达洞穴中所出土的装饰有圆窝纹、篦点纹、附加堆纹、刻齿纹等纹饰的罐、锅、钵等陶器,①也和饶河小南山出土的直口侈唇篦纹罐、刻纹筒形罐等有相似之处;另,其所出土的玉环均呈圆形、对钻孔,横剖面呈菱形,其窄顶、宽刃、背平整的长身石斧等特点,也与小南山的出土物类同或存在密切联系。

尽管如此,这类文化和已被公认为肃慎后裔挹娄人的物质文化遗存——滚兔岭文化和波尔彩—蜿蜒河文化以及被视为肃慎文化遗存的乌里尔文化及桥南遗址之间,毕竟存在着长达三四千年或至少一二千年的时间缺环,也就不免让人们产生这样或那样的疑虑和困惑。好在近些年来,在以今乌苏里江支流挠力河流域为中心的三江平原地区,又相继发现了时代晚

① 黑龙江文物考古研究所编著:《考古·黑龙江》,文物出版社,2011年版,第63页。

于小南山和新开流文化而早于滚兔岭文化和波尔彩—蜿蜒河文化的遗址、遗迹和墓葬。其中著名者除鸡西市刀背山遗址、宝清县劝农遗址、依兰县桥南一期遗存[①]外，还有时代大约距今四千到二千几百年之间即相当于商、周、先秦之际的诸多遗址和遗迹，似有可能为如上所说的时间缺环做出重要的弥补。如其中的大板城遗址、三道岗西北城遗址、五道桥东北遗址等都是相当于中原商周时期的遗址，新发现的兴隆村西一号遗址面积竟达到55.6万平方米，成为饶河县内迄今为止发现的面积最大的遗址，而大板城遗址则被评为黑龙江省第三次全国文物普查十大重要发现之一。饶河县文物管理所所长、曾从事地区文物考古工作数十年之久的当地专家杨永才提供的信息表明："许多遗址存在时间应与中原商周时期相当"，并体现出新开流文化的影响。如大板城遗址的地层剖面可划分为三层，即新石器时代、青铜时代和汉魏年间，出土陶片上的菱形纹饰颇具特色并与新开流文化及距今 4250 年前的孔东文化相近。在富丰村东遗址群中发现有三层墙的祭坛遗迹，长方形地表坑残存深度近 2 米，有的大型地表坑直径接近 20 米。而具有渔猎文化特征的西丰镇渔丰南城遗址中的出土物最为丰富，有陶器残片、石器和石器残件、骨器、猪牙器、角器，及大量鱼骨、兽骨残留物等，从陶片中至少能够区别出早于汉魏时期的成分；特别是"用页岩磨制的直背斜刃装柄石刀，系仿造青铜小刀的形状磨制而成，为我国北方地区所罕见"。与渔丰南城遗址文化类型相近的还有挠力河左岸的小团山遗址、河北村南遗址、菜嘴子遗址等。[②] 又，2007 年清理的宝清县的劝农遗存位于劝农村二道岭约 2.6 公里的漫岗上，出土文物有石器 74 件、玛瑙器物 2 件、石英刮削器 3 件；可以修复的陶碗、陶杯、陶瓮、陶罐、陶盆等陶器达 107 件之多，其特征虽与邻近的双鸭山滚兔岭文化以及东宁的团结文化出土的陶器截然不同，却可以看出密山新开流文化、饶河小南山以及俄罗斯孔东文化中陶器特征的影响，并和饶河境内如上遗址中同类物存在相近之处；至于五星湖遗址出土的陶片纹饰则更与新开流遗址出土的陶器纹饰相近或如出一辙。这一切不能不让人们联想到挠力河流域低地中的完达山脉西麓的大小山包和岗地，往往都是商周时期当地先民们繁衍生息的活动场所。更让人们振奋的是，吉林大学终身教

---

① 黑龙江文物考古研究所编著：《考古·黑龙江》，文物出版社，2011 年版，第 94～96 页。

② 杨永才：《饶河县古代遗址调查略述》（未刊稿）。

授林沄与博士生导师魏存成教授等权威人士在考察了饶河县大板城址、三道桥城址、西丰西山遗址,宝清县雁窝岛南遗址、五星湖遗址并观看了宝清县劝农二道岭新石器时代晚期遗址出土的陶器和石器,参观了饶河、集贤、友谊和双鸭山等地的博物馆后,对这些早于滚兔岭文化的迹象给予了高度的关注和明确肯定,认为对探索"商、周"时代遗存做出了积极的贡献而具有重要的学术意义。

如此说来,这些晚于肃慎先世小南山和新开流文化而又早于滚兔岭文化的诸多遗存,极有可能与"肃慎"人或其先民们有联系或者就是肃慎人的遗留！尽管由于其大都没有经过正式发掘和鉴定而难以做出确切的断代,但至少可以看出:第一,密山新开流文化出现于公元前 5500 年—公元前 4500 年间即大约 7000 年前,小南山遗址则比它还早即八九千年前,这就意味着其创造者们远在原始民族(即在部落或部落联盟基础上形成的部族)出现的数千年之前即已繁衍生息在今乌苏里江流域一带而成为当地的原始先民。第二,种种信息表明,不但相当于两汉时代的双鸭山市滚兔岭文化由距今三千年左右时间的依兰县桥南"文化"等"演变来的"和黑龙江中游两岸相当于两汉之际的波尔彩—蜿蜒河文化直接承袭俄罗斯境内被视为肃慎文化遗存的乌里尔文化,就是夹在它们中间的前述饶河、宝清两县境内的那些遗址、遗迹和墓葬,也或多或少或明或暗地同先前小南山、新开流、海青、桥南等遗存之间,存在着这样或那样的关联甚至于不能完全排除类似传承的因素。而总体上看,这些相互之间存在某些联系或传承关系的遗存,既不同于西南方面大体上同一时期的以西团山文化为代表的文化系统,也不同于其南邻的团结—克罗乌诺夫卡文化(沃沮)系统,并同西邻松嫩平原上的白金宝文化体系(槖离)以及更远些的大兴安岭以西地区的东胡系统文化都存在着明显的区别,故应该视为相对稳定、独具特色而自成一体的物质文化遗存。第三,这些先于滚兔岭文化的遗址、遗迹和墓葬虽然大都未经正式发掘,但从时间上推定其为商、周到先秦之间应无疑义。故尽管现有资料还不能确指其与小南山、新开流文化之间存在明显的继承关系,但毕竟有着或多或少或明或暗的内在联系,而且作为该系文化源头的小南山和新开流文化,远在文献所载的古"族"(原始民族——可以称之为部族)出现之前即已存在于今三江平原地区。又鉴于迄今为止相关的古籍记载并未反映出商周之前的三江平原地带的土著或世居人们已经改换为别的族类,当然也就足以断言如上所述的诸多文化遗存，都是土生土长的物质文化遗存从而也就排除了其自外面传入的可能性。第四，值得关注的是，天气寒冷的自然条件也强有力地阻碍着温暖地带的族类向这一区域的整体迁徙，故除春秋晚期至战国中期的辽西地区的某一族类确有可能因为受到燕人驱逐而向东迁徙即“穿过松辽平原，顺松花江而下翻越张广才岭”，定居在今依兰县一带，且“其具有特色的实用器——角状把手罐——被当地文化吸收而传播到黑龙江流域”[①]外，并没有任何其他新的角色入主而取代了原来的“族”类，况且相关的文献古籍又无一例外地把肃慎与挹娄二者视为前后相续的族团。既然如此，综上所述，也就完全有理由推定，这些“商、周”遗址的主人们只能是被称为肃慎的族类，况且其间的这一地区又确实找不出另一个别的什么族类可以替代。

唯其如此，也就足以断言，作为三江平原腹地的完达山脉西麓的挠力河（乌苏里江支流的重要支流）流域，就是三四千年前或更早些时间肃慎人生息和分布的空间范围即肃慎的发源地和故乡。此问题既明，则前文中提到的那些所谓肃慎人系由外地迁来的各种各样的说法，以及诸如辽河流域说（傅斯年、徐中舒、萧一山、蒋廷黻等诸先生在《东北史纲》中主张在辽河流域而绝不至远到千里之外的黑龙江地方）、东迁说（吕思勉先生在《中国民族史》中认为“此族在古代疑亦近北燕，随燕之开拓而东北走者”）、南来说（20世纪20年代初，俄罗斯流亡学者史禄国主张应该到中国本土去寻找通古斯人的发源地，即在黄河和长江的中游和部分下游地区）、西来说（苏联学者奥克拉德尼科夫等主张起源于贝加尔湖附近）等说法，也就统统都是没有任何根据的推论而不能成立。

第三节 肃慎人的社会生活

一、经济生活

新开流遗址中出土了各式各样的鱼镖、鱼钩、鱼卡、鱼叉以及石矛、镞、

① 冯恩学：《俄国东西伯利亚与远东考古》，吉林大学出版社，2002年版，第452页。

陶网坠、骨穿针等，不仅数量较大，而且已经定型，制作相当精致；捕鱼方法有网捞、钩钓、叉捕、诱捕、锥捕及箭射等，故捕获的鱼数量很大，一时食用不尽，便采取窖藏的方法储存起来，以备不时之需。其鱼窖共发现10座，分圆形和椭圆形两种，挖直径1米、深0.5米左右的坑穴，层层放入鲜鱼，上加棚盖并以沙土掩覆。直到近代当地渔民仍没有用这种方法窖鱼，为我国新石器时代遗址所首见。同时，从遗址中所出土的各式各样的镞、矛、尖状器、刮削器都相当精细、适用，仅石镞就有平底、凹底、圆底、柳叶、桂叶等十多种样式，反映其各有不同的功用；一件牙镞中穿一孔，镞锋有脊，近底部有凹槽，尤为原始时代箭镞中的精品，其锋利程度足以射杀大型飞禽走兽；此外，据遗址中还出土有包括野猪、棕熊、狼、狗獾、鹿、麋、马鹿、狍、狐以及多种鸟类在内的不易捕获的禽兽遗骨等情况判断，渔猎生产也在六七千年前的兴凯湖一带达到了较高的水平，故以捕捞为主的渔猎经济成为当地肃慎先世人们生活的支柱 。

至于肃慎人的生产和生活，也应该大抵如此。尽管相关的文献资料少得可怜，但仍可以推知，狩猎生产确实在肃慎人的经济生活中占有重要的地位。晋人郭璞在给《山海经》作注时即称：肃慎人“穴居，无衣，衣猪皮，冬以膏涂体，厚数分，用却风寒，其人皆工射，弓长四尺，劲强，箭以楛木为之，长尺五寸，青石为镝”，故知其以穴居和养猪而名著史册。相关古籍的记载还涉及如下三点：一是众所周知的贡物“楛矢石砮”，即以楛木做杆、石镞为头的箭。当然杆材未必非是楛木不可，完全可以就地取材而使用质地性能较为坚韧的其他木料。二是《逸周书·王会篇》中提到的“贡麈”，晋人孔晁注称：“麈似鹿”，从各方面的迹象判断，有可能是至今仍栖居在大兴安岭山林中的四不像即驯鹿，既是当地人的猎物，又是运输工具，在生产和生活中占有重要地位，故肃慎人曾将其作为重要礼物献于周王朝。由此可以推知，狩猎生产在肃慎人的经济生活中占有极其重要的地位。三是“雄常”树，肃慎人曾以此作为衣料，有学者认为是桦树，因为“东北亚古族常用桦树皮制造器具”而确有可能“用桦树皮制成衣服”。[1] 令人欣慰者，这一切连同各地遗址中出土的兽骨，以及网坠、鱼篓、鱼栅、鱼骨等，证实肃慎人的确同其先民一样以渔猎作为主要谋生手段。

---

① 刘子敏等：《“金三角”沿革开发史及其研究》，黑龙江朝鲜民族出版社，2000年版，第17页。

不止于此，考古资料还表明，肃慎人的经济活动有着多样的内容，如黑龙江中下游的遗址中就出土了石刀、石斧、石镰、磨谷器及黍、麦颗粒[①]等物，证实当地的肃慎氏族或部落居民已经从事了原始的农稼活动；同时，一些遗址中往往发现有猪、马、狗等家畜遗骸，又表明其人也从事养畜活动，并大量地使用陶器、骨器，从出土的骨制穿孔器、针、锥知，还掌握了缝纫的本领。在黑龙江沿岸亚当村及兴凯湖附近的哈林谷地，还发现了青铜器残件以及仿铜器的磨光石器，又证实后期的肃慎物质文化也已进入了金属时代。而从他们曾远航到日本列岛的情况判断，[②]肃慎人已掌握了制作木船的本领。至于制作陶器就更不在话下了，因为长期实践和经验的积累，商、周时期肃慎人的陶器制作水平应该远远超过了数千年前的“先世”时代，就连倭肯哈达洞穴遗址出土的黄褐色、胎内黑褐色、胎土较细并含少量云母粉的陶器，在和小南山的直口侈唇篦纹罐、刻纹筒形罐等存在相似之处的同时，器形种类显然增多，制作工艺也进步提高多了。

他们的居住条件也有了相当的改善，在靠近水源处营建的半地穴式居址，一般为 50～80 平方米大小，最大者 200 平方米，并逐渐在人们相聚而居的基础上进入了定居的生活阶段，形成了村落或聚落。故总体来看，尽管其经济生活显然以渔猎生活或渔业生产、生活为主导，但原始的畜牧和农稼占社会经济的比重也逐渐出现上升势头。而今俄罗斯境内黑龙江之滨的乌里尔文化遗址中的大量半地穴式居住址，则为肃慎人的穴居和定居提供了物证。这一切再加上食物的丰富和多样，使肃慎人的生活质量和健康水平得到了相应的保障。如从新开流遗址中已测定的墓葬主人年龄看，最小的年龄约 20 岁，大多数从事渔猎生产的男性都在 50～60 岁，即平均寿命远在同一时期中原内地人们之上。

二、社会组织与政治生活

肃慎先世的新开流遗址中发现有 32 座土坑竖穴墓，其中一次葬 11 座，二次葬 18 座。一次葬均为男性单人葬，又分仰身直肢和屈肢两种；二次葬墓穴为圆角方形，以单人葬为主，也有 2 人至 4 人的，并有男有女，骨架放置有

---

① 林树山：《苏联远东地区南部早期铁器时代的考古文化》，《东北亚历史与考古信息》，1986 年第 4 期。

② 王侠：《我国东北古代民族的海下活动》，《北方文物》1987 年第 1 期。

序，有的还葬于一次葬旁，说明关系较为亲近，其他墓穴之间也相距较近，故应该是一处氏族的墓地。从单人葬均为男性而无女性以及仰身直肢都为老年男性的情况判断，男子在家庭和社会中显然已取得支配的地位，应已进入父系氏族社会时期的发展阶段；而从墓葬中随葬品存在多少不等的现象看来，当时人们之间，似已出现了地位上的差别。而饶河县小南山遗存的发现和发掘则更足以说明问题，它“位于饶河镇之南约1公里，山巅海拔106米。它与附近地形之比高不过几十米，同完达山脉群峰相比并不出奇，但其周围的地理环境和地理位置却决定了它的重要和险峻。若把完达山脉比作一条面向北东的蛟龙，那么小南山当是这蛟龙项下一颗闪烁的明珠。这个比喻并不过分。从局部地望看，小南山是乌苏里江冲积平原中方圆几十公里内唯一高耸的山峰，其位置正处于这冲积平原的核心部位，并直逼于乌苏里江边，登上山巅，可俯视四周广袤的平原沃野。它向东不足300公里即是大海，因之气候明显受海洋调节，虽纬度比哈尔滨高，但气温日较差和年较差都比哈尔滨低，且空气绝对湿度和相对湿度都比哈尔滨大；再加上其东西两侧各有高大山脉作为屏障以抵御恶劣气候的侵袭，以及地表水系发育、湖沼错落等，形成了稳定的盆地小气候，使之成为极宜人类生息与繁衍的宝地”。1991年7月在小南山顶地表下2.3米处发掘出一座罕见的双人合葬古墓，出土有大量精美的玉器、石器和牙坠等。两具遗骸，一大一小，大者位左而小者位右，大者男性直肢平仰，小者女性屈体侧身。仅文物部门收藏到的玉器就有66件之多，是黑龙江省过去几十年发现玉器总数的60%多，其中49件为珍贵文物，主要有玉斧、玉簪、玉圭、玉匕、玉璧、玉瑗、玉环、玉珠等。这些玉器多为礼器，选料纯正，加工精美，工艺水平高超娴熟，意味着远在六七千年甚至于更古老的年代之前，即早在辽西的红山文化出现之前，当地即已存在文化传统。另外还有55件石制品，其中17件为珍品，除加工精细的石镞、石斧、石凿、石锥形器和砺石外，其中的“几块留有人工切割痕迹的石料”上还带有当时人们用“‘绳切法’切割石料留下的波状切痕。”而绳切法无疑是金属器出现之前古人创造的一种切割石料以制作石器的方法，即用皮条等材料制成绳索，并在石块欲切割部位撒上细砂，再浇上水，然后用绳索往复压拉砂粒以切割石块的一种原始技术。现在看来，它是一种少慢差费的方法，但在当时曾对推动生产力的发展起过相当大的作用。这种绳切工艺，大概是现代机械加工技术，比如压、磨、切、锯、刨等各种工艺技术在5000年前的雏形。这座墓葬既占据了方圆上百平方公里内最优势的地形，又能够用这么多的玉器随葬，可想而知其墓主人具有显赫地位并占有着巨大的社会财富。而出土的玉器中"玉佩，应是社会等级的标志物；玉璧、玉环、玉圭等应属祭祀天地的神器"，均非常人所能存用而"有着严格的等级和使用规格"，至于"玉斧、玉匕等应与玉钺、玉杖等用途相当"，是权力的象征，故其"墓主人绝非常人，而应是一个地位显赫、掌握着很高权力并占有相当财富且受人尊崇的人物"。这座黑龙江流域所仅见的小南山墓葬，不仅展示了白山黑水间的早期文明，也为北方"'玉兵'时代的研究提供了重要素材"，并标志着"当时乌苏里江流域的人类社会已走出了野蛮的暗谷并踏上披满曙光的文明之路"①；又鉴于前文（本章第二节）即已提及在距今七八千年前的早期遗存中即"出土有包括匕形玉佩、鱬形玉佩、珠、璧、管、锛等多件玉佩饰"，则完全可以断言这座墓葬距今不止五六千年而有可能与同一地点的早期遗存大体上相当，即比新开流文化要早，当然也就意味着他们的主人是比新开流人更早的肃慎先民并已开始进入了文明时代，甚至可能超越了部落组织发展阶段而至少进入了部落联盟的发展阶段。同样，在新开流的墓地中，其3号和6号墓就已分别位于整个墓地的中央并系老年男性的仰身直肢葬，随葬器分别多达37件及102件而与周围几乎没有几件随葬品的屈肢葬、二次葬及附葬等形成鲜明的对照，都表明当时的人们在社会地位与拥有财富方面存在着明显的差别，大小首领们甚至凌驾于其他成员之上。又鉴于三江平原地面辽阔，当然不止一个部落或部落联盟，并都有各自的首领；而诸部落或部落联盟之间一般能够和平共处，但也不免发生这样或那样的矛盾和冲突。这一切也就不能不让人们怀疑在距今五六千年前或稍后些时间即相当于中原地区的传说时代，在当时的三江平原的挠力河流域至兴凯湖一带可能形成了后来被中原地区人们称之为"肃慎人"的古老部族共同体。

不止于此，他们还逐渐地与当时中原地区的华夏族类大联盟之间有了接触和联系。如早在战国时期魏国魏襄王史官撰写的编年史书今本《竹书纪年》卷上记载："（帝舜有虞氏）二十五年，息慎氏来朝，贡弓矢。"②又，《史记·五帝本纪》在叙及舜时来贡的四方诸族中也有息慎（即肃慎）；《大戴礼

① 叶启晓等：《东域访古》，《北方文物》1992年第4期。

② 王国维撰《今本竹书纪年疏证》卷上，收录于方诗铭、王修龄所编撰的《古本竹书纪年辑证》附录中，上海古籍出版社，1981年版。

记》也载:夏禹之世,"海之外肃慎、北发……来服"。到了商周之际,肃慎人与中原王朝之间的交往就更加密切了,这既体现了当时中原王朝德化远被的政治影响力,也反映出肃慎人对中原内地的强烈向往,从而使双方之间的密切关系成为脍炙人口的千古"佳话"。商汤代夏之际,肃慎又继续表示宾服。尤其是到周王朝建立和稳定后,便又恢复了政治性的接触,联系也更加紧密。如《史记·周本纪》载:"成王既伐东夷,息慎来贺,王赐荣伯作《贿息慎之命》。"晚出的《后汉书·东夷传》也上溯称:"康王之时,肃慎复至。"而《国语·鲁语下》载:"仲尼在陈,有隼集于陈侯之庭而死,楛矢贯之,石砮,其长尺有咫。陈惠公使人以隼如仲尼之馆问之。仲尼曰:'隼之来也远矣!此肃慎氏之矢也。昔武王克商,通道于九夷、百蛮,使各以其方贿来贡,使无忘职业。于是肃慎氏贡楛矢、石砮,其长尺有咫。先王欲昭其令德之致远也,以示后人,使永监焉,故铭其括曰肃慎氏之贡矢,以分大姬,配虞胡公而封诸陈。古者,分同姓以珍玉,展亲也;分异姓以远方之职贡,使无忘服也。故分陈以肃慎氏之贡。君若使有司求诸故府,其可得也。'使求,得之金椟,如之。"通过孔子之口将肃慎人与周王室的亲睦关系叙述出来并传之万代。至于《左传·昭公九年》之载:周人在列举其疆土四至时,曾自豪地声称"肃慎、燕、亳,吾北土也",则又表明在从传说时代的虞舜时期开始,经夏、商而至周朝的历史发展进程中,肃慎人不仅一直同中原地区保持着来往和联系,而且关系越来越紧密乃至在周王室的心目中已经把肃慎之地视为自己的"北土"。

三、精神生活

当时的人们热爱生活,习惯于着装打扮和美化自己,重要人物的佩饰由骨、角、牙等物制成,懂得用骨簪梳理头发,日常生活用品则往往由骨、角器制成,这当然要花费大量的时间。陶器的烧制几乎是应有尽有,无论是炊具、饮器、食具,还是存储盛放物品,以及用于纺织、捕捞等工具,都有专门制作的陶器,这已成为社会生产和生活中不可缺少的重要内容。而耐人寻味的是,即便是在陶器的制作中,也体现出他们审美的眼光。如新开流遗址中陶器上的纹饰,就显示了较高的原始艺术水平,不仅式样繁多,有菱形纹、鱼鳞纹、网纹、水波纹、方格纹、刻划纹、窝纹、蔑点纹、凸弦纹、之字纹、短竖纹、三角纹、蔓纹等十多种,并且常常是几种纹饰并施于一件陶器上而组成复合纹饰的美丽图案,使人不禁产生眼花缭乱之感。尤其是其中的大小鱼鳞、网状纹及水波纹等,最富写实色彩,宛如某些自然现象的素描及捕鱼生活的再现;而菱形纹及几何线条纹饰的产生,则又是当时人们抽象思维的艺术创造,都为原始艺术之源于生活又高于生活提供了生动而形象的例证。而骨雕鹰首和游鱼,则更为传神之作。其中鹰首骨雕长仅7厘米,整体呈弯月形,勾喙、长颈,双目炯炯有神而惟妙惟肖地表现出其寻觅或发现猎物时的瞬间形态,雕刻手法则可谓简洁、古朴,从其风格来看显具我国古代雕刻艺术的基本特点,即神似胜于形似,生动传神,堪称一件不可多得的雕刻艺术精品,无疑是原始匠人们在长期生活实践中对动物的形象和习性细致观察和精心揣摩并予以捕捉后的产物,能动地体现出他们对当时当地渔猎生涯的形象记述,从而在原始时代的艺术史上占有非常重要的地位。而从三江平原一带到黑龙江沿岸地区遗址中发现的各式各样装饰品(串珠、悬饰)以及类似摇篮的陶制玩具模型等,同样反映了肃慎人在艺术方面的追求及一定的审美观念。

另一方面,包括新开流、小南山在内的诸多遗址的出土物和遗迹,又反映出原始宗教的观念。如新开流的人们习惯于土葬,认为墓地就是灵魂的归宿地,掘土为穴,入土为安,并实行公共墓葬,象征着生在一起,死在一地。通过漫长的社会生活实践,人们已逐渐认识到许多自然现象与自己的生活生产密切相关,以至达到不能摆脱和必须依赖的程度;又因为认识水平的局限而对来自大自然的压力无从解释和束手无策,不禁产生了神秘和恐怖之感,久而久之就逐渐地把这些自然物神化了,并通过各种形式加以崇拜而产生了最初的宗教观念。而各地生态环境的千差万别,所崇拜的自然物也就大不一样,如新开流人们主要以捕鱼为生,逐渐对湖水和鱼儿产生了神秘感并予以神化,于是塑造出了水神、鱼神以及协助人们渔猎的"鹰神"之类的艺术形象。其间也产生了对祖先们的崇拜,那些生前为家族或部落做出了重要贡献以及勇敢、才智出众的先人就获得了崇拜和敬仰,他们死后的墓地就被置于整个墓区的中心或突出的部位,其随葬品的种类和数量、质量都比普通人多得多了,有的甚至是随葬玉器的鲜见之物。而那件小嘴、高颧骨、细长的吊眼梢,即有着典型的"通古斯"妇女面部特点的陶塑妇女小雕像,无疑是当地先民们所尊崇的某位祖先的艺术形象,既是一件富有表现力的现实主义艺术品,又很可能与当时当地曾经存在过的女性始祖崇拜有关,即用以保护公共库房而起着“避邪物”的特殊作用。[①] 特别值得提及的就是那件骨雕鹰首，它极有可能就是名鹰——海东青的原始形象，不仅是肃慎先人们数千年间渔猎文化的反映，更是肃慎一系先民们勇敢智慧、顽强拼搏的抽象概括，当然也就成为他们世世代代图腾崇拜的象征。而大体同时或略早，小南山出土的玉璧、玉环、玉圭等或与祭祀天地有关的成组“礼玉”，则肯定和当地先民的宗教信仰或祭祀礼仪之间存在着一定的联系，甚或表明其原始宗教信仰已经发生了质变并可能出现以维护特殊阶层为宗旨的一般意义上的宗教，说明其社会形态已经开始进入文明时代的前夜；同时，也标志着从其先世时起，肃慎系统的人们就已经以用玉和爱玉的传统而区别于邻近或更广大区域的其他族类，当然，这也就表明当时的小南山是挠力河流域抑或更大空间范围的中心区域，甚至于不能排除当时当地人们对小南山那座墓葬以至于小南山本身存在某种崇拜和信仰的可能性。

---

① A.U.克鲁沙·诺夫主编:《苏联远东史——从远古到17世纪》,成于众译,哈尔滨出版社,1993年版,第87页。

第二章 挹娄人的历史沿革与分布地域

在“肃慎族系”系列的各族中，挹娄是紧接肃慎之后的第二个族体，相关史书的记载也远比对肃慎的记载翔实多了。尽管如此，史书文献的记载依然是非常有限而且许多内容又过于模糊笼统或语焉未详，而给研究者们带来诸多困难和不便。好在近数十年以来，大量考古实物的发现和研究，不仅填补了文献记载的不足，而且通过与相关记载的互证，并结合对民族、民俗和其他相关学科资料的运用和比较研究，已有可能在挹娄人的历史沿革与分布地域的研究方面取得远较前人更为客观深入并有说服力的成果。

第一节 挹娄的历史沿革

一、挹娄的出现及其与肃慎的关系

根据文献记载，挹娄是汉魏时期生活于我国东北地区的一个古代部族。关于挹娄人的记载，始见于魏文帝时鱼豢所撰《魏略》：“挹娄一名肃慎氏。”①在正史中的记载则最早见于西晋人陈寿的《三国志·乌丸鲜卑东夷传》中的挹娄条：“挹娄，在夫余东北千余里，滨大海，南与北沃沮接，未知其北所极。其土地多山险。其人形似夫余，言语不与夫余、句丽同。有五谷、牛、马、麻布。人多勇力，无大君长，邑落各有大人。处山林之间，常穴居，大家深九梯，以多为好。土气寒，剧于夫余。其俗好养猪，食其肉，衣其皮。冬以猪膏涂身，厚数分，以御风寒。夏则裸袒，以尺布隐其前后，以蔽形体。其

① 《后汉书》卷七十《孔融传》中的《魏略》，中华书局，1965 年点校本，第 2272 页。

人不洁,作溷在中央,人围其表居。其弓长四尺,力如弩,矢用楛,长尺八寸,青石为镞,古之肃慎氏之国也。善射,射人皆入因。矢施毒,人中皆死。出赤玉好貂,今所谓挹娄貂是也。自汉以来,臣属夫余,夫余责其租赋重,以黄初中叛之。夫余数伐之,其人众虽少,所在山险,邻国人畏其弓矢,卒不能服也。其国便乘船寇盗,邻国患之。东夷饮食类皆用俎豆,唯挹娄不,法俗最无纲纪也。"是为我国正史中对挹娄人史事的最早而又详细的记录。紧接其后,南朝人范晔的《后汉书·东夷传》的"挹娄条",则大都抄录陈寿的《三国志》,全文基本一致,仅句子顺序略有改动。唐以后虽也有史籍记录挹娄史事并增加了一些内容,但"多有与勿吉、靺鞨相混淆之处"[①]。因之,《三国志》和《后汉书》是我们研究挹娄的主要依据。

关于"挹娄"的来源问题,《三国志》和《后汉书》均谓其为"古之肃慎氏之国也",再对照《魏略》的"挹娄一名肃慎氏"之载,以及久已失传的三国时人谢承撰的《后汉书》的"挹娄,即古肃慎氏之国也"[②]之谓,足以反映在汉魏之际中原人士的心目中,挹娄就是"古肃慎之国"或挹娄又"名肃慎氏",即肃慎的别称。

那么,这一说法是否可信?学术界确实存在不同的看法并争论已久。[③]而囿于文献的匮乏和史料之间的歧义,学者们对肃慎、挹娄之间的关系,或主张挹娄为肃慎的一支,或认为二者既有关联又有差别,傅斯年、薛虹等先生皆主此说;或认定二者毫不相干。[④]

鉴于以往的认识和研究,要想真正理清肃慎、挹娄二者的关系,首先须要对古史记载中的"肃慎"有一个清晰的认识。肃慎,又作息慎、稷慎、肃眘,一直见于先秦以降的古史记载,但对其进行专门记述主要在先秦至魏晋南北朝时期。史籍有关肃慎的记载主要分为两个明显不同的时期:一是先秦、秦汉时期;二是魏晋南北朝时期。作为一个族称,"肃慎"在文献中又可分两种情况:一是专称,二是作为他族的别称或代称。作为专称即见于史籍记载的第一个时期——先秦至西汉时期。下面我们就按此两个时期进行分别

① 贾伟明、魏国忠:《论挹娄的考古学文化》,《北方文物》1989 年第 3 期。

② 袁珂校注:《山海经校注》,上海古籍出版社,1980 年版,第 422 页。

③ 王乐文:《"肃慎族系"观产生原因简论》,《历史教学(高校版)》2008 年 2 期。

④ 具体情况请参见宋卿、陈鹏:《肃慎、挹娄研究综述》,《中国史研究动态》2007 年第 9 期。

论述。

（一）先秦、秦汉时期有关肃慎的记载

先秦、秦汉时期作为专称的肃慎，有学者称之为“古肃慎”[①]。对于古肃慎的记载，散见于先秦、秦汉时期的各种古籍中，“先秦古籍有《尚书》《逸周书》《竹书纪年》《孔子家语》《国语》《左传》和《山海经》等，稍后的《大戴礼记》《淮南子》《史记》和《汉书》等有关追述先秦史事的记事，也有肃慎与中原来往的介绍”[②]。由于这一时期的文献多有转相抄袭的现象，首先有必要对这些文献进行梳理。按照文献所记内容进行分类，实际上先秦、秦汉时期的众多古籍，在对古肃慎的记载时有很大的趋同性。大致上可以归纳为以下几方面的内容：

第一类是古肃慎朝贺。又可以细分为三种类型。第一种是古肃慎与中原建立关系，表示臣服。《大戴礼记·少闲》在论及舜时的历史时，提到“昔虞舜以天德嗣尧……海外肃昚、北发、渠搜、氐、羌来服”[③]。此后在述及其他三位古圣王，即夏禹、商汤、周文王时，也做了同样的重复。《汉书·武帝纪》所载元光元年（公元前134年）诏书：“周之成康，刑错不用，德及鸟兽，教通四海。海外肃昚、北发、渠搜、氐、羌徕服。”[④]这实际上是把古肃慎朝贺作为衡量圣王“德”的一个标志。正是由于这些记载中蕴含了过多的政治理念，池内宏先生以此为据，认为所记内容并不是历史事实，而只是“宣传在中国圣天子出现时，四方夷狄仰慕其德，来朝贡献这一中国人最好的政治理想”。[⑤]

第二种是古肃慎贡弓矢。《竹书纪年》：帝舜二十五年，“息慎氏来朝贡

---

① “古肃慎是指先秦出现于史的肃慎，一般加古以与晋代出现于史的肃慎相区别。”孙进己、王绵厚等主编：《东北历史地理》（第一卷），黑龙江人民出版社，1989年版，第196页。

② 杨保隆：《肃慎挹娄合考》，中国社会科学出版社，1989年版，第212页。

③ （清）王聘珍撰、王文锦点校：《大戴礼记解诂》卷十一《少闲》，中华书局，1983年版，第216页。

④ 《汉书》卷六《武帝纪》，中华书局，1963年点校本，第160页。

⑤ ［日］池内宏：《肃慎考》，杨保隆、古清尧译，载中国社会科学院民族所历史研究室资料组编译《民族史译文集》第12辑，1984年版，第43页。

弓矢”[①]。此后的记载较之更为简单。《竹书纪年》:“(周武王)十五年,肃慎氏来宾。”[②]成王九年,“肃慎氏来朝,王使荣伯锡肃慎氏命”[③]。《尚书·序》的记载相差不多,“成王既伐东夷,肃慎来贺,王俾荣伯,作《贿息慎之命》”[④]。尽管这些文献都未明言古肃慎所贡为何物,但是由于孔子对“楛矢石砮”的考证,使得它们与贡弓矢之间建立了联系。

“仲尼在陈,有隼集于陈侯之庭而死,楛矢贯之,石砮,其长尺有咫。陈惠公使人以隼如仲尼之馆问之。仲尼曰:‘隼之来也远矣!此肃慎氏之矢也。昔武王克商,通道于九夷、百蛮,使各以其方贿来贡,使无忘职业。于是肃慎氏贡楛矢、石砮,其长尺有咫。先王欲昭其令德之致远也,以示后人,使永监焉,故铭其栝曰肃慎氏之贡矢,以分大姬,配虞胡公而封诸陈……君若使有司求诸故府,其可得也。’使求,得之金椟,如之。”[⑤]

《史记·孔子世家》《说苑·辨物》《汉书·五行志》等书也对这件事进行了转述。孔子的这段话极为重要,它不仅佐证了西周初年古肃慎朝贺的事实无误,更直接地指出“楛矢石砮”就是古肃慎所献的弓矢。

第三种是古肃慎贡大麈。《逸周书·王会》:“西面者正北方,稷慎大麈。”[⑥]这则史料与其他记载多有不同,按照傅朗云、杨旸两位先生的解释,“周天子大会天下群臣,周边少数民族头人按方位入座。肃慎族头人在东座的北方座位上”[⑦]。

第二类是对古肃慎地理方位的记载。这类记载同样也可细分为三种类型。第一种是以中原王朝作为基点而标注的地理位置。如《大戴礼记·五帝德》中记载孔子回答宰我时,对帝舜的功绩进行了评价,提到“北山戎、发、息慎”[⑧]。《史记》在追述帝舜时期时也提到:“(虞舜)方五千里,至于荒

① 王国维:《今本竹书纪年疏证》卷上,载方诗铭、王修龄《古本竹书纪年辑证》,上海古籍出版社,1981年版,第199页。

② 王国维:《今本竹书纪年疏证》卷下,第236页。

③ 王国维:《今本竹书纪年疏证》卷下,第240页。

④ (清)孙星衍撰,陈抗、盛冬铃点校:《尚书今古文注疏》卷三十《书序下》,中华书局,2004年版,第606页。

⑤ 《国语》卷五《鲁语下》,中华书局,1959年版,第214~215页。

⑥ 黄怀信等撰:《逸周书汇校集注》卷七《王会》,上海古籍出版社,2007年版,第821页。

⑦ 傅朗云、杨旸:《东北民族史略》,吉林人民出版社,1983年版,第15页。

⑧ (清)王聘珍撰、王文锦点校:《大戴礼记解诂》卷七《五帝德》,第123页。

服……北山戎、发、息慎。”[①]《说苑》关于帝舜时期的描述，也使用了这种说法。“北至山戎、肃慎。”[②]《左传·昭公九年》载詹桓伯说：“及武王克商……肃慎、燕、亳，吾北土也。”[③]这些材料只是说古肃慎相对于中原地区，位于北方；都只是一个笼统的地理方位概念，并未对古肃慎的具体位置进行确指。

第二种是以古肃慎自身作为基点而标注的地理位置。如《山海经·海外西经》：“肃慎之国，在白民北。”[④]《山海经·大荒北经》：“大荒之中，有山，名曰不咸，有肃慎氏之国。”[⑤]由此我们知道古肃慎在白民北，其地有名曰不咸山的大山。

第三种是漫指古肃慎远居海外。上引《大戴礼记·少闲》都是用“海外”或“海之外”说明古肃慎所处的位置。《淮南子》的记载也是如此：“凡海外三十六国……自西北至西南方，有修股民、天民、肃慎民。”[⑥]《子虚赋》的记载相较而言更为具体一些。司马相如借乌有先生之口提及：“齐东陼有巨海，南有琅邪……邪与肃慎为邻。”借无是公之口说道：“今齐列为东藩，而外私肃慎。”[⑦]这里以齐国为坐标，指出古肃慎位于山东东部海外，与齐国有所往来。“邪”通斜，但这里并未明言古肃慎是在山东的东北方，抑或是在山东的东南方，仍缺乏明确的指向。只有到了唐朝张守节作《正义》时，才认为“邪谓东北接之”。而他的依据则是《括地志》：“靺鞨国，古肃慎也，亦曰挹娄，在京东北八千四百里，南去扶余千五百里，东及北各抵大海也。”[⑧]这实际上是以唐朝靺鞨所处的地理位置来推论“邪”字，是以后世的观念推导前人的想法，根本不足为据。

第三类是对古肃慎土产的记载。《山海经·海外西经》指出古肃慎之地出产叫作雄常的树木。“有树名曰雄常，先入伐帝，于此取之。”[⑨]

---

① 《史记》卷一《五帝本纪》，中华书局，1959年标点本，第43页。

② 向宗鲁校证：《说苑校证》卷十九《修文》，中华书局，1987年版，第490页。

③ （清）洪亮吉撰、李解民点校：《春秋左传诂》，中华书局，1987年版，第688页。

④ 袁珂校注：《山海经校注》，上海古籍出版社，1980年版，第226页。

⑤ 袁珂校注：《山海经校注》，上海古籍出版社，1980年版，第421页。

⑥ 何宁：《淮南子集释》卷四《坠形训》，中华书局，1998年版，第355～356页。

⑦ 《史记》卷一一七《司马相如传》，第3015～3016页。

⑧ 《史记》卷一一七《司马相如传》，第3016页。

⑨ 袁珂校注：《山海经校注》，上海古籍出版社，1980年版，第226页。

通过如上的梳理,虽然先秦、秦汉时期有大量的史籍记载了古肃慎的相关情况;但是就所记内容来说,中原王朝对古肃慎的了解非常有限。通过认真归纳,我们大约只能知道"古肃慎"最早在帝舜时期,至迟也在西周成王时期,与中原王朝建立了联系。而它的地理方位则是居于海外,位处中原王朝的北方。而古肃慎的特色就是出产"楛矢石砮",并有"雄常"之木。基于如此之少的线索,人们根本无法推断出古肃慎的具体位置以及探讨"古肃慎"与东北的关系。正是由于文献对古肃慎所记的模糊性,作为态度严谨的历史学家,司马迁和班固都未在自己的著作中对古肃慎详加讨论。

尽管中原王朝对"古肃慎"知之甚少,但古肃慎却屡屡出现在文献中,这是因为孔子的论述彰显了古肃慎的地位。孔子把"肃慎徕服"作为衡量舜、禹、商、周功业的一个标志,正如林沄先生所言,"商周之际北方的肃慎族,因为和'圣人'孔夫子的传说发生关系而著称于史"[①]。

(二)魏晋南北朝时期有关肃慎的记载

以上文献所记的内容,大都下限至汉武帝时期。此后直至三国时期,肃慎的活动不再见诸史书。对于这个问题,传统史家用"虽秦汉之盛,莫之致也"[②]的观点来解释。正是由于文献的阙如,导致东汉时期对肃慎的认识仍然停留在原有的认识层面上。孙星衍注《尚书·序》时,引马融的说法:"息慎,北夷也。"[③]《史记集解》注解"息慎"时,引郑玄的说法:"息慎,或谓之肃慎,东北夷。"[④]高诱也只是说:"肃慎在北方,远也。"[⑤]三位东汉通儒对肃慎的认识,并没有随着时间的推移而得到进一步深化。但是从三国时期开始,不仅在文献中出现了大量有关肃慎的记载,使得中原王朝的人们对肃慎的认识出现了飞跃式的发展;而且正是在魏晋之际,才终于使得"肃慎"与东北之间的联系得到了明确。

首先,魏晋时期对经书等传统文献作注的诸家,不约而同地把肃慎和东北联系在一起。而这些正是人们认定"古肃慎"之位于东北的依据所在。如

---

① 林沄:《肃慎、挹娄和沃沮》,《辽海文物学刊》1986 年创刊号。

② 《晋书》卷九十七《肃慎氏传》,中华书局,1974 年标点本,第 2535 页。

③ (清)孙星衍撰,陈抗、盛冬铃点校:《尚书今古文注疏》卷三十《书序下》,第 606 页。

④ 《史记》卷一《五帝本纪》,第 43 页。

⑤ 何宁:《淮南子集释》卷一《原道训》,中华书局,1998 年版,第 47 页。

三国吴人韦昭注《国语》称“肃慎,东北夷之国,去扶夷千里”[①];西晋人杜预注《左传·昭公九年》时,又指出“肃慎,北夷,在玄菟北三千里”[②];西晋晋灼在注解元光元年诏书“海外肃慎”一语时,更直接指出肃慎与挹娄之间的关系,肃慎即“《东夷传》今挹娄地是也,在夫余之东北千余里,大海之滨”[③]。而对《汉书》中“楛矢石砮”的解释,西晋臣瓒的注解为:“肃慎,东北夷”[④];东晋郭璞在注解《山海经·大荒北经》时也指出:“今肃慎国去辽东三千余里。”[⑤]魏晋时期的这五位学者,除晋灼沿用郑玄古注外,其他人都不约而同地指出肃慎的地理位置在东北的北部。这种对肃慎地理位置的认识不仅远远超过了先秦、秦汉时期文献的所记内容,也超过了东汉作注诸家,足以表明魏晋时期人们对肃慎的了解加深,甚至影响到他们的判断。

其次,三国以降,史书中不仅重新出现了关于肃慎的记载,而且记录下大量肃慎朝贡中原王朝的史实。按照出现的时间顺序排列,最早见于记载的是魏明帝时期,青龙四年(236 年)五月,“丁巳,肃慎氏献楛矢”[⑥]。此后肃慎入贡不绝如缕。魏景元三年(262 年)四月,肃慎再次朝贡。“肃慎来献楛矢、石砮、弓甲、貂皮等,天子命归于大将军府。”[⑦]《三国志》的记载更为详细:“辽东郡言肃慎国遣使重译入贡,献其国弓三十张,长三尺五寸,楛矢长一尺八寸,石砮三百枚,皮骨铁杂铠二十领,貂皮四百枚。”[⑧]两相补充,可以看到肃慎这一次入贡,仅到达辽东郡,并未入都。但是字斟句酌的陈寿却不惜用大量的篇幅予以记载。这不能不说是极大的反差。进入西晋时期,肃慎再次朝贡。咸宁五年(279 年)十二月,“肃慎来献楛矢、石砮”[⑨]。

西晋末年,中原战乱不已;但是这并未阻隔肃慎与东晋、南朝的通贡,相关记载仍时有出现。晋元帝司马睿时,大兴二年(319 年)“八月,肃慎献楛

① 《国语》卷五《鲁语下》,第 215 页。

② (清)洪亮吉撰、李解民点校:《春秋左传诂》,第 688 页。

③ 《汉书》卷六《武帝纪》,第 161 页。

④ 《汉书》卷二十七下,第 1464 页。

⑤ 袁珂校注:《山海经校注》,上海古籍出版社,1980 年版,第 421 页。

⑥ 《三国志》卷三《明帝纪》,中华书局,1959 年点校本,第 107 页。

⑦ 《晋书》卷二《文帝纪》,第 37 页。

⑧ 《三国志》卷四《陈留王本纪》,第 149 页。

⑨ 《晋书》卷三《武帝纪》,第 70 页。

矢、石砮”[①]。“成帝时，肃慎国遣使来献。”[②]南朝宋孝武帝时期，大明三年(459年)“十一月己巳，高丽国遣使献方物。肃慎国重译献楛矢、石砮”[③]。同书《符瑞志下》：“孝武帝大明三年十一月己巳，肃慎氏献楛矢石砮，高丽国译而至。”[④]同书《高句骊传》：“大明三年，又献肃慎氏楛矢石砮。”[⑤]一件事情却在《宋书》中有三处记载，可见沈约对肃慎朝贡的重视程度。更值得玩味的是，高句丽国王高琏于“大明二年，又献肃慎氏楛矢石砮”[⑥]。高句丽自身并不出产“楛矢石砮”，却进献了“楛矢石砮”。这似乎说明高句丽是在刘宋政权希望他们进献“楛矢石砮”的情况下才会有这一举动的。

肃慎不仅与南方保持着密切的联系，与北方的各王朝也时有联系。后赵时期，肃慎向石勒进献过“楛矢石砮”。史载：“时，高句丽、肃慎致其楛矢。”[⑦]前秦时期，肃慎也曾入贡。当苻坚鼎盛之时，“肃慎贡楛矢”[⑧]。此后，北齐天保五年(554年)“秋七月戊子，肃慎遣使朝贡”[⑨]。这是肃慎进献“楛矢石砮”的最后一次，从此以肃慎为名的这个古族消失不见。

最后，除大量肃慎朝贡的记载外，更为重要的是，在曹魏时期，中原王朝的军队第一次深入到东北的北部地区，到达了肃慎人的居住地区。从东汉末年公孙度父子割据辽东，到曹操大力经营东北，中原王朝与东北地区的关系日益紧密，东北地区的重要战略意义也日益得到中原王朝的认知。正是在这种背景下，曹魏在征讨高句丽时，首次派中原军队进入了肃慎地界。《三国志》载：毌丘俭“正始六年(245年)复征之(高句丽)，遂奔买沟。俭遣玄菟太守王颀追之，过沃沮千有余里，至肃慎氏南界”[⑩]。《三国志·东夷传序》也载：“过沃沮，践肃慎之庭，东临大海。”[⑪]这次出兵彻底地改写了中原与

---

① 《晋书》卷六《元帝纪》，第152页。

② 《册府元龟》卷九六八《外臣部·朝贡一》，中华书局，1960年版，第11 380页。

③ 《宋书》卷六《孝武帝纪》，中华书局，1974年点校本，第125页。

④ 《宋书》卷二十九《符瑞志下》，第873页。

⑤ 《宋书》卷九十七《高句骊传》，第2393页。

⑥ 《南史》卷七十九《高句丽传》，中华书局，1975年点校本，第1971页。

⑦ 《晋书》卷一〇五《石勒载记下》，第2747页。

⑧ 《晋书》卷一一三《苻坚载记上》，第2904页。

⑨ 《北齐书》卷四《文宣帝纪》，中华书局1972年点校本，第58页。

⑩ 《三国志》卷二八《毌丘俭传》，第762页。

⑪ 《三国志》卷三十《东夷传》，第840页。

“肃慎”之间的关系。以往都是(古)肃慎向中原王朝朝贡,属于单向交流;而这次出兵则是中原王朝主动接触(古)肃慎,使二者间的关系变为双向的交流。

众所周知,此时史书已经出现了有关挹娄的记载,那么为什么肃慎还会频现于文献之中呢?这实际上与魏晋南北朝时期对(古)肃慎重新确认有着密切的关系。根据诸多关于肃慎朝贺的记载,肃慎的出现都无一例外地与“楛矢石砮”联系在一起。因此可以认为魏晋时期是通过“楛矢石砮”才最终把当时进贡“楛矢石砮”的东北少数民族与古肃慎联系在一起。正是这一联系的建立,才会导致魏晋作注诸家认为古肃慎位于东北的北部,而曹魏的军队也才会认为自己所到之处就是古肃慎人的居住地区。

魏晋南北朝时期对肃慎的重新确认,完全是出于当时政治的需要。此时中国正处于政局动荡、割据政权林立的时期,各个政权在无法取得军事上的绝对优势时,为了论证自己政权的正统性,都极力推崇古帝王的“德”,即“历代帝王均把‘肃慎来贡’作为衡量文治武功,体现威德及于四海的重要指标,十分重视来进贡的‘肃慎’族”①。故陈寿才会在《三国志·东夷传序》中写道:“自虞暨周,西戎有白环之献,东夷有肃慎之贡,皆旷世而至。”②而此时“楛矢石砮”的重新出现正好迎合了这一需要。所以我们才会看到魏晋南北朝时人不厌其烦地提及肃慎朝贡之事。司马昭为了体现曹魏的强势,在给孙吴的文书中宣称:“自兹以降,九野清泰,东夷献其乐器,肃慎贡其楛矢,旷世不羁,应化而至,巍巍荡荡,想所具闻也。”③钟会也在《檄蜀文》中称:曹魏“布政垂惠而万邦协和,施德百蛮而肃慎致贡”④。无一例外地都把肃慎朝贡作为彰显曹魏强大的重要依据。

魏晋时期,除了有大量关于肃慎的记载外,还出现了挹娄的记载。挹娄与古肃慎之间的关系,魏晋史家也有明确的答案。对二者关系的论述除始于《魏略》的“挹娄一名肃慎氏”⑤和三国谢承《后汉书》的“挹娄,即古肃慎氏之国也”⑥之语外,前引晋灼注解《汉书》的说法及《三国志》也是如此。而他

---

① 王乐文:《“肃慎族系”观产生原因简论》,《光明日报》2006年6月5日。

② 《三国志》卷三十《东夷传》,第840页。

③ 《晋书》卷五十六《孙楚传》,第1540页。

④ 《册府元龟》卷四一五《将帅部·传檄一》,第4942页。

⑤ 《后汉书》卷七十《孔融传》,中华书局1965年点校本,第2272页。

⑥ 袁珂校注:《山海经校注》,上海古籍出版社,1980年版,第422页。

们论证二者关系的依据仍是“楛矢石砮”。对此，傅斯年先生早已指出：“挹娄之为肃慎者，今日殊不能知史家果何所凭借而作是语，或以其用石矢巨弓，出自东北远方，而‘稽古’以定此名，亦未可定。”[①]求诸史书，也足以证明的确如此。《三国志》在描写挹娄时，开篇并未直接指出挹娄与古肃慎有关系，直至叙述到“楛矢石砮”时才将二者联系在一起。“其弓长四尺，力如弩，矢用楛，长尺八寸，青石为镞，古之肃慎氏之国也。”[②]可见《三国志》的判定标准就是“楛矢石砮”。东晋郭璞在注释《山海经·大荒北经》时也是通过“楛矢石砮”建立起二者的联系。“晋大兴三年(320年)平州刺史崔毖遣别驾高会，使来献肃慎氏之弓矢，箭镞有似铜骨作者。问云，转与海内国，通得用此。今名之为挹娄国，出好貂、赤玉。”[③]正是由于挹娄同样使用“楛矢石砮”，所以魏晋史家才会建立起古肃慎与挹娄之间的承袭关系。

由此可见，魏晋史家不论是对肃慎的再确认，还是对挹娄与肃慎关系的判定，都是依据其部族所出产的“楛矢石砮”而做出的结论。但同样的衡量标准却导致两个部族名称的出现，这不能不让人怀疑。对这一问题合理性解释就是：在魏晋南北朝时期，肃慎和挹娄实际上指的是同一个民族。

后赵石虎时期的一则记载也可以佐证这一说法。《晋书》：“至成帝时，(肃慎)通贡于石季龙。四年方达。季龙问之，答曰‘每候牛马向西南眠者三年矣，是知有大国所在，故来’云。”[④]《晋书》的这则记载实际上是抄录前人之说。陆翙《邺中记》：“肃慎在邺之东北，去邺五万里。遣使四年乃达。献石楛砮矢。问使者缘何来此，答云：‘牛马西南向眠三年，则知大国所在，故来耳。’恒以此为候也。”[⑤]孙盛《晋阳秋》也记载了这件事：“(肃慎)成帝时又通贡于石季龙，曰：‘每候牛马向西南眠者三年矣，是知大国所在，故来。’”[⑥]三则文献都明确写明后赵石虎时期的这次入贡是肃慎所为。在石虎统治的

---

① 傅斯年：《东北史纲》，载欧阳哲生主编《傅斯年全集》第2卷，湖南教育出版社，2003年版，第481页。

② 《三国志》卷三十《挹娄传》，第848页。

③ 袁珂校注：《山海经校注》，上海古籍出版社，1980年版，第421页。

④ 《晋书》卷九十七《肃慎氏传》，第2535页。

⑤ (唐)张楚金：《翰苑》，载金毓黻主编《辽海丛书》第4册，辽沈书社，1985年版，第2522页。

⑥ (晋)孙盛：《晋阳秋》，载(清)汤球、乔治忠校注《众家编年体晋史》，天津古籍出版社，1989年版，第119页。

16年时间里,肃慎、挹娄同时向后赵贡献了“楛矢石砮”。

按照史书的记载,挹娄从曹魏时期开始逐渐强大,成为东北地区一个重要的部族。不仅“夫余数伐之……卒不能服也”,连挹娄周边的民族也经常饱受其侵扰。“其国便乘船寇盗,邻国患之。”①但是如此强大的挹娄,除《资治通鉴》的这则记载外,史书再未提及其与中原王朝之间的联系。而魏晋南北朝的肃慎,除了进贡“楛矢石砮”外,却没有任何关于其民族生活情况的描述。这种巨大的反差是极为不合理的现象。而这次重合为我们提供了一个解决问题的契机。两个系统记载的“楛矢石砮”实际上是指同一件事,即挹娄之进贡“楛矢石砮”。正如上文指出的那样,中原王朝根据自己的政治需要把进贡“楛矢石砮”的东北少数部族认定为肃慎,而将挹娄进贡“楛矢石砮”改为肃慎进贡“楛矢石砮”,“俨然是战国后期所造作的圣天子受命瑞象说的再现”②。因之,我们完全有理由相信:史书上所言的魏晋南北朝时期的肃慎朝贡,实际上就是挹娄所为;只不过中原王朝为了彰显自己的国力强盛,擅自将挹娄改称为肃慎罢了。而《资治通鉴》则通过引用原始文献保留了当时情况的原始面貌。由此我们不难理解为何《三国志》有《挹娄传》却在其他部分仍称肃慎。

综上所述,以现有的先秦、秦汉文献进行分析,当时中原王朝对古肃慎的认识是相当浅薄而模糊的,古肃慎与东北地区也没有直接或者必然的联系。到了魏晋南北朝时期,由于中原王朝与东北交往日益密切,魏晋史家以“楛矢石砮”为依据,将古肃慎与东北民族联系在一起,对之进行了重新确认。但我们又不能以魏晋史家的看法,简单地把这一时期的肃慎和古肃慎画上等号。而这一时期所出现的肃慎实际上就是挹娄,即当时的“肃慎”一词显然是中原王朝加给挹娄的族称,应该是中原王朝出于自己的政治需要而将挹娄进贡“楛矢石砮”说成是肃慎进贡“楛矢石砮”。

二、从考古发现看挹娄的来源

20世纪七八十年代,苏联学者杰列维扬科和我国学者林沄相继提出波

---

① 《三国志》卷三十《挹娄传》,第848页。

② [日]吉本道雅:《肃慎考》,《满语研究》2006年第2期。

尔采文化是古代挹娄人的遗存，[①]张太湘等学者则提出蜿蜒河类型也应该是挹娄的遗存。[②] 1984 年滚兔岭遗址发掘后，贾伟明和魏国忠又提出“挹娄系统的物质遗存应包括波尔采—蜿蜒河文化和滚兔岭文化，而文献中所记的挹娄，当主要指滚兔岭文化的居民”[③]。这一认识在学术界产生了较大的影响。

那么，古史记载中的挹娄与这两个考古学文化到底是什么关系呢？这里，结合近些年新发表的考古资料，从滚兔岭文化和蜿蜒河—波尔采文化的来源入手对此问题进行分析，进而探讨挹娄的来源问题。

（一）滚兔岭文化的来源

滚兔岭文化发现于双鸭山滚兔岭遗址，[④]并因此而得名。滚兔岭文化“主要器类组合为小底鼓腹长颈敞口瓮、带角状把手的敞口弧（鼓）腹罐、鼓腹壶、敞口钵、敞口碗、单把杯等”。根据来源不同，可把其主要器类分为 A、B、C、D 四组：A 组包括各类型的侈口深腹罐[⑤]（参见图一，17～18），B 组只有敞口碗（参见图一，19），C 组是角状把手罐（参见图一，20），D 组是形制不同的瓮（参见图一，21～22）。

A 组“侈口深腹罐”大口、弧（或略鼓）腹、小平底，与黑龙江左岸的乌里尔文化的“粗颈鼓腹罐”和“大口粗颈罐”接近[⑥]（参见图一，1～3）。乌里尔文化的年代约在战国时期，[⑦]显然，滚兔岭文化 A 组器物来源于乌里尔文化。滚兔岭文化的北邻——黑龙江中游沿岸的蜿蜒河—波尔采文化也有形制相同的器物，但其年代与滚兔岭文化相当，而且蜿蜒河—波尔采文化是乌里尔文化直接继承者（详后），故而它们之间的相似是由于二者同源造成的。该组器物从乌里尔文化发展到蜿蜒河—波尔采文化和滚兔岭文化，一个显著

---

① ［俄］A. 杰列维扬科：《公元前第 1 千纪阿穆尔河沿岸地区》，新西伯利亚科学，1976 年版。

② 林沄：《肃慎、挹娄和沃沮》，《辽海文物学刊》1986 年创刊号。

③ 干志耿、孙秀仁：《黑龙江古代民族史纲》，黑龙江人民出版社，1986 年版；贾伟明、魏国忠：《论挹娄的考古学文化》，《北方文物》1989 年第 3 期。

④ 黑龙江省文物考古研究所：《黑龙江省双鸭山市滚兔岭遗址发掘报告》，《北方文物》1997 年第 2 期。

⑤ 赵永军先生将该类罐分为四型。参见赵永军：《试论滚兔岭文化》，《北方文物》2006 年第 1 期。

⑥ 乌里尔文化和波尔采文化的资料皆参见冯恩学：《俄国东西伯利亚与远东考古》，吉林大学出版社，2002 年版，第 413～454 页。不另注。

⑦ 林沄：《肃慎、挹娄和沃沮》，《辽海文物学刊》1986 年创刊号。

的变化是器口变大，外侈更甚，口径与腹径和底径的比例变大。

滚兔岭文化器物底部多有较厚的假圈足，尤以B组的斜腹敞口碗最为明显。这种斜腹厚底碗与蜿蜒河—波尔采文化的碗（灯）相似（参见图一，10～11、15）。而蜿蜒河—波尔采文化的碗（灯）则由乌里尔文化的灯发展而来（参见图一，6）。在笔者所能见到的材料中，乌里尔文化没有此种形制的碗，只有灯。这是由于材料所限还是乌里尔文化确实无碗，还无法说清楚。但考虑到乌里尔文化与蜿蜒河—波尔采文化属于同一文化系统的不同发展阶段，滚兔岭文化B组器物当源自黑龙江北岸的文化区。

C组的角状把手罐是滚兔岭文化最“富有特征的标型器”。此类器物整体形制类于“侈口深腹罐”，实是由小型的“侈口深腹罐”安把而成的。其最引人注目之处就是角状把手。这种把手不仅见于陶罐上，还常被施用于陶杯上。这很可能受到依兰县桥南“文化”[①]中带角状把手的单耳罐的影响，年代大约都在战国至汉代[②]。带把陶器与单耳、双耳陶器[③]一样皆是长城沿线富有特色的器物。

D组陶器——敞口、长颈、鼓腹、小台底的瓮，是滚兔岭文化区别于其北邻蜿蜒河—波尔采文化的重要因素。此类瓮虽然目前发现数量尚少，[④]但却是滚兔岭文化的指征性器物。该类器物不见于其他地区和文化，很可能是滚兔岭文化新创生的器类。

综上，在滚兔岭文化的四组器物中，有两组（A、B组）源自乌里尔文化或者与之有关，一组（C组）则与桥南文化相关。似可以推断滚兔岭文化是南下的乌里尔文化与西来的以角状把手器为代表的桥南文化所融合形成，乌里尔文化似乎是滚兔岭文化的主要源头。

（二）蜿蜒河—波尔采文化的来源

蜿蜒河—波尔采文化以分别发现于黑龙江南、北两岸的文化遗存而得

---

① 李砚铁、刘晓东、王建军：《黑龙江省依兰县桥南遗址发掘及相关问题》，《北方文物》2000年第1期。

② 张伟先生定红马山文化在西汉晚期至东汉时期，似乎有些偏晚。此文化角状把手罐、单耳罐、双耳罐的形制与东周时期长城地带的同类器接近，年代不应距东周太远。

③ 许永杰：《长城沿线周秦时期双耳陶器的初步考察》，《北方文物》1992年第2期。

④ 其原因一方面是由于目前考古资料较少，另一方面可能是此类器物体形较大，不易留下完整器。

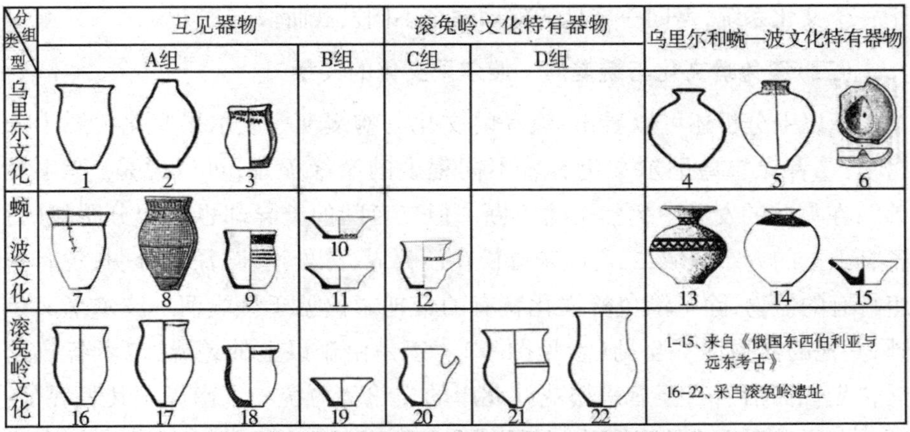

图一　滚兔岭文化与乌里尔文化和蜿蜒河—波尔采文化对比图

名，在我国境内者称为蜿蜒河类型，①在俄罗斯境内者则称为波尔采文化，二者虽然存在一定差别②，但本质上属于同一个考古学文化，故可合称为蜿蜒河—波尔采文化。此文化大致分布在黑龙江中游两岸的冲积平原上，南部与滚兔岭文化接壤。据其文化特征和已经公布的碳—14 年代测定法测定数据，学者们多认为蜿蜒河—波尔采文化的年代约当中原的两汉时期，下限可能进入魏晋时期。

蜿蜒河—波尔采文化的主要器类同样可以分为四组。前三组分别与滚兔岭文化的 A、B、C 组相同，如前所述，其第一组也源于乌里尔文化；第二组与同时期的灯形制近同，虽可能是新创器物，但其本源却仍是乌里尔文化；第三组的带把罐是滚兔岭文化的代表性器物，在蜿蜒河—波尔采文化中较少见，显然是从滚兔岭文化交流所得。其第四组包括喇叭口鼓腹罐和灯，是蜿蜒河—波尔采文化最具代表性的器物，类似的器物只见于比它早的乌里尔文化，显然也是源自乌里尔文化。喇叭口鼓腹罐的变化规律与 A 组侈口深腹罐一样，也是口变大、更外侈，灯其实就相当于喇叭口鼓腹罐的口颈部分，其变化是腹变深，壁变外侈，与喇叭口鼓腹罐的口颈变化同步（参见图一，4 ~ 6、13 ~ 15）。由此可见，蜿蜒河—波尔采文化的绝大部分器类来源于乌里尔文化，由乌里尔文化直接发展而来。故其在本质上，与乌里尔文化属

① 黑龙江省博物馆、中国社会科学院考古研究所：《黑龙江省绥滨县蜿蜒河遗址发掘报告》，《北方文物》2006 年第 4 期。

② 杨虎、林秀贞：《试论蜿蜒河类型与波尔采文化的关系》，《北方文物》2006 年 4 期。

于一个文化系统,是同一文化的前后两个不同发展阶段。

(三)滚兔岭文化与蜿蜒河—波尔采文化的关系

从以上分析还可以看出,滚兔岭文化与蜿蜒河—波尔采文化关系十分密切:二者皆与乌里尔文化有着不同程度的亲缘关系,可以说是“孪生兄弟”;在彼此的发展中仍然交流不断。但二者间的差异却也是十分明显的:各有独立的分布区域,二者以东流松花江为界,分处南北,泾渭分明;各有一组特有的器物,除了滚兔岭文化特有的带把罐偶见于蜿蜒河—波尔采文化外,其他的器物皆不互见(参见图一)。正是由于以上的差异,二者各自发展,“划江而治”,直至后来松花江北岸的文化势力统一了南岸。其表现是:源于上述的喇叭口鼓腹罐的“靺鞨罐”风靡于整个三江平原,而松花江南岸颇有特色的带把罐和长颈鼓腹小台底瓮(也即滚兔岭文化特有的C、D组器物)突然消失不见。由此可见,滚兔岭文化与蜿蜒河—波尔采文化或许是属于竞争和对立的两股势力,其背后则可能存在着不同人群的对立。许永杰和赵永军先生在对“七星河流域汉魏遗址群”进行调查和测绘时,曾注意到“七星河流域汉魏遗址群的要塞址或设置在扼守七星河水道的七星河两岸,或设置在防范松花江流域的北侧”①。果真如此的话,当时地处松花江南、北岸的居民,相互之间的矛盾当是十分尖锐的。

既然这样,似不能简单地将蜿蜒河—波尔采文化同滚兔岭文化一样视为挹娄人的遗存。换句话说,滚兔岭文化完全可能是挹娄人的“唯一”遗存,即贾伟明和魏国忠早在1989提出的“文献中所记的挹娄,当主要指滚兔岭文化的居民”②的论点显然得到了近三十年来考古资料和研究的证实。

(四)挹娄人的来源

从事考古研究的人都知道,考古学文化的起源与形成是十分复杂的,并不是单纯是人群流动的结果,因此考古学文化的来源并不等同于它背后所反映人群的来源。但是通过对考古学文化的构成因素进行具体分析,却能为探讨人群的来源提供一些线索。

由前文分析可知,挹娄人创造的滚兔岭文化的来源实由三部分组成:一是来自北方(乌里尔文化)的文化因素;二是来自西边桥南“文化”的因素;三

---

① 许永杰、赵永军:《七星河流域汉魏遗址群聚落考古的理论与实践》,载《庆祝张忠培先生七十岁论文集》,科学出版社,2004年版,第516~517页。

② 贾伟明、魏国忠:《论挹娄的考古学文化》,《北方文物》1989年第3期。

是找不到源头但可能属于本地新创的文化因素，即较多的因素应该来自北方乌里尔文化的居民，另一部分是来自西边桥南类型系统的人们，而原来当地先民的因素则相对较少。因为从现有的考古资料看，滚兔岭文化遗存的文化层往往都是直接叠压在没有人类活动的生土之上，[①]即在当地尚未发现早于滚兔岭文化并与其叠压或直接相关的考古遗存。尽管如此，却不能断言在这之前，这一地区就不曾存在过人类的活动，因为现有的考古工作所获得的资料毕竟有限得很，故实在难以想象未来的考古工作就绝对不会在同一地带发现新的物质文化遗存；况且前文中所谓滚兔岭文化来源的四组器物中就有一组（C 组）与桥南文化相关，故曾在黑龙江地区连续工作 40 多年的著名考古学者张泰湘生前也明确认定桥南二期遗存所出土的陶器就“开了‘滚兔岭—凤林文化的先河’，即‘滚兔岭—凤林文化是桥南文化演变来的’”[②]。而鉴于桥南文化的前后两期遗存中，晚期的“二期遗存与一期（即前期）遗存有明显的继承关系”，一期遗存又“受到青铜文化的影响”[③]而被张氏认定为“先秦时肃慎人的文化遗存”[④]。尽管这一观点尚未成为学界的共识，却也不是什么空穴来风，而在一定程度上反映出三江平原地带所发现的那些早于滚兔岭文化不能不或多或少地对其产生这样或那样的影响，甚至于不能完全排除具有某种程度传承关系的可能性。至于那些“找不到源头但可能属于本地新创的文化因素”，就更不能不与本书第一章第二节中所提到的今三江平原腹地挠力河流域所发现的那些早于滚兔岭文化而应该被视之为肃慎人遗存的如大板城址、三道桥城址、西丰西山遗址，宝清县雁窝岛南遗址、五星湖遗址、劝农二道岭遗址等诸多文化因素之间存在某种程度的关联，至少是不能完全排除其间接性的影响，即无论如何也不能说与此前的这些文化因素之间完全没有任何的关系！

---

① 黑龙江省文物考古研究所：《黑龙江省双鸭山市滚兔岭遗址发掘报告》，《北方文物》1997 年第 2 期，第 6 ~ 15 页；黑龙江省文物考古研究所：《黑龙江友谊县凤林城址 1998 年发掘简报》，《考古》2000 年第 11 期。

② 张泰湘：《黑龙江流域的远古文明》，载《黑龙江流域文明研究》，黑龙江人民出版社，2006 年版，第 13 页。

③ 李砚铁、刘晓东、王建军：《黑龙江省依兰县桥南遗址发掘及相关问题》，《北方文物》2000 年第 1 期。

④ 张泰湘：《黑龙江流域的远古文明》，载《黑龙江流域文明研究》，黑龙江人民出版社，2006 年版，第 17 页。

第二节　挹娄与勿吉、靺鞨的关系

研究挹娄的历史沿革，还有一个重要问题就是挹娄与勿吉、靺鞨的关系，因为这直接关涉到挹娄的去向。传统看法是，挹娄的直接继承者就是勿吉，二者只是不同时代的同族异称。因之，学者们大多关注的是挹娄因何及如何改称勿吉。比较流行的观点是：勿吉是挹娄融入了沃沮而形成的，而勿吉的名称也与沃沮有关。①

从《魏书》以来对勿吉、靺鞨的史籍记载来看，除了《新唐书·黑水靺鞨传》明言黑水靺鞨"居肃慎地，亦曰挹娄，元魏时曰勿吉"以外，各代史家在记述时很少提及"挹娄"。但在《魏书》《北史》对勿吉的描述以及《隋书》和两唐书对靺鞨的描述中，都有明显传抄前代文献（《三国志》《后汉书》《晋书》等）有关挹娄的语句。这是直接导致大家认定挹娄与勿吉和靺鞨属于同一族群的根本原因。因之，单纯从文献记载上探讨他们之间的关系，很难脱出旧有认识的局限。只有结合相关考古发现才能将这一问题说清楚。

据文献记载，挹娄、勿吉和靺鞨三族都曾活跃于黑龙江东部的三江地区。② 从当时在三江地区留下的考古遗存当能观察此三族的历史面貌。下面我们即通过分析三江地区汉唐时期③考古学文化格局的变化，探讨挹娄、勿吉、靺鞨三族之间的关系。

一、三江地区汉唐时期考古学文化格局

三江地区考古工作开展较早，积累了丰富的资料，考古学文化的编年序列已基本建立起来。④ 目前的考古发现与研究表明，三江地区汉唐时期的考

---

① 赵红梅：《沃沮族称探析》，《黑龙江民族丛刊》2006 年第 2 期。

② 这里所讲的三江地区，指乌苏里江以西，小兴安岭—张广才岭以东，包括黑龙江中游两岸、松花江中下游及其支流牡丹江流域的广大地区。

③ 这里说的汉唐时期限于两汉至唐代前期（渤海建国前）。

④ 赵永军先生对该地区汉魏时期文化遗存进行了系统研究，参见《黑龙江东部地区汉魏时期文化遗存研究》，《边疆考古研究》第 3 辑，科学出版社，2004 年版，第 152 ~ 177 页；冯恩学先生对黑龙江中游沿岸地区的靺鞨文化遗存进行了分区和分期研究，并结合文献分别探讨了其族属，参见《黑龙江中游地区靺鞨文化的区域性及族属探讨》，《吉林大学社会科学学报》2005 年第 3 期。他们的成果为我们的研究奠定了坚实的基础。

古学文化在地域上存在着差异,以东流松花江为界可分为南、北两个大的区域。南区包括牡丹江中下游和七星河流域,两流域间考古学文化面貌各不相同。北区以黑龙江为界又可分为(松花江、黑龙江)两江交汇区和黑龙江中游北岸两个小区,区域间考古学文化面貌也不甚一致。

东流松花江以南地区汉唐时期考古遗存比较复杂,大致有七星河流域的滚兔岭文化、凤林文化,牡丹江中下游的东兴类型文化、桥南类型、河口遗存、以河口和振兴四期为代表的遗存。

滚兔岭文化在前文已有详细论述,在此不赘。凤林文化是近年来新辨识出来的一支考古学文化,得名于1998年发掘的友谊凤林城址。[①] 一般认为,凤林文化是滚兔岭文化的直接继承者,二者属于同一文化系统的不同发展阶段。滚兔岭文化向凤林文化的转变主要是由于受到了来自南部团结文化的强烈影响。因此,其文化内涵的主体也相应地包含滚兔岭文化和团结文化两个方面的因素。就目前考古资料而言,凤林文化的分布范围大致与滚兔岭文化相当。凤林文化的年代,或定为魏晋时期,[②]或定为魏晋南北朝时期,[③]亦有学者根据已发表的碳—14年代测定法测定数据[④]将其推定在"250—440年之间"[⑤]。鉴于目前凤林文化发掘资料尚少,可相与比较的材料不多,其年代可暂时比照滚兔岭文化,大致定在魏晋时期。同时参考已发表的碳—14年代测定法测定数据,其年代下限当进入北朝。

东兴类型遗存,有学者认为其为一独立的考古学文化,因最早见于海林

---

① 黑龙江省文物考古研究所:《黑龙江友谊县凤林城址1998年发掘简报》,《考古》2000年第11期。黑龙江省文物考古研究所:《黑龙江友谊县凤林城址二号房址发掘报告》,《考古》2000年第11期。

② 赵永军:《黑龙江东部地区汉魏时期文化遗存研究》,《边疆考古研究》第3辑,科学出版社,2004年版;张国强、霍东峰等:《凤林文化刍议》,《北方文物》2006年第2期。

③ 黑龙江省文物考古研究所:《七星河—三江平原古代遗址调查与勘测报告》,科学出版社,2004年版,第15页。

④ 数据皆出自凤林城址,共有6个:标本ZK-2842,校正后年代为425—635年;标本ZK-2843,校正后年代为714—1012年;标本ZK-2844,校正后年代为261—441年;标本ZK-2845,校正后年代为257—439年;标本ZK-2846,校正后年代为437—641年;标本ZK-2847校正后年代为251—441年。参见中国社会科学院考古研究所考古科技实验研究中心:《放射性碳素测定年代报告(二三)》,《考古》1996年第7期。

⑤ 张国强、霍东峰等:《凤林文化刍议》,《北方文物》2006年2期。此文在赞同发掘者意见(即凤林文化的年代在魏晋时期)的前提下,舍弃了年代较晚的三个数据。

市东兴遗址[①]并具有代表性而被命名为“东兴文化”。就目前发现而言,该类型文化仅见于牡丹江中下游,已经发现的地点还有海林振兴[②]、河口[③]、木兰集东[④]、望天岭[⑤]等遗址。东兴类型有4个碳—14年代测定法测定数据,在东兴遗址F6和振兴遗址二期F9各出两个,分别为距今2135±60年、距今1570±90年、距今1881±85年、距今2048±87年。考虑到东兴类型与滚兔岭文化和团结文化皆有相似之处,参考后二种文化的年代,可把东兴类型的年代大致定在两汉时期。由于东兴类型处于滚兔岭文化和团结文化的交界处,文化面貌呈现出以上两种文化交融的情形。该类型文化在器物造型、居址形态等方面皆与滚兔岭文化相同,而其无豆类器、房内不设曲尺形烟道(火炕)等方面更是表现出与滚兔岭文化同质、和团结文化相异的特征。虽然有些器物上带团结文化习见的柱状耳,但这是东兴类型与团结文化交界、受其影响的结果。所以,东兴类型在本质上应视为滚兔岭文化的一个地方类型或变体。

东兴类型的北部,与之基本同时的还有桥南类型文化。该类型遗存风格独特,但目前仅见于依兰桥南遗址,尚不具备单独命名为一个考古学文化的条件。东兴类型之后,其分布区出现了“河口遗存”[⑥]。“河口遗存”发现地点也较少,目前资料只局限于莲花水库淹没区,有待考古工作的进一步开展。此类遗存与其南部的东康类型较为相似,可视为它的地方变体,年代约

① 黑龙江省文物考古研究所、吉林大学考古学系:《黑龙江海林市东兴遗址发掘简报》,《考古》1996年第10期;黑龙江省文物考古研究所:《黑龙江海林市东兴遗址1992年试掘简报》,《北方文物》1996年第2期;黑龙江省文物考古研究所、吉林大学考古学系:《黑龙江省海林市三道河乡东兴遗址1994年考古发掘简报》,《北方文物》1996年第1期。

② 黑龙江省文物考古研究所、吉林大学考古学系:《河口与振兴——牡丹江莲花水库发掘报告(一)》,科学出版社,2001年版,第8~21页。

③ 黑龙江省文物考古研究所、吉林大学考古学系:《河口与振兴——牡丹江莲花水库发掘报告(一)》,科学出版社,2001年版,第82~99页。

④ 黑龙江省文物考古研究所:《黑龙江海林市木兰集东遗址发掘简报》,《北方文物》1996年2期。

⑤ 黑龙江省文物考古研究所:《黑龙江海林市望天岭遗址发掘简报》,《北方文物》1998年2期。

⑥ 黑龙江省文物考古研究所、吉林大学考古学系:《河口与振兴——牡丹江莲花水库发掘报告(一)》,科学出版社,2001年版,第157页。

在东汉末至魏晋时期。①

紧接“河口遗存”之后，牡丹江中下游地区分布的是以河口四期和振兴四期为代表的遗存。此类遗存特征鲜明，较具地域特色，可称之为河口四期类型。类似遗存在海林河口、振兴、渡口②和木兰集东等遗址皆有发现。该类型遗存的陶器以夹砂褐陶为主，器表多施有附加堆纹，最具代表性的器物是口沿下有一周锯齿状附加堆纹的“靺鞨罐”，年代在南北朝至渤海时期以前。③ 河口四期类型与前期的“河口遗存”文化面貌截然不同，显非本地土著文化的自然发展。但河口四期类型却与北区的同仁一期文化具有较大的相似性，现在学界一般都把它和同仁一期文化视为同一文化系统内部的两个地方类型。因此，河口四期类型来自北区文化系统，它的出现很可能是来自北区的文化取代（或驱赶）了本地固有的文化所致。

东流松花江以北地区文化面貌相对单一而且清晰。主要有黑龙江中游南岸的蜿蜒河类型、同仁一期文化和北岸的波尔采文化和奈伊费尔德类型。

蜿蜒河类型和波尔采文化分处黑龙江中游南北两岸，分别由中、俄两国考古学者发现并命名，④二者文化面貌虽然存在一定差别，但本质上属于同一个考古学文化，或可称之为蜿蜒河—波尔采文化。该文化大致分布在黑龙江中下游沿岸的冲积平原上，南部与滚兔岭文化接壤。据其文化特征和已经公布的碳—14 年代测定法测定数据，学者们多认为蜿蜒河—波尔采文化的年代约当中原的两汉时期，下限可能进入魏晋时期。

同仁一期文化得名于 1973 年发掘的黑龙江省绥滨县福兴乡同仁遗址。⑤ 同仁一期遗存可分为早晚两段，晚段遗存与早段有一定差别，时代较晚，超出本文的时限，所以这里所说的同仁一期文化仅指早段遗存。同类文

---

① 黑龙江省文物考古研究所、吉林大学考古学系：《河口与振兴——牡丹江莲花水库发掘报告（一）》，科学出版社，2001 年版，第 6 页。

② 黑龙江省文物考古研究所、吉林大学考古学系：《黑龙江海林市渡口遗址的发掘》，《考古》1997 年第 7 期。

③ 黑龙江省文物考古研究所、吉林大学考古学系：《黑龙江海林市渡口遗址的发掘》，《考古》1997 年 7 期。

④ 黑龙江省博物馆、中国社会科学院考古研究所：《黑龙江省绥滨县蜿蜒河遗址发掘报告》，《北方文物》2006 年第 4 期。

⑤ 黑龙江省文物考古研究所：《黑龙江绥滨同仁遗址发掘报告》，《考古学报》2006 年第 1 期。

化遗存还发现于绥滨县四十连遗址[①]和萝北团结墓地[②]。同仁一期文化主要分布于黑龙江中下游右岸。从文化特征看,同仁一期文化直接由蜿蜒河—波尔采文化发展而来,与蜿蜒河—波尔采文化属于同一考古学文化系统的不同发展阶段。同仁一期文化的代表性器物也是“靺鞨罐”,盘口束颈鼓腹,口下常施有带状附加堆纹,并在堆纹上刻印沟纹。这是“靺鞨罐”的早期典型特征。[③] 结合碳—14 年代测定法测定数据,可把同仁一期文化大体定在北朝至唐早期。

奈伊费尔德类型因俄罗斯犹太自治州的奈伊费尔德墓地得名。[④] 该类型文化也来源于蜿蜒河—波尔采文化,与同仁一期文化特征相似,时代相同。总体来看,二者也属于同一个文化系统。所不同者,奈伊费尔德类型主要分布于黑龙江左岸。在陶器和葬俗上,奈伊费尔德类型与同仁一期文化也存在一定差别。[⑤] 所以,学界一般将它们看成同一文化系统的两个地方类型。

由上所述可以看出:一,汉唐时期三江地区的考古学文化可区分为南、北两个大的区域,两区不仅文化面貌不同,演变轨迹也相异。南区文化多元,从汉到魏晋一直有多种文化并存。北区则文化相对单纯,虽然黑龙江两岸存在差别,但各时期的文化在本质上都属于一个系统;南区文化的演变更替性特征明显,文化断裂现象突出。除了七星河流域的凤林文化继承了滚兔岭文化的较多因素外,其他的文化遗存往往都是昙花一现,来得突然,走得彻底;与之相反,北区文化的继承性非常强,从汉到唐早期一直平稳发展,各时期文化一脉相承,延续未绝。二,三江地区汉唐时期的文化变迁大致可划分为前后两个大的阶段,前期约在两汉至魏晋时期,后期约在北朝至唐早期。前期,南北两区考古学文化差异较大,明显属于两个不同的文化系统。到了后期,南、北两区文化面貌统一于以“靺鞨罐”为特征的文化。二者虽仍

---

① 谭英杰、孙秀仁、赵虹光、干志耿:《黑龙江区域考古学》,中国社会科学出版社,1991 年版。

② 黑龙江省文物考古研究所:《黑龙江萝北县团结墓葬发掘》,《考古》1989 年第 8 期。

③ 乔梁:《靺鞨陶器分期初探》,《北方文物》1994 年第 2 期;胡秀杰、刘晓东:《渤海陶器类型学传承渊源的初步探索》,《北方文物》2001 年第 4 期。

④ [俄]杰列维扬科、涅斯捷罗夫:《奈伊费尔德古墓地》,王德厚译,《北方文物》2002 年第 2 期。

⑤ 冯恩学:《黑龙江中游地区靺鞨文化的区域性及族属探讨》,《吉林大学社会科学学报》2005 年第 3 期。

有区别，但共性大于个性，整体上属于同一个文化系统。此时，南北二区皆不见在前期颇为流行的带角状把手的陶器。前文已述，带角状把手的陶器是南区前期（滚兔岭文化和凤林文化）最具代表性的器类，而“靺鞨罐”则植根并来源于北区。后期三江地区带角状把手陶器的突然消失与“靺鞨罐”的广布形成鲜明对比。分别代表着南、北文化系统的两类器物的此消彼长，实际上是南、北两大文化系统势力消长的直接反映。于此可见在南、北两区文化的长期对峙中，南区文化终于消亡，北区文化则统一了整个三江平原。只是限于目前资料，个中原因及过程尚难明了。三江地区汉唐时期文化格局可以归纳为下表：

<table>
<tr><td rowspan="2">区域
时代</td><td colspan="3">南区</td><td colspan="2">北区</td></tr>
<tr><td colspan="2">牡丹江中下游</td><td>七星河流域</td><td>松花江北岸与黑龙江交汇处</td><td>黑龙江中游北岸</td></tr>
<tr><td>两汉</td><td>桥南类型</td><td>东兴类型</td><td>滚兔岭文化</td><td rowspan="2">蜿蜒河类型</td><td rowspan="2">波尔采文化</td></tr>
<tr><td>魏晋</td><td>河口遗存</td><td></td><td>凤林文化</td></tr>
<tr><td>北朝</td><td></td><td colspan="2">挹娄文化系统</td><td rowspan="2">同仁一期文化（靺鞨黑水部）</td><td rowspan="2">奈伊费尔德类型（靺鞨黑水部）</td></tr>
<tr><td>隋唐（早期）</td><td colspan="2">河口四期类型（靺鞨拂涅部）</td><td></td></tr>
<tr><td></td><td colspan="5">靺鞨文化系统</td></tr>
</table>

<table>
<tr><td rowspan="2">区域
时代</td><td colspan="3">南区</td><td colspan="2">北区</td></tr>
<tr><td colspan="2">牡丹江中下游</td><td>七星河流域</td><td>松花江北岸与黑龙江交汇处</td><td>黑龙江中游北岸</td></tr>
<tr><td>两汉</td><td>桥南类型</td><td>东兴类型</td><td>滚兔岭文化</td><td rowspan="2">蜿蜒河类型</td><td rowspan="2">波尔采文化</td></tr>
<tr><td>魏晋</td><td>河口遗存</td><td></td><td>凤林文化</td></tr>
<tr><td>北朝</td><td></td><td colspan="2">挹娄文化系统</td><td>同仁一期文化（靺鞨黑水部）</td><td>奈伊费尔德类型（靺鞨黑水部）</td></tr>
</table>

二、挹娄与勿吉、靺鞨的关系

前文已经指出,滚兔岭文化是挹娄人留下的考古遗存。目前学者所谓的“东兴文化”与滚兔岭文化同属一个文化系统,也理应是挹娄的文化遗存。东兴类型文化南与团结文化接壤,恰处于滚兔岭文化与团结文化的交界地带。团结文化的族属早就被林沄先生论定为沃沮。由此看来,曹魏时,玄菟太守王颀率军追击高句丽王宫所到达的“肃慎氏(按:即挹娄的别称)南界”(《三国志·毋丘俭传》),即应在东兴类型文化分布区及其迤东一线(倭肯河—挠力河与穆棱河中间地带)。正因为王颀他们没有深入到七星河流域的挹娄腹心区,没有看到城,所以文献中也就没有出现相应的记载。

同仁一期文化和奈伊费尔德类型,被越来越多的学者指认为黑水靺鞨的文化遗存。[①] 冯恩学先生认为二者同属黑水靺鞨的主导部落黑水部。[②] 刘晓东先生赞成以同仁一期早段为代表的遗存属于黑水部,但认为以奈伊费尔德墓地为代表的遗存应属黑水靺鞨的窟说部遗存。[③] 同仁一期文化和奈伊费尔德类型在地域、时间和文化特征上皆与古籍中的黑水靺鞨相合,我们同意把二者视为黑水靺鞨不同部族的遗存。那么,它们的直接源头——蜿蜒河—波尔采文化就应属于靺鞨先人的文化,或称先靺鞨文化。

滚兔岭文化的直接继承者凤林文化的族属问题,学界尚未有定论。有学者把它连同滚兔岭文化一起视为北沃沮,认为涵盖滚兔岭文化和凤林文化的“七星河流域汉魏遗址群与北沃沮族的活动有关联”[④]。此说立论的前提是相信蜿蜒河—波尔采文化所处的黑龙江中下游沿岸是史籍记载的挹娄,也即是曹魏王颀所到达的挹娄。但是,有学者已经从“地望考察、地理环

---

① 李陈奇:《靺鞨—渤海考古学的新进展》,《北方文物》1999 年第 1 期;黑龙江省文物考古研究所、吉林大学考古学系:《河口与振兴——牡丹江莲花水库发掘报告(一)》,科学出版社,2001 年版,第 157 页。

② 冯恩学:《黑龙江中游地区靺鞨文化的区域性及族属探讨》,《吉林大学社会科学学报》2005 年第 3 期;冯恩学:《黑水靺鞨思慕部探索》,《中国边疆史地研究》2006 年第 2 期。

③ 刘晓东:《靺鞨文化研究》,吉林大学硕士毕业论文,2007 年,第 21 页。此文把黑龙江左岸俄罗斯犹太自治州的布拉戈斯洛文出土遗存归入同仁一期早段为代表的 E 组,而以奈伊费尔德墓地为代表的 G 组遗存只有奈伊费尔德墓地。

④ 许永杰、赵永军:《七星河流域汉魏遗址群聚落考古的理论与实践》,《庆祝张忠培先生七十岁论文集》,科学出版社,2004 年版,第 516 ~ 517 页。该文把七星河文化连同滚兔岭文化一起视为北沃沮,但在论述与南沃沮的关系时,又只指凤林文化。

境分析及野生动物的分布”等方面论证了“波尔采—蜿蜒河文化系统的分布不是文献中记载的挹娄的居地，当然，其物质文化遗存也就不可能属于文献中所指的挹娄人了”①；而且，文献未有北沃沮筑城的记载，这也显然与滚兔岭文化和凤林文化多城的实际不符。曹魏军队曾经从南到北贯穿沃沮全境，北沃沮如果有城，如此明显的文化特征，古人不可能完全视而不见，不做任何记录。此外，林沄先生在论证沃沮遗存时，明确说“目前把团结—克罗乌诺夫卡文化视为全体沃沮人的文化，才是比较稳妥的”②。学者所谓“团结文化的族属一般认为是沃沮，有时又仅指南沃沮”③实际是对林先生接下来“沃沮的南界似乎不可能离图们江很远，所以我们倾向于推测图们江流域（没有包括团结—克罗乌诺夫卡文化分布的所有地域——笔者按）的团结—克罗乌诺夫卡文化是南沃沮的遗存”④这段话的误解。

笔者曾推测凤林文化是勿吉人的遗存，⑤证据有五：其一，凤林文化恰好处于《魏书》中勿吉族的中心区域。有关勿吉的地望，《魏书·勿吉传》记述甚详：“去洛五千里。自和龙北二百余里有善玉山，山北行十三日至祁黎山；又北行七日，至如洛环水，水广里余。又北行十五日至太鲁水，又东北行十八日到其国。国有大水，阔三里余，名速末水……延兴中，遣使乙力支朝献……称初发其国，乘船泝难河西上，至太沵河，沉船于水，南出陆行，渡洛孤水，从契丹西界达和龙。”《北史·勿吉传》亦有相同记载，但系录自《魏书》。除此之外，《北史》还具体叙述了勿吉七部的分布，但学者多认为是抄自《隋书》，反映的是靺鞨的情况，而非勿吉。有关勿吉的地望，近来魏存成先生结合金毓黻先生的考证⑥，推算勿吉族活动中心是在东流松花江流域⑦。杨保隆先生也曾指出“勿吉族境内之速末水实际所指是今松花江中下游流

---

① 贾伟明、魏国忠：《论挹娄的考古学文化》，《北方文物》1989 年第 3 期。

② 林沄：《论团结文化》，《北方文物》1985 年创刊号。

③ 许永杰、赵永军：《七星河流域汉魏遗址群聚落考古的理论与实践》，《庆祝张忠培先生七十岁论文集》，科学出版社，2004 年版，第 517 页。

④ 林沄：《论团结文化》，《北方文物》1985 年创刊号。

⑤ 王乐文：《“肃慎族系”产生原因简论》，《光明日报》2006 年 6 月 5 日第 11 版。

⑥ 金毓黻：《东北通史》第 171 ~ 173 页，五十年代出版社，1981 年翻印版。此文提出“大抵勿吉之国都，应在今吉林（按：非今日之吉林）之北部”，并在文后所附的“后魏时代东北图”中把勿吉标示在牡丹江中游。

⑦ 魏存成：《靺鞨族起源发展的考古学观察》，《史学集刊》2007 年 4 期。

段”[①]。当时中原人对于这里的了解还非常笼统,有关凤林文化的考古发现虽然目前仅限于松花江南岸,但其位置显然已经落在文献中勿吉的分布范围之内。其二,凤林文化多城址,且目前已经发掘的30余座房址皆为半地穴式,合于文献“筑城穴居”[②]的记载;这些房址多数没有门道,与“屋形似冢,开口于上,以梯出入”[③]相符;凤林文化分布的三江平原地区海拔较低,多湿地,也符合史料中“其地下湿”[④]的描述。其三,凤林文化的经济形态也与勿吉相符。史载勿吉“无牛,有车马,佃则偶耕,车则步推。有粟及麦穄,菜则有葵”,“多猪无羊”[⑤],说明其农业已发展到一定程度。《魏书》说其“善射猎”,《北史》进一步说“以射猎为业”,反映出勿吉的狩猎也很发达。据发掘者所说,凤林文化的一个“突出特征就是生产工具的多样性和复杂性”,种类和数量较多的生产工具反映出“‘凤林’先民的经济生活已发展到以农业生产为主,兼有少量的渔猎为辅的定居农业生产方式”[⑥]。此外,凤林文化的许多房址中都发现有较多的碳化粮食颗粒,或者储存于陶容器内或者堆放在居住面上,惜未鉴定,尚不知是否属“粟及麦穄”。考古调查和发掘还发现较多陶猪造型(常成群出现),反映了凤林文化居民对猪的喜好,也与勿吉“多猪无羊”的记载相印证。其四,凤林文化直接由属于挹娄的滚兔岭文化发展而来,与文献记载挹娄和勿吉的关系相契合。其五,学者多认为勿吉的族称与沃沮有关,凤林文化由属于沃沮的团结文化北上与滚兔岭文化融合形成,并出现近似于沃沮的豆类食器,与文献中沃沮消失和勿吉的出现相应。

不过,还须强调的是,第一,史料中的勿吉在逐夫余(事约在5世纪末,北魏太和年间)前后的地域应该有所变化,[⑦]目前凤林文化的分布范围只合

---

① 杨保隆:《勿吉地域西南部边至考》,《北方文物》1985年第4期。

② 《魏书·勿吉传》。《北史·勿吉传》曰:“筑土如堤,凿穴以居。”

③ 《魏书·勿吉传》。《北史·勿吉传》曰:“开口向上,以梯出入。”

④ 《魏书·勿吉传》。《北史·勿吉传》曰:“地卑湿。”

⑤ 《魏书·勿吉传》。《北史·勿吉传》曰:“其国无牛,有马,车则步推,相与偶耕。土多粟、麦、穄,菜则有葵……其畜多猪,无羊。”

⑥ 田禾:《凤林文化浅议》,《北方文物》2004年第1期。下引同此,不另注。

⑦ 冯家升先生认为勿吉“元魏时,部族蛰伏于今瑚尔哈(按:今牡丹江)流域;其后并肃慎,逐夫余,部族繁滋,土地张大”(冯家升:《述肃慎系之民族》,《禹贡》第三卷7期,第107页);上引杨保隆先生文,则据《北史》所载指出,前期勿吉的“中心地”在牡丹江流域一带,西南边至“约北起哈尔滨市附近,南到敦化县一线”,逐灭夫余后,势力范围达于北流松花江以南的吉林市一带。但他们皆把勿吉早期的中心区定在牡丹江流域,这不符合考古发现的实际,值得商榷。杨先生所定前期勿吉的西南边界亦嫌过远。

于勿吉逐夫余之前的初期；第二，凤林文化的年代还没有充分的证据能持续到勿吉的晚期；第三，在勿吉灭夫余后的时间段，占据牡丹江流域的河口四期类型似有可能是靺鞨拂涅部文化。① 若把勿吉与靺鞨看作同一族群，则蜿蜒河—波尔采文化就应是勿吉的遗存。那么，仅从文献记载勿吉“筑城”这一点就很难解释通。而且，蜿蜒河—波尔采文化与属于挹娄的滚兔岭文化非但没有直接继承关系，而且可能属于敌对的势力：许永杰和赵永军先生在对“七星河流域汉魏遗址群”进行调查和测绘时，注意到“七星河流域汉魏遗址群的要塞址或设置在扼守七星河水道的七星河两岸，或设置在防范松花江流域的北侧”②。果真如此的话，当时地处松花江南、北岸的居民之间的矛盾当是十分尖锐的。故很可能是，文献中的勿吉在早期是南区文化系统（凤林文化）先民，晚期却是北区文化系统（河口四期类型、同仁一期文化等）先民，而作为凤林文化创造者的早期勿吉则可能是被来自北方的“勿吉”（实际是后来的靺鞨）所灭。这正如挹娄到勿吉的变化一样，“不知其（按：即挹娄）北所及”③的中原汉人对三江平原地区缺乏了解，不知道这里族群间的变故，从而把靺鞨人混同于已经消亡的勿吉了。实际上，细究史籍对挹娄、勿吉和靺鞨的记述，亦可看出一些端倪，即“《旧唐书·北狄传》和《新唐书·北狄传》对唐代靺鞨的描述，与早期文献对挹娄、勿吉的记载，甚至与《隋书·靺鞨传》都颇不一致。”④这反映出至少在唐代，史家为勿吉、靺鞨作传时已经出现内容不同的材料。其原因除了有外族人的注入，⑤最重要的恐怕还是勿吉族实体前后发生了变化的缘故。

无论如何，代表挹娄系统的滚兔岭文化在经历了凤林文化之后似乎是消失了，其主要文化因素并没有为后来的靺鞨族文化（包括同仁一期、河口

---

① 刘晓东：《靺鞨文化研究》，吉林大学硕士毕业论文，2007 年版，第 19 页。

② 许永杰、赵永军：《七星河流域汉魏遗址群聚落考古的理论与实践》，《庆祝张忠培先生七十岁论文集》，科学出版社，2004 年版，第 516 ~ 517 页。

③ 《后汉书·挹娄传》。

④ 王乐文：《“肃慎族系”略论》，《历史教学（高校版）》2008 年第 4 期。需要说明的是，此文第 30 页脚注①有误。有关挹娄、勿吉和靺鞨的史料，从内容和语言风格上看，大致可分成两个描述体系：其一，《隋书·靺鞨传》本自《魏书·勿吉传》，源头是西晋陈寿所著《三国志·挹娄传》，而《北史·勿吉传》则糅合了《隋书》和《魏书》内容。可谓《三国志》体系；其二，《旧唐书·北狄传》和《新唐书·北狄传》的资料主要源于《晋书·肃慎传》，并加入了部分《魏书·勿吉传》的内容。《晋书·肃慎传》则取自《肃慎国记》，并杂糅了《山海经》和《邺中记》的一些记载。可谓《晋书》体系。

⑤ 王乐文：《“肃慎族系”略论》，《历史教学（高校版）》2008 年第 4 期。

四期类型等)所继承。文献把汉唐时期三江地区诸考古学文化的居民看成一个整体,而实际上,这里存在南、北两个大的文化系统,其背后反映的是两个对立的族群。北区为南区所遮挡,不为中原人所了解,他们之间的矛盾与战争也不为中原人所知。即使是南区的族群,中原人也知之甚少,以至南北混淆。因此,传统说法所谓挹娄—勿吉—靺鞨一脉相承的观点或许应该进一步地细化和区别。这也反映出文献记载的古代族群实体有时候与考古学文化所反映的人群存在着相当大的差距,我们在采用"二重证据法"研究古代族群时一定要注意此点。

第三节 挹娄的分布地域

对于挹娄分布地域,以往学者多有论述,尤其是杨保隆还做过详细的考辨,①但囿于文献和考古资料的缺少,一直都没有一个十分明确的说法。这里在前贤研究的基础上,并结合最新考古资料对此问题做进一步的探究。

一、史籍中有关挹娄地域的记载

文献对于挹娄地区的直接记载,多数体现在相对方位的描述,不能够勾画出明晰的地域四至。相关史书中以《三国志》对挹娄记载最为翔实可信,即"挹娄在夫余东北千余里,滨大海,南与北沃沮接,未知其北所极。其土地多山险"之谓;②又,《后汉书》中关于"挹娄,古肃慎之国也。在夫余东北千余里,东滨大海,南与北沃沮接,不知其北所极。土地多山险"③之载与其大致相同,均明言挹娄的方位是东临大海,南与北沃沮相接,西南方千余里是夫余;但西与北两个方面的情况则未能做出交代。故尽管是做了方位上的描述,但也仅仅是一个大概的方位,并且除"东滨大海"之外,其余方向,都是与其他民族区域的相对方位而已。

当然,也有史书对此做出进一步的补充,如《晋书·东夷传》:"肃慎氏一名挹娄,在不咸山北,去夫余可六十日行。东滨大海,西接寇漫汗国,北极弱

① 杨保隆:《肃慎挹娄合考》,中国社会科学出版社,1989年版,第134~168页。

② 《三国志·东夷传附挹娄传》。

③ 《后汉书》卷八五《东夷列传第七十五》。

水。其土界广袤数千里,居深山穷谷,其路险阻,车马不通。夏则巢居,冬则穴处。”①这里,除“东滨大海”与《三国志》与《后汉书》的记载相一致外,又将挹娄地域的其他方位情况进一步细化,即南面是不咸山,并与西南方的夫余去六十日行程可达,西接寇漫汗国,北极弱水。

而晚出的《通典》中,对挹娄地的记述,又与早出的《晋书》有所不同:“挹娄,魏时通焉,云即古肃慎之国也。周武王及成王时,皆贡楛矢、石砮。尔后千余年,虽秦汉之盛,莫能致也。常道乡公景元末来贡,献楛矢、石砮、弓、甲、貂皮之属。其国在不咸山北,在夫余东北千余里,滨大海,南与北沃沮接,不知其北所极,广袤数千里。土地多山险,车马不通,人形似夫余,而言语各异。”②即对于挹娄四至,《通典》较多采用了《三国志》的记载,所超出者仅仅是“其国在不咸山北”而汲取了《晋书》的内容,并明确指出:“详考传记,挹娄、勿吉、靺鞨俱肃慎之后裔。”③

两唐书中虽涉及挹娄之地的直接记载,但《新唐书》在谈及黑水靺鞨的方位时也将挹娄等同于肃慎:“黑水靺鞨居肃慎地,亦曰挹娄,元魏时曰勿吉。直京师东北六千里,东濒海,西属突厥,南高丽,北室韦。”④即与《旧唐书》中有关靺鞨四至的如下表述:“靺鞨,盖肃慎之地,后魏谓之勿吉,在京师东北六千余里。东至于海,西接突厥,南界高丽,北邻室韦”⑤完全一致。显而易见,都将肃慎、挹娄、勿吉、靺鞨所在地域大体上等同看待。

关于肃慎族系各族之间的发展演变,也有许多学者专篇予以讨论,⑥而不论肃慎—挹娄—勿吉—靺鞨的民族传承关系是否真的存在,作为生活在东北地区的民族,其生存区域大致相同的这一点则是确定无疑的。故《新唐书》的这一写法被《新五代史》《金史》《元史》等沿用。

史籍中对于挹娄四至的记载,《三国志》与《后汉书》的内容,多是相对位置的叙述,仅仅“东滨大海”是确定的;两唐书对于靺鞨居地的记载,也多是相对位置的叙述;只有《晋书》,对于挹娄地的记载,与其他史料有所区别,主要是摘录自两晋时期成书的《肃慎国记》和曹魏时期的《魏略》,故对于挹娄

① 《晋书·东夷传》卷九十七。

② 《通典·边防二》卷第一百八十五。

③ 《通典·边防二》卷第一百八十五。

④ 《新唐书·黑水靺鞨传》卷二一九《列传第一四四》。

⑤ 《旧唐书·北狄传附靺鞨传》传第一九九下。

⑥ 王乐文:《“肃慎族系”略论》;王乐文:《挹娄、勿吉、靺鞨三族关系的考古学观察》。

四至的确定,应较多地依据《三国志》《后汉书》以及《晋书》中的内容。综合此三书对于挹娄方位的记载,可以得出挹娄的四至如下:

东:“滨大海”;南:“接北沃沮、不咸山”;西:“与寇漫汗国接”;北:“极弱水”;西南:“距夫余千余里,行六十日可达”。

二、挹娄地域相对位置的判定

挹娄地“东滨大海”,大海即鄂霍次克海及日本海;不咸山为长白山;弱水即黑龙江,这样的结论,学界已经达成共识。[①] 然而,对于描述性的,与其他民族相接的位置判定,仍然有待于对资料的进一步耙梳。

由史料记载可知,与挹娄相接的族群和势力有三个:南面的北沃沮、西面的寇漫汗国、西南的夫余。

关于北沃沮。

沃沮这一古族的情况,在《三国志》中有记载,但语焉不详。史籍中关于北沃沮的所在,《三国志》称:“北沃沮一名置沟娄,去南沃沮八百余里,其俗南北皆同,与挹娄接。挹娄喜乘船寇钞,北沃沮畏之,夏月恒在山岩深穴中为守备,冬月冰冻,船道不通,乃下居村落。王颀别遣追讨宫,尽其东界。问其耆老:‘海东复有人不?’耆老言国人常乘船捕鱼,遭风见吹数十日,东得一岛,上有人,言语不相晓,其俗常以七月取童女沉海。又言有一国亦在海中,纯女无男。又说得一布衣,从海中浮出,其身如中国人衣,其两袖长三丈。又得一破船,随波在海岸边,有一人项中复有面,生得之,与语不相通,不食而死。其域皆沃沮东大海中。”

这里不仅提到北沃沮,还提到南沃沮。此外,在这条史料之前,还有关于东沃沮的记载:“东沃沮在高句丽盖马大山之东,滨大海而居。其地形东北狭,西南长,可千里,北与挹娄、夫余,南与濊貊接。”有学者认为,南沃沮即东沃沮,是同一地区的不同称谓。[②] 但实际上,沃沮可分为东沃沮、北沃沮和南沃沮。北沃沮区别于东沃沮和南沃沮,被称作置沟娄,又称买沟。

《三国史记》中,有高句丽、新罗、百济与其交往的记载,交往的时间为中

---

① 傅斯年:《东北史纲》,载欧阳哲生主编《傅斯年全集》第2卷,湖南教育出版社,2003年版;冯家升:《述肃慎系之民族》,《禹贡》第三卷7期,第107页;张博泉等:《东北历代疆域史》,吉林人民出版社,1981年版,第33页;李德山、栾凡:《中国东北古民族发展史(东北边疆研究)》,中国社会科学出版社。

② 杨保隆:《肃慎挹娄合考》,中国社会科学出版社,1989年版,第144页。

原王朝的两汉时期到魏初。

东明圣王十年(公元前28年),冬十一月,王命扶尉猒,伐北沃沮,灭之,以其地为城邑。[①]

赫居世居西干五十三年(公元前5年),东沃沮使者来,献良马二百匹,曰:"寡君闻南韩有圣人出,故遣臣来享。"[②]

温祚王四十三年(25年),秋八月,王田牙山之原五日。九月,鸿雁百余集王宫。日者曰:"鸿雁,民之象也,将有远人来投者乎!"冬十月,南沃沮、仇颇解等二十余家,至斧壤纳款。王纳之,安置汉山之西。[③]

太祖大王四年(56年),"秋七月,伐东沃沮,取其土地为城邑,拓境东至沧海,南至萨水"[④]。

高句丽东川王二十年(246年)冬十月,(毋丘)俭攻陷丸都城,屠之。乃遣将军王颀追王。王奔南沃沮,至于竹岭,军士分散殆尽,唯东部密友独在侧,谓王曰:"今追兵甚迫,势不可脱,臣请决死而御之,王可遁矣。"[⑤]

毋丘俭讨句丽一事在《三国志》等史书中也有记载。

"毋丘俭讨句丽,句丽王宫奔沃沮,遂近师击之。沃沮邑落皆破之,斩获首虏三千余级,宫奔北沃沮。"[⑥]"六年,复征之,宫遂奔买沟。俭遣玄菟太守王颀追之,过沃沮千有余里,至肃慎氏南界,刻石纪功,刊丸都之山,铭不耐之城。"[⑦]

这里所记高句丽王宫,即《三国史记》记载的东川王优,东川王高位宫。这里记载,高句丽王出奔沃沮,后因沃沮邑落被破,而奔北沃沮。《三国志》中,无论是《毋丘俭传》抑或《高句丽传》,所记都是到此为止。而据《三国史记》所记,出奔的是南沃沮,魏军穷追不舍。东川王在纽由的建议下,诈降。纽由刺杀魏将成功,魏军溃散,由乐浪退,东川王成功复国。

《三国史记》中,也有只称沃沮的说法。《三国志》与《后汉书》等史书也有这样的用法。结合《三国志》中有"沃沮诸县"的记载,沃沮应属通称无疑,

---

① 《三国史记》卷第十三《高句丽本纪第一》,东明圣王十年。

② 《三国史记》卷第一《新罗本纪第一》,赫居世居西干五十三年。

③ 《三国史记》卷第二十三《百济本纪第一》。

④ 《三国史记》卷第十五《高句丽本纪第三》。

⑤ 《三国史记》卷第十七《高句丽本纪第五》。

⑥ 《三国志·高句丽传》。

⑦ 《三国志·毋丘俭传》。

包括东沃沮、南沃沮、北沃沮。因此,可以肯定地说,与挹娄接壤的只能是北沃沮。

关于寇漫汗国。

史上对于寇漫汗国,仅仅《晋书》中有记载。但也仅有前文所举的一条之载即“西接寇漫汗国”而已。另,乾隆年间修撰的《钦定满洲源流考》中认为:“莫与漫音实相同。”[①]《晋书·裨离等十国传》中有一条记载寇莫汗的史料:“裨离国在肃慎西北,马行可二百日,领户二万。养云国去裨离马行又五十日,领户二万。寇莫汗国去养云国又百日行,领户五万余。一群国去莫汗又百五十日,计去肃慎五万余里。其风俗土壤并未详。”[②]寇漫汗即寇莫汗,这一点在学界已经达成共识,没有疑义。

丁谦《晋书四夷传地理考证》中认为:“此十国除寇莫汗即北《魏书》之豆莫娄外,其他均无考。”[③]《魏书各外国传地理考证》中认为:“豆莫娄,即《勿吉传》大莫卢,《唐书》作达末娄”。《新唐书东夷列传地理考证》中认为:“达末娄,即《魏书》豆莫娄,一作大莫卢”。并说,“寇漫汗、寇莫汗、豆莫娄、达末娄,音相近,实即一国”[④]。这样的言之凿凿的说法,直接影响后学对于这一问题的认识。金毓黻在《东北通史》中也认为,“按豆莫娄一作寇漫汗,又作大莫卢,亦作达末娄”[⑤]。杨保隆的《肃慎挹娄合考》也持此观点:“这一认识是有道理的。因为名称虽不尽相同,但大多是字异。寇漫汗与寇莫汗,仅一字之差,但音近,明显系译字不一。豆莫娄、大莫卢、达末娄,也是以音译字出现的差异。若据史载其所在,则皆在挹娄(后为勿吉、靺鞨)的西边。可见,这些不同称呼,乃音转译字之异。所以,史虽无《寇漫汗传》,却可借《魏书》《北史》的《豆莫娄传》和《新唐书·流鬼传》所记的地理位置,考定寇漫汗所在。”

然而,丁谦仅仅凭借寇漫汗、寇莫汗、豆莫娄、达末娄,音相近,就得出其本一国的结论,未免失于草率。杨保隆先生针对寇漫汗、寇莫汗与豆莫娄、大莫卢、达末娄之间的关系,指出它们的方位都在挹娄(勿吉、靺鞨)的西边,据此认定彼此同属一国,尽管比丁谦的论证更进一步,但仍然略显薄弱,说

---

① 《钦定满洲源流考》卷八。

② 《晋书·裨离等十国传》。

③ 丁谦:《晋书四夷传地理考证》,载《浙江图书馆丛书》第一集,1915年版,第4页。

④ 丁谦:《晋书四夷传地理考证》,载《浙江图书馆丛书》第一集,1915年版,第7、10、6页。

⑤ 金毓黻:《东北通史》卷三,第37页。

服力不够。

林树山《寇漫汗国与豆莫娄国试辩》一文,对二者之间的关系质疑。他认为,“寇漫”与“库莫”是一音之转,一称异译而已。通过考察族称、族属、时间、地域等几个方面,他认为,早期的寇漫人就是后来的库莫(奚)人,晋代的寇漫(汗)国即北魏时的库莫(奚)国。晋代的寇漫汗国不可能是北魏的豆莫娄国。但不论寇漫汗国是否如林树山先生所言即为库莫(奚)国,却都不能将寇漫汗国简单地等同于豆莫娄国,并进而以此为依据,考察挹娄地的西至。

关于夫余。

《肃慎国记》曰:“肃慎氏,其地在夫余国北可六十日行,东滨大海。”①

《三国志·东夷传》中对于夫余方位的记载为:“夫余在长城之北,去玄菟千里。南与高句丽,东与挹娄,西与鲜卑接,北有弱水,方可二千里。”

《后汉书·东夷列传》记载:“夫余国,在玄菟北千里。南与高句骊,东与挹娄,西与鲜卑接,北有弱水。地方二千里,本濊地也。”

《晋书·东夷传》中,对夫余与挹娄的位置记载,与《三国志》《后汉书》不同,“夫余国,在玄菟北千余里,南接鲜卑,北有弱水,地方二千里,户八万,有城邑宫室,地宜五谷……肃慎氏一名挹娄,在不咸山北,去夫余可六十日行。”这里没有提到与挹娄相接,也没有明确夫余与挹娄的相对位置,而将挹娄与夫余之间的距离,用日程来表述。

总之,梳理以上相关文献,对挹娄的分布地域周邻古族和古国,及其与挹娄的关系,虽然能有个大致的认识,却依然不是十分清晰,故不能不有赖于新的考古资料予以最终解决。

从考古上确定挹娄的分布地域,主要还须从其考古学文化——滚兔岭文化的分布入手。根据现有的考古资料,②滚兔岭文化分布的中心区域在七星河流域,西、南至倭肯河—穆棱河一线。其边界大约西起张广才岭东麓,东抵完达山脉,北部不逾松花江,南部则与团结文化接壤,③而滚兔岭文化与团结文化的分界大体在倭肯河与穆棱河之间的地带。这一范围应当就是挹娄的主要分布区域。杨保隆先生曾在大量考据的基础上将挹娄的四至定为:“东临日本海,西至呼兰河流域一带,南在宁安和东宁县以南,珲春和汪

① 《后汉书·孔融传》卷七十注文。

② 资料包括已发表资料、即将出版的《黑龙江省文物地图集》,以及刚刚结束的第三次文物普查资料。

③ 林沄:《论团结文化》,《北方文物》1985年创刊号。

清县以北与北沃沮相邻,北达黑龙江入海处及其以西的广大地区。”[①]相比之下,杨先生的范围较大,特别是在西、南两个方向。这是由杨先生对“寇漫汗国”和“北沃沮”的认识不同造成的。

最后,需说明的是,《后汉书·挹娄传》之谓挹娄“东滨大海”,“其北不知所及”,显然是把蜿蜒河—波尔采文化分布区也包括在内了。从其述说的语气看,似乎只是史家们对挹娄人分布地域的推测而已,故不能作为挹娄实际分布界限的依据,因为当时的中原人们对挹娄的了解还是有限的;[②]但无论如何,毕竟还是提供了大大“逾”过滚兔岭文化北界即东流松花江一线的重要线索,当然也就完全可以推断蜿蜒河—波尔采文化分布区同样是挹娄族的分布区域。如此说来,前文中提到的挹娄北界“不逾松花江”之谓,应修订为“逾”过今黑龙江中游的干线而达到了今黑龙江中游的北岸以北,只是究竟“北逾”到了黑龙江以北的何地已不可知。至于其东界,也同样不能局限于滚兔岭文化分布区的东界,即应该采用文献资料中“东滨大海”的记载,而这个“海”无疑就是今日本海。至于挹娄人的南界基本上在今林口、鸡东、穆棱河东流段至兴凯湖以东到海一线以北之地;西界南段在张广才岭一带,北段不过小兴安岭;北界越过了黑龙江中游而达到下游一带。凡在此范围内者均为挹娄人的分布区域,中心在今三江平原的西南部的丘陵和完达山脉北麓一带。

第四节　挹娄的社会状况及其与周邻的关系

一、社会生活与发展状况

无须赘言,散居在上述广袤地域的挹娄诸部,因自然条件的不同及经济形态的差异,分别形成以相关邑落为中心的不同的部落或部落群,但其生产生活方式大体仍以渔猎为主业却无疑义。特别是沿江靠河临海的部落,积累了丰富的经验和本领,不仅在江河湖沼中进行捕捞,有的甚至可以乘船到

---

① 杨保隆:《肃慎挹娄合考》,中国社会科学出版社,1989年版,第146页。

② 《三国志·毋丘俭传》载,曹魏时玄菟太守王颀率军追击高句丽王宫而“至肃慎氏(按:即挹娄)南界”,这似乎是中原人与挹娄直接接触最深入的一次,也是中原人到达挹娄活动区(官方的)唯一的一次。

远海上作业。而其猎人们则以“善射”,“发能入人目”而著称,几乎个个都是出色的猎手,并掌握了“镞皆施毒”的技术,猎物一旦被射中即休想逃脱。至于他们所用的弓“长四尺,力如弩;矢用楛,长一尺八寸,青石为镞”。但也已使用了铁镞,从而大大提高了狩猎的效益。在长期狩猎生涯的实践中,挹娄人已经掌握人工养貂的本领,所产之“挹娄貂”在当时就已经颇有名气。至今黑龙江东部地区仍为著名的产貂之乡,溯本求源显与当时的挹娄人有关。作为渔猎活动的副业,采集经济也相当活跃,除因地制宜地采集可供食用的山产品如野果、松子等外,还能到江河中捞取“赤玉”。而在平原或丘陵地带的“邑落”或部落,则以农、牧为主业,并由于铁农具的使用,已能够大面积地开垦耕地,种植“五谷”,包括豆类、粟、黍、麦、穄等,此外还有麻类。但谷物的加工仍很落后,照旧依靠石磨盘、磨棒之类的原始磨谷器。畜牧的对象主要是马和猪,尤以家庭的养猪最为普遍,所谓“好养豕,食其肉,衣其皮”[①],是其重要的衣食之源。现今陈列在博物馆中的出土于集贤县五四砖厂遗址的一批大小不等的 19 件小陶猪,无疑为挹娄人的“好养豕”提供了生动的物证。此外,狗和牛的饲养也占有一定的比重。与此同时,家庭手工业也已出现,即妇女们以麻类纤维为原料纺线织布而有了“麻布”的生产。令人兴奋的是,近年在牡丹江市郊的“熊场遗址”,出土了“2 片仅几平方厘米的褐黑色半碳化的‘麻布’残片标本”,“麻布经纬清晰,编织均匀平整,工艺水平已很高”,“其时代可定在早期铁器时代”[②],极可能就是当时的挹娄人所织;同时发现的伴生物还有碳化谷物、陶片、石器和玛瑙饰件等物。此外,他们还懂得用猪皮、兽皮缝制衣服。造船的水平较肃慎时代有了显著提高和进步,从而促进了海上活动的发展,可远航到日本列岛并以自己的制陶技术对岛国各地的弥生文化产生很大的影响。[③] 尤其重要的是,黑龙江沿岸地区挹娄遗址中的铁器已相当发达,相继出土有斧、矛、鱼钩、箭镞等工具及甲片、带卡等,表明其物质文化已发展到了铁器时代。这就纠正了文献所谓挹娄之地“无盐、铁,烧木作灰,灌取汁而食之”[④]的记载。“东夷夫余饮食类皆用俎豆,唯挹娄独无”[⑤]。

---

① 《后汉书》卷八十五《东夷传》。

② 叶启晓等:《东域访古》,《北方文物》1992 年第 4 期。

③ 王侠:《我国东北古代民族的海上活动》,《北方文物》1987 年第 1 期。

④ 《晋书》卷九十七《四夷·东夷传》。

⑤ 《后汉书》卷八十五《东夷传》。

考古资料还表明，挹娄人较为普遍地进入了定居生活状态。原来的一些捕鱼点或渔村已发展为有一定规模的聚落或邑落。在今三江平原各地发现的居民点往往密集成群，连成一片，尤以七星河中游一带最为密集，仅已发现的聚落址和栅寨址即达数百处之多，而其中一些大型栅寨内外满布的“穴居坑”即居住址往往多达百个，如以每坑居民按 5 口计算，则仅七星河流域的挹娄人口即达数千人以上或者还要多些。这在当时无疑是个了不得的数字，深刻表明两汉之际的挹娄社会已有了很大发展和进步。

同时，显而易见，每个“穴居坑”实际上就是一个个小家庭的缩影，它的大量涌现说明，这种建立在一夫一妻制基础上的小家庭已成为挹娄社会的基本细胞，并集中地反映了父系氏族社会内部结构的特点。而诸多邑落的出现，则又无疑证明当时的挹娄诸部之间及其与邻族之间的冲突和战事已相当频繁；如在波尔采文化的遗址中就发现有遭致战火洗劫后的惨象，①生动地反映出当时随着私有财产的出现和贫富的分化，掠夺邻人财富的事件已经常发生，也即史书上所谓的“便乘船，好寇盗，邻国畏患”②之载。这一切反过来又加速了邑落社会组织的蜕变和瓦解，即不但出现了所谓的“大家”——富有的家族，而且原来的首领们也逐渐变身为具有一定权势的“大人”而高踞部众即普通成员之上；至于一般的部落成员则不能不沦为从属于人的附属地位。这一切再加上大量栅寨的出现，都足以体现挹娄社会已跨入了文明时代的门槛，只是“邑落各有大人”而“无大君长”③，即尚未能形成和建立起强大的部落联盟罢了。故尽管其人勇武善战，以“多勇力”而著称，却不能形成一致对外的实力。因之，“自汉兴已后臣属夫余”④，而沦为夫余王国的属部。后者则“责其租赋”⑤甚重，造成了挹娄社会发展的沉重负担和压力。不过，也正是在这过程中，夫余文明也源源传入挹娄地区，客观上又刺激了其社会的发展和进步。至东汉末年以后，贫富的两极分化更加严重；加之，诸部之间的频繁争夺及对外掠夺战争，又使诸部首领们得以积聚越来越多的财富和奴隶，所谓的“有马不乘，但以为财产而已”即可作为证明。为了保护私有财产，挹娄人中还出现了不成文的习惯法：“相盗窃，无多少皆杀

---

① 林树山：《苏联远东考古史略》，《东北亚历史与考古信息》1984 年第 2 期。

② 《后汉书》卷八十五《东夷传》。

③ 《三国志》卷三十《挹娄传》。

④ 《后汉书》卷八十五《东夷传》。

⑤ 《三国志》卷三十《挹娄传》。

之,故虽野处而不相犯。”一夫一妻制的家庭显然成为全社会的基本细胞,而在这样的家庭中,“妇贞而女淫”[①],妻子完全成为丈夫的私属而必须保持对丈夫的忠贞。成年男子们大都被武装起来,并在频繁的战争中锻炼得勇敢而坚忍,许多人往往都是熟练的射手而“发能入人目”。至于诸部落的首领——大人,显然都是些具有军事指挥才干的人物,并越到后来越演化为世代相袭即所谓的“父子世为君长”。当然只有那些原来拥有权势和财富的家族才有这样的机会,他们的地位和权力无疑高于部落的普通成员之上。

挹娄人“形似夫余,言语不与夫余、句丽同”,即体质相貌虽与后二者相似,但语言却不一样,一般认为属于兴安岭—阿尔泰语系的肃慎语族(旧称通古斯·满语族),显然属于不同的部族而有着自己的习俗,如“常为穴居,以深为贵,大家至接九梯”“好养猪……冬以猪膏涂身,厚数分,以御风寒;夏则裸袒,以尺布蔽其前”[②]“得冻肉,坐其上令暖”,这些习俗皆反映了高寒地带的生活特点。其嫁娶是“男以毛羽插女头,女和则持归,然后致礼聘之”;葬俗则“死者其日即葬之于野,交木作小椁,杀猪积其上,以为死者之粮”。其人又“性凶悍,以无忧哀相尚,父母死,男子不哭泣,哭者谓之不壮”[③];习惯于以摇篮作为育婴器具,在哈巴罗夫斯克附件的遗址中即发现有陶制的摇篮模型。[④] 耐人寻味者,至今黑龙江各地满族和赫哲的村落中仍保留着摇篮育婴的遗俗。挹娄人也具有审美意识,喜欢以各色石珠、石管及赤玉装饰自己。另据“其国东北有山,出石,其利入铁,将取之必先祈神”[⑤]的记载知,他们同其先民一样仍旧奉行着自然崇拜,相信万物有灵,甚或有可能产生类似萨满教的信仰。

二、挹娄的强盛及其同周邻的关系

据《晋书·四夷传》肃慎氏条的记载,最晚在曹魏末叶即3世纪的60年代,出现了被中原人士称之为“王”的大首领,其地位显赫又在同时的其他首领之上。这无疑表明,原来的肃慎—挹娄部落联盟或集团的社会组织已演化为新的政体,即出现了以“王”为核心的公共权力机构;而“大型的祭祀和

① 《晋书》卷九十七《四夷·东夷传》。

② 《后汉书》卷八十五《东夷传》。

③ 《晋书》卷九十七《四夷·东夷传》。

④ 林树山:《苏联远东考古史略》,《东北亚历史与考古信息》1984年9月5日。

⑤ 《晋书》卷九十七《四夷·东夷传》。

战争活动的存在”，也足以表明“当时的社会政体应是国家”的形式，并“已有凌驾于公共权力之上的强权政治的存在”①，即一个新的强权政体即挹娄“国”似乎已形成于以今七星河流域为中心的三江平原一带。尽管有关文献的记载语焉未详，考古资料也相对有限，迄今尚未来得及对三江平原南部丘陵地带数以百计的“滚兔岭文化”遗址、栅寨址及北部的“蜿蜒河—波尔采文化”遗址进行系统的发掘和断代，以从中区别出不同时期的不同遗存，但包括滚兔岭遗址和栅寨址在内的许多遗存应当属于两汉之际或稍后时代当无疑义。特别是在今友谊、宝清县交界的七星河流域一带的挹娄遗存最为引人注目，栅寨和村落址相当密集，居民的数量超过了历史上任何时代，表明其社会经济及整体实力有了很大的发展和增长。

挹娄势力逐渐强大，自然不会甘心屈服于夫余人的奴役。故自东汉末起，挹娄加强了反抗夫余役属的长期斗争。迄今分布在依兰、勃利等地的挹娄人设防的栅寨遗址，应是当时挹娄人武装反抗夫余人的见证。而夫余国力的每况愈下和内部斗争之激烈，也使挹娄人的反抗出现了极其有利的形势，终于在“黄初中”即222—224年间取得了胜利而摆脱了夫余人的羁绊，并逐渐崛起为相当强大的政治势力。

因之，也就有实力对邻近诸部族进行“寇盗”而造成“邻国患之”②的局面。其中见于史载的就是时而南下进攻北沃沮人。北沃沮无疑是沃沮人中的北支。查沃沮之名，始见于《三国志·魏志·东夷传》“沃沮”条的记载：“汉初，燕亡人卫满王朝鲜时，沃沮皆属焉”，即最晚在两汉之前已臣属于卫氏朝鲜政权。其地“在高句丽盖马大山之东，滨大海而居，其地形东北狭、西南长，可千里，北与挹娄、夫余，南与濊貊接”，大体在今中、朝、俄三国交界一带，即今东北地区东南角，朝鲜半岛的东北角及俄罗斯的南滨海地区，并大体上同已被学术界公认为沃沮文化遗存的团结—克罗乌诺夫卡文化的分布区域相重叠。但因“国小，迫于大国之间”而难以自存，56年为高句丽所吞并，③并不时受到北邻挹娄人的“寇抄”。为了躲避后者的进攻，“每夏月恒在山岩深穴中为守备，冬月冰冻，船道不通，乃下居村落”④。当然，他们也逐渐在挹娄人南进的要道处筑起城栅以防御之，如今黑龙江省穆棱市小四方村

① 许永杰：《关于探索黑龙江文明起源的几个问题》，《北方文物》2001年第1期。

② 《三国志》卷三十《挹娄传》。

③ 《三国史记·高丽本纪三》。

④ 《三国志·东夷传》。

山寨就是其中的一处遗存。

与之同时,挹娄人在周期性地南下袭扰北沃沮人的过程中,也逐渐扩大了视野,开始积极发展同外部世界的联系。据《三国史记・卷一五・高句丽纪三》载:太祖大王六十九年(121 年)"肃慎使来献紫狐裘及白鹰、白马,王宴劳以遣之"。文中提到的"肃慎"显然不是周时肃慎部原封不动的后裔部落,而应是进入沃沮地区并保留有"肃慎"自称的挹娄部落。

其后,挹娄人还试图同当时的中原政权建立直接的贡属关系,曾于青龙四年(236 年),派使者前往洛阳向魏明帝"献楛矢"①,是为挹娄人首次直贡于中原王朝的记录,从而确立了对曹魏王朝的贡属地位。此后一直保持着这种贡属关系。其"王"至景元三年(262 年)夏四月,还通过辽东郡"遣使重译入贡,献其国弓三十张,长三尺五寸,楛矢长一尺八寸,石砮三百枚,皮骨铁杂铠二十领,貂皮四百枚"②。因之,魏廷曾下令将上述贡物送交相(司马昭)府收藏,同时决定"赐其王傉鸡锦罽、绵帛"③等物。中华书局出版的标点本《晋书・四夷传》"肃慎"条将这句话句读为"赐其王傉鸡、锦罽、绵帛",从而将"傉鸡"与"锦罽"和"绵帛"等物并列,似乎魏廷在回赐的物品中曾有"傉鸡"这种动物,但这样的解读显然有误,因为以情理言之,魏人无论如何也没有必要将它作为回赠之物,故"傉鸡"只能是"其王"的名字。而这样一来,他也就成为肃慎—挹娄族群中在历史上唯一留下名称的人物。

三、曹魏军队进军东北与"践肃慎之庭"

东汉末,辽东太守公孙度自立为辽东侯、平州牧,割据一方,威服各族,"东夷九种皆服事焉"④,包括夫余、鲜卑在内的黑龙江各族多附属之。但当时的高句丽人时服时叛,曾打败公孙氏的讨伐军,并加强对属部的控制,势力和影响进一步深入到北沃沮人所在的今绥芬河、穆棱河及牡丹江的中上游一带。

建安十二年(207 年)曹操率军征服三郡乌丸,经略辽西后,公孙氏表示归附。曹丕代汉后,又遣使册拜之。但至公孙渊夺得政权后,在魏、吴两个政权间首鼠两端,并越来越对曹魏方面桀骜不驯,于景初元年(237 年)自立为燕王,置百官,甚至"诱呼鲜卑,侵扰北方"。曹魏政权乃于景初二年(238

① 《三国志・魏书・明帝纪》。
② 《三国志・魏书・三少帝纪》。
③ 《晋书》卷九十七《四夷・东夷传》。
④ 《晋书》卷十四《地理志上》。

年)派司马懿率军征讨。六月,军至辽东,仅仅用了两个月时间即讨平公孙氏,斩渊父子。“辽东、带方、乐浪、玄菟悉平”①,皆直隶于魏王朝。

形势的如此发展,显然让高句丽人感到不安,故从正始三年(242 年)起“数侵叛”于魏。于是,魏幽州刺史毌丘俭在正始五年(244 年)奉命“督诸军步骑万人出玄菟,从诸道讨之”②;同时,还派自己的副将、玄菟太守王颀到夫余进行联络。当时的夫余王位居乃“遣大加郊迎,供军粮”③,以给予资助。因之,魏军进展顺利,于同年冬攻占高句丽王都丸都城。但后者并未屈服,于是又有正始六年的第二次东征。俭率军分两路进攻,高句丽王位宫不敌,“奔买沟(今图们江流域)”,俭遣王颀追之,“过沃沮千有余里,至肃慎氏南界”④。这里提到的“肃慎氏”,显指挹娄部落群中尚保留肃慎自称的部落,其南界大体在今林口县至兴凯湖一带,是历史上我国中原王朝军队首次进军黑龙江东南一带的记录。尽管当时魏军并没有在其地久驻,但它毕竟是不同凡响的重大历史事件,使中原地区高度发展的封建文明直接传入黑龙江东南部一带,不能不给本区域的沃沮、挹娄以及夫余、鲜卑诸族人等带来强烈的影响和震动。1986 年在今龙江县大景山东麓发现的“魏丁零善佰长”铜印,就提供了这方面的重要线索。该印呈方形,边长 2.2 厘米,背面为马型鼻钮,表面为黑褐色,“印文铸工精细,为典型的汉魏缪篆阴文”⑤。当时,曹魏政权为联络边远地区诸少数民族,常以邑君、归义侯为郎将、都尉、佰长之类的官职、印绶,授予内附的诸族首领,并依据汉朝以来的惯例在其官称前加“率众”二字,即嘉勉彼等率众从善、慕义归化之举,同时作为双方在政治上道义上确立从属关系的重要标志。丁零也即敕勒(后来称为铁勒),是我国北方的古老游牧民族之一,其中的一支似于汉魏之交迁徙到今大兴安岭以东之地,至是与曹魏政权建立了从属关系。既然曹魏政权能够对丁零即敕勒人如此,那么以情理言之,则当时魏军直接进入今黑龙江省东南部地带后,也就绝对不会不在当地的“肃慎—挹娄”族群中留下类似的遗物或相关的遗迹。

---

① 《三国志》卷八《公孙度传》。

② 《三国志·卷二十八·毌丘俭传》。

③ 《三国志·东夷传》。

④ 《三国志·卷二十八·毌丘俭传》。

⑤ 杨树明:《“魏丁零率善佰长”官印考略》,《黑龙江史志》1990 年第 5、6 期合刊。

第三章　勿吉的源流及地域分布

勿吉是肃慎族系各族在东晋至北朝时期的称谓，也是肃慎族系发展史进程中的重要一环。这一观点，虽然早就引起了学术界的关注并大体上成为学界的共识，但何以由“勿吉”取代“挹娄”，也即勿吉一族究竟是怎么来的？学者们的看法却一直是模模糊糊并存在争议；至于其所分布的地域以及同周邻的关系等，也都同样需要认真进行梳理和深入探究。

第一节　勿吉的由来及其与肃慎、挹娄、靺鞨的相互关系

勿吉之名，虽始见于魏收所编纂的《魏书》，但研究者往往注意到其中《勿吉传》的记事，只是将其史事同北魏王朝相联系，却大都忽略同书《序纪》中关于平文皇帝郁律“二年……西兼乌孙故地，东吞勿吉以西”之载。这里提到的平文皇帝“二年”，时当318年，是知勿吉入史的时间为318年，即远在乙力支出使北魏的一个半世纪之前。

那么，“勿吉”与其前边的“挹娄”究竟是什么关系？又何以在这个时间点出现了“勿吉”的名称？学界一直都存在着不同的意见。

一、勿吉是挹娄的易号说

挹娄是肃慎的易号，勿吉又是挹娄的易号，三者是不同时期对完全相同对象的不同称呼之说的代表人是吕思勉、金毓黻、杨保隆、张博泉、佟冬等。吕思勉主张该族系的自称是肃慎，女真是肃慎的同音异译，挹娄意为穴居，

是他称。而“勿吉、靺鞨则误以酋长之称为部落之名”①;金毓黻则认为“挹娄为肃慎的异称”“其后挹娄易称勿吉,又称肃慎”②;杨保隆也认为“肃慎、挹娄这两个称号分别代表着满族先人早期不同历史时期的名号,即先秦时称肃慎,汉至晋曰挹娄”③,至于为什么出现称号上的变化,则“是因为当时肃慎人的居住状况不同于周围邻近民族”即继续沿袭“穴居”这种居住形式,并推测由挹娄转称勿吉,大概“因其居地多山林之故”④;干志耿等又认为勿吉之称就是“‘窝集’的转音,满语为森林之意,即林中人”⑤之谓;佟冬等也认为“是通古斯女真语‘丛林’的意思”⑥。张博泉则认为肃慎、女真之名“出自该族系的本名朱理真,即东夷人自称的具有东和东人之意的朱勒失”,而挹娄是肃慎的同名异译“勿吉是拓跋鲜卑对其称呼,是指其地以东的秽貊及秽貊以东北的地区为勿吉”,靺鞨与勿吉是同音异写,“勿吉、靺鞨是北朝、隋、唐对其族的他称,而自称仍是肃慎、挹娄”⑦。

二、代称说

肃慎是一个大的族系,内部包含着不同的民族或部族,肃慎、挹娄、勿吉都是这一族系中的一个成员。不同时期各自的势力此消彼长,哪一部分势力最大就以它的名称代替了当时整个族系的名称;或者是哪一部分与中原政权接触联系了,中原政权就将该部之名视为整个族系的代称。如先秦时期肃慎部与中原联系了,中原政权就以肃慎来称呼整个该族系;西汉时期,挹娄部最为强大,广为人知,整个族系的称呼也就被挹娄所取代;两晋之交勿吉部强大起来,并与中原政权建立了联系,勿吉自然就成了整个族系的代称。持此说的有薛虹、干志耿、孙秀仁、孙进己、董万仑、魏国忠、朱国忱等。⑧

---

① 吕思勉:《中国民族史》,东方出版中心,1987 年版,第 137 页。

② 金毓黻:《东北通史》卷三,1980 年社会科学杂志社翻印本,第 74 ~ 76 页。

③ 杨保隆:《肃慎挹娄合考》,中国社会科学出版社,1989 年版,第 1 页。

④ 杨保隆:《肃慎挹娄合考》,中国社会科学出版社,1989 年版,第 11、235 页。

⑤ 干志耿等:《黑龙江古代民族史纲》,黑龙江人民出版社,1986 年版,第 206 页。

⑥ 佟冬主编:《中国东北史》第一卷,吉林文史出版社,1987 年版,第 527 页。

⑦ 张博泉:《女真新论》,吉林文史出版社,1993 年版,第 42 ~ 45 页。

⑧ 薛虹:《肃慎的地理位置及其同挹娄的关系》,《吉林师范大学学报》,1980 年第 2 期;干志耿、孙秀仁:《黑龙江古代民族史纲》,黑龙江文物出版编辑室 1982 年内部刊印,第 125 页;孙进己:《东北民族源流》,黑龙江人民出版社,1987 年版,第 177 页;董万仑:《东北史纲要》,黑龙江人民出版社,1987 年版,第 99 页;魏国忠、朱国忱等:《渤海国史》,中国社会科学出版社,2006 年版,第 204 页。

二者间的区别在于，前者认为不管是自称还是他称，这些称谓都是整个族系的称谓；后者则认为它们本来都是该族系中某一具体部族的称谓，后来才被用来指代整个族群。但对于勿吉与靺鞨，二说则均认为是同音异译，其本身名称并无变化。我们比较倾向于后者，但同时也认为还有进一步补充的余地。

该族系的各个部分，并不存在统一的自称。南北朝时期以前，肃慎族系的发展程度显然落后于相邻的秽貊族系，因为直到南北朝时期，勿吉尚且是"邑落各自有长，不相统一"[①]；不但没有形成统一的部族或政权，甚至于在更早些时间连部落联盟都没有形成，当然也就不可能具有统一的名称而只能是诸部落各有自己的名称。至于史料中所提到的统一名称，实际上是中原的史家们往往以部分代替了总体，故只能是他称或泛称。这种情况在各民族发展的早期曾普遍存在。例如美洲印第安人的诸部，虽然语言习俗比较接近，但并没有形成统一的部族，而分成了很多不同的部分，各有自己的称号；至于"印第安人"之称则是欧洲殖民主义者对他们的泛称，因为并没有任何一个印第安人族类自称为印第安人。而既然该族系并没有统一的自称，也就不存在统一自称的先后变化。因之，从肃慎到挹娄，再到勿吉之称的改变，也就只能是他称的改变，是中原史家对它们整体称呼的改变。

那么，中原史家为什么要做这样的改称呢？对此，持第一种观点的学者们并没有给出明确的答案，这也正是其说的软肋之一。因为显而易见，肃慎、挹娄、勿吉三者发音完全不同，用"音转"去解释根本就行不通；而用第二种观点去解释前后名称的变化，才会让人们感觉到较为合理而不能不予以接受。

无须赘述，这样认定是有史料支撑的。

《新唐书》卷二一九《渤海传》载，渤海国"以肃慎故地为上京，曰龙泉府……秽貊故地为东京，曰龙原府……沃沮故地为南京，曰南海府……高丽故地为西京，曰鸭绿府……扶余故地为扶余府……挹娄故地为定理府……率宾故地为率宾府……拂涅故地为东平府……铁利故地为铁利府……越喜故地为怀远府"[②]。在这里我们可以清楚地看出，肃慎、挹娄、勿吉、秽貊、沃沮、高丽、扶余、铁利、率宾等都是同时并存，相互独立，各有各的名称和分布

---

① 魏收：《魏书》卷一百《勿吉传》，中华书局，1974 年版。

② 何秋涛和孙进己等认为拂涅即勿吉，笔者深以为是。见何秋涛《朔方备乘》卷二十一《艮维窝集考》，光绪七年畿辅志局本；孙进己：《东北民族源流》，黑龙江人民出版社，1987 年版，第 178 页。

地域的部族或族类。特别是肃慎、挹娄、勿吉“故地”的并列出现就更能说明问题。持异议者认为,这里的挹娄故地可能是误记,或者汉至晋挹娄的中心与先秦时肃慎的中心不在一地,所以有肃慎、挹娄两个中心。[①] 这一推断显然不妥,因为历史学和考古学的研究成果表明,在上述的各“故地”中,能够判定的部分都很准确。比如东京在今吉林珲春八连城,那里确是秽貊故地;南京在今朝鲜咸镜南道北青郡,那里确是沃沮故地;西京在今吉林临江,那里确是高丽故地;扶余府在今吉林农安,那里确是扶余故地。既然能确定的京府所在的“故地”都准确,说明这段记事必有可靠的资料来源;至于那些目前还不能确定的府之“故地”的表述想必也是大体可信的。《新唐书》的渤海传较《旧唐书》渤海传的内容丰富、具体了许多,不但在地理方面增加了上述诸“故地”的记事,在经济物产、语言习俗、典章制度等方面也都增加了一些重要内容。而这增加的部分很可能来自张建章的《渤海记》。即北宋欧阳修编写《新唐书》时天下太平,确有可能看到了《旧唐书》编者在五代战乱年代没有见到的《渤海记》。张建章出使渤海时因逗留时间较长,极有可能见到渤海人自己的历史著述而在回来后写成《渤海记》。这样看来,《新唐书》中诸“故地”的记事完全可能源于渤海人自己的资料,其可信度当然高于其他出自中原史学界的史料。故所谓的“误记”和其他推测均不足为据,肃慎、挹娄、勿吉确有可能是同时并存的族体。

因为肃慎、挹娄、勿吉是同时并存的族体,它们的时而同时在史籍中出现,或者顺序混乱地出现也就不足为怪。对此,孙进己的专著《东北民族源流》、薛虹的论文《肃慎的地理位置及其同挹娄的关系》等研究成果已经论述得相当清楚,这里无须罗列。

但也有一些古籍的记载中直接指称挹娄即肃慎,勿吉即挹娄、肃慎:如《通志》卷四十一《都邑略第一 · 四夷》载:“勿吉,亦古肃慎氏国”;同书卷一九四《四夷传第一 · 东夷》称:“古之肃慎,疑即魏时挹娄……魏以后曰勿吉国,唐则曰靺鞨。”宋人彭百川的《太平治迹统类》卷二十五《契丹女真用兵始末》也载:“女真国本肃慎氏,东汉谓之挹娄,元魏谓之勿吉,隋唐谓之靺鞨。”《通典》卷一八六《边防二 · 东夷下 · 勿吉》条也谓:“挹娄、勿吉、靺鞨俱肃慎氏后裔。”

---

① 杨保隆:《肃慎挹娄合考》,中国社会科学出版社,1989 年版,第 47 页。

不过,这些与上文的结论并不矛盾,因为这些史料都是从宏观的角度纵论历史,所言之肃慎、挹娄、勿吉、靺鞨都是不同时期整个肃慎族系的代名词。肃慎族系在一个时期被其中某一部族之名代称整个族系,只能说明这一时期这个部族最强大,最有影响,并不否定其他部族的继续存在。

另有一些史料的记事颇为耐人寻味:如《金史》卷一《本纪第一·世纪》载:“金之先出靺鞨氏,靺鞨本号勿吉,勿吉古肃慎地也。”《通鉴地理通释》卷六称:“勿吉在高丽北,亦古肃慎地。”徐梦莘的《三朝北盟会编》卷三谓:“三国志所谓挹娄、元魏所谓勿吉、隋谓之黑水部、唐谓之黑水靺鞨皆其地也。”《太平寰宇记》卷一七五《四夷四·东夷四·勿吉国》称:“勿吉国后汉通焉,亦谓之靺鞨,在高句丽北,亦古肃慎国地。”李心传《建炎杂记》乙集卷十九《边防二·女真南徙》也谓:“(女真)盖古肃慎氏之地,其国在汉代称挹娄,南北朝之间称勿吉,隋唐时称靺鞨。”

这些记事都只表述了挹娄、勿吉、靺鞨都是在肃慎之故地,换句话说它们的相同点只是地理位置,并没有明确交代出它们之间在民族方面的传承关系,似乎给人以它们或许不是同一部族前后相承的感觉。然而,恰恰又是这些不起眼的差别确实表明这些史料比其他史料的述事更为准确。

至于勿吉与靺鞨之间的关系,目前学界意见已基本一致,认为是同音异写,皆来自“窝集”,意为山林、大森林。有的史料就将二者合而为一了。如,《北史·勿吉传》实包含勿吉与靺鞨两部分;《通典》则干脆立传曰“勿吉又曰靺鞨”。虽然也有学者认为“勿吉”“靺鞨”不是肃慎—满语系语言,而是东胡系民族语言,是“江人”“江民”之义,①但对于勿吉与靺鞨是同音的汉字异写却没有不同意见。至于二者转换的过程,《满洲源流考》卷二《部族》解释得相当清楚,兹转录如下:

“按勿吉始见于北魏,亦谓之靺鞨,故《魏书》为勿吉传,《隋书》为靺鞨传,而《北史》云勿吉一名靺鞨,其事实为一国,盖南北音殊译对互异,并不得谓一国而二名也。第自唐武德以前则勿吉与靺鞨互称,武德以后则黑水一部独强,分为十六部,始专称靺鞨。而粟末部自万岁通天以后改称震国,又称渤海,无复目为勿吉者亦。”

至此,我们可以得出结论:肃慎、挹娄、勿吉是同一族系中不同的部族或

---

① 张博泉:《女真新论》,吉林文史出版社,1993年版,第58页。

族类，由于其强盛与否和是否为中原政权所知悉等原因而在不同的时期，分别代表了当时的整个肃慎族系。广义上说，三者是相同的，因为都代表着整个肃慎族系；但狭义上却又不同，即如上一章的论述所指出它们原本是各自不同的部族或族类。不过，勿吉和靺鞨二者的关系，则显然同勿吉与肃慎、挹娄的关系不同，即二者无疑是一回事即同音异写，因为不论是广义所指还是狭义而论却都是一回事。所不同者仅在于使用的时间不同并因此而出现了活动地域方面的某些变化而已，前者是南北朝，后者是隋唐。唯其如此，在部族的来源与形成方面，勿吉与靺鞨完全相同，即靺鞨的来源和形成的过程其实就是勿吉的来源和形成的过程。

第二节　勿吉是多部族交融后的产物

一、勿吉一族的来源

东北古代有三大族系，即东胡、秽貊、肃慎。每一族系内在相同或不同时期又包含着若干部族或族类。如东胡族系内有鲜卑、契丹、室韦、蒙古；秽貊族系内有夫余、高句丽、沃沮、豆莫娄；肃慎族系内有挹娄、勿吉、靺鞨等。按照传统的观点，同一族系内部各部族或民族彼此之语言、习俗等方面大体相同，而不同族系间则差异很大，界限分明。勿吉属肃慎族系，是该族系肃慎—挹娄“一脉相承”接续来的，与另两系各族当有根本性不同。这样的实例确实有，如《魏书·勿吉传》载，勿吉“其人劲悍，于东夷最强，言语独异”。勿吉人与其他族系语言不同，这一点颇符合传统观点。但是，还有另外一些史料，按照这一理论就很难理解了。如，《新唐书·室韦传》载：“其语言，靺鞨也。”《太平寰宇记·室韦传》也载：“造酒、食、言语与靺鞨同。”既然靺鞨与勿吉是同音异译，则靺鞨就是勿吉。肃慎族系的勿吉怎么可能与东胡族系的室韦语言相同呢？况且，上文《魏书·勿吉传》中明确说勿吉人“言语独异”，与包括室韦在内的周边各族语言不同。是《魏书》错了还是《新唐书》《太平寰宇记》等书错了？另，《旧唐书·渤海传》称渤海“风俗与高丽及契丹同”。渤海的族属是肃慎族系的靺鞨，也可以说是勿吉，其风俗怎么能与秽貊族系的高丽，以及东胡族系的契丹相同呢？要回答这些问题，就必须对勿吉—靺鞨的来源重新进行探讨。

日本学者日野开三郎认为，“靺鞨（勿吉）并不是一个民族，而是若干民族的总称”。中国也有学者认为，“靺鞨（勿吉）的原意是指秽貊的一部，以后才作为东北各部的统称，包括肃慎系在内。事实上，在唐代靺鞨这一泛称下，不仅包括秽貊、肃慎两系，还包括了其他一些族系”①。这种观点解释了勿吉文化中为什么包含其他族系的因素，但完全否定了勿吉的整体性，似乎又走向了另一个极端。笔者认为，三大族系的理论没有错，但族系间并非像过去认为的那样壁垒分明，民族部族间流动交融频繁，长此以往，结果就是在语言文化、风俗习惯乃至于人种血统诸多方面形成了“你中有我，我中有你”的局面。勿吉人的文化中有秽貊和东胡系的东西也就不足为怪了。现代考古学中人类学方法证明了这一点。

在人类学上，整个东北大体都属于亚洲蒙古人种。亚洲蒙古人种下分东亚、北亚（又称西伯利亚）、东北亚、南亚四个亚种，而东北地区的古代民族都在前三种的范畴之内。人类学家对东北古代人骨材料进行了检测分析，发现分属三大族系的各民族或部族既各有特点，又相互联系。吉林地区的西团山和骚达沟应当是秽貊族系夫余族的早期遗存，其颅面特征为“偏长的中颅型、高颅型以及褊狭的中颅型，高而阔的面部，略宽的鼻型和较小的面部扁平度”，“具有东亚蒙古人种和北亚蒙古人种相结合的特点，而不同于通古斯近代组”②。属于东胡族系的契丹族“颅骨上所体现出的短而阔并且有些偏低的颅型，宽阔而扁平的面形等特征与北亚蒙古人种更为接近”③。属于肃慎族系的勿吉—靺鞨人“恰好处于西伯利亚和东亚两个人种类型之间的某种‘中个’位置上……古代靺鞨居民之种族成分上应属于西伯利亚人种成分占主导地位，同时又包括了部分东亚人因素的混血类型”。可见，三大族系的每一族系都具有二种以上的人种特征，都是民族融合的产物，而勿吉—靺鞨的这种融合特征更为显著。著名人类学家朱泓认为靺鞨（勿吉）族的起源和发展过程是这样的：“早在远古的新石器时代，在后来靺鞨人生活的远东地区辽阔的土地上就居住着一些有东亚人种的高颅型因素的土著部族。后来，随着来自贝加尔地区、东西伯利亚和蒙古草原上的各个部落的逐

---

① 孙进己：《东北民族源流》，黑龙江人民出版社，1987年版，第184页。

② 朱泓：《东北古代居民的种族成分研究》，《博物馆研究》1989年第3期。

③ 朱泓：《中国东北地区的古代种族》，《文物季刊》，1998年第1期。

渐迁入，为该地区的居民注入了越来越多的低颅的西伯利亚人种成分，在这样的一幅种族大融合的历史背景下便形成了靺鞨人的种族类型。后来，靺鞨人的血缘基因逐渐渗入到远东地区的许多现代民族之中，只是由于各民族历史渊源的不同以及后来新的体质因素的不断加入，所以又形成了各种不同的情况。”①

文献资料也直接或间接地证明勿吉有多个来源，勿吉族在形成和发展过程中融合了多个其他民族或部族。

首先是沃沮。沃沮属秽貊族系，是东北东部滨海地区土生土长的以农业和渔猎为主要生计的民族共同体，主要分布在今朝鲜咸镜南北道沿海地区，向北可能延伸到绥芬河中游东宁盆地一带，该地团结文化下层即被认为是沃沮文化。②《三国志》和《后汉书》都设有沃沮传，说明从先秦两汉到三国时期沃沮人一直分布在以图们江流域为中心的今中、朝、俄三国交界地带，其地“背山向海”，气候温暖湿润，向来“土肥美”“宜五谷”③，农业相当发达，文明程度显在北方邻人挹娄之上。在其形成、发展和演变的过程中与周围邻人经历了长时期的碰撞、接触、相互影响和交融而在各个方面发生了很大的变化；但这样一个庞大的民族共同体到了魏晋以后突然在文献古籍的记载中消失得无声无息了，岂非咄咄怪事？综合各个方面的资料判断，主要是和北方的“挹娄”族群中的相关部分结合成为新的民族共同体——勿吉人，即沃沮人中的很大部分与“挹娄”的后裔们融成了一体——勿吉人。

其次是秽貊族系的夫余族。勿吉强大起来后，对外发展势力。其一部向西南方面发展，侵入夫余故地粟末水（今东流松花江上中游和北流松花江中下游）地区，即《魏书》高句丽传所谓“今夫余为勿吉所逐”。夫余最后在慕容鲜卑、勿吉、高句丽三方的打击下灭亡。其王率领王室迁入高句丽，但遗民百姓大多留在了原地，他们与占领该地的勿吉人融合，就形成了勿吉的粟末部（开始时还曾被称作“浮渝靺鞨”，后来改称“粟末靺鞨”）。有学者认为，粟末水“粟末即是秽貊，音近而字异”④。所以粟末勿吉（靺鞨）就是秽貊勿吉（靺鞨），恰好反映了勿吉—靺鞨的粟末部是秽貊族系的夫余与肃慎系

① 朱泓：《靺鞨人种研究》，载吉林大学考古系编《青果集》，知识出版社，1993年版。

② 林沄：《论团结文化》，《北方文物》1985年第1期。

③ 范晔：《后汉书》卷八十五《东夷传·东沃沮》。

④ 武国勋：《夫余王城新考》，《黑龙江文物丛刊》1983年第4期。

的勿吉融合而成的实质。中原政权也了解粟末部与夫余有关系，所以隋封内附的粟末部首领突地稽为“夫余侯”。而《旧唐书·地理志》把粟末靺鞨记作涑沫靺鞨和浮渝(即夫余)靺鞨的原因也即如此。

再次是豆莫娄。豆莫娄又称北夫余，是夫余的一支或是夫余灭亡后遗民北走建立的，《魏书》《北史》有传，但此后即从史籍中消失，说明它是在南北朝到隋时逐渐为北扩的勿吉所羁属，其部分居民与勿吉人融合，成了勿吉的黑水部。

此外，西方的邻族室韦人的偏东部落也有部分部众融入勿吉之中，因此成为后来的黑水靺鞨联盟中“郡利”部的来源。

弄清楚了勿吉来源的多源性，上述似乎不易理解的史料也就可以理解了。勿吉本来就是由肃慎族系内不尽相同的民族或部族构成的，又没有形成统一的政权或部落联盟，分布在广大地区内，不同地区融合的对象不同，语言习俗等方面就会出现一定的区别。《魏书》说勿吉“言语独异”，指的只是与北魏政权发生联系，为北魏所知的那部分勿吉人的情况，最多也只是大部分勿吉人的情况而不可能是其全部。对《新唐书》《太平寰宇记》关于东胡族系的室韦与靺鞨(勿吉)语言和习俗相同的记载，俄国学者沙弗库诺夫认为应当这样理解：“有一部分室韦人已经很密切地与姆克利人(即勿吉—靺鞨人)混杂在一起，甚至于改变了他们的语言”①。这一见解确实经得住历史的检验。

勿吉所处的南北朝时期是中国民族大迁徙、大动荡、大融合时期，从各边疆地区直到中原内地的民族格局都发生了前所未有的重大变化。当时的东北地区也大体如此，其中突出的重要表现之一就是勿吉的强大与扩张引起了周邻各族的迁徙、动荡和融合。在这一过程中，勿吉改变了东北北部地区民族分布的旧格局，也通过多民族的碰撞和融合而改变了自己。

二、广义“勿吉”与狭义“勿吉”的由来

勿吉有广义和狭义之别，狭义的是指肃慎族系中一个民族或部族；广义的则是指南北朝时期由勿吉之名代称的整个肃慎族系。那么，勿吉的哪一

① 沙弗库诺夫：《渤海国及其俄罗斯远东部落》，宋玉彬译，东北师范大学出版社，1997年版，第30页。

部分是本来称为勿吉的民族或部族,即狭义的勿吉族呢?

《北史》《通典》等史料载,勿吉有七部:粟末部、伯咄部、安车骨部、拂涅部、号室部、黑水部、白山部,狭义的勿吉必在这七部之中。这就要看哪一部的部名与勿吉相近、相关。张博泉先生认为伯咄、拂涅二部与勿吉有关。“伯咄,即后来莫颉府所在地,在今哈尔滨、五常间。拂涅部即后来拂涅州府所在地,在今依兰附近。莫颉即勿(读如没)吉、靺鞨,而拂涅《金史》作蒲聂,拂、蒲都是 m 变为 f、p 的结果,吉、羯转音为涅、聂,是由于 n(舌上)与 j 同位,而互转的结果。他们的名称都是勿吉、靺羯的转音分为二部名。”①318年,北魏的先世平文皇帝郁律“西兼乌孙故地,东吞勿吉以西,控弦上马将有百万”②。我们知道,这一时期的鲜卑人占有了匈奴故地,即今蒙古草原地区,却没有把势力伸入到肃慎族系范围内,可见其所吞之“勿吉以西”皆非肃慎族系民族。那么勿吉就是肃慎族系最西端的民族,与张博泉所推定的哈尔滨、五常间(伯咄)相符(拂涅是否在依兰一带还须进一步探讨,但此时应与伯咄相去不远)。这样看来,伯咄与拂涅二部皆源于指代整个肃慎族系之前的勿吉,即狭义的勿吉。

至于狭义勿吉的来源,我们认为与《晋书》四夷传肃慎条所载之“僁鸡”相关联,因为关于“僁鸡”部的历史,至少可以追溯到先秦时代。著名的古籍《山海经·海外北经》载:“海外自东北陬至西北陬者,无啓[一]之国,在长股东,为人无啓[(晋人)郭璞云:‘音启,或作綮。’毕源云:‘《说文》无啓字,当为綮,或作启、继皆是……’]”;同书《大荒北经》又载:“又有无肠之国,是任姓,无继子,食鱼”。“无继”也即“无启”。尽管《山海经》的成书年代学术界尚有争议,但《海外北经》及《大荒北经》诸经成于战国或战国以前似无疑义,故可断言,无启或无继部在战国以前即已出现。那么,无启或无继在今何地?西汉时的古籍《淮南子·坠形训篇》载:“凡海外三十六国,自西北至西南方,有修股民、夭民、肃慎民、白民、沃民……自东北至西北方有……无继民,雒棠武人在西北陬。”尽管《淮南子》同《山海经》所记诸部的方位有悖,但其中“无继民”与“肃慎民”“白民”相去不远却是可以肯定的,故综合二书记载判断,“无继”之地大体上在汉以前我国东北地区东北边缘的滨海

① 张博泉:《女真新论》,第56页。

② 魏收:《魏书》卷一《序纪第一》,第9页。

地带,也即后来史书所记载的挹娄人偏东部落的滨海之地,其经济生活的特点是“食鱼”。晋人郭璞为《山海经》“无启条”作注又称:“其人穴居,食土,无男女,死即薶(埋)”[1],即以渔猎为生的土著部落,其生活特点是“穴居”“死即埋之”,也颇与挹娄—勿吉人的“穴居”“死,立埋之”“死者穿地埋之,以身衬土”的习俗一同。故从其地理方位及生产生活方式来看,显与当时的肃慎之地邻近,生产生活特点接近,并与后来的挹娄—勿吉人的习俗大体相同。因之,可以断言,“僆鸡”一称来自先秦时代的“无启”或“无继”部,当然,这也就是“勿吉”一称之所由来”[2]。

第三节　勿吉的社会发展与逐渐强大

一、勿吉的社会状况

史载:“勿吉国,在高句丽北,旧肃慎国也。邑落各自有长,不相总一。其人劲悍,于东夷最强。言语独异。常轻豆莫娄等国,诸国亦患之。去洛五千里。自和龙北二百余里有善玉山,山北行十三日至祁黎山,又北行七日至如洛瓌水,水广里余,又北行十五日至太鲁水,又东北行十八日到其国。国有大水,阔三里余,名速末水。其地下湿,筑城穴居,屋形似塚,开口于上,以梯出入。其国无牛,有车马,佃则偶耕,车则步推。有粟及麦穄,菜则有葵。水气醎凝,盐生树上,亦有盐池。多猪无羊。嚼米酝酒,饮能至醉。妇人则布裙,男子猪犬皮裘。初婚之夕,男就女家执女乳而罢,便以为定,仍为夫妇。俗以人溺洗手面。头插虎豹尾。善射猎,弓长三尺,箭长尺二寸,以石为镞。其父母春夏死,立埋之,冢上作屋,不令雨湿;若秋冬,以其尸捕貂,貂食其肉,多得之。常七八月造毒药傅箭镞,射禽兽,中者便死,煮药毒气亦能杀人。国南有徙太山,魏言‘太白’,有虎、豹、羆、狼害人,人不得山上溲污,行迳山者,皆以物盛。”[3]显而易见,其经济社会情况较挹娄时有所发展,但因

---

① 袁珂:《山海经校注》,上海古籍出版社,1986 年版。

② 魏国忠:《东北民族史研究》(二),中州古籍出版社,1994 年版,第 88 页。

③ 《魏书》卷一百《勿吉传》。《北史》卷九十四《勿吉传》的记载与之大体相当。

各个地区自然环境不同,诸部之间的发展不大平衡,滨水部落多以传统的渔猎生产为主,兼事农、牧;平原部落则以农为主兼营畜牧和渔猎,但总的来看,农业所占比重显已上升为主要生产部门之一,既"有车马,佃则偶耕,车则步推",似已用马作为耕畜,耕作水平较前代有了较大提高;农作物的种类也有增加,在五谷中以"粟及麦、穄"的种植最为普遍,"菜则有葵",但绝不止葵菜一种。由于粮食产量的增加,除满足主食的需要外,还有不少的剩余可以用来酝酒,即所谓"嚼米酝酒,饮能至醉"。据已故的民族学大师凌纯声先生考定,"嚼酒"之俗源于华北、东北大陆,后流行于古代环太平洋而居的各族之中,直到不久前在中国台湾、日本北海道等地的土著民族中仍存在这种遗俗,其法是用女性唾液作为酵素,咀嚼生米使其糖化、发酵而为酒,①而勿吉人的"嚼米酝酒"既为凌先生的考证提供了重要的例证,又是迄今这一习俗见之于史载的最早记录。畜牧业也有了新的发展,除继续大量的养猪外,马的产量也相当可观,乃至一次向北魏王朝进贡的马即有500匹之多。但传统的渔猎生产仍旧占有重要的地位,所谓"善射猎,箭长尺二寸,以石为镞……常七八月造毒药傅箭镞,射禽兽,中者便死,毒药毒气亦能杀人"。而据各地的考古资料知,勿吉人显已普遍使用了铁镞,因而大大提高了狩猎的效率。同样,捕鱼生产也有较大的发展,不仅在内河湖沼或近海中进行捕捞,而且可以乘船到远海中进行作业,据《海东绎史·肃慎氏考》载:"日本钦明天皇五年(536年)十一月,于佐渡岛北御名部之碕岸,有肃慎人乘一船舶而淹留,春夏捕鱼充食,岛人言鬼魅不敢近之岛,于是肃慎人移就濑浦。"当然其造船水平也必有了进一步的提高,以至到了5世纪后期还曾与百济密谋从水道进攻高句丽,足证其所造船的数量已是相当可观。此外,勿吉人已能够造车,以供陆上运载之用;根据"盐生树上,亦有盐池"的记载知,他们显已掌握了熬制盐、碱的本领。至于制陶、制革等均有持续发展。特别是建筑业的成就显著,在今三江平原及其南部丘陵、完达山脉一带发现的数百栅寨或聚落遗址中,应绝大部分修筑于魏晋北朝之际,足以与《魏书》本传"筑城穴居"的记载相印证。其中位于友谊县成富乡七星河畔的凤林古城,由东城和小西城两部分构成,东城周长3894米,西垣与小西城东北角相接;小西城略呈

① 凌纯声:《中国与东亚的嚼酒文化》,载《中国边疆民族与环太平洋文化》,1979年版。

梯形，周长为 861 米，虽为土筑，却不失为设防坚固的城栅。河对岸 1 公里处又有座周长 400 米的山城与之对峙，后者依山势而筑，由下至上建有三重土垣，易守难攻（《黑龙江省第二批省级文物保护单位简介》）。这一切显然给中原目击者们留下深刻的印象，从而留下了其“筑城”的记录。此外，在被公认为是勿吉文化遗存的今绥滨县同仁遗址及黑龙江彼岸俄罗斯境内发现的铁制锛、刀、镞、矛、带扣及马衔、马镫等，尤其是阿穆尔省加尔马坎村发现的矿渣及炭化熟铁块等，均证实勿吉人的物质文化已进入了早期铁器时代，不仅能够制造一般的工具和武器，还掌握了铸制铁器的某些技术要领如锻接、熔接、钻孔、穿孔、转扭等。[1] 此外，在生产发展的基础上，勿吉社会中应已出现产品的交换，当然只是处于以物易物的自然交换状态。

与此同时，勿吉社会的性质也在逐渐发生变化。早在魏晋之际肃慎—挹娄部落集团或联盟内即已出现“父子世为君长”的现象及保护私有“财产”：“相盗窃，无多少皆杀之，故虽野处而不相犯”的习惯法。到了十六国及北朝时期，这一切显有新的发展，“邑落各自有长”，不仅表明地域性的邑落组织已完全取代了建立在血缘关系基础上的氏族部落，而且世袭酋长们的身份和地位也由于掠夺性的军事活动和战争而发生了蜕变，即逐渐成为掌握很多权力而且高踞于群众之上的权贵阶层。当然，他们又是本邑落的富人而拥有着数量较多的财富（主要是牲畜）。反之，普通的部落成员们则逐渐下降至从属的地位，而主要由战俘转化成的奴隶则处于整个社会的最底层。与上述的变化相适应，“妇贞而女淫”[2]的现象当更为普遍，即家庭中的夫权也进一步强化，妻子已完全成为丈夫的所有物和附属品；当然，财产也只能是由父子们世袭继承，而各家庭或家族间的贫富分化也更加严重。此外，由于诸部落之间及邻族之间的冲突和战争经常不断，相邻诸部之间的共同利害也越来越多，于是由相互配合、联合而逐渐形成了部落联盟或集团。所以尽管《魏书・勿吉传》仍谓其各部“不相总一”，即尚未建成统一强大的部落大联盟，但区域性的邑落联盟或集团应已经形成，并且在同周围的夫余、高句丽及豆莫娄人的战争中显示了这种合力。唯其如此，勿吉人才能以“最强”者的形象屹立于东北民族之林。

---

① 杰烈维扬柯：《黑龙江沿岸的部落》，林树山译，吉林文史出版社，1987 年版，第 61 ~ 62 页。

② 杰烈维扬柯：《黑龙江沿岸的部落》，林树山译，吉林文史出版社，1987 年版，第 61 ~ 62 页。

二、僔鸡即勿吉在挹娄诸部中的脱颖而出

毫无疑问,正是在这过程中,僔鸡即勿吉部落联盟在挹娄诸部中后来居上,脱颖而出。其开始的时间应不晚于262年。因为据《三国志·魏书·三少帝纪》载:“肃慎国”即挹娄通过辽东郡向曹魏王朝“遣使重译入贡,献其国弓三十张,长三尺五寸,楛矢长一尺八寸,石砮三百枚,皮骨铁杂铠二十领,貂皮四百枚”,时在景元三年四月即262年4月。而正是这次的入贡,才如《晋书·四夷传·肃慎氏》之载,导致了魏廷赐其王僔鸡“锦罽、绵帛”等物品。既然如此,僔鸡即勿吉部落联盟在挹娄诸部中的势力和影响,也就不能不越来越大,并事实上成为挹娄诸部中的核心部分脱颖而出而越来越为外部势力和邻人们所认知。因之,勿吉一名也就逐渐地取代了原来“挹娄”在肃慎族系共同体中的称呼,肃慎族系的历史也就正式地进入了勿吉时代,其下限时间不晚于318年前,因为正是这一年,勿吉作为一个重要族部而正式见于史书的记载。

至于勿吉时期的社会状况,除前述根据文献记载推论外,考古资料也提供了大量有价值的信息。第一,勿吉经济社会较挹娄时确实有了发展和进步。在被公认为是勿吉文化遗存的今绥滨县同仁遗址及黑龙江彼岸俄罗斯境内发现的铁制锛、刀、镞、矛、带扣及马衔、马镫等,尤其是阿穆尔省加尔马坎村发现的矿渣及炭化熟铁块等,证实勿吉人确已进入了早期铁器时代,能够制造工具和武器,并掌握了铸制铁器的某些技术要领如锻接、熔接、钻孔、穿孔、转扭等。滨水部落多以传统的渔猎生产为主,兼事农、牧;平原部落则以农为主兼营畜牧和渔猎,但总的来看,农业所占比重显已上升为主要生产部门,凤林文化房址和遗址中出土的铁犁铧、铁镬、铁刀,证实当时的农业生产进入了犁耕的阶段,即比“佃则偶耕”的耕作技术水平有了较大提高。粮食除作为主食外,还用来酿酒以作为饮料,“嚼米酝酒,饮能至醉”。第二,邑落和城池建筑方面的成就显著,在今三江平原及其南部丘陵、完达山脉一带发现的大量栅寨或聚落遗址大部分修筑于魏晋南北朝之际,足以与《魏书》本传“筑城穴居”的记载相印证。人口显然有了较大的增长,七星河流域的数百处古城遗址,大多数是勿吉人所修筑,每一处的穴居坑少则数十,多则上百甚至数以百计,故推断魏晋之际七星河流域的居民少说也在万人上下,其社会形态也不能不发生相适应的变化。第三,地域性权力中心应该出现

于当时的七星河流域。部落间的战争是部落联盟的形成,以及政权组织出现的重要催化剂。19 世纪,摩尔根考察了当时尚存在的北美易落魁部落大联盟后指出:“结成联盟以期相互防卫的这一倾向,存在于有血族关系与领土邻接的诸部落间是极其自然的。当结合的利益由实际经验中得到认识以后,则联盟组织最初不过是一种同盟,将逐渐地结合而成为一种统一的联盟。”[①]这一观点也适用于挹娄—勿吉社会。当时,当地部落间战争频繁,成为社会生活的一个重要内容。凤林古城遗址中就出土有铁甲页、刀、铁镞等战争器具;在一处房址的火炕烟道内发现了玛瑙项链等物,这项链最有可能是在敌人来袭的仓促之间藏进去的,反映了军事冲突和战争的经常性。经过多年的考古调查和发掘工作,截至 2010 年,在该流域总共发现了 426 处古代遗址,“遗址分布密度可达每平方公里 0.4 ~ 0.5 处,远高于现代七星河流域村镇的分布密度”,依功能可以分为居住址、防御址、祭祀址、瞭望址、要塞址等不同的种类。“遗址的等级至少可以划分小型、中型、大型和超大型四个层次”,而“若依现行于中国内地的聚落考古理论判定,四个层次的遗址结构就应存在三个管理层,当属于复杂社会”。尤其是属于全流域的要塞聚落凤林古城和祭祀聚落炮台山古城(与凤林古城近在咫尺、隔河相望,位于宝清县七星泡镇平安村东北 2 公里、七星河南岸的一独立山丘及周围缓坡上。其中心是突兀于缓坡之上的高台圜丘,自上而下由遗城、坛城、郭城、月城、瓮门构成,最为引人注目的是山顶上的 8 个凹坑和一个长方形圆角高台,其中 8 个凹坑中的 7 个分布恰似北斗七星,被认为代表北斗七星,剩下的一个在北,代表北极星,8 个凹坑拱卫下的圆角高台则是祭祀用的坛台)的存在,“表明其应是动员全流域的力量修筑的”,既象征了全流域的军事、祭祀以及其他重要活动已经逐渐结合为一个整体,又成为当时已存在组织和调动全流域力量的行政管理机构而进入“早期国家社会”[②]的重要标志,甚至于有可能涌现出管辖当时七星河流域甚至于更大地面的“王”者。耐人寻味的是,作为全流域中心所在的凤林古城城中还发掘出一座建筑面积达 759 平方米的半地穴式大房址。“坐西向东,南北长约 29 米,东西进深约 23 米,房中有

---

① [美]摩尔根:《古代社会》第一册,商务印书馆,1971 年版,第 201 页。

② 许永杰、赵永春:《七星河流域汉魏遗址群聚落考古的理论与实践》,载王学良主编《黑龙江省双鸭山市文物资料汇编——黑龙江历史第一都》,双鸭山市文物资料汇编编委会 2008 年内部刊印,第 39 ~ 49 页。

横5、纵4计20个粗大柱洞。柱洞深60～90厘米,底口直径25～30厘米,地面平整坚实,为黄沙土夯实烧烤而成。此外,在房子四周有排列密集的柱洞,北边有两排82个洞,南边也有两排83个洞,西边一排25个洞,东边一排48个洞,柱洞直径10～20厘米不等"[①]。如此宏伟气派的建筑自然不是普通民居或小部落首领的住所,而应该是"王"者所居的"宫殿"址或至少是管辖着整个流域广大地面的权力中心所在。对黑龙江考古界的如上论证,当今我国考古界权威人士张培先生认为"如此功能复杂、规模宏大、气势磅礴而具有'王者之气'的凤林古城只能出现于魏晋时期及其稍后,而绝不可能完成于两汉时代",即它是勿吉时期而不是挹娄时期的王城。

近期一位年轻学者对七星河流域平原古城的论证,尤其让人们耳目一新:其一,七星河流域沿河而建的平原古城,明显区别于同一地区依山而建的被视为两汉时期挹娄人的山城。其二,凤林古城七城区的晚期文化(即凤林文化)经碳—14年代测定法测定距今1725年±89年,为魏晋时期及其以后,故七星河流域已发现的与凤林古城七城区晚期文化内涵相类似的平原古城都是魏晋时期或稍后的古城。其三,这些平原古城所反映的凤林文化内涵,主要是继承或沿袭了南来的团结文化的风格,而并不是当地原来的滚兔岭文化的传统,尽管其陶器组合中的部分器物与此前滚兔岭文化中的同类器物存在着某些联系,但作为团结文化器物组合中的代表性器物并为滚兔岭文化中所不见的陶豆(《三国志·乌丸鲜卑东夷传·挹娄条》明载:"东夷饮食类皆用俎豆,唯挹娄不";《后汉书·东夷列传·挹娄条》也称:"东夷饮食皆以俎豆,而挹娄独无")和双横耳器,则较为普遍地存在于凤林文化之中并成为标志性器物,而且在这些平原古城的房址中还发现了滚兔岭文化中所没有却是团结文化中所常见的以"曲尺型"火炕为代表的取暖设施,都足以表明其主要是继承了团结文化的传统。其四,位置偏南的从先秦持续到两汉时代的团结文化,早已被学术界公认为沃沮或北沃沮人的文化遗存,地处其北方并分布在以今七星河流域为中心的三江平原南部地带的滚兔岭文化则被视为两汉时代挹娄人的文化遗存;而同处一地但晚于滚兔岭文化的凤林文化虽然受到了前者的影响,却又主要是继承了南边沃沮人的团结

---

① 殷德明:《"从北斗七星"祭坛的发现到"亘古荒原第一都"的提出》,载潘春良、艾书琴主编《多维视野中的黑龙江流域文明》,黑龙江人民出版社,2006年版。

文化的传统，其出现和形成的时间既始于前文提到的262年僁鸡（勿吉）部落联盟在挹娄诸部中后来居上的时间之前，又不晚于勿吉人正式入史的318年之后。而恰恰是在同一时段，沃沮人从史书记载中销声匿迹；反之，勿吉则作为一新的部族共同体出现于历史舞台上。这显然不是无缘无故的巧合，而是恰如其分地反映了当时沃沮势力北向发展到了今七星河流域地带并与当地的原挹娄部落人后裔结合而形成了新的以勿吉为名的民族共同体。因之，作为"王城"的凤林古城只能出现于魏晋时期并为勿吉人所修建①而并非"与北沃沮族的活动有关联"②。

这样一来，作为全流域军政中心和祭祀中心的凤林古城和炮台山古城，既是新兴的勿吉人之迅速崛起和走向强大的重要象征，更是他们步入文明时代并建立了早期政权"酋邦"（方国）的历史见证。正如有学者所指出：凤林古城和炮台山古城的关系，"是同一都城被七星河分隔为南北两个部分，王宫居北，祀天在南……正合中国古代'天南地北''天圆地方'的礼制传统，应是……一座都城的两大组成部分。王城证实了祭坛的归属，祭坛则证实了凤林古城的王都地位，二者互证，少一不可"③。故被人们誉为亘古荒原第一都，也确有可能标志着早期政权即"酋邦"（方国）"勿吉国"的出现。

然而，尽管建立了早期政权即"酋邦"（方国），并产生了"大君长"即"王"；但当时勿吉人的各个部分还没有完全统一起来，而继续维持着"邑落各自有长，不相总一"的格局。即在全境各个地区，事实上还继续存在着若干个"部"，也就是相关的部落联盟。唯其如此，其诸"部"即诸部落联盟之间也就不大可能进一步地形成为统一的勿吉部族共同体，也即还没有达到此前的夫余王国、高句丽王国以及三燕政权那样的发展阶段。

不过，无论如何，由于全流域军政中心和祭祀中心的出现，两晋之交和南北朝时期的勿吉人不但比此前的挹娄人强大多了，而且也表现出了强烈的扩张欲望，并在挹娄时期"寇抄"的基础上，积极地向域外空间进行不断扩

---

① 邓树平：《对七星河流域发现的平原古城其建制族属和年代考——兼以最新视角看历史上的勿吉人》（未刊稿）。

② 许永杰、赵永春：《七星河流域汉魏遗址群聚落考古的理论与实践》，载王学良主编《黑龙江省双鸭山市文物资料汇编——黑龙江历史第一都》，第51页。

③ 殷德明：《"从北斗七星"祭坛的发现到"亘古荒原第一都"的提出》，载潘春良、艾书琴主编《多维视野中的黑龙江流域文明》，黑龙江人民出版社，2006年版。

张，并由此而改变了东北民族分布的格局。

三、对邻近诸部的侵吞和征服

首先是“寇抄”和吞占北沃沮。沃沮是东北东部滨海地区土生土长的以农业和渔猎为主要生计的民族共同体，属秽貊族系。据《后汉书》和《三国志》载，两汉时期的沃沮有东沃沮、南沃沮、北沃沮三种称谓，似乎沃沮分为三部分。但事实上，东沃沮有时候指的是整个沃沮，有时候指的是南沃沮，不存在一个并立于南、北沃沮的东沃沮。沃沮只有两个，即南沃沮和北沃沮。南沃沮的位置史籍记载比较明确。“在高句丽盖马大山之东，东滨大海，北与挹娄、夫余，南与秽貊接。其地东西夹，南北长，可折方千里，土肥美，背山向海，宜五谷”①，大体上为今朝鲜咸镜南北道沿海的狭窄平原；至于北沃沮，“一名置沟娄，去南沃沮八百里……界南接挹娄”，以今黑龙江省东宁县的团结遗址为代表的团结文化已经被学界公认为是北沃沮的文化遗存，已知的分布地域包括图们江流域、绥芬河流域，以及苏联的滨海地区南部”。该文化的年代“约当公元前5世纪至公元1世纪”②，被东北地区考古权威林沄确定为沃沮文化。③

进攻或“寇抄”北沃沮的过程早在挹娄时期就已经开始了。即《后汉书》东夷传所载，挹娄人“喜乘船寇抄，北沃沮畏之。每夏辄于岩穴，至冬船道不通，乃下居邑落”。这种侵扰虽然不是毁灭性的，但大大消耗了北沃沮人的实力而加剧了其衰落的进程。魏晋至南北朝时期，勿吉逐渐取代了挹娄的称谓即统领了肃慎系诸族部或至少成为其中最有影射力的核心势力后，以“其人劲悍，于东夷最强，言语独异。常轻豆莫娄等国，诸国亦患之”④而载于史册，即取得了当初挹娄人从来没有过的强大优势。故毫无疑问，被勿吉所轻的“豆莫娄等国”中不能不包括沃沮在内。这并不奇怪，一是继续保持挹娄诸部“寇抄”沃沮的习惯和传统；二是这一部族共同体的成员中本来就有很大部分来自原来的沃沮人，对沃沮风土人情和人脉关系的熟悉和了解，不但使这时期的“寇抄”变得容易多了，而且由于勿吉政权的建立和发展，已越

---

① 范晔：《后汉书》卷八十五《东夷传·东沃沮》，中华书局，1965年版，第2816页。

② 谭英杰、孙秀仁、赵虹光、干志耿：《黑龙江区域考古学》，第53页。

③ 林沄：《论团结文化》，《北方文物》1985年第1期。

④ 魏收：《魏书》卷一百《勿吉传》，第2220页。

来越把“寇抄”行动转化为土地和人口的占有和控制，并逐渐地占有了北沃沮的全境。于是，勿吉将其东南边界推进到了图们江流域、绥芬河流域，一直到今俄罗斯滨海地区南海岸。

其二是侵蚀豆莫娄等部。《魏书》卷一百《豆莫娄传》载：“豆莫娄国，在勿吉国北千里，去洛六千里，旧北夫余也。在失韦之东，东至于海，方二千里……”；同书《勿吉传》则载，勿吉“常轻豆莫娄等国，诸国亦患之”。“轻”的方式包括掠夺人口、牲畜、财物，也包括侵占土地。就在这一过程中，勿吉逐渐西拓，大体上到达了今通肯河、呼兰河一线。但勿吉人对外扩张的主要目标是南、西南，所以西拓是有限度的，只是侵占了豆莫娄东部边境的部分地区，没有深入到核心的乌裕尔河流域。正因为如此，豆莫娄领土虽然缩小了，却没有灭亡，直到唐玄宗时仍然存在，还到唐廷朝贡。“开元十二年二月丙辰，达莫娄大首领诺皆诸来朝，授折冲，放还蕃”①。

其三，征服和入踞夫余之地。夫余和沃沮一样都属秽貊族系的一支，从西汉初建国到494年灭亡，立国垂700年，是东北中部地区一支活跃的政治势力。夫余的中心地区东晋以前在今吉林市一带，以后则西迁至今吉林农安一带。夫余的社会发展较早，汉代就有了较为完备的国家机器，经济也很发达，所以早期的夫余国力强大，挹娄一度臣属于夫余。《三国志》挹娄传载：“（挹娄）自汉以来，臣属夫余，夫余责其租赋重，以黄初中叛之。夫余数伐之。其人众虽少，所在山险，邻国人畏其弓矢，卒不能服也。”黄初为220年至226年，是三国曹魏初年，从汉初到黄初大约400余年，即挹娄臣属于夫余400余年。黄初年间是个转折点，夫余再不能令挹娄臣服。双方处于对峙状态，交界大约在老爷岭到大青山一线。此后，夫余连遭打击。西晋太康六年（285年）鲜卑慕容部攻击夫余，“其王依虑自杀，子弟走保沃沮”②。后来虽然在西晋的帮助下复国，国力当然大不如前，经常受到慕容鲜卑的侵扰。与此同时，高句丽也经常攻击夫余。据好太王碑载，好太王于411年率军征夫余，致夫余“举国骇服”。勿吉强大起来后，反过来开始攻击夫余，逐步占领了夫余的大片土地。

勿吉对夫余是鲸吞与蚕食并用。蚕食是小规模的，经常性的，但占领的

① 王钦若等：《册府元龟》卷九七五《外臣部·褒异二》，中华书局，1960年版，第11449页。

② 房玄龄等：《晋书》卷九十七《夫余传》，中华书局，1974年版，第2532页。

土地并不多。鲸吞是大规模的进攻,直接占有大片土地。这样的进攻主要有两次:

第一次约在346年之前,具体年份不祥。《资治通鉴》卷九十七《晋纪十九·孝宗穆皇帝永和二年》条载:"初,夫余居于鹿山,为百济所侵,部落衰败,西迁近燕,而不设备。"夫余与百济之间隔着高句丽,百济不可能越过高句丽进攻夫余。孙进己等认为此百济为勿吉的百咄之误。[①] 笔者认为此说有道理,一来百济与百咄音近,有容易混淆的地方,二来百咄在今哈尔滨一带,正与夫余为邻,南下攻打夫余有地理上的可能。而且,正如前文所述,肃慎族系之下的各民族或部族各有名号,不同时期的统一称号是他称。346年以前正是以勿吉指代整个肃慎族系的进程中,还没有最后定称,夫余人或高句丽人不称百咄人为勿吉是合乎情理的。晋永和二年是346年,所以百咄部攻击夫余当在346年之前。这次进攻的结果是夫余"西迁近燕"。此前,夫余的中心在今吉林市一带,迁后的"近燕"之地在今农安一带。勿吉占有了原属夫余的吉林中部部分地区。应当指出的是,夫余虽迁都到农安一带,并不意味着其传统核心地的吉林市一带完全丢失,西迁只是为避开勿吉的锋芒,吉林中、南部广大地区还在夫余手中,因为史料所载此后夫余与高句丽的战争,交往诸事颇多,如果吉林中、南部丢失,夫余就不与高句丽接界,夫余与高句丽之间也就不会有这些事发生了。所以,346年以前勿吉人的进攻,只占领了吉林市以北部分地区,夫余的大部地区还在。

第二次大约在义熙六年(410年)之后,夫余因大败于高句丽和部分贵族势力北奔另立豆莫娄政权,王国进一步地走向了衰落,对外防御更加无力;勿吉人不能不乘机大举西进,入踞夫余王国腹地的今北流松花江流域。虽然,有关的中外古籍并没有在这方面留下任何记录,考古资料却提供了有价值的线索。在哈尔滨市东郊黄山的顶端就有两座城栅遗址,平面也作椭圆形,由城墙和护壕组成,并设有城门,"城内分布着有一定秩序的穴居坑"[②],早年还发现有不少的粗糙的陶片以及可以辨认出形状的11件陶质物形象,包括狗、猪、熊、鼬等,[③]应该与5世纪时勿吉入踞夫余地区存在着密切的

---

① 孙进己、冯永谦:《东北历史地理》,黑龙江人民出版社,1989年版,第89页。

② 王禹浪:《哈尔滨城史纪元的起算时间》,载《新晚报》1992年3月30日

③ 包诺索夫:《哈尔滨市郊出土的史前雕像》,谭英杰译,载《黑龙江考古民族资料译文集》,第60~62页。

渊源。

第三次发生在北魏太和十七年(494 年)。是年,“夫余王及妻孥以国来降(高句丽)”[①]。为什么来降呢?这条史料没有说明。但我们可以从另一条史料中看到原因。《魏书》高句丽传载,正始年间(504—508 年),高句丽使臣芮悉弗对魏世祖说:“高丽系诚天极,累叶纯诚,地产土毛,无愆王贡。但黄金出自夫余,珂则涉罗所产。今夫余为勿吉所逐,涉罗以百济所并,国王臣云惟继绝之义,悉迁于境内。二品所以不登王府,实两贼是为。”可知原因是“夫余为勿吉所逐”。夫余就此灭亡,故土为勿吉和高句丽分占。芮悉弗说夫余的产金地为勿吉所占,现代的勘探结果告诉我们,吉林省的九台、桦甸、磐石、永吉、伊通一带是金矿主要储藏带,而这一带正是夫余的中心区域,既然这一中心区域为勿吉所占,足见夫余的大部分故地是被勿吉所占,高句丽只占据一小部分。这样,勿吉就占据了北流松花江地区。

四是袭扰高句丽。勿吉迅速崛起之时,正是高句丽强大之际。勿吉向南发展势力,高句丽向北发展势力。魏晋之际,双方在今牡丹江上游至松花江上游一带的山岳地区就时有接触,并发生了军事冲突。高句丽西川王十一年(280 年)“冬十月,肃慎来侵,屠害边民”。高句丽将“达买出奇掩击,拔檀卢城,杀酋长,迁六百余家于夫余南乌川,降部落六七所。以为附庸”[②]。此时,图们江流域有北沃沮,松花江中游以下有夫余,所以这场战争只能发生在北沃沮与夫余之间的松花江上游和牡丹江上游一带,这个檀卢城应当在今镜泊湖以南、敦化以东不远的地方。看来,在双方的早期冲突中,勿吉人由于政治上的不统一,人口也较少而居于劣势。某些住在边境地区的部落还沦为高句丽的附庸。不过,此后勿吉还是高句丽的一个重大威胁。十二年后的 292 年,高句丽王杀抵抗肃慎有功的达买,其国人担心“微安国君(达买),民不能免梁貊、肃慎之难,今其死矣,其将焉托!”[③]实际上就反映了当时的勿吉人已经构成了对高句丽的威胁。

北魏延兴五年(475 年),勿吉遣使乙力支入北魏朝贡。[④] 乙力支“自云其国先破高句丽十落,密共百济谋,从水道并力取高句丽,遣乙力支奉使大

---

① 金富轼:《三国史记》卷十九《高句丽本纪第七 · 文咨明王》,第 232 页。

② 金富轼:《三国史记》卷十九《高句丽本纪第七 · 文咨明王》,第 212 页。

③ 金富轼:《三国史记》卷十九《高句丽本纪第七 · 文咨明王》,第 213 页。

④ 综合《魏书》和《册府元龟》的记载,乙力支入魏当在延兴五年,即 475 年。

国,请其可否”①。勿吉“破高句丽十落”在乙力支出使之前,但也不会太久,在5世纪前期和中期是可以肯定的。当时,高句丽的国力已相当强大,勿吉能够从其手中夺得“十落”,一是因为427年高句丽将首都南迁平壤,重点与百济和新罗争夺朝鲜半岛中部,对北方的控制力相对减弱;二是因为勿吉社会此时已经有了长足的发展和进步并形成了著名的七大部落联盟,甚至是趋于统一而形成了合力并开始出现了政权的雏形,对外也就拥有了更强的攻击力。而且,勿吉人还很有战略眼光即并不满足于区区“十落”,还“密共百济谋,从水道并力取高句丽”,这是要与百济人进行合作以南北夹攻,合力灭掉高句丽,然后瓜分其领土。这种气魄远非过去部落时代简单的劫掠可比了。勿吉人知道,如果是这样,就完全改变了整个东北的政治格局,中原地区强大的北魏政权决不会漠不关心,能否取得北魏的支持成了问题的关键,所以才有了乙力支的出使。北魏政权当然希望东北地区诸民族政权势力均衡,以便分而治之,所以表示“三国同是藩属,宜共和顺,勿相侵扰”②。反对勿吉与百济之谋。勿吉没有得到北魏的支持,就没有轻举妄动。虽然勿吉没能大片占有高句丽的土地,但这种进攻态势的保持,使其得以从容地巩固和消化此前占有的原夫余和北沃沮的土地,对勿吉势力的进一步壮大起了重要作用。

然而,到了高句丽末叶,即6世纪末前后,随着粟末部对高句丽战争的失败,其八部数千户之众在突地稽率领下被迫迁徙到了辽西地区后,余下的部分则逐渐被高句丽人所屈服而沦为其属部了。此外,白山部的37部显然在一系列的军事冲突或战争中,也被高句丽人所征服而沦为前者的属部,即所谓的“素附”于前者。大体同时,至少是伯咄部和安居骨两部,也不同程度地屈服于高句丽人。也正因为如此,在后来高句丽对隋唐两朝的战争中,才会有大量“靺鞨”即勿吉人被迫充当高句丽炮灰的情况发生。

勿吉的强大与扩张是肃慎族系发展史上的决定性阶段。此前的肃慎和挹娄的势力都局促在东北地区东北角,是东北民族大舞台上的配角。现在则领域扩大,几乎占据东北的一半,影响也扩大了,其攻守举动对东北全局都有震动和影响,并事实上成为当时东北地区舞台上的主角之一。此后,肃

① 魏收:《魏书》卷一百《勿吉传》,第2220页。

② 魏收:《魏书》卷一百《勿吉传》,第2220页。

慎族系建立著名的“海东盛国”渤海，又两次入主中原，实皆肇源于此。

第四节　地域的分布与著名的七部

一、地域的分布

勿吉之初的基本区域就是肃慎、挹娄的传统区域。大体说来，南到东康遗址所在的牡丹江中游，北到今天三江平原地区和黑龙江中游一带，东到大海即今日本海之滨，西至今小兴安岭和张广才岭。

4～5世纪大举对外扩张后，勿吉的控制区域大大扩大。南到图们江流域，西南到第二松花江中上游，西北到通肯河、呼兰河流域，北和东无大变化。即经过两个多世纪的扩张之后，勿吉人的分布范围已远远超出历史上的肃慎及挹娄的活动区域，不但据有了原肃慎及挹娄的全部故地，而且把北沃沮全境及夫余的绝大部分地盘以及豆莫娄的部分境界收为己有。其最盛时的分布范围是：东到大海，即今日本海；南到长白山一带，即大体上西起今辉发河上游及其与浑河之间的分水岭，经长白山北麓到敦化、汪清和珲春境内，与高句丽为邻；西与契丹相接，大约在今吉林省辽源、伊通至辽宁昌图一线；北逾那河，在今嫩江下游东流段及东流松花江以北，与豆莫娄接壤；东北达到今黑龙江中下游之地。另从《北史·勿吉传》“国有大水，阔三里余，名速末水”的记载知，其中心区域似乎已经从依兰以东的三江平原地区转移到了今哈尔滨以南的第二松花江流域和第一松花江上游地区。这一带是小兴安岭与张广才岭、三江低地与松辽大平原的接合部位，物产丰富，交通方便，进可以攻，退可以守，向为兵家必争的战略要地，且与本传所载的“去洛五千里”的方位相当。

不过，勿吉尽管建立了早期政权和“酋邦”“国家”，也大大拓展了自己的领地，但是仍如《魏书·勿吉传》《北史·勿吉传》所载：“邑落各自有长，不相总一”，即还没有来得及统一如上所述的这片广大境土，而是“部类凡有七种：其一号粟末部，与高丽接，胜兵数千，多骁武，每寇高丽；其二伯咄部，在粟末北，胜兵七千；其三安车骨部，在伯咄东北；其四拂涅部，在伯咄东；其五号室部，在拂捏东；其六黑水部，在安车骨西北；其七白山部，在粟末东南。

胜兵不过三千，而黑水部尤为劲健。自拂捏以东，矢皆石镞，即古肃慎氏也”，并且，实际上其部类可能还不止这些，即所谓的“七种”，不过是其中著名的七大部罢了。

二、七部的大致分布

粟末部，据《新唐书·黑水靺鞨传》载：“居最南，抵太白山，亦曰徒太山，与高丽接，依粟末水以居”。此太白山或徒太山，必是今之长白山无疑，是知粟末部大体上分布于长白山地区以北的粟末水流域中、上游一带，为靺鞨诸部中的强部。吉林省永吉杨屯和榆树老河深的上层文化已被考古界认定为靺鞨遗存并主要是墓葬，与之特征相同的还有永吉查里巴墓群，均以竖穴土坑为主要形制，使用木质葬具，流行二次葬习俗并常见火烧迹象，这类情况在先前的萝北县团结墓葬中即已发现，表明其是勿吉—靺鞨人的固有葬俗。另东流松花江下游流行的喇叭口大罐，在永吉杨屯和榆树老河深的墓葬中也有发现，深腹筒形罐成为最主要的器类，还出现了鼓腹罐、瓶、壶等器物。其中永吉杨屯的碳—14 年代测定法测定树轮校正距今 1535 ± 85 年，永吉查里巴的碳—14 年代测定法测定距今 1545 ± 95 年，树轮校正 1480 ± 105 年，应该是勿吉族西南下驱逐夫余时留下的遗存，并为粟末部的分布范围之在今第二松花江流域提供了物证。

伯咄部，“在粟末北”，即粟末水下游一带及今拉林河流域，为人数最多的大“部”。

安居骨部，“在伯咄东北”，以所在的“安居骨”水即安出虎水（今阿什河）而得名，故其地当在安出虎水流域一带。

拂涅部，“在伯咄东”；据《新唐书·黑水靺鞨传》载：粟末部“稍东北曰汩咄（即伯咄）部，又次曰安居骨部，以东曰拂涅部”，因可以推定其地在伯咄部和安车骨以东和东北一带，大体在今牡丹江中下游流域以及穆棱河流域一带。

号室部，据《隋书》记载在拂涅部以东地区，大体上在今兴凯湖以东、乌苏里江中上游及伊曼河流域一带。

黑水部，《新唐书》卷二百一十九《黑水靺鞨传》载其“分十六落，以南北称，盖其居最北方者也”，而既以“黑水”为名和“南北称”，则其地必在今黑龙江省三江平原和黑龙江中游地带，并且是个由 16 个部落组成的强大部落联盟。“人劲健,善步战,常能患它部”。从20世纪中叶以来,俄中两国考古界在西迄今俄罗斯境内的布拉戈维申斯克到我国境内的黑河、逊克、嘉荫的黑龙江沿江一带以及小兴安岭东麓的鹤岗市至汤旺河流域之间,东到哈巴罗夫斯克之间的今黑龙江中游和松花江下游流域的广大地带,发现了诸多的勿吉和靺鞨遗址、城址、墓葬和大量文物,大体上证实了这一广阔地带就是黑水部的传统分布区域。其中鹤岗市梧桐河支流“乌鸡河”,作为地名活化石折射着今天鹤岗市一带很可能是南北朝时期勿吉人西迁前的祖居之地。

白山部,与《新唐书·黑水靺鞨传》中的粟末部“南抵太白山”的记载相区别的是,《魏书·勿吉传》则谓:“国南有徒太山,魏言‘太白’”,意思是说太白山即今长白山地在勿吉分布区域里的南面,但并不是勿吉地的南境。而白山部既然以“白山”为名,《北史·勿吉传》又称其地“在粟末东南”,则其分布区理应包含整个长白山地区及其以东地带,也就是今吉林省的延边地区和图们江流域直至绥芬河流域一带。顾名思义,长白山以其主峰白头山多白色浮石与积雪而得名,素有“千年积雪万年松,直上人间第一峰”的美誉,但因为被千里林莽所覆盖,外人极难进入,唯有当地的经验丰富的狩猎、采药、挖参者们才能自如地出入其间,故虽然早在先秦古籍《山海经》中即被称作不咸山(系神山、圣山之意),但却又在其后的长时间里淡出了中原人们的视野。至于究竟是哪个民族所崇拜的神山?迄今为止,女真—满族说与韩民族说争论不休,莫衷一是。然而,《魏书·勿吉传》中“国南有徒太山,魏言‘太白’,有虎豹熊狼害人,人不得山上溲汙,行迳山者,皆以物盛”的记载表明,最晚至5世纪前当地的勿吉人或其先民们在更早之前,就已经在漫长的狩猎、采药、挖参的生涯中发现了这一天然胜景并对其逐渐产生敬畏以至于崇拜和信仰,因视其为神山和圣山。即最晚在女真族形成的数百年或千年之前,其先民勿吉—靺鞨就已经在其前辈的基础上确立了对长白山的崇拜;而后来的女真和满族等一直以来也都保留着对长白山的世代崇拜和定期祭祀。况且,最晚从西汉设置四郡时起长白山地区就已经成为中国的正式领土版图,即一直到明代以前鸭绿江和图们江始终都还是中国的内河而与韩民族完全没有任何关联或毫无任何瓜葛,因之,无论是韩民族的先民新罗人或后续的王氏高丽人的分布和管辖范围都从未达到甚至是从未接近过长白山地区,又何谈其崇拜和信仰之有?!就是高句丽王国的全盛时代其辖区确有可能包含长白山地区在内,然而在其长达七百年的历史中却没有出现过与长白山地区相关的任何史事的记载与传说,就更不存在什么圣山崇拜之说了。由此看来,在勿吉—靺鞨直到女真—满族正式崇拜长白山的千百年之后才出现的两韩人士之所谓今朝鲜(即韩人)世代崇拜长白山之说,是何等的不着边际和苍白无力而经不起历史的检验。另,据《唐右领军赠右骁卫大将军李他仁墓志铭并序》关于"君讳他仁,本辽东栅州人也,后移贯雍州之万年县焉。……祖,福邹,本朝大兄;父孟真,本朝大相;……于时授公栅州都督兼总兵马,管一十二州高丽、统三十七部靺鞨。大总管英公(讨伐高句丽)……遂率所部效款辕门……从英公入朝……上元二年岁次丁巳二十三日,遇疾薨于长安之私第,春秋六十有七"①的记载,完全可以做出如下的推断:其一,早在上元二年(675 年)的大约一百年左右时间前,勿吉—靺鞨人即已活动在长白山地区和今延边一带;其二是在其被高句丽兼并之前,白山部已经逐渐发展为由 37 个部落组成的部落大联盟,并曾相继以李他仁的祖、父和其本人为大首领的联盟之长;其三是最晚至 6 世纪末叶之前,高句丽人似有可能兼并或役属了白山部所在的大部分地区,并在当地设置了栅州及其所属的一十二州;其四是李他仁由于祖、父的两代在臣服高句丽期间都曾担任了重要的官职,再加上本人的功业而被高句丽政权任命为统辖 37 靺鞨部落和 12 州高丽的"栅州都督";最后是在 668 年李绩讨伐高句丽政权之际,李他仁确实率其所部反戈一击并归附了唐朝,并因此而以军功荣获了唐朝右骁卫大将军等军职的奖赏。

第五节　勿吉与周邻的关系

强大起来的勿吉占有了今黑龙江和吉林的大部,在当时的东北亚是一支强大的政治势力,这就不可避免地要与周边的各民族各政权,以及中原王朝之间发生联系。

一、与南北朝政权的关系

南北朝时期,勿吉人在当时东北地区后来居上成为一强大势力,并以开

① 孙铁山:《唐李他仁墓志考释》,载《远望集》,陕西人民美术出版社,1998 年版。

放和进取的姿态而活跃于周邻之中。尤其耐人寻味的是，在与当时中原内地的封建王朝接触和联系的过程中，他们并没有首先与地理上较近并占据中原的北方诸少数民族政权进行联系，而是舍近求远地先到南方的汉族政权去朝贡。

东晋元帝大兴二年(319 年)，“肃慎献楛矢石砮”。[①] 此肃慎实即勿吉。南朝宋孝武帝大明三年(459 年)，“肃慎国重译献楛矢石砮”。[②] 足证当时的勿吉人不朝北朝而朝贡于南朝，并确有可能持有以汉族政权为正统王朝的中原传统观念。而这又无疑是他们长时间以来向往中原传统文化和心向中原汉族王朝的文化向心力作用的结果。唯其如此，才会全心全意克服难以想象的困难，不惜远道和经过“重译”去南朝建立贡属关系。

不过尽管如此，南朝毕竟相距遥远，一旦有事需要联系时实在不便，故权衡再三，还是不得不就近与北朝建立贡属关系，因于北魏延兴五年(475年)遣使乙力支出使北魏(据《魏书·勿吉传》载，延兴年间，即 471 至 476 年间，勿吉遣乙力支出使北魏，并没有交代是具体哪一年。而《册府元龟》卷九六九，外臣部，朝贡二则明载，延兴五年(475 年)，“勿吉国遣使朝献”，却又没有说使者是谁。鉴于延兴年间再无勿吉朝献之事，故知乙力支朝北魏就在 475 年)。史载乙力支的出使还有一个目的：“自云其国先破高句丽十落，密共百济谋，从水道并力取高句丽，遣乙力支奉使大国，请其可否。”北魏与勿吉、百济、高句丽当事三方都无冲突，又与三方都有贡属关系，而且，北魏也希望属国间保持平衡，这样才便于控制，所以反对勿吉与百济之谋，诏敕勿吉：“三国同是藩属，宜共和顺，勿相侵扰。”乙力支于是循来路返回。从其后的事态发展看，勿吉人似乎听从了北魏朝廷的意见而中止了“从水道”进攻高句丽的军事计划。

尤其难得的是，史料完整地记录了乙力支使北魏所走的路线。“乙力支称，初发其国，乘船溯难河西上，至太儿河，沉船于水，南出路行，渡洛孤水，从契丹西界达和龙。”[③]据此，我们可以复原出乙力支当年的路线：从东北流松花江中下游某地(可能今依兰一带)出发，乘船溯松花江而上，到松花江、嫩江合流处进入嫩江(古人的地理认识有偏差，认为嫩江是东流松花江的正

---

① 王钦若等:《册府元龟》卷九六八《外臣部·朝贡一》,第 11380 页。

② 王钦若等:《册府元龟》卷九六八《外臣部·朝贡一》,第 11381 页。

③ 魏收:《魏书》卷一百《勿吉传》,第 2220 页。

源,故将嫩江与东流松花江看成是一条河流,称难河,而第二松花江是其支流)。继续溯嫩江而上,到洮儿河口入洮儿河(太儿河),在洮儿河折向西北之前,应在今洮南市一带,沉船于水,从陆路向南,穿科尔沁草原,渡西喇木伦河(洛孤水),经朝阳一带,再西南翻过燕山山脉进入华北平原。这是当时东北北部与中原地区的一条主要交通线。

这条交通线还为我们了解古代的气候变迁提供了可贵的资料。从乙力支出使北魏时所经路线地段的生态环境分析,南北朝时洮儿河水域是可以行船的,这足以说明当时黑龙江西部地区的嫩江流域一带气候较为温暖湿润并雨量丰富,故洮儿河的水量远比现在大;而今天的嫩江中下游一带已经成为降雨量很少的干旱地区,洮儿河的水量更是少得不能再小,早已不能行船,气候和生态都发生了重大的变化。

勿吉共计派人出使东晋和南北朝政权朝贡四十一次,有时候一年之内就有二次之多,表明他们通贡于中原王朝远比挹娄时期频繁。不止于此,出使的规模也非挹娄时期可比,如勿吉人一次入贡就向北魏贡马 500 匹;还有一次,贡使及随行的人数曾达到了 500 人之多。这就不能不让人们联想到,如果仅仅是向中央政权表示臣属,显然用不着去这么多的人。故如此看来,当时的勿吉人无疑是希望得到北魏朝廷方面更多的回赐物品,从而使当时对北魏的朝贡在某种程度上具有互通有无的经贸意义。当然,在这过程中,伴随着双方人员的来往和接触,中原内地先进的经济文化和生产技术以及思想和文化的某些内容,也越来越多地传入了黑龙江流域的东部地带,其结果是加快了勿吉社会的发展步伐。

二、与百济、新罗的关系

勿吉人强大起来后,也把自己的势力和影响推进到了当时的朝鲜半岛,并与半岛上三个并立的政权都有接触。其中与高句丽的关系前文已有涉及,此处从略;现在只谈谈与百济、新罗的关系。

一般认为,勿吉在北,百济、新罗在南,双方之间隔着高句丽和沃沮,不可能有什么冲突,事实并非如此。南、北沃沮在朝鲜半岛东北部沿海平原,高句丽主要在朝鲜半岛西北部,而二者之间的广大山岳地带并无明确界线,南下的勿吉人遂活跃于其间,在吞并融合了北沃沮后更是如此。这就使勿吉与新罗、百济有了直接的接触,其事多见于朝鲜史料《三国史记》之载。

《三国史记》将勿吉记作靺鞨。靺鞨是《三国史记》对北方民族的一种略带贬义的泛称。其中,时间在4世纪后期到6世纪前期的应指勿吉。有一种意见认为,此时的靺鞨是指沃沮而非勿吉,笔者以为不然。因为《三国史记》是明确地将沃沮与靺鞨区分开来的,除了有诸多关于靺鞨的记事,还有关于沃沮的记事。如,卷一《新罗本纪一》载,新罗始祖五十三年(公元前5年),"东沃沮使者来,献良马二十匹"。卷三十《高句丽本纪一》东明王十年(公元前28年),"王命扶尉猒伐北沃沮"。卷十五《高句丽本纪三》太祖大王四年(56年),"伐东沃沮,取其土地为城邑"。可见,《三国史记》的作者金富轼还是能够区分沃沮和靺鞨的。

勿吉与新罗的关系,大体上该是穿越狼林山脉、太白山脉的一些山谷南下,与新罗接触于悉直之原(今韩国江原道江陵)一带,在二三百年间双方对这一带反复争夺多次。如395年"秋八月,靺鞨侵北边,(新罗)出师大败之于悉直之原"。悉直之原是新罗北界之门户,也是高句丽、勿吉、新罗三方势力交集之处,战略地位非常重要。

468年,靺鞨与高句丽一起再次袭击了悉直城。① 从这段记事上看,是高句丽与勿吉联合攻击了悉直城;不过并没有交代是否攻下该城。而在《三国史记》卷十八《高句丽本纪第六》中则有了明确交代:同年"春二月,(高句丽长寿)王以靺鞨兵一万,攻取新罗悉直州城"。显而易见,高句丽人并不是平等地与勿吉联合,而是征调勿吉兵攻打悉直城并成功地占领之。这样看来,当时勿吉人中的一些部落已经沦为了高句丽的附庸,故在攻打新罗的战争中为高句丽所驱使。以情理言之,当时受到高句丽人役使的这部分"勿吉"人,很有可能就是勿吉七部之一的白山部,即由一部分勿吉人与沃沮人融合而成的勿吉部落共同体。

新罗在这次战斗中失去了悉直城,为防御高句丽与勿吉人的继续进攻,新罗于同年九月,"征何瑟罗人,年十五以上,筑城于泥河"②。

480年,勿吉又一次侵扰新罗北边。

481年,勿吉与高句丽"取(新罗)狐鸣等七城,又进军于弥秩夫"。后为新罗、百济、加耶联军所败。③

---

① 《三国史记》卷三《新罗本纪第三》。

② 金富轼:《三国史记》卷三《新罗本纪三·慈悲麻立干》,第42页。

③ 金富轼:《三国史记》卷三《新罗本纪三·照知麻立干》,第44页。

勿吉与百济的关系同其与新罗的关系差不多,双方的接触,主要表现在勿吉对百济的侵扰掳掠。由于百济在三国中最弱,勿吉大多占据优势。

387 年,百济"与靺鞨战关弥岭,不捷"。

391 年,"靺鞨攻陷北鄙赤岘城"①。

482 年,"靺鞨袭破流山城,虏三百余户以归"。

503 年,"靺鞨烧马首栅,进攻高木城。杀虏六百余人。王遣兵五千击退之"。

506 年,"靺鞨来侵,破高木城,杀虏六百余人"。

507 年,"高句丽将高老与靺鞨谋欲攻汉城,进屯于横岳下,王出师战退之"②。

勿吉对新罗的进攻有时是被高句丽驱使的,对百济的进攻则不然,见于记载的六次攻击,五次是勿吉单独行动,只有一次与高句丽联合,而且仅仅是联合,看不出高句丽居于支配地位;而且勿吉的攻击似乎只为掳掠人口和财务,不是占领土地。

如此说来,勿吉人已经把势力伸展到了朝鲜半岛南部一带,让人不得不吃惊其强大的扩张势头。

三、与日本的关系

勿吉人还是一个富有冒险精神的民族,对于远方的事物,总是充满着兴趣。他们曾横渡波涛汹涌的日本海到达日本佐渡岛(当时属越后国)。544 年(日本钦明天皇五年),"越国言:于佐渡岛北御名部之踦岸有肃慎人,乘一船舶而淹留,春夏捕鱼充食"。这里的肃慎人当然就是勿吉人,并让当地的日本居民感到了恐惧,"彼岛之人言非人也,亦言鬼魅,不敢近之"③。

后来,又有勿吉人来到日本本州西北及北海道一带,据日本《北海道开拓史》记载,到隋唐时勿吉、靺鞨人还曾统治过北海道土著民族,④以至于日本政府于 658 年和 660 年分别遣比罗夫和阿信臣率军讨伐。这同样地反映

---

① 金富轼:《三国史记》卷二十五《百济本纪第三·辰斯王》,第 298 页。

② 金富轼:《三国史记》卷二十六《百济本纪第四·武宁王》,第 314 页。

③ [日]舍人亲王主编:《日本书纪》卷一九《钦明天皇》,吉川弘文馆平成九年(1998 年)版,第 70 页。

④ 刁书人主编:《东北亚丝绸之路历史纲要》,吉林文史出版社,1999 年版,第 66 页。

了当时勿吉势力的强大。

第六节　勿吉的流向

南北朝与隋唐之交,勿吉改称靺鞨。勿吉和靺鞨是同音异写,二者完全是一回事。这一点已在第一章探讨过了。但学术界目前仍习惯性地将二者分开,我们也就依照这一习惯,对勿吉史事进行了如上所述的探讨。

不过,勿吉毕竟又有广义和狭义之别,而如上文所述皆为广义之勿吉,下文则要探讨狭义勿吉的流向。

一、隋唐时期的拂涅

在勿吉—靺鞨七部中有拂涅部。孙进己认为,“拂涅为勿吉一音之转”[①],拂涅就是勿吉,是狭义的勿吉。干志耿、孙秀仁也认为,“拂涅当为较纯的勿吉七部之一,不像有些部已与夫余、豆莫娄、北沃沮等融合了”[②]。笔者赞同此说。

拂涅的位置,金毓黻认为“在渤海国之东北,黑水部之南”[③];谭其骧的《中国历史地图集》标注在今黑龙江省穆棱、鸡西、密山、虎林一带;《吉林通志》认为在宁古塔(宁安)一带;孙进己则认为在今拉林河一带。[④] 在此四说中,金毓黻与谭其骧的说法十分接近,另两说则相去较远。笔者赞同金毓黻与谭其骧的观点,理由有二:其一,《新唐书·黑水靺鞨传》载,靺鞨诸部的位置是,“粟末部,居最南,抵太白山,亦曰徒太山,与高丽接,依粟末水以居,水源于山西,北注它漏河;稍东北曰汩咄部;又次曰安居骨部;益东曰拂涅部”。可见,拂涅在整个靺鞨诸部中居于东部位置。而且《新唐书·渤海传》载,渤海国“以拂涅故地为东平府”。东平府当然设在东部,如果拂涅在渤海国西部的拉林河一带,就不合常理。渤海国怎么能在西部边陲设立一个东平府呢;其二,在宁安一带也同样不合逻辑。宁安一带是渤海上京所在地,是国

---

① 孙进己:《东北民族史研究》(一),中州古籍出版社,1994 年版,第 413 页。

② 干志耿、孙秀仁:《黑龙江古代民族史纲》,第 130 页。

③ 金毓黻:《渤海国志长编》,1982 年社会科学战线杂志社内部刊印,第 236 页。

④ 孙进己:《东北民族史研究》(一),中州古籍出版社,1994 年版,第 408 页。

家的核心，东平府也不可能设在核心区域，只能向东寻之。上京的正东是绥芬河流域，是率宾府，那么东平府只能在上京的东北方，金毓黻和谭其骧的说法较为可信。

唐前期，靺鞨诸部互不统属，拂涅作为一个部族经常到唐去朝贡。《新唐书》北狄传载，拂涅"开元、天宝间八来，献鲸睛、貂鼠、白兔皮"。八次的统计数字遗漏较多，据《册府元龟》卷九七一、九七四、九七五载，至少十几次。后来，"渤海盛，靺鞨皆役属之，不复与王会矣"（《新唐书》北狄传）。渤海宣王大仁秀时期(818—830年)"颇能讨伐海北诸部，开大境宇"①。拂涅很可能就是在这个时期并入渤海，渤海因在其地设置了东平府。此后，终唐一代，拂涅始终作为渤海的一部分而存在。不过，这个东平府很可能是羁縻府，与渤海核心的五京地区诸府有较大的不同。② 虽然到渤海灭亡，拂涅仍未能完全融入渤海的主体部分，但培养出了较强的对渤海的认同感。

二、辽金时期的兀惹与定安国

到辽代时，拂涅消失，兀惹(又称乌舍、嗢热、屋舍等)出现。有学者认为兀惹就是拂涅，"隋唐有拂涅，当即勿吉一音之转。辽金有兀惹亦为勿吉一音之转"③。笔者深以为是。兀惹在辽代很活跃。

渤海国灭亡时，他们退入偏远山区，避开了契丹军的讨伐。待到928年东丹国南迁，契丹对一部分渤海故地统治力下降时，他们走出深山，公开打出反契丹大旗。为扩大影响，鼓舞士气，乃宣布建立国家，国号为定安国。就是说，定安国是兀惹的国号，与乌舍是一回事。《宋史》上有《定安国传》，是因为宋人承认定安国，定安国是兀惹人的自称。而辽人记载的历史中没有定安国，只有兀惹，因为辽人不承认定安国，只称之为兀惹。

定安国的抗辽斗争很讲策略，积极与辽的对头北宋联系，以期互相配合，共同对敌。北宋太祖开宝三年(970年)"其国王烈万华因女真遣使入贡，乃附表贡献方物。"后来，宋太宗欲收复燕云十六州，乃下诏定安国，"令张掎角之势"。由于契丹"寇仇侵侮不已"，定安国已忍无可忍，所以"得诏大喜"，希望能依靠大国北宋的力量一雪前仇。可惜北宋无能，979年一战大

---

① 欧阳修、宋祁：《新唐书》卷二百一十九《渤海传》，中华书局，1975年版，第6181页。

② 梁玉多：《简析渤海国对其周边民族实行的羁縻政策》，《北方文物》2006年第1期。

③ 孙进己：《东北民族源流》，黑龙江人民出版社，1987年版，第181页。

败，令定安国大失所望。

辽保宁七年（975 年），渤海遗民燕颇在扶余府发动了反辽起义。后来，义军受挫，东奔定安国。定安国王乌玄明认为燕颇等人的到来必招致契丹人的大规模征讨，乃积极与北宋联系，准备南北夹击契丹。北宋太平兴国六年（981 年），定安国再次托女真使上书宋廷，宋太宗亦托女真使给定安国答书。通过这次书信往来，宋与定安国建立了反辽军事同盟。986 年，北宋三路大军北上伐辽，再次遭到失败。这期间定安国是否如约“率胜兵而助讨”，史料无证，不得而知。

端拱二年（989 年），定安国王子托女真使向北宋进献马、雕羽、鸣镝。

淳化二年（991 年），定安国王子太元再次托女真使上表于宋。①

由于宋军两次伐辽都以失败告终，定安国只能孤军奋战了。但是定安国自身的力量实在有限。《契丹国志》卷二十二载：“又东北至乌舍国、阿里玛国、博和罗等国，每国各万余户……”如果只有万余户，那么人口最多也不过十万，这与庞大的辽帝国相比，实力悬殊。所以在军事压力过大时，定安国又不得不屈服。

辽圣宗统和十年（992 年）二月，兀惹入辽朝贡。②

但仅仅两年以后的统和十二年十二月（995 年 1 月或 2 月初），女真人又“以宋人浮海赂本国及兀惹叛来告”③。说明定安国在宋的联络下再次举起反辽大旗。后来兀惹国王乌昭度还和燕颇合力攻打铁利。辽廷也迅速做出了反应，于统和十三年七月，遣奚王和朔奴等讨伐定安国。和朔奴领军先至铁利，休整数月后，进至兀惹城。定安国人见契丹军势力过大，感到无力抗衡，乃请降。契丹制度，将领在战争中掠获的人口可归将领带回，建立类似私人庄园的头下军州。至于战场上得到的物资更是归将领所有。而对手若投降，这一切都归于乌有。所以和朔奴拒绝请降，下令急攻兀惹城。定安国军民投降不成，只有“皆殊死战”。和朔奴久攻不下，就“掠地东南，循高丽北界而还”。且因地远粮绝，军士死伤很多。遭到降爵的处分。④

定安国虽然保住了兀惹城，但也已筋疲力尽，无力再坚持下去，于 10 月

① 脱脱等：《宋史》卷四百九十一《外国传七 · 定安国》，中华书局，1975 年版，第 14129 页。

② 脱脱等：《辽史》卷十三《圣宗本纪四》，中华书局，1974 年版，第 142 页。

③ 脱脱等：《辽史》卷十三《圣宗本纪四》，中华书局，1974 年版，第 146 页。

④ 脱脱等：《辽史》卷八十五《奚和朔奴传》，中华书局，1974 年版，第 1318 页。

再次归附于辽。辽以对属国的态度对待之,命其每年的各个重要节日和皇帝的生辰都入辽进贡。规定的贡物中有马、貂皮、鹰等。这些贡物的数量似乎超出了兀惹人的承受能力,统和十五年(997 年),兀惹首领乌昭度“以地远,乞岁时免进鹰、马、貂皮”。辽廷免除了除皇帝生辰、元旦外的朝贡。

统和十七年(999 年),兀惹乌昭庆入辽朝贡。

是年,辽为削弱兀惹的力量,把一部分兀惹人迁到鸭子江河与混同河之间的地方,置宾州以统之。[1] 其地在黄龙府(今吉林农安)北百里左右的地方(《松漠纪闻》谓宾州在黄龙府南,误)。

统和二十一年(1003 年)夏四月和次年秋七月,兀惹两次与奥里米、越里笃、越里吉等部一同入辽朝贡。

统和二十二年(1004 年)夏,兀惹似乎又一次举兵反辽,辽令女真人讨之,兀惹失败。所以才有是年 9 月,“女真遣使献所获乌昭庆妻子”之事。[2] 乌昭庆当是兀惹部首领、定安国王。国王的妻子都被俘,可见定安国的损失是相当大的,从此一蹶不振。此后,史籍中再未有关于定安国或兀惹人反辽的记事。但定安国并未马上灭亡,又顽强地存活了十几年,直到辽圣宗开泰六年(1017 年),史籍中还有定安国人骨须投奔高丽的记载,[3]定安国大体上灭亡于这一时期。

定安国灭亡后,作为其国民的兀惹人还存在,金末始从史籍中消失,可能是融入女真族当中去了。

---

① 脱脱等:《辽史》卷三十八《地理志二 · 东京道 · 宾州》,中华书局,1974 年版,第 470 页。

② 脱脱等:《辽史》卷十四《圣宗本纪五》,中华书局,1974 年版,第 159 页。

③ 郑麟趾:《高丽史》卷四《显宗一》,台湾文史哲出版社 1972 年版,第 60 页。

第四章　靺鞨人的历史沿革与分布区域

靺鞨既是我国东北地区的古老民族之一,又是我国古代中华诸族中不可分割的重要组成部分。其中的重要一支粟末部建立了曾被中原人士誉称为“海东盛国”的渤海国,而黑水部的后裔女真人则建立了大金王朝并曾入主中原地区,即都曾在伟大祖国的历史舞台上扮演了非常重要的角色。不过,迄今为止,有关靺鞨一族的来龙去脉及其历史沿革演变过程和地域的分布,依然存在着许多迷雾和争议;因之,确有必要探赜索隐、正本清源,并对这些迷雾和争议问题做出必要的澄清和交代。

第一节　靺鞨人的来源

按照传统的说法,肃慎—女真族系各族的排序是:先秦以前是肃慎,汉魏之际改称挹娄,两晋南北朝时被称为勿吉,隋唐时改称为靺鞨,五代和辽金元明时期又被称作女真,清时改称为满洲以及赫哲、鄂伦春等,自始至终都是一脉相承、前后相续而清清楚楚,俨然一体。然而,事情并不是这样的简单和明晰,因为有些时候前后衔接的两个族群的关系如“肃慎”与“挹娄”、“挹娄”与“勿吉”间的继袭就说不清楚。不过,“靺鞨”与“勿吉”之间的关系,却是明明白白的一脉相承,或者说原本就是前后不同时期的同一个族群,即靺鞨就是勿吉,勿吉也就是靺鞨。

一、靺鞨直接承袭于勿吉

首先,从文献记载来看,靺鞨一族无疑就是勿吉的继续,即直接从勿吉发展演变而来。《隋书》记载的“靺鞨”七部与《北史》所记载的“勿吉”七部完全相同，而且，后者又明谓勿吉国“一曰靺鞨”；另，唐人杜佑的《通典》也明载：“勿吉又曰靺鞨”[①]，均足以表明在唐人眼中，“隋唐时期的靺鞨即魏晋南北朝时期的勿吉。这是中原史籍对勿吉与靺鞨间关系的最早记录”[②]，也大体上成了学术界的共识。

其次，更为重要的是，这一认识已经得到了近些年来考古资料的证实，如绥滨县同仁文化下层遗址中出土的勿吉时代陶器同其上层中出土的靺鞨时代陶器相比，在器形上存在着明显的继承关系，足以表明勿吉与靺鞨确实是一个前后衔接的民族共同体。而吉林省的永吉杨屯、查里巴和榆树老河深等三处靺鞨、渤海墓群中“竖穴土坑之形制结构、木质葬具、二次葬习俗和火烧迹象等，在萝北团结墓葬（按，指的是勿吉墓葬）中都已发现”，是为勿吉人南迁到今吉林一带时的“原有葬俗”，并符合文献中的相关记载，如《旧唐书·靺鞨传》记载“死者穿地埋之，以身衬土，无棺敛之具”，即为土坑墓的真实写照；同样，“在东流松花江下游和黑龙江中游发现的内部分布着数十个半地穴式居住址的山城（按，指勿吉时代山城），在与上述三处靺鞨、渤海墓群处同一区域的九台市上河湾地区也有发现”[③]，都为靺鞨继袭自勿吉提供了考古资料的确证。

再次，隋唐之际，勿吉虽被改称为靺鞨，但其活动或势力范围大体上仍在勿吉故地，如《隋书·靺鞨传》和《北史·勿吉传》中都分别记载其各有七部，内容几乎完全相同，而此七部无疑是从5世纪末勿吉向南发展至粟末水中下游一带和入据长白山地区后逐渐形成的，永吉杨屯、查里巴和榆树老河深等3处墓群即为勿吉势力扩展到粟末水中下游流域一带的铁证，同时表明所谓的靺鞨七部恰恰来自当初勿吉的七部，而且其所分布区域也与原来勿吉七部的各自范围大体一样，如粟末部，“居最南，抵太白山，亦曰徒太山，与高丽接，依以居”之类；只不过是到了隋代，“靺鞨”的内涵显然比北朝时有所扩大[④]，尤其是唐代初年，由于大量的靺鞨人不仅陆续向西南迁到当时的辽

---

① 杜佑：《通典》卷一八六《边防二·东夷下》。

② 马一虹：《靺鞨、渤海与周边国家、部族关系史研究》，中国社会科学出版社，2011年版，第66页。

③ 魏存成：《第二松花江中游地区靺鞨、渤海》，《北方文物》1998年第1期。

④ 范恩实：《靺鞨兴嬗史研究工作——以族群发展、演化为中心》，黑龙江教育出版社，2014年版，第143页。

西地区,而且还有不少迁徙到今北京市的北部一带,其活动的空间范围要比勿吉时期大许多。

最后,耐人寻味的是,勿吉与靺鞨二者的读音,居然也完全一致,即所谓的“同音异议”。这也就为所谓的勿吉与靺鞨确实是一个前后衔接的民族共同体的观点提供了另一重要的证据。

众所周知,唐鸿胪卿崔訢留下的《鸿胪石刻》文字中出现的“靺羯”,显然是“靺鞨”一词的另一种写法。对这一点,中外学者们的认识大体一致。因为靺羯一词首见于《北齐书·卷七·帝纪第七》武成帝河清二年(563 年)条:“是岁,室韦、库莫奚、靺羯、契丹并遣使朝贡。”翌年河清三年(564 年)条又载:“是岁,高丽、靺羯、新罗并遣使朝贡。”但到天统元年(565 年)即北齐后主高纬即位之年,却出现了“是岁,高丽、契丹、靺鞨并遣使朝贡”[1]的著录,也即“靺羯”被改记作“靺鞨”。从此以后,史书上凡提到这个民族时,往往记作“靺鞨”而少见“靺羯”之载。虽然,据李玲等专家的考证:“《北齐书》卷七、卷八是后人据《北史》所补,并非《北齐书》原文”;但该文同时也已指出“就目前掌握到的史料来看,‘靺羯’的称谓既非孤证,亦非奇说;而且‘靺羯’称谓的出现似较‘靺鞨’出现为早”,并推测隋时的《北蕃风俗记》既“是目前所知的最早载有靺鞨名称的文献”,并“把靺鞨当作了‘靺羯’或至少是出现过‘靺羯’的字样”,故“在探讨靺鞨名称之始见方面问题时,要正视‘靺羯’称谓的存在”。[2]

这当然也就意味着如上所谓“《北齐书》卷七、卷八是后人据《北史》所补”的内容,同样是笔有所宗而绝不是什么空穴来风或虚构杜撰。

不过,尽管《北齐书》卷八和相关的史书记载中把“靺羯”改记为“靺鞨”,甚至于不能排除当时的官方文书中也做出了同样改写的可能性,却决定不了后来的人们尤其是在改朝换代后,继续按照自己的习惯还把“靺鞨”记录为“靺羯”。如仅据赵炳林先生的统计,除《北史》和《北齐书》之外,在《四库全书》所收入的包括《唐六典》《通典》《张燕公集》在内的 18 种唐、宋、元、明、清的古籍中就先后出现“靺羯”之载凡 33 次之多。[3] 至于“仪凤三年”(678 年)即“靺羯”一词首见的 115 年之后,在蒙古国图尔河盆地出土的

---

① 《北齐书》卷八《帝纪第八》。

② 李玲等:《也谈“靺鞨”名称之始见》,《北方文物》1997 年第 2 期。

③ 《再论大祚荣政权的族称和国号问题》,华南民族文化网原创,2010 年 11 月 11 日。

贵族墓志铭文上所出现的“靺羯”之载，无非是已知的此类事项中之又一例物证罢了；而其后36年即开元二年(714年)“鸿胪”刻石中所见的“靺羯”记录，则进一步地证实这在唐时确实不是孤立存在的现象，当然也就难怪直到宋元明清时的史著《太平寰宇记》《册府元龟》《文苑英华》《通志》中又频频出现了诸如“粟末靺羯”“黑水羯(漏了靺，即黑水靺羯)”之类的文字了。

二、靺鞨的读音来自勿吉

至于“靺鞨”一词的读音，早在三十多年前，魏国忠等在《学习与探索》1981年第2期上发表的《“靺鞨”应该怎样称呼》一文，就在综合文献和考古资料以及国内外学者们研究成果的基础上提出：“隋唐时代的靺鞨系由南北朝时期的勿吉族发展而来……‘靺鞨’一词实际上就是‘勿吉’的音转……即所谓的同名异译”；“这个观点还得到了近年来东北各地特别是黑龙江地区考古资料的证实。绥滨县同仁下层遗址出土的勿吉时代陶器同其上层出土的靺鞨时代陶器相比，在器形上有着明显的继承关系。这反映它们的主人在经济文化上是一个前后衔接的共同体”；何况，唐人杜佑的《通典·卷一八六·边防二》“勿吉”条又明载：“勿吉又曰靺鞨”和“勿吉与靺鞨音相近”，故“靺鞨”的读音不能不来自“勿吉”的称呼，即二者的读音不会不“保持相对的稳定，前后一致”；况且，唐人留下的史迹也足以证实，当时的中原人士在继续把“靺鞨”一词写作“靺羯”，而“‘靺羯’一词的读音是非常接近‘勿吉’的”。因此，魏等认定：“当时人对‘靺羯’的称呼只能叫‘末杰’，这就是我们的结论”。

其后，《也谈“靺鞨”名称之始见》一文也对相关的读音做出进一步的解读：“就‘勿吉’、‘靺羯’、‘靺鞨’三者的读音来看，亦以‘靺羯’与‘勿吉’读音关系为近，‘靺鞨’则相对次之……可见‘勿吉’、‘靺羯’在古音方面是一脉相承的”，并认为《新唐书·渤海传》中的“鄚颉”就是“靺羯”的“同音异议”；不过，令人遗憾的是，该文却又认为：“靺鞨”的“鞨”字读音，与“‘吉’、‘羯’之间已有相当差别了”[①]，即“鞨”字的读音已不同于“羯”字的读音，这实际上是又偏离了史实而走上了新的误区。而十年前，又有学者考证出“靺羯(鞨)”一称“是新罗、百济人对进入半岛地区使用楛矢石砮的肃慎人的称

① 李玲、东青：《也谈“靺鞨”名称之始见》，《北方文物》1997年第2期。

呼”，虽然也承认“靺鞨最早是写作‘靺羯’的”，“羯读 jie，指羯族”；却又以其音“相对晚出”为由而主张其“在靺羯一词中更应该读 ka”并可以通转为“he”，于是得出了“百济、新罗人最初称肃慎人为靺鞨（wehe）”的结论，[①]即已经和现行字典或辞书中把“靺鞨”一称中“鞨”的读音标注为“he”（“合”或“曷”）相一致了，似乎为靺鞨和靺羯的读音找到了新的“答案”。但其所论既大体上都是推测之词而并无任何实在的论据可证，又明显与唐人《通典》注中所谓的“勿吉与靺鞨音相近”的说法相悖，故不足为据。

那么，“靺鞨”和“靺羯”中“鞨”（即羯）字的正确读音是否就是 jie（即杰）音呢？这还是要从《北齐书·卷七》武成帝河清二年条中的“靺羯”谈起。尽管《北齐书》的作者们并没有对其所记载的“羯”字读音做出任何的标注，但至少如下的几条线索足以表明它只能读作 jie 音：其一，最晚在此前的三百多年间，已经有羯人出现于中原地区并建立了石赵政权，也就是说“羯”字和它的读音 jie 早已在北方和中原地区流传了数百年之久，对这一切，《北齐书》的作者们当然是心知肚明的，故断然不会将其所记载的“靺羯”一词中的“羯”音读成 jie 音以外别的什么音。其二，早期相关的史书如《北史·卷八二·勿吉传》载：勿吉“一曰靺鞨”；《通典·卷一八六·边防二》勿吉条又载：“勿吉又曰靺鞨”，而且在其注文中又明谓：“勿吉与靺鞨音相近”；《旧唐书·卷一九九下》“靺鞨”条也称：“靺鞨盖肃慎之地，后魏谓之勿吉”，即都明言“靺鞨”来自“勿吉”，二者之间的关系是前后相续、一脉相承或者彼此互称，分明就是一个族体或者一个民族在不同时期的同音异议，故“靺羯”或“靺鞨”一词的读音只能来自“勿吉”一词的读音或者就是它的同音异议。其三，既然“勿吉与靺鞨音相近”，也就足以反证“靺鞨”一词的读音确实来自“靺羯”即“勿吉”的读音，即直到唐时，“靺鞨”一词的读音依旧与“勿吉”的读音没有多大区别；当然，这也就意味着其中“鞨”字的读音只有在与“羯”字的读音 jie 大体一致或极其相近的情况下，“靺鞨”的读音才有可能真的与“勿吉”或“靺羯”的读音“相近”。因此不言而喻，如果“鞨”字在这里读成了“he”（“合”或“曷”）音也就谈不到“勿吉与靺鞨音相近”的事实背离了《通典》这一记载的本意。其四，《新唐书·北狄传》“渤海”条中所记录的“鄚颉”，显然就是“靺羯”的“同音异议”，而同传黑水靺鞨条所载“莫曳皆部”中

---

① 范恩实：《“靺鞨”族称新考》，《北方文物》2003 年第 3 期。

的“莫曳皆”一词,也无疑是“末杰”的谐音,故所谓的“莫曳皆”同样是“靺羯”的“同音异议”。由此可见,从北朝时期到隋唐之际,不但“羯”字继续被读成 jie 音,就是“靺羯”这一词组被“靺鞨”一称取代后,其中“鞨”字的正确读音也只能继续是 jie 即杰音。故综上所述,足以证实“靺羯”“靺鞨”与“勿吉”在读音方面的确是前后“一脉相承的”,即无论是“靺鞨”中的“鞨”字,还是“靺羯”中的“羯”字的正确读音都只能是 jie 音。

不止于此,相关的史料表明,“靺羯”的称呼在《新五代史》《通鉴总类》《太平御览》《太平寰宇记》《册府元龟》《文苑英华》《水心集》《书蔡氏传旁通》《通志》《证类本草》《文献通考》等古籍中还在一直使用;尤其是南宋时《通志·卷一九四》一书中“勿吉”条载:“勿吉,一曰靺鞨……隋开皇初,靺鞨国有使来献,谓即勿吉也。”紧接着在小注中又载:“‘勿吉’、‘靺鞨’,其音相近。”即直到两宋之交,当时“中原人士对‘靺鞨’的称呼仍旧大体上与唐人对它的读音相近似”①。况且,在《辽史》和《金史》的相关记载中还一再地出现了“乌纪岭”或“马纪岭”的概念,顾名思义,“乌纪”和“马纪”也都是“勿吉”和“靺羯”的谐音。凡此足见,直到元代初年,在当时中原人士的眼里,“靺鞨”的读音还继续是“末杰”(mojie)。这当然也就意味着,“单就‘鞨’字本身,在其他场合下虽然可以读作‘合’(he)音,但是当它与‘靺’字相连而成为东北地区这个著名古老民族的专有名称时,也就只能读作‘杰’(jie)音,而不能发‘合’(he)音了”。这一切无不表明:“靺鞨”之称确系来自对“靺羯”一词的改写,而“靺羯”一词则又来自此前“勿吉”一称的同音异议,也即无论是“靺羯”也好,还是“靺鞨”之称也好,其得名都来自“勿吉”的读音。

那么,又是从什么时候开始,“靺鞨”的读音才由“末杰”变成了“末合”或“末曷”的呢?有学者曾认定其始作俑者是元时给《资治通鉴》一书作注的大名士胡三省。② 但不久前,黑龙江省社科院青年学者胡梧挺著文纠正之:“北宋典籍《太平御览》卷一〇九‘(贞观)二年春景戌靺羯’条中,‘靺羯’二字下注读音‘上音末,下音曷’,显然,这条早于胡三省的注音才是‘末曷’(mohe)读音的最早记载”;但该文也同时指出:“《太平御览》中的这条注音是有问题的,因为根据《集韵》等韵书,‘羯’字是不可能读作‘曷’(he)的。

① 魏国忠等:《“靺鞨”应该怎样称呼》,《学习与探索》1981 年第 2 期。

② 魏国忠等:《渤海“靺鞨”说又添“新证”》,《社会科学战线》2014 年第 2 期。

所以，这条注音应该是《御览》编者的误读，很可能宋人在刊刻、编订前代典籍的过程中误将‘羯’读作‘曷’（he），进而又逐渐将‘羯’（jie）改为‘鞨’（he），谬种流传，又经过胡三省等人的继承，而‘靺羯’遂随着读音的变迁已经逐渐地湮没无闻并为‘靺鞨’（mohe）所取代。综上所述，‘靺鞨’一词无疑由‘靺羯’衍变而来，而其读音也经历了由‘勿吉’（wuji）到‘靺羯’（wajie）的音转，最后由于误读误注，才形成了今日‘靺鞨’（mohe）的字音。”①

无须赘言，《太平御览》和胡三省等人的标注完全背离了“靺鞨”即“靺羯”一词的当初读音而造成了误注，当然也就改变不了如上所述的事实，即从北朝后期到隋唐宋辽金直到元初时代，中原地区人士始终都在以 mojie 即“末杰”的读音称呼“靺鞨”即“靺羯”。

又，《北宋版通典》的记载还有助于我们进一步从读音的角度来解读这一问题。前引《通典》卷一八六载：“勿吉与靺鞨音相近”，北宋本《通典》则作“勿吉与靺羯音相近”，单从读音上判断，与“靺鞨”（mohe）相比，“靺羯”（mojie）的读音显然更加接近于“勿吉”（wuji），这无疑为如上的论证增添了语音方面的证据。但不止于此，“‘靺’在古籍中又与‘袜’字通假，也读作‘wa’……《宋刻集韵》‘□’字条下又明确记载：‘□羯，胡羊名’②，更说明‘wajie’的读音其来有自。据此，我们推测“靺羯”的真正读音很可能是‘wajie’”③。而这样一来，“靺鞨”的真正读音极有可能是 wajie，也就与“勿吉”（wuji）的读音更为接近或相同了，二者的关系显然是同音异议。

既然如此，即“靺鞨”之称来自“靺羯”，“靺羯”一词又来自“勿吉”一称的同音异议，则“靺鞨”“靺羯”与“勿吉”三者之间确实可以说是前后相袭、一脉相承的读音，足以表明这个族群的称呼自始至终没有改变而一直以“勿吉”或“靺羯”的读音相称，当然也就进一步地反证了隋唐时期的“靺鞨”族体就是南北朝时期勿吉一族的沿袭和发展，二者之间的内涵即便不是完全相等，却完全可以被视为前后相续的同一个族体无疑。

故就这个意义而言，不久之蒙古国图尔河盆地贵族墓志铭中“靺羯”之载的发现，事实上又为我们的如上主张和观点提供了新的“物证”。

最后，还要证明“靺鞨”就是“勿吉”的另一理由是，由魏徵所主编、成书

---

① 胡梧挺：《关于〈北宋版通典〉所见之“靺羯”——对“靺羯”一词的文献学考察》（未刊稿）。

② 《宋刻集韵》卷九《入声上》，中华书局，1988 年影印版，第 195 页。

③ 胡梧挺：《关于〈北宋版通典〉所见之“靺羯”——对“靺羯”一词的文献学考察》（未刊稿）。

于贞观十年(636年)的《隋书》,以隋唐之际人们对这个民族共同体的称呼为其作《靺鞨传》;而晚于《隋书》20多年的《北史》,因为"起公元386年(北委的道武帝登国元年),终公元618年,记述北朝魏、北齐(包括东魏)、周(包括西魏)、隋四个封建政权共233年的历史",故在为靺鞨作传时,就不能不以当初《魏书·勿吉传》的称呼称之为"勿吉"了。然而,恰恰是晚出的《北史·勿吉传》,不但在文字上完全转录自《魏书·勿吉传》和《隋书·靺鞨传》二传,其中的关键文字的处理,如勿吉"部类凡有七种"的记述则竟与《隋书·靺鞨传》靺鞨"凡有七种"的文字几乎是一字不差;不止于此,其开宗明义第一句就称:"勿吉国在高句丽北,一曰靺鞨",明确交代了"勿吉"的另一个称呼就是"靺鞨",当然也就意味着,二者所指确实是一个族体,即靺鞨确实来自勿吉或者说就是它的继袭和发展。

第二节 靺鞨的社会状况与发展水平

一、自然环境

根据前文所述,我们知道靺鞨族大体生活的地区主要集中在今天的吉林省、黑龙江省、俄罗斯远东滨海边疆、朝鲜半岛北部。这一带地区可以说是自然条件独特,既有广袤的山林、丘陵,辽阔而肥沃的平原,还有纵横的江河和漫长的海岸线,这一切都为靺鞨族的生存、繁衍和发展壮大提供了良好的环境。

其中,著名的高山大岭有南部的太白山脉(古之不咸山、亦曰徒太山,即今长白山)和老爷岭,中部和北部的马纪岭(即靺鞨岭,今张广才岭)、小兴安岭和完达山脉,东部的锡霍特山脉,西部的哈达岭、龙岗山脉等。这些高山大岭及其余脉绵延起伏,横亘东西南北。著名的江河有黑水(今黑龙江)、那河(今松花江)、粟末水(今第二松花江)、忽汗水(今牡丹江)、鸭绿水(今鸭绿江)、土门水(今图们江)、率宾水(今绥芬河)、涞流水(今拉林河)等。由这些江河冲积而成的平原低地,著名的有北部的今三江平原,西部的今松辽平原等。在山区或半山区与平原低地之间,存在着起伏不平、大小不等的丘陵,在一些山区里还存在许多山间盆地。这一切都为靺鞨族渔猎、采集、畜牧业的生产与农业的开发提供了丰富而宝贵的资源。

例如,中部的自东北向西南走向的马纪岭,系牡丹江与蚂蚁河的分水岭,一般高度不超过1000米左右,但主峰大秃顶子山海拔1696米。老爷岭位于今黑龙江省东南部和吉林省东北部的两省交界地带,主峰天岭海拔1115米,其他一般高度不超过600~1000米。忽汗水的中上游水域夹在马纪岭和老爷岭之间。这一地区地处北半球的中纬度,气候冬季寒冷漫长,夏季温暖且降水集中,加之忽汗水、今蚂蚁河等江河谷地和山间盆地土壤肥沃,非常适宜种植各种谷物和经济作物,有利于农业的开发;而绵延的群山、丘陵及纵横交错的江河湖泊,又蕴藏着丰富的山林资源和水产资源,非常适宜靺鞨族狩猎、捕鱼和采集等生产的发展。

目前,经过长期的考古发掘和研究,在上述地区已经发现了大量的靺鞨人生活的遗迹。其中,黑龙江省哈尔滨黄家崴子、望奎厢兰头和通江、绥滨四十连和同仁、萝北团结、宾县老山头、海林河口等六处,桦林石场沟、宁安虹鳟鱼场、东宁大城子和砖厂等遗址,吉林省榆林老河深上层、永吉杨屯三期和查里巴、舒兰黄鱼圈二层、安图东清、浑江永安、图们凉水果园、敦化六顶山等遗址,俄罗斯的布拉戈维申斯克、帽儿山(莎普卡山)、奈菲尔德、契尔良基诺、特罗伊茨基、科奇科瓦特卡、乌斯季—塔拉坎、格梁兹努什卡、诺沃彼得罗夫卡、奥西诺湖等遗址中保存着大量的典型靺鞨遗存。

二、人口

关于靺鞨族的人口状况,没有明确的文献记载。我们只能根据相关文献的记载进行推测。隋时靺鞨的人口总数,以《隋书·靺鞨传》所载靺鞨七部的"胜兵"总数约2.5~2.6万人为依据,少说也在30万人左右。但到了唐初贞观年间,显有很大增长,因为从唐与高丽之战中一次就征调了参战的靺鞨人员至几万人之多,则知当时仅"附于"高丽的白山、粟末等部靺鞨人口少说也在二三十万以上;如果再加上保持"完疆"状态(独立地位)的黑水靺鞨诸部以及内附于柳城和中原地区的诸部人口,则其总数似在四五十万以上。其后,又经过近半个世纪的自然增殖,到靺鞨国建立之后,靺鞨人口的总数至少在六七十万左右。①

① 参见魏国忠等:《渤海国史》,中国社会科学出版社,2006年版,第195页。

三、生产生活

《隋书·卷八十一·靺鞨传》对靺鞨人的社会生产生活情况做了较为详细的记载："所居多依山水……地卑湿，筑土如堤，凿穴以居，开口向上，以梯出入。相与耦耕。土多粟麦穄，水气咸，生盐于木皮之上。其畜多猪。嚼米为酝，饮之亦醉。妇人服布，男子衣猪狗皮。俗以溺洗手面，于诸夷最为不洁。其俗淫而妒，其妻外淫，人有告其夫者，夫辄杀妻，杀而后悔，必杀告者，由是奸淫事终不发扬。人皆射猎为业。角弓长三尺，箭长尺有二寸，常以七八月造毒药，傅矢以射禽兽，中者立死。"

《旧唐书》卷一九九下《靺鞨传》对靺鞨族的居住、家庭关系、文字、习俗、饮食等也做了如下的记载："靺鞨……俗皆编发，性凶悍，无忧戚，贵壮而贱老。无屋宇，并依山水掘地为穴，加木于上，以土覆之，状如中国之塚墓，相聚而居。夏则出随水草，冬则入处穴中。父子相承，世为君长。俗无文字。兵器有角弓及楛矢。其畜宜猪，富人至数百口，食其肉而衣其皮。死者穿地埋之，以身衬土，无棺敛之具，杀所乘马于尸前设祭。"

《新唐书》卷二一九《黑水靺鞨传》又留下了如下的记载："唯黑水顽强，分十六部，以南北称，盖其居最北方者也。人劲健，善步战，常能患它部。俗编发，缀野豕牙，插雉尾为冠饰，自别于诸部。性忍悍，善射猎，无忧戚，贵壮贱老。居无屋宇，负山水坎地 ，梁木其上，覆以土，如丘冢然。夏出随水草，东入处。以溺盥而，于夷狄最浊秽。死者埋之，无棺椁，杀所乘马以祭。其酋曰大莫拂瞒瑑咄，世相承为长。无书契。其矢石镞，长二寸，盖楛矢遗法。畜多豕，无牛羊。有车马，田耦以耕，车则步推。有粟麦。土多貂鼠、白兔、白鹰。有盐泉，气蒸薄，盐凝树颠。"

根据上述文献记载，结合目前的考古发现，我们可以推测，靺鞨人显已进入了定居生活阶段，其经济形态为农耕、畜牧和狩猎采集并存，当然，不同的部落依据所生活的区域和地理环境，会有各自的特点和侧重。大致情况是一般多居住在依山傍水的台地上，居室为半地穴式的房址，地上部分用木做顶，木顶上面用土覆盖，须借助梯子进出居室。1973 年发现的黑龙江绥滨同仁遗址中，清理出的一个方形半地穴式居住址，经碳—14 年代测定法测定，其年代（树轮校正）为 540—670 年，被考古界认定为我国隋唐时期黑水靺鞨人的居住址，可与如上所述的文献记载相印证。一些居住址面积约为 6

×6 平方米，建筑方法是先在穴内四周挖槽，立木板为壁，并于其里侧挖坑竖柱，支撑平放的圆木，屋椽搭于圆木之上。地面往往经过烧烤，在居住面中间铺有“门”字形木板，应为当时人类起居之处。灶坑在中央，灶为方形，边长约 40 厘米，灶的四周用木板镶成四框，房顶应为四角钻尖式。[①] 此外，在黑龙江地区三江平原一带发现许多土石混筑的穴居坑，一般呈圆形或不规则的椭圆形，周长 200～300 米左右，排列有序，往往是中间一个面积大，位于山头的顶端，往下一层一层地排列着若干方形或长方形的居住坑，与文献记载的“状如中国之塚墓，相聚而居”基本相符，应为当时靺鞨人居住的典型房舍，证实他们已经进入了聚族而居的定居生活阶段。

他们的农业和种植业则显然有了很大的发展。出现了两人协作的耦耕方式，在今长白山以北、以东的广大地带，即今牡丹江流域、图们江流域、绥芬河流域以及兴凯湖周围地区，都广泛地使用铁铧、铁镰、铁铲、铁锸、铁锹等各类铁农具，甚至出现了名副其实的大型铁农具。如 1963 年在上京龙泉府遗址地下 1 米深处出土的大型铁铧，为渤海人跨入发达的犁耕阶段提供了珍贵的物证。这是一件通体为不等边三角形的铁器，两翼边长分别为 36、32.5 厘米，后端最宽处长 27 厘米，前端略呈漫圆形，系长期使用后的磨损所致；后端正面的凸起部位中空，高 5.3 厘米，为插入木质犁具配件之处。背面有三角形的穿孔，各边分别为 5.5、5.5、6.5 厘米，可用于在犁具上固定铁铧，便于牵引耕作，已同后来辽金之际的铁铧无大区别，无疑是相当先进的大型农具。无独有偶，在俄罗斯滨海地区的尼古拉耶夫斯克 2 号城址、玛里亚诺夫斯克古址、新戈尔杰耶夫斯科耶村落址等地，也“出土了残断的生铁质的犁铧、犁镜”；在科尔萨科夫斯科耶村落址的灰坑中，还“出土了 1 件完整的犁铧。该犁铧的形状类似没有鞋后帮的尖头矮腰皮鞋，平面形状则近似于一个等腰三角形。犁铧的上面平坦，靠近上面的基线有一个近三角形的透孔，借助于此透孔把犁铧固定在耕具的头部。朝向垄沟的下面为凸面，凸面的底线有一个椭圆形的大凹槽。铧通长 32.5 厘米，底边宽 27 厘米，重 3.4 公斤。该犁铧的形状与女真时代同类器物几乎完全相同，在结构上与高句

---

① 张泰湘：《勿吉——靺鞨文化研究》，引自《东北考古研究》（三），中州古籍出版社，1994 年版，第 245 页。

丽、新罗,中世纪时期日本的犁铧接近”[①],更与上京遗址出土的大型铁铧非常类似。根据上述几件铁铧和犁镜的形制、构造以及它们的重量推断,它们无疑是铁木复合农具中的重要部件,而且只有与木质的“犁杖”以及其他部件组合起来并由畜力牵引,才能用以深耕和起垅之用,从而证实当时至少在包括忽汗水中游地区在内的渤海发达地区以及率宾府所在的今南滨海地区的农业确已进入了犁耕阶段,实为继铁器用于农业生产领域后的一次重大的技术革新,使大面积的土地开垦和农田的深耕细作成为可能,无疑是其社会生产力整体水平提高的一个重要标志。农作物有粟、麦、穄等作物。其中“粟”是今天的小米;“穄”为黄米,粟、麦、穄都是黑龙江流域地区传统的农作物。早年,中苏两国遗址中发现的磨谷器(石磨盘)可以证实这一点。

畜牧业在靺鞨人的生活中占有很大的比重。主要以养猪、养马为代表。猪是靺鞨人的主要生活保障,其肉可以吃,其皮可以穿,其油可以御寒。从目前靺鞨人的遗址发现来看,不仅发现有各种造型的陶猪,在房屋堆积中和灰坑里往往发现很多猪的下颌骨、肩胛骨等。马在靺鞨人的生活中也很重要,既用于交通拉车之用,也用于坐骑,还用于祭祀之祭品。

狩猎仍然是靺鞨人的重要谋生手段。不仅文献中有明确记载,而且在靺鞨人的遗址中常见到鹿、袍、野猪、貂、兔等动物的骨骼,这些动物是靺鞨人猎捕的对象,当然也是他们经常食用的美味。白鹰是靺鞨人猎捕的好帮手,饲养和训练鹰当是靺鞨人的重要习俗。

从文献记载来看,靺鞨人的婚姻已进入父权制阶段,但仍保留着一部分母权制的遗风。婚姻生活实行一夫一妻制,女性在家庭中占有很重要的地位,但男子仍然是家庭中的主体,只是婚姻生活不允许有第三者的出现。从目前已经发掘的靺鞨人的房子一般面积不大(30~40 平方米),甚至小的仅10 余平方米来看,这些房子应是父系小家庭的住宅。结合文献记载,靺鞨人养猪,“富人至数百口”,可见靺鞨社会中已经出现了贫富分化,父系小家庭已经广泛存在并开始跨入了文明时代的大门。

靺鞨人的葬俗主要是“死者穿地埋之,以身衬土,无棺敛之具,杀所乘马于尸前设祭”,即如 E. И. 捷列维扬科所指出:“无棺葬是靺鞨文化盛行的墓

---

① Э. В. 沙弗库诺夫:《渤海国及其俄罗斯远东部落》,宋玉彬译,东北师范大学出版社,1997 年版,第 113 页。

葬。这种墓葬一般都是二次葬。"[①]这在各地的考古资料中已经得到了充分的证实。在靺鞨人的二次葬中，我国已发掘的萝北县团结砖厂的墓葬比较典型。它有两种形式，一种为合葬墓，一种为小型的土坑墓。合葬墓是一座长方形土坑竖穴墓，长2.8米、宽1.6米、深0.9米。墓中头骨脸面相对，北面为一女性，南面似为男性，应为夫妻合葬墓。肢骨分为两堆，置于墓底中部和近西北角处。两人应为二次葬。[②] 这与文献记载"其父母春夏死，立埋之……若秋冬死，以其尸捕貂……"[③]记载相符。貂把尸体皮肉食尽后，靺鞨人再把人骨取回葬之。该墓中陪葬陶罐7个，铁勺1个。小型土坑墓为单身葬，长1.6米、宽0.8米、深0.6米，墓中陪葬残陶罐一个。

随着时间的推移，靺鞨各部族在不断发展的同时，也与其他部族和民族不断进行交流与融合，其生产与生活方式也在逐渐发生变化，这在靺鞨国建立前后靺鞨人的生活中得到了充分的体现。

四、文化艺术

文化是人类在社会历史发展过程中所创造的物质财富和精神财富的总和，具有鲜明的时代特征、地域风格和民族样式。当一个民族消亡后，其精神层面的文化因素往往以器物的形式再现给后人。也就是说，一个民族的文化会在其遗存中留下印记。除了文献记载之外，靺鞨文化遗存发现的大量器物，为我们解读靺鞨人的文化状况提供了重要信息。

靺鞨遗存中出土数量最多的是陶器。靺鞨陶器一般为泥质或夹砂陶，手制和轮制并存，火候中等，多呈灰褐、黄褐、黑褐和红褐色。器物类型主要是罐，其中的一种被称为靺鞨罐的器型极具特色，侈口、短径、弧壁深腹、平底，经常在口沿下部饰捺捏，或戳印成齿状花边的附加堆纹，颈肩腹部常以篦点纹、凸弦纹、水波纹、方格纹装饰。使人一望可知，是靺鞨文化遗存的重要标志器物。其他陶器还有斜口器壶、盆、钵、碗、网坠、纺轮等。

除陶器外，靺鞨遗存中还出土了诸如带具、马具等用具。带具类型主要包括带铐、带扣和铊尾。从质料上看，一般有铜和铁两种质料，只有宁安虹鳟鱼场出土了一件银质的铊尾。从形状上看，铜带铐有云形、弧形、尖形、方

---

① Е. И. 捷列维扬科：《黑龙江沿岸的部落》，转引自张泰湘《勿吉——靺鞨文化研究》。

② 黑龙江省文物考古研究所：《黑龙江萝北县团结墓葬发掘》，《考古》1989年第3期。

③ 《北史》卷九十四《勿吉传》。

形四种，铁带銙只有弧形和方形两种；铜带扣形制比较统一，一般由一个短半环和一个扣舌构成，铁带扣形制较多，有的如铜带扣形制，有的呈方、长方、前圆后方等形制；铊尾等形制也比较多样，有长方圆头、长方尖头、弧边圆头、心形、花边等。马具主要有马镫、马衔、马镳三种，且皆为铁制。形制上，马镫主要有平踏、圆踏；马衔主要由两端带环的铁条连接而成；马镳一般呈“S”形。

靺鞨遗存中还发现了刀、匕、矛、镞等武器，耳饰、头钗、手镯等饰品，还有被视为宗教用品等铜牌饰。从质料上看，刀、镞有铁、骨、石三种质料，匕、矛皆为铁制，饰品有金、银、铜三种质料。从器形上看，刀一般有一个较直的弧刃，且带直铤；匕皆直身双刃有隔，柄部末端呈圆形向两侧分出；矛一般为銎首，矛头有柳叶形、三角形两种；镞等种类繁多，从器身上看，有柳叶形、燕尾形、三角形、细长、变宽等，从镞端看，有尖锐的、圆钝的、凿形的、分叉的等；饰品器物种类较多，不在此赘述。

从上述遗物中，我们不仅看到了靺鞨人物质文化的异彩纷呈，同时也感受到靺鞨人的精神文化与艺术，更能感受到靺鞨人迈向文明社会的进程。

靺鞨陶器的形状可以说与靺鞨人特有的使用习惯息息相关，而陶器的装饰风格则反映了靺鞨人独特的工艺，丰富的想象，审美与爱好；大量靺鞨刀、匕、矛、镞等武器的出土，是靺鞨人狩猎和尚武的真实写照，而其独特、精美和多变的器型除却实用性外，更体现出一个民族的智慧和对美的追求。靺鞨人的服饰，有了男女的区分，“女服布，男服猪狗皮”，这不仅是生产劳作、社会分工的体现，女子纺织和制皮，男子外出狩猎和耕作；也是靺鞨人服饰艺术的彰显和对性别美的诠释，所谓“俗编发，缀野豕牙，插雉尾为冠饰”的记载和带具、耳饰、头钗、手镯等饰品的发现，无不反映了靺鞨人对精神文化的追求。然而，由于靺鞨族没有文字，我们关于靺鞨族文化与艺术的研究与探讨，除了有限的文献记载外，不得不更多地依靠不断发现的考古资料，因此，对有关考古资料的解读就成为我们了解靺鞨族文化与艺术的重要途径。

第三节 靺鞨的分布范围及其与周邻的关系

隋唐时期是靺鞨部落的重要发展时期。从文献记载来看，最晚到隋朝时期靺鞨已经发展为七个部落联盟或部落集团，至唐朝时期发展为数十部。其所分布的范围以最初的靺鞨七部为基础，并在不断与周边民族的碰撞和争战中，伴随势力的增减而有所变化。

《隋书》卷八十一《靺鞨传》有记载："靺鞨，在高丽之北（隋初，高丽的地理位置），邑落俱有酋长，不相总一。凡有七种：其一号粟末部，与高丽相接，胜兵数千，多骁武，每寇高丽中。其二曰伯咄部，在粟末之北，胜兵七千。其三曰安车骨部，在伯咄东北。其四佛涅部，在伯咄东。其五曰号室部，在佛涅东。其六曰黑水部，在安车骨西北。其七曰白山部，在粟末东南。胜兵并不过三千，而黑水部尤为劲健。"由此我们得知，隋初已经出现了靺鞨七个部落，各部落处于分散的、相对独立的状态，各有酋长。

事实上，《隋书》之《靺鞨传》所载系靺鞨七部或"七种"应该是七大部落联盟。《太平寰宇记》卷七十一"河北道燕州"条引《北蕃风俗记》云："开皇中，粟末靺鞨与高丽战，不胜，有厥稽部渠长突地稽者，率忽使来部、窟突始部、悦稽蒙部、越羽部、步护赖部、破奚部、步步括利部，凡八部，胜兵数千人，自夫余城西北举部落向关内附，处之柳城。"这条记载也得到碑刻资料的证明，突地稽之子李谨行的墓志铭称："其先盖肃慎之苗裔，涑沫之后也。"[①]至唐武德初年，文献记载中又出现粟末部的第九个部落，即乌素固部。《旧唐书》卷三十九《地理志二》"慎州"条载："武德初置，隶营州，领涑沫靺鞨乌素固部。"而《新唐书》卷二一九《黑水靺鞨传》中又载："唯黑水完强，分十六部，以南北称，盖其居最北方者也。人劲健，善步战"。这都足以说明所谓的七部或"七种"确实都是由若干个部落组成的部落联盟。

一、靺鞨人的分布地域

了解靺鞨族的分布地域，需考证其主要部落的分布区域。据文献记载和学者们的考证，靺鞨诸部的分布方位与勿吉七部的分布范围大致相同：

粟末部，抵太白山，与高丽接，依粟末水以居。太白山为今长白山，粟末水为今松花江北流段（第二松花江），粟末部显以水为号。根据吉林市以北的九台市松花江西沿上河湾地区发现的七座与高句丽山城殊异的山寨遗址

① 《大唐故右卫员外大将军燕国公李谨行墓志铭》，转引自马驰《〈新唐书·李谨行传〉补阙及考辩》，《文博》1993年第1期。

（每寨长宽仅数十米，周围有石砌墙基，寨内有十多个圆形凹坑，系居住址）[①]和1979年永吉县乌拉街公社杨屯大队大海猛遗址出土的粟末靺鞨遗物[②]以及前述的永吉杨屯、查里巴和榆树老河深等3处墓群推断，高丽与粟末靺鞨在粟末水的分界线大体上以吉林市一带为限，即吉林市以下的北流松花江中游的两岸应是粟末靺鞨的主要分布区。[③]

白山部，在粟末部之东南，其称号当以长白山得名。粟末部在长白山之北，白山部大致应在山之东或东北，大致约今吉林省延边地区。

伯咄部，在粟末之北，《新唐书》载在粟末水注入它漏河稍东北。它漏河即今洮儿河及其注入嫩江和嫩江注入松花江段。合考之《隋书》和《新唐书》关于伯咄部的方位，正是今吉林省榆树、夫余和黑龙江省双城、五常一带。

安车骨部，在伯咄东北。安车骨与金时之按出虎为一音之转，即今黑龙江省之阿什河，部因此得名。早在1937—1943年，当时在哈尔滨市工作的俄罗斯学者即在阿什河下游的河湾地区发现了靺鞨遗存，故安车骨部应在该河流域。[④]

拂涅部，在伯咄东和安车骨以东，按“远者三四百里”考之，当在今张广才岭以东牡丹江流域。

号室部，在拂涅东。1972年在绥芬河流域的东宁砖厂、洞庭、团结等遗址发现了勿吉—靺鞨物质文化遗存，故其活动地区可能在绥芬河流域。

黑水部，据《旧唐书·北狄列传》载，渤海“东北至黑水靺鞨地方”。黑水即今黑龙江，黑水靺鞨部以水著称，又鉴于黑龙江中游两岸地区均已发现了诸多靺鞨遗存，[⑤]故黑龙江中游两岸为黑水部活动地区，恰与“南北为栅”记载中的南、北黑水靺鞨相合。

综上所述，靺鞨七部大致分布范围是：南至长白山一带和北流松花江的中、上游流域即吉林省的延边地区和吉长地区，北至黑龙江中游流域，东至

---

① 干志耿：《吉林九台山上河湾考古调查》，《考古》1961年第3期。

② 孙秀仁、干志耿：《论辽代五国部及其物质文化特征——辽代五国部文化类型的提出与研究》，《东北考古与历史》1982年创刊号。

③ 马一虹：《靺鞨部族分布地域考述》，《中国文化研究》2004年夏之卷。

④ 《阿什河下游河湾地带考古调查收获》。

⑤ 谭英杰：《从黑河地区的考古发现看黑龙江流域的开发》，载《历史的见证——黑河地区文物普查文集》。

绥芬河流域，西至洮儿河注入嫩江和嫩江注入松花江河段地区。即包括今吉林省和黑龙江省大部地区、俄罗斯远东滨海边疆地区、朝鲜半岛东北角部分地区。

二、靺鞨人与周邻的关系

隋朝以来，伴随靺鞨诸族的发展壮大和自然生存环境的变化，在其内部诸部之间的反复斗争与并合重组的同时，也不可避免地与外部邻族和各种政治军事势力发生接触、碰撞和摩擦。如《旧唐书》卷一九九下《靺鞨传》中即曾明确记载到“靺鞨，盖肃慎之地，后魏谓之勿吉，在京师东北六千余里。西接突厥，南界高丽，北邻室韦”；既然如此，不言而喻，其与诸邻之间也就不会不产生这样或那样的关系。

（一）与高句丽的关系

高句丽是靺鞨族的南邻，《魏书·高句丽传》记载：高句丽在“辽东南千余里，东栅城，南小海，北故夫余”；《周书》也称其领土“东新罗，西至辽水二千里，南至百济，北邻靺鞨，千余里”；《旧唐书·高丽传》又谓其“东渡海至于新罗，西北渡辽水至于营州，南渡海至于百济，北至靺鞨。东西三千一百里，南北二千里”。

关于靺鞨和高句丽的关系，从文献记载来看，二者确实相邻，也就时不时地发生争夺和冲突。如《隋书·靺鞨传》即载：粟末部“与高丽相接，胜兵数千，多骁武，每寇高丽中”，表明二者之间的矛盾与冲突时有发生，并且由于粟末靺鞨人的骁勇顽强，而常常表现为主动进攻的一方，表现出相当的强势。然而，当时高句丽毕竟是东北以及东北亚地区的最强大政治势力之一，“有城百七十六，户六十九万七千”①和“胜兵”三十余万；无疑是靺鞨诸部历史上的最大劲敌之一，故在双方的反复较量中靺鞨人已经越来越失去主动的地位而陷于劣势。如《太平寰宇记》卷七十一《北蕃风俗记》即明载：“初，开皇中，粟末靺鞨与高丽战，不胜……”；不止于此，由于高句丽的强大和一再的“驱逼靺鞨”②，又逐渐地导致一些靺鞨部落被迫依附于高丽的局面，如《旧唐书·靺鞨传》即谓：“其国凡为数十部，各有酋帅，或附于高丽，或臣于

① 《旧唐书》卷一九九上《东夷·高丽传》。

② 《北史》卷九十四《高句丽传》。

突厥。”从而造成靺鞨诸部势力的进一步的分化，有的臣附于突厥或高丽；有些则归附于中原王朝。如《旧唐书·靺鞨传》即载：“有酋帅突地稽者，隋末率其部千余家内属，处之于营州，炀帝授突地稽金紫光禄大夫、辽西太守。”这里提到的突地稽就是粟末部落的厥稽部渠长，可见当时在高句丽的驱逼下，粟末部的一大部分不得不依附于隋朝以求得生存和发展。又，“其白山部，素附于高丽，因收平壤之后，部众多入中国。汨咄、安居骨、号室等部，亦因高丽破后奔散微弱，后无闻焉，纵有遗人，并为渤海编户”；即白山部也素附于高丽，据《唐右领军赠右骁卫大将军李他仁墓志铭并序》的记载可知，最晚至6世纪末叶之前，高句丽人似有可能兼并或役属了白山部所在的大部分地区，并在当地设置了栅州及其所属的一十二州。

唯其如此，才有可能出现高丽势力统率靺鞨进犯中原地区的记载。如《隋书·高丽传》即称：明年（婴阳王九年、隋文帝开皇十八年，598年），高丽王元“率靺鞨之众万余骑寇辽西”；《隋书·段文振传》也载，段文振出征高句丽的途中即曾上表发出了“强敌在前，靺鞨出后；迟疑不决，非上策也”的警告。又，新旧唐书中也屡屡出现高句丽内犯中原之际得到靺鞨助力的记载，如《旧唐书·高丽传》就记载了贞观十九年（645年6月）的辽东之战中“高丽北部耨萨高延寿、南部耨萨高惠贞，率高丽、靺鞨之众十五万来援安市”；而恰恰是由于“每战，靺鞨常居前”的情况发生，故唐太宗在安市之战获胜后，曾采取了“收靺鞨兵三千余，悉坑之”[①]的非常举措。综上所述，靺鞨与高句丽的关系可以分为前期和后期，前期二者是对立抗衡的，后期由于高句丽的驱逼与征服，靺鞨部落集团发生了分化，尤其是靺鞨部落中的白山部以及粟末部的一些部落归附于高句丽后，成为后来高句丽争霸半岛、反叛隋朝，抵抗唐朝的一支重要力量。故至唐高宗总章元年（668年）灭亡高丽后，在将数十万高丽遗民强制迁入唐朝内地的过程中，前此曾臣附于高丽的大量靺鞨人也曾被视为高丽别种而被强制地迁徙到营州一带。[②]

（二）与中原王朝的关系

5世纪，由于高句丽实施对外驱逼与征服政策，至隋末，粟末靺鞨厥稽部

---

① 《新唐书》卷二一九《黑水靺鞨传》。

② 《新唐书》卷二二〇《东夷传》高丽条：“仪凤三年（677年），授（高）藏辽东都督，封朝鲜郡王……藏与靺鞨谋反，未及发，召还放邛州……遗人散奔突厥、靺鞨，由是高氏君长皆绝”。

酋帅突地稽率众投奔隋朝，迁徙至现在的辽西营州(柳城)一带居住，突地稽还被隋炀帝授予金紫光禄大夫、辽西太守等官职。内附后的粟末部众因为得到中原王朝的妥善安置，故在隋、唐两朝征讨高句丽之际，曾多次出兵参战并成为隋、唐王朝征讨高句丽的一支重要力量，每有战功，都会受到优厚赏赐。尤其是在唐朝建立后，由于突地稽于“武德初，遣间使朝贡”，唐朝因在其部落所在地“置燕州，仍以突地稽为总管。刘黑闼之叛也，突地稽率所部赴定州，遣使诣太宗请受节度，以战功封蓍国公。又徙其部落于幽州之昌平城。会高开道引突厥来攻幽州，突地稽率兵邀击，打破之。贞观初，拜右卫将军，赐姓李氏。寻卒。子谨行，伟貌，武力绝人。麟德中，历迁营州都督。其部落家僮数千人，以财力雄边，为夷人所惮。累拜右领军大将军，为积石道经略大使。吐蕃论钦陵等率众十万人入寇湟中，谨行兵士樵采，素不设备，忽闻贼至，遂建旗伐鼓，开门以待之。吐蕃疑有伏兵，竟不敢进。唐高宗上元三年(676 年)，又破吐蕃数万兵众于青海，降玺书劳勉之，累受镇军大将军，行右卫大将军，封燕国公……”①

内附后的粟末部在突地稽的带领下，受汉文化的重大影响，加之对外方面有中原王朝作为靠山，实力大增，在不断地对外征战的过程中，对外影响力和作战能力都得到了增强。可以说，粟末靺鞨在突地稽的率领下，将近一个多世纪(589—698 年)“悦中国风俗，请被冠带”，接受中原文化影响，在举族南迁营州地区后，全族得以保护、发展壮大，为其崛起奠定了基础。在整个靺鞨发展史上，除了黑水靺鞨“最处北方”，没有参与到东北南部地区的政治争斗之中，势力得以保存之外，其他如白山部、汩咄、安居骨、号室等部，均因依附高句丽而遭受重创，族众奔散，唯有粟末部得以发展壮大，很快崛起为一支具有领导靺鞨部落联盟发展的部族力量。这与靺鞨依附中原王朝，得到其庇护，同时受汉文化大气候的影响有密不可分的关系。

(三)与突厥的关系

关于靺鞨族与突厥的关系，学界很少有文阐述，马一虹在《靺鞨与东突厥关系考述》一文中，对二者关系进行了较为详细的考察。认为，从 6 世纪下半叶起到 8 世纪上半叶，靺鞨部族役属东突厥汗国。《旧唐书·靺鞨传》记载靺鞨“或附于高丽，或臣于突厥”。但靺鞨何时臣于突厥，史书没有明确

① 《旧唐书》卷一九九下《靺鞨传》。

记载。

突厥,6世纪中期兴起于阿尔泰南部。到木杆可汗(553—572年)统治时期,“其地东自辽海以西,西至西海万里,南自沙漠以北,北至北海五六千里,皆属焉”①。7世纪初,始毕可汗(609—618年)在位期间,突厥更加强盛,“势凌中夏”②,即对当时中国的中原地区构成严重的威胁。

至于靺鞨与突厥的关系,《隋书·突厥传》卷八十四有这样的记载:“东夷诸国,尽挟私雠,西戎群长,皆有宿怨。突厥之北,契丹之徒,切齿磨牙,常伺其便利。……往年利稽察大为高丽、靺鞨所破,娑毗设为纥支所杀。”这是隋文帝为讨伐沙钵略可汗所发诏书中的部分内容。从这段文献来看,至少在隋初,靺鞨曾和高丽一度联手击破突厥人利稽察部,故当时的靺鞨似尚未役属于突厥,而且即使有的靺鞨已经役属突厥,彼此之间的关系也只能是时叛时附,并不稳定。

《新唐书·突厥传》卷一二五又载:“以突利(始毕可汗的嫡子)可汗主契丹、靺鞨部,树牙南直幽州”;《资治通鉴·唐纪四》卷一八八武德三年(620年)十一月庚申条也称:“突利可汗与奚、霫、契丹、靺鞨入自幽州。”另,《资治通鉴·唐纪九·太宗纪》卷一九三贞观三年(629年)十二月壬午条载:“上曰:‘靺鞨远来,盖突厥已服之故也。’”从上述文献记载来看,最晚在隋末唐初之际,靺鞨中的一些部落即已役属于突厥无疑;而至贞观初年前后,其中位置偏西的部分则已正式沦为突厥的属部。但随着不久后突厥政权的灭亡,这种关系也就随之解除而直接通贡于唐朝;位置偏南的诸部则继续依附于高丽国。

及至7世纪末叶,随着高丽政权的灭亡,后东突厥人又迅速崛起,当时的靺鞨诸部又不得不依附之,甚至于渤海政权建立后也未能改变这种局面。如《新唐书·渤海传》卷二一九即载:“武艺召其下谋曰:‘黑水假道于我与唐通,异时请吐屯于突厥,皆先告我,今请唐官不吾告,是必与唐腹背攻我也。’”这条更清晰地说明当时靺鞨的南北两大势力都不得不与突厥之间存在着役属的关系,即黑水靺鞨人时而会同渤海人一起向突厥称臣纳贡,且被迫地“请吐屯”之官而接受突厥的监控。不难想见,由于靺鞨中两个最强大

---

① 《周书》卷五十《突厥传》,中华书局标点本。

② 《隋书》卷八十四《突厥传》,中华书局标点本。

的部分都被迫地向突厥称臣纳贡，则当时突厥对靺鞨人的役使很可能已经波及整个靺鞨部族。

综上所述，靺鞨在臣服于高句丽的同时，也臣服于突厥和中原王朝，这无疑是一种多重性的役属关系；其间的种种苦难和不幸可以想见，当然也就不能不让这个从不肯屈服于人下的部族在逆境中不断反思而谋求奋起，显而易见，靺鞨国的建立实际反映了当时靺鞨人的这种要求。

第四节　靺鞨国的建立与“海东盛国”的兴衰

一、高句丽的灭亡为靺鞨人的崛起扫除了障碍

高句丽也简称为高丽，它与新罗继袭国的王氏高丽政权全然不同，从来都是当时中国境内的国中之“国”，其历史理应归属于中国历史的序列无疑。当然，它又是个相对独立的政治实体，拥有自己的官属、军队、司法和外交，可以说在政治上是高度自治的，俨然像是一个独立的国家。尤其是到了隋唐之际，其实力空前强大，曾前后同隋唐两个王朝之间对抗达70年之久。直到唐高宗时期，才利用其内讧的机会，派军队与新罗联兵夹攻之，并终于在总章元年（668年）占领平壤而灭其国，置其故地（包括辽东地区）于自己的直接控制之下，并以右威卫大将军薛仁贵检校安东都护驻在平壤，总兵二万人以镇抚之。

高丽的灭亡，无疑是当时东北地区乃至东北亚区域的重大事件，既改变了这一地区原有的政治格局和力量对比，也造成了各相关族部和政治势力的动荡、分化、重组与崛起。

高丽在灭亡之前，曾是东北以及东北亚地区的最强大政治势力之一，其辖境“东西三千一百里，南北二千里”，“有城百七十六，户六十九万七千”，[①]“胜兵”三十余万，先后与隋唐两个王朝抗衡达70年之久，邻近的包括靺鞨在内的一些民族或部落都沦为它的属部，甚至被用来作为战争的工具。因之，高丽的灭亡，不能不在东北及整个东北亚地区引起剧烈的影响和震动。

---

① 《旧唐书》卷一九九上《东夷·高丽传》。

特别是对于靺鞨诸部来说，其影响和震动尤为强烈。

当时靺鞨的“七部”即白山、粟末、拂涅、伯咄、安车骨、号室与黑水部等七大部落联盟或部落集团，除黑水靺鞨最处北方外，其他诸部多因壤地相接或邻近而与南邻高丽产生了这样或那样的役属和依附的关系。如粟末靺鞨中的八部于开皇末年在突地稽率领下投奔于隋朝并被安置于柳城（即后来的营州，今辽宁朝阳）一带外，留在原地的诸部落，以及白山部的诸部，除部分北奔到靺鞨的其他部落外，则大都被迫沦为高丽的属部；不止于此，邻近的伯咄、安车骨、拂涅等部也完全有可能“附于高丽”，只是依附的程度强弱不同罢了。而且，作为属部的靺鞨诸部人，在所负担的各项政治经济义务中，又以被征调参战为最繁重的超经济负担。这种情况到了唐时显然更趋严重。但是，唐朝方面对靺鞨诸部之早已“附于高丽”的实况似乎了解不多，唯其如此，《新唐书·黑水靺鞨传》在述及太宗的辽东之战时，才有“其北部反，与高丽合”之谓。显而易见，由于这些部落早自开皇中叶以来即逐渐“附于高丽”，所以，这里的“反”“合”之谓并不贴切。而这也正是645年安市城外，高丽的北部傉萨高延寿、南部傉萨高惠真之所以能够“率高丽、靺鞨之众十五万来援”[①]的原因所在。文中虽未确指靺鞨数量多少，但至少在四分之一至五分之一之间，即三四万人当不成问题。不止于此，由于靺鞨人的骁勇善战并常常在高丽人的驱使下每战“常居前”，而让唐军上下对他们仇视到了极点，以至于造成了坑杀其三千多人的严重局面。当然，这一举措不能也不可能迫使“附于高丽”的靺鞨转变“立场”而完全站到唐朝一边来，故在后来的唐朝与高丽的战争中，仍有不少的靺鞨部落继续站在高丽方面并充当其战争的工具。也正是在这样的背景下，当668年高丽灭亡后，唐朝在迁移或“散徙”其遗民于中原各地之际，也就有为数不少的“附高丽”[②]的靺鞨人同样地处于被强制迁徙的行列。

当然，也正是如上所述的原因，即靺鞨诸部在唐与高丽对抗中的不同立场和表现，决定了他们在高丽灭亡后的不同命运。那些“本臣高丽”的靺鞨人，如白山、粟末二部的许多人，因为在前述的战争中站在了高丽一边，无疑受到了“株连”，或被作为高丽人的同党而徙往中原各地，即所谓的“其众多

① 《旧唐书》卷一九九上《高丽传》。
② 《新唐书》卷二一九《北狄·渤海传》。

入唐”;[1]再加上战争中的伤亡和流散,其留在原地者的数量锐减,已不成其为一支政治势力。而其他曾“附高丽”的靺鞨部落,如“伯咄、安居骨、号室等部,亦因高丽破后奔散微弱”,非复昔比,显也遭到唐军及其盟友的打击而一蹶不振,“后无闻焉”[2],其余众或纷纷潜入山林躲藏,或投奔及并入黑水靺鞨诸部。反之,“臣附”于唐和站在唐朝方面的靺鞨人,则是另一番风景,或受到了朝廷的封赏,或分享到战争胜利果实。

这部分靺鞨人的数量也相当可观,主要是如下几个部分:一是据《北齐书·卷四一·高宝宁》传载:高保宁“武平末为营州刺史,夷夏重其威信。周师将至邺……保宁率骁锐并契丹、靺鞨万余骑将赴救”,知北朝末年就至少有上千的靺鞨人内徙 到了营州一带;故当598年高丽“入寇”辽西时,营州总管韦冲才有可能借助于上述靺鞨人的帮助,“率兵击走之”[3];二是“开皇中,粟末靺鞨与高丽战,不胜,有厥稽部渠长突地稽者,率忽使来部、窟突始部、悦稽蒙部、越羽部、步护赖部、破奚部、步步括利部,凡八部胜兵数千人,自扶余 城西北举部向关内附,处之柳城”[4],这部分内迁的粟末靺鞨人及其后裔们,逐渐与附近的汉人趋于融合,并在后来的战争中始终站在隋唐一边;三是唐初武德、贞观年间内附的靺鞨人等,唐太宗曾高兴地指出过:“靺鞨远来,盖突厥已服之故也。”[5]四是贞观二十年(646年),唐廷为了拆散高丽、薛延陀及部分靺鞨三者间的同盟,曾“遣校尉宇文法诣乌罗护、靺鞨”进行联络和游说,而从宇文法“遇薛延陀阿波设之兵于东境,法帅靺鞨击破之”[6]的情形看来,其使命无疑获得成功,鉴于当时南系诸部靺鞨大都附于高丽,故可推定其所联络并借助的应是黑水靺鞨中的势力;五是贞观二十一年(647年),唐廷曾下令以货财“赎还”“为薛延陀所掠”[7]而被卖到漠北各地为奴的靺鞨人,自然获得他们的感激,故完全可能在后来的战争中站到唐的一边。总之,这些靺鞨部落,在高丽灭亡后,其势力不仅没有萎缩、削弱,反而因此

---

① 《新唐书》卷二一九《北狄·黑水靺鞨传》。
② 《旧唐书》卷一九九下《北狄·靺鞨传》。
③ 《隋书》卷四十七《韦世康附韦冲传》。
④ 《太平寰宇记》卷七十一,转引隋《北蕃风俗记》。
⑤ 《资治通鉴》卷一九三《唐纪九》,贞观三年十二月。
⑥ 《资治通鉴》卷一九八《唐纪十四》,贞观二十年六月。
⑦ 《资治通鉴》卷一九八《唐纪十四》,贞观二十一年六月。

有可能与唐廷一起分享胜利果实并有了新的发展。

二、营州之乱

营州自古以来就是中原王朝经略和控制东北地区各族的中心,同时也是东北诸土著民族南下逐鹿中原的主要通道。因此,这里是汉人和东北少数民族交错杂居的地方。由于诸族之间(北朝及隋唐时期,这里主要有契丹、奚、靺鞨、昭武九姓的中亚胡人、高丽遗人、附于高丽的白山诸部遗人等)及其与汉人之间的差别,因此矛盾和冲突不断。不过,总体来看,由于隋唐两朝对内附和内徙的诸族大体上"顺气土俗",予以善待,对上层人物尽力笼络,分别授予包括都督、刺史在内的各种官职,并为此建置一系列的羁縻州、府。加之,当地的官长也大都注意调处民族关系,"怀抚靺鞨、契丹"[①]诸族,因此营州基本上处于相对安定的平稳局面。

然而,问题还是存在的,《旧唐书·契丹传》记载:"万岁通天中(696—697年),万荣与其妹婿松漠都督李尽忠,俱为营州都督赵翙(又作文翙)所侵侮,二人举兵杀翙,据营州作乱。"文献中所提到的万荣是契丹一部落酋长孙敖曹之孙,时为归诚州刺史;李尽忠是契丹大首领窟哥之孙,时为武卫大将军、松漠都督。万岁通天元年(696年)五月,由于营州都督赵翙骄沓,"数侵侮其下",[②]视其酋长"如奴仆"[③],加之当地出现饥馑,赵坐视不加赈济,致使"尽忠等皆怨望。万荣本以侍子入朝,知中国险易,挟乱不疑,即共举兵,杀文翙,盗营州反。尽忠自号无上可汗,以万荣为将,纵兵四略,所向辄下"[④]。

女皇武则天"怒其叛乱,下诏改万荣为万斩,尽忠为尽灭","令右金吾卫大将军张玄遇、左鹰扬卫将军曹仁师、司农少卿麻仁节"[⑤]等率军进讨。然而在"八月丁酉"的硖石谷之战中,唐讨伐军"全军皆没"。[⑥] 九月,唐朝下令以罪犯和奴婢骁勇者充军,以建安王武攸宜为右武卫大将军、清边道行军大总

---

① 《隋书》卷四十七《韦世康附韦冲传》。

② 《新唐书》卷二一九《北狄·契丹传》。

③ 《资治通鉴》卷二〇五《唐纪二十一》,万岁通天元年五月。

④ 《新唐书》卷二一九《北狄·契丹传》。

⑤ 《旧唐书》卷一九九下《北狄·契丹传》。

⑥ 《资治通鉴》卷二〇五《唐纪二十一》,万岁通天元年八月。

管统兵讨伐，不能克，万荣兵袭檀州。十月，李尽忠死，孙万荣代领其众。李尽忠之子因受到排斥而不满，逃往突厥求援。突厥默啜可汗趁机与唐交涉，愿“率部落兵马为国家讨击契丹”[1]，以换取河西降唐的突厥人众。于是，默啜出兵袭击松漠，骚扰契丹后方，俘虏尽忠、万荣的妻子家口和大批契丹人众，致使孙万荣的势力受到沉重打击。但不久，孙万荣收合余众，攻陷冀州（今河北冀州市），进攻瀛洲（今河北河间）。

神功元年（697年）三月，唐“更诏夏官尚书王孝杰、羽林卫将军苏宏晖率兵十七万讨契丹”[2]，战于东硖石（今河北卢龙附近），唐军又遭惨败，名将王孝杰“死之……将士死亡殆尽”[3]。唐朝又以神兵道大总管河内郡王武懿宗等人率兵20万讨伐契丹。懿宗军至赵州（今河北赵县），不敢进，退至相州（今河南安阳）。万荣领军鼓行而南，兵势甚锐。万荣以所获器仗资财，置于营州西北，依险筑新城，留老弱妇女，以妹夫乙冤羽居守。正在这时，突厥默啜趁万荣军南下，营州守备空虚之际，发兵“掩击其后，掠其幼弱”，迫使“万斩弃其众，以轻骑数千人东走”[4]。唐军因趁势进击，擒契丹将何阿小，降李楷固、骆务整，契丹溃败。万荣及轻骑数千人东撤至潞水（今北京通县境北运河）东，为其侍卫所杀。至此，营州之乱宣告终结。

三、靺鞨人的“东奔”与重组

营州之乱堪称是7世纪末东北地区诸民族政治生活中重大事件，卷入此事件的不仅有数以万计的契丹人，内迁的其他诸族也鲜有置身事外者。诸如，奚、室韦、靺鞨以及高丽移民，甚至为数甚多的汉人等，均以不同的方式被卷入了乱局。而这一场大规模的动乱无疑为这些被卷入的各族带来了巨大影响。其中，靺鞨人正是以此为契机揭开了该族历史发展的新序幕。

需要特别强调的是，靺鞨人徙居营州已逾百年，就连被称为“高丽别种”的大祚荣一族的徙居也有二三十年的时间；而且人数众多，有可能达到五六万人之多。而且在经过突地稽、李谨行父子等人的长期经营后，早已成为强大的政治势力并积极参与当地的事务。如早在武德四年（621年）六月，“营

---

① 《旧唐书》卷一九四上《突厥传上》。

② 《新唐书》卷二一九《北狄·契丹传》。

③ 《资治通鉴》卷二〇六《唐纪二十二》，神功元年三月。

④ 《旧唐书》卷一九九下《北狄·契丹传》。

州人石世则执总管晋文衍,举州叛”时,当地人士即已共“奉靺鞨突地稽(时任燕州总管)为主”①;到李谨行出任营州都督后,“部落家僮数千人,以财力雄边”,“为夷人所惮”;进一步扩大了靺鞨人的势力和影响;②另一方面,当时汉化的程度也远远不止是隋时的“悦中国风俗,请披冠带”③的状态,而在生产生活和社会习尚等方面发生了更大的变化,至少是上层社会中接受儒学教育而知书达礼者并不罕见,朝阳唐墓中出土的两个编发而着唐装的石俑形象就提供了这方面的物证。据考证该石俑“属于粟末靺鞨”人物形象,“除发式尚保留本族习俗外,服饰已完全汉化”,其中的男俑右手下垂,提一铁挝,左手微抬,架一鹰,并将系鹰之绳缠于手指上,显已不再是靺鞨勇士的尚武形象而具有了中原儒将的英姿;女俑则双手置于胸前,做左手握右手拇指之叉手“相揖”状,即《事林广记》所记载的流行于中原地区的“叉手之法”,④表明当时当地的靺鞨人确已习惯于讲究礼法,并涌现出了一批批富有军政斗争经验的卓越人物和能征惯战之辈,如瞒咄、突地稽、李元正(突地稽长子,曾袭为燕州刺史)、李谨行、李思敬、李秀、李偃等出类拔萃、名震一方的人物;⑤甚至于出现了不让须眉的巾帼英雄,如谨行妻刘氏,曾留守伐奴城,“高丽引靺鞨攻之,刘氏环甲率众守城,久之,虏退。上嘉其功,封燕国夫人”⑥。可以说是英杰辈出,代有才人。而正是这样的群体中才有可能产生出包括乞四比羽和乞乞仲象、大祚荣父子在内的卓越领袖群体。故其整体素质有了很大的提高而远非昔日可比,一旦时机来临,他们就有可能脱颖而出。而鉴于当地的靺鞨人与契丹人在此前的一个世纪中曾有过多次合作共事、并肩参战的经历,如共同支持营州刺史高宝宁对抗北周和隋师,一道支持营州总管韦冲击退高丽人的进攻以及共同参加唐初的辽东之战等,故当契丹人发难之际,他们卷入暴动也就在情理之中了。况且,9 世纪末新罗人崔致远在其《谢不许北国居上表》中明谓:“大祚荣等至武后临朝之际,自营

---

① 《资治通鉴》卷一八九《唐纪五》,武德四年六月庚子。

② 《旧唐书》卷一九九下《北狄·靺鞨传》。

③ 《隋书》卷八十一《东夷·靺鞨传》。

④ 姜念思:《朝阳唐墓出土靺鞨石俑考》(打印稿),2000 年 12 月 25 日。

⑤ 马驰:《李谨行家世和生平事迹考》,载《武则天与乾陵文化》,乾陵博物馆 1995 年编,第 207 ~214 页。

⑥ 《资治通鉴》卷二〇二《唐纪十四》,咸亨四年(673 年)闰五月。

州作孽而逃”，并有“始与契丹济恶，旋于突厥通谋”①之讥，又提供了这方面的佐证。

不过，随后不久，当地的靺鞨人却又决定“东走”。《新唐书》载：“万岁通天中，契丹尽忠杀营州都督赵翙反，有舍利乞乞仲象者，与靺鞨酋乞四比羽及高丽余种东走，度辽水，保太白山之东北，阻奥娄河，树壁自固。”这是为什么呢？

以当时的情形分析，一方面，契丹的营州叛乱，客观上说为靺鞨人提供了一次争取独立发展的良机；另一方面，尽管卷入了叛乱，却又与唐朝之间存在着错综复杂的历史情结，故在最后关头选择离开是非之地而“东走”的“中立”态度也当在情理之中。另7世纪末，后东突厥势力的迅速崛起，默啜可汗不但攻占了安北都护府和征服铁勒九姓，并继续向南推进经略，即在攻掠唐王朝北境的同时，也对靺鞨的发展构成了一种新的威胁，故为今后的生存发展计，他们也必须离开营州这个是非之地。

对于靺鞨人的这一选择，唐王朝则表现出了矛盾的心态：一方面，乞乞仲象和乞四比羽等“东走”，离开叛乱中心，不参与叛乱的行为，客观上削弱了契丹反叛的势力，加强了唐王朝的力量，对这一点唐王朝无疑是满意的，从而才有了《新唐书·渤海传》中关于“武后封乞四比羽为许国公，乞乞仲象为震国公，赦其罪”，即封其爵位以进行笼络的举措；但另一方面，显然又对靺鞨人的行为有所不满，即如《五代会要》卷三十渤海条之载：“至万岁通天中，契丹……反，攻营府，有高丽别种大舍利乞乞仲象与靺鞨反人乞四比羽，走保辽东”，文中的“靺鞨反人”之说，既反映了靺鞨人在营州乱初起时曾卷入其中的事实，也渗透出唐人之对乞乞仲象和乞四比羽等不参与平叛而出走的不满心态。尤其是对“乞四比羽不受命”的举动，更是恼羞成怒，则天“后诏玉钤卫大将军李楷固，中郎将索仇击斩之。”②

关于乞四比羽不受命，也可以有两种解释：一是前文提到过靺鞨人之所以东走就是不想在唐王朝和契丹之中做出选择，因为无论站在哪一边，都会为日后树立另一个强敌，即如果接受了武后的封爵，就意味着与契丹人的决裂，然而当时的契丹气势正旺，因此靺鞨断不敢做出这样的选择。二是伴随

① 《东文选》卷三十三《表笺》，转引自孙玉良《渤海史料全编》，吉林文史出版社，1992年版，第400页。

② 《新唐书》卷二一九《北狄·靺鞨传》。

靺鞨族众的增加和当时的复杂局势，靺鞨酋帅乞四比羽显然产生了脱离唐朝、另起炉灶即独立发展的念头，故乞四比羽决定拒“不受命”，即不接受武后的封爵而率部离去。

但在“东走”过程中，乞四比羽被唐军所“击斩”，乞乞仲象则随后病死。于是，乞乞仲象之子大祚荣代替其父并收编了乞四比羽的旧部，在继续带领族人东奔的过程中，在天门岭东一带大败唐朝的讨伐大军李楷固部，既成功地完成了回归靺鞨故地的战略大迁徙，又造成了“靺鞨之众及高丽余烬，稍稍归之”的新局面，从而实现了靺鞨历史上极其重要的一次大规模重组，并形成了以大祚荣为首的政治核心，标志着靺鞨民族进入一个崭新的历史阶段。

四、靺鞨国的建立

据《新唐书·黑水靺鞨传》记载：乞乞仲象死后，“其子祚荣引残痍遁去，楷固穷蹑，度天门岭，祚荣因高丽、靺鞨兵拒楷固，楷固败还。于是契丹附突厥，王师道绝，不克讨。祚荣即并比羽之众，恃荒原，乃建国。自号震国王。”这段文献记载了关于靺鞨部族东奔后的两个重要史实：其一，大祚荣率领高丽和靺鞨部众在天门岭一带大败李楷固；其二，大祚荣整合靺鞨部众并联合高丽余众建国，自立为王。

即697年秋，大祚荣率众开始东奔，有可能是通过今大凌河的支流牤牛河谷，迂回至营州东北一带的“天门岭”，即今新开河、细河与务欢池河诸水域的分水岭，也是阜新北部丘陵区域地势最高的所在，东去辽河河套平原不远，是进可攻、退可守的战略要地。然而，由于原契丹降将唐讨伐军主帅李楷固穷追不舍，对这一带地形比较熟悉，很快就追到了天门岭一带。于是，双方在“天门岭”一带展开激战。关于具体激战地点，有学者认为似在今辽西的开原与铁岭交界处的丘陵、山区某地，很可能是在当时的延津城和城东十六七公里处海拔615米的象牙山高低及其附近一带。[①] 在这里，大祚荣率领“东奔”之众击退了唐将李楷固。

大祚荣击退李楷固、摆脱唐军追击后，继续“东奔”。其路线大体是沿用了北朝以来夫余人“西迁近燕”时的部分路线和隋唐以来粟末靺鞨人南迁进

---

① 魏国忠等：《渤海国史》，中国社会科学出版社，2006年版，第43页。

入辽西的路线，只是反其方向而行之。即从今铁岭、开原交界一带出发，东入清河流域，沿清河谷地北行，复东南折，在今清原县东北境的草市一带，东越今吉林哈达岭，进入辉发河支流大柳河河谷，再转入辉发河河谷并沿河东北下直抵今桦甸苏密城一带，即回到了老家粟末靺鞨的故地。最后，大祚荣率众在与苏密城邻近的敦化东牟山一带安顿下来。这里群山环抱，尤其是西南方向地势险峻，形成了与唐朝相隔的天然屏障，可谓据险自固的最佳所在。另外，此处地形属于山间盆地，牡丹江自西南流向东北，水源充足，资源丰富，非常适合部族生存和发展。大祚荣等决定在此落脚，利用附近的有利地形休养生息。即"东保桂娄之地，据东牟山①，筑城以居之"②。

这之后不久，唐朝在后突厥人及奚兵的配合下终于平定了契丹的叛乱。为迅速恢复对辽西一带的统治，除派武懿宗等分道巡抚包括营州在内的河北道各地外，还命李楷固、骆务整等分别率军讨伐"契丹余党"。李楷固虽然在"天门岭"一带被大祚荣击败，但在讨伐"余党"的其他战斗中却是战功赫赫。然而这一切却并没有使唐朝完全恢复对营州一带的有效管辖和控制。因为后东突厥的势力已经深入到了这一地区，除控制了北边的契丹势力，还开始了向南边一带渗透，加之在助唐平乱的过程中，契丹"余众"及"奚、霫皆降"之而"兵众渐盛"③，事实上造成了"王师道绝"的严重局面，即拦腰阻断了唐朝通往辽东的陆道。这种形势的演变，无疑为大祚荣在"东牟山"一带"树壁自固"提供了有利的契机。

大祚荣"东奔"过程中，不仅队伍逐渐壮大，而且产生了以大祚荣为核心的领导集团。其部众中既有营州叛乱之前当地的靺鞨、高丽以及其他各族人，也有"东奔"开始后陆续加入的高句丽遗民和汉人，还有后来沿途陆续收容的靺鞨人、高句丽遗民，以及到达"东牟山"一带后融入的当地的"土著"——白山靺鞨诸部。这一群体在经历了漫长而又艰辛的迁徙过程后，既在"东牟山"一带享受到了摆脱强邻后的轻松和安定，也逐渐地滋生了割地自立的心理和勇气。而大祚荣在营州之乱后的卓越表现和领导才干也让整个群体对他产生了信任和拥戴。

---

① 学界公认是今吉林省敦化市西南 12.5 公里处的城子山城址，东南距牡丹江 4 公里多，位于该江的支流大石河南岸的一座海拔 600 米的孤山上，平面曾椭圆形，围绕在起伏不平的山腰上。

② 《旧唐书》卷一九九下《渤海靺鞨传》。

③ 《旧唐书》卷一九四上《突厥传上》。

基于上述诸种因素和条件,698年大祚荣“恃荒原,乃建国”①,即建立了自己的政权。

尽管由于资料的局限,有关建国的许多情况已难以考知,但下面几个问题还是清楚的。

首先是国号问题。本来,问题是清清楚楚的,我国的古籍《新唐书·渤海传》明载:“睿宗行天中,遣使拜祚荣为左骁卫大将军、渤海郡王,以所统为忽汗州都督,自是始去靺鞨号,专称渤海。”即明白交代大祚荣政权在接受唐朝册封而改称渤海之前曾以靺鞨作为正式国号。但长期以来,国内外学者大都把“震国”或“振国”这两个俗称当成了大祚荣政权初建之际的国号。近年来,魏国忠先生用中外文献古籍和考古资料的交叉互证手段,令人信服地证实出《新唐书·渤海传》的“自是始去靺鞨号,专称渤海”的记载为可靠的信史,即大祚荣政权始建之际的国号只能是靺鞨:其一,《新唐书》的如上记载并非孤证,除《新五代史·卷七十四·渤海条》和《玉海·卷一五三·朝贡·外夷来朝》的唐渤海遣子入侍条也分别留下了“渤海,本号靺鞨”和“始去靺鞨号”的记录外,盛唐时的官方文献《唐六典·卷四·尚书礼部》也称大氏政权为“渤海靺鞨”,顾名思义,其含义就是“渤海这支靺鞨”;又中唐时宰相杜佑主编的《通典》一书,除“只在《州郡典》里用了一次‘渤海’的称号,其余一律用‘靺鞨’二字”②;又,五代之际,最早为渤海国历史立传的《旧唐书》既以“渤海靺鞨”称呼大氏政权,又在《卷二三·礼仪志三》中直截了当地把渤海国称作“靺鞨”,都表明其在改称渤海国之前确曾以靺鞨作为正式国号。其二,不但中国古籍作如是观,与渤海同时的新罗人,也同样地将渤海国称为“靺鞨”或“渤海靺鞨”;另据《续日本纪·卷八》元正天皇养老四年(720年)正月丙子条关于“遣渡岛津轻津司、从七位、诸君鞍男等六人于靺鞨国”的记载知,当时的日本人也直称渤海国为“靺鞨国”。其三,更重要的是,这一切还得到了考古资料的印证,即著名的《鸿胪井栏石刻》上的“敕持节宣劳靺羯使”的题记,因为不言而喻,假若大氏政权当初不以“靺羯”(即“靺羯”)为号的话,那么,唐朝也就不可能称之为靺鞨而派出“宣劳靺羯使”(详见下文);当然,崔䜣也就断无可能在刻石上留下“敕持节宣劳靺羯使”的文字!

---

① 《新唐书》卷二一九《北狄·靺鞨传》。

② 朴时亨:《为了渤海史的研究》,李东源译,载《渤海译文集》,第17页。

堪称铁证如山，不容置疑。其四，无独有偶，建立于762年的日本“多贺城碑”的铭文中也出现了“多贺城……去靺鞨国界三千里”的记录，即日本的文物古迹也已证实渤海国曾被称为靺鞨国。凡此足证，大氏政权初建时的国号只能是“靺鞨”①，可以说是板上钉钉，证据确凿，是任何人无法撼动的客观事实和历史结论。至于所谓的“震国”或“振国”之称，尽管不是空穴来风，但充其量不过是“靺鞨国”的俗称或别称罢了，都改变不了大祚荣政权当初的正式国号只能是“靺鞨”这一史实。故尽管有学者硬说“靺鞨不过是唐人擅自使用，而后又不得不正式废止的称呼而已。这就证明，唐人和渤海人都知道这一称呼包含着轻蔑之意”②；又有学者从而杜撰出所谓的“卑称”和“他称”说，即都认定“靺鞨”一词不过是唐人强加给大祚荣政权的他称或卑称，大祚荣等人并没有自称为“靺鞨”。不过，这类说法纯属主观臆断，因为在大祚荣政权与唐朝的最初接触中，是唐方主动在先的，即由于后东突厥人的屡屡南犯而不得不决定“旁结诸蕃”，才于神龙三年（707年）派侍御史张行岌出使“招慰”大祚荣的。③ 这就意味着首先是唐朝有求于大氏，顺便指出，对这一点，就连朝鲜学术界实际上也是作如是观的，如1979年出版的《朝鲜全史》第5册的渤海部分第二章第一节即曾指出：“对于结盟的各国，唐朝采取了与远方国家表面友好，依次侵吞相邻各国的所谓‘远交近攻’手段”以及“通过这件事（系指随后不久的册封大祚荣）可以看到唐朝为了摆脱困境对以前敌对的国家转而乞求支援的可怜相”。而既然如此，也就决定唐所派使节在“招慰”和“旁结”的全过程中，不能不小心翼翼、谨慎行事，既不会主动地寻衅于人而做任何冒犯对方之事，更不可能硬把一个“含有蔑视意味”的“靺鞨”之名强加到人家的头上。然而，从两唐书《渤海传》均载大祚荣当即“遣子入侍”的史实来看，不仅证明大氏接受了唐家的“招慰”并主动地表示了臣属，而且也意味着在双方间的首轮接触中并无任何不愉快事情发生。这一事实不仅反证当时绝不存在唐朝之“蔑视”大氏政权和强加“靺鞨”之称的任何可能性，而且也进一步地证明所谓的“他称”说法确实是对历史真相的随意曲解。至于后来崔䜣出使册封之际，情况虽然发生了变化，但对唐朝来说，北方边防依然相当严重，不仅后东突厥的威胁仍然存在，而且又在不

---

① 魏国忠等：《渤海国号初称“靺鞨”考》，《东北史地》2006年第3期。

② 朴时亨：《为了渤海史的研究》，李东源译，载《渤海史译文集》，第14～16页。

③ 魏国忠：《大祚荣遣子侍唐考》，《北方文物》1985年第4期。

久之前败于奚人之手，故继续需要“旁结诸蕃”而不能开罪于大氏。这也就意味着崔䜣在与大氏政权的接触中同样地需要小心翼翼、谨慎行事，而绝不可能寻衅于人或强加给大祚荣政权一个“卑称”。因之，他出使时的职衔“敕持节宣劳靺鞨使”，也就成了大氏政权最初自称为“靺鞨”的铁证。

其次，靺鞨国统治集团究竟以哪股势力或哪个民族为主体？由于靺鞨国系来自营州的“亡命”者们即“东奔”队伍所建立，故“东奔”队伍的领导集团当然也就成了靺鞨国的统治集团。虽然在建国前后，确有可能吸收当地的一些上层人士加入，但数量毕竟有限，故靺鞨国的统治集团实际上就是“东奔”队伍领导集团的翻版和扩充。而既然这个新兴的政权以“靺鞨”作为国号，则其统治集团的主体则必定是靺鞨人无疑。事实也正是如此：其一，国王大祚荣一族就是靺鞨，尽管他们在《旧唐书·渤海靺鞨传》里被称为“高丽别种”，但这个所谓的“高丽别种”就是《新唐书·渤海传》中所记载的粟末靺鞨人中的“附高丽者”，而绝不是朝鲜学者朴时亨所说的就是高丽人。对此一问题，连韩国的著名学者宋基豪先生实际上也是这样认识的：“就拿《旧唐书》来说，不只有‘高丽’一词，其后还附有‘别种’一语，不但如此，在它的前面还有‘渤海靺鞨’这一限定词，不考虑这些是不行的。”他进一步指出：“正像已经考察的那样，大祚荣集团原是粟末靺鞨族，后被编入高句丽，这是事实。”即明确了作为“高丽别种”的大祚荣一族，其实就是曾经依附过高丽人的粟末靺鞨。[①] 而既然如此，则大氏一族的主要成员无疑成为靺鞨国统治集团的核心，与他们关系密切的粟末靺鞨以及其他诸部靺鞨的上层人士则分别构成了靺鞨国统治集团的四梁八柱和骨干，故靺鞨国统治集团中的主体或主轴以及起主导作用的只能是靺鞨人。至于参与建国的高丽“余种”或遗民中的某些上层人物，虽有可能跻身于统治集团之列，但其人数既远比靺鞨人数少，论地位更不能和前者相提并论，只能是居于次要的地位和起辅助作用罢了。然而，某些学者却置这一切于不顾，或称高句丽人在这个国家中“居于领导地位”，是“构成”其“上层的种族”，而靺鞨人则是“受高句丽人领导的种族”[②]；或谓“掌权阶层大都属于高句丽系统……他们在渤海社

---

① 宋基豪：《大祚荣的行踪和出自》，《历史与考古信息·东北亚》1996 年第 1 期，第 64 ~ 65 页。

② 朴时亨：《为了渤海史的研究》，李东源译，载《渤海史译文集》，第 9 ~ 10 页。

会中居于统治地位”，靺鞨人则“居于被统治地位”①；或虽称大祚荣政权的统治集团“并非由单一民族所构成”，却又力图证明高句丽系人物在这个新兴政权的统治集团中“掌握着主导权”并“主导了渤海的建国”②。尽管这些说法所持的“论据”不尽相同，但有一点却是一致的，即在所罗列的种种“理由”和“根据”中，无不把“论证”王室大氏一家是高句丽人作为他们最主要的“前提”。可遗憾的是，这个“前提”本身就是虚构的产物，因为大氏一家并不是高句丽人而是靺鞨人。虽然，他们曾“附高丽”并有过某种程度的“高句丽化”，甚至有人可能出任过“高丽旧将”而被视为高句丽“残孽”。但随着该政权的灭亡，这一切也就成了过去；而迁居营州直到建国之初的历史实际则又表明，大氏一家是绝不可能以高句丽人或高句丽遗民自居的，其自称为“靺鞨”并以此作为正式国号的事实即提供了这方面的力证。

而既然靺鞨国统治集团中的主体或主轴部分以及起主导作用的是靺鞨人，则靺鞨国的统治民族和主体民族也就只能非靺鞨莫属了。

最后，靺鞨国究竟是什么人的国家？以上两个问题既明，则这个问题也就昭然若揭了，自然就是靺鞨人的国家无疑。不止于此，日本古籍《类聚国史·卷一九三》的《渤海上》条还明载：“其国延袤二千里，无州县馆驿，处处有村里，皆靺鞨部落。”尽管不能完全排除日本人的如上记载存在夸大其词的可能性，因为以当时的情形言之，日本人是无论如何也不可能走遍渤海全境的，又何谈“处处”之有？不过就算是真的“以偏概全”，却也在一定程度上反映了渤海的许多地方都聚集着“靺鞨”人和他们聚族而居的部落，从而生动地表明渤海确实是靺鞨人的国家，其人数最多的居民只能是靺鞨人。

五、“海东盛国”的兴衰

则天圣历元年（698 年）大祚荣建国后，经过武王、文王到第十代宣王时，统一了靺鞨各部，政治势力日益强大，被当时中原地区的人们誉称为“海东盛国”。但从 9 世纪下半期开始，由于国内外矛盾的日益加剧，王国逐渐走向衰落。至唐同光四年（926 年）辽太祖耶律阿保机率大军进攻渤海，末王大湮灭屈膝投降，渤海在历经十五代王、229 年之后灭亡。

---

① 李龙范：《渤海王国的社会构成与高句丽遗裔》，载《渤海史译文集》，第 137 页。

② 宋基豪：《渤海的建国过程和建国集团》，《历史与考古信息·东北亚》，严长禄译，1996 年第 2 期，第 80、78 页。

渤海建国后，面临的最大问题就是处理好与唐王朝和突厥的关系。起初，为了和唐王朝对抗，曾不得不遣使通于突厥。但这并没有给渤海带来多少好处，故至唐中宗神龙三年（707 年），唐朝为对抗后东突厥人而派遣侍御史张行岌前来招慰并“旁结”大祚荣，大祚荣显然是一拍即合，并立即派遣儿子大门艺随张行岌到达长安，并被留为宿卫。于是，双方间确立了贡属的关系和地位。至 713 年，唐朝又派郎将崔䜣以敕持节宣劳靺鞨使的名义，册封大祚荣为渤海郡王，并以其所管辖的地区为忽汗州，加授他为忽汗州都督。从此，忽汗州都督府即渤海政权作为一个羁縻州府而成为隶属于唐朝的一个地方行政机构，故也被日本古籍《续日本纪·卷十》“神龟四年十二月丙申条”的记载称作“渤海郡”。

后来，到唐代宗宝应元年（762 年），唐王朝才进封渤海第三世王大钦茂为渤海“国”王，加检校太尉，以后又加拜司空兼太尉；也正是从这时开始，渤海政权才得以由“渤海郡”升格为渤海国。但其后的历世诸王仍旧接受唐朝的册封并继续充任忽汗州都督，也即继续和唐朝保持从属和隶属的关系。双方间的人员来往相当频繁，互派使节达一百四五十次。

此外，渤海还积极发展同日本国的关系，前后二百年间，派出聘日使达 30 多次。总的看来，保持了友好的交往，在经济方面互通有无，文化上互相取长补短，并为八九世纪东北亚地区的经济文化大交流做出了积极的贡献。不过，由于日本方面大国意识作祟，不时地诱使或迫使渤海方面称臣并以下侍上，双方间也时而出现外交方面的摩擦和政治风波。每当这个时候，大都是渤海方面巧妙应对，使得双边关系得以维持下去并达成了互利的局面。

然而，另一方面，渤海与南邻新罗的关系除建国初期曾有过短暂和平交往和八、九世纪之交的相对和缓外，大体上一直处于紧张对峙的状态。不过，尽管如此，也并不是经常诉诸军事手段来解决相互之间的矛盾和冲突，并且也不能完全排除经济与文化方面的交流。但总的来看，由于政治因素的作用，比起渤、日之间的交流实在是不可同日而语。

为了加速渤海的发展，其历世诸王积极派遣学生和贵族子弟到唐朝首都长安学习，如开元二年（714 年），大祚荣“令生徒六人”①入唐学习，等等；还定期或不定期地派出使节进唐，仅大钦茂之世就派遣朝唐使达 49 次之多。

---

① 《玉海》卷一九六《朝贡类·外夷来朝》。

开元二十六年(738 年),渤海还“遣使求写唐礼及三国志、晋书……”[①]并得到唐玄宗的允许。于是,《唐礼》[②]传入渤海,渤海贵族和上层人士得以以此为准绳并逐渐建立起封建等级制度和社会秩序以及道德规范,在其王廷建立了三省六部十二司七寺一院一局十卫的体制,在地方上则出现了京府、州、县的三级管理体制,促进了渤海社会的发展和进步。耐人寻味的是,渤海还仿效唐朝建立了五京和都城制度。至德二年(757 年)十二月,唐“置凤翔府,号为西京,与成都、京兆、河南、太原为五京”[③],是为我国历史上五京制度的滥觞;宝应元年(762 年),大钦茂被唐册封为渤海国王后,政治野心极度膨胀,逐渐在其境内私自僭称“皇上”和“圣人”,并于大历九年(774 年)改元“宝历”而逐渐有了五京的建置,并一直存在到渤海灭亡之时,前后达一个半世纪之久,对后来的辽、金两朝的五京之制产生了重要影响。作为五京之首的上京龙泉府(位于今黑龙江省宁安市渤海镇),外垣周长逾 16 公理,无论从布局、风格、形制都和唐长安城相仿,只是规模小于长安而已。上京城比当时日本奈良、平安时代的都城平城京、平安京都大了不少,可以说在八九世纪的东北亚区域是名副其实的国际性大都会。五京和都城制度的建立,既是渤海向唐朝学习的结果,也是渤海社会腾飞的重要标志。

随着渤海国力的增强,从其二世王大武艺时开始,就积极开始“斥大土宇”,向境外扩张,造成了“东北诸夷畏臣之”[④]的局面。大钦茂继位后,又利用唐朝安史之乱和无力东顾的机会,进一步地扩充其疆域和势力范围,并将王都从旧国迁徙至上京龙泉府(今黑龙江省宁安市渤海镇)。到第十代宣王大仁秀时,又“南定新罗,北略诸部,开置郡邑”[⑤],尤其是“讨伐海北诸部,开大境宇有功”[⑥],使渤海的疆域达到了方圆五千里的规模。当然,这同样是利用唐朝的藩镇割据、内乱频仍而无力管控渤海的有利时机。因之,渤海开始进入全盛时期,其疆域包括现在的黑龙江的大部分,吉林省的绝大部分,辽宁省的小部分,苏联滨海地区和朝鲜的咸镜北道、咸镜南道、两江道、慈江道

---

① 《唐会要》卷三十六《蕃夷请经史》,商务印书馆,1935 年版。

② 《唐礼》就是《大唐开元礼》,唐玄宗时肖嵩等奉敕撰。

③ 《旧唐书》卷三十八《地理志一》。

④ 《新唐书》卷二一九《北狄·渤海传》。

⑤ 《辽史》卷三十八《地理志二》。

⑥ 《新唐书》卷二一九《北狄·渤海传》。

和平安北道的一部分,成为幅员辽阔的海东盛国。

毫无疑问,这一切又是以经济的发展和综合国力的上升为前提的。不过,当时海东盛国的强大并不仅仅表现在疆域的扩大和拥有数十万人的军队上,人口也达到300万左右;更重要的是其经济社会的整体水平有了较大的提高和文化方面的昌盛。如在农业方面已经把水稻的种植推广到了气候相对寒冷的牡丹江中游一带,成功地解决了军需和民食问题;畜牧、渔猎、手工各业和商贸交通也都有了长足的发展和进步。文教艺术、医药卫生方面的成就尤为突出和明显,培养出了大批的各种专业人才、学者、诗人、高僧和名士,特别是其著名诗人的作品不但流芳于中原大地,而且受到了日本各界人士的赞美,都为渤海赢得了崇高的荣誉。

这一切使得9世纪时的渤海上层人士意气风发,踌躇满志,并在与周邻相处的过程中表现得高度自信。下面的几件事情提供了这方面的重要线索。一是咸通十三年(872年),渤海人乌炤度在唐京宾贡及第,名次还排到了新罗人李同之前,虽说这并不一定意味渤海文化的整体水平已经赶上或超过了新罗,但情况显已发生了有利于渤海的变化。这使得新罗人感到震撼,乃至视为国家的奇耻大辱;反之,渤海人的反映虽然不像新罗人那样的极其敏感和强烈,却也开始在心理上居于优势。唯其如此,当天祐三年(906年),渤海国相乌炤度朝唐之际,才会因为其子乌光赞宾贡及第中的名次在新罗人崔彦㧑之后,而"表请"于唐廷曰:"臣昔年入朝登第,名在李同之上。今臣子光赞宜升彦㧑之上。"尽管唐廷以彦㧑"才优、学赡"为名而"不许"①,即拒绝了他的要求,但却表明当时某些渤海上层人士确实感觉到渤海在文化方面已不再低于新罗甚至呈现出后来居上之势。二是发生于乾宁四年(897年)七月的"争长"事件,即贺正的渤海王子大封裔上书唐廷,"请许渤海居新罗之上"。即要求将渤海在朝会中的位次排到新罗之前。尽管由于昭宗本人的亲自裁定:"国名先后,昔不以强弱而称;朝制等威,今岂以盛衰而改。宜仍旧贯。"②从而使渤海人的请求落空,但却进一步表明在双方的长期对抗中,渤海的国力确有可能超出新罗之上,或至少在渤海人和唐廷看来已出现了渤海强而新罗弱的趋势。三是渤海人在同日本人的接触中也大

---

① 《高丽史》卷九十二《崔彦㧑传》。

② 崔致远:《孤云集》卷一《谢不许北国居上表》,转引自石井正敏《日本渤海关系史研究》,吉川弘文馆,2001年版,第169页。

体上发生了类似的局面。9世纪以前,日本人在同渤海的交聘中明显具有大国意识(或称"中华意识"),非要迫使渤海方面承认为其朝贡国不可;反之,渤海方面虽一直在坚持对等外交的原则,但出于捞取实惠的考虑,有时也不得不在政治方面做出些妥协和让步。但到9世纪以后,情况无疑发生了微妙的变化:首先体现在"诗宴"外交中,即如有学者所指出:"若以时代顺序追溯与诗文联欢有关的史料,就可以看出9世纪前半叶双方给人的感觉是对等的,但是到9世纪后半叶,却让人产生日本一方逐渐被渤海使压倒的印象。最好的实例就是882年(日本元庆六年)为来日的渤海大使裴颋举行的诗文联欢会。……由此可以看出裴颋作为诗人所占据的优越地位。"即"在那种场合,渤海文人容易占上风,而日本文人却不得不甘拜下风"①。其次,在这过程中,渤海人的大国意识显然也在增长,这从日渤交往末期日本人大江朝纲与渤海使裴璆的一段交往中可以得到反映。据日本古籍《江谈抄·卷六·长句事》收录的大江朝纲所作《夏夜于鸿胪馆饯北客序》中"前途程远,驰思于雁山之暮云;后会期遥,霑缨于鸿胪之晓泪"等四句后注云:"此句[让]渤海之人[按指裴璆]流泪叩胸。后经数年,问此朝人曰:'大江朝纲至三公位乎?答云未也。渤海人云:知日本国非用贤才之国云云"。有学者因认为:"从这一逸话可以看出两种意思。其一是通过渤海人表示了对朝纲文才的称赞,而在日本,渤海人的评价是具有权威性的。换言之,在日本人看来,渤海人在文化方面居于优越地位。其二,从渤海人的话里还可以看出,他们把本国视为'任用贤才之国',而把日本看作是不能任用贤才的落后国家";故"可以看出,九世纪后半叶,渤海渐趋'中华'化,而日本却渐趋'夷狄'化,二者成为明显的对照。鉴于这种情况,持有中国式价值观的渤海统治阶层,如若不以'中华'自居,不把日本视为'夷狄',那是难以想象的。开头引用裴璆的插曲正是为这一推测提供的宝贵证据。渤海每次都选派值得大书特书的擅长汉诗文的才子聘日,亦是这一推测的又一证据"。不止于此,对这种"文化"水平方面的差异,当时"双方都有所察觉,于是诗文联欢过程中也夹杂着政治因素,出现了'文化'上领先者的'中华意识'以及试图与之相抗衡的意识之间的差别与对立。正因为如此,宴席充满了紧张的气氛,高潮迭

① 古火田彻:《渤海的文化使节侧面再探——渤海后期的中华意识、对日意识》,李东源译,载《东北亚考古资文集·高句丽、渤海专号》,第199～200页。

起，正如本稿所述，裴颋与菅原道真、裴璆与大江朝纲等人的结交与相互赞许——这应归因于渤海使一方承认他们具有与其他日本人相异的才能——而值得大书特书。这就是九世纪后半叶以来的‘华丽的宫廷外交’，这是与从前的状况有所区别的。”[①]当时的渤海人对新罗、日本如此，对其他邻人想必大体保持了同样的心态，无疑是其社会进入全盛时期的重要标志之一。

但从9世纪下半叶开始，伴随着唐王朝的没落，渤海王国也开始走向衰落的道路。由于长时间的相对安定环境，渤海统治阶级进取意识渐渐隐退，取而代之的是满足现状，贪图享乐以及统治集团内部的争权夺利，这一切都大大削弱了渤海的国力。故当其西邻契丹再度崛起，开始新一轮的征服活动之时，渤海便成为被兼并的首要对象。《契丹国志·太祖大圣皇帝》即载："时东北诸夷皆服属，唯渤海未服。太祖谋南征，恐渤海掎其后，乃先举兵击渤海之辽东。"然而，此时的渤海虽然貌似富强，但由于长时间的安定，疏于对军民进行防御和反击能力的训练，当契丹人发起攻击之时，渤海方面已经无力阻遏契丹人的攻势了。故至唐庄宗同光三年(925年)冬，当阿保机西征凯旋不久，即以"渤海世仇未雪，岂宜安驻"[②]为由，举兵亲征渤海，皇后、皇太子、大元帅尧骨一道从征。契丹这次出兵规模之大可谓前所未有，各路大军兵力合计少说也在一二十万之间。契丹大军一路长驱直入，首先包围了渤海西鄙的重镇扶余城，经三个昼夜的激战后攻占该城，"诛其守将"。唐庄宗同光四年(926年)正月，契丹攻占了扶余府。之后挥师东进，皇太子耶律倍及大元帅尧骨等人率领主力部队直奔渤海王都忽汗城，并在攻占扶余城后的第六天夜晚，抵达忽汗城下。在这种情况下，以大諲譔为首的渤海统治集团竟完全丧失斗志，于契丹军队围城后的第四天，大諲譔"素服，藁索牵羊，率僚属三百余人出降。上优礼而释之"[③]。契丹的残暴和最高统治者的屈辱激起了渤海军民的强烈愤慨，他们趁契丹近侍康末怛等13人率少量军兵入城搜索兵器的机会，奋起反抗，将入城的契丹人全部杀死。优柔寡断的大諲譔又重新举起反抗旗帜，契丹人恼羞成怒，从四面发起进攻，忽汗城被攻破，契丹大军入城，大諲譔请罪马前，渤海政权宣告灭亡。时在926年3月6日。

至此，这个以粟末靺鞨为主体，吸收靺鞨其余各部以及高句丽遗民和少

① 古火田彻：《渤海的文化使节侧面再探——渤海后期的中华意识、对日意识》，李东源译。

② 《辽史》卷二《太祖纪下》。

③ 《辽史》卷二《太祖纪下》。

量汉人融合而成的新的民族共同体——渤海民族所建立的国家，在经历了十五代王 229 年的历史后，被契丹灭亡了，其所辖境入于契丹版籍。

第五节　黑水靺鞨大联盟的演变与发展

一、黑水靺鞨的社会发展状况

黑水靺鞨，原为勿吉—靺鞨的七大部之一。史载其"人劲健，善步战，常能患他部。俗编发，缀野豕牙，插雉尾为冠饰，自别于诸部。性忍悍，善射猎，无忧戚，贵壮贱老。居无室庐，负山水坎地，梁木其上，覆以土，如丘冢然。夏出随水草，冬入处。以溺盥面，于夷狄最浊秽。死者埋之，无棺椁，杀所乘马以祭。其酋曰大莫拂瞒咄，世相承为长。无书契。其矢石镞，长二寸，盖楛砮遗法。畜多豕，无牛羊。有车马，田耦以耕，车则步推，有粟麦。土多貂、鼠、白兔、白鹰。有盐泉，气蒸薄，盐凝树颠"①；并"分为十六部"②。其中的许多内容大都得到了考古资料的印证。如从黑龙江两岸地区出土的唐时农具铁镬（至少分为肩式镬和小型镬二种）、铁犁、镰刀等和牛马残骨知，确实使用了铁器和用犁耕田，并以畜力作为挽力，只是耕作方法仍很粗放，主要作物有麦、黍、豆、穄及蔬菜等。而一些遗址中发现的山羊、绵羊、马、牛和猪的残骨，则又证明黑水靺鞨仍旧保持着游牧活动，其中以马的放牧数量较大，因为它们既是交通的工具和猎人的伴侣，又可充为军用，并且终年都能放牧。而引人注目者，当时养殖的是些耐劳的矮小马种——蒙古种、朝鲜种、满洲种、后贝加尔种，都是脚力超群的矮马，个小体轻而能负重，适于林区行走，明显具有地域特点。猪的数量更是多于马的饲养，所有的房址中均有猪骨的发现，堪与"畜多豕"相印证。反之，羊的骨骼数量较少，则同北方草原上的许多游牧民族的多羊形成了鲜明对照。由于地多江河湖沼，水产极其丰富，鱼类多达 60 种以上，捕鱼也成了衣食的重要来源，其中的大规模捕鱼活动集中在八九月份，几乎村落里的男女老少一齐出动，网捞、

---

① 《新唐书》卷二一九《黑水靺鞨传》。

② 《旧唐书》卷一九九下《靺鞨传》。

叉捕、栅堵,奔忙不停,又证实渔猎业仍在其经济生活中占有重要的地位。以采、捞为基础的副业也相当活跃,在俄罗斯境内扎维塔亚河畔的米海洛夫卡古城,出土的长10多厘米、粗2厘米带有透孔的骨棍,显然是挖掘人参所用的工具,证实当时当地的人们早已习惯于到江河中捞取珍珠,去森林里采集人参、草药、野果和蘑菇等。此外,他们还善于加工兽皮、鱼皮,掌握了纺织线、绳和编织渔网的本领,能够制作捕鸟、捕兽的简易器械。手工业显已出现并得到一定的发展,而各地遗址中出土的许多金属(铁、铜、银、金)制品,以及用于冶炼的熔炉、坩埚、焦炭和铁块、矿渣等,在一些遗址中还发现了石制的铸模,都证实黑水靺鞨人不但进入了铁器时代,而且掌握了制作铁器和加工金属的一些基本的技术要领:锻接和铆接铁板,往铁器上熔接有色金属,已有冷拉、锻压、转扭、穿孔、钻孔、磨削等工艺。此外,还发现大量的陶器、木器、骨角器、舟车、纺织和首饰等,表明当时当地的手工业生产已经达到了不俗的水平并有可能出现了专业的匠人,并从农业、畜牧业和渔猎业生产中分离出来。故尽管所生产的产品主要还是用于内部的交换,却也促进了同域外商贸活动的发展。据载,早在贞观年间,他们中的商人们即乘船越海到今库页岛一带的流鬼人处进行"货易"①。而入唐后同渤海、中原内地及日本之间的交换和贸易就更可观了,如天宝五年(746年),光是铁利一部就有上百人同渤海人一道前往日本从事商贸活动。

随着生产的发展和同外部世界交往的扩大,黑水靺鞨社会中的私有制及两极分化的现象也日益明显。这在各地墓葬随葬品数量多少的不同中得到反映。各部落的首领们往往拥有较多的牲畜和战利品,包括由战俘转化而来的奴隶,首先富了起来;其权力和地位也逐渐膨胀而成为拥有特殊权力和武装人员——"胜兵"们的高贵阶层。与之形成对照者,普通的部众则下降到从属的地位,至于主要由战俘转化来的奴隶的地位则最为低下。与此相适应者,社会结构也有了很大变化。个体家庭进一步成为整个社会的基本细胞,地域性的邑落公社早已取代了原来的以血缘关系为纽带的氏族公社。各个邑落都有自己的首领,若干个邑落则组成为部落,若干个部落又组成为部落联盟或集团。以当时的情形言之,黑水靺鞨大联盟中的诸"部"其实都是些小的部落联盟或集团。他们各有自己的首领,各部的大首领就称

① 《通典》卷二〇〇《边防十六·流鬼》。

作大莫拂瞒咄。而这些人的产生也不再经过民主选举，完全是“父子相承，世为君长”①，蜕变为凌驾于部众广大成员头上的权贵，甚至连跟随他们身边的“胜兵”们也越来越显得与众不同了。隋唐之交，其胜兵的总数不过数千左右；至唐前期已有可能达到上万之众。虽然他们还不是常设的职业军人，平时还要参加生产，但其中也确有一部分人经常围拢在首领们的身边，成为后者扩展权势的得力工具。在这种情况下，“世相承为长”的大莫拂瞒咄（大首领）已成为黑水靺鞨联盟的事实上的统治者了。黑水靺鞨社会已有可能进入早期奴隶制阶段。

在漫长的发展过程中，黑水靺鞨人还形成了特有的风俗习惯，即如前文提到的“编发，缀野豕牙，插雉尾为冠饰，自别于诸部”之类。同样，其类似“死者穿地埋之，以身衬土”②式的葬俗，也完全为黑龙江沿岸的诸多墓葬的出土所证实。他们相信万物有灵，信仰萨满教。也创造了自己的实用艺术，如黑龙江下游沿岸地区岩画上动物的形象相当逼真，许多器物上的纹饰图案以及各种质料的牌饰、带等，都生动地反映了其生产生活的各个侧面及对周围世界的认识，具有浓郁的乡土气息和地方色彩。

至于16个“部”的情况，《新唐书·黑水靺鞨传》载：“黑水西北又有思慕部，益北行十日得郡利部，东北行十日得窟说部，亦号屈设，稍东南行得莫曳皆部，又有拂涅、虞娄、越喜、铁利等部。”是知有黑水、思慕、郡利、窟说、莫曳皆、拂涅、虞娄、越喜、铁利等9部。又据《册府元龟》卷九七五载：开元十二年（724年）“兀部落佐破等十一人来朝（唐）”；同书卷九七二也载：长兴元年（930年）“黑水兀儿遣使贡方物”，是知“兀”部落即“兀儿”部，也即后来的“兀惹”“乌舍”“兀者”部；又，《三国史记·卷十一·新罗纪十一》曾记载：“宝露国与黑水国人共向新罗国和通”，文中的“宝露”显即历史上“裨离”的同名异译，也即唐时的“勃利州”和辽时的“剖阿里”部。是知黑水靺鞨联盟中又有兀惹、勃利二部。而鉴于勃利、拂涅、越喜、虞娄等四部分别是后来辽代五国部中的“剖阿里”“蒲奴里（盆奴里）”“越里吉”“越里笃”等四部，则可以断言，五国中的另一部“奥里米”部，也当为黑水靺鞨联盟中的一部。另，《册府元龟》卷九七二载：后唐同光三年（925年）“黑水胡独鹿、女贞等使朝

① 《旧唐书》卷一九九下《靺鞨传》。

② 《旧唐书》卷一九九下《靺鞨传》。

贡”,《旧五代史》卷三二也载:该年“黑水、女真皆遣使朝贡”,是知在五代初期女真已与黑水靺鞨并称,故也当为联盟中之一部。如果上述推论不误,则黑水联盟的十六部已得其十三部。不过,其中的一些部落并非来自肃慎—挹娄族系,如铁利系丁零、敕勒的后裔,兀惹与窟说则疑似与当时库页岛一带古亚细亚族相关。

二、地域的分布范围与演变情况

史称黑水靺鞨以世居黑水而得名,其地处靺鞨诸部的最北方,“南距渤海,北、东际于海,西抵室韦,南北袤二千里,东西千里”①,即南境与渤海为邻,北抵今鄂霍茨克海,东到日本海及鞑靼海峡,西隔今结雅河及小兴安岭与室韦、达末娄部接界,大体上在今东流松花江下游及黑龙江中下游两岸之地,这已成为学界普遍的共识,并得到了考古资料的充分证实。不过,其分布的范围也并不是一成不变的,这个以“常能患他部”而著称的强大部落集团,往往随着周围邻近地带政治格局的重大变化而有所伸缩。如高宗显庆五年(660 年),拔野古部“与思结、仆固、同罗叛”②,是为漠北地区建置羁縻州府以来所出现的首次大暴动,虽为唐朝所平息,并于龙朔三年(663 年)设置“瀚海都护府,以碛为限,大抵北诸蕃悉隶之”③而形成了此后“凡三十年北方无戎马警”④的局面,但总章元年(668 年)高丽政权的灭亡,又大大改变了邻近地带原有的政治平衡,使黑水靺鞨人有可能利用其他靺鞨诸部“奔散微弱”⑤的机遇,逐渐地南下西进以扩张自己的势力范围,相继入据了原安车骨、伯咄、拂涅诸部的故地即那河(今第一松花江)上中游流域和牡丹江流域一带;并越过今小兴安岭而向西扩张至今松嫩平原和大兴安岭地区一带。尽管相关史书的记载并没有揭示出这方面的任何信息,但是地下出土的考古资料却提供了确凿的文字例证。

2009 年夏,在蒙古国的中央省扎马尔县发掘的仪凰三年(678 年)仆固乙突墓葬中,出土了书有“东征靺羯,西讨吐蕃”的墓志文字。据考证,文中

---

① 《新唐书》卷二一九《黑水靺鞨传》。

② 《新唐书》卷二一七下《回鹘传》,下拔野古。

③ 《新唐书》卷二一七上《回鹘传上》。

④ 《新唐书》卷二一五上《突厥传上》。

⑤ 《新唐书》卷二一九《北狄·黑水靺鞨传》。

提到的“鞅羯(鞅鞨)”,只能是黑水鞅鞨无疑。而东征鞅羯之役则是仆固部落群的大首领乙突所参与的由唐军主导的邻近诸部联军征讨黑水鞅鞨的重大举措。至于此役发生的时间,墓志文字虽没有具体交代,但显然发生于仪凤二年(677 年)的夏天即“西讨吐蕃”之前同年的春夏之际,[①]其发生的最初地点应该在今大兴安岭地区的东部一带,其后则逐渐向东方延伸而进入松嫩平原腹地,即由唐军主导的诸部联军不但遏止了黑水鞅鞨人扩张的势头并迫使其不得不退向今小兴安岭和张广才岭以东地带,即前文所述的传统分布地域。

然而,黑水鞅鞨方面并没有因此而大伤元气,故就在诸部联军回撤后不久,黑水鞅鞨人又卷土重来再一次进据此前曾经占领过的某些地方。这一态势无疑引起了正在企图复辟中的高丽残余势力的关注和重视,而成了不久之后与其进行“潜通”[②]和勾结的对象。不止于此,野心勃勃的黑水鞅鞨首领们还利用了唐军在大漠南北和陇西各地战线吃紧的被动局面,逐渐进据至今拉林河流域一带,并继续对速末水流域北缘的唐军形成进攻的势头。当地的唐朝驻军因人数有限而难以抵敌,朝廷乃派鞅鞨人出身、并在与突厥人作战中表现不俗的名将李多祚率部前往驰援。李多祚果然是位文武双全、富于谋略的名将,他并没有与人数众多而又以逸待劳的敌军硬拼硬,而于 691 年的下半年至 692 年之间,利用其与黑水人同族的有利身份,“诱其渠长,置酒高会,因醉斩之,击破其众”[③]而取得了胜利;反之,黑水方面则不得不后撤并向东北方向逃奔。结果唐朝不仅巩固了对包括粟末水一带在内的原高丽故地北境的统治,给了以“常能患他部”而著称的黑水鞅鞨人以沉重的打击;而且遏制了其四处扩张的势头,使其不得不再度回撤到今张广才岭以东及那河(今东流松花江)中下游老家的三江平原一带,从而事实上为不久之后大祚荣建立鞅鞨国扫清了前进道路上的障碍。

三、勃利州与黑水府的相继建置

696 年的营州之乱大体上同于后东突厥人的崛起,迫使唐军又不得不从粟末水流域及邻近地带撤出,乃至失去对白山黑水间广大地面的羁控。形

① 魏国忠:《浅议黑水鞅鞨的勃兴》,《渤海大学学报》,2016 年第 4 期。

② 《旧唐书》卷一九八上《高丽传》。

③ 《新唐书》卷一九九上《高丽传》。

势的这一发展和变化，再一次地为黑水靺鞨的卷土重来提供了良机，似在短短的几年间又逐渐恢复了对原拂涅部故地的今牡丹江中游一带、安居骨部的故地今阿什河流域和伯咄部的故地今拉林河流域等地带的控制。尽管由于当时的大漠南北在后东突厥人的管控之下，故其难已向今大兴安岭地带扩张，但至少是重新据有了松嫩平原一带当无疑义。故至7世纪末叶，与大祚荣建立“靺鞨国”大体同时，黑水靺鞨人也在其北方的近处即今镜泊湖滨一带牢牢地站住了脚跟。

综合各方面的情况判断，当时靺鞨国的北界大体上接近今镜泊湖水滨一带，即“环湖一些军事守御遗迹如城墙砬子山城、西岸的重唇河山城、东岸的江山娇古长城俱应建于高王大祚荣统治时期。……环湖的防御建筑群显系用于军事防御，作为旧国地区的北部屏藩”①以及“镜泊湖东岸、江山娇林场东山北坡，西端起自镜泊湖中段著名景观小孤山和城墙砬子对岸湖边，呈西北—东南走向，直线距离长度为4500米，总长约7500米，主要建筑特点是墙体以土石混筑，在墙的北侧附设马面，湖岸至鹤大公路近2000米的西段分布最多，间距为50～80米，大小为3米×3米或4米×4米，最大者7米×7米，共38个”的“镜泊湖边墙”②之类的遗迹，就提供了这方面的重要线索，应该是靺鞨国时期的北界。既然如此，则当时黑水靺鞨南下的势力范围也就确有可能越过了今牡丹江中游的牡丹江市和宁安市一带，20世纪的80年代初期在牡丹江市郊桦林公社石场沟村西南约0.5公里处山坡上发现的黑水靺鞨古墓群就提供了这方面的重要线索。

起初的十多年中双方尚相安无事，甚至在都不得不“请”求后东突厥人派驻“吐屯”的问题上采取了联合行动；但到开元六年（718年）大武艺继立后，由于其“斥大土宇”所造成的“东北诸夷畏臣之”③的局面，无疑打破了双方间的政治平衡。因为以情理言之，这里面提到的“东北诸夷”，首当其冲的就是位于其北方的黑水靺鞨及邻近的其他诸部，这当然也就意味着此时渤海的触角已经越过了靺鞨国时期的北界而向今牡丹江中游一带推进，故不可避免地与此前占据这一地域的黑水靺鞨势力发生了冲突。而恰恰是紧接

① 孙秀仁、朱国忱：《渤海国上京京畿南北交通道与德理镇》，载于《渤海的历史与文化》第二辑，黑龙江人民出版社，2003年版，第306页。

② 姜玉珂：《镜泊湖边墙为渤海说兼谈渤海遗迹的甄别》，《北方文物》2007年第2期。

③ 《新唐书》卷二一九《北狄·渤海传》。

这之后不久,黑水靺鞨人就主动地与唐朝联系,即开元十年(722年)黑水靺鞨勃利部大首领倪属利稽朝唐,其使命显与告发渤海的侵界相关联;而当时的唐朝方面,也不会容许渤海一家独大,因采取手段支持黑水靺鞨人从其背后进行牵制,即在勃利部所在的地方建置勃利州,并任命倪属利稽出任刺史。

勃利州,据《册府元龟·卷九七六·褒异二》记载:"蕃中州也",无疑是唐朝在当时黑水靺鞨实际控制区域的首次建置。至于它的具体地理方位,此前学界却大都以今乌苏里江与黑龙江汇合处的伯力(今俄罗斯境内哈巴罗夫斯克)和勃利同音的缘故而认定其为勃利州的治所,其实并没有提供出任何可靠的依据,故未免令人质疑。因为不言而喻,当时能够与渤海政权和唐朝之间实际进行接触并导致利害冲突者只能是黑水靺鞨中最南边接近渤海北界的部分,而绝不可能是在根本搭不上边的遥远的伯力一带。这当然也就意味着勃利州的位置必在其势力范围内的接近渤海南部地带。那么它究竟在今何处?1987年问世的《渤海国渤州考》一文就曾论及"上京之地一度曾为黑水靺鞨所居,或至少是在黑水靺鞨势力范围之内",并认定今牡丹江市郊南城子古城就是当年黑水靺鞨勃利州的旧址,无疑是比伯力说更具说服力的推论;[①]况且,附近桦林公社石场沟村西南约0.5公里处的山坡上所发现的古墓群,已经被学界明确断定为黑水靺鞨人的文化遗存,[②]从而也就为"南城子"古城址之为黑水靺鞨重要遗存说提供了物证,即早在开元十年(722年)之前,作为黑水靺鞨中强部之一的勃利部就已据有了以"南城子"为中心的今牡丹江中游一带地方并在该地营建了自己的重要聚落,故在倪属利稽朝唐之后才有可能在其基础上建置勃利州以作为同大武艺的渤海进行对抗的重要阵地。

只是,勃利部的武士们尽管勇敢顽强,却毕竟不是久经战阵和训练有素的渤海正规军的对手,故即便是得到了唐朝方面的声援也还是抵挡不住大武艺方面的攻势,而不得不从当地以及后来的上京城一带即今牡丹江流域的中游地区撤出并北退,从而将这一富庶地带拱手让给渤海方面。[③]

① 刘晓东等:《渤海国渤州考》,《北方文物》1987年第1期。

② 谭英杰、赵虹光:《靺鞨故地上的探索——试论黑水靺鞨与粟末靺鞨物质文化的区别》,《北方文物》1990年第2期。

③ 魏国忠:《浅议黑水靺鞨的勃兴》,《渤海大学学报》2016年第4期。

不止于此，从随后二三年间黑水方面的频频遣使向唐朝告急，甚至派出了重要将领五郎子等人入朝，也反映出当时的形势是何等严峻而急需得到朝廷方面切实有效的支持。对大武艺的不听劝诫，朝廷自然感到不满，因接受了主管东北事务最高官员即安东都护薛泰的建议，于开元十三年（725 年）决定在“黑水靺鞨内”建“置黑水军”①，以示对黑水方面的积极支持及对大武艺施加压力。

然而，恰恰是这一事实足以反证此前的战局显然发生了重大变化：其一，既然薛泰所建议的新机构以黑水军为名，即完全置三年前建立的勃利州于不顾，也就表明勃利州已经易手即为渤海军队所攻占；其二，在如此紧急关头，当初与唐朝打交道并被玄宗皇帝钦定的首任勃利州刺史倪属利稽的名字突然消失而且此后又不再见，故唯一可能的解释就是此人已经不在人世并极有可能在勃利州陷落之际以身殉职；其三，正由于伯利部遭到了空前的惨败而不再成为渤海进攻的主要目标，唐朝也就不得不从实际情况出发，改以黑水靺鞨部落大联盟作为自己支持的对象，故直接的联系人也就改换为黑水靺鞨大联盟的大莫拂瞒咄。

尽管由于相关史料的失载，关于“黑水军”的具体情况已无从考知；但既然是唐朝所建置的军事单位，也就不至于完全没有唐朝军事人员的配置和驻在，故其职能虽未必等同于中原内地的类似军事机构而派驻人数可观的军队长期驻在，但至少会有唐朝的相应将领及其随从护卫人员的配置和驻在无疑。至于该机构的具体职能和任务，以当时情形分析，最大的可能就是履行类乎军事联络、观察与调停双方军事冲突的职能，并能够对双方当然主要是渤海一方起到管控和震慑的作用。而鉴于它的设置系出自主管东北事务的安东都护府主官的建议，则可据以推定其建置后的隶属关系，应该直接对安东都护府负责并接受安东都护府的管领。至于“黑水军”的地点，理应在勃利州以北尚为黑水靺鞨人所控制的山高林密、有险可守而又距离双方间实际战线不至于过远的某一聚落，以便于就近履行其军事观察和调停冲突的职能。而考虑到今河口与振兴遗址附近即今莲花水库淹没区一带，当时确实存在黑水靺鞨人聚落的情况而符合如上条件，故作为淹没区门户的今柴河镇附近的某个聚落极有可能是“黑水军”的治所。因为恰恰在它南边

---

① 《旧唐书》卷一九九下《北狄·靺鞨传》。

不远处就有一道位于今牡丹江市与海林市交界北边的山林之间，即从“江西沟北山主峰起蜿蜒起伏，向西北伸展，经过的主要山峰有新丰南岭、蛤蟆塘砬子、馒头砬子、岱王砬子、二人石南岭等。墙体一般在海拔 500～600 米的峰岭之上和沟谷之间，最后消失在 740 米的西大砬北坡”①的长约 58 公里、中段多为石砌、墙高 1.8～2 米并有马面 46 个的土、石结构的墙体拔地而起的“牡丹江边墙”，其南端的起点与隔江对岸东南方向的“南城子”即原伯利州旧址的距离不过 8 公里。故以理睽之，起初应该是在伯利州陷落后，黑水靺鞨人为了抵挡和抗击渤海军队的北进而在牡丹江北岸的山林间临时修筑的简易工事；其后也就逐渐成为双方之间的实际分界线，即最晚到大钦茂北迁上京之前一直如此。因之，它既是大武艺“斥大土宇”之际北进所取得重要进展的历史见证，又是后来双方之间为防备对方进攻而进一步加固的军事防御设施，久而久之也就事实上成了边界线。

如此说来，唐朝之建置黑水军表明，其对黑水靺鞨的支持已不再限于口头上和道义上的声援，而具有了实际行动的性质。不过，这也就意味着其立场显然“偏向”了黑水一边，岂能不让大武艺感到不满和抱怨？结果是旧有的矛盾和冲突不但未能得到解决或稍许缓解，反而加剧了其对唐朝的愤懑和怨恨而不顾一切后果地调集更多的军队，准备发动更大的攻势。而从紧接其后即开元十四年（726 年）黑水州都督府建置的情况判断，渤海人的新一轮攻势似有可能取得了新的进展，即迫使黑水方面进一步地北退而更加抵近“黑水军”驻地的位置，但也只能大体上停留在所谓的“牡丹江边墙”一带而不可能继续推进。因为当时渤海和唐朝之间尽管矛盾重重并隔阂不小，但双方间毕竟还没有到最后翻脸的地步，也就不至于立即与“黑水军”背后所代表的朝廷直接对垒和交锋，故渤海的北进和“斥大土宇”也就可能暂时告一段落。于是，以伯利州为中心的今牡丹江中游这一战略要地和富庶地带的社会地位已经完全落入渤海人手中。

在这过程中，黑水军的首脑岂能不把相关的动态及时上报于安东都护府和朝廷。而为挽回败局并制止渤海方面的继续北进，在经过多次反复磋商之后，“安东都护薛泰请置黑水府”的建议终于得到了朝廷的采纳：“以部

① 牡丹江市文物管理站：《牡丹江边墙调查简报》，《北方文物》1986 年第 3 期。

长为都督、刺史,朝廷为置长史监之”[1],黑水州都督府的建置,无疑是当时黑龙江地区最重大的历史事件。

四、黑水府建立后的再度勃兴

黑水府的建立和唐朝“长史”的派驻,是当时黑龙江地区政治生活中特别重大的事件,得到了朝廷的积极支持。黑水靺鞨的气势虽然大增,却没有阻挡住渤海军队北进的势头,反倒引起了大武艺的警觉和愤怒,因而“谓其属曰:‘黑水途经我境,始与唐家相通。旧请突厥吐屯,皆先告我同去。今不计会,即请汉官,必是与唐家通谋,腹北攻我也’”,并以此作为借口,“遣母弟大门艺及其舅任雅发兵以击黑水”。只是,渤海王廷内部对这次出兵显然意见不一,分歧很大,即其同母弟门艺因“曾充质子至京师,开元初还国”,而深知唐朝的文明、富庶和强大的“利害”,故“至是谓武艺曰:‘黑水请唐家官吏,即欲击之,是背唐也。唐国人众兵强,万倍于我,一朝结怨,但自取灭亡。昔高丽全盛之时,强兵三十余万,抗敌唐家,不事宾服;唐兵一临,扫地俱尽。今日渤海之众,数倍少于高丽,乃欲违背唐家,事必不可’”,谏阻其进攻黑水以避免与唐朝为敌。但武艺听不进去,故“门艺兵至境,又上书固谏”。这又引起了武艺的恼怒,立即解除其兵权而“遣从兄大壹夏代门艺统兵”,并下令调门艺回朝,“欲杀之”。大门艺乃不得不“弃其众,间道来奔”[2]唐朝,时不晚于开元十四年(726年)秋冬之际。

渤海统治集团的内讧无疑削弱了其进攻的实力,黑水靺鞨人则充分地利用了这一良机而组织了有效的抵抗。故尽管史书对此次渤海北征的战果失载,但渤海方面未能达到预期的征服目的则是不争的事实。因为黑水靺鞨人显然没有屈服于渤海,反而在开元十八年(730年)五月,“遣使阿布科思来朝献方物”[3]于唐。不止于此,由于大门艺事件的不断升级,在大武艺的主导下,至开元二十年(732年)渤海军队还兵分两路向唐朝发动进攻,从而导致了双方间的严重军事冲突。大约也正是从这时开始,为应对和防止黑水靺鞨人的南下,一道位于今牡丹江市与小海林市东北部的交界处,即长约58公里的、中段多为石砌,墙高1.8~2米,存有马面46个的“牡丹江边墙”

---

① 《新唐书》卷二一九《北狄·黑水靺鞨传》。

② 《旧唐书》卷一九九下《渤海靺鞨传》。

③ 《册府元龟》卷九七一《朝贡四》,中华书局,1960年版,第11 408页。

也拔地而起，它既是大武艺“斥大土宇”取得了重要进展的历史见证，又是当时渤海防范黑水靺鞨人南下的军事防御设施，当然也就成了当时渤海疆域北界的重要坐标之一。

反之，黑水靺鞨人既有效地利用了渤海无暇北顾的机会，缓和并理顺了自从与渤海交恶以来联盟内部的矛盾和关系；又积极地以黑水州都督府的建置及唐朝“长史”的派驻为契机，进一步地整合并协调了内部的各种势力，使联盟的实力得到增强，故至少是在渤海文王大钦茂天宝末年（756 年）迁都上京前后的数十年间，已经有力量与渤海国形成北南对峙的态势。如下的两个事实提供了这方面的例证。一是挫败了强大的后东突厥军队的进攻，据早年出土于西安市的《大唐故冠军大将军行武卫大将军啜禄夫人郑氏（实活）墓志铭并序》中的文字之载：（其夫啜禄在“开元十八年”之前的某一时间）“乘月五而争戈，下浮淹而大猎。虽远蕃黑水，尝报汉赤诚，不期诸而卒于彼”[①]。姑且不论当时啜禄的“下浮淹而大猎”即顺流而下攻击黑水靺鞨是否真的是“报汉（报效唐朝）”，但其毕竟战死于攻击黑水靺鞨之役无疑，足证当时的黑水靺鞨重新拥有了强大的实力。二是就在随后不久的渤、唐冲突期间，黑水靺鞨人还曾与室韦人一起出动五千人的骑兵支援在渝关（今山海关）附近一带唐军的作战，从而成为后来迫使渤海方面不得不停战和撤军的因素之一。不言而喻，如果当时的黑水靺鞨未能具有强大实力的话，岂能出动上千的骑兵部队奔赴于数千里之外去援助唐军?!

开元二十五年（737 年）大武艺死后，继立的文王大钦茂改变国策，偃武修文，黑水靺鞨与渤海的紧张关系也就缓和下来。计也正是从这时开始，双方间的经济文化交流也进一步展开，这对黑水靺鞨的经济社会发展无疑具有重大的意义，促进其社会发展和文明的提升并进入了前所未有的新阶段，最后发展演变为“分十六落，以南北称”[②]的强大部落联盟，故尽管尚未发展为统一的部族共同体，却已开始了向文明时代的快速过渡。是为黑水靺鞨人的再度勃兴期。

① 这里转引自范恩实：《靺鞨兴嬗史研究——以族群发展、深化为中心》，黑龙江教育出版社，2014 年版，第 245 页。

② 《新唐书》卷二一九《北狄・靺鞨传》。

五、黑水靺鞨大联盟的衰落

开元二十五年(737 年)之后,随着渤、唐冲突的结束与恢复和解,唐朝也决定重建对东北边疆地区的管辖体制,因以“渤海、黑水近复归国”为由,敕令平卢节度、营州都督乌知义“节度”[①]渤海和黑水二都督府,是为平卢节度、营州都督“节度”和管辖渤海和黑水二府的开始。至二十八年(740 年)二月,朝廷敕令“除王斛斯(平卢军节度使),又加辖两蕃(契丹、奚)及渤海、黑水四府经略处置使,遂为定额”[②],即此后由平卢节度使节制、管辖两蕃及渤海、黑水四府事务成了定制。而正是在这一体制的节制和管辖下,黑水方面与唐朝的亲睦关系也得到进一步的发展和强化,朝贡的幅度显然比这之前大多了,仅据保存下来的史料记载,自开元二十九年(741 年)至天宝十一年(752 年)的 12 年间就达 5 次之多。然而不久之后,随着安史之乱的爆发,平卢节度使节制、管辖黑水等四府事务的体制也就逐渐解体。尤其是至宝应元年(762 年)平卢节度衙门被迫南迁到山东半岛并与淄青节度衙门合并为淄青平卢节节度衙门后,四“府”之中的两蕃(契丹、奚)事务改由幽州的卢龙节度使管辖,渤海府则与新罗一起改由淄青平卢节节度衙辖领;唯独黑水府的事务归谁节制和管辖已经不了了之,实在是耐人寻味之至!而以情理睽之,固然是由于渤海方面的半道拦阻,使黑水方面既不能与山东半岛的淄青平卢节节度衙门接触,又不能和渝关附近的卢龙节度使衙门联系,更难以赴更远的长安朝觐皇帝了;另一方面,则由于中原内地藩镇的割据和朝政的日益败坏,朝廷也实在难以恢复原来的管领体制,即在这样的情势下,“长史”“司马”等官员的流动、更替以及随从护卫他们的军兵们“换防”也都越来越难以为继。因之,黑水州都督府也就越来越遭到人们的漠视和淡忘,故极有可能远在大仁秀“北略诸部”之前即已不知在什么时候自然解体而弃置。

因为随着安史之乱(755—763 年)的爆发和形势的演变,北迁上京之后的大钦茂当局,不可能不乘机向北方发动攻势并取得一定的战果,即至少是迫使南黑水靺鞨中的一些部落如拂涅、铁利、虞娄与越喜等沦为自己的势力

---

① (唐)张九龄撰:《唐丞相曲江张先生文集》卷九,转引自孙玉良编著的《渤海史料全编》,吉林文史出版社,1992 年版,吉林文史出版社,1992 年版,第 67 页。

② 《唐会要》卷七十八《节度使》,转引自孙玉良编著的《渤海史料全编》,吉林文史出版社,1992 年版,第 67 页。

范围，足以使双方间进一步地形成对峙之势。至于在大钦茂死后，渤海因陷于内讧而导致国力下降，其对黑水靺鞨的压力也大大减轻，曾被其役属的部落也确有可能乘机摆脱了依附和控制。但是为时未久，至宣王大仁秀在位期间（819—931年）渤海复兴后，又加大了对黑水靺鞨联盟诸部的进攻态势。史称“仁秀颇能讨伐海北诸部，开大境宇，有功”①；战果也远比从前为大，至少是南黑水诸部“靺鞨皆役属”于渤海而“不复与王会矣”②，即沦为后者的属部。正是在这样的背景下，黑水靺鞨联盟实际上已经解体。从开元十四年至是，黑水都督府存在约90年；反之，渤海则逐渐在所征服的南黑水诸部地面设置了一系列的府、州县。《新唐书》卷二一九《渤海传》的如下记载：“挹娄故地为定理府，领定、潘二州；安边府领安、琼二州。率宾故地为率宾府，领华、益、建三州。拂涅故地为东平府，领伊、蒙、沱、黑、比五州。铁利故地为铁利府，领广、汾、蒲、海、义、归六州。越喜故地为怀远府，领达、越、怀、纪、富、美、福、邪、芝九州；安远府领宁、郿、慕、常四州”，就反映了这方面的情况。

六、黑水靺鞨的流徙与演变

渤海在基本征服南黑水靺鞨诸部后，虽曾建置了一系列的府、州、县，试图进行直接的管辖和治理，但以当时的情况言之，只能是效法唐朝“羁縻”的体制进行间接的管辖和控制。即在任命其诸部大小首领为所在地方府、州、县的都督、刺史和县官的同时，也准许他们保持其原有的内部结构，并不干涉其内部事物，仅以册封等形式进行有限的控制。目的是以和平的手段，通过施加政治、经济和文化的影响，逐渐增加其向心力，最终实现与渤海内地政治、经济和文化的融合一体。③ 然而，其实施的效果并不明显，终渤海之末，黑水靺鞨地区的各个方面与渤海内地远远未能融为一体；况且，渤海方面也终究未能达到长期控制黑水靺鞨诸部的目的。故别说是北黑水靺鞨诸部并没有纳入渤海的版图，就是已经役属的南黑水靺鞨诸部伴随着9世纪中叶以后渤海国力的衰落，也逐渐开始与渤海分道扬镳。虽然相关史料的记载极其有限，但新罗史书之载：宪康王十二年（886年）春，“北镇奏：‘狄国人

---

① 《新唐书》卷二一九《渤海传》。

② 《新唐书》卷二一九《北狄传》。

③ 梁玉多：《简析渤海国对其周边民族实行的羁縻政策》，《北方文物》2006年第1期。

入镇,以片本挂树而归。'遂取以献,其木书十五字云:'实露国与黑水国人,共向新罗国和通'"[①],却提供了这方面的确切明证。大体上同时,黑水、兀儿诸部则在脱离渤海的羁绊后,单独派遣使节朝贡于中原政权。

不过,尽管如此,黑水靺鞨诸部尤其是南黑水靺鞨诸部,在其"役属"于渤海政权期间,不会不受到先进的渤海文明的积极影响而在经济和文化方面出现了某些新的进展和变化。尤其是"黑水道"这条重要交通干线的开辟,确有可能为双方间经济文化的交流和发展创造了有利的条件,使先进的渤海封建文明源源地流入黑水靺鞨地区,为打破本地区的闭塞局面、促进社会的发展发挥出积极的作用;也正是在这样的历史背景下,当地才得以把所生产的"金、银及六十综布、鱼牙紬、朝霞紬"等重要物产和"牛黄、头发、人参"[②]等重要的土特产品一起作为贡品献给了唐朝。而一二百年后即开泰元年(1012年)八月二十日,铁骊王那沙等人"送兀惹百余户至宾州(今农安县东北境之红石垒)""乞赐佛像、儒书"并得到辽廷积极反应"诏赐护国仁王佛像一,《易》《诗》《书》《春秋》《礼记》各一部"[③]的重大事件,固然反证了当时的铁骊人中确实存在着若干粗通儒经与佛学的人士和对中原地区封建文明的强烈渴望:但究其根源,黑水靺鞨地区之最初涌现知书达理之人并与佛门结缘,综合各方面的情况判断,无疑是在"役属"于渤海期间才有可能出现如此的发展和进步。这,当然也就进一步地体现出唐时靺鞨社会的整体文明水平确实有了较大的发展和提升。

10世纪初,在渤海政权急速衰落的同时,黑水靺鞨诸部最后脱离了渤海的役属,并极有可能驱逐渤海派驻的机构和官员而走向了自主的发展道路;当然,也不排除乘其宿敌衰落的机会,积极南进抢占渤海境内的一些地盘的可能。及至渤海灭亡和东丹政权南迁后,黑水靺鞨的后裔们又逐渐地入据原渤海故地而将自己的势力范围扩展到了今牡丹江、绥芬河流域、长白山周围地带以及今第一、第二松花江流域的广大地区。

然而,历史给他们留下自主发展的时间实在有限,因为另一个更为强大的政治势力——契丹人已经迅速在西南方面崛起,并在进攻渤海国的同时,逐渐开始了向黑水靺鞨地区渗透和推进。

---

① 《三国史记》卷十一《宪康王本纪》。

② 《册府元龟》卷九七一《外臣部·朝贡四》。

③ 《辽史》卷十五《圣宗纪六》。

史载天复三年(903 年)春,契丹人"伐女直(即女真),下之,获其户三百"。这里提到的"女直",无疑是黑水靺鞨的后裔——女真诸部中的某一分支,虽难以确指其在今何地,但鉴于当时渤海王国依然存在,而其北界大体在那河(今东流松花江)一带;况且,在这一地区还有达末娄政权(中心在今乌裕尔河流域一带)的存在,故可以断言上文中的这个"女直"当时大体上在那河北岸至乌裕尔河流域一带即今黑龙江省中部一带。这既是契丹人用兵于女真方面的首次军事行动,也证实最晚在九、十世纪之交时,黑水靺鞨中的某一部分已经拓展到了今第一松花江的上中游一带。天复六年(906 年)十一月,契丹又"遣偏师讨奚、霫诸部及东北女直之未附者,悉破降之"①;至少是将上述地区的"女直"纳入自己的掌控之中。《金史·卷一·世纪》的如下记载:"五代时,契丹尽取渤海地,而黑水靺鞨附属于契丹。其在南者籍契丹,号'熟女真';其在北者不在契丹籍,号'生女真'""生女真地有混同江、长白山,混同江亦号黑龙江,所谓'白山黑水'是也",即反映了这方面的态势。

于是,黑水靺鞨人终于从历史舞台上退出,作为他们后裔的女真诸部则逐渐地出现于台前。

---

① 《辽史》卷一《太祖纪上》。

第五章 辽金时期女真人的发展与兴衰

从10世纪初开始，到1635年（清天聪九年）“满洲”之称出现，女真人前后活跃于历史舞台700多年之久。其中在辽金两朝300多年的历史进程中，通过不断进取和顽强拼搏，使一个原来处于分散、弱小的族部发展成为一个统一而强大的新兴民族。而其所建立的金王朝既大大推动了女真社会历史的发展和进步，又在巩固祖国的北部疆土和重建北方社会秩序，促进经济文化发展，推动中华民族的进一步融合和发展等方面做出了特别重大的贡献。

第一节 女真源流

“女真”族称在唐初曾一现即逝，三百年后，又出现于中原史籍。研究者大多关注五代时期女真的出现，却忽略了唐初女真之名的出现所提供的历史信息。而恰恰是唐初女真名称的出现所蕴含的诸多历史信息，为进一步探索女真的源流问题提供了新的启迪和视角。

一、女真的出现

《宋会要辑稿》记载：“唐贞观中，靺鞨来朝，中国始闻女真之名，契丹谓之虑真。”①

《文献通考》也载：“靺鞨来朝，太宗问其风俗，因言及女真之事，自是中国始闻其名。契丹目之曰虑真。”②

---

① （清）徐松辑：《宋会要辑稿》卷一九六《藩夷三》，中华书局，1957年版。
② （元）马端临：《文献通考》卷三二七《四夷考》，中华书局，1986年版。

南宋陈准《北风扬沙录》又载："金国本名朱里真，番语舌音讹为'女真'，或曰'虑真'，避契丹兴宗宗真名，又曰'女直'。肃慎氏之遗种，西海之别族也，或曰三韩辰韩之后。姓拿氏，于夷狄中最微且贱。唐贞（正）观中，靺鞨来中国，始闻女真之名，世居混同江东，长白山野绿水之源。南邻高丽，北接室韦，西界渤海铁离，东濒海。《三国志》所谓邑娄，元魏所谓勿吉，唐所谓黑水靺鞨者，今其地也。有七十二部落，不相统制。契丹阿保机乘唐衰，兴北方，吞诸蕃三十六，女真在其中。"①

宋洪皓《松漠纪闻》云："女真，即古肃慎国也。东汉谓之挹娄，元魏谓之勿吉，隋唐谓之靺鞨。……其属分六部，有黑水部，即今之女真。其水掬之则色微黑，契丹目为混同江。……五代时，始称女真。后唐明宗时，尝寇登州，渤海击走之。其后避契丹讳，更名女直，俗讹为女质。居混同江之南者，谓之熟女真，以其服属契丹也。江之北为生女真，亦臣于契丹，后有酋豪受其宣命为首领者，号太师。"②

《金史·世纪》云："金之先出靺鞨氏，唐初有黑水靺鞨，居肃慎地，东濒海，南接高丽，亦附于高丽……其后渤海盛强，黑水役属之。五代时，契丹尽取渤海地，而黑水靺鞨附属于契丹，其在南者籍契丹，号熟女直，其在北者不在契丹籍，号生女直，生女直地有混同江、长白山，混同江亦号黑龙江，所谓白山黑水是也。"③

《大金国志·金国初兴本末》载："金国本名朱里真，蕃语舌音讹为女真，或曰虑真，避契丹兴宗宗真名，又曰女直，肃慎氏遗种，渤海之别族也，或曰三韩辰韩之后，姓拏氏，于北地中最微且贱。唐贞观中靺鞨来中国，始闻女真之名。"④

以上资料都是传言的记述，道听途说，各种相关的信息拼凑在一起，既难以自圆其说，又与它说相互矛盾，故对这类的资料信息必须进行鉴别、分析和梳理，而不能直接剪裁文字和拼缀历史。

不过，从上引古籍的记载中似不能排除女真作为族群在隋唐时期甚至于隋唐以前即已存在的可能性。因为如本书第三章第一节之二所指出："肃

---

① （宋）陈准：《北风扬沙录》，载李澍田主编《东北史料荟萃·金史辑佚》，吉林文史出版社。

② （宋）洪皓：《松漠纪闻》，载李澍田主编《东北史料荟萃·金史辑佚》，吉林文史出版社。

③ （元）脱脱：《金史》卷一《世纪》，中华书局，1975 年版。

④ （宋）宇文懋昭：《大金国志》卷三十九《初兴风土》，中华书局，1986 年版。

慎是一个大的族系,内部包含着不同的民族或部族,肃慎、挹娄、勿吉都是这一族系中的一个成员。不同时期各自的势力此消彼长,哪一部分势力最大就以它的名称代替了当时整个族系的名称;或者是哪一部分与中原政权接触联系了,中原政权就将该部之名视为整个族系的代称。如先秦时期肃慎部与中原联系了,中原政权就以肃慎来称呼整个该族系;西汉时期,挹娄部最为强大,广为人知,整个族系的称呼也就被挹娄所取代;两晋之交勿吉部强大起来,并与中原政权建立了联系,勿吉自然就成了整个族系的代称。”况且,许多学者早就认定女真与肃慎其实就是一音之转,故肃慎—女真一族一直就存在于被称为挹娄、勿吉或靺鞨的共同体之中,是完全可能的。同样,女真族群与靺鞨相邻并与靺鞨的风俗相近,也确实在情理之中。不然,当“太宗问其风俗”时,靺鞨的使者也就不会“言及女真之事”。

只是,女真仅此一现后便隐匿近三百年之久,倒是很蹊跷的事情,对此,并无学者做出合理的解释。其实在这段时间里,女真一族不过是依旧存在于被称为勿吉或靺鞨的共同体之中而已。直到五代以后,女真才不断地出现在中原的史籍记载之中。这显然不是女真刚刚形成或刚刚从靺鞨转称过来,而是因为它周围的人文环境发生了重要变化,即“靺鞨”已经逐渐地失去了往昔独自享有邻近诸多部族“泛称”的政治优势;反之,女真一族则显已在邻近的诸多部族中脱颖而出并逐渐成为新的“泛称”的代表者。

其次,女真人的族源问题虽然看似复杂,因为即便是与它大体同时或略晚些时候的人们似乎都说不清楚,但也并不是根本就弄不明白。虽然,《北风扬沙录》之载“肃慎氏之遗种,西海之别族也,或曰三韩辰韩之后”完全是自相矛盾,试问“肃慎之遗种”能和“西(可能是‘渤’字之误)海之别族”相提并论吗?况且,其同“三韩中的辰韩之后”扯到了一起,就更是风马牛不相及了,因为尽人皆知,后者地在朝鲜半岛的南端,与女真人的初兴之地确实是远隔千山万水,绝不可能是一回事。但是,《金史·世纪》之载,则确有可能归纳了元时所能够看到的诸多史书的记录,故其所谓的“金之先出靺鞨氏,唐初有黑水靺鞨,居肃慎地,东濒海,南接高丽,亦附于高丽……其后渤海盛强,黑水役属之。五代时,契丹尽取渤海地,而黑水靺鞨附属于契丹,其在南者籍契丹,号熟女直,其在北者不在契丹籍,号生女直”之载,应该受到研究者们的重视。相比之下,《大金国志·金国初兴本末》的“金国本名朱里真,蕃语舌音讹为女真,或曰虑真,避契丹兴宗宗真名,又曰女直,肃慎氏遗种,渤海之别族也,或曰三韩辰韩之后,姓拏氏,于北地中最微且贱。唐贞观中靺鞨来中国,始闻女真之名"之载,则需要认真进行剖析和鉴别,其中"金国本名朱里真"的"朱里真",显与"肃慎"的读音为一音之转,也即建立了金国的"女真"即"朱里真",极有可能就是远古历史上的"肃慎"一族,或者至少是他们后裔中的某一分支:至于"肃慎氏遗种,渤海之别族"之谓,则无疑是对其前文中"女真"即"朱里真"就是"肃慎"一族的进一步的释义,也即"女真"就是"肃慎"的后遗。同样《松漠纪闻》一书明谓:"……有黑水部,即今之女真。"这里显然包含着两重含义,一是族源的继承,即女真一族源于"黑水靺鞨"之中;二是地域的继承,其起初的分布地域应该在黑龙江中下游一带而不可能是朝鲜半岛的南端,可以说是为女真源于"黑水靺鞨"的结论提供了最重要的依据。鉴于《松漠纪闻》的作者洪皓本人在女真地区生活多年,其所记内容的可信度要比《金史・世纪》和《大金国志・金国初兴本末》大得多了,更不用说《北风扬沙录》之类的记载,"有黑水部,即今之女真"应该是来自女真人的传说无疑,也即女真人起源于"黑水靺鞨"之中。这就是我们的认识和结论。

再次,女真人的地域范围,"南邻高丽,北接室韦,西界渤海铁离,东濒海。"孙进己等人研究辽代女真的四至指出:"东濒海",即日本海;"南邻高丽",指王氏高丽;西界混同江之东,并补充道:"女真的传统居住区是在混同江(今松花江北流段)以东,以后才逐步西迁到今松花江以西,甚至迁到了今辽河流域。……在辽代混同江已不是女真人的西界,而只是生女真的西界。""女真的西北界没有超过呼兰河、拉林河一线。"北界在今嫩江及黑龙江中上游。①

这实际上已经注意到女真人活动范围的变化,但由于对其源流问题认识上的疑似不清,也就不可能揭示出女真人活动范围的前后变化,故其所确定的女真四至范围也就不能不陷于自相矛盾。诸如,研究者一方面认为女真非靺鞨,"女真仅起源于广义的靺鞨中的一部,更不是起源于狭义的靺鞨人"②;另一方面,又把女真人活动的地域与靺鞨的活动地域叠合。东到日本海,南邻高丽,西至混同江,北界室韦。这已经把靺鞨(勿吉)活动的范围置

① 孙进己等:《女真史》,吉林文史出版社,1967 年版,第 55 ~ 56 页。

② 孙进己等:《女真史》,吉林文史出版社,1967 年版,第 51 页。

于女真人地域之中,若从此处观之,女真不是“靺鞨中的一部”,而靺鞨成了女真的一部分。

二、女真之名及其源流的学术探讨

关于“女真”的含义及其源流问题,学术界长期以来一直存在着许多不同的说法,纷争不已,莫衷一是,又由于历史资料记载的缺漏和错乱,一些研究者往往是出自揣度而不得要领。其中的主要说法如下:

(一)“东人”说

金光平等较早在著述中提到女真“或说有‘东人’之意”。不见其有具体的论证。① 倒是张甫白在《肃慎、挹娄、女真考辨》中写道:“肃慎、挹娄、女真名称都出自‘东’或‘东夷’。史书记载女真属东夷,甲骨文‘东人’的‘东’字作‘秉’,从禾。女真文‘东’字,读音为‘朱勒’‘朱勒失’,其源甚古。……‘东人’亦即女真语‘东’之‘朱勒’‘朱勒失’。”②

(二)“人”说

薛虹认为:“肃慎、息慎、稷慎都是女真(jusen)的同音异议。jusen 一语在通古斯语系中,原来本是人的意思,是其自称。”③干志耿、孙秀仁在著述中援引薛虹的观点,也以之为是。④

王可宾先生的观点与“人”说相近,他说:“肃慎的后裔,辽金元明时的女真,又称作虑真、朱先、珠尔真、朱理真、诸申或珠申。……‘女真’即‘诸申’,也就是指示自我;所说的‘氏族’,具有‘同姓者’、‘姓氏之姓’、‘同宗’等意,也就是血亲之意。所以,《清文总汇》中关于‘诸中’一词满文的释义,也可释为‘与自己具有相同血缘关系的人’,也就是‘人类’——即他们自己的意思。”其后,王先生在《从语言遗迹看女真社会历史文化》《华与黄帝别解》

---

① 金光平、金启孮:《女真语言文字研究》,文物出版社,1980 年版,第 1 页。文中载:“女直就是女真,因为辽兴宗名耶律宗真,契丹统治者为了避宗真的名讳,一直把‘女真’这一民族的名称改写为‘女直’,形成了今天史籍中‘女真’‘女直’互见的现象。女真这一民族名称的含意,诸说不一,或说是肃慎的转音,或说得之于契丹人,或说有‘东人’之意。”

② 张甫白:《肃慎、挹娄、女真考辨》,《史学集刊》1992 年第 1 期。

③ 薛虹:《肃慎的地理位置及其同挹娄的关系》,《吉林师范大学学报》1980 年第 2 期。

④ 干志耿、孙秀仁:《黑龙江古代民族史纲》,黑龙江省文物出版编辑室 1982 年内部刊印,第 99 页。

《再议女真称谓》等文中不断重申此种观点。

（三）“酸酱菜”说

董万仑提出此说。“肃慎之名称，本为后世女真、诸申二词之语源。清高宗说：‘满洲，其实即古肃慎为珠申之转音。’这个看法是对的。诸申，《三体满洲实录》满文写作 jušen，诸申也就是女真，《永宁寺碑》女真作 juše，二词相差仅是一个后缀‘n’。jušen 一词的含义费解，可能与汉语‘酸’有关。jušen 的词干为 juše，加动词后缀 – mbi 为 jušembi，《五体清文鉴》释为‘疾病、作酸’。《清文汇书》释为‘凡物酸了’。juše 加名词后缀 – mpe 为 jušempe，《五体清文鉴》释为‘菜肴：酸酱菜。’满族人说，他们的先人喜食酸菜，故外族称之‘酸菜达子’。这是肃慎一词在后世的含义。”①

（四）“海东青”说

崔广彬认为肃慎一词即女真语“东方之鹰”，“‘肃慎’一词来源于女真语，即女真语 zhul（东方之意）shen（海青之义）的合成，即‘东方之鹰’（海东青）之意。……肃慎作为民族，也就是鹰的民族”②。此说在王禹浪的《“女真”称号的含义与民族精神》一文中得到拔高，把“女真”释为“海东青”，与女真人的拼搏进取精神联系在一起。③

（五）“箭”说

哈斯巴特尔先生认为肃慎、挹娄和女真“这三个族称是具有同源联系，但已有不同发展变化的同源词。这些族称在词源上来源于‘箭’，最初表示‘猎民’。同史籍中所记载的‘北夷’的称呼相一致”④。女真即是“持箭人”。

（六）“女古”说

李学智在《释女真》一文中指出，女真源于室韦，女真即辽时女古，其义为金，“吾人发觉辽史中之‘女古’一语，或系女真一名之转讹也。虽然女古与女真，在语言之发音上通转极难，但吾人惑疑女古一名为修辽史者有意之作伪”⑤。

---

① 董万仑：《〈东北史纲要〉中的满语连用》，《满语研究》1989 年第 1 期。

② 崔广彬：《“肃慎”一名之我见》，《北方文物》1987 年第 3 期。

③ 王禹浪：《“女真”称号的含义与民族精神》，《北方文物》1992 年第 3 期。

④ 哈斯巴特尔：《试析肃慎、挹娄、女真的族称关系》，《黑龙江民族丛刊》2000 年第 3 期。

⑤ 李学智：《释女真》，载《宋辽金史研究论集》，1967 年版，第 184 页。

以情理言之,“女真”一词的含义按说应该是明确和单一的,不大可能既是甲,又是乙,或又是丙,而且迄今为止显然没有出现达成共识的迹象,使得问题的解决成了“老大难”。不过,如果细心分析一下,就不难发现,(一)至(五)说的观点都是建立在肃慎—女真为同一族系基础上的认识,即同属于东方之夷而才有了“东人”“东方之鹰”等诸种说法。而虽然所谓的三大族系说的本身就是一个值得商榷的问题,因为它是后世研究北方民族历史的学者,根据自己的理解和认识而人为设定,并且是用现在的满族、蒙古族、朝鲜族来逆推他们的先人的历史处境,故完全有可能偏离了历史的客观实际;但尽管如此,“东方之鹰”即“鹰的民族”说与来源于‘箭’即“持箭人”的说法还是值得考虑和重视的,也即女真来自肃慎的说法是应该可信的。至于李学智的“源于室韦”的说法尽管让人感到唐突,但也不完全是空穴来风。因为从婚俗、葬俗上看,女真与肃慎之间毕竟存在着某些差异,可以说是同风不同俗。所谓“风”强调风土等自然地理条件对人的行为的影响,“俗”是一种习以为常的社会生活模式。① 使用相同的工具“楛矢石砮”,且穴居等,是因地理环境的相同而产生的“同风”现象;俗是“习以为常的社会生活模式”,具有相对的稳定性,借此判断民族、部族、部落之间是否存在“苗裔”关系要可靠一些,至少比“风”层面的比较来得可靠。肃慎与女真在语言、婚俗、葬俗等方面的某些差异表明他们似乎是不完全同俗的。

如《晋书·肃慎传》载:“将嫁娶,男以毛羽插女头,女和则持归。然后致礼聘之。”②

众所周知,婚俗不是一朝一夕能形成和改变的,通过它可以判断民族、部落长时间里关系的远近亲疏。肃慎的婚俗是男娶女,而有聘娶的过程。肃慎人来自华北,③曾于商周有过较近距离的接触,商周的文化对其产生一定影响。从其婚俗看,“男以毛羽插女头,女和则持归”。在原始婚姻自由的

---

① 萧放:《中国传统风俗观的历史研究与当代思考》,《北京师范大学学报》2004年第6期。

② (唐)房玄龄等:《晋书》卷九十七《四夷传》,中华书局,1974年版。

③ 关于肃慎的起源有诸多说法,今山东半岛,为东夷之夙沙卫说,以金毓黻、凌纯声为代表;燕山山脉说,以傅斯年为代表;今吉林市附近松花江流域说(即认为西团山文化是肃慎文化),以薛虹为代表;今松花江以东的牡丹江流域说(即认为莺歌岭文化是肃慎文化),以孙进己为代表;今黑龙江中下游地区说,以张博泉为代表。笔者倾向于迁徙说,即从山东半岛,转徙到燕山山脉,再徙东北白山黑水之间。

择偶过程里隐约透露一种礼节的存在，撇开异时异域的历史氛围，与《诗经》[①]描写的男女情爱很有相同的意境。

如《郑风·山有扶苏》的描写："山有扶苏，隰有荷花。不见子瓤，乃见狂且。""山有桥松隰有游龙。不见子充，乃见狡童。"

《鄘风·桑中》："期我乎桑中，要我乎上宫，送我乎淇之上矣。"

《郑风·溱有》："洧之外，洵汙且乐。"

《小雅·隰桑》："既见君子，其乐如何？"

《卫风·氓》："既见复关，载笑载言。"

《诗经》中描写的男女约会的场面是商周时期原始的自由婚姻的写照，是历史境况的文学表现，有一定的史料功能，能与史料互相印证。肃慎的婚俗"男以毛羽插女头，女和则持归"虽然发生在异时异地，说明肃慎人保留了中原商周时期的婚姻风俗，恰好应验了"中原失礼，求诸四夷"的古训。

女真人的婚俗，《三朝北盟会编》卷三《女真传》记载："其俗谓男女自媒胜于纳币而婚者。""（女子）行歌于途。其歌也，乃自叙家世、妇工、容色；以伸求侣之意。听者有未娶欲纳之者，即携而归，其后方具礼偕女来家以告父母。"《松漠纪闻》正卷载："亦有先与室女私约，至期而窃去者。女愿留则听之。"

这里记载的女真婚俗与肃慎婚俗相距一千多年，女真人的婚俗融入了其他民族部落的婚俗是不可避免的，早已不是当初的原始形态，故其与肃慎婚俗之间存在着某些差异是完全可以理解的。

再看葬俗。

《三朝北盟会编》记载："其死亡，则以刀嫠额，血泪交下，谓之送血泪。死者埋之而无棺椁，贵者生焚所宠奴婢、所乘鞍马以殉之。所有祭祀饮食之物尽焚之，谓之'烧饭'。"[②]

《大金国志》载："其亲友死，则以刃嫠额，血泪交下，谓之'送血泪'。死者埋之，而无棺椁。贵者生焚所宠奴婢，所乘鞍马以殉之。其祀祭、饮食之物尽焚之，谓之'烧饭'。"[③]

《晋书》记载："死者其日即葬之于野，交木作小椁，杀猪积其上，以为死

① 中国诗经学会编：《诗经·国际学术研讨会论文集》，河北大学出版社，1994 年版。

② （宋）徐梦莘：《三朝北盟会编》卷三《政宣上帙三》，光绪四年（1878 年）铅印本。

③ （宋）宇文懋昭：《大金国志》卷三十九《初兴风土》。

者之粮。性凶悍,以无忧哀相尚。父母死,男子不哭泣,哭者谓之不壮。相盗窃,无多少皆杀之,故虽野处而不相犯。”①

《肃慎国记》所载的肃慎社会更为文明,“性凶悍,以无忧丧相尚。父母死,男子不哭,哭者谓之不壮。相盗赃物无多少,尽诛杀之。虽野处而不相犯。死者即日便葬于野,交木做小椁,杀猪积椁上,富室数百,贫者数十,以为死者之粮。以土覆之,以绳系于椁,头出土上,以酒灌酹,终绳腐而止,无时祭祀也”②。

肃慎的葬俗甚至于表现出“礼”的端倪。死者其日即葬之于野,交木作小椁,杀猪积其上,可见死者埋葬的时间是“当日”,地点是“野”,不管这个“野”具体是什么地方,至少是与活人的居住区相分离的。“椁”和殉牲是丧葬的仪式,仪式的讲究说明社会中已经出现了礼的概念。

而女真与肃慎之间相距一二千年,其葬俗无棺椁,以身衬土,杀马以殉等虽与勿吉的葬俗相近,却已经感觉不到了“礼”的概念,非但没有进步,反倒呈现出落后的味道;而其“剺额”的习俗,则与突厥、蒙古人相近,“烧饭”又与古代乌桓人、契丹人的葬俗相类。另一方面养猪者一般来说是定居,或者说是半定居,其经济生活是渔猎兼有采集和初步的农耕;大量养马者,且以马为坐骑,应该是游牧的人们。故从葬俗反映女真与肃慎二者之间确实存在着某些区别,但这并不意味着肃慎和女真之间根本就不存在着文化方面的传承,只是由于时空范围的变化而受到了某些因素的影响而发生了变化而已。至于李学智所谓的女真源于室韦,虽然未必完全是空穴来风,因为女真文化因素中的某些成分确实受到了东胡人后代某些因素的影响;但是,并没有任何证据可以证明他们就是同源的两个分支。

三、女真内部的区分与分布

女真在辽朝契丹人的统治下,地域分布发生很大变化,不同的历史记载互有抵牾,后世研究者在没有理清原委的情况下,研究女真人的分布与划分存在很多问题,诚如研究者所言:

“首先,辽、宋、金史书中记载的各支女真人的名称,前后极不一致,这是

① (唐)房玄龄等:《晋书》卷九十七《四夷传》。

② (宋)李昉:《太平御览》卷七八四,中华书局,1966 年影印版,第 3471 ~ 3472 页。

由于这些名称是他族人以其社会发展快慢，或时间前后不一、归属辽朝形式不同和以居住地点等称之。因而，同一名称在不同时期，既有范围的扩大，也有内涵的缩小。第二，女真族诸部的部名，在辽圣宗（983—1031 年在位）后期才逐渐见于史书，而且大多数是'生女真'的部名。第三，由于女真人在辽初南迁是分散进行，便出现同一个部的部民分居几地，加之以后又有再迁徙，于是一个部的部民不仅分居几地，而且与其他部交错杂居。第四，史书记载的女真'部'，有的指部落，有的是氏族，甚至有的是指氏族分支。"①

要进一步理清女真诸部的区分与分布，就要对宋、辽、高丽各家史籍记载女真人的历史进行梳理。

女真，在 10 世纪初出现于史籍，主要是因为契丹人对它的征讨而记载下来的。《辽史》记载："明年（唐天复三年）春，伐女直，下之，获其户三百。"又"（唐天佑三年）十一月，遣偏师讨奚、霫诸部及东北女直之未附者，悉破降之"②。

唐初，女真与靺鞨相邻，契丹征讨女真时，称其东北女真，由此判断，女真既与靺鞨相邻，又与契丹相邻，它的位置大致在靺鞨的西北、契丹的东北，即嫩江、第二松花江一带。被契丹征服后，第二松花江以南、宁江州以西的女真隶于契丹籍，称为"熟女真"，以北、以东不隶籍者称"生女真"。熟女真与生女真合起来是女真的主体。

在契丹统治下，熟女真或被迫或自愿迁离原来的故地，在渤海故地和辽南地区出现女真诸部。对于女真的分布，各家史籍有不同的记载。高丽人把女真划分为东女真和西女真；宋人把女真划分为熟女真、回跋、生女真、东海女真、黄头女真；契丹人将女真划分为南女真、北女真、曷苏馆女真、黄龙府女真、顺化国女真、鸭绿江女真、长白山女真、生女真、滨海女真、乙典（阿典、移典）女真、奥衍（奥扬）女真。

对于高丽、宋人、辽朝人的不同记载，很少有研究者关注，多数人是不辨泾渭地混用。孙进己先生关注了高丽、宋人、辽朝人的记载，但他不辨三者的关系，而是指斥前两者不如契丹人的记载，"比较接近女真诸民族共同体

---

① 陈佳华、蔡家艺、莫俊卿、杨保隆：《宋辽金时期民族史》，四川民族出版社，1996 年版，第 82 页。

② （元）脱脱等：《辽史》卷一《太祖本纪》，中华书局，1974 年版。

的划分”[①]。其实,高丽、宋、辽对女真的记载是站在不同的角度,选择的空间、时间也不同,综合分析三者有助于梳理辽代女真的迁徙流动情况。

高丽人所说的“东女真”,始见于《高丽史·定宗世家》三年(948年,辽世宗天禄二年)九月条:“东女真大匡苏无盖等来献马七百匹及方物。”[②]“西女真”始见于《高丽史·显宗世家》八年(1017年,辽圣宗开泰六年)八月壬辰条:“西女真揩信擒契丹东京崇圣寺僧道遵以来。”[③]东、西女真在高丽史籍中出现较晚,这不是女真刚出现在高丽附近,也不是高丽适时向北扩展与女真相遇的缘故,这是因为此前,高丽不用“女真”之名,用女真之名是追随辽朝的习惯。从史籍上看,东女真比西女真早出现六十余年,说明东女真很早就与高丽接壤,曾被称作“黑水蕃众”或“黑水”人。

西女真曾距高丽较远,不过后来被称为女真的人群应该有一部分很早就活动在高丽附近,如《高丽史》记载:“尹碹,盐州人,为人沉勇,善韬铃,初以弓裔诛杀无厌,虑祸及己,遂率其党走北边,聚众二千人,居鹘城,召黑水蕃众,久为边郡害,及太祖即位,率众来附,北边以安。”[④]同书载:“黑水酋长高子罗率百七十人来投。”[⑤]又载:“黑水阿于閒率二百人来投。”[⑥]这些“黑水蕃众”或黑水人与今天的黑龙江无关,所谓的“黑水”即粟末水,今第二松花江,被称为“黑水”人的部落原来居于黑水一带,属于靺鞨七部,唐征高句丽时,离散流落到高丽的北境,《三国史记·新罗本纪》中新罗宪康王十二年(886年,唐光启二年)条载:“北镇奏,狄国人入镇,以片木挂树而归,遂取以献其木,书十五字云:宝露国与黑水国人共向新罗国和通。”[⑦]东女真出于“黑水蕃众”,如《高丽史》显宗十一年正月丙寅条所载的“黑水靺鞨高之问”,靖宗四年正月辛酉条则作“东女真归德将军高之问”;显宗十二年九月乙未条提到的“黑水靺鞨苏勿盖”,同二十一年五月乙卯条则作“东女真奉国将军苏勿盖”;显宗十三年正月丁亥条所载“黑水酋长沙逸罗”,同十九年十二月壬

① 孙进己:《东北民族源流》,黑龙江人民出版社,1987年版,第187页。

② [朝鲜]郑麟趾:《高丽史》卷二《定宗世家》;[日]市岛谦吉编辑,明治四十一年十一月二十五日至明治四十二年十月一日,武术信贤印刷。

③ [朝鲜]郑麟趾:《高丽史》卷四《显宗世家》。

④ [朝鲜]郑麟趾:《高丽史》卷九十二《尹瑄传》。

⑤ [朝鲜]郑麟趾:《高丽史》卷一《太祖世家》。

⑥ [朝鲜]郑麟趾:《高丽史》卷一《太祖世家》。

⑦ [朝鲜]金富轼:《三国史记》(校勘本),吉林文史出版社,2003年版,第158页。

辰条则作“东女真沙逸罗”，等等。东女真很早就与高丽接壤，他们的关系也比西女真密切。据统计，1009—1122 年，东女真与高丽交通 150 次。西女真 44 次。①

第二节　辽时的女真诸部

阿保机在建国前，就把女真作为征讨、统治的对象之一。正是由于契丹对女真的征讨，女真人才开始真正出现于史籍中，但关于女真人的源流问题及其所处的地理位置的变化还有待进一步研究。

一、熟女真诸部

唐天复二年（902 年）春，阿保机率兵东征，“伐女直，下之，获其户三百”②。唐天祐三年（906 年）十一月，阿保机“遣偏师讨奚、霫诸部及东北女直之未附者，悉破降之”③。东北女真指的是在嫩江、松花江（第二松花江）一带的女真人，包括后来称为生女真和熟女真的部落。

女真被划分为“生”与“熟”是针对契丹东北的女真群体而言的，是根据他们与契丹关系的远近而定的，是有时间与空间限定的概念。在契丹对女真人的划分里没有熟女真，这是因为熟女真已经被契丹迁徙、处置于渤海故地。在渤海灭亡前后的一段时间里，处于宁江州以西、粟末水（第二松花江）以南的女真人拥有“熟女真”的称谓，待他们被迁徙以后，“熟女真”作为社会实体已经不存在了。熟女真被分离成很多部分，有合苏馆女真、南女真、北女真、鸭绿江女真、黄龙府女真等。

（一）合苏馆女真

合苏馆女真是女真人中最受辽朝重视的部分，阿保机在世时，就被迁徙到辽阳一带。这部分女真人可能有双重身份，既是女真人的重要组成，还有可能是黑水靺鞨被渤海征服的部分，阿保机在攻灭渤海前就已经征服了这

---

① 金渭显：《契丹的东北政策—契丹与高丽女真关系之研究》，台北华世出版社，1981 年版，第 108 页。

② 《辽史》卷一《太祖本纪》。

③ 《辽史》卷一《太祖本纪》。

部分女真，迨渤海灭亡后，就把他们迁到辽阳。

合（曷）苏馆女真很多文献都有记载，但各种文献又其说不一。《三朝北盟会编》记载：“契丹阿保机，乘唐衰乱，开国北方，并吞诸蕃三十有六，女真其一也。阿保机虑女真为患，乃诱其强宗大姓，数千户，移置辽阳之南，以分其势，使不得相通，迁入辽阳著籍者名曰合苏款，所谓熟女真者是也。”①《文献通考》记载：“阿保机虑其（女真）为患，诱迁豪右数千家于辽阳南而著籍焉，分其势，使不得与本国相通，谓之合苏馆，合苏馆者（熟）女真也。”②《大金国志》记载：“黄头女真者，皆山居，号合苏馆女真。”③《契丹国志》黄头女真，皆山居，号合苏馆女真。合苏馆，河西亦有之。有八馆，在黄河东，与金粟城、五花城隔河相近。其人憨朴勇鸷，不能别死生，契丹每出战，皆被以重札，令前驱。髭发皆黄，目睛多绿，亦黄而白多。④

《松漠纪闻》记载：“黄头女真者，皆山居，号‘合苏馆女真’。合苏馆，河西亦有之，有八馆，在黄海东，今皆属金人。与金粟城、五花城隔河相近。二城八馆旧属契丹，今属夏人。金人约以兵取关中，以三城八馆报之，后背约，再取八馆，而三城在河南，屡争不得，其一城忘其名。其人戆朴勇鸷，不能别死生。金人每出战，皆被以重札，令前驱，谓之硬军。后役之益苛，廪给既少，遇卤掠所得，复夺之，不胜忿。天会十一年遂叛。兴师讨之，但守遏山下不敢登其巢穴。经二年，出斗而败，复降。疑即黄头室韦也。金国谓之黄头生女真，髭发皆黄，目精多绿，亦黄而白多，因避契丹讳，遂称黄头女直。”

从上面的文献看，似乎合苏馆是熟女真，合苏馆是黄头女真。有研究者认为“其熟女真，又谓之曷苏馆，亦称黄头女真”⑤。“被编入辽朝户籍，称为‘熟女真’。又称曷苏馆女真（义为篱笆内的女真）。”⑥理清三者之间的关系，“曷苏馆”很关键，曷苏馆，又译写为合斯罕、合思罕、合苏款、和硕馆、合苏馆、鹤柱馆等，这些都是民族语言读音的汉字译写，指的是同一件事。就现在的研究情况看，多数研究者认同它是“满语”，“篱笆”的意思。贾敬颜先

① （宋）徐梦莘：《三朝北盟会编》卷三《宣政上帙三》。
② 《文献通考》卷三二七《四夷考》。
③ （宋）宇文懋昭：《大金国志》卷十二《熙宗孝成皇帝四》。
④ （宋）叶隆礼：《契丹国志》卷二十六《诸蕃记》，齐鲁书社，2000 年版。
⑤ 金毓黻：《东北通史》，社会科学杂志社，第 335 页。
⑥ 白乐天主编：《中国全史中国通史》第 1 ~ 3 卷，光明日报出版社，2000 年版，第 1200 页。

生的论说比较有代表意义，他说：合苏馆又作曷苏馆、遏速馆、合苏款、合苏褒（词尾有附加成分，犹言“合苏馆的”）、合思罕、合斯罕、合苏、苏馆（后两者当有缺漏），女真语“藩篱’之义（相当于满语的 hashan，即“篱笆栅”）。其所以如是命名，盖女真入辽籍，为其“藩属”，就像藩篱那样，起着“外围”的作用。因为有合苏馆女真存在，所以生女真建立金朝后，又在熟女真集中之区设置了合苏馆路。[①]

这种解释看似很合逻辑，问题是“合苏馆”一词是否是满语，或是被满语承继的女真语，不能确定。《金史》记载“曷苏馆路，置节度使。天会七年，徙治宁州，尝置都统司，明昌四年废。有化成关，国言曰曷撒罕关”[②]。这里的国言很难说它就是女真语，在没有确定语言族属的情况下，把“合苏馆”在满语中对译实在是欠妥。

在《金史》记载“合苏馆”之前，《辽史》已有较清楚的记载。如《辽史·百官志》：“属国中有曷苏馆路，亦曰苏衮部，又曰合素。”《辽史·食货志》：“曷术，国语（指契丹语）铁也。”《辽史·营卫志》下：“曷术部。初，取诸宫及横帐大族奴隶置曷术石烈，‘曷木’，铁也，以冶于海滨柳湿河，三黜古斯、手山。圣宗以户口蕃息，置部。”[③]

从“曷苏”的语源与曷苏馆的历史综合起来看，曷苏馆指辽朝的三是属国冶铁的女真部落。是熟女真的一部分，曷苏馆女真中还有黄头者，即黄头女真。

合苏馆诸部女真，圣宗太平六年（1026 年），“许建旗鼓”[④]，称曷苏馆女真国大王府。《辽史》北面属国官条载：“曷苏馆路女真大王府，亦曰合苏衮部女直王，又曰合素女直王，又曰苏馆都大王。圣宗太平六年，曷苏馆诸部许建旗鼓”以管理本路各部军政事务。

（二）濒海女真国大王府

滨海女真，又写作濒海女真，其所濒之海，即是今之日本海，为东海，也称东海女真。《三朝北盟会编》记载：“其边远而近东海者，则谓之东海女

---

① 贾敬颜：《女真及其相关的民族》，《历史教学》1985 年第 10 期。

② 《金史》卷二十四《地理志》。

③ 《辽史》卷三十三《营卫志》。

④ 《辽史》卷四十六《百官志》。

真。"[1]辽政府在濒海女真地区置属国大王府及其下属节度使司。濒海女真大王府所在之地，当为绥芬河流域，即为今俄属乌苏里斯克（双城子）城址。辽朝《辽史》记载"北面属国官"有"濒海女直国大王府"[2]。又载：统和六年（988 年）八月"丁丑，濒海女直遣使速鲁里来朝。……滨海女直遣厮鲁里来修土贡"[3]。"速鲁里"与"厮鲁里"是同一人名的不同译写。

（三）长白山女真国大王府

长白山三十部女真在《辽史》《金史》《高丽史》《三朝北盟会编》《宋会要辑稿》《文献通考》《续资治通鉴长编》等史籍中提及过。《辽史》记作"长白山三十部女直"[4]，《续资治通鉴长编》记作"女直三十首领"[5]，《高丽史》则记作"女真三十姓部落"。"显宗三年（1012 年）春二月甲辰，女真酋长麻尸底，率三十姓部落子弟来献土马。"[6]

关于长白山三十部女真，中外学者给予很多关注。日本学者如津田左右吉《尹瓘征略考》、池内宏《高丽朝东女真的海寇》、小川裕人《论三十都女真》、三上次男《辽末金完颜家族的通婚状态》等，他们对三十部女真地理位置考定的比较多，而他们的来源很少涉及。三十部女真的来源与组成是认识这个时期女真人整体变化的一个侧面。

三十部女真是后来才出现的，从高丽的东西女真划分，宋人生熟女真、东海女真、黄头女真的划分来看，三十部女真不在其列，这部分女真是后来诸多部落聚合而成的，来源很复杂。

三十部女真出现的时间大约在辽圣宗时期，与辽圣宗征讨女真有关。辽圣宗（983—1031 年）时期，开始加强对女真的统治与征服，统和元年至四年（983—986 年），辽两次征伐女真：第一次，自统和元年十月至二年四月，命东路行军宣徽使耶律普宁（耶律阿没里）、都监肖勤德（肖恒德或肖肯德）率军"征女真"[7]。二年八月，"东京留守兼侍中耶律末只奏，女直术不直、赛里

---

① （宋）徐梦莘：《三朝北盟会编》卷三《宣政上三帙》。

② 《辽史》卷四十六《百官志》。

③ 《辽史》卷二十《圣宗纪三》。

④ 《辽史》卷十五《圣宗纪六》。

⑤ （宋）李焘：《续资治通鉴长编》卷三十二，中华书局，1985 年版。

⑥ ［朝鲜］郑麟趾：《高丽史》卷四《显宗世家》。

⑦ 《辽史》卷十《圣宗本纪一》。

等八族乞举众内附。"[①]第二次,从统和三年八月之四年正月,命枢密使耶律斜轸、林牙肖勤德等"东征女真",四年正月,"上讨女直所获生口十余万、马二十余万及诸物"[②]。契丹征讨的女真当指鸭绿江女真和滨海女真,女真被征讨后,要么表示臣服,即"举众内附",要么被俘,要么逃离。逃离者有向高丽逃奔的,也应该有向长白山山区逃奔的,山地比较容易躲避契丹人的征讨,三十部女真应该是来自滨海女真,或鸭绿江女真的叛逃者,他们啸聚长白山,成为三十部女真的主体。当然,不否定长白山本来有一部分女真人的存在,但不会太多。还可能有五国部人加入。正是由于女真被征讨而逃难,促使长白山地域女真部落的壮大,至于是否是三十部不好说,可能多一些,也可能少一些。

宋朝方面的记载也证实三十部女真出现的时间。《长编》太宗淳化二年十二月条云:"是岁(992 年),女真首领野里鸡等上言,契丹怒其朝贡中国,去海岸四百里立栅,栅置兵三千,绝其朝贡之路。于是航海入朝,求发兵与三十首领共平三栅。若得师期,即先赴本国,愿聚兵以俟。上但降诏抚谕,而不为出师。其后遂归契丹。"[③]

三十部女真向宋求兵不得,只能依存在契丹与高丽之间,《辽史》所提到的长白山三十部女直就是《高丽史》所提到的女真三十姓部落。统和二十八年(1010 年),契丹征讨高丽,"占领都城开城"[④],也震慑了长白山女真,"辽圣宗开泰元年(1012 年)正月,长白山三十部女直酋长来贡,乞授爵秩"[⑤]。高丽显宗三年(1012 年)二月,"女真酋长麻尸底率三十姓部落子弟来献土马"。"同年闰十月,女真毛逸罗、钼乙豆率部落三十姓诣和州乞盟,许之。"[⑥]白山女真一面要向辽朝臣服,另一面还要保持与高丽交往,为自己开一条后路。太平元年(1021 年)四月,"东京留守奏,女直三十部酋长请各以其子诣阙祗候。诏与其父俱来受约"[⑦]。辽并设有长白山女直国大王府。[⑧]

---

① 《辽史》卷十《圣宗本纪一》。
② 《辽史》卷十一《圣宗本纪二》。
③ (宋)李寿:《续资治通鉴长编》卷三十二。
④ 《辽史》卷一一五《高丽传》。
⑤ 《辽史》卷十五《圣宗本纪六》。
⑥ 《高丽史》卷四《显宗世家一》。
⑦ 《辽史》卷十六《圣宗本纪七》。
⑧ 《辽史》卷四十六《百官二》。

另从高丽方面的记载看,三十部女真常与东女真互称,如《显宗世家》一处记“三十姓首领女真毛逸罗”,另处记“东女真酋长毛逸罗”;《文宗世家》一处记“蒙罗古村三十部落”,另处记“东女真蒙罗古村”。三十部女真主要来源于东女真,他们是唐灭高句丽后,东迁的靺鞨部落的遗裔。

(四)黄龙府女真部大王府

黄龙府是辽的军事重镇,原是渤海的夫余府。阿保机灭渤海,先攻黄龙府。《辽史·太祖本纪》记载:“(天显元年七月)甲戌,次夫余府,上不豫。是夕,大星陨于幄前。辛巳,平旦,于城上见黄龙缭绕,可长一里,光耀夺目,入于行宫。有紫黑气蔽天,逾日乃散。是日,上崩,年五十五……太祖所崩行宫在扶余城西南两河之间,后建升天殿于此,而以扶余为黄龙府云。”①

关于黄龙府的得名,姜维东等撰文认为:“我们且看辽太祖行宫附近的两条河是否可称为黄龙。此二河系今农安境内的伊通河与新开河,以二河所在地地质情况而言,二河正处在由中新统黄土状沉淀物组成的台地平原上,均为黄水河。按当时人通称即为黄龙。当时辽国御用文人因太祖行宫附近的黄水河联想到辽太祖一直与华夏始祖黄帝相比拟,遂编造出黄龙下坠、陨星落幄两桩绝不可能发生的异事,并顺理成章地改夫余府为黄龙府。总之,黄龙府是因辽御用文人以辽太祖比拟黄帝,又与当地河流土名相结合而得名。”②

如此解释黄龙府地名的来历多是出于穿凿附会。地名的命名不会是因为个人(包括帝王在内),或一群人认可、倡导而存在,文人墨客的记载也不会是地名的起因,相反,常常是结果的反映。地名的存在需要社会普遍接受、认同。也就是说“黄龙府”不会是因为阿保机及其御用文人所起的作用,黄龙府地名的出现有深刻的历史背景,还有待进一步揭示。

黄龙府与《辽史》记载的“黄龙传说”有间接的关系。在没有文字记载的民族历史中,传说很重要,传说中保存很多历史信息,如何解读出历史信息很关键。传说的来历一般是源于真实的历史,历史在口口相传的过程中加入很多附会、想象、夸张的内容,有人把传说记载下来,又有人把记载下来的

---

① 《辽史》卷二《太祖本纪》。

② 姜维东:《耶律阿保机托神改制与黄龙府名称的由来》,《长春师范学院学报》1996 年第 4 期。另见姜维东、刘矩:《东北地方民族史证》,吉林大学出版社,2005 年版,第 56 页。

传说当“历史”记载解读，这样一来，歧说纷呈，难辨是非。解读民族历史的传说需要研究相关的民族历史，借助历史把传说还原回历史的语境与历史的环境中。

《辽史》所记载的“黄龙”现与太祖崩与高句丽的“遣黄龙迎王”传说有相似的语境。《好太王碑》有一段朱蒙之死的记载：“不乐世位，因遣黄龙迎王，王于忽本东岗履龙首升天。”以此观之，“黄龙”现暗示阿保机也是随“黄龙升天”了。“黄龙升天”的传说属于高句丽，夫余曾属高句丽，在渤海扶余府地带流传“黄龙升天”的传说是可能的，于是，当地人把阿保机的死与“黄龙升天”相附会。不过，契丹人崇拜黑龙，不崇拜黄龙，把“黄龙升天”附会在阿保机身上不会得到契丹人的认同，因此，书写太祖实录的载籍者也只能含混其事，“黄龙”现与太祖之死的关系说不明，道不明，又莫名其妙地牵扯出“黄龙府”的命名。

其实，“黄龙府”的命名与高句丽人的“黄龙升天”没有关系，与阿保机死，“黄龙”出现更不贴边。渤海扶余府改称黄龙府的主要原因是此地的居民发生了变化，扶余府的渤海遗民被南迁后，此地的居民当有女真人，即后来的黄龙府女真。《辽史》中黄龙府女真的最早记载：“天显三年(927 年)正月己未，黄龙府罗涅河女直、达卢古来贡。”①此后，不见黄龙府罗捏河女真朝贡，或其他与辽朝的交往。罗涅河，有研究者认为：“此河为混同江之一个支流，其具体流域当在宁江州附近。”②还有人直接指出罗涅河即是拉林河(涞流河)的对音。杨保隆先生确定罗涅河女真为生女真时论证道：“有三点可确定它为生女真。一是它居于黄龙府境(治所在今农安县)，与生女真地相连；二是罗涅河之罗涅，音近今拉林河之拉林；三是它与同为生女真的达卢古部一同向辽纳贡。这三点中最有说服力的是罗涅河女真分布于粟抹江之北，辽宁江州之东，正是在《三朝北盟会编》等记的生女真地域内，故它应为生女真。”③

在罗涅河未确定具体位置的前提下，说它在“黄龙府境内”，是主观臆测；在臆测的前提下，在黄龙府附近，找出拉林河与罗涅河对音，是站不住脚

① 《辽史》卷三《太宗纪》。

② 林荣贵：《辽朝经营与开发北疆》，中国社会科学出版社，1995 年版，第 69 页。

③ 杨保隆：《辽代女真别称考辨》，载白滨、史金波等编《中国民族史研究》(二)，中央民族学院出版社，1989 年版，第 71 页。

的；达卢古部在宁江州以西，非生女真地，辽曾在达卢古部设障鹰官，要说它是女真部，只能说是被女真化的部落。三点论据都不能支撑罗涅河与拉林河对音。况且，涞流河本身也是汉字的译写，较原始的读音有：《辽史》中记作"刺离水"，《金史》中的来（涞）流水，又称纳邻河，纳邻必剌，纳邻淀等。还有写作"纳璘河"者。[①]"来流水"的女真文书写见于《大金得胜陀颂》碑，汉文面上所写的"涞流水"，对应另一面的三个女真字缺中间一字[②]，"纳？林"，[na－？－lin][③]，拉林、涞流不是原始读音，与"罗涅"luo－nie无法对译，"罗涅"中的"l"与"n"是可以对译的，罗涅可对译：nuo－lie，即"淖尔"。

"黄龙府罗涅河女直"有两种解释，其一，黄龙府统辖下的罗涅河女真；其二，黄龙府地带有从罗涅河迁来的女真。929年，黄龙府刚被契丹占有，是否具有行政辖区的职能，不敢确定。不过，黄龙府附近有新迁入者，文献是有记载的。

《许奉使行程录》有以下的记载："第三十三程。自黄龙府六十里至托撒孛堇寨。府为契丹东寨，当契丹强盛时，擒获异国人则迁徙散处于此。南有渤海，北有铁离、吐浑，东南有高丽、靺鞨，东有女真、室韦，北有乌舍，西北有契丹、回纥、党项，西南有奚。故此地杂诸国俗，凡聚会处，诸国人言语不同，则各为汉语以证，方能辨之。"[④]

"异国人"，研究者说他们是契丹以外的民族，不太确切。要研究"异国人"所指，必须从历史文献记述的"主体"与"客体"的关系入手。记述此事的人不是契丹人，也不是女真人，是宋朝的使者，1124年他记载了黄龙府附近的见闻。追述一百年前，契丹强盛，开疆拓土，把"异国人"迁到黄龙府的

---

① 贾敬颜：《女真文官印考略》，《中央民族学院学报》1982年第4期。文中载：罗福颐《女真文印集》载有"河头胡论河谋克印"，印藏天津博物馆。印侧书："纳璘河术阿速猛安下河头胡论河谋克印"，"大定十六年四月礼部造"。

② 道尔吉、和希格：《女真文〈大金得胜陀颂〉碑校勘释读》，《内蒙古大学学报》1984年第4期。在此文中，涞流水对应的女真为"1 2 3"，中间字"2"被补上，发音为"li"。想必是源于金启孮编著的《女真文词典》中的"来流河"条。不知金启孮先生根据什么补上此字，或是另有碑文拓本。笔者对此缺字存疑，采用田村实造的立场，田村的研究是在1937年，而金启孮等的研究晚于前者，对其补字没有说明缘由，笔者疑其是根据汉文对字"涞流河"，构拟出中间的缺字发音[li]，不可信。

③ [日]田村实造：《大金得胜陀颂碑之研究》，载中国社会科学院民族研究所历史研究室资料组编译《民族史译文集》第8辑，1978年版，第8页。

④ （宋）宇文懋昭：《大金国志》卷四十《许奉使行程录》。

历史。“异国人”是记事者根据讲述者的讲述进行的概括和定义。“异国人”是出于记述者的定义，记述者把契丹与女真和自己视为“同国人”，这里的“国”是地域的概念，非国家的含义。“异国人”指的是异域之人，和记事者、女真、契丹不一样的人，“异国人”是黄头女真。

黄头女真是被契丹征服的熟女真，他们来自罗涅河，即淖尔河（嫩江的西支流），后来写作绰尔河，绰与淖是形近字，很容易写混，按罗捏河的读音，当对译为淖尔河，不是绰尔河。淖尔河与被迁徙到辽阳的合苏馆女真原驻地很近，合苏馆女真原驻在今泰来附近，与考古发现的绰尔河流域的塔子城很近。从此可以进一步解读为什么文献记载，常常把合苏馆女真与黄头女真混在一起。

《文献通考》记载：“阿保机虑其为患，诱迁豪右数千家于辽阳南而著籍焉，分其势，使不得与本国相通，谓之合苏馆，合苏馆者（熟）女真也，又曰黄头女真，其人憨朴勇鸷，不能别生死。”[①]

《大金国志》记载：“黄头女真者，皆山居，号合苏馆女真。”[②]

《契丹国志》载：黄头女真，皆山居，号合苏馆女真。合苏馆，河西亦有之。有八馆，在黄河东，与金粟城、五花城隔河相近。其人憨朴勇鸷，不能别死生，契丹每出战，皆被以重札，令前驱。髭发皆黄，目睛多绿，亦黄而白多。[③]《松漠纪闻》则记载：“黄头女真者，皆山居，号‘合苏馆女真’。合苏馆，河西亦有之，有八馆，在黄海东，今皆属金人。……其人戆朴勇鸷，不能别死生。金人每出战，皆被以重札，令前驱，谓之硬军。后役之益苛，廪给既少，遇卤掠所得，复夺之，不胜忿。天会十一年遂叛。兴师讨之，但守遏山下不敢登其巢穴。经二年，出斗而败，复降。疑即黄头室韦也。金国谓之黄头生女真，髭发皆黄，目精多绿，亦黄而白多，因避契丹讳，遂称黄头女直。”

合苏馆女真迁到辽阳一带，黄头女真（部分）迁到黄龙府。黄龙府是契丹的“东寨”，杂居很多讲不同语言的民族，“黄龙”府是某民族语言被译为汉语的结果。

女真人崇拜“黄龙”，在《金史》中即见有“黄龙”祥瑞的记载。

如收国元年“九月，克黄龙府，遣辞剌还，遂班师。至江，径渡如前。丁

---

① 《文献通考》卷三二七。

② （宋）宇文懋昭：《大金国志》卷十二《熙宗孝成皇帝四》。

③ （宋）叶隆礼：《契丹国志》卷二十六《诸蕃记》。

丑,至黄龙府。己卯,黄龙见空中。”①

正隆“六年五月,(完颜雍,后世宗来)居贞懿皇后丧。一日方寝,有红光照室,及黄龙见寝室上。”②“上(完颜雍,后世宗来)闻之,益惧。及闻存福图己,事且有迹,李石劝上早图之。于是,以议备贼事,召官属会清安寺,彦隆先到,存福累召始来,并于座上执之。是月,复有云来自西,黄龙见云中。”③

“至宁二年六月甲午朔,以按察转运使高汝砺为参知政事。癸丑,次内丘县。大元乙里只来。戊午,次彰德府,曲赦其境内。庚申,次钜桥镇。是日,南京行宫宝镇阁灾。壬戌,次宜村。黄龙见西北。”④

“收国元年,上在宁江州,有光正圆,自空而坠。八月己卯,黄龙见空中。十二月丁未,上候辽军还至熟结泺,有光复见于矛端。”⑤

“黄龙”出现多与战争有关,对女真人来说黄龙是战争的守护神,即“战神”。但黄龙作为“战神”不是源于完颜女真,是源于黄头女真。黄头女真与合苏馆女真又都与丁零、铁勒、突厥有关,与黄头突厥、黄头室韦存在族源联系。突厥语的民族崇拜神狼,在旗纛上饰金狼头,“金狼”,金是黄色的,狼与龙具有相同的图腾地位,通事译言者把金狼可汉译为“黄龙”。黄龙府的命名是源于黄头女真,黄头女真本身就是“战神”。

大康八年(1082 年)三月,“黄龙府女直部长术乃率部民内附,予官,赐印绶。”⑥《辽史·百官志》载:“黄龙府女真部大王府,道宗大康八年赐官及印。”⑦是知黄龙府女真部大王府置于道宗大康年间,较北女真、南女真、合苏馆女真大王府建置为晚。黄龙府女真部大王府的辖域不限于今吉林省农安县一带,可能与明代的福余(馀)卫相当,包括嫩江以东的乌裕尔河,以西的绰尔河(罗涅河)之间。

(五)南、北女真大王府

南女真国大王府。据《辽史·百官志》“属国部”记载,辽有“南女直

---

① 《金史》卷二《太祖本纪》。
② 《金史》卷六《世宗本纪》。
③ 《金史》卷六《世宗本纪》。
④ 《金史》卷十四《宣宗本纪》。
⑤ 《金史》卷二十三《五行志》。
⑥ 《辽史》卷二十四《道宗纪》。
⑦ 《辽史》卷四十六《百官志》。

国”。南女真主要分布于今辽东半岛熊岳城以南地区。辽置南女真国大王府、汤河详稳司(南女真汤河司)管理之。[①]《辽史・地理志》记载属南女真汤河司统辖的州有卢州(今辽宁熊岳城)、归州(今熊岳城西南归州镇)、复州(今辽宁复州城)、苏州(今辽宁金州城)和镇海府等地。[②] 有人谓南女真即合苏馆女真,[③]其实有别,南女真为圣宗朝“伐女直”以俘获所置,[④]而合苏馆女真则为阿保机迁女真边地“强宗大户”所置,后来又陆续有所充实。

北女真国大王府。据《辽史・百官志》“属国部”记载,辽有“北女直国”。《辽史・地理志》记载属于北女真兵马司统辖的有韩州(今昌图八面城)、肃州、安州、咸州(今开原)、同州、银州(今铁岭)、辽州(今辽滨塔)、双州,以及龙化州等。北女真是指分布在辽河中游一带的女真人。统和八年(990 年)九月,“北女直国四部请内附”[⑤]。辽朝设北女真国大王府,并于辽州设北女真兵马司管辖。统和元年、四年连续攻讨鸭绿江女真。是时,北女真四部可能屈从于辽征讨女真诸部的强大压力归附契丹,成为辽朝治下的属部。

二、生女真与完颜部

生女真世居混同江(第二松花江)以北,宁江州以东,与熟女真一样臣属契丹,不同的是“不隶籍”,从而也就不必完全听命于契丹人的调遣。女真完颜部在辽兴宗时期,乌古乃(函普家族)所部计擒叛离辽廷的五国部节度使拔乙门,受到嘉奖,当即封命“为生女真部节度使”。此后,生女真节度使多由此家族中世袭,女真完颜部的这个家族具有了代表完颜部的政治资本,而且成为生女真人的核心部分。

女真完颜部本来不是生女真,本居于仆干水之崖(在今天的穆棱河上源,老爷岭一带),高丽史籍说他是“东女真”,也间接地说明了他的地理位置,处于近海地带的女真应该属于宋人记载的“东海女真”,辽朝记载的“滨海女真”。从后来函普完颜家族与苏滨水、葛懒甸一带女真的唇齿相依的关

① 《辽史》卷四十六《百官志》

② 《辽史》卷三十八《地理志》

③ 杨同桂、孙宗翰:《盛京疆域考》,见《辽海丛书》卷四。

④ 《辽史》卷三十八,《地理志二》;同书卷十五《圣宗纪六》。

⑤ 《辽史》卷十三《圣宗纪四》。

系看，也暗示出完颜部与滨海女真的不一般关系。在滨海女真附于辽朝之前即辽朝在滨海女真建立大王府之前，女真完颜部的一部分（包括函普家族在内）迁徙到来流水与安出虎水之间，进入生女真的居地。

女真完颜部与生女真有一定的区别。女真完颜部的绥可作为著名的大首领，会建筑屋宇，有栋宇之制，善于耕垦树艺，懂得烧炭炼铁等，代表着完颜部的文化水平；但同书同卷又记载，“生女真旧无铁，邻国有以甲胄来鬻者，倾赀厚贾以与贸易，亦令昆弟族人皆售之。得铁既多，因之以修弓矢，备器械，兵势稍振，前后愿附者众”①。前面说是绥可时“教人烧炭炼铁”，后面又讲景祖时“生女真旧无铁”，显而易见，女真完颜部当初与“生女真”并不是一回事；否则岂不就是自相矛盾和令人费解了。故所谓的“生女真旧无铁”指的是当初的生女真地界本来不知炼铁，然而，由于后来有了完颜部的加入，情况也就发生了重要的变化，即最晚到了景祖乌古乃时期前后，完颜部加入了生女真的大家庭，才使得生女真地界之内出现了炼铁的行当。这是女真完颜部与生女真不同的地方，也是其高出生女真的地方，当然这也是其后来作为生女真节度使重要的前提之一。

在很多研究者的笔下，完颜部就是生女真，完颜部的社会就是生女真的社会，这样含混的认识，既忽略了生女真独立存在的历史，也忽略了完颜部与生女真融合的历史过程。《金史》《三朝北盟会编》《北风扬沙录》等文献都记载生女真的社会情况。研究者多认为生女真比熟女真落后、不开化，其实，这并不是他们之间的根本区别，根本区别在于生女真“散居”、“野处”、不相统属、没有城郭等，《金史》中称他们为“野居女真”，多次受到腊醅、麻产等部落的侵扰。“散居山谷间、依旧界外野处”的女真人，很难对其进行有效的管理与统治，不是契丹统治者不想使其入籍，是无法使其入籍。所谓落后、不开化都是这种游牧生活使然，或者说是表现。正是“散居”、“野处”、不相统属，辽朝不担心他们“为患”，任其自处，也正是这种不凝聚，使完颜部有机会入驻他们的领地，有机会成为他们的保护者，进而成为其中的一员。在函普家族后代的家长们（部长）率领完颜部人耀武于青岭白山时，不但有稳定安全的后方，部分生女真还可能成为参与者。生女真的散居，不相统领正需要能使之联合的力量，女真完颜部的函普家族承担了这个角色，生女真也成

① 《金史》卷一《世纪》。

了完颜家族崛起的资本。

女真完颜部入驻生女真之地后，入乡随俗，文化互相影响，致使后人难辨彼此。《金史·谢里忽传》记载：来流水乌萨扎部杀完颜部人，昭祖往乌萨扎部以国俗治之。“国俗，有被杀者，心使巫觋以诅祝杀之者，乃系刃于杖端，与众至其家，歌而诅之曰：‘取尔一角指天、一角指地之牛，无名之马，向之则华面，背之则白尾，横视之则有左右翼者。’其声哀切凄婉，若《蒿里》之音。既而以刃画地，劫取畜产财物而还。其家一经诅祝，家道辄败。”①

这个“国俗”不是女真完颜部的“国俗”，对杀人之事完颜部有自己的“国俗”，“凡有杀人者，征其家人口一，马十偶，牝牛十，黄金六两，与所杀伤之家，即两解，不得私斗。……女直之俗，杀人偿马牛三十自此始”②。这是函普入赘完颜部时的记载，是女真完颜部人必须遵守的。巫觋诅祝的“国俗”，是乌萨扎部人信奉的巫术，昭祖是以其俗治其人，乌萨扎部是纯粹的生女真。在《金史》中记载女真人的文化信仰是双重的，如对巫者的称谓有“珊蛮”“巫妪”，“兀室奸滑而有才，自制女真法律，文字，成其一国，国人号珊蛮。珊蛮者，女真语巫妪也”③。女真语“巫妪”是音译，很多人因汉字的惯性思维，把“巫妪”理解为巫婆、女巫。其实，这是中原载籍者对女真语近似[uyu]的读音，在汉字中找到令人误解的字词。“巫妪”与“奥云”音近，在突厥语的民族中，巫者可称“萨满”，亦称“奥云”。“珊蛮”与“ 巫妪”并存于女真社会，可能来自不同的社会群体，一个是女真完颜部，一个是生女真。

三、完颜部发展的三个阶段

阿骨打家族自始祖函普入赘完颜部，终止了部落之间血亲复仇行为，促进了完颜部的发展，同时也给自己家族赢得了发展的机会，但完颜部的“父权”对函普家族来说是“舅权”，“舅权”压制函普家族 “父权”的发展，函普家族“父权”的发展必须摆脱“舅权”，迁徙和平摆脱“舅权”，获得第一次发展的机会。

（一）绥可率部迁徙并定居于安出虎水之侧

10世纪初期，始祖函普来到完颜部，因调解“两族交恶”的成功而获得

① 《金史》卷六十五《谢里忽传》。

② 《金史》卷一《世纪》。

③ （宋）徐梦莘：《三朝北盟会编》卷三《政宣上帙三》。

60岁贤女嫁与为妻，是知当时的完颜部即已进入父系氏族制的发展阶段。所谓"生女真之俗，生子年长即异居"就反映了这方面情况。"异居"即意味着组成了新的家庭，他们与所出的大家庭之间存在着共同的血缘关系，并同样被称之为"家"或"户"。及至11世纪初，绥可率领家族及族人从仆干水"徙居海古水（今阿城区海沟河），耕垦树艺，始筑室，有栋宇之制……自此遂定居于安出虎水（今阿什河）之侧矣"①。绥可这次迁徙的原因史料中没有任何记载，可能是"迁徙不常"生活的一种结果，抑或是生活环境的迫使，不管出于什么原因，迁徙的结果总是重要的，从此"迁徙不常"的生活结束了。定居生活有助于部族的发展和壮大，新的生存环境也为女真完颜部的继续发展和壮大提供了有利的条件。《三朝北盟会编》记载："随阔（绥可）……教人烧炭炼铁，刳木为器，制造舟车，种植五谷，建造屋宇"②，也即所谓的耕垦树艺，筑室以居，在海古水地域出现栋宇之制。而伴随着其社会内部生产力的发展及剩余产品的逐渐增多，与之相适应的人们社会关系也不能不随之而发生重要的变化。其实，从始祖函普函进起就存在"杀人偿马牛三十"的"女直之俗"，足以反映当时的女真社会即已存在着私有和贫富的问题；故到了这个时候，何止是出现了"耕垦树艺"与"烧炭炼铁"不同的社会分工，也完全可能在私有财富方面进一步拉大了贫富的差距。因之，率部族迁徙并得以发展壮大的绥可不但俨然成为女真完颜部众望所归的大英雄，并且是拥有最多的社会财富和一定的权势而完全不同于普通的部落成员。不言而喻，在这样的基础上，伴随着完颜部社会内部生产力的进一步发展，人们的社会关系也必然出现与之相适应的变化即开始向文明时代迈进。

（二）昭祖石鲁和景祖乌古乃的相继"政改"

故紧接其后的昭祖石鲁时期，就出现了重大的社会变革。史称："生女直无书契，无约束，不可检制"。"昭祖欲稍立条教"，招致"诸父、部人"的群起而攻之，"皆不悦，欲坑杀之。已被执"；支持他的叔父谢里忽"知部众将杀昭祖，曰：'吾兄子，贤人也，必能承家，安辑部众，此辈奈何辄欲坑杀之！'亟往，弯弓注矢射于众中，劫执者皆散走，昭祖乃得免"，即打败并击溃了人多势众的保守势力。昭祖才得以在完颜部内部"以条教为治"，即通过"条教"

① 《金史》卷一《世纪》。

② （宋）徐梦莘：《三朝北盟会编》卷十八，引苗曜《神麓记》。

进行治理。而所谓的“条教”显然是针对“无约束,不可检制”旧俗的改革,其具体内涵虽因史料失载而难以确知,但确实提出了两个根本原则是毫无疑义的:一是所规定的若干“条教”即条款必须具有“约束”即强制性的原则;二是对所规定“条教”的执行具有“检制”即监督和检察的功能和机制。显而易见,这对于从前的部落或部落联盟内部传统的公议公决的“民主”机制是具有颠覆性的重大变革;又联想到此前完颜部社会内部“父权”制的发展,也就可据以推定掌握强制性“条教”的执行者们,其社会地位不只是高居于广大部众之上,也已拥有一定的权势甚至于可能对不接受其“约束”的人们或势力实行强制性的惩治手段。这样一来也就出现了社会内部不同阶层人们之间的政治分野和“官们”与众多部众之间的“对立”。毫无疑问,此种颠覆女真社会古老传统习俗的重大变革无疑为“新”社会的到来创造了有利的条件;但也不能不遭到代表传统势力的“诸父、部人”的群起反对和攻击;于是,也就在经过无数次的艰苦激烈的反复斗争后才战胜了守旧的保守势力的反抗,并使得改革推行下去。是为生女真部族历史上的第一次“政治改革”。而恰恰是经过这一重大改革,即“昭祖稍以条教为治”[①]后,完颜部的各个方面呈现出欣欣向荣的新气象,直接的后果就是“部落浸强”,即逐渐强大起来。辽朝闻讯后,感到可以利用,因“以惕隐官之”。史称“惕隐典族属官,即宗正职也”[②],俨然在授权于他开始管理生女真部族的事情,是为辽朝在生女真部族诸部人之中首次重要任命,事实上给予了石鲁以重大的切实支持。

完颜部的“政治改革”和“部落浸强”不能不引起生女真部族其他部分的警觉和关注,而辽朝惕隐官的任命更让诸部的大首领们感到震惊和不安。

“部落浸强”,无疑让昭祖石鲁感到踌躇满志,惕隐一官的任命更让他的政治野心膨胀起来。故为履行惕隐一官的职责而开始向生女真的其他部分发号施令,但“诸部犹以旧俗,不肯用条教”,即不肯或不愿意接受完颜部的领导和约束。于是,“昭祖耀武至于青岭、白山,顺者抚之,不从者讨伐之”,即凭借武力征服和政治招抚双管齐下的手段,开始了对生女真诸部的统一行动。

不言而喻,在这系列性的“顺者抚之,不从者讨伐之”过程中,生女真社

① 《金史》卷一《世纪》。

② 《辽史》卷一一六《国语肴·帝纪》。

会的内部组织系统也发生了更大的变革。至11世纪中叶的景祖乌古乃之世,已经形成了自己的“官属”机制,即“金自景祖始建官属,统诸部以专征伐,嶷然自为一国”[①]。即在生女真节度使乌古乃的领导下,当时已经涌现了一个由高居于广大部众之上的新的社会管理阶层——以“国相”为首的“官属”(官僚)们构成的管理系统。其中的“国相之称不知始何时。初,雅达为国相。雅达者,桓赧、散达之父也”[②],即作为官属体系最高官员的雅达并不是完颜部人,显与作为生女真部族节度使(即该部族“首脑”、领袖)的乌古乃并非同部之人,这也就意味着两个政治中心的出现导致政出多门的局面。为了解决这个严重问题,乌古乃不得不“以币马求之于雅达,而命肃宗为之”,即通过给予数量可观的币马以换取雅达对“国相”职位的放弃,并把这一职位委任给自己的第四子颇剌淑(后来的肃宗);而颇剌淑“自幼机敏善辩”,“身居国相,尽心匡辅”,也确实起到“匡辅”部族领袖的作用。这样一来,从生女真部族节度使(部族领袖),到“官属”的首脑“国相”,均由完颜部核心家族的核心人物充当;于是,“纪纲渐立矣”,即完全超越了原来部落社会及其管理机制而建立了类乎公共权力的政权行政管理体制。这显然是比“稍以条教为治”更为重要的重大“政改”。因为昭祖时虽“稍用条教,民颇听从”,但尚“无官府”,即并没有出现“官属”组织和行政系统,当然也就未能脱离旧时部落管理体制的窠臼;而一旦拥有了“尽心匡辅”的“官属”体系,各方面的事情也就办得越来越顺畅。加之大体同时,又通过计谋和打通“鹰路”而讨得辽廷的欢心和支持,如当“五国蒲聂部节度使拔乙门叛辽,鹰路不通;辽人将讨之,先遣同干来谕旨。景祖曰:‘可以计取。若用兵,彼将走保险阻,非岁月可平也。’辽人从之。盖景祖终畏辽兵之入其境也,故自以为功。于是景祖阳与拔乙门为好,而以妻子为质,袭而擒之,献于辽主。辽主召见于寝殿,燕赐加等,以为生女直部族节度使”,即任命他为生女真部族诸部的最高官长。

另一方面在经济领域显然也出现了重大的变化,即在“耕垦树艺”(农者)与“烧炭炼铁”(工者)二者的社会分工之外,又出现了一个新的社会阶层——商者;于是,物资流通和商贸活动逐渐成为新兴的产业。“生女直旧

---

① 《金史》卷五十五《百官志一》。

② 《金史》卷一《世纪》。

无铁,邻国有以甲胄来鬻者,倾赀厚贾以与贸易,亦令昆弟族人皆售之",这显然就是第二次社会大分工的到来。因之,一些拥有权势的人们也就越来越习惯于掌握和控制更多的财物而变成了富人;而"以战多贵显"①,即以掠夺为目的的军事活动则显然加速了富人队伍的扩容并让他们越发贪婪起来,而像景祖那样"推财与人,分食解衣,无所吝惜"的人则成为富人中的个别另类而被载于史册。贫、富的分化越来越严重,仅以婚娶为例,"礼毕,女婿牵马百匹,少者十匹,陈其前",贫、富二者仅占有马匹的数量即有可能达到1∶10左右。此外,作为整个社会中最底层的奴隶和奴婢的数量已经相当可观,如当"三年然后以妇归"之际,"妇氏(女方之家)用奴婢,奴曰亚海,婢曰亚海轸数十户,牛马十数群,每群九□一牡,以资遣之"②,显而易见,奴婢的地位在这里已经是和牛马相提并论。然而这一切毕竟推动了生女真社会的发展和进步,即所谓的"得铁既多,因之以修弓矢,备器械,兵势稍振,前后愿附者众"③。正是在这样的形势下,众望所归的乌古乃,被"众推""为诸部长"④,并得以"稍役属诸部,自白山、耶悔、统门、耶懒、土骨论之属,以至五国之长,皆听命"⑤,初步完成了生女真诸部的统一活动。

(三)穆宗盈哥统一号令

其后,经过乌古乃的后继者世祖、肃宗的继续征讨叛亡和未附者,生女真部族共同体得以发展和壮大,内部的权力机构和行政体制也逐渐完备起来,形成了以"国相"为首的官属体系。至11、12世纪之交的穆宗盈哥时,进一步地征讨未附的诸部并取得成功,因"致统门、浑蠢、耶悔、星显四路及岭东诸部自今勿复称都部长",即为维护生女真部族共同体的统一而下令禁止统门等四路及岭东诸部的大首领们此后不得继续以"都部长"相称。又鉴于"诸部各有信牌",不时出现政令不一的状况,乃"用太祖(按,指年青时的阿骨打,即后来的金太祖)议,擅置牌号者置于法,自是号令乃一,民听不疑矣"⑥。

---

① (宋)洪皓:《松漠纪闻》,载《长白丛书·本初集》,吉林文史出版社,1986年版,第33页。

② (宋)洪皓:《松漠纪闻》,载《长白丛书·本初集》,吉林文史出版社,1986年版,第29页。

③ 《金史》卷一《世纪》。

④ 《金史》卷六十五《石显传》。

⑤ 《金史》卷一《世纪》。

⑥ 《金史》卷一《世纪》。

不过,生女真的扩张与统一,也导致了辽朝的干预。原来,穆宗对诸部的统一遭到纥石烈部阿疎的抵制。阿疎者,星显水纥石烈部人,有“异志”,故穆宗伐之。阿疎求助辽朝,辽朝因而借助阿疎事件开始干预生女真诸部的统一。但在打通鹰路的问题上,辽人又必须倚重完颜部,穆宗乃以打通鹰路为名而淡化辽朝对阿疎问题的关注。其后,又经过康宗乌雅束、太祖阿骨打都以辽朝不遣阿疎为口实,与辽朝反复博弈,并借机发展壮大自己的势力。总之,“自景祖以来,两世四主,志业相因,卒定离析,一切治以本部法令,东南至于乙离骨、曷懒、耶懒、土骨论,东北至于五国、主隈、秃答,金盖盛于此”,即在近百年的时间里,完颜部的几代人通过招抚、征服,使生女真人由亲近部落间的联盟逐渐扩展到包括五国、主隈、秃答诸部在内,均已统一到完颜部的旗帜之下并最终形成为生女真部族共同体。

综上所述,生女真社会显已步入了文明社会的门槛,也就为不久后女真国家的建立奠定了牢固的基础。

第三节　阿骨打建立大金国

女真完颜部迁到按出虎水与涞流河之间,它的周围是生女真诸部,散居野处,不相连属,力量分散,对完颜部既不存在威胁,也没有征服的可能。再往西,是辽朝的辖境。完颜部不能向西拓展势力;东面是五国部,从忽汗水到那河中下游之间盘踞着五国部的势力,自昭祖到穆宗之世,始终是自己的劲敌。完颜部在辽朝、女真诸部(包括五国部在内)之间周旋博弈,尤其是在五国部不堪辽朝侵扰而反叛辽朝、阻绝“鹰路”时,恰恰是完颜部充当了辽朝的走卒,帮助辽朝镇压五国部而取得辽朝的信任;然后又利用辽朝的命官——生女真部族节度使的名义号令诸部,逐步建立起以女真完颜部为核心的部落联盟,并在此基础上建立了自己的民族政权——大金国。

一、生女真部族共同体的建立

(一)完颜部与“国相”雅达的部落联合

景祖之世,存在着“国相”雅达与完颜部的联合,即在大联盟中出现了部长和“国相”官职。“国相”,在《金史》的记载中既不知始于何时,也不知从何而来,而只是说“国相”是部长的辅佐。研究者也随着《金史》的记载,认可“国相”是部长的辅佐,甚至于认为雅达是完颜部人。

其实雅达与完颜部的联合是两个部落的联合,雅达是唐括部人,居于邑屯村,与昭祖完颜部之间的关系相当密切。昭祖以“币马”从雅达手里买来“国相”一职,委以肃宗颇剌淑。其后,撒该继肃宗任“国相”。由此可见,女真建国前的“国相”与建国后的国相是不同的。建国后的国相指的是“国家的官”,女真语读作“国伦你勃极烈”;而建国前的“国相”则具有巫者的职能,与部长分管部落内外事务,由于在完颜部对外征伐、扩大势力时,雅达作为“国相”不能适应完颜部的扩张要求,于是,景祖乌古乃把“国相”一职从雅达的唐括部转移到完颜部。

景祖在世时,转让“国相”的两家族相安无事。景祖殁后,矛盾便凸显出来。世祖、肃宗随其母昭肃皇后至邑屯村,与桓赧、散达先是口角,接下来要动武,被昭肃皇后制止。后来,桓赧、散达联合其他部落与完颜部相争。

雅达之子桓赧、散达与肃宗等争斗的原因,据《金史》记载,景祖弟、肃宗的叔父“跋黑有异志”[①]。跋黑诱惑桓赧、散达等乱,“桓赧兄弟尝事景祖。世祖初,季父跋黑有异志,阴诱桓赧欲与为乱”[②]。从这里看,是完颜家族内部争权援引外力,致使桓赧、散达等滋乱。但从事态的整体分析,桓赧、散达的反对势力主要是针对肃宗的,针对“国相”交易之事。蔡美彪等认为:“在乌古乃联盟中,国相雅达是权位仅次于联盟长的强有力的家族。劾里钵继任联盟长,颇剌淑为国相,引起了雅达之子桓赧和散达的强烈反对。”[③]董万伦也作如是观。[④]

《金史》记载:“桓赧、散达之战,部(完颜部)人赛罕死之,其弟活罗阴怀忿怨。一日,忽以剑脊置肃宗项上曰:‘吾兄为汝辈死矣!到汝以偿,则如之何?’久之,因其兄柩至,遂怒而攻习不出,习不出走避之。攻肃宗于家,矢注次室之裙,著于门扉。复攻欢都,欢都衷甲拒于室中,既不能入,持其门旍而去,往附杯乃。”[⑤]显而易见,活罗把其兄的死直接归咎于肃宗不会是无缘由

① 《金史》卷一《世纪》。

② 《金史》卷六十七《桓赧散达传》。

③ 范文澜、蔡美彪:《中国通史》第六册,人民出版社,2008 年版,第 233 页。

④ 董万伦:《东北史纲要》,黑龙江人民出版社,1987 年版,第 232 页。

⑤ 《金史》卷一《世纪》。

的,肃宗等对活罗的责难是默认的,且自知理亏,对活罗的进攻,肃宗不还手,习不出、欢都等也都不还手。活罗附叛者杯乃,后被获,肃宗释其罪,仍任使左右。

世祖、肃宗面对桓赧、散达的进攻,极力采取求和的姿态:未战之时,遣盆德议和;肃宗一战战败后,再求和。及至打败桓赧、散达后,也并没有像对杯乃、乌春那样对待他们,而是任他们逃命,未几,桓赧、散达俱以其属来降。

景祖之收买"国相"职位,是完颜部发展过程中很重要的事件。《金史·世纪·赞》曰:"景祖不受辽籍辽印,取雅达国相以与其子。世祖既破桓赧、散达,辽政日衰,而以太祖属之穆宗,其思虑岂不深远矣夫!"[①]雅达家族失去国相也是重大损失,为此,桓赧、散达与完颜部进行了激烈的战斗。桓赧、散达联合乌春等形成强大的势力,迫使世祖、肃宗要分头应付,肃宗对阵桓赧、散达一而再地失利,至世宗参战时,竟做了决死的打算。桓赧、散达争战是为了要好马,欲得盈歌之大赤马、辞不失之紫骝马。显而易见,桓赧、散达争战是延续景祖时币马与"国相"的交易。

(二)吞并五国诸部

五国部与完颜部的争战持续近百年,五国部力量的削弱与完颜部的壮大是此消彼长的过程。五国部在《辽史》中与生女真和熟女真并列。《宋会要辑稿·蕃汉三》中称:"女真之外又有五国……皆与女真接境。"《契丹国志·四至邻国地理远近》中更说:"阿里眉等国……衣装、耕种、屋宇、语言与女真人异。"可证五国部不是女真,但是,完颜部征服五国部的过程,也是同化的过程,五国部的一部分加入女真,成为金朝女真人的组成部分。

五国部在辽政权强盛时,附属于辽朝,向辽朝纳贡,辽朝的苛索使五国部经常反抗。《三朝北盟会编》说:又有俊鹘号"海东青"者,能击天鹅,人既以俊鹘而得天鹅,则于其嗉得珠焉。海东青者出五国,五国之东接大海,自海东而来者,谓之"海东青,小而俊健,爪白者尤以为异。必求之女真,每岁遣外鹰坊子弟趣女真发甲马千余人入五国界,即海东巢穴取之,与五国战斗而后得,女真不胜其扰……由是诸部皆怨叛"[②]。五国部不胜负担,是以屡次叛辽反抗,至天祚统治时这种反抗也未曾停止。

---

① 《金史》卷一《世纪》。

② (宋)徐梦莘:《三朝北盟会编》卷三《政宣上帙三》。

在五国部反抗辽朝时，女真完颜部不是与五国部站在一起，而是帮助辽朝，甚至代替辽朝镇压五国部。完颜部与五国部战，从五国部处得到战利品，从辽朝方面得到嘉奖，命官。《金史》记载："既而五国蒲聂部节度使拔乙门畔辽，鹰路不通，辽人将讨之。先遣同干宋谕旨，景祖曰：'可以计取，若用兵，彼将走保险阻，非岁月可平也。'辽人从之。盖景祖终畏辽兵之入其境也，故自以为功。于是景祖阳与拔乙门为好，而以妻子为质，袭而擒之，献于辽主。辽主召见于寝殿，燕赐加等，以为生女真部族节度使。辽人呼节度使为太师，金人称"都太师"者自此始。辽主将刻印与之。景祖不肯系辽籍，辞曰：'请俟他日。'辽主终欲与之，遣使来。景祖诡使部人扬言曰：'主公若受印系籍，部人必杀之。'用是以拒之，辽使乃还。既为节度使，有官属，纪纲渐立矣。"①

完颜部每每与五国部战斗，都是殊死的拼杀。"咸雍八年（1073 年），五国没捻部谢野勃堇畔辽，鹰路不通。景祖伐之，谢野来御。景祖被重铠，率众力战。谢野兵败，走拔里迈泺。时方十月，冰忽解，谢野不能军，众皆溃去。乃旋师。道中遇逋亡，要遮险阻，昼夜拒战，比至部已惫。"②景祖竟死于向辽朝报功的途中。完颜部常常借口五国部阻碍鹰路，陷害五国部的首领。在昭祖欲以"条教"约束诸部时，乌林答部从中作梗，《金史》记载："海懒水乌林答部（五国部之一）石显尚拒阻不服。攻之，不克。景祖以计告于辽主。辽主遣使责让石显。石显乃遣其子婆诸刊入朝。辽主厚赐遣还。其后石显与婆诸刊入见辽主于春蒐，辽主乃留石显子边地，而遣婆诸刊还所部。"石显并没有阻绝鹰路，只是景祖要铲除乌林答部对其发展的阻碍，有意陷害石显。此事与石显子婆诸刊结怨，追蜡醅、麻产兄弟与完颜部作战时，婆诸刊参与其中。

五国部是完颜部发展中的劲敌，五国部被征服，完颜部在白山黑水间的统一基本完成。五国部与完颜部的联盟主要是联姻，裴满部、乌林答部、蒲察部、温敦部等都是完颜部联姻的对象，

二、阿骨打的反辽与勃极烈体制的建立

完颜部在反辽斗争中居于核心地位，首先是自昭祖石鲁以来，几代人的

① 《金史》卷一《世纪》。

② 《金史》卷一《世纪》。

征讨使女真诸部基本上统一在完颜部的号令之下；其次是阿骨打个人的勇武果断，适时把握时机，遣人刺探辽朝虚实，当得知“辽主骄肆废弛之状。于是召官僚耆旧，以伐辽告之，使备冲要，建城堡，修戎器，以听后命”①。

随着完颜部的发展，反抗辽朝压迫的意识也在增强，这种意识率先表现在社会上层。“天庆二年(1112年)春，天祚混同江钓鱼，旧例诸国酋长尽来献方物，宴会犒劳，使诸酋长歌舞为乐，至阿骨打，但端立正视，辞以不能。”②《辽史》对此事也有记载：天祚“命诸酋次第起舞，独阿骨打辞以不能。谕之再三，终不从”③。阿骨打与天祚帝对抗，为女真人反抗辽朝树起一面旗帜，诸部“潜附阿骨打，咸欲称兵以拒之”④。

反抗辽朝是女真人共同的心愿，阿骨打起兵反辽得到女真诸部的支持，当阿骨打向迪古乃征询反辽意见时，迪古乃说：“以主公英武，士众乐为用。辽帝荒于畋猎，政令无常，易与也。”⑤迨太祖起兵，使婆卢火来征兵，迪古乃以兵会师。而正是在诸部的齐心合力下，反辽战争不断地从胜利走向胜利。至1114年11月鸭子河与出河店大捷后，女真兵已经满万而呈不可抵挡之势。

也正是在这过程中，勃极烈的体制也得到了发展。因为阿骨打自继袭康宗乌雅束之位为“都勃极烈”后，即已承担起生女真部族最高官长的职责。故尽管其领导下的诸勃极烈各自承担不同的职能角色，他们相互之间似乎并不存在上下尊卑和隶属关系，但整体来看，当时的勃极烈体制也已经比之前的“官属”机制更具有公共权力的性质而更接近于政权机构的雏形。

三、“大金国”的建立

女真完颜部本属于东海女真，因其迁徙到近生女真的地界，又被辽朝封命为女真部族节度使，后来研究者不察女真完颜部历史的原委，人云亦云地称其为生女真。完颜部处于生女真地界，名义上是生女真部族节度使，实际上，它与苏滨水、耶懒水等地之民的关系很密切，他们都是东海女真(滨海女

---

① 《金史》卷二《太祖纪》。
② (宋)徐梦莘：《三朝北盟会编》卷三《政宣上帙三》。
③ 《辽史》卷二十七《天祚纪一》。
④ (宋)徐梦莘：《三朝北盟会编》卷三《政宣上帙三》。
⑤ 《金史》卷七《完颜忠传》。

真)。完颜部拥有与东海女真亲密的关系,又有生女真节度使的官名,打败五国部后,杨割(盈哥)“始雄诸部。”至阿骨打时代已经具备与辽朝抗衡的力量。

(一)阿骨打出任都勃极烈

辽天祚天庆三年(1113 年),阿骨打的兄长康宗乌雅束亡故,按女真人兄终弟及传位法,阿骨打继其位,或曰为部长,或曰为都勃极烈。《金史·百官志》载:“太祖以都勃极烈嗣位”①,太祖称帝前是都勃极烈,这是没有疑义的,但太祖什么时候开始为都勃极烈,都勃极烈什么时候出现在女真社会,历史记载模糊,造成后来学者认识的分歧。

张博泉先生根据《金史·百官志》所载:“金自景祖始建官属,统诸部以专征伐,嶷然自为一国。其官长皆称曰勃极烈,故太祖以都勃极烈嗣位……”②判断勃极烈“应始于景祖”。并进一步推断,景祖为节度使,辽人呼节度使为太师,金人称“节度使”为“都太师”,《广雅·释诂》:“师,官也。”《三朝北盟会编》载:“谙版孛极烈,大官人;孛极烈,官人”。由此得出结论:都太师即大官人,大官人即都勃极烈,景祖任节度使,称都太师,景祖即是都勃极烈。③ 与张博泉先生观点相近者还有王世莲先生。④

程妮娜先生认为穆宗始为都勃极烈。她在《金初孛堇制初探》一文提到,孛堇“与勃极烈制既有联系又有区别,为提高军事部落联盟长的地位,穆宗将原都孛堇(众部长,都部长)的称号改为都勃极烈,以示尊崇。自穆宗后,孛堇受都勃极烈直辖”⑤。文中未言所据。

但是,多数人认为都勃极烈的出现在康宗八年(1113 年),是年十月,

---

① 《金史》卷五十五《百官志一》。

② 《金史》卷五十五《百官志一》。

③ 参见张博泉《金史论稿》第一卷,第 98 页;另见王景义《略论金代的勃极烈制度》一文也认为:“完颜部自景祖乌古乃时,即开始世袭连任大联盟长,亦称都勃极烈。”载《社会科学辑刊》1997 年第 3 期。

④ 王世莲说:“景祖为节度使,意味着他是总管一方军政大权的首领了。自此,‘官属,纲纪渐立’,‘嶷然自为一国’矣。其国主便是景祖乌古乃。称‘都太师’‘都勃极烈’……乌古乃就成为长于其他太师的‘都太师’了,犹如都孛堇高于孛堇一样,都太师也就成为诸部的最高宰总——都勃极烈。在都勃极烈的官属中,有国相、都统、详稳等官长,这就是金建国前的都勃极烈。”参见王世莲《孛堇、勃极烈考释》,《吉林大学社会科学学报》1987 年第 4 期。

⑤ 程妮娜:《金初孛堇制初探》,《史学集刊》1982 年第 2 期。

“康宗即世,太祖袭位为都勃极烈”①。有人推断阿骨打称都勃极烈的原因:“一是在穆宗时期,各地区联盟首领的都部长名号已取消,而完颜氏部落大联盟首领,自景祖乌古乃以后称‘都太师’,即辽朝受之的‘生女真部族节度使。’二是由于阿骨打在即位前一年(辽天庆二年,1112 年),在‘鱼头宴’(按,当为‘头鱼宴’)上不听辽天祚帝之命‘起舞’,天祚帝已有‘托以边事诛之’之意,故当他继康宗位后,辽朝拖了近一年才授予他节度使称号。在辽朝对其不封授的情况下,为了表示自己的地位既尊且贵,遂采用此称号(按,指都勃极烈)”②。

第一种观点与第三种观点运用的思维方式基本相同,即在《金史》中抓到一则资料,作为立论(见前文)。然后,再为其立论寻找论据,为了让论据支持论点,不可避免地出现想当然的推论,如,张博泉先生为把景祖乌古乃任节度使与都勃极烈联系起来,对“师”进行训诂,即“师,官也。”节度使契丹人称为太师,女真人称“都太师”,民族之间语言的传递与借用在此不论,仅就女真人借用“太师”后,是否有训诂行为,答案是否定的。在景祖时,女真人的文化水平是直接的“拿来主义”,不会对借来的词语进行转义、训释,更不会运用汉文化中的《广雅》训释“都勃极烈”。这种“训诂”显然是臆测。再有,《三朝北盟会编》说:“谙版孛极烈,大官人;孛极烈,官人。”是宋朝人对女真语“孛极烈”的汉译,而且,谙版孛极烈译为“大官人”,都勃极烈就不能再译“大官人”了。同样,第三种意见的论据主要是穆宗的禁令,穆宗“教统门、浑蠢、耶悔、星显四路及岭东诸部自今勿复称都部长”③。穆宗盈哥禁止其他部称都部长或都孛堇,目的是要诸部承认他的号令、地位,因为他自己就是都孛堇。如果他是都勃极烈,高于都孛堇,根本不用禁止诸部称都孛堇,穆宗号令所统属的诸部不得称都孛堇,也就是我们所说的禁止“僭越”。其实,《金史》说:“金自穆宗号令诸部不得称都孛堇,于是诸部始列于统属”④。是说穆宗开始把松散的联盟关系向“统属”关系转变,而且,诸部并没有因穆宗号令而全部俯首,反抗、抵制不断出现,纥石烈部阿疎就是反抗者之一。康宗乌雅束时,“苏滨水民不听命,使斡至活罗海川,召诸官僚告谕

---

① 《金史》卷二《太祖纪》。

② 陈佳华、蔡家艺等:《宋辽金时期民族史》,四川民族出版社,1996 年,第 117 ~ 118 页。

③ 《金史》卷一《世纪》。

④ 《金史》卷一二八《循吏传》。

之。含国部苏滨水居斡豁勃堇不至。斡准部、职德部既至，复亡去”[①]。诸部叛服不定，说明穆宗盈哥、康宗乌雅束的都孛堇地位还在确立、巩固之中。《金史·太祖纪》载：“康宗即世，太祖袭位为都勃极烈。”这个记载是说康宗就是都勃极烈，太祖接替康宗为都勃极烈，为“总治官”[②]。尽管有学者对此曾表示怀疑：“康宗即世，太祖袭位为都勃极烈”，实“不足以为证”[③]。但综合分析当时的形势，从穆宗和康宗在位年间阿骨打的种种优异表现和政绩而导致的，“众皆听令，闻者感泣，自是远近归心焉”[④]的局面来看，这是不容置疑的事实。

因之，在反辽战争节节胜利的凯歌声中，1115 年的正月初一“群臣奉上尊号”和阿骨打的“即皇帝位”，也就是顺理成章之举。因为就女真人的民族感情而言，都勃极烈确实与皇帝无异。[⑤]“勃极烈，女直之尊官也”[⑥]。都勃极烈之下为谙班勃极烈，“谙版，尊大之称也”[⑦]。都勃极烈在“谙版”等诸勃极烈之上，当为最尊、至尊之官。“都勃极烈”是可以表达女真民族情感的“大号”“尊号”，相当于“汉制”之皇帝。[⑧] 撒改等人一而再地“劝进”代表的正是这种民族情感，撒改等推举阿骨打为都勃极烈，符合女真民族历史发展的大趋势。

（二）勃极烈制度的建立

阿骨打于收国元年称都勃极烈，增强了号召力，不但向女真人发号施令，还争取渤海人，以“女真、渤海本同一家”瓦解契丹统治者的阵营。同时还着手健全领导机制，以适应时局。

---

① 《金史》卷一《世纪》。

② 《金史》附录《国语解》据载：“都勃极烈，总治官名，犹汉云冢宰”。

③ 王钟翰主编：《中国民族史》，中国社会科学出版社，2001 年，第 491 页。

④ 《金史》卷二《太祖纪》。

⑤ 穆鸿利先生曾提到皇帝与都勃极烈等同的问题：“金建国之初尚处在奴隶制阶段，其统治制度，在中央逐渐废除了建国前部落联盟时期的‘国相’制，而采用‘勃极烈’（女真语意为官长、王）制。除皇帝称都勃极烈外，还分为谙班（尊、大）勃极烈”。见杨树森、穆鸿利编著《辽宋夏金元史》，辽宁教育出版社，1986 年版。

⑥ 《金史》卷七十《撒改传》。

⑦ 《金史》卷五十五《百官制一》。

⑧ 苏金源认为：“都勃极烈即诸勃极烈之首，亦即‘汉制’之皇帝，主宰金朝一切军国大政。其下封拜了十个勃极烈，组成一个以都勃极烈为核心的最高统治机构”。参见苏金源《论完颜阿骨打的政治、经济改革》，《史学集刊》1982 年第 2 期。

随着反辽斗争的初步胜利，阿骨打的施政范围也随之扩大，作为辅佐阿骨打管理大家庭的诸勃极烈也随之出现。收国元年(1115 年)七月，以弟吴乞买为谙班勃极烈，国相撒改为国论勃极烈。辞不失为阿买勃极烈，弟斜也为国论昃勃极烈。同年九月，以国论勃极烈撒改为国论忽鲁勃极烈，阿离合懑为国论乙室勃极烈。

阿骨打与诸勃极烈由于血缘关系上的亲近，表面上看似乎是大家长与小家长的关系，他们中的吴乞买、斜也是阿骨打的同母弟，撒改是阿骨打的堂兄，辞不失、阿离合懑是阿骨打的叔父。《金史》认为诸勃极烈之官是“升拜宗室功臣之序焉”①，诸勃极烈均为宗室成员是无可置疑的；但关于“君”和“臣”的不同身份和地位也并不是虚构的，因为尽管阿骨打确曾拒绝接受君臣之礼，所谓“太祖即位后，群臣奏事，撒改等前跪，上起，泣止之曰：‘今日成功，皆诸君协辅之力，吾虽处大位，未易改旧俗也。’撒改等感激，再拜谢。凡臣下宴集，太祖尝赴之，主人拜，上亦答拜”②，但是随着形势的演变和发展，最晚到天辅二年(1119 年)，金太祖已经接受了知枢密院杨朴的建言而“册命正后、妃之位”并“具六宫之典”；至天辅三年又“定朝仪，建典章，上下尊卑粗有定序”③，即已颁行君臣之礼于天下而成为名副其实的皇帝。

(三)阿骨打“求”辽册封

大金政权建立后，在进一步开展反辽战争的同时，也在反复思考与辽朝的关系问题。因为历史上一直是属部并接受辽朝册封，这不能不给女真人带来心理上的影响并形成某种惯性的思维，以至于建国后尽管反辽战争取得系列性的胜利，但阿骨打作为掌权人在最初的二三年间显然并没有做与辽朝彻底决裂而争天下的打算。故当辽朝一再派人前来交涉时，阿骨打等人也就不能不与之进行必要的斡旋。如天庆五年(1115 年)春正月，辽天祚帝“下诏亲征，遣僧家奴持书约和，斥阿骨打名”之际，即得到了回应：“阿骨打遣赛刺复书，若归叛人阿疏，迁黄龙府于别地，然后议之。”④三月，“遣耶律张家奴等六人齐书使女直，斥其主名，冀以速降”⑤。五月，张家奴等以阿骨

① 《金史》卷五十五《百官志一》。

② 《金史》卷七十《撒改传》。

③ (宋)宇文懋昭撰、崔文印校证：《大金国志校证》上，中华书局，1986 年版，第 17 页。

④ 《辽史》卷二十八《天祚纪二》。

⑤ 《辽史》卷二十八《天祚纪二》。

打书来，复遣之往。[①] 六月壬子，张家奴等还，阿骨打复书，亦斥名谕之使降。[②] 是月（六月），遣萧辞剌使女直，以书辞不屈见留。[③] 九月丁卯朔，女直军陷黄龙府。己巳……辞剌还，女直复遣赛剌以书来报：若归我叛人阿疏等，即当班师。上亲往。粘罕、兀朮等以书来上，阳为卑哀之辞，实欲求战。书上，上怒，下诏有“女直作过，大军剪除”之语。[④]

如此等等，曾给他们带来严重的心理压力，以至于“女直主（阿骨打）聚众，剺面仰天恸哭曰：‘始与汝等起兵，盖苦契丹残忍，欲自立国。今主上新征，奈何？非人死战，莫能当也。不杀我一族，汝等迎降，转祸为福’”[⑤]。阿骨打的行为虽说有激励将士、以免士气颓败的一面，但不能否认战前的阿骨打心里没底，并没有胜算的把握。

唯其如此，至 1117 年，“女直阿骨打用铁州杨朴策，即皇帝位，建元天辅，国号金。杨朴又言，自古英雄开国或受禅，必先求大国封册，遂遣使议和，以求封册”[⑥]。

《三朝北盟会编》也载：“杨朴又称曰：‘自古英雄开国，或受禅，或求大国封册，遣人大辽，以求封册。其事有十：乞徽号大圣大明一也；国号大金二也；玉辂三也；衮冕四也；玉刻印御前之宝五也；以弟兄通问六也；生辰正旦遣使七也；岁输银绢二十五万匹、两八也，大宋岁赐之半八也；割辽东、长春两路九也；送还女真阿鹘产、赵三大王者十也。’”[⑦]

显而易见，这是在试图通过政治手段以提高自己的地位，壮大金国的声势并谋取更大更多的权益。

但随着形势的演变和发展，与辽朝越来越糟并每况愈下相反，金国则除军事上的节节胜利外，政治、外交等各个方面都呈现出明显的优势，也就不再把辽朝放在眼里。于是，在通过交涉谋取到重大利益之后，于天辅四年（1120 年）三月，当辽再派“习泥烈往议”之际，“金主怒，遂绝之”[⑧]，即正式与

---

① 《辽史》卷二十八《天祚纪二》。
② 《辽史》卷二十八《天祚纪二》。
③ 《辽史》卷二十八《天祚纪二》。
④ 《辽史》卷二十八《天祚纪二》。
⑤ 《辽史》卷二十八《天祚纪二》。
⑥ 《辽史》卷二十八《天祚纪二》。
⑦ （宋）徐梦莘：《三朝北盟会编》卷三《政宣上帙三》。
⑧ 《辽史》卷二十八《天祚纪二》。

辽决裂并开始与其争天下而建立了自己的政权和国家。

第四节　灭辽攻宋，入主中原

一、金军的灭辽

金国建立后，首要目标就是积极开展反辽斗争。1115 年正月初五即大年还没有过完，阿骨打便亲率大军直捣辽在东北地区的重镇黄龙府，先是进临益州，接着扫清外围并攻取达鲁古城，继而乘胜追击至阿娄冈，“辽步卒尽殪，得其耕具数千以给诸军”；最后于同年 9 月“克黄龙府”。辽天祚帝“大惧，自将七十万至驼门”①，准备亲征女真。然而正当双方主力即将展开决战之际，辽廷内部突发政变，天祚闻讯后不得不慌忙从前线逃还。金军跟踪追击至护步答冈，“辽师败绩，死者相属百余里，获舆辇帟幄兵械军资，他宝物马牛不可胜计”②，金军大获全胜。

以阿骨打为首的金统治集团不愧为一支新兴的势力，他们在不断取得军事胜利的同时，还有针对性地对辽人展开了政治上的攻势，于 1116 年正月决定，对四方来降契丹，奚、汉、渤海、系辽籍女直、室韦、达鲁古、兀惹、铁骊诸部官民进行优待和安置，显然收到了效果。渤海人“高永昌据东京”叛辽，短时间竟占有辽东五十余州，阿骨打乃乘机进兵，“东京州县及南路系辽籍女真皆降”，因下诏在新占领地区废除“辽法，省税赋，置猛安谋克一如本朝之制”③。天辅元年(1217 年)正月，又西“攻春州”等地，辽“东北面诸军不战自溃，女古、皮室四部及渤海人皆降”，金兵“复下泰州”④。

另一方面，为了麻痹辽廷，阿骨打还根据渤海人杨朴“自古英雄开国受禅，先求大国封册”的建议，如前文所述，“遣人诣天祚求封册”。早已被女真人的进攻搞得狼狈不堪而六神无主的辽廷，岂能不落入圈套而予以积极响应，故经过双方间反复的讨价还价，1119 年 3 月，辽人派官册封阿骨打为

---

① 《金史》卷二《太祖纪》。
② 《金史》卷二《太祖纪》。
③ 《金史》卷二《太祖纪》。
④ 《辽史》卷二十八《天祚帝纪二》。

"东怀国至圣至明皇帝'"①。

对此,阿骨打自然不会接受,因而于1120年3月,以"辽人屡败,遣使求合,惟饰虚词,以为缓师之计,当议进讨"为名,终止了与辽人间的议和活动,并下了灭辽的决心,4月25日"进师"伐辽。5月,"亲攻上京,克外郛"②。其"留守挞不野以城降。赵良嗣等奉觞为寿,皆称万岁。是日,赦上京官民"③。上京的丢失,又导致辽统治集团的内讧,其重臣北院都统耶律余睹等人"引兵千余并骨肉军帐叛归女真"④,于1121年5月,诣咸州降。这让金人进一步掌握了辽廷的虚实,阿骨打即于同年12月,下令以忽鲁勃极烈完颜杲为内外诸军都统,以昱、宗斡、宗干、宗望、宗盘等副之率师伐辽。在降将余睹的引导下,金军一路势如破竹,连克中京大定府及附近州县,天祚帝逃往西京大同府。金军继续追击,并迫使西京守军投降。因之,辽统治集团进一步分裂,其秦晋国王耶律淳被燕京文武官员拥立为天锡皇帝,宣布"废天祚为湘阴王","以燕、云、平、中京、上京、辽西六路,奄为己有。……辽国自此分矣"⑤,天祚帝所能管辖的地方已仅限于"沙漠以北,西南、西北路两都招讨府、诸蕃部族而已"⑥。1122年4月,金兵"复取西京"。6月,阿骨打再次征辽。12月,金军攻占燕京。至此,辽之五京均为金人所有。1123年4月,阿骨打派兵"袭辽主于阴山","大败之,获其子赵王习泥烈及传国玺"⑦。后至1125年2月,完颜娄室等俘获辽天祚帝,辽朝灭亡。即从建国伊始至此,新兴的女真人只不过用了短短十年时间即以摧枯拉朽之势灭亡了拥有了二百多年历史的大辽王朝。虽然,在此前二年即1123年9月19日,阿骨打病逝,但《金史·太祖纪》所谓"辽主见获,宋主被执,虽功成于天会间,而规摹运为实自太祖始",实不失为对雄才大略的金太祖的公允评价。

二、灭亡北宋

女真人反辽战争的节节胜利,给北宋王朝恢复燕云地区带来了难得的

---

① (宋)叶隆礼:《契丹国志》卷十《天祚皇帝上》。

② 《辽史》卷二十八《天祚纪二》。

③ 《金史》卷二《太祖纪》。

④ 《辽史》卷一〇二《耶律余睹传》。

⑤ (宋)叶隆礼:《契丹国志》卷十一《天祚皇帝中》。

⑥ 《辽史》卷二十九《天祚纪二》。

⑦ 《金史》卷二《太祖纪》。

良机。宋朝因而于1117年冬派人持国书泛海使金，要求夹攻辽人。后经双方反复磋商，至1120年达成协议，约定双方出兵攻辽时各以长城为界，金兵取辽的中京，宋兵攻取燕京；灭辽后，燕云诸州归宋，但须将献纳于辽的岁币（银、织二十五万匹、两）如数转献于金人。是为历史上所谓的“海上之盟”。

不过，这一盟约并未得到双方的全面履行。一方面，由于对辽军事的不断胜利使金统治集团的胃口越来越大而逐渐将目标定在夺取辽的全境；另一方面，宋方在对辽战争中屡遭败北的事实使双方的实力对比越来越呈现出金强于宋的变化，更让金人不会轻易地将胜利果实拱手让给宋人。故当1123年4月双方达成交出燕京及所属六州的协议时，“凡燕之金帛、子女、职官、民户，为金人席卷而东。宋朝捐岁币数百万，所得者空城而已”①。不止于此，宋方的违约行径，也成为后来金兵南下攻宋的重要口实。

因之，1125年10月，金太宗下诏伐宋，兵分两路大举南进，右路自西京（大同）入太原，左路由南京（平州）入燕山。而当时的北宋统治集团却陶醉于收回燕云的“胜利”之中，竟对金兵的南进不做任何防备：加之在关键时刻，燕京一带宋将、原“常胜军”首领郭药师投降，“燕山州县悉平”②。于是，金军几乎是如入无人之境，至翌年（1126年）正月，已南渡黄河，兵临汴京城下。北宋朝廷顿时慌成一团，宋徽宗本人临危传位于太子（钦宗），仓皇出逃；“百官多潜遁”，各地守军则往往“望风迎溃……无一人御敌”。宋钦宗虽诏中外臣庶直言得失，却又不顾主战大臣李钢等人的谏阻，竟派人去城外金营争取“割地求和”③。此时，金人审时度势，知道灭宋时机尚未成熟，乃接受议和。条件是宋方割让河间、中山、太原三镇；派亲王、大臣充当人质；宋主须向金帝称臣并增加岁币。在宋方一一答应上述要求后，金军才撤围北归。

金兵退后，北宋朝廷又恢复了“文恬武嬉”的故态，既遣散了诸路的勤王之师，又“置边事不问”④并派人联络故辽降将余睹等人从其内部颠覆金朝。事情败露，金朝也就有了再度出兵的借口，因而于1126年8月决定“伐宋”，闰十一月金军就再次打到汴京城下。在此危急关头，宋廷居然不顾有识之

---

① （宋）宇文懋昭：《大金国志》卷二《太祖武元皇帝中》。

② 《金史》卷三《太宗本纪》。

③ （明）陈邦瞻：《宋史纪事本末》（二），中华书局，1983年版，第570~572页。

④ （明）陈邦瞻：《宋史纪事本末》（二），中华书局，1983年版，第84页。

士的反对，竟荒唐地起用了市井无赖郭京之流，妄图借助所谓的“六甲”神兵七千七百七十七人来抵御金军，岂不是画饼充饥，不但完全无助于事反倒更加速了自己的灭亡。而与宋人恰恰相反，金军显然是有备而来，不仅其主将粘罕、二太子等人“皆善将兵，其纪律严密，故下皆用命”，并能因时制宜，充分利用了宋方的混乱局面，还运用了宋军早已弃用的大量攻城利器诸如火梯、云梯、编桥、鹅车、洞子、撞竿、钓竿之类攻城。这一切既反映了当时女真人的聪明才智和过人之处，更体现了一个新兴的民族的朝气蓬勃和充满活力，岂是郭京之流的乌合之众所能抵御，故至1127年1月9日，金兵攻占了汴京外城，宋钦宗被迫出降。

那么，女真人为什么能够后来居上而取得如此的成就呢？以往人们过多强调的是辽和北宋末年统治集团的极度腐朽和无能，这虽然不错，却也或多或少地忽视了女真人自身的优势。因为同渤海人一样，女真人也具有奋发上进的精神，并勇于和善于学习吸收周邻的长处，尤其是积极吸收中原文化，从而大大提高了自己的素质和优势。建国之后更加强了这方面的力度，如在先后灭辽和北宋的过程中悉心摄取中原地区的先进文明成果，把辽京和宋廷的文化典籍连同大量的能工巧匠以及各个方面的能人运往“金源内地”，并能在对辽和对宋的战争中边战边学。这里仅举一例：众所周知，女真人本来是以弓马骑射见长的，其军队一向习惯于野战即运动战；可是到1126—1127年灭北宋时，“金人攻城之具又有了火梯、云梯、编桥、鹅车、洞子、撞竿、钓竿之类。火梯、云梯皆与虚棚、楼橹齐高，亦有高于城者，皆可以烧楼橹。云梯、编桥可以倚[城]而上下，三物皆用车轴推行。……洞子可以治道，可以攻城。其状如合掌，上锐下阔，人往来其中，节次续之，有长三十余丈者。上用生牛皮、铁叶裹定，内用湿毡，中用大窗，矢石火炮皆不能入。……炮架最难制御，金人炮架四旁，并用湿榆小椽密簇，又用生牛皮，铁叶裹定鹞头，火不能入。其炮有七梢、五梢、[三梢]、两梢、[独梢]、旋风、虎蹲等炮。内七梢可以至远，[其次大五梢等，亦可以致远]，其次或放双炮。……十九日夜，敌人[按指金军]安炮五十余座。城上虽有虚棚，人皆不可存驻。毙于炮者，日不下数十人。……[自十九日夜，贼（按，指金军）安炮之后，矢石不可及”。凡此一切无疑是在不久前灭辽及对宋战争中从对方那里学来的，当然，也不能排除利用辽、宋的降军为其作战的可能性。不止于此，金兵还相当讲究战术和战法，如两翼包抄（也叫“拐子马”）和中央突破之类，又有所谓的“迭桥之法:先用牌浮水面,次用一重柴、一重席、一重土,增渡如初,矢石、火炮皆不能入”。这一切既反映了当时女真人的聪明才智和过人之处,更体现了一个新兴民族的朝气蓬勃和充满活力。而耐人寻味地是,当时的汴京守将们对金人所用的攻城利器和战法,居然“往往皆不甚深晓”;当有人在这方面“献议”以对付金军时,竟“皆云久在边陲,素不识此”。

综上所述,谁优谁劣,不难辨之。事实上早在建国之前,女真人即已经拥有了相当强大的实力,前述的打败高丽人和收复曷懒甸地区之举即可证之。至建国后,特别是在反辽的胜利大进军中,其实力更不断得到增强,并在政治和军事上显示出超过辽、宋的巨大优势,尤其体现在用人及调动各方面的积极因素以形成的整体合力方面。所以他们的“形象”绝不是像某些人所说的那样野蛮和落后,恰恰相反,比起其对手来说要好得多了。如在灭宋之际,金军的整体就显示出了“王师”的风度,不仅其主将粘罕、二太子等人“皆善将兵,其纪律严密,故下皆用命”,能因时制宜,充分利用了宋方的混乱局面;而且在占领汴京后,居然“不戮一人”,难怪当时作为那场战争目击者、对手的宋人也不得不称赞“粘罕、斡离不皆英雄。自古云:[君子]不在中国,必在四夷”①。

凡此足见,北宋之灭亡固然是其政权的极度腐朽所致,但当时的女真人也确实在政治和军事上体现出绝对的优势,所以,女真金国的胜利堪称新兴战胜腐朽的佳话,实乃历史发展之必然。

三、与南宋的战、和

北宋灭亡后,金人曾建立了以宋朝官员张邦昌为首的傀儡政权,但遭到了宋地官民的抵制和反对。故在金兵北退后,张邦昌不得不宣布退位并奉迎钦宗之弟康王赵构。于是,赵构在6月12日即位于南京应天府(今河南商丘),改年号为建炎,是为宋高宗,后定都于临安(今杭州),史称南宋。

当时形势错综复杂,对金人来说,虽然占领了华北平原的广大地面,但河北、山西的许多地方尚为宋方所控制,而且各地民众到处组织忠义民兵,仅太行山一带的“八字军”就发展到十多万之众,都给了金兵以有力牵制和

① (宋)石茂良:《避戎夜话杂记》,载李澍田编《金史辑佚》,吉林文史出版社,1990年版,第191~192页。

打击。但以高宗为首的南宋最高统治集团却不思振作，从一开始即对抗金缺乏信心；不仅如此，还从一己的私利出发，唯恐抗金胜利，徽、钦二帝南归危及其统治地位，故对抗金事业进行干扰破坏，不遗余力地打击抗战派，结果不只是断送了抵抗的大好形势，也为金兵扑灭反抗势力和稳固北方统治大开了方便之门。

1128 年夏，金兵大举南进，曾一度逼近至长江一带，占领扬州等地。1129 年秋，又在完颜宗弼（即金兀术）等率领下，分路南进并攻下湖州、杭州等地，一直把宋高宗赶入了大海。但是，金在北方各地的统治还未巩固，“叛服不常”，陕西一带多在宋人之手；另一方面，长途奔袭、师老兵疲，所到之处又遭到南宋军民的阻击，“胜负相当，势殆可虑”，宗弼乃不得不决定北归。1130 年 2 月退至镇江一带时，为宋将韩世忠所败，好不容易才安全返回北方。

此后，金统治集团逐渐认识到，单靠武力解决不了南宋的问题，必须改变策略，“以和议佐攻战，以僭逆诱叛党”[①]。于是，一面派秦桧伪装从金营脱逃，打入南宋朝廷游说议和，从内部瓦解抵抗斗争；一面立降官刘豫为大齐皇帝，通过傀儡政权控制中原一带，并将大量的女真人口自黑龙江地区迁往中原，“棋布星列，散于四方”，以确保对华北地区的统治，并逐步将军事进攻的重点转入陕西境内，至 1131 年 3 月占领陕西五路并逐渐向陕川边界一带发展，使其与南宋的战争进入了相持的阶段。

此后，形势逐渐发生了有利于宋方的变化。1134 年 9 月，金军与伪齐军一起渡淮攻宋，尽管南宋朝廷曾准备逃往福建，但各地军民的阻击却使得金人攻势一再受挫，金军内部还出现不稳情绪而被迫退走。伪齐军更是“弃辎重亦遁，昼夜兼行三百余里”[②]。1135 年正月，金熙宗即位后，统治集团内部矛盾激化，曾演出了一幕幕内讧的场面，既削弱了对华北各地的控制力，更在与南宋的较量中陷入被动局面。尤其是 1137 年不得不废掉伪齐政权后，其境内官民纷纷渡淮投奔南宋。为扭转局面，1138 年秋，大将挞懒首倡和议，在得到了熙宗的采纳后，相继派人入宋谈判，如南宋肯称臣纳贡，愿将河南、陕西等伪齐故地归宋。尽管许多大臣反对议和，可是宋高宗却坚持“屈

---

① （宋）宇文懋昭：《大金国志》卷七《太宗文烈皇帝五》。

② （宋）宇文懋昭：《大金国志》卷八《太宗文烈皇帝六》。

已就和”[1],决定由秦桧代替高宗跪接金朝国书,于1139年正月,接受和议,宋称臣于金。每年贡银25万两、绢25万匹;金允许归河南、陕西于宋,送还韦后及徽宗梓宫(灵柩)。

但这在金廷内部,遭到重臣宗干、宗弼等人的强烈反对,积极主张和议的宗盘、挞懒等人先后被杀,宣布撕毁和议。宗弼还被任命为都元帅。至1140年5月,决定“复取河南、陕西地”[2]。尽管当时实力的对比已经有利于宋人,即如金将韩常所言:“所幸者南人未知北间事耳”[3]。不过,由于宋方毫无准备,金军一路进展顺利,收复了河南、陕西的许多地方。但在继续南进时,却遭到了宋军的有力反击,尤其是在顺昌府(今安徽阜阳)被刘锜所率领的守军大败,损失惨重。不久,岳飞率领的岳家军又在郾城等地打败金军,收复了郑州、洛阳等地,并派人联络河北忠义民兵,对宋人来说则出现了前所未有的大好形势。

可是,在此关键时刻,宋高宗竟下令诸路军队班师后撤,所收复的州县又被金人夺回。同年冬,金廷再次下诏南进。1141年春,金军渡淮,接连攻占寿春、滁州、亳州、卢州、和州等地,但在拓皋(巢县西北)遭到失败而被迫“渡淮北去”。宋高宗接受了秦桧的建议,“恐诸将难制,欲尽收其兵权”,乃诏韩世忠、张俊、岳飞等三大将回朝并撤销三宣抚司,以向金方表示议和之决心。金、宋两朝一拍即合,都表示愿意谈判。不止于此,宗弼还“以书抵秦桧:‘尔朝夕以和请,而岳飞方为河北图,必杀岳飞,而后可和’”[4]。于是,岳飞被宋高宗下狱处死,双方于1141年11月签订了著名的“绍兴和议”,内容是:宋向金国称臣,岁币银绢二十五万两匹,以淮水中流至大散关一线为界,至是为止,南北对峙局面最后确立,双方在20年时间里无战事,为南北两地经济文化的恢复和发展创造了非常有利的条件。

海陵王于1150年初即位后,在熙宗的基础上进一步厉行改革。他在恢复并发展北方经济和文化的同时,也加速了女真人的汉化和封建化的历史进程,并于1151年决定迁都燕京,为金朝的强大和发展奠定了坚实的基础。但这一切也让他的政治野心极度膨胀,竟不自量力、不合时宜地发动了侵宋

---

① (明)陈邦瞻:《宋史纪事本末》(二),第743页。

② 《金史》卷四《熙宗纪》。

③ (宋)宇文懋昭:《大金国志》卷二十七《韩常传》。

④ (明)陈邦瞻:《宋史纪事本末》(二),第754页。

的战争，企图一统江南。结果不但遭到了南宋的抵抗，也导致了内部的叛乱，以身败名裂而告终。而新即位的金世宗则坚持与南宋议和，维持了和平共处的局面。其后虽然在13世纪初年一度又出现了宋军的“北伐”，但为时不久即宣告失败，南北之间恢复了“和平共处”状态。

第五节　金时女真人的社会与文化变迁

在金朝统治下的一百多年时间里，女真人的社会与文化发生了很大的变化。这一变化的根本原因与本质是，在女真文化与汉文化的相互碰撞、冲突和吸纳、融合的过程中，女真人的社会与文化越来越与汉文化趋同，为大中华文化的进一步发展和巩固做出了重要的贡献。同时，应该强调指出的是，在12世纪前半期，处于上升时期的女真人确曾以新兴民族的强势于中原大地上叱咤风云，独领风骚，成功地扮演了当时中国历史舞台上的主角。这也正是女真人前期历史上最光辉的一页。

一、建国前女真人的社会与文化

无须赘言，如前文所述，女真人的社会早在建国之前确已迈进了文明时代的门槛，如建立了自己的政权机构，拥有了自己的习惯法，并形成了强大的政治势力，在各个方面呈现出欣欣向荣的蓬勃生机；但不能讳言的是，女真人也依旧保存着许许多多部落时代的习俗与风貌，乃至给人以相当落后甚至于仍然停留在部落社会发展阶段的错觉。

如诸部散居、野处，彼此不相统属。史载：女真人“居粟末之北，宁江之东北者，地方千余里，户口十余万，散居山谷间，依旧界外野处，自推雄豪为酋长，小者千户，大者数千户，则谓之生女真”[①]。“初，女真之域尚无城郭，星散而居。虏主完颜晟常浴于河，牧于野，其为君草创，斯可见矣。盖女真初起，阿骨打之徒为君也，粘罕之徒为臣也，虽有君臣之称，而无尊卑之别，乐则同享，财则同用。至于屋舍、车马、衣服、饮食之类，俱无异焉。虏主所独享唯一殿，名曰乾元殿。此殿之余，于所居四外栽柳，行以作禁围而已。其

① （宋）徐梦莘：《三朝北盟会编》卷三《政宣上帙三》。

殿也，绕壁尽置大炕，平居无事同锁之，或开之则与臣下杂坐于炕，伪妃后躬侍饮食，或虏主复来臣下之家，君臣宴然之际，携手握臂，咬头扭耳，至于同歌共舞，莫分尊卑而无间”①。阿骨打率军攻入燕京，与诸勃极烈等“握拳坐于殿之户限上，受燕人之降。且向询黄盖有若干柄，意欲与其群臣皆张之”②；“群臣奏事，撒改等前跪，上起，泣止之曰：‘今日成功，皆诸君协辅之力，吾虽处大位，未易改旧俗也。’撒改等感激，再拜谢”③。面对君与臣的名分，阿骨打“泣止之”，不情愿接受这样的现实，并且极力否认它的存在，“未易改旧俗”。甚至于到太宗时期，在“皇权”与“旧俗”发生冲突之际，太宗本人还曾因为“违誓约”即私用“库收积财货”过渡，而被宗翰等臣下“请国主违誓约之罪，于是群臣扶下殿，杖二十毕，群臣复扶上殿，谙班、粘罕以下谢罪”④。至于“胡俗，旧无仪法。君民同川而浴，肩相摩于道。民虽杀鸡，亦招其君同食……率以为常”⑤。故单从表面上看，国主似乎仅仅是个“称号”，太祖阿骨打作为开国之君竟然不肯坐金銮殿；太宗乌乞买，先是替太祖“守国”，登位后，“临朝端默”，表面上徒有“皇帝”之名。

至于行军打仗，更是依旧保持着部落时代的“民主”遗风，如《北风扬沙录》记载：“凡将皆执旗，人视其所向而趋。自主将至卒皆自驭，无从者。以粟粥燔肉为食，上下无异品。国有大事，适野环坐，画灰而议，自卑者始，议毕即漫灭之，不闻人声，其密如此。军将行，大会而饮，使人献策，主帅听而择焉，其合者即为将，任其事。师还，有大会，问有功者随功高下与之金，举以示众。众以为薄，复增之。”⑥宋使者所见的完颜部内部的“平等”如战场上主将“无从者”，饮食“上下无异品”，议事时各抒己见，能者“为将”；行赏论功，且从众议等等，其实仅限于完颜部的核心集团，非核心集团的人是享受不到这种“平等”的。

至于生产生活方面，在建国前石器工具是女真人最重要的生产工具。如《三朝北盟会编》卷三载，当时女真人的生活器具主要还是用木头打制而

---

① （宋）徐梦莘：《三朝北盟会编》卷一六六引张汇《金虏节要》。

② （宋）徐梦莘：《三朝北盟会编》卷十二《北征纪实》。

③ 《金史》卷七十《撒改传》。

④ （宋）徐梦莘：《三朝北盟会编》卷一六五引《神麓记》。

⑤ （宋）洪皓：《松漠纪闻》，载《长白丛书·本初集》，吉林文史出版社，1986年版，第33页。

⑥ （宋）陈准：《北风扬沙录》卷一。

成，少有陶制的餐具，只能用木盆盛粥，以木碟盛饭，以木碗盛羹，饮酒用木勺子，自上而下循环酌之。他们生食猎物，嗜好半生米饭、生狗血及蒜之类。武器和生产工具比较简陋，弓不过五斗，箭镞长仅六七寸。生产工具是生产力的集中代表，女真人落后的生产工具决定了他们生产力的低下。生产力又决定生产方式。当时女真人的经济门类虽已耕凿为业，种植五谷，但由于生产工具的落后而不可能实现大面积的农耕。其民甚至于“皆不知纪年。问之，则曰：‘我见青草几度矣’，盖以草一青为一岁也”①。没有抽象的时间观念，更谈不到拥有丰富的天文知识，只知道依据植物的变化而获知季节的变迁。

但必须指出的是，建国前的女真社会毕竟是迈进了文明时代的门槛，而且由于早已融入了至少包括铁骊、乌惹、室韦、契丹等等在内大量的其他部族成分，彼此之间的相互影响吸纳使他们逐渐走出了封闭状态。仅以契丹人为例，由于种种原因不时有进入女真地区者，而无论是军事征伐、催讨岁赋，还是打草谷、进行贸易，都不同程度地把自己的“文化”“带”入当地并产生各种各样的影响。如“契丹、女真贵游子弟及富家儿月夕被酒，则相率携尊驰马戏饮其地。妇女闻其至，多聚观之。间令侍坐，与之酒则饮，亦有起舞歌讴以侑觞者。邂逅相契，调谑往返，即载以归。不为所顾者，至追逐马足不远数里。其携去者父母皆不问。留数岁，有子，始具茶、食、酒数车归宁，谓之拜门，因执子婿之礼。其俗谓男女自媚胜于纳币而婚者”②。不言而喻，这一现象绝非是契丹贵游子弟初到女真地区时的情景，而必定是女真人与契丹贵游子弟接触和相处已久后所导致的社会风气的变异。而邻近各族部人的杂居、通婚，更加速了族际之间的文化交流和风习的变化。如“黄龙府南百余里曰宾州……部落杂处，以其（乌惹）族类之长为千户统之……，族多李姓”，千户李靖“二子亦习进士举，其侄女嫁为悟室子妇”③。这一切还是女真灭亡辽朝之前社会和文化的变化；至于灭辽过程中和灭辽之后，与契丹以及汉人的接触、交流的广度和深度就更不可同日而语了，尤其是占领燕京和上京后，把“燕京豪族工匠”以及大量有文化的士人“由松亭关徙之内地

---

①　（宋）洪皓：《松漠纪闻》，载《长白丛书·本初集》，吉林文史出版社，1986年版，第29页。

②　（宋）洪皓：《松漠纪闻》，载《长白丛书·本初集》，吉林文史出版社，1986年版，第17页。

③　（宋）洪皓：《松漠纪闻》，载《长白丛书·本初集》，吉林文史出版社，1986年版，第17～18页。

(即以今哈尔滨市为中心的金源内地)”,对女真人社会及文化的巨大影响和冲击就更不用说了。女真人已经开始接触并大量地吸纳来自中原地区的优秀传统文化,并借以迅速地武装、充实和提高自己。这里仅仅举几个事例即足以说明问题。

其一是,“康宗七年,岁不登,民多流莩,强者转而为盗。欢都等欲重其法,为盗者皆杀之。太祖曰:‘以财杀人,不可!财者,人所致也’。遂减盗贼征偿法为征三倍。民间多逋负,卖妻子不能偿,康宗与官属会议,太祖在外庭以帛系杖端,麾其众,令曰:‘今贫者不能自活,卖妻子以偿债。骨肉之爱,人心所同。自今三年勿征,过三年徐图之’。众皆听令,闻者感泣,自是远近归心焉”。这哪里仅仅是部落首领的素质,俨然有了高瞻远瞩的杰出政治家的气度。其二,“四年丙戌(1106年),高丽遣黑欢方石来贺袭位,遣杯鲁报之。高丽约还诸亡在彼者,乃使阿聒、胜昆往受之。高丽背约,杀二使,筑九城于曷懒甸,以兵数万来攻。斡赛败之。斡鲁亦筑九城,与高丽九城相对。高丽复来攻,斡赛复败之。高丽约以还逋逃之人,退九城之军。复所侵故地”。显而易见,同老牌的高丽王国相比,当时的女真人不只是军事实力远在其上,就是在政治手腕上也远远地超出了对手,这和从前女真人的气质比较是何等巨大的变化。其三,以阿骨打为首的女真人作为一支新兴的势力,在不断取得军事胜利的同时,也已懂得有针对性地对辽人展开政治攻势,即充分地利用其内部矛盾重重和分崩离析之机,一再地下诏称“自破辽兵,四方来降者众,宜加优恤。自今契丹,奚、汉、渤海、系辽籍女直、室韦、达鲁古、兀惹、铁骊诸部官民,已降或为军所俘获,逃遁而还者,勿以为罪,其酋长仍官之,且使从宜居处”,以表示对来降附的各族人等(包括契丹人在内)给予安置和优待。特别是对渤海人尤其如此,既以援助渤海人为名并在其配合下,攻下辽军所控制的沈州;又乘势直取东京,于是,附近的“东京州县及南路系辽籍女真皆降”,因下诏在新占领地区废除“辽法,省税赋,置猛安谋克一如本朝之制”①,以收拢人心,瓦解辽的势力。其四是,在占领了几乎整个东北地区后,为最终灭亡辽朝需要进行必要的休整和全面的准备,采纳了属下渤海人杨朴关于“自古英雄开国受禅,先求大国封册”的建议,“遣人诣天祚求封册,其事有十:徽号大圣大明皇帝,一也;国号大金,二也;玉辂,三也;

① 《金史》卷二《太祖纪》。

衮冕，四也；玉刻御前之宝，五也；以弟兄通问，六也；生辰、正旦遣使，七也；岁输银绢二十五万疋两，分南宋岁赐之半，八也；割辽东、长春两路，九也；送还女真阿鹘产、赵三大王，十也”[①]，即懂得暂作妥协以争取时间而大打政治战和心理战。其五是，在与北宋缔结“海上之盟”并南北夹攻辽朝之际，懂得巧妙地利用一切有利时机，谋取军事政治利益的最大化，并确实达到了预期的目的。其六是，1127年灭北宋之际，巧妙地玩弄军政两手双管齐下，通过羁押北宋皇帝的政治手段把宋朝上上下下玩得团团转，并迫使他们不得不答应各项要求和条件。其七是，进攻汴京城无疑是有备而来，不仅主将粘罕等人“皆善将兵，其纪律严密，故下皆用命”，且能因时制宜，充分利用了宋朝的混乱局面；而且使用了大量的攻城利器，“金人攻城之具又有火梯、云梯、编桥、鹅车、洞子、撞竿、钓竿之类。火梯、云梯皆与虚棚、楼橹齐高。亦有高于城者。皆可以烧楼橹。云梯、编桥可以倚[城]而上下，三物皆用车轴推行。……洞子可以治道，可以攻城。其状如合掌，上锐下阔，人往来其中，节次续之，有长三十余丈者。上用生牛皮、铁叶裹定，内用湿毡，中用大窗，矢石火炮皆不能入。……毙于炮者，日不下数十人”；并讲究战术和打法，有效地利用了攻城器械的力量：“贼人迭桥之法：先用牌浮水面，次用一重柴、一重席、一重土，增渡如初，矢石、火炮皆不能入。”[②]众所周知，女真军队本来只是以弓马骑射见长，习惯于运动战，但此时，竟使用起如上的攻城利器和战法，无疑是在不久前的灭辽之战中从辽人那里学来的。当然，也不能排除利用辽的降军为其所用，即懂得吸收中原地区的先进文化因素以充实和提高自己。这既反映了当时女真人的聪明才智和过人之处，更体现了一个新兴民族的蓬勃朝气和活力。其八，耐人寻味的是，金军在占领汴京后，居然“不戮一人”，难怪连当时的宋人也不得不称赞“粘罕、斡离不皆英雄。自古云：[君子]不在中国，必在四夷”[③]，诚可谓是新兴战胜了腐朽。

如此等等，难以尽数，都有力地证实女真人在先后灭辽和北宋两个王朝的进程中之所以能够在政治上和军事上运用如此的高超手段和本领，无疑是其社会和文化都发生了天翻地覆般良性巨变的结果。

---

① 《契丹国志》卷十《天祚皇帝上》。

② （宋）石茂良：《避戎夜话杂记》，载李澍田编《金史辑佚》，吉林文史出版社，1990年版，第179～196页。

③ 《避戎夜话》，载《长白丛书》四集《金史辑佚》，第191～192页。

二、建国后女真社会与文化的演变

建国后，随着女真民族独立意识的出现，发展民族文化显已成为上层人士的自觉行动。在百余年的时间里，女真人借助于与各相关民族文化当然主要或基本上是汉文化的交融，来发展本民族的文化。这一进程又经历了太祖和太宗构建女真本位文化时期、熙宗时认同汉文化并改造女真文化、海陵王时全盘接受汉文化、世宗时复兴女真本位文化、章宗以后女真文化基本上融入汉文化即中原传统文化之中而几乎不再独立存在的几个阶段。

（一）女真本位文化的构建

太祖、太宗时期，在民族独立意识支配下，虽以汉文化充实和提升女真文化，但发展本民族文化仍是其矢志不渝的目标。故不改“旧俗”，尽可能一切依本朝旧制以构建女真民族文化。

首先是移植辽、宋文化到金源内地，使金朝统治的政治、经济、文化中心得到迅速发展。

天辅二年（1118 年），诏曰“国书诏令，宜选善属文者为之，其令所在访求博学雄才之士，敦遣赴阙”①。

天辅五年（1121 年）下诏：“若克中都，所得礼乐仪仗图书文籍，并先次津发赴阙”②。

天辅六年（1122 年），金人“既定山西诸州，以上京为内地，则移其民实之”③。

天辅七年初（1123 年），太祖攻入辽之燕京，不以占据土地为贵，而是将“燕之金帛、子女、职官民户，席卷而东”④。

其目的无疑是借以集中发展和振兴“内地”以使民族文化日益繁荣。天会三年（1125 年）宋使赴金上京时，见按出虎水畔正在大兴土木，“四面兴筑，架屋数千百间”⑤。当时，以皇帝寨为中心的金源内地已成为女真人的文治教化中心而与女真民族一道蒸蒸日上。

---

① 《金史》卷二《太祖本纪》。

② 《金史》卷二《太祖本纪》。

③ 《金史》卷四十六《食货志》。

④ （宋）宇文懋昭：《大金国志》卷二《太祖武元皇帝下》。

⑤ （宋）宇文懋昭：《大金国志》卷四十《许奉使行程录》。

其次是“借才异代”，培育女真民族文化人。熙宗“得燕人韩昉及中国（中原）儒士教之”[①]，海陵王以儒士张用直为师。允许羁留在上京的宋使开馆讲学，如张邵充通问使滞留上京会宁府时，“金人多从之学”[②]。

再次是创制女真文字。女真部落时期，过着游牧渔猎生活，既无文字，又无书契，甚至不知年寿修短，以草一青一黄为一岁。起兵之初，与辽人交涉，借助通事（译言人），使用契丹文字。称帝建号后，与辽的交涉不断争取平等，民族独立意识进一步高涨。太祖阿骨打令完颜希尹创制文字，希尹依仿汉文楷字，采用契丹造字方法，结合本族语言，制成女真字。于金祖天辅三年（1119 年）制成颁行，称为“女真大字”。又令各路选送幼童学习女真文字，金朝中期著名宰相纥石烈良弼、纳合春年等就是第一批学习女真字的女真人。

又次，修史述祖敬宗。天会六年（1128 年）太宗下诏访求祖宗遗事，以备国史。命完颜勖与耶律迪越主其事，“勖等采摭遗言旧事，自始祖以下十帝，综为三卷。凡部族，既曰某部，复曰某水之某，又曰某乡某村，以别识之。凡与契丹往来及征伐诸部，其间诈谋诡计，一无所隐。事有详有略，咸得其实”[③]。

复次，随着女真人的军事扩张，女真民族文化也表现出扩张的势态。女真服饰是女真文化民族性的外在表现，是民族文化的一种客观存在。一个民族接受他民族服饰表示民族心理的趋同和文化的认同。女真人把汉人接受其服饰视为臣服的标志，天会六年（1128 年），徽、钦二帝虏至上京，“素服见太祖庙”[④]。在金人眼里，北宋君臣的亡国奴身份是被征服的结果。对宋的遗民也如法炮制，《建炎以来系年要录》记载：“金元帅府禁民汉服，又下令髡发，不如式者杀之。”[⑤]《三朝北盟会编》对“髡发易服”之事也有记载。“易服”“髡发”是女真人扩张民族文化、取代汉文化的一种企图，这种企图遭到一部分汉人的抵抗。天会四年（1126 年），金兵攻下真定，李邈被执，勒令

---

① （宋）宇文懋昭：《大金国志》卷十二《熙宗孝成皇帝四》。

② 《宋史》卷三七三《张邵传》。

③ 《金史》卷六十六《完颜勖传》。

④ 《金史》卷三《太宗本纪》。

⑤ （宋）李心传：《建炎以来系年要录》卷二十八《建炎三年己酉九月》。

“被发左衽”①。天会十年，宗翰在白水泊试举人，虐骂应试老者：“尔无力老奴，何来应试？尔等若有文章，何不及第少年？尔等今苟得官，自知年老近死，向去不远，必取赃以为身后计，行乐以少酬晚景，安有补于国？又闻尔等之来，往往非为己计，多有图财假手后进者。如此，则我所取老者、少者皆非其人也。……”②宗翰对应试举人的行为，有人说是“对中原文化和宋人采取敌视态度”③。表现出来的态度是历史的一种表象，表象的后面是问题的本质，也就是说，宗翰对中原文化的态度是受女真固有思想观念支配的。女真人有“贵壮贱老”的习俗观念，用此习俗标准衡量应试的耆儒，必然产生“老奴”无补于国的悖论。

（二）熙宗认同汉文化

不过，总体上看，女真人发展民族文化又是建立在认同汉文化的基础之上。文化认同是一个极其错综复杂的历史过程，既是在吸收中排拒，又是在排拒中吸收。金熙宗深受汉文化熏染，“自为童时聪悟，适诸父南征中原，得燕人韩昉及中国儒士教之，后能赋诗染翰，雅歌儒服，分茶焚香，弈棋象戏，尽失女真故态矣。视开国旧臣则曰‘无知夷狄’；及旧臣视之则曰‘宛然一汉户少年子也’”④；因“颇好延接儒士人，亦读儒书……亦学弈、象戏、点茶……衣制皆如汉儿”⑤。这也就决定其在位期间积极采用“汉礼”，主动接受和传播汉文化。天会十四年（1136 年），还仿宋汴京（北宋的都城，今河南开封）改建会宁府（黑龙江阿城区白城）；又修建凉殿、太庙、社稷等。天眷二年（1139 年）初，下令百官朝见皇帝，要穿规定的朝服。并设仪卫将军，禁止亲王以下佩刀入宫；皇统元年（1141 年），下诏祭孔子庙，并立宗庙，并仿效中原礼法为死去的前任皇帝加尊号、规定谥法等。

总之，在熙宗朝八九年的汉化中，在各方面仿效中原制度，除了猛安谋克制度以外，女真旧制大都已被废弃，以至于在宋人的眼中，其“政教号令，

---

① 《宋史》卷四四七《李邈传》。

② （宋）宇文懋昭：《大金国志》卷七《太宗文烈皇帝五》。

③ 张博泉：《金史论稿》第二卷，第 37 页。

④ （宋）宇文懋昭撰、崔文印校证：《大金国志校证》上，中华书局，1986 年版，第 177 页。

⑤ （宋）洪皓：《松漠纪闻》，载《长白丛书·本初集》，吉林文史出版社，1986 年版，第 17 ~ 18 页。

一切不异于中国"[1]。

不过,当时的女真人仍然带着发展本族文化的意识去认同汉文化,故与汉文化的冲突也是必然的。宋使宇文虚中仕金后,"恃才轻肆,好讥讪,凡见女直人辄以矿卤目之"[2]。女真贵族为此与之积怨很深,寻机报复,终以其家藏"图书为反具"而陷害致死。受之牵连,另一汉臣高士谈也因"图书尤多"被杀。虚中、士谈因藏书被杀,很难说清这些女真贵族是恨人殃及书,还是恨书殃及人,抑或是人与书同恨,因为书和人在女真贵族眼里都是异质文化。

文化是为政治服务的,文化的冲突与政治权力的争斗相伴而生,在接受汉文化过程中,熙宗向守旧贵族妥协,致使他的皇权政治也陷于危机。

(三)海陵时"全盘汉化"

海陵王完颜亮与熙宗的汉化程度相当,甚至是有过之而无不及。史称他自幼"好读书,学弈、象戏、点茶,延接儒生,谈论有成人器。……嗜习经史,一阅终身不复忘,见江南衣冠文物朝仪位著而慕之"[3],故其汉文化的修养,当时即已为人们所津津乐道,诗词作品更被宋金人笔记常常称引。[4] 唯其如此,故即位不久,即于天德二年(1150年)十二月决定"罢行台尚书省,改都元帅为枢密院"[5],表明他已决意离开女真文化的大本营金源内地而迁都中原,以确立和实施本朝的"汉地本位"实即全面汉化的方针政策。而在这之前的同年夏的"诏河南民,衣冠许从其便"[6],更是最后废弃了太宗朝天会六年(1129年)六月颁布的"禁民汉服及削发,不如式者死"的过时酷法,无疑为其迁都燕京营造了有利的气氛。故紧接着三个月后的天德三年(1151年)三月,即"诏广燕城,建宫室",并于"四月丙午,诏迁都燕京" 。为加快修建燕京的进度,同年九月,又"赐燕京役夫帛,人一匹"[7],反映其汉化

---

① 《陈亮集》卷一《上孝宗皇帝第一书》。

② 《金史》卷七十九《宇文虚中传》。

③ (宋)宇文懋昭撰、崔文印校证:《大金国志校证》上,中华书局,1986年版,第185～187页。

④ 参见《归潜志》卷一、《桯史》卷八《逆亮乱怪》、《夷坚支景志》卷四《完颜亮词》、《三朝北盟会编》卷二三一引《金人叛盟记》等。

⑤ 《金史》卷五《海陵本纪》。

⑥ 《大金国志校证》上,中华书局,1986年版,第186页。

⑦ 《金史》卷五《海陵本纪》。

的愿望是何等的强烈,并且还未等到工程告捷,就急不可耐地于天德四年(1152 年)二月决定亲自率领“文武百官自会宁府”[①]起程“如燕京”。这一路的行程竟用了一年又一个月的时间,即直到天德五年(1153 年)三月才抵达燕京,并“以迁都诏中外,改元贞元”[②],即开始其全面汉化的新纪元。但是迁都的决定,显然遭到女真大臣和宗室中保守势力的抵制或反对,为彻底铲除保守势力的阻挠,海陵王竟然在贞元三年(1155 年)“五月乙卯,命判大宗正事京等如上京,奉迁太祖、太宗梓宫。……(六月)乙未,命右丞相仆散师恭、大宗正丞胡拔鲁如上京,奉迁山陵及印永寿宫皇太后”,十一月“山陵礼成”之后,竟于正隆二年(1157 年)十月采取了非常措施:“命会宁府毁旧宫殿、诸大族宅第及储庆寺,仍夷其址而耕种之”[③],即彻底焚毁女真人的根据地。其如此决绝的立场和态度,堪与历史上的北魏孝文帝迁都洛阳相提并论。至于所以发动至于大举进攻南宋的战争,则显然是因为他具有强烈的汉文化的正统观念,如其曾对臣下说过这样的话:“天下一家,然后可以为正统”[④],分明是中国大一统王朝政治伦理观念的集中体现。一言以蔽之,他在位期间把金朝的“全盘汉化”推进到了极致地步。

(四)世宗恢复“女真旧俗”

世宗以代表女真贵族利益者自居,以捍卫女真民族文化自居。在位的 30 年间,孜孜不倦地努力复兴女真文化,主要从如下三个方面入手:

第一,发展女真教育,推广女真文字。大定四年(1164 年),颁行女真大小字所译经书,每谋克选二人习之。大定九年,设女真国子学,诸路设女真府学。大定十一年,创设女真进士科,[⑤]女真进士科的创设,实质上是世宗优宠、重建女真贵族势力的重要举措,女真进士科拓宽了女真人入仕的途径,保证了他们在政治领域中的优势地位。正如陶晋生所言:“女真人入仕和升迁的情形,似并不顾及专业的原则,而是凡生为女真人,就注定了可以作各种性质的官。”[⑥]大定十三年,选第一批女真进士。世宗的目的是“正欲女直

---

① 《大金国志校证》上,中华书局,1986 年版,第 187 页。

② 《金史》卷五《海陵本纪》。

③ 《金史》卷五《海陵本纪》。

④ 《金史》卷一二九《佞幸传·李通传》。

⑤ 《金史》卷五十一《选举一》。

⑥ 陶晋生:《女真史论》,第 70 页。

人知仁义道德所在耳”[1]。用行政手段强制提高女真文化在社会中的地位。

第二，提倡女真旧俗，阻止女真人汉化。大定十三年(1173 年)世宗在睿思殿，“命歌者歌女直词”，并教育太子及诸王不知女真纯实之风，不通晓文字语言，是忘本。同年，“禁女直人毋得译汉姓”。其后，勒令卫士习学女真语，把诸王小字以女真语命之，等等。世宗极力挽救女真旧俗，缘于他已看到女真人习学汉文化，“知而不能行者多矣”，仅得汉文化之皮毛，不如本女真旧俗。“女直旧俗最为纯直……礼意款曲，皆出自然，其善与古书所载无异。”[2]

第三，巡幸上京。大定十三年(1173 年)，世宗就有巡幸上京的打算，目的是“使子孙得见旧俗，庶几习效之”[3]。11 年后，世宗率亲王百官来到金源故都。世宗把复兴民族文化的希望寄托在金源，希望在金源故地看到女真“旧俗”，然而金源也同中原一样，“未有一人歌本曲者”。世宗只得自度胡曲，慷慨悲歌，既是对祖宗业绩的追思，也是对女真文化的祭奠。

（五）女真文化本位的失败

大定二十五年(1185 年)，世宗依依惜别金源内地，既有对故土的眷恋，也有面对女真文化失落的无奈。世宗晚年，把复兴民族文化的希望寄托在金章宗身上。章宗进封原王时，“入以国语”[4]，深得世宗嘉奖。章宗即位后，为保护民族文化也采取多种措施，《金史》章宗本纪记载：

明昌二年(1191 年)，“谕有司，自今女直字直译为汉字”；“禁称本朝人及本朝语为‘蕃’，违者杖之”；“制诸女直人不得以姓氏译为汉字”。

承安二年(1197 年)，“亲王宣敕始用女直字”。承安五年，“敕来日重五拜天，服公裳者拜礼仍旧，诸便服者并有女直拜”。

泰和五年(1205 年)，“诏拜礼不依本朝者罚”。泰和七年，“敕女直人不得改为汉姓及学南人装束”。

显而易见，章宗在维护本族文化方面的突出特点是规范、限制女真人的行为，即与乃父存在着明显的区别。因为到了章宗时代，汉文化已经成为金朝的主流文化，他的取向也就发生了重要的变化，即一方面要继承先帝遗

---

① 《金史》卷八《世宗纪》。

② 《金史》卷七《世宗本纪》。

③ 《金史》卷七《世宗本纪》。

④ 《金史》卷九《章宗纪》。

志，标榜以女真为中心的国粹主义[①]而鼓吹女真文化，下"制猛安谋克并隶按察司"，专司"教习武艺及令本土纯厚风俗不致改易"之职，并积极推崇宗翰、宗雄等为开国功勋以配祀"武成王"；另一方面，由于金政权已经彻底封建化，即政权的封建化和女真人的汉化互为表里，在他的内心中汉文化已经至上而大力地推崇汉文化，并允许猛安谋克户与汉民通婚。当时，女真人的一些习俗文化在宫廷的仪式中虽然得到保存，如章宗及其他末世帝王尽管也定期进行"拜天射柳"，但也只是例行的仪式而已，而不再具有世宗那样强烈维系和保存女真"国俗"的本意。故就这方面的意义而言，金末叶统治者们试图恢复女真文化本位的愿望与努力完全落空而沦为历史上的笑柄。

不过，总体来看，金时女真人的接受和吸纳汉文化，同渤海国时比较起来确实存在着一定的差距，即不时出现的反复而一再留恋并硬性地恢复女真"旧俗"，不能不时而导致政权内部乃至整个社会的矛盾和动荡。而且终金之世，也未能够像渤海人那样明确地"偃武修文"，仍习惯性地崇尚武力，这恐怕也是金王朝之存续时间远远少于渤海的重要原因之一。况且到了金朝末期，随着其统治集团的逐渐走向腐朽和没落，作为全社会统治民族的女真人及其民族文化也渐渐地失去了张力。尤其是到了末年，在来自北方草原地区蒙古铁骑的不断冲击下，与金王朝迅速走向衰落和灭亡的同时，女真人作为一个民族的整体也走向了解体。故别说是女真人的主体文化已经大体上融入于中原文化之中而逐渐趋于"消失"，就连昔日他们身上的那种骁勇善战的"本性"以及其他的传统"旧俗"在久居中原的女真人身上也已罕见而与汉人无殊。只是留居在东北老家——"金源内地"的女真人蒲鲜万奴集团等，才继续打出女真的旗号并建立了"东真"政权。而当这一势力被蒙古大军征服后，东北各地的女真人作为整体也同样不复存在，即失去了政治社会的固结而重新回到自然群落的状态，并一直到元、明之际才逐渐聚合为海西女真、建州女真、野人女真等三大群落。虽然在这种自然状态下，其本族的文化因素，从古老的宗教习俗到民族语言文字也还得到了一定的保留，如女真文字直到明朝还能用于书写，1413 年在阿穆尔河下游建立的特林石碑（即永宁寺碑）的碑文就有女真文字的刻写；但既不再是一个部族的整体存在，更体现不了原来女真文化的基本内涵。只是到了 17 世纪初，随着努尔哈

---

① ［日］外山军治《金朝史研究》，李东源译，黑龙江朝鲜民族出版社，1988 年版，第 348 页。

赤领导下建州女真的崛起，再次整合东北地区的女真诸部和本族文化，才逐渐地形成了后来满族的主体部分，并建立了标榜自己是继承女真金朝正统的“后金”政权；并在其逝世后不久的乃子皇太极时期，才正式使用了“满洲”即满族的称呼。至此为止，一个新的部族已经以全新的形象登上了历史舞台。尽管出于政治上的需要，“满洲”贵族集团否认自己是女真人后裔的努力显然是徒劳的，但满族毕竟与历史上女真族之间存在着重大的区别而成为新的部族无疑。

第六章　元明时期的女真人

女真族是世居东北地区的古代民族之一，曾两次入主中原并君临全国，先后创建了金朝和清帝国。但在这两个朝代之间的元明时期，则是女真族历史上的中衰或蛰居的阶段。尽管如此，元明时的女真人却并非全然默默无闻，而是在极其困难的情况下惨淡经营，以继续维持自己固有的生产生活方式。到了有明一代，女真人经过上百年的辗转迁徙后，逐渐凝聚形成了建州女真、海西女真和野人女真等三大部分，并在17世纪前期实现了以建州女真为核心的“满洲”族的崛起，最终取代了明王朝而成为中国历史舞台的主角。其所以实现这一壮举，无疑与元明时期女真族的社会发展和进步存在着极深的渊源关系。

第一节　元代女真人

一、元代女真人的构成与分布

元时，在历经蒙古人的征服和残暴统治之后，女真人口锐减，分布地域也急剧萎缩，与金时相比确实不可同日而语，乃至连名称都出现了很大变易。《元史》中反复出现的女直、水达达、乞列迷、兀者野人、骨嵬等称呼，皆与当初女真人的后裔们存在着直接或间接的联系。故尽管学术界对这些族群的界定存在着诸多争议，如有学者认为水达达是蒙古人，兀者野人和乞列迷也不是女真人，还有人认为骨嵬也不属于女真族。但综合各方面史料和总体来看，无论是水达达、兀者野人也好，还是乞列迷、骨嵬人也罢，都应该和女直一样同属于女真族，并都是明代野人女真和建州女真、海西女真等各部分的先民。

女直，即女真，本是全体女真人的族称。《元史》最初使用这一名称仍属这一情况，后来却不再包括水达达、兀者野人、乞列迷、骨嵬。因之，"女直"也就不时地与"水达达"同时互见，"女直"也就不再是元政权对东北地区所有女真人的通称。那么，"女直"究竟是指哪一地域的女真人呢？据《元史·本纪》卷十二载："立海西辽东提刑按察司，按治女直、水达达部"[①]，显然是将女直和水达达并提，即至少是将他们视为分布在不同地区的当初女真人的后裔。至于"女直"人的具体分布地域，杨保隆先生在《浅谈元代女真人》一文中通过《元史》对"女直"的记载，推断出"女直"的分布地域为："北至黑龙江、吉林两省交界处，南到辽东半岛，东达鸭绿江，西到辽河两岸，西南未越过山海关。"[②]如果要有一线，那么张广才岭以南的女真人实质上就是《元史》中所指的"女直"。这部分女真人因与汉族及朝鲜临近，发展程度较高，外加自然地理条件优越，其发展程度相对于张广才岭以东及以北的女真人更为先进。元代迁到长城以内及其他地区的女真人已失去民族特色。从元朝政府的制度来看"若女直、契丹生西北部不通汉语者，同蒙古人；若女直生长汉地，同汉人。"[③]实际上，在元朝已经不把这部分女真人看作"女真人"，这些人约占女真总人口五分之一，200 万左右。[④] 如，乃颜哈丹叛乱平定后，女真户被迁到长城以内屯田，1293 年（至元三十年），元朝将旧隶乃颜、胜纳合儿 400 户"女直"迁到扬州（治所在今江苏省江都市）屯田。后来又有一批女真人，被分别迁往滨州（治所在今山东省滨县）、赵州（治所在今河北省隆尧县东）、安丰县芍陂（在今安徽省寿县境）等地屯田。陶宗仪《辍耕录》载：改易汉姓的女真姓氏有 31 姓之多，女真人和汉人在文化上更为接近，女真人已接受了汉族的伦理观念及儒家思想。女真"故家遗俗，存复无几，非自叙其为女真人，世人已不知其非我族类了"[⑤]。

水达达，又称"水达达女真"或"女真水达达""打鱼水达达"，意为住在水边的达达人。《元史·地理志》中记载：水达达路，"土地旷阔，人民散居。

---

① （明）宋濂：《元史》，中华书局，1976 年版，第 254、255 页。

② 杨保隆：《浅谈元代的女真人》，《民族研究》1984 年第 3 期。

③ （明）宋濂：《元史》，中华书局，1976 年版，第 268 页。

④ 王钟翰：《中国民族史》，中国社会科学出版社，1994 年版，第 697 页。

⑤ 孙进己：《东北民族源流》，黑龙江人民出版社，1989 年版，第 198 页。

元初设军民万户府五,抚镇北边。一曰桃温,一曰胡里改,一曰斡朵邻,一曰孛苦江。各有司存,分领混同江南北之地。其民皆水达达女直之人,各仍旧俗,无市井城郭,逐水草而居,以射猎为业,故设官牧民,随俗而治,以相统焉"①。可见,元初年设立了桃温、胡里改、斡朵里、脱斡怜、孛苦江共五个军民万户府于水达达路。此五个军民万户府从地理位置上看大体上以今天黑龙江省依兰县为中心而分布。但是水达达路的管辖范围并不局限于此,皇庆元年(1312 年),在元朝政府将开元路划归水达达路管辖后,黑龙江下游地区也属于水达达路的管辖范围。由此可以大体得出水达达的分布地域为北到黑龙江下游、南到牡丹江流域一带。程妮娜先生在综合《元史》等各方面史料的基础上分析得出水达达的分布地域为:"西至嫩江以东,东北到黑龙江下游包括苦兀岛,南到金上京故城至牡丹江一线。"②这样一来,东北地区的大部分女真人都处于水达达路的管辖范围之内。元朝末年,水达达路下设的 5 个军民万户府仅剩 3 个,即所谓的"移阑豆漫"。《龙飞御天歌》记载:"移阑"为女真语三,"豆漫"为女真语万,移阑豆漫即女真语 3 万的意思。这 3 万户即斡朵里,胡里改和桃温。其中胡里改和斡朵里即为明代建州女真的前身。桃温应与海西女真有着很深的渊源。

兀者野人,又写作吾者兀者、斡者、斡拙,是居住在黑龙江下游以狩猎为生的一支女真人。《元史》中记载:"立兀者野人、乞列迷等处诸军万户府于哈儿分之地"③。这里的哈儿分之地就是指今黑龙江下游支流阿纽依河注入黑龙江处。因此可以断定兀者野人是生活在黑龙江下游地区的一支女真部落。

乞列迷,亦作吉里迷、乞烈宾,吉烈迷、济勒弥等。为黑水靺鞨郡利部后裔。《新唐书》载,他们的先人是黑水靺鞨的一支。"乞列迷去奴儿干三千余里"。但这支女真人没有全部南迁,仍有不少人留居故地。《辽东志》卷九记载:乞列迷"性奸贪、居草舍、捕鱼为食",因此可以断定乞列迷是以捕鱼为生的一支女真人。

骨嵬是居住在今库页岛上的一支女真人。按照《新唐书》的记载,他们

---

① (明)宋濂:《元史》卷五十九《地理志》,中华书局,1976 版,第 1400 页。

② 程妮娜:《元朝对黑龙江下游女真水达达地区统辖研究》,《中国边疆史地研究》2005 年第 2 期。

③ (明)宋濂:《元史》,中华书局,1976 年版,第 926 页。

是唐朝黑水靺鞨的一支，五代时黑水靺鞨改称女真。也是女真人的一支。

元代女真族指金朝时未迁入长城以内而留居故地的部分。他们以大分散、小聚居形式大体分布在东抵日本海，西至辽河及嫩江一线，南达辽东半岛、朝鲜半岛北部，北到黑龙江下游及库页岛的广大地区，因其习俗和地域的差异有女直、水达达、兀者野人、乞列迷、骨嵬等称呼。总人数 200 万左右。①

二、元代女真人的社会生活

（一）政治生活

元代女真人由统治民族降为被统治民族，他们和北方汉人、契丹人同被列为三等臣民。元朝在灭金后的第二年（1235 年）就在东北地区设置了开元、南京两万户府，统治东北地区的女真人，实施"设官牧民，随俗而治"的政策。元世祖时期，为了加强对东北地区的统治，至元二十二年（1287 年）设"辽阳行中书省"。《元史・地理志》记载，辽阳等处行中书省为："路七、府一、属州十二、属县十。"②其中东北地区的女真人大多在开元路管辖之下，到了皇庆元年（1312 年），又将开元路东部和东北部的女真人从开元路划出，设立水达达路。此后，开元路（治所在今吉林省农安县境）管理的女真人，只是居住在咸平府（治所在今辽宁省开原市老城镇）、合兰府（府治在今朝鲜咸镜南道咸兴城南）、恤品路（在今绥芬河地区，后废）及奚关总管府（治所在今吉林省珲春县东南）等地区的，今松花江大曲折处至兴凯湖一线以北直到黑龙江入海口这一广阔地域内女真人，统由水达达路管理。水达达路是元代女真的主要分布地区，元王朝在其境内先后设立了许多府所。见于史籍的除前述桃温等 5 个军民万户府和水达达、肇州 2 个屯田万户府外，在黑龙江口奴儿干地方设有征东元帅府，府治在阿姆贡河对岸的特林地方；在黑龙江下游立兀者野人、乞列迷等处诸军万户府，治所在阿纽依河与黑龙江汇合处的哈儿分地方；在今乌苏里江流域设阿速古儿（乌苏里江古名）千户所；在今俄罗斯境内滨海地区置有鲸海（今日本海）、木答哈、牙兰千户所。

《元史・地理志》记载女真水达达地区"各仍旧俗，无市井城郭，逐水草

① 王钟翰：《中国民族史》，中国社会科学出版社，1994 年版，第 508 页。

② （明）宋濂：《元史》卷五八《地理志》，中华书局，1976 年版，第 1395 页。

而居，以射猎为业。故设官牧民，随俗而治”。这表明女真水达达路的各万户府、千户所之下诸原始渔猎部族的社会组织并没有受到触动，仍保持着原有的社会经济和生活习俗。元朝任命土著民族的酋长为千户、百户土官，世守其土，世袭官职。他们具有双重身份，对本族人仍然是氏族部落酋长或宗族、家族长，对国家是基层地方长官。

驿站是为适应在女真水达达地区设置官府、屯田的需要而建立的。从南向北直到黑龙江入海口共设有 49 个驿站。“其给驿传玺书，谓之铺马圣旨。遇军务之急，则又以金字圆符为信，银字者次之”，“其官有驿令，有提领，又置脱脱禾孙于关会之地，以司辨诘，皆总之于通政院及中书兵部。而站户阙乏逃亡，则又以时签补，且加赈恤焉”①。脱脱禾孙为驿站官员。黑龙江流域气候寒冷，夏季短冬季长而寒，“盛夏水活乃可行舟，冬则以犬驾杷行冰上”。所以自黑龙江与松花江合流处以北，至奴儿干地区（黑龙江下游）的驿站，到了冬天不是使用马车，而是使用狗爬犁，谓之“狗站”，共设有 15 个狗站。“每车（爬犁）以四狗挽之”②。狗车木马轻捷快速，“木马形如弹弓，长四尺，阔五寸，一左一右，系于两足，激而行之，雪中冰上，可及奔马。狗车以木为之，其制轻简，形如船，长一丈，阔二尺许，狗拽之。二者止可于冰上雪中行之”。元朝十分重视驿站的维护，若到灾年，及时赈济站户，补充驿站死亡的牲畜。文宗至顺元年（1330 年）九月，“辽阳行省水达达路，自去夏霖雨，黑龙、宋瓦（松花）二江水溢，民无鱼为食。至是，末鲁孙 15 个狗驿，狗多饿死。赈粮两月，狗死者，给钞补市之”③。此举保障了中央与东北边疆地区的往来交通，使中央政权能够更有效地统治边陲之地的女真水达达。

（二）经济生活

元代，大多数女真人仍继续从事农业生产，兼营狩猎、捕鱼业。由于自然地理条件的差异，农业所占比重不一。“极东”和“极北”地区的女真狩猎和捕鱼占重要地位。水达达路设立后，元朝政府在水达达路设立了“屯田总管府”，管理屯田及耕种事宜。灭南宋后，元朝政府还从中原地区调拨汉军去女直水达达地区屯田耕种。元朝政府规定：“诸流远囚徒，惟女直、高丽两

---

① 《元史》卷一〇一《兵志》。

② 陶宗仪：《南村辍耕录》卷八《狗站》。

③ 《元史》卷三十四《文宗纪》。

族流湖广,余并流奴儿干及取海清之地。”[①]此外元朝政府还在女直地区设立诸多屯田万户府。如世祖至元二十九年十月,“以蛮军三百户,女直一百九十户,于咸平府屯种”[②]。成宗元贞元年七月,“以乃颜不鲁古赤及打鱼水达达、女直等户,于肇州旁近地开耕”[③]。此外,不少女真人被迁到滨州、辽河、庆云等处专事耕耘。元朝发给农具、耕牛。至元二十八年(1291 年),元世祖“诏给蒙古人内附者及开元、南京、水达达等三万人牛畜、田器”。1293 年,元世祖又针对以捕鱼为生的捏怯烈女真 200 人的情况说,“与其渔于水,曷若力田”,“诏给牛畜、田器”“使之耕”。《元史》中关于元朝政府对女直水达达饥民赈灾情况的记载较多。如《元史》载:“十二月乙未,辽东开元饥,赈粮三月。”[④]又载:“以女直、水达达部连岁饥荒,移粟赈之,仍减免今年公赋及减所输皮布之半。”[⑤]至元六年(1269 年),“开元等路饥,减户赋布二匹,秋税减其半,水达达户减青鼠二,其租税被灾者免征”[⑥]。至元二十年(1283 年),“广宁、开元等路雹害,稼免田租七万七千九百八十八石”[⑦]。

女真输出的物品,是每年向元朝缴纳的粮食、布匹、青鼠皮等皮货、海东青、珍珠,且数量很多。例如布匹,1243 年(癸卯年),仅合兰、恤品两路就交布 3000 匹。又如青鼠皮,1269 年(至元六年)因灾荒诏减水达达户“青鼠二”,按这次减秋赋一半计算,每户年至少交 4 张青鼠皮。至顺年间(1330—1333 年)水达达路钱粮户共 20 906 户,则一年所交青鼠皮就达数万张。至于为供蒙古贵族玩乐的名鹰海东青每年输出的数量也一定不少,因为兀者野人及水达达人因不堪“捕海东青烦扰”,于 1346 年(至正六年)起兵反抗。女真所缴纳的上述物品,根据 1276 年(至元十三年)规定:“以水达达分地岁输皮革,自今并入上都”。上都在今内蒙古正蓝旗东北闪电河北岸蒙古人集中居住区。可见女真人输出的土特产品,不仅满足了蒙古贵族的奢侈享乐,也丰富了蒙古军士及一般牧民的生活需要。

---

① (明)宋濂:《元史》卷一〇三《刑法志》,中华书局,1976 年版,第 2634 页。

② (明)宋濂:《元史》,中华书局,1976 年版,第 2565 页。

③ (明)宋濂:《元史》,中华书局,1976 年版,第 2566 页。

④ (明)宋濂:《元史》,中华书局,1976 年版,第 294 页。

⑤ (明)宋濂:《元史》,中华书局,1976 年版,第 269 页。

⑥ (清)柯绍忞:《新元史》,中国书店,1988 年版,第 373 页。

⑦ (明)宋濂:《元史》,中华书局,1976 年版,第 373 页。

元朝政府对水达达路的女真人通过征税、签军等方式进行治理。因女真人善“骑射”，元政府曾多次在女真人中签军征兵。如至元四年（1267年），“签女直、水达达军3000人”①。至元八年（1271年），又“签女直、水达达军”②。元朝政府还下令女直、水达达为其造船，《元史》载：“命女直、水达达造船二百艘及造征日本迎风船。”③除了签军、造船外，元朝政府还规定：“女直、水达达军不出征者，令隶民籍输赋”。《元史》中也有多处关于女真族纳税的记载。如“岁办课白布”“岁输皮革”等。女真人向元朝政府缴纳的赋税主要有粮食、各种兽皮，以及海东青。因女真人经济发展状况的不同缴纳的赋税也不尽相同，其中“女直”主要以粮食为主，“水达达”主要以各种兽皮为主，兀者野人、乞列迷等主要以海东青为主。繁重的徭役和赋税给女真人的生活带来了很大的负担，也极大地引起了女真人对元朝政府的不满。除了上述的征税、签军外，元朝政府还对女真人发布禁令，如酒禁、弓矢之禁等，这些禁令的发布都极大地限制了女真人的发展。

（三）与蒙古族和高丽人的往来

女真族与蒙古族间的往来，主要反映在蒙古贵族对女真人的统属关系中。蒙古族统治者为了加强对女真人的管理，在其居住区内恢复了辽金时期的旧驿道，使处于黑龙江口的女真人西通蒙古地区，南达元大都（今北京市）。据考证，今吉林省农安县万金塔古城（即西祥州）有北行道经今肇东市、齐齐哈尔市西行可至呼伦贝尔地区，北行可达于爱辉县境；东南行道经唆吉（即今敦化市），东行可到绥芬河流域，东南行可达合兰府（即今朝鲜咸兴）；东北行道沿松花江、黑龙江，可远至末末吉站（在今黑龙江下游阿姆贡河口）3条驿道和许多支线。驿道主要为军事目的恢复并开设，但客观上有利于女真人与元王朝及蒙古地区的经济交流。

女真族与蒙古族的关系还有另一面，即蒙古族统治者对女真人的民族压迫和经济掠夺，迫使女真人多次起兵反抗。元世祖时，“女直”与水达达趁乃颜叛乱之机，与乃颜联结，反抗蒙古贵族的统治。元末，有居于辽东的女真人锁火奴兴兵起义，宣称为“大金子孙”，虽都被蒙古贵族镇压下去，但冲

① （明）宋濂：《元史》，中华书局，1976年版，第117页。
② （明）宋濂：《元史》，中华书局，1976年版，第136页。
③ （明）宋濂：《元史》，中华书局，1976年版，第277页。

击了元王朝的统治,加速了元朝的灭亡。

一部分女真人和高丽人长期交错居住,一直存在着密切的交往关系。女真人从高丽人那里学得先进生产技术并易得耕牛、铁等生产、生活资料,高丽人则从女真人那里换得生活所需的皮货等物品。杂居的地区主要有两处:一是合兰府境内(今朝鲜咸镜南、北道地区),直到明初,这里还是“女直、鞑靼(即水达达)、高丽人”共同生息的主要场所。二是今辽河以东地区,像沈州(今沈阳市)、辽河、庆云等地,或共居一地,或同于一处屯田。女真人与高丽国境内的居民亦有交往,主要是居于合兰府境内的女真人。在蒙古与高丽争战之时,女真人常入高丽国北境“剽掠”,有时多达 3 000 人(朝鲜史籍称为东真兵)。当蒙古贵族征服高丽国后,高丽国成了蒙古汗国的臣属国,蒙古贵族下令禁止女真人“侵轶高丽国民”,不准“入高丽界剽掠”,使女真与高丽国民的交往,恢复正常。

总之,元朝政府对东北地区女真人的管辖,既有压迫又有扶持帮助,女真各部仍然在缓慢地发展。从元朝末年开始,东北地区的女真各部开始了百年的迁徙,在南迁的过程中女真人的民族构成发生变化,逐渐形成了建州女真、海西女真和野人女真三大族群。

第二节 明代女真三大族群的形成和分布

元末明初(14 世纪中叶—15 世纪中叶),女真族的社会发展以及明朝的经略和招抚,促使女真各部进行了百余年的族群迁徙活动,即女真群体的分化与再凝聚过程。女真人的主要聚居区由松花江和牡丹江流域南迁至今辽宁省新宾满族自治县为中心,东北至图们江地区和今辽宁省开原市以北至松花江大曲折处地区。两地区以北的松花江下游及黑龙江、乌苏里江附近地区为女真人的散居区。女真人以地域为中心凝聚为建州女真、海西女真和野人女真 3 大群体。《明会典》记载:“盖女真三种,居海西等处者为海西女直,居建州、毛怜等处者为建州女直……其极东为野人女直。野人女直去中国甚远,朝贡不常;海西、建州,岁一遣人朝贡。”①

---

① (明)申时行:《大明会典》卷一〇七《礼部六五·朝贡三·东北夷》,1906 年版。

一、元末明初女真族群的分化与凝聚

（一）建州女真的形成

据《李朝实录》等文献的记载，居建州和毛怜之地（即图们江和绥芬河流域）的女真部落主要是元末明初从牡丹江口迁徙而至的斡朵里、胡里改万户府管辖下的女真人，他们构成了建州女真的主体。《元史·地理志》记载："元初设军民万户府五，抚镇北边。一曰桃温，一曰胡里改…一曰斡朵邻，一曰孛苦江。各有司存，分领混同江南北之地。"[①]斡朵邻即斡朵里，史家多认为位于黑龙江省依兰县牡丹江西岸马大屯。由斡朵里城东行 10 华里，过牡丹江后即胡里改城，建州女真的核心部分居住在这两城中。

从元代中期开始，胡里改部在酋长阿哈出、斡朵里部在酋长猛哥帖木儿的率领下离开了牡丹江口一带，经过辗转迁徙，于明朝初年到达了图们江和绥芬河流域。最初因与朝鲜邻近依附于朝鲜，后在明朝实现对东北地区的统治之后，女真人纷纷归附。永乐元年（1403 年）十一月，"女直野人头目阿哈出来朝，设建州卫军民指挥使司，以阿哈出为指挥使"[②]。明廷以阿哈出"招谕野人"，女真各部纷纷归附，猛哥帖木儿的斡朵里部加入建州卫。永乐三年（1405 年）十二月，在阿哈出的推荐下，猛哥帖木儿成为建州卫指挥使。这样，胡里改和斡朵里部同属建州卫管辖。永乐十四年（1416 年），明廷析建州卫另置建州左卫，猛哥帖木儿成为建州左卫指挥使。孟森先生曾说，阿哈出"招谕野人，其功独多"。永乐三年"毛怜等处野人头目把儿逊等六十四人来朝，命设毛怜卫，以把儿逊等为指挥、千百户等官，并赐诰印、冠带、袭衣及钞币有差"[③]。毛怜卫作为建州卫的子卫，称为"寄住毛怜卫"，猛哥帖木儿曾兼管毛怜卫。正统七年（1442 年）二月，猛哥帖木儿的子弟董山（董仓）和凡察之间发生了争夺建州左卫领导权事件，即"卫印之争"，明廷为了调解他们的纠纷，又从建州左卫中析出建州右卫，董山掌管左卫，凡察掌管右卫，遂有"建州三卫"之称。"建州卫"设立后始有"建州女真"之名，因此，史书称"居建州、毛怜等处者为建州女直"。

① （明）宋濂：《元史》，中华书局，1976 年版，第 1400 页。
② 《明太宗实录》卷二十五，1962 年版，第 460 页。
③ 《明太宗实录》卷四十九，1962 年版，第 739 页。

建州女真不只限于建州三卫及毛怜卫部众,还包括被建州女真掠夺为奴的其他女真部众及汉人和朝鲜人。据《李朝实录》世宗十五年四月乙酉条载:"斡木河、婆猪江等处地面散住野人等类,与叛人杨木答兀结为群党,掳掠辽东开元等处军民男妇及本国(朝鲜)边民为奴使唤。"①据《李朝实录》景泰三年(1433 年)的统计,从建州女真逃往朝鲜,从朝鲜转送到辽东的汉人奴隶共有 1003 人。而且逃亡的汉人奴隶还是少数,留在建州女真没有逃出来的汉人会更多。随着时间的流逝,这些奴隶融入建州女真群体中。

明末清初,长白山二部(讷殷部和鸭绿江部)和图们江流域的瓦尔喀部,皆当属建州女真。图们江流域的瓦尔喀部,《李朝实录》则作"兀良哈"系毛怜等卫的部众,明中叶后,它还包括留居图们江一带的斡朵里人。无论是浑江、苏子河一带的兀良哈和斡朵里,还是图们江流域的兀良哈和斡朵里皆属于建州女真。因此,《满洲实录》称此瓦尔喀为"满洲所属";而努尔哈赤在征抚图们江流域的瓦尔喀时,也一再强调瓦尔喀"皆吾所属"。建州女真经过百年的迁徙融合,民族群体不断壮大,明代中期以建州三卫的女真人为主体形成了一支强大的部落群体并成为东北地区举足轻重的政治力量。

(二)海西女真的形成

据《明会典》记载:"居海西等处者为海西女直"。海西究竟是指何地呢?考海西之名始见于元代,在《元史》中也多次出现"海西"之称。如"至元三十五年二月,省辽东海西道提刑按察使入北京"②;"延佑二年夏五月庚戌,立海西辽东鹰坊万户府,隶中政院"③;"至正十一年夏四月庚子,罢海西辽东道巡抚捕道所,立镇宁州"④;由上述记载可知,明代海西应源于元代海西之称,且与元代女直、水达达关系密切。

元代的水达达女直主要是指水达达路管辖下的女真人。关于水达达路,《元史・地理志》中记载:水达达路,"土地旷阔,人民散居。元初设军民万户府五,抚镇北边。一曰桃温,一曰胡里改…一曰斡朵邻,一曰孛苦江。各有司存,分领混同江南北之地。"其实水达达路的管辖范围并不只是这五个军民万户府,上文中也提到,水达达路的辖地,"南起图们江流域,东临日

---

① 吴晗:《朝鲜李朝实录中的中国史料》,中华书局,1980 年版,第 367 页。

② (明)宋濂:《元史》,中华书局,1976 年版,第 309 页。

③ (明)宋濂:《元史》,中华书局,1976 年版,第 569 页。

④ (明)宋濂:《元史》,中华书局,1976 年版,第 891 页。

本海，北至黑龙江口和苦兀岛”，东北地区的女真人大多处在水达达路的管辖之下。按照《元史》的记载，海西女真应源于元代的水达达女真，而且与元初所设五个军民万户府中桃温万户府的女真人关系密切。

元朝灭亡后，明朝开始广建卫所积极招抚女真各部。明成祖朱棣为了招抚海西地区的女真人，设立了兀者等卫。《明实录》永乐元年十二月辛巳条载：“忽剌温等处女真野人头目西阳哈、锁失哈等来朝贡马百三十匹，置兀者卫，以西阳哈为指挥使、锁失哈为指挥同知……赐诰印、冠带、袭衣及钞币有差。”[①]忽剌温就是今天的黑龙江省呼兰河流域。元代称之为“忽兰”，清代称之为“呼兰”。兀者卫就设在忽剌温地区，也就是今天的呼兰河流域。兀者卫同建州卫一样，是明朝政府在东北地区各部中置卫最早、影响最大的女真卫所之一。

在兀者卫设立后，明朝政府又相继在海西地区设置了众多卫所来招抚海西女真。永乐四年(1406 年)，明朝政府在忽剌温河一带置塔山卫。《明实录》载：“女直野人头目，塔剌赤亦男伴哥等四十五人来朝置塔山卫，以塔剌赤为指挥同卫所镇抚千百户赐诰印冠带袭衣及钞币有差。”[②]在塔山卫设立后明朝政府又在忽剌温地区设立了塔鲁木卫。据《明实录》记载：“永乐四年(1406 年)二月庚寅，女直野人头目打叶等七十人来朝，命置塔木、苏温河、阿速江、速平江四卫，以打絮等为指挥、卫镇抚、千百户等官，赐诰印、冠带、袭衣及钞币有差。”[③]这里的塔木实际上就是塔鲁木，叶赫部即来源于此。在塔鲁木卫设立后，明朝政府又于永乐七年(1409 年)三月，置忽儿海卫。《明实录》永乐七年三月丁卯条记载：“葛林河等处野人头目秃木里等百一十八人来朝，设葛林、把城……忽儿海、木束河、好屯河等十一卫，命秃木里等为各卫指挥、千百户等官，赐诰印、冠带、袭衣及钞币有差。”[④]同年 5 月，瓦剌河等处野人头目塔失等二十三人来朝，改忽儿海卫为弗提卫，以塔失为指挥。后塔失叔侄发生了争夺领导权的“卫印之争”，于是明廷将弗提卫一分为二，塔失仍然掌管弗提卫。这样在明朝政府的招抚下，海西女真以塔山卫、塔鲁木卫、弗提卫为核心，聚集到了忽剌温地区。至此，海西女真集团初步形

---

① 《明太宗实录》卷二十六，1962 年版，第 479 页。
② 《明太宗实录》卷五十一，1962 年版，第 762 页。
③ 《明太宗实录》卷五十一，1962 年版，第 769 页。
④ 《明太宗实录》卷七十九，1962 年版，第 1003 页。

成了。

明朝政府通过兀者等卫来管辖黑龙江流域女真各部,兀者等卫女真各部通过与明朝政府进行朝贡加强联系,因此明朝政府就把海西地区的卫所以及经由海西地区与明朝政府进行朝贡和贸易的女真各部统称为海西女真。由此一来海西女真所指的范围就不仅仅是松花江流域,还包括黑龙江中下游地区的广大地区。

按照上述分析,"海西女真"所指并不仅仅是忽剌温地区的女真卫所,还应该包括黑龙江流域经由海西女真向明朝政府进行朝贡的女真卫所。由此可以得出这样的结论:以往"居海西等处为海西女直"这种按照居住地来划分海西女真的分布范围的说法并不准确。与其说海西女真名称的由来是以其居住地来划分不如说是以其卫所而言。明朝初年,把黑龙江流域直至苦兀岛上的卫所,前面均冠上海西两字,比如"海西卜鲁丹河卫""海西脱木河卫""海西依木河卫""海西哈儿分卫"等等也充分地证明了这一论断。

从明朝初年开始,在建州女真南迁的同时海西女真也加入到了女真族的迁徙浪潮之中。如丛佩远先生所说,"海西女真集团的迁徙分为三个阶段:第一阶段是会于忽剌温地区,第二阶段是相继来到松花江大曲折处,第三阶段是先后进入哈达、乌拉、叶赫、辉发四河流域。"经过百年迁徙,明中期海西女真集团最终形成。

学术界对海西女真的分布范围观点不一,元代文献中所指的海西地区大体相当于元代水达达女真的分布范围。明代初年的海西地区实际上是继承了元朝对海西地区的界定。在明朝政府开始了对东北地区女真人的招抚后,建州女真迁徙到了绥芬河、图们江流域,此时海西女真也迁徙到了忽剌温地区。后海西女真的主体塔山卫、塔鲁木卫、弗提卫沿海西江向南迁徙最终形成了明末能与建州女真相抗衡的扈伦四部。

(三)野人女真的形成

据《明会典》的记载,野人女真主要是指生活在"极东""甚远"且朝贡不常的女真人。在建州女真和海西女真南迁并形成了稳定的地域部族集团后,那些未被纳入建州女真和海西女真的东北女真部落被统一称为"野人女真"。野人女真是对散居女真人的一种称谓,他们并没有像建州女真和海西女真那样形成稳定的地域联盟集团。据考证,在元代文献中记载的乞列迷、骨嵬等与明代野人女真的关系密切。在建州女真和海西女真南迁的同时,野人女真也开始南迁,并且逐渐占据了以前建州女真和海西女真的原居地。

从地域上看,野人女真的分布地域应该在外兴安岭及日本海一带,包括苦兀岛。这些地区的地理位置偏远,环境恶劣,因此也导致了野人女真社会生产力水平低下,他们的社会组织结构还停留在氏族、部落阶段,因此我们还不能把他们称为一个统一的部族。《辽东志》卷九载,“去努尔干三千余里”的乞列迷以及“昔入贡,今不通焉”的北山野人,都属于野人女真的一支。还应该看到,一些居住在黑龙江和乌苏里江的女真氏族和部落,明朝政府没有对他们进行直接的管辖,这些女真人也是野人女真的部落。

因其所处的自然地理环境关系,野人女真的发展较为落后。经济生产还是以采集和渔猎为主。明朝政府也在野人女真地区设置过卫所,进行管辖。他们也通过朝贡等方式与明朝政府进行联系,但是由于地理位置的原因,尤其是海西女真“南关”“北关”控制了野人女真南下向明朝政府朝贡的通道,野人女真同明朝政府的交流大多是通过海西女真和建州女真来实现的。这就是《明世经文编》中所记载的“野人处极东,每入必假野人女真各部道海西,贡市无常”。

对于野人女真的划分情况可以通过其与海西女真的区别比较得出结论。以往多以居住地来区分野人女真同建州女真、海西女真。显然这种划分方法并不准确。海西女真和野人女真的主要区别并不在于他们的分布范围,而是以他们对明朝政府的朝贡情况为主,那些分布在偏远地区的女真部落或女真卫所,因“朝贡不常”,才被明朝政府称为野人女真。《李朝实录》把“野人”女真称为兀狄哈,“兀狄哈有五姓焉,有三姓焉,皆在速平江边。尼麻车最强云”①。《清太祖武皇帝努尔哈奇实录》称野人女真为东海女真,分为窝集(兀吉)、瓦尔喀、虎儿哈等部落。

东北地区的女真各部族都存在发展不平衡的问题,野人女真也是如此。相对于建州女真和海西女真,野人女真的发展较为落后,这是大层面的不平衡。同时在建州女真、海西女真和野人女真集团内部也存在着发展的不平衡性。从整体上来说,与建州女真和海西女真分布地域接近的、交流密切的野人女真部落,发展程度要较分布地区更为偏远且与明朝政府及建州女真、

---

① 《李朝成宗实录》(三十二年四月)三姓兀狄哈包括都骨、沙东、波乙卯、小巨节等;四姓兀狄哈:都叱骨、尼麻车等四姓;五姓兀狄哈:尼麻车、亏乙未车、伊乙仇车、亏乙仇车、都骨;七姓兀狄哈以尼麻车、都骨为核心的氏族联合。

海西女真交流较少的部落发展水平高。伴随着女真各部的迁徙，不少原野人女真的氏族、部落，先后徙居海西女真或建州女真的地区，跟他们融合，成为海西女真或建州女真的组成部分。

二、女真三大族群的迁徙

15 世纪中期，建州女真、海西女真、野人女真三大族群初步形成后，由于生计和邻族的侵扰，开始了集团式迁徙活动。

（一）建州女真的南迁

建州女真的主体部分为元代的胡里改部和斡朵里部，这两部女真人是元代水达达路管辖下的两个军民万户府。他们在元代初期居住在牡丹江上游，今黑龙江省依兰县一带，元朝中叶开始逐渐向牡丹江下游一带迁徙。据董万仑先生的考证，“胡里改部和斡朵里部迁徙后被元朝的奚关总管府安置下来守护东疆。”[①]奚官城亦做玄城、悬城，即元代的奚官总管府，为今珲春河口三家子乡高力城。[②] 这里的土地肥沃，适合生活，但是不利于防守。文献关于建州女真前身在奚官城一带生活状况的记载较少，但是可以确定的是，当时的胡里改部和斡朵里部社会生产生活已经日渐稳定，并有所发展。

胡里改和斡朵里部在奚官城生活直到元末兀狄哈袭击故元地方机构，生活在奚官城的胡里改部和斡朵里部也遭到了袭击才被迫转移。《李朝实录》记载：“洪武五年兀狄哈达乙麻赤到来玄城地面劫掠杀害”[③]。斡朵里部首领崔也吾乃率领部众抗击，后为了保存实力，带领部众逃离奚官城（崔也吾乃，即洪武五年同挥厚一起逃到朝鲜半岛境内的斡朵里部首领，曾归附明朝，后又归附朝鲜）。逃离奚官城后，胡里改部和斡朵里部被迫转移到了朝鲜半岛境内。《李朝实录》记载：“猛哥帖木儿回称，当初我与兀狄哈相争，携家流移到来本国。今若赴京，虑其兀狄哈乘间掳掠家小……得此照得猛哥帖木儿等始缘兀狄哈侵扰避他到来本国东北面得庆源、镜城地面居住。”[④]这里的本国就是指朝鲜。转移到朝鲜半岛境内后，由于多种原因胡里改部和斡朵里部不断迁徙，先后居住在阿木河一带、吉林的回波江方州一带，最终

① 董万仑：《清肇祖传》，辽宁人民出版社，1991 年版，第 24 页。
② 董万仑：《东北史纲要》，黑龙江人民出版社，1987 年版，第 295 页。
③ 吴晗：《朝鲜李朝实录中的中国史料》，中华书局，1980 年版，第 223 页。
④ 吴晗：《朝鲜李朝实录中的中国史料》，中华书局，1980 年版，第 209 页。

在辽宁境内的赫图阿拉聚居下来。在迁徙的过程中，随着地理环境的不断变化以及明朝政府的一些相关政策，建州女真开始不断强大，并逐渐成为一个稳定的地域部落集团。

1. 居阿木河一带

阿木河也叫吾音会，为今天的朝鲜会宁地区，与我国吉林省和龙县三合村相望。“猛哥帖木儿曰，少时蒙太祖招安，支给农牛、农器、粮食、衣服，许于阿木河居住。”“永乐三年，猛哥帖木儿自称，我等顺势朝鲜，二十余年矣。朝鲜向大明，父亲如兄弟，我等何必别大明乎！”①由此可以得知，约在洪武中叶，斡朵里部就已在阿木河地区生活。关于胡里改部迁往何处，史家观点不一。一种说法认为胡里改万户府的女真人，在酋长阿哈出的带领下迁至黑龙江省宁安市，之后又沿蛤蚂河东行，越过今老爷岭和穆棱河，进入绥芬河上游，最终在绥芬河下游定居下来。② 另一种说法认为，胡里改部也定居在阿木河，并不像有的人说的，只有斡朵里部定居在阿木河，而胡里改部定居在绥芬河。③ 目前史学界比较认同的观点是第一种，但董万仑先生认为胡里改部定居在了图们江上游阿木河西部今和龙县及安图县境内。这也是董万仑先生综合《李朝实录》的记载后得出的结论。在《李朝实录》中确有记载“建州卫兀良哈甫多豆”。据考证甫多豆在图们江左，这就有力地证明了胡里改部确实在图们江一带生活过。如果胡里改部生活在阿木河这一地区，建州卫的设立地点就应该在今天的吉林地区，而并非人们之前普遍认为的建州卫设立在绥芬河下游。

建州女真得名于建州卫的设立，建州卫设立在“建州”地区，建州究竟是指何处？蒋秀松先生通过《开元新志》中对女真族的记述分析得出元代的建州，在今吉林市一带。④ 关于建州卫究竟设于何处还值得我们进一步地深入研究和探讨，但是建州卫设立的影响不容忽视。“居建州、毛怜等处者为建州女直。”由此可见，建州卫和毛怜卫是建州女真的核心部分，它们的设置抑制了朝鲜李朝的北进，其重要性不言而喻，建州卫设立后使建州女真集团内部的凝聚力也开始不断增加，为日后建州女真的崛起创造了条件。

---

① 吴晗：《朝鲜李朝实录中的中国史料》，中华书局，1980 年版，第 305、208 页。

② 吴文衍等：《黑龙江古代简史》，北方文物杂志社，1987 年版，第 249 页。

③ 董万仑：《清肇祖传》，辽宁人民出版社，1991 年版，第 36 页。

④ 蒋秀松：《开元新志对女真等族的记述》，《松辽学刊》1995 年第 1 期。

在阿木河生活的这一时期,胡里改部和斡朵里部有所发展,这和阿木河地区的自然地理环境息息相关。阿木河地处图们江上游,一直是我国古代经济、文化比较发达的地区,土地肥沃,适合农耕,建州女真的农业在此时得到了迅速的发展,同时这里又与朝鲜邻近,胡里改部与斡朵里部与朝鲜方面边境贸易频繁,互通有无,使女真的社会经济也有了很大的发展。农业经济的发展、生活的稳定使得建州女真的人口也大为增加。据《李朝实录》记载,洪武末年部族户数达到了 180 余户。[①]

在阿木河生活的这一时期,胡里改部和斡朵里部的发展与朝鲜有密切的关系。《李朝实录》记载:"猛哥帖木儿曰,少时蒙太祖招安,支给农牛、农器、粮食、衣服,许于阿木河居住。"[②]可见朝鲜方面是支持猛哥帖木儿到阿木河地区居住的。猛哥帖木儿在阿木河地区居住后与朝鲜也是互通有无,和平相处,而且在洪武二十五年(1392 年)三月,斡朵里、兀良哈万户、千户等首领在高丽京城接受授职。"高丽授他们万户、千户、百户等职,且赐米谷、衣服、马匹。"[③]与朝鲜关系密切加速了建州女真的发展,影响是深远的。然而也正是他们与朝鲜的这种关系致使在阿哈出归附明朝,以及建州卫的设立后,朝鲜开始对这两部女真人施加压力。胡里改部和斡朵里部与朝鲜的矛盾激化,阿木河一带并未成为久居之地。

2. 居回波江方州

胡里改部和斡朵里部矛盾的产生来源于建州卫的设立。建州卫设立后,明廷以阿哈出"招谕野人",生活在图们江流域的女真人纷纷归附。斡朵里部也全族加入。斡朵里部加入建州卫后成了建州女真两大部之一。猛哥帖木儿的领袖地位也随之确定。但是猛哥帖木儿的这一举动加剧了其与朝鲜之间的矛盾。

最初,猛哥帖木儿与朝鲜和平相处,朝鲜开放庆源、镜城等地进行边境贸易,互通有无。永乐初年,建州卫设立后,朝鲜认为明朝是为了遏制其向北发展,为了抵制女真人归明,朝鲜方面宣布关闭庆源贸易,停止互市。《李朝实录》记载:"初,野人至庆源塞下市盐铁牛马,及大明立建州卫,以於虚出(即阿哈出)为指挥,诏谕野人,庆源绝不为市,野人愤怒,建州人又激之,乃

① 吴晗:《朝鲜李朝实录中的中国史料》,中华书局,1980 年版,第 209 页。

② 吴晗:《朝鲜李朝实录中的中国史料》,中华书局,1980 年版,第 305 页。

③ 郑麟趾:《高丽史》,韩国亚细亚文化社,1990 年版,第 1002 页。

入庆源界抄掠。”[①]在图们江一带生活的女真人当时以农业生产为主,他们使用的农具和耕牛大多从朝鲜那里换得,同时他们日常生活所需也大部分从朝鲜方面所得,所以,庆源贸易的关闭给建州女真的社会生活造成了很大的影响。如此一来,有众多的女真部落前去朝鲜“抄掠”。《李朝实录》记载:“兀狄哈金文乃、葛多介等,结吾都里、兀良哈甲兵三百余骑寇庆源府,兵马使韩兴宝与战,败死。”[②]这样一来,朝鲜方面的怨恨增加,想借此机会一举消灭这些女真人。朝鲜袭击了当时毫无设防的毛怜卫,诱杀了毛怜卫的指挥把儿逊、阿古车,并杀害了部众百人,烧毁了房屋,掠走了财物,毛怜卫被彻底地摧毁了。毛怜卫的首领把儿逊之前一直追随猛哥帖木儿,这一事件后猛哥帖木儿与朝鲜彻底决裂,斡朵里部无法在阿木河地区生活下去,猛哥帖木儿“畏其见伐”,于永乐九年,率其部众迁徙到凤州一带。女真人开始走上了“亲明”的道路。据考证与朝鲜决裂后胡里改部迁到了奉州地区。《李朝实录》记载:“吾等在前于建州卫奉州古城内居住”。《李朝实录》又记:“凤州即开元,金於虚出所居。”[③]

猛哥帖木儿也带领斡朵里部迁徙到了奉州地区。奉州亦为房州、凤州,位于今吉林辉发江一带,为今吉林省海龙县。斡朵里部和胡里改部经过短暂的分离,在回波江方州再一次相聚,在迁徙与聚合的过程中,共同的经济生活、共同的对外斗争,使建州女真这种团结意识逐渐增强。

建州女真由建州卫、建州左卫、建州右卫构成。在斡朵里部迁至方州的第二年,明成祖批准猛哥帖木儿之奏请,特诏组建“建州左卫”。关于建州左卫的设立有多种说法。有的说是在牡丹江口,有的说在阿木河一带,还有人认为是在方州。《李朝实录》李朝辛卯十一年记载:“猛哥帖木儿尝侵庆源,畏其见伐,徙于凤州。凤州即开元,金于虚出所居,于虚出即帝三后之父也。”[④]李朝辛卯十一年即明成祖永乐九年(1411 年)。这就说明在永乐九年(1411 年),猛哥帖木儿已经带领斡朵里部迁至凤州地区,而建州左卫设立于永乐十年(1412 年),因此从建州左卫设立的时间上就可以推断出这里的开元即凤州,指的是今天的吉林省农安,建州左卫应设立于凤州地区。在奉州

① 吴晗:《朝鲜李朝实录中的中国史料》,中华书局,1980 年版,第 217 页。
② 吴晗:《朝鲜李朝实录中的中国史料》,中华书局,1980 年版,第 242 页。
③ 吴晗:《朝鲜李朝实录中的中国史料》,中华书局,1980 年版,第 251、314 页。
④ 吴晗:《朝鲜李朝实录中的中国史料》,中华书局,1980 年版,第 251 页。

地区生活的这一时期,胡里改部和斡朵里部继续发展壮大。回波江方州一带,气候适宜,土地肥沃,适合农耕。建州女真的农业在此时有了很大的发展,人口也开始有了增加。但是这一地区与蒙古临近。蒙古势力常常侵扰明廷,为此明成祖曾多次对其用兵,胡里改部和斡朵里部曾多次派兵,猛哥帖木儿和阿哈出之子释家奴等也多次随驾从征。《李朝实录》中记载:"达达侵扰,汝是皇亲,若被掳,则名誉不美。"[①]这样一来,建州女真同达达之间结下积怨。由于常受蒙古的侵扰,使得建州女真在凤州地区难得安宁,与此同时,随着农业的进一步发展,建州女真也需要寻找更适合居住的地方,除此之外,斡朵里部与胡里改部同时集中于凤州一带,耕地开垦不足,粮食极度缺乏。这样建州卫在凤州地区居住了近30年、建州左卫居住了近14年后,胡里改部与斡朵里部又继续向南迁徙。

3. 居婆猪江及同迁赫图阿拉

婆猪江是今天的鸭绿江支流浑江流域。由于受到鞑靼的侵扰以及诸多其他原因,永乐二十一年(1423年),胡里改部与斡朵里部被迫离开凤州地区,但他们迁徙的路线并不一致。猛哥帖木儿于永乐二十一年(1423)率领建州左卫重返阿木河,第二年释家奴、李满住父子率领建州卫迁到了婆猪江流域。他们的迁徙都是得到明廷的批准后才行动的。猛哥帖木儿奏请成祖曰:"达达常川往来,搅扰边境去处,住坐不得,请恩准返阿木河居住。"胡里改部释家奴奏曰:"我等之居境,连达达地面,数来侵伐,愿移居婆猪江。"十月成祖下旨:"猛哥帖木儿所居,在达达军马路边,可于朝鲜地移居。"[②]

这次建州卫和建州左卫再次分离,他们所选择的去向不同。就婆猪江和阿木河在当时的情况来分析,此次建州左卫的路线是错误的。婆猪江,界于辽东都司和朝鲜之间,往来便利,既安全又有利于发展,而阿木河地区此时已成为各种势力交汇的地点。况且"庆寅事变"时,猛哥帖木儿与朝鲜方面关系恶化,此次迁往阿木河地区必定不是权宜之策。

斡朵里部迁到阿木河后,猛哥帖木儿效忠明廷,配合明朝政府招谕叛人杨木答兀。杨木答兀是明朝的叛逆,原是明朝三万卫的千户,永乐二十一年(1422年)背叛明廷攻破开原,掳走大量人口,尾随猛哥帖木儿东逃。在猛哥

① 吴晗:《朝鲜李朝实录中的中国史料》,中华书局,1980年版,第543页。

② 吴晗:《朝鲜李朝实录中的中国史料》,中华书局,1980年版,第307、305页。

帖木儿的周旋下,杨木答兀弟杨满皮及手下纷纷归附明朝。《李朝实录》记载:“猛哥帖木儿率弟凡察、管下四十余人,以及归顺的杨满皮、木答哈、佟敬、赵锁古奴等赴明京。”[①]但是杨木答兀仍不归顺,并且怀恨在心,伺机报复。

1433年,猛哥帖木儿及其子阿古等人被杨木答兀纠集各处野人约八百余名人杀害,房屋均被烧毁,猛哥帖木儿之子童仓被俘。这次事件给建州左卫以重创,朝鲜伺机进入阿木河地区。后明帝敕令杨木答兀与兀狄哈,令还给所掳人物。董山与阿谷妻被赎回。童仓被放回,之后袭父职,任建州左卫指挥使。此时阿木河地区再也无法生活下去,为了避免遭到袭击,童仓与其叔凡察商议之后不顾朝鲜方面的阻挠,迁往婆猪江与李满住会合。

正统七年二月,建州左卫迁往婆猪江后,童仓与凡察发生了争夺领导权的“卫印之争”。明朝政府为了平息纷争,析建州左卫为左右两卫,童仓掌左卫,凡察掌右卫,至此建州三卫正式形成。正统三年(1438年),建州三卫迁往浑河上游,共居赫图阿拉。经过近百年的迁徙,正统初年,建州女真终于在辽宁境内的浑河上游聚居下来,至此南迁结束,建州女真群体正式形成。

(二)海西女真的迁徙

海西女真又名扈伦四部,《明会典》中记载:“居海西等处者为海西女直。”海西究竟是指何地?对于海西位置的界定史学界存在争议,大体上认为海西地区是指分布在松花江大曲折处、阿什河流域一带。据考证这种说法是不准确的,明代初年海西女真的范围不仅包括松花江流域的广大地区,黑龙江中游也属于海西之地。

明代初年,在建州女真南迁的同时海西女真也开始了迁徙活动。海西女真的迁徙与明朝政府的招抚息息相关。明朝对东北地区女真人的招抚是分两个方向进行的,因而注定了女真族不同的迁徙方向。首先是向东,即向图们江和绥芬河一带。明朝政府在这一地区设立了建州卫、毛怜卫等众多卫所,这一地区的女真人纷纷归附,明朝初年在这一地区逐渐形成了以建州卫和毛怜卫为主体的建州女真集团。另一方向是向北,即忽刺温和黑龙江流域一带。明朝政府在这一地区设立了兀者卫及塔山卫等对海西女真进行招抚。于是海西女真大多集结到了忽刺温地区,随后,以塔山左卫、塔鲁木

---

① 吴晗:《朝鲜李朝实录中的中国史料》,中华书局,1980年版,第327页。

卫、弗提卫为主体的海西女真沿海西江南下，迁徙到了松花江大曲折处，在迁徙的过程中以塔山左卫、塔鲁木卫、弗提卫为主体部分的海西女真不断吸收其他女真部落，并通过重新集结组合于16世纪中期大多集结到了辽河上游至松花江上游之间，形成了历史上有名的扈伦四部，即哈达、叶赫、乌拉、辉发。扈伦四部的形成意义重大，影响深远。虽然扈伦四部没能实现对女真族的统一，但是他们的形成对东北地区土地的开发以及女真族的统一都做出了较大的贡献，也为满族共同体的形成奠定了基础。在明代后期女真族的发展史上，扈伦四部成为与建州女真相抗衡的唯一政治力量。他们推动了女真族的统一，共同构成了满族共同体的核心部分。

由海西三卫塔山左卫、塔鲁木卫、弗提卫发展成为扈伦四部，即哈达、乌拉、叶赫、辉发部，这一历史进程是伴随着海西女真迁徙南下完成的。因此，研究海西女真的迁徙过程实际上就是研究扈伦四部的形成过程。

永乐四年(1406年)，明朝政府在忽剌温河一带置塔山卫，以塔剌赤为指挥同知。正统十一年(1466年)，塔山卫指挥以“所管人民颇多、声息驰报未便”为由，请设卫印。于是明朝政府从塔山卫中析出塔山左卫。塔山左卫设于忽剌温地区。扈伦四部中的哈达部成员大多来自塔山左卫。史载哈达部与乌拉部同出自塔山卫。

永乐四年(1406年)二月，明朝政府又置塔鲁木卫。《明太宗实录》载，塔鲁木卫的指挥为打叶。打叶就是《清太祖实录》中所记载的“星根达尔汗”，也就是叶赫部的始祖。据史料记载叶赫始祖星根达尔汗是蒙古人，原本姓土默特，后来因为其所居之地为纳喇姓，于是为了随俗而治改姓了纳喇。后来迁于叶赫河一带，因此而得名叶赫国。由此可知塔鲁木卫原居地应在忽剌温一带。

永乐七年(1409年)三月，在塔山卫、塔鲁木卫设立后，明朝政府又在忽儿海地区置忽儿海卫(忽儿海为今牡丹江)，同年五月改名为弗提卫，以塔失为指挥。后塔失叔侄发生“卫印之争”，明廷为平息纷争，将弗提卫一分为二，塔失仍掌管弗提卫。弗提卫是以今天的富锦市为中心。在昂古里星古力为弗提卫首领时，弗提卫迁徙至呼兰河流域。《清史稿》载，昂古里星古力有两子，留臣、备臣。备臣又有两子，当弗提卫首领传至“王机褚”时，收邻近诸部，度辉发河，筑城以居，称辉发部。

总之，海西女真的主体塔山卫、塔鲁木卫、弗提卫明朝初年均分布在忽剌温地区，经过迁徙明朝中叶他们大多集结到了松花江大曲折处，最后迁徙到哈达、乌拉、叶赫、辉发四河流域，形成了历史上有名的扈伦四部。

1. 哈达

哈达部以居哈达河得名，源于明初设立的塔山左卫。首领速黑忒统治时期，塔山左卫已经南迁。在今天的吉林省出土了塔山左卫之印，说明在速黑忒统治时期塔山左卫已经迁徙到塔山卫之南了。速黑忒是嘉靖年间著名的海西女真部落领袖，《明世宗实录》所谓“女直左都督速黑忒”[①]。他是哈达部著名首领王忠之父。史载“速黑忒居松花江，距开原四百余里，为迤北江上诸夷入贡必由之路，人强马盛，诸部畏之”[②]。速黑忒死于内乱，他的儿子王忠为躲避内乱逃到广顺关外，在哈达河流域创建了哈达部。

《清史稿》载：“哈达贡于明，入广顺关，地近南，故谓之南关。”王忠利用其所居的地理位置，控制海西各部与中原的朝贡和贸易，哈达部的实力日益壮大。凡是女真人有从黑龙江、混同江至开原者，必取道海西入开原，即必经由哈达部，至此王忠势力愈加强大，“东夷诸种无不受其约束者”。继速黑忒之后，哈达部首领王忠以“兵力强盛”著称，成为海西女真群体著名领袖。1552 年，王忠因内乱被部众杀害，速黑忒的长子王台成为哈达部首领。此时的哈达部势力极其强大，叶赫、乌拉、辉发及建州女真都臣服于哈达部。但在王台晚年由于贪财受贿又不察民情，哈达部逐渐衰落。而此时建州女真却日益强大。万历二十七年(1599 年)哈达部被努尔哈赤所兼并。正如丛佩远先生所说：“哈达部奠基于速黑忒，壮大于王忠，鼎盛于王台。”[③]

2. 乌拉

乌拉因居住在乌拉河流域一带而得名。《东夷考略》载：“开原北近松花江者曰山寨夷，又北抵黑龙江曰江夷，而江夷有灰扒、兀喇等族”。由此可知，辉发和乌拉最初应分布在松花江到黑龙江流域一带。

乌拉部和哈达部同出于明初的塔山卫，正统十一年(1446 年)十月，明政府从塔山卫中析置塔山左卫。塔山左卫首领速黑忒统治时期塔山左卫开始南迁，与此同时速黑忒之弟“古对珠延”也率领塔山卫部民向南迁徙，在其孙布颜统治时期为躲避蒙古的侵扰，避居在乌拉河流域，史称乌拉部。据考证

① 《明世宗实录》卷一二三，1962 年版，第 2970 页。

② 《明世宗实录》卷一二三，1962 年版，第 2970 页。

③ 丛佩远：《扈伦四部的形成概述》，《民族研究》，1984 年第 3 期。

乌拉城位于今天的吉林市。其辖地“约当今日吉林省吉林市、永吉、舒兰、磐石、蛟河、安图、敦化、延吉、和龙、汪清、榆树、九台、德惠、松原，黑龙江省的宁安、五常、双城、阿城以及松花江两岸、绥芬河流域的大部分地区”①。哈达部强盛之时，乌拉部听命于哈达部。待布颜孙满泰为王时，乌拉部开始强大，这也是乌拉部发展的顶峰时期，之后乌拉部日益衰落，努尔哈赤强大起来后开始征服东北女真各部，乌拉部最为衰落。在万历四十一年（1613 年）乌拉部为努尔哈赤兼并。

3. 叶赫

海西亦谓之“南关、北关”。南关哈达，北关即叶赫。《柳边纪略》载：“北关叶赫，逼处开原、铁岭，乃明边之外障。”

叶赫部因居叶赫河而得名，是扈伦四部中的一支强大力量，始祖为星根达尔汗。永乐四年（1406 年）二月，明朝政府置塔鲁木卫。叶赫部即来源于此。叶赫部也和其他扈伦三部一样是在南迁的过程中逐步形成的。《清实录》载，叶赫部的始祖原居于今呼兰河以北地区，后南迁至今松花江大曲折。16 世纪初，南迁至叶赫河流域（叶赫河即今清河），始称叶赫部。叶赫部成立之初哈达部极其强盛，叶赫同乌拉一样受控于哈达部，后来哈达部逐渐衰落，叶赫部开始成为四部中的强部，也成为明朝末年与建州女真争夺领导权的主要力量。1593 年（万历二十一年），叶赫部联合蒙古进攻建州女真，惨败而归。1619 年（万历四十七年）叶赫部被努尔哈赤兼并。

4. 辉发

辉发部因其居住在辉发河流域一带而得名。永乐七年（1409 年）三月，明朝政府在忽儿海地区置忽儿海卫，同年五月改名为弗提卫，以塔失为指挥。后塔失叔侄发生“卫印之争”，明廷为平息纷争，将弗提卫一分为二。在昂古里星古力为弗提卫首领时，弗提卫迁徙至呼兰河流域，后又南迁到辉发河流域，史称辉发部。辉发部源于明初设立于忽剌温地区的弗提卫。在叶赫部强盛时期曾受制于叶赫部，在万历三十五年（1607 年），辉发部被努尔哈赤兼并。

扈伦四部是在南迁的过程中形成的，经历了七八十年之久。在南迁过程中，海西三卫的成员也发生了很大的变化，众多蒙古人和其他部落的女真

---

① 赵东升：《扈伦四部研究》，吉林文史出版社，2005 年版，第 79 页。

人加入到了海西女真集团。应该注意的是海西女真的迁徙同建州女真的迁徙一样,其形式是以集团方式为主,但并不是海西女真所有卫所的女真人全部都迁徙,而是卫所中的某一部分人,所以在海西三卫南迁的同时,大部分海西卫所的女真人仍然活动在松花江、黑龙江流域。扈伦四部是唯一能与建州女真相抗衡的政治力量,但是相对于建州女真来说扈伦四部之间的关系相对松散,因此在明末女真两大部的斗争中扈伦四部并没有完成统一女真各部的历史使命,但是扈伦四部的存在还是具有一定的积极意义的。它加速了女真族统一的历史步伐,同时也极大地开发了东北地区的边疆建设,为后金政权的建立也做出了一定的贡献,为满族共同体的形成奠定了基础。

(三)野人女真的迁徙

野人女真是明代女真三大族群之一,"野人"一词,《明一统志》记载:"野人数种,习俗各异。"[①]这里的"野人"显然并不是专指明代的"野人女真"。稻叶岩吉说:"野人"可以解释为野蛮人的意思。实际上野人是明朝政府对东北女真人的蔑称。明朝政府不但称分布在极东甚远地区且朝贡不常的女真人为野人,就连比较先进的建州女真和海西女真有时也被称为野人。《抚安东夷记》载"以开原东北至松花江海西一带,今之野人女真分为二百七十余卫所"。《明实录》载"海西野人女直数有寇边者,请发兵讨之"。显然这里的野人指的就是海西女真而并非"野人女真"。所以说"野人"是当时女真三部的共性,而并非野人女真的专称。不能仅凭"野人"这个词来区分建州女真、海西女真和野人女真。那么应该如何界定野人女真呢?

女真族的发展具有不平衡性,以往对野人女真的划分是以文化、生活水平高低进行区分。从事农业生产,定居生活,是较先进的,就是建州女真和海西女真,而从事渔猎和采集的生产,是比较落后的,就是野人女真。进入奴隶社会的就是建州女真和海西女真,处于原始社会的就是野人女真。这种划分标准有失历史的客观。

《明会典》载:"盖女真三种:居海西等处者为海西女真,居建州、毛怜者为建州女真,各卫所外,又有地面,有站,有寨,建管赐敕,一如三卫之制,其极东为野人女真。野人女真去中国甚远,朝贡不常"[②];从上述的这段材料中

---

① 李贤、彭时等纂修:《大明一统志》,台湾影印本,1965年版,第5484页。

② (明)申时行:《大明会典》卷一〇七,第1606页。

我们可以得出两点，一是野人女真的分布范围是在“极东”“甚远”地区。二是野人女真与明朝政府的关系是“朝贡不常”。

在《东夷考略》中也记载，女直“略有三种，自汤站东，抵开原，居海西者为海西女直，居建州、毛怜者为建州女直，极东为野人女直”[①]。这与《明会典》中对女真三部的分布范围情况记载相同。这里对野人女真的分布范围及界定都是“极东”。那么“极东”究竟是指何处呢？可以肯定的是“极东”的分布范围应该不在松花江和黑龙江流域。明朝政府实现了对东北地区的统治后有“海西东水陆城站”，又有“海西西陆路”，可以说交通往来十分便利。如果野人女真的分布范围在黑龙江下游一带那么就不存在“朝贡不常”的情况。因此我们说野人女真的分布范围应该更远，且交通不便。据蒋秀松先生的考证，野人女真的分布范围在“外兴安岭、锡霍特山脉、日本海和鄂霍茨克海岸及苦兀岛等地”[②]。

对野人女真的界定还有一点就是朝贡不常。明朝对东北地区女真人的统治方式是卫所制，“因其部族，官其酋长为都督、都指挥、指挥、千户、百户、镇抚等职，给予印信、各统其属”[③]。每个卫所都要向明朝政府进行朝贡。《明实录》永乐六年春正月癸卯条记载：“忽剌温倭鲁兀兀卜山等处女直野人头目传四达鲁花赤伯塔木等百五十人来朝贡马。”宣德八年二月丁亥条记载：“建州左卫野人女直都督佥事猛哥帖木儿等来朝贡马。”[④]但是这种朝贡一般都是在海西女真和建州女真的范围内，野人女真则不在此范围之中。正是因为野人女真分布于偏远之地，因此明朝政府对这部分女真人的管辖并不严格，所以才出现了“朝贡不常”的情况。

基于以上两点，野人女真是指居住在极东、甚远地区，朝贡不常，且未被纳入建州女真和海西女真的女真部族。其分布地区如李健才先生在《明代东北》所写“在建州、海西女真以东和以北的广大地区，在黑龙江中下游及其以北、以东至海的边远地区”[⑤]。明末清初，这些女真人又被称为“呼尔哈部”“萨哈连部”，沙俄入侵者称之为“久切尔人”“久契尔”，亦叫“朱尔真”。

---

① （明）茅瑞徵：《东夷考略》，上海古籍出版社，1996 年版，第 2 页。

② 蒋秀松：《明代的野人女真》，《黑河学刊》1986 年第 4 期。

③ 李贤、彭时等纂修：《大明一统志》，台湾影印本，1965 年版，第 5476 页。

④ 《明宣宗实录》卷九十九，1962 年版，第 1038、2219 页。

⑤ 李健才：《明代东北》，辽宁人民出版社，1986 年版，第 94 页。

野人女真因发展较为落后,因此并没有形成像建州女真和海西女真那样的联盟集团。野人女真主要是以松散的部落为组织形态。明代文献中记载的乞列迷、女直野人、北山野人、吉列迷等都属于野人女真的部落。《大明一统志》载:“黑龙江下游一带的女真人有四种,他们捕鱼为食,着直筒衣,暑用鱼皮,寒用狗皮,不识五谷,六畜惟狗,至多耕田供食皆用之”[①]。一种曰“北山野人”,乘鹿而出,即“使鹿部”。一种曰“女直野人”,“性刚而贪,文面椎髻,帽缀铜铃,射山为食”。又一种“住平土屋,屋脊开孔,以梯出入,卧以草铺”。又一种曰“苦兀”,“人身多毛,戴熊皮,衣花布。”又有吉里迷,“男少女多,女始生,先定以狗,十岁即娶,食惟腥鲜。”这些分布在松花江下游和黑龙江以北的广大地区的部落,都属于野人女真部落。但是野人女真绝不局限于此,如《满洲发展史初稿》所书“明末清初东海三部中的穆棱路(今穆棱河流域)、绥芬路(绥芬河上游)、那木都鲁路(绥芬河下游)、尼马察路(今俄罗斯乌苏里斯克附近)、瑚叶路(今俄罗斯滨海边区达乌河流域)、乌尔固定路(今俄罗斯滨海边区比金河流域)、雅兰路(今俄罗斯滨海边区塔乌黑河流域)、锡林路(今俄罗斯滨海边区苏祖河流域)等也是野人女真的部落。”[②]

建州女真强大后,原居住在黑龙江以南的不少氏族部落,被努尔哈赤征服后南迁到了浑河流域,加入了满族共同体,但分布大兴安岭及黑龙江以北更为偏远地区的女真部落,没有加入到满族共同体中,经过变迁成了今天分布在我国和俄罗斯境内的赫哲、那乃、鄂伦春、鄂温克等族。

(四)女真三大群体迁徙的原因

元末明初女真各部掀起了一场持续百年之久的民族迁徙潮流。其迁徙活动持续时间之长、影响之大,史无前例。究其原因是多方面的。

1.女真各部生产力和私有制不断发展的结果

女真各部生产力不断发展使其具备了向南部经济比较发达地区靠近的物质条件。元朝政府十分重视农业的发展,移民屯田,“给其牛价、农具使之耕”。《满洲金石志》记:“汉人百户张成于世祖至元二十二年(1285年)奉命“统领部军,携妻孥辎重,随千户岳公隶宣慰使都元帅阿八赤,往水达达地面

① 李贤、彭时等纂修:《大明一统志》,台湾影印本,1965年版,第5485页。

② 滕绍箴:《满族发展史初稿》,天津古籍社,1990年版,第7页。

屯田镇守,明年三月,至黑龙江之东北极边而屯营焉”①。女真人开始接触到汉族先进的农业生产技术和生产工具,其生活资源逐渐丰富起来。

明初对东北地区女真人的统治政策更为开明,其中最为重要的就是明朝马市的设立。马市的设立与女真族社会经济的发展有着十分密切的关系。明永乐三年(1405 年),福余卫指挥喃不花等奏请设立马市,明成祖朱棣于永乐四年(1406 年)三月“设辽东开元、广宁马市二所”。永乐五年(1407 年),女真族同蒙古族一样,“来朝及互市者,悉听其便”。对马市限制的宽松极大地促进了女真族与蒙古族及汉族的交往。天顺八年(1464 年),明朝政府又增设了抚顺马市。这样女真族通过马市贸易与蒙古族及汉族人民的往来更加频繁,女真族通过马市换得自己所需的生活用品及生产工具,铁质农具及汉族先进生产技术的引进极大地促进了女真族农业及私有制经济的发展,激起女真人对农业社会人口与财产的觊觎。这是元末明初女真族迁徙的一个根本原因。

2. 寻求更为优越的自然地理环境

人类生存离不开与之相适应的自然环境,历史唯物主义认为:“地理环境是历史的可能性原因。”马克思主义认为:“物质生活的生产方式制约着整个社会生活、政治生活和精神生活的过程。”②元代初期,女真各部生活在黑龙江、松花江及其以北地区,这里的气候寒冷干燥,各部以采集和狩猎为生,生活资料缺乏,需要寻求更为优越的适于农业发展、畜牧、采集、狩猎的场所。为此,女真族开始不断向南迁徙。地理环境因素促进了女真各部的南迁,反之南迁又加速了女真族的发展,为女真族的强大奠定了基础。

3. 明朝政府的大力招抚

洪武元年八月,明军攻下大都,元朝余部退居漠南。洪武二年,诏谕元朝旧将纳哈出及辽阳等处官民,招抚其归降。四年秋七月,置辽都卫指挥使司,开始了对女真各部的招抚。明朝在东北女真地区广建卫所,积极招抚女真各部。尤其是明成祖朱棣“借女直制北虏”,十分重视对东北女真各部的招抚。他曾下诏:“尔等若能敬训天意,诚心来朝,各立卫分,给印信,分赏赐,世居本土,自相统属。”正是明朝对女真的这种积极的统治政策,使得女

① 罗振玉:《满洲金石志》,艺文出版社,1976 年版,第 790 页。

② 中共中央马克思列宁斯大林著作编译局编:《马克思恩格斯选集》第二卷,1995 年版,第 82 页。

真各部纷纷归附。据王钟翰先生考证,“明朝在东北女真地区所设卫所,自永乐元年(1403 年)十一月共先后设置 368 个卫、20 个所,其中永乐朝 181、正统朝 4,正统后 130、嘉靖朝 53”①。

4. 外来因素的骚扰

为了逃避野人女真和蒙古的侵扰,建州女真及海西女真集团逐渐向南迁徙。外来因素的骚扰是女真族迁徙的一个直接原因。元朝中叶,建州女真的主体胡里改部和斡朵里部原居住于牡丹江上游一带,但是由于受到兀狄哈的侵扰才被迫举族南迁。《李朝实录》中记载:“洪武五年兀狄哈达乙麻赤到来玄城地面劫掠杀害”,斡朵里部首领崔也吾乃带领部众逃离奚官城。在建州女真南迁到回波江方州后,因与达达相邻,长受蒙古的侵扰,不得安宁,猛哥帖木儿奏请成祖曰:“达达常川往来,搅扰边境去处,住坐不得,请恩准返阿木河居住。”②胡里改部释家奴奏曰:“我等之居境,连达达地面,数来侵伐,愿移居婆猪江。”在这种情况下建州女真又继续向南迁徙。

自永乐初年起,海西女真也遭到兀良哈三卫的骚扰。据《明实录》宣德七年九月己未条记载:“亦马忽山等卫指挥木答兀等来报,福余等三卫鞑军往掠阿鲁台,为阿鲁台所败,尽收其家口辎重牛马田稼,三卫之人奔往海西。”③福余三卫进入忽刺温之地,海西女真“恐其为患”,开始南迁。因此兀良哈三卫的骚扰直接导致了海西女真的迁徙。所以说,野人女真及蒙古的侵扰,是女真族迁徙的又一重要因素。

(五)三大群体迁徙的历史影响

1. 建州女真的发展壮大,为满族共同体的形成奠定了基础

元末明初女真族经过迁徙分化凝聚,再度强大,重新登上中国历史舞台。可以说女真族的再度强大是伴随着女真族的迁徙过程而实现的。经过迁徙女真三大族群最终形成,加速了女真族内部的统一,建州女真取得女真族群中的领袖地位,并统一海西女真、野人女真族群,建立后金政权,为满族共同体的形成奠定了基础。

2. 促进女真族多元经济结构的形成

元末明初女真族的迁徙活动使女真族的社会组织和经济结构都发生了

---

① 王钟翰:《清史新考》,辽宁大学出版社,1990 年版,第 1 页。

② 吴晗:《朝鲜李朝实录中的中国史料》,中华书局,1980 年版,第 307 页。

③ 《明宣宗实录》卷九十五,1962 年版,第 2145 页。

根本性的转变。生态环境是人类生存和发展的前提,人类文化发展程度与生态环境往往密切相关。伴随着生态环境的变化人类文化发展程度也会发生相应的转变。南迁之前的女真族主要分布在松花江、黑龙江流域一带,受到地理环境的制约以及其社会发展程度的限制,女真族大多处于"逐水草而居""以射猎为业"的发展阶段,也就是原生的渔猎文化模式。伴随着不断的迁徙,女真族逐渐向地理环境较为优越的辽东地区靠近,地理环境的变化使得原生文化已经不能适应新环境的需要,女真族的经济结构发生了转变,建州和海西女真人的南迁,使其活动区域内的空间位置和地理条件都发生了变化,女真族开始经营农业,并且农业生产迅速发展。由"唯知射猎,不事耕稼"到"乐住种,善缉纺,饮食服用,皆如华人"。由采集渔猎转变为采集渔猎、农耕的二元文化。

3. 促进了私有制迅速发展

女真哈拉氏族组织在外部社会的干预或打击及社会内部攫取财产的武装冲突的合力作用下急剧瓦解。随着生产方式的变化,女真族的社会制度也发生了变化。在南迁之前女真族生活在松花江、黑龙江和乌苏里江流域一带。其生产方式以原始的采集和渔猎为主,因此他们还处在原始氏族部落的发展时代。而在女真族的迁徙之后,逐渐靠近朝鲜及辽东地区,开始了农业生产,出现了产品剩余,开始产生私有制。并且随着女真族的不断南迁,大量的汉人和朝鲜人被掠为奴。《李朝实录》记载:"斡木河、婆猪江等处地面散住野人等类,与叛人杨木答兀结为党群,虏辽东,开元等处军民男妇及本国(朝鲜)边民为奴使唤"。女真族的奴隶制在南迁的过程中也充分地发展起来了。掠夺而来的奴隶主要用于两个方面用途,一是进行农业生产,二是用于家务劳动。掠夺奴隶进行生产、生活,虽然给汉族及朝鲜族人民带来了灾难,但在一定程度上也使女真族氏族制度迅速瓦解,奴隶制充分发展起来。

元末明初女真族的迁徙活动,使女真族的社会组织形态发生了变化。努尔哈赤统一女真各部前,女真族分布范围及居住地极其分散,居住地的分散导致社会组织的分散,致使女真族无法形成统一的民族及国家。伴随着女真族不断的迁徙与聚合,有众多的其他女真部落纷纷加入建州女真集团,打破了过去以血缘为纽带的社会组织,转变为以地域为纽带的社会组织。如"南迁到婆猪江流域的建州女真各部村落里的住户,皆为多姓、地缘关系的村落。虽然单一的血缘村落仍然存在,但是为数极少,地缘关系已经居于主要地位”[①]。在《李朝实录》中保存有建州女真社会组织方面的史料。转引蒋维忠《明代初期建州女真社会形态》中的史料分析,“会宁镇附近有20个村落,从族属上分,属于斡朵里的有四个、兀良哈的有十二个、斡朵里和兀良哈混合的有四个。从血缘姓氏来分,每个村落都是多姓,没有一个村落是血缘同姓”;“庆兴镇附近有七个村落,从族属上分属于骨看兀狄哈的有五个,其中两个是同一姓的血缘部落。属于女真的有两个。除了骨看兀狄哈两个血缘村落外,其余五个都是多姓”;“稳成镇附近五个村落,从族属上分,属于兀良哈的有四个,属于女真的有一个,从血缘上分,没有一个单一姓的血缘村落,都是多姓”[②]。地缘关系的村落,代替了血缘关系的氏族部落,这是女真族在发展过程中的极大进步。随着人员的不断增加,努尔哈赤根据女真传统的狩猎组织形式改造了独具特色的“牛录固山制”(八旗制),使女真各部开始形成了高度的组织化,为建州女真的强大及满族共同体的形成创造了条件。

4. 推动了东北地区经济的发展

元末明初女真族的民族迁徙活动也极大地开发了东北地区的土地,为东北地区边疆建设做出了贡献。明万历二十三年(1595年),朝鲜使臣申忠一奉命出使建州,归国后著有见闻录,即《建州纪程图记》。据载申忠一“所经之处,无墅不耕。至于山上,亦多开垦”[③]。在申忠一之后出使建州的朝鲜人李民焕,在所作《建州见闻录》中描述建州已是:“土地肥饶,禾谷甚茂,旱田诸种,无不有之”[④]了。可见东北地区的农业生产已经相当发达了。申忠一所见建州城内“家家皆畜鸡、猪、鹅、鸭、羔、羊、犬、猫之属”,而其中畜马业尤其突出。据《建州纪程图记》载,建州老城内部共分为三重,分别为栅城、内城、外城,内、外城皆“先以石筑,又以椽布”,“内外皆以黏泥涂之”。外城高十余尺,设有敌楼,无雉堞、射台、隔台、壕子等防御瞭望处,内城则有雉堞与隔台,城上没有防备的器具。“内城之内,又设木栅,栅内奴酋(申忠一对努尔哈赤的蔑称)居之”,外城中“胡家三百余”,由“诸将及族党居之”,外城

---

① 李健才:《明代东北》,辽宁人民出版社,1986年版,第164页。

② 蒋维忠:《明代初期建州女真形态》,《满族研究》1995年第1期。

③ 辽宁大学历史系:《建州纪程图记》,清初史料丛刊第十种,1979年版,第10页。

④ 辽宁大学历史系:《建州闻见录》,清初史料丛刊第九种,1978年版,第43页。

外“胡家四百余”，由军人、工匠等居住。[1] 内城、外城、外城外将努尔哈赤的居所层层围住，由外向内，层层递进，是等级制度的体现。与此同时他们也守卫了边疆，尤其是建州女真抑制了李朝的北进，为边疆地区的稳定做出了贡献。

第三节　明代女真族的社会生活

一、明代女真族社会组织与政治生活

（一）社会组织

社会组织是一定经济和政治活动的产物。努尔哈赤统一女真各部前，女真族居住地域极其分散，基本上是以血缘为纽带的组织形式，尤其野人女真尚处于氏族制阶段。刘小萌对明代女真的血缘组织哈拉穆昆做了动态分析，认为哈拉是“姓”，穆昆是“族”或“氏”。一个哈拉包含若干个穆昆，而一个穆昆只能从属于一个哈拉。女真人的哈拉之由来，或者以地为姓，或者以河为姓，或者以古老图腾信仰为姓。[2] 在建州女真和海西女真中，哈拉组织已经瓦解，代之为地域组织“噶珊”（村屯）。噶栅是由原属同一氏族或者原属不同氏族的若干血缘集团组成的联合体。哈拉在野人女真及其后裔中却大部分保留下来。狩猎活动需要集体协作，“群聚以猎”是女真人行猎的主要形式。“野人散处，或五六户，或十余户，或十五余户，屯居无常，各有酋长。酋长欲留，则其下留焉往，欲去，则其下亦从之。”[3]这种“五六户”到“十五余户”的村落，基本是一个血缘组织，其“酋长”多为族长，族长是集体生产的组织者和社会生活的管理者，一般是本家族内辈分较高而有威信的长老。

伴随着女真族不断的迁徙与聚合，众多的非女真族部落成员纷纷加入，女真人的血缘组织逐渐转变为以地域为纽带的组织形式。“南迁到婆猪江流域的建州女真各部村落里的住户，皆为多姓、地缘关系的村落噶珊。虽然

---

① 辽宁大学历史系：《建州纪程图记》，清初史料丛刊第十种，1979 年版，第 14～18 页。

② 刘小萌：《明代女真血缘组织哈喇穆昆的动态分析》，《社会科学战线》1990 年第 2 期，第 227 页。

③ 《李朝实录》，世宗二十二年六月丁亥。

单一的血缘村落仍然存在,但是为数极少,地缘关系已经居于主要地位。"蒋维忠在《明代初期建州女真社会形态》中写道:"会宁镇附近有二十个村落,从族属上分,属于斡朵里的有四个,兀良哈的有十二个,斡朵里和兀良哈混合的有四个。从血缘姓氏来分,每个村落都是多姓,没有一个村落是血缘同姓。""庆兴镇附近有七个村落,从族属上分属于骨看兀狄哈的有五个,其中两个是同一姓的血缘部落。属于女真的有两个。除了骨看兀狄哈两个血缘村落外,其余五个都是多姓。""稳成镇附近五个村落,从族属上分,属于兀良哈的有四个,属于女真的有一个,从血缘上分,没有一个单一姓的血缘村落,都是多姓。"随着女真各部统一,成分愈加复杂,努尔哈赤根据女真传统的狩猎组织形式创造"牛录固山制"(八旗制),使女真各部开始走上高度组织化道路。女真各部首领是双重身份,即是部落酋长,又兼任明置卫所的行政官吏,但权力还有限,如建州女真酋长的更替还必须"众所推服",仍"无君臣上下之分"。

(二)羁縻卫所制下女真人的政治生活

永乐时,明廷开始全面地经营女真地区。明成祖朱棣即位后,实施"借女直制北虏"①策略。为此,明成祖大力招抚女真诸部,建立羁縻卫所:一是东出开原,招抚东南部的女真;一是北上海西,招抚海西地区乃至黑龙江流域的女真各部。永乐元年,明廷即派刑枢、张斌等经营海西,"往谕奴儿干,至吉列迷诸部落,招抚之"②;同时派官员抚谕图们江南北的女真部落,皇帝敕谕:"'女真、吾都里、兀良哈、兀狄哈等招抚之,使献贡'。"③永乐二年、三年,明成祖陆续遣人敕谕女真各部酋长:"尔等若能敬训天意,诚心来朝,各立卫分,给印信,分赏赐,俾尔世居本土,自相统属,打围放牧,各安生理,经商买卖,以便往来。"④女真各部酋长们积极响应,永乐元年(1403年)十一月,"女直野人头目阿哈出等来朝,设建州卫军民指挥使司"⑤;同年十二月,"忽剌温等处女直野人头目西阳哈、锁失哈等来朝……置兀者卫"⑥。建州卫

① 《明实录》,万历三十六年三月丁酉。

② 《殊域周咨录》,卷二四"女直"。

③ 《李朝实录》,太宗三年六月辛未。

④ 《李朝实录》,太宗四年四月甲戌、五年四月庚寅。

⑤ 《明实录》,永乐元年十一月辛丑。

⑥ 《明实录》,永乐元年十二月辛巳。

和兀者卫,在女真卫所中是最早建立的卫分,也是最大的卫分,明朝还力图通过他们来“招谕野人”。随后,女真各部相继归附,纷纷来朝,卫所陆续设置。

自永乐二年到永乐七年奴儿干都司成立前,明朝已设置卫所115个。如原建州卫又分置建州左卫、兀者卫外,另置兀者左、兀者右、兀者后等卫及兀托温千户所、兀者稳勉亦千户所、兀者揆野木千户所。

此外,在长白山地区和图们江流域,设置毛怜、吉河、喜乐温河、古鲁浑山等卫。在松花江流域,设置撒力、屯河、安河、塔山、嘉河、兀也吾、塔鲁木、苏温河、亦马剌山、脱伦、卜颜、肥河、纳邻河、纳木河、呕罕河、密陈等卫。在乌苏里江流域,设置阿速江、双城、木阳河、亦速里河、莫温河、斡兰河、薛列河、牙鲁、伏里其等卫。在黑龙江上游,设置斡难河、赤塔河等卫。在黑龙江中游,设置脱木河、木鲁罕山、阿剌山、卜鲁丹河、考郎兀、乞勒尼等卫。在黑龙江下游,设置奴儿干、亦儿古里,福山、撒儿忽、甫里河、兀的河、朵儿必河、阿古河、依木、可令河、哥吉河、野木河、弗朵秃河、克默尔河、友贴、葛林、忽石门、札岭等卫。

上述卫所分布地域广阔,南达图们江流域,北抵外兴安岭;西起赤塔河流域,东至日本海岸。明廷对这些卫所要加强管理,特别是边远地区的卫所,形势要求设立“都指挥使司”一级的机构,以统辖诸卫所。

永乐七年夏初,奴儿干地方首领忽剌冬奴等来朝,以“其地冲要”,奏请在奴儿干设立“元帅府”。明廷采纳了这个建议,决定“设奴儿干都指挥使司”,委派东宁卫指挥康旺为都指挥同知,千户王肇舟等为都指挥佥事①。同年六月又设奴儿干都司的隶属机构“经历司”,以刘兴为“经历官”②。经过充分的准备,于永乐九年(1411年)春,明廷特遣内官亦失哈等率官军一千人,巨船二十五艘,前往奴儿干,“开设奴儿干都司”③。

奴儿干都司的治所在黑龙江下游特林地方。特林,历来是黑龙江下游的政治中心,辽、金时就在这里建城设镇,④元朝曾在这里设东征元帅府,当地居民除土著外,还有汉人、蒙古人及其他族人。直到明初,这里仍可说是

① 《明实录》,永乐七年闰四月己酉。
② 《明实录》,永乐七年六月己未。
③ 《敕修永宁寺碑记》。
④ 《元一统制》(辑本)卷二记:“东北曰哈州,曰奴儿干,城皆渤海、辽、金所建”。

一个民族杂居的地方。

永乐—宣德年间,亦失哈、康旺、王肇舟和佟荅剌哈等人,以钦差或地方大员的身份,7 次率军前往奴儿干都司辖地巡视或驻防,[①]每次前往,巨船达二十五艘或五十艘之多,官军达一千或三千多人,再加辽东之"牵扛钠者"[②]和建州(今吉林市一带)的造船匠卒等,[③]何止上万。永乐十一年(1413 年)和宣德八年(1433 年)先后竖立的两块永宁寺碑的"碑记",真实地记述了亦失哈与当地各族人民共同开发东北边疆的业绩。

奴儿干都司的设置,促进了明朝对女真的招抚,女真各部"莫不朝贡内属","闻风向化而朝口贡者,络绎不绝",当地各族人等表示:"我等臣服,永无疑矣"[④]。其后,明廷继续"兴立卫所",如永乐十年八月,仅黑龙江中、下游,又新设置只儿蛮、兀剌、顺民、囊加儿、古鲁、满泾、哈儿蛮、塔亭、也孙伦、可木、弗思木等十一卫。[⑤] 其中囊加尔设于库页岛的西北部今苏联所称朗格里的地方。这显然是亦失哈等第一次前往设奴儿干都司后所建。明朝在黑龙江流域广阔的领域内不断增置新的卫所,以加强对女真各部的管辖,到永乐末年,卫分增至 179 个。《明实录》宣德五年(1430 年)八月庚午条记载:"敕都指挥康旺、王肇舟、佟荅剌哈仍奴儿干都司抚恤军民;又敕谕奴儿干、囊阿里、吉列米、恨古河、黑龙江、松华江、阿速江等处野人头目哥奉阿、囊哈奴等,令皆受节制。"引文中的"囊阿里",就是前面说到的囊加儿;吉列米,即吉列迷,在黑龙江下游;恨古河,即恒滚河(今苏联阿姆贡河);黑龙江,即今黑龙江与松花江会合口往上的黑龙江中、上游;松华江,即松花江;阿速江,即乌苏里江,等等。所谓"皆受节制",就说明了明朝对上述各地区实行了有效的管辖。

各女真卫分属"羁縻卫",其特点:一是它是军政合一的地方机构,除了军事职能外,还要管理地方的行政事务,持有明王朝的"诰印、冠带、袭衣"

---

① 关于亦失哈等巡视奴儿干等地的次数,中外学者有不同的看法:罗福颐《满洲金石志》记为十次;日本学者江岛寿雄在《关于亦失哈之奴儿干招抚》一文中,说是七次。

② 《李朝实录》文宗零年十二月甲戌条记:"奴儿干捕鹰之运粮也,辽东一路牵扛钠者络绎不绝。"

③ 《辽东志》卷九。

④ 《敕修永宁寺碑记》和《重建永宁寺碑记》。

⑤ 《明实录》永乐十年八月丙寅。

等;二是它属土官体制,即由当地部落首领担任卫所各级官员,而且官职是世袭的,父死子继,父老子替;他们没有俸禄,可在朝贡时领取赏赐。《大明一统志》卷八十九《女直》载:"因其部族、官其酋长为都督、都指挥、指挥、千百户、镇抚等职,给予印信、俾各仍旧俗,统其属以时朝贡。"按明朝的卫所建制:卫设指挥使一员(正三品)、指挥同知二员(从三品)、指挥佥事四员(正四品)、卫镇抚二员(从四品)、所设正千户一员(正五品)、副千户二员(从五品)、所镇抚二员(正六品)、百户十员(从六品)。[①] 就此,女真羁縻卫所与内地卫所基本上是一致的。这种羁縻卫所始终隶属于明王朝,其主要表现在:一是女真卫所的部属是明朝的"属夷",他们对朝廷有"守土"之责,即"守御边境"[②],"看守地方"[③],还必须执行明廷的政令,听从调遣,按期贡纳等;二是诸卫所官员由明朝委任,所谓"诰印"即敕书和官印。敕书上记载着明朝政府授予官职的名称和等级。这些卫所官员的升袭,也有定制,由兵部主管。总之,羁縻卫所系明王朝的地方军政机构,是管辖女真等族的特殊方式。

奴儿干都司是诸羁縻卫所的上一级机构,但它属流官体制。照明朝规定,"凡流官不袭"[④],而奴儿干都司的主要官员,如都指挥使康旺、都指挥同知王肇舟、佟荅剌哈等,因他们"在边多效劳勤"[⑤],故准许袭职;流官有俸禄,这一点,奴儿干都司的流官与别处的流官一致,不过,他们要在辽东都司卫所中寄俸带支。奴儿干都司的主要官员,由朝廷从辽东都司卫所中遣派,其他驻防官兵,则由辽东都司各卫所的官兵充当。奴儿干都司的供应物资,一般也要通过辽东都司筹办。据《明实录》等文献和两通永宁寺"碑记"所载,当时奴儿干都司的活动,主要是招谕、抚恤和"比朝贡,往还护送,率以为常"[⑥],而诸卫所直属中央,朝廷政令的贯彻、各卫所的朝贡等项,并不一定要通过都司。由于奴儿干都司设在边远地区,所辖卫所分布范围广阔,其行使职能多有不便,且面临重重困难,如财政开支,政治、军事形势变化的影响等。宣德年间,对奴儿干都司的设置和巡视,明廷就越来越感到力不从心,

---

① 万历《明会典》卷一一八《铨选一·官制》。
② 《明实录》,正统七年二月甲辰。
③ 罗福成:《女真译语》二编《女真载馆来文》。
④ 万历《明会典》卷一二〇《武职袭替》。
⑤ 《明实录》,宣德六年六月癸丑。
⑥ 《全辽志》卷六。

难堪重负。到了宣德末年,终以"所费良重""烦扰军民",以及"虏寇犯边"等因,明宣宗朱瞻基下令停止奴儿干都司的活动:"凡采捕造船运粮等事,悉皆停止;凡带去物件,悉于辽东官库内寄存,其差去内外官员人等,俱令回京,官军人等各回卫所差役。"①停止了奴儿干都司的活动,②实际上也就等于撤销了都司。

明廷通过都司卫所制来管理女真各部,确定二者的臣附关系。女真人须按明朝规定,定期纳贡,听从调遣,负责守边,重大行动请示,违犯明朝法律要治罪等;明廷有权任命各卫所首领,有责任帮助女真内部解决纠纷,扶植受到外来攻击的部落,奖赏从征与平乱等有功人员。以纳贡为例,按规定,凡建立卫所的女真人,必须按期贡方物,无故不来贡者要治罪,欠贡者要补纳,《明实录》中就记有1609年(万历三十七年),忽鲁等卫女真人补进万历二十九、三十年贡马410匹的记事。明廷有关女真纳贡的规定,后来虽做种种限制,但总趋势是交往越往后越多。早在永乐初期,明成祖曾敕谕辽东边官对女真各部来贡勿加限制,"悉听其便",并令对所贡方物,"悉厚直(值)酬之"。至15世纪中叶前,因明政治日趋腐败,财政拮据,蒙古等族时有骚扰,于是,明廷对女真诸卫的贡品、年来次数、每次人数、来贡日期和时限等,都先后做出限制,令不得违反。而女真各卫以要求增设卫所增加入贡人数等方法进行抵制,反而人数日趋增加。如1470年(成化六年)以前,诸卫入贡者不过800~900百人,1472年以后增至1 200余人;至1513年(正德八年),仅是年六月就有忽石门等6卫500余人"来贡马",海西女真祝孔革部等2 000人"入关,各修职贡"。

二、明代女真族多样性的经济生活

明代女真社会生产呈现出多样性的特点,既有农业、渔猎业、采集业,也有畜牧业、手工业、贸易和掠夺。由于各部所处自然条件不一,社会发展不平衡,各项经济活动在女真不同群体中所占比重也不尽相同。明初,农业虽在一些部落里已经存在,但尚未发展起来,狩猎和捕鱼业是解决他们衣食之源的主要社会生产;明后期,建州、海西女真已以农业为主,兼事渔猎和采

---

① 《明实录》,宣德十年正月。

② 《明实录》,宣德四年十二月壬辰、宣德五年十一月庚戌、宣德十年正月甲戌。

集;野人女真,情形则相反。在野人女真分布区内,又由南而北形成半农半渔猎,开始有农业到完全靠渔猎为生。由于对外交换的发展,狩猎和采集业变成了获得先进生产资料和生活必需品的重要生产部门,贸易和掠夺成为经济生活的一种补充形式。

(一)渔猎和采集业

渔猎业和采集业是女真族传统的经济活动,伴随着女真族的整个发展历程。明朝初年,明廷为了招抚女真各部,颁发了许多敕谕,其中大多都有"打围放牧,各安生业","从便打围、飞放、采捕,安生乐业"[①]的表述。"打围"即狩猎,"建州野人渔猎满浦水上",海西女真"并有室庐,或以桦皮为帷,止则张之。善射驰猎,耐饥渴,好盗。虽然有的部落"略事耕种",但更多的是以射猎采集为业。"野人"女真"去中国远甚,朝贡不常"。基本上是"不事耕稼,以渔猎为生"[②]。明代中期以后,渔猎采集业生产目的是为了纳贡贸易。其原因:一是女真人归服明朝后,要贡纳貂皮等土特产品;二是建州、海西女真南迁后,铁器、耕牛、农具乃至一些生活必需品,需要用各种细毛皮张、人参、木耳、蘑菇、松子、榛子等山货与汉族和朝鲜族交换获得。于是,女真人的农业发展需要狩猎和采集业的支持,猎品和采集品获得越多,农业的发展速度就越快。所以建州和海西女真仍"俗善射驰猎","专一采取人参、榛、松,围猎野味,以为生计"。每到采集季节,有的部落竟"倾落采参,逾大岭布野"。建州女真则有固定的狩猎季节,农历三至五月为春猎,七至十月为秋猎。一般以二十多人为群,远离住地,到森林"密处结幕",三四人共处一幕,昼出游猎,夜来"困睡"。狩猎和采集品的数量,从海西女真在开原马市出售的数额统计,在明代辽东档案1583年至1584年(万历十一年至十二年)抽分档册里记录的19次交易中,海西女真貂皮出售4 600张、人参3 484斤。其中有一次出售貂皮达1 802张、人参161斤。

乞列迷人以渔猎为生,"其俗不知耕种,以捕鱼为生"[③]。鱼是乞列迷人的衣食之源,也是他们养狗的主要食物。明代史籍记载"以捕鱼为业,食肉

① 《李朝实录》,太宗四年甲戌、十七年四月辛未。

② 《李朝实录》,成宗二十三年七月辛卯、三年五月辛丑。

③ 《清朝文献通考》第二七一卷《舆地三》,浙江古籍出版社,2000年版,第7278~7279页。

而衣皮”①,“乞列迷……水产海驴、海豹、海猪、海牛、海狗皮、兽角、鲸须”②。和捕鱼相比,狩猎作用较小,通常在秋后进行。猎捕对象主要是熊,秋季用弓箭和火枪,冬季用“猎熊矛”。继猎熊之后,猎貂和其他毛皮兽,如水獭、猪俐、黄鼬等。猎貂使用地箭、陷阱和捕兽套。饲狗是他们唯一的养畜业,并且很发达。《开元新志》记载:“不知五谷,六畜唯狗至多,乘则牵拽爬犁,食则烹供口食。”至 19 世纪末,养狗业仍然兴旺不衰:“每家蓄犬数十头,以备使用,择其力衰性劣者食肉,以衣其皮,夏月亦不去身。”③

苦兀人以渔猎为生。“身多毛,头带熊皮,身衣花布。持木弓,矢尺余,涂毒于镞,中必死,器械坚利。父母死,刳去肠胃,尸体曝干,出入负之,饮食必祭,居处不敢对,约至三年,然后弃之。”④

(二)农业

农业在女真经济中是一种外来的、先进的生产活动。随着女真族的不断南迁,其经济结构发生转变,但是女真族的农业发展具有不平衡性。在女真三部中,建州女真的农业发展程度要更高一些,原因主要是建州女真集团南迁的过程中其居住的地方,大多是水草肥美,适合农耕,气候条件优越,如,建州女真集团曾经居住的图们江一带及其最后定居的苏子河流域,其自然地理条件相对优越,并且建州女真与明朝政府通过互市,以自己的土特产品换取了先进的生产工具,促进了建州女真集团农业的发展。南迁使建州女真由“惟知射猎,本不事耕稼”成为“颇业农耕”的部落集团。“月初三日,理山体探金将等五人潜渡婆猪江,直抵兀剌山北隅吾弥府,见水两岸大野,率皆耕垦,农人与牛布散于野,而马则不见。人家十八户扑在水岸,而散排山峡者,不能遍视。然此其大数也。……月初九日,理山体探宋世雨等五人至兀剌山南麓婆猪之东,古音闲之平,见人家二户,有男妇十六,或耕或耘,放养牛马。”⑤海西女真农业发展情况大体与建州女真相当,“俗种耕稼”,“室居田食”。野人女真农业发展程度要低一些。他们分布的地域为“极东、

① 丛佩远、赵鸣岐编:《曹廷杰集》,中华书局,1985 年版,第 184 页。

② (明)毕恭等修:《辽东志》卷九《外志》,载金毓黻主编《辽海丛书》,辽沈书社,1985 年版,第 468 页。

③ 丛佩远、赵鸣岐编:《曹廷杰集》,中华书局,1985 年版,第 122 页。

④ (明)毕恭:《辽东志》卷九《外志》,金毓黻主编《辽海丛书》,辽沈书社,1985 年版,第468 页。

⑤ 《李朝实录》,世宗五年六月癸酉、二十年七月己丑。

深远”，因此其气候要更为寒冷，不适宜农业的发展，而且野人女真“朝贡不常”，与明朝政府的贸易较少，生产工具及先进技术难以传入。但是，其农业也有了一定程度的发展。如分布在绥芬河一带的兀狄哈“作大柜盛米，家家有双砧，田地沃饶，犬豕鸡鸭，也多畜矣”①。分布在黑龙江下游的女真部落，虽“居无常处、惟逐水草”，但也“事耕种”②。

（三）贸易

贸易是女真人接触农耕文化的一个重要途径。贸易活动主要有纳贡与马市两种形式。女真人向明廷定期纳贡，明廷对前来纳贡的女真部落给予回赏。女真族的贡物主要有马、各种兽皮、海东青等。明廷给女真人的回赏是绢、布等各种生活用品。明廷对前来朝贡的女真部落按照惯例进行回赏。据《大明会典》记载：“都督每人彩缎 4 表里，折纱绢两匹；都指挥每人彩缎 2 表里，绢 4 匹，折纱绢 1 匹，各织金纻丝衣一套；指挥每人彩缎 1 表里，绢 4 匹，折纱绢 1 匹，素纻丝衣 1 套；以上鞋袜各一双，千百户、镇抚、舍头目人，每人折衣彩缎 1 表里，绢 4 匹，折纱绢 1 匹；奏事来者，每人红丝衣 2 件，彩缎 1 表里，折纱绢 1 匹，鞋袜各 1 双。”③另外，进行沿途交易，“挞子、海西、野人女真，归自京师，道过边境，辄以所得钞币或驽马，市耕牛及铜铁器皿”④。

马市之设，始于永乐四年（1406 年）。明代马市贸易是女真族除了朝贡外同汉族及蒙古族进行经济交流的主要方式。明朝政府在开元和抚顺两处设立马市，抚顺马市主要是为了接待建州女真，开原马市则主要成了海西和野人女真的交易场所。马市贸易最初只是为购置军用马匹而设置，但是后来，在马市上交换产品的范围逐渐扩大，马市实质上成为女真、蒙古和汉族进行商品交易的市场。辽东残档中记载了在万历十一年（1583 年）七月至九月和次年一月至三月的 6 个月内马市交换品种的数量。其中“女真卖给汉人的有人参 18 次，3619 斤；马 18 次，175 匹；貂皮 18 次，4734 张；狐皮 18 次，577 张；狍皮 16 次，761 张；珠子 8 次，32 颗；蜜 7 次，1460 斤；蘑菇 14 次，3740 斤；木耳 12 次，762 斤。还有鹿皮、豹皮、榛子等若干。汉族卖给女真人的有，铁铧 19 次，4848 件；牛 18 次，497 头；锅 16 次，354 口；袄子 15 次，234

① 吴晗：《朝鲜李朝实录中的中国史料》，中华书局，1980 年版，第 734 页。

② （明）毕恭：《辽东志》，上海书店出版社，1994 年版，第 5 页。

③ （明）申时行：《大明会典》，第 1650 页。

④ 《明英宗实录》，正统四年闰二月、正统八年夏四月。

件;羊皮袄9次,397件;水靴14次,203双;缎子10次,58匹;绢4次,6匹。还有木锹等。不能分清哪方买卖的有:羊13次,213只;羊皮13次,1743张;驴10次,23头;猪4次,11头。”①女真族与汉族交易的产品可谓数量大、种类多。通过马市贸易,女真族不仅同汉族互通有无,丰富了人民的社会生活,在一定程度上也促进了女真族社会的发展。

(四)畜牧与手工业

畜牧业是女真族基本的生产活动,不同部落饲养的牲畜种类不完全相同。建州和海西女真,马、牛、狗、猪、鸡、鸭皆有,尤以马牛为最。15世纪初,图们江以南的朝鲜边官向上报告建州女真有战马,“多者至于作屯牧放”,还有“牧马南下”之说。② 17世纪初,朝鲜李民寏在建州女真地区所见,“将胡之家”的马“千百成群”,一般每户亦不下数十匹。牛不及马多,但早在1423年(永乐二十一年)猛哥帖木儿派200余名男女由回波江返回阿木河“旧居农耕”,带去牛也达100余头,平均两人有牛一头。海西女真畜养的牛马也很多,因为他们在万历十一年七月至次年三月的8个月中,仅在开原马市上就购回牛546头,卖出马179匹。③ 在野人女真中,乞列迷所养家畜惟狗为多,平时以狗牵拽爬犁(雪橇)做交通工具,冬季以其皮制作防寒服;北山野人则主要养鹿,用来驮载物品和乘骑。

女真社会的手工业有纺织、造船、建筑、加工狩猎工具和马具等,但一直以家庭副业的形式存在。由于战争和生产的需要,铁制品加工业较其他手工业发展迅速。早期还“屈木为镜,削鹿角为镞”,明中期,所用镫、镞皆是铁制的了。但不是用铁矿石炼铁,而是“贸大明铁自造”铁器,即所谓“但得正铁改造”。这时加工铁器的技术已达到相当水平,既知用风箱向炉内鼓风来提高火温,又懂得将打制的铁器趁高温急入水中冷却,使打造出的箭镞等铁器“强劲”。明中叶以后,女真人才有冶铁业,最先在“火(忽)剌温地面”,建州女真则直到1599年(万历二十七年)“始炒铁,开金、银矿”④。

(五)掠夺

女真族百余年的迁徙伴随着不断的掠夺并招致报复活动。《建州闻见

---

① (明)申时行:《大明会典》,第1606页。

② 《李朝实录》,中宗九年十月壬寅。

③ 杨余练:《明代后期的辽东马市与女真族的兴起》,《民族研究》1980年第5期。

④ 《李朝实录》成宗十四年十月戊寅。

录》载:女真人“出兵之时,无不欢跃,其妻子亦皆喜乐,惟以多得财物为愿。如军卒家有奴四五人,皆争偕赴,专为抢掠财物故也。”《明实录》尤其是《李朝实录》连篇累牍地记载了女真人掳掠的情况。掳掠的对象主要是人口、牲畜和财物等,仅皇太极时期,大规模入关掳掠就有 8 次。明代女真人大小规模的掠夺是经常发生的,掠夺的对象是牛马、财物和人口。《李朝实录》载:“斡木河、婆猪江等处地面散住野人等类,与叛人杨木答兀结为党群,虏辽东,开元等处军民男妇及本国(朝鲜)边民为奴使唤”①。

1429 年(宣德四年),海西女真“始入寇”。1449 年(正统十四年),蒙古瓦剌部首领也先攻北京,一部分海西、建州女真上层乘机“蜂起,辽东为之弗靖者数年”。明廷为了保护汉区不受女真和蒙古诸部的侵扰,遂在东北地区有“边墙”之设。掠夺财物的日积月累,使部落首领的财富大大增加,为私有制的产生奠定了基础;掠夺的人口可以用来从事农业生产、渔猎生产,或增强军事力量,再次掠夺。

女真人对朝鲜、明朝边境的频繁骚扰掠夺招致后者有力的反击。仅在明宣德八年—成化十五年(1433—1479 年)短短 45 年间,婆猪江流域的建州女真即被兵 5 次(宣德八年,1433 年;正统二年,1437 年;成化三年,1467 年;成化十四年,1478 年;成化十五年 1479 年)。朝鲜、明军每次入讨,均以“可屠者屠之……尽灭乃已”为宗旨。宣德八年之役,朝鲜军擒斩 500 余人,建州女真“流离四散,其余存者无几”②;成化三年之役,明廷与朝鲜军队合击建州地区。明武靖伯赵辅在《平夷赋有序》中自夸其功:“强壮尽戮,老稚尽俘”。海西女真在正统、景泰之际则迭遭瓦剌蒙古的反复蹂躏荼毒,部落失散,乃至后人有海西女真有名酋长“率死于也先之乱”的说法。

三、明代女真族的文化生活

女真各部由于居住地域和经济活动不同,其社会文化生活亦呈现出差异。野人女真保留古老的东西多一些,建州、海西女真则较多地继承了金代女真的一些文化习俗。

(一)居住与饮食

明初女真人的居住还较为落后,大多沿袭金代的居住风俗。居室一般

---

① 吴晗:《朝鲜李朝实录中的中国史料》,中华书局,1980 年版,第 367 页。

② 《朝鲜成宗实录》,十三年十月戊申;《明朝宪宗实录》,成化三年十月壬戌;《全辽志》卷六。

是联木为栅,覆以木板或桦树皮,墙壁亦以木为之,以火炕取暖。随着女真人社会生产力不断发展,特别是铁制工具的广泛使用,为建造结构比较复杂的房屋创造了条件。而随着女真人的不断南迁,农业生产条件更加优越,处于农业定居的需要,居住建筑也发生了很大变化。开始以土筑墙,以草苫顶,即草顶土房。约在 16 世纪末或 17 世纪初,女真人又对草顶土房加以改进,即用泥涂之,使其更加光整、坚固、保暖、防火。

到了明代中期和后期,女真人住宅营造更有了新发展,出现了砖瓦建筑。至晚从嘉靖年间起,在海西女真首领的居室中,就有了砖瓦建筑。考古工作者在建于嘉靖初年的哈达王城,发现有大量建筑条石、青瓦、灰瓦等建筑遗物。建州女真在万历十五年(1587 年)修建费阿拉城,在汉族建筑工匠的帮助下,有了砖瓦建筑。此时,女真人的房屋无论在坚固性、安全性及保暖性各个方面都有了很大进步。对于这种地上的建筑形式,火炕是其不可缺少的组成部分。女真人喜欢火炕,这是沿袭先人之俗,"四壁之下皆设长炕"[①]。以西炕为尊,南炕为大,北炕为小。这与金代女真人风俗相同。而"四壁长炕"即指后来满族之家普遍砌筑的"万字炕"。这是女真族适应东北地区冬季较长、气候寒冷,为提高室内温度,在室内建筑上独特的设计。至今,在我国东北地区农村,火炕仍然普遍存在。

在饮食方面,早期女真人以渔猎食物为主,辅之粮谷。女真人早在始祖函普时代就已有了原始农业。到了明代,女真人的农业有了很大的发展。但是由于各部女真人的分布地域不同,所以生产生活情况存在差异。在饮食上也有所不同。明代生活在松花江和黑龙江下游的海西女真,以射猎为业,"略事农耕"。居住在黑龙江下游从散鲁温至入海口一带的乞列迷,则以"捕鱼为食","不识五谷六畜"[②]。可见这些女真人在饮食上仍然以各类肉食为主。而生活在今绥芬河、珲春河、图们江流域的建州女真就要比海西女真及乞列迷进步得多。在 15 世纪,建州女真"乐住种,善缉纺,饮食服用,皆如华人"[③]。建州女真南迁后与汉人、朝鲜人为邻并长期交往,使大量耕牛、马匹、铁器流入建州女真。这一时期建州女真的农业得到进一步发展,"兀

---

① 《建州闻见录》,第 42 页。

② 《寰宇通志》卷一一六《女真・风俗》。

③ 《辽东志》卷七引卢琼《东戍见闻录》。

剌山北隅吾弥府，见水两岸大野，率皆耕垦，农人与牛步散于野”①。可见农业生产在女真人的生活中已占有重要地位。明代后期，女真人已经以粮食为主食，主要有各种面食、粥、米饭和肉，但仍保持着本民族的一些特点，有“饮食最嗜葳肉、油饼，而面食、酒醪皆合以酥”。在副食上，“禽兽鱼鳖之类，疏菜瓜茄之属皆有之，绝无花莳”②。并大量饲养猪、鸡、鸭、鹅等畜禽以供使用。

明代女真人沿袭了前代女真人饮酒饮茶之风，酒和茶成为女真人生活中不可或缺的饮品。明代，女真人的饮酒之风更是盛行，宴会、待客必置酒。

乞列迷族是一个定居民族。由于经济活动的需要，他们的屯落大多坐落在“捕鱼利便之河畔或海岸”。屯落多数很小，一般只有几栋房舍，最大的屯落也不超过 20 户。房屋分冬舍和夏舍。冬舍为“地窨子”，名曰“妥拉夫”③；夏舍多搭盖在木桩上，称之“桩式建筑”或“干栏式建筑”。

恰克拉人“无庐舍，游于山林及江海之滨。冬用树皮、夏用布为棚以居，刳杨为舟，善使鸟枪、木弓、桦矢、低答。每与虎豹熊罴斗而杀之，黑斤、济勒弥人不及也。衣食俱仰给于华商，曰弗纳子。以貂皮、鹿茸、鱼骨为偿债之资，蓄猎犬，少狗爬犁。冬著踏板，行山林捕牲极力。遇不平事，则聚能言诸人公议处置，令理屈者输财帛以寝事，曰白他巴哈”④。

（二）服装与发式

明代女真人，服装原料仍然以皮毛为主。一般百姓“冬寒皆服毛裘”，帽子也是用皮制作的，脚穿由鹿皮、猪皮或牛皮制成的兀刺靴，或黄或黑色。女真人通过朝贡和马市，使汉族地区的布帛不断输入，因此，衣服的原料也逐渐丰富起来。富贵之家开始穿着布衣。明孝宗弘治十年（1497 年），建州卫首领李达罕及其属下 30 余人，皆“衣绿纱胸背”，而另一名酋长土老及其麾下 40 余人则皆“衣大红衮龙团领”⑤。明代女真男子多着长袍，盘领、窄袖，两侧开叉，腰中束带，易于骑射。女真妇女则穿直统旗袍，圆领、大襟、窄

① 《李朝实录》，世宗十九年六月己巳。

② 《建州闻见录》。

③ 石荣暲：《苦兀岛志略》，载徐丽华主编《中国少数民族古籍集成》第 23 册，四川民族出版社，2002 年版，第 523 页。

④ 丛佩远、赵鸣岐编：《曹廷杰集》，中华书局，1985 年版，第 124 页。

⑤ 《燕山君日记》，燕山君三年十月乙亥。

袖,四开禊、带扣绊,束腰带,便于挂刀具、荷包等,也宜于骑乘。女真人的帽子,“寒暖异制”,冬帽皆以毛皮为之,也称暖帽。夏帽多用草编结而成,又称凉帽。各种帽子上都会以红毛或璎珞为饰。

据《建州闻见录》载:当时建州女真人穿衣无等级贵贱的差别,即“杂乱无章,虽至下贱,亦有衣龙蟒之绣者”。直到天命前期,女真族这种上下同服的现象仍然存在。又由于纺织业不发达,所以“胡中衣服极贵”。到天命八年(1623 年),从衣料质量上还是对上下之别做了大体的规定:诸贵族大臣及其侍卫穿“好衣服”;护军及普通民众穿葛布、翠蓝布、毛青布等制成的衣服;只许妇女穿罗纱。[①] 随着政权体制建设的日益完备,在汉族封建文化的影响下,后金的衣冠等级制度不断完善。天聪六年(1632 年)十二月,皇太极下令定冠服之制。天聪七年(1633 年)又对其进行补充。至此,女真—满族的衣冠之制大体确定下来,其中无论在衣冠式样上,还是在等级标志上,都吸收了许多汉族衣冠制式,但仍保留了女真—满族所特有的箭袖、马褂、旗袍、缨帽等特点。

明代女真人的发式承袭了辽、金时期女真人的发式传统。明万历中叶,“胡俗皆剃发,只留脑后小许,上下二条辫结以垂”[②]。另有史料记载与之略同:“男胡皆拔须剪发,顶后存发如小指许,编而垂之左。”[③]可见,明代女真男子的发式与辽金时期女真人的发式基本相同,即皆剃去周围头发,自头顶后半部留少许头发,束辫垂于脑后。女真人少女梳单辫,成年待嫁始蓄发。出嫁后妇女开始绾髻。髻式很多,两把头最普遍。两把头就是把头发束在头顶,分成两部分,在头顶上梳成扁髻,并在发髻上插以金银珠玉为饰。上了年岁的老妇人则只把头发绾至顶心盘髻。女真人妇女喜欢佩戴各种金银饰物,经常佩戴耳环、耳坠、手镯、指环以及各色玛瑙珠子等,在颈、臂、指、脚上也会佩有重钏。

乞列迷人着直筒衣,暑用鱼皮,寒用狗皮。他们的服装包括:鱼皮裤、长及膝盖的右衽长袍、海豹皮靴和桦树皮帽。女袍比男袍长,下摆缝缀许多铜片。冬季,妇女在长袍外面再套一件翻毛皮衣。男子冬季行猎或外出时,在长袍外面套一件海豹皮裙,头戴耳罩和毛皮帽。留发,男、妇耳垂大环,鼻穿

① 《满文老档》,太祖卷五十四。

② 《李朝实录》,宣祖二十九年正月丁酉。

③ 《建州闻见录》,第 43 页。

小环。“俗与额登喀喇同,而赤股无袴,以皮遮其前后。”[①]

恰克拉人鲸面。“男女均蓄发作辫,从耳后分垂肩前,即自耳下用红绳束辫如双椎,令垂乳上。又以彩线或翦鱼皮为穗,上贯五色圆粒如珠,系于椎下颈后,以绳贯珠或小海蚌及铜叩三四串,横连双椎。有丧,则解椎使垂。置棺平地用木合之,华人以为木葬。”[②]“男女俱于鼻傍穿环,缀寸许银铜人为饰。男以鹿皮为冠,布衣跣足。妇女则披发不笄而襟衽间多刺绣纹。其屋庐舟船俱用桦皮,性游惰无蓄积,土语谓之恰喀拉话。”[③]

恰克拉女人喜用紫色,旧穿钱边为小圆孔,以饰衣缘。近来听华商言,亦以小海蚌及铜叩代之,穿右鼻兰台,贯以金环,胸前亦间挂勒勒空盆。每月必避人独坐数日,虽本夫亦不敢近。[④] 性皆好洁,勤浣衣沐浴,嗜烟不嗜酒。问姓,多牛与王,自谓系中国牛皋、王贵之后,不知何时人避世来此。

(三)交通

明廷在女真地区设立卫所和都司的同时加强了水陆交通的恢复和建设,主要是“辽东都司境内各驿及北行都司各驿,多设于洪武二十至二十一年之间(1387—1388 年);奴儿干都司境内各驿站则多设于永乐七年(1409年)之后”[⑤]。

明代东北驿路以辽阳和开原为中心向周围辐射,共计有 10 条驿路,大体覆盖了辽东都司和奴儿干都司所辖的区域。具体如下:

以辽东都司卫所辽阳为中心的辽东地区主要有四条驿路:一路从辽阳出发经鞍山驿、海州驿、盖州驿、复州驿、金州驿等 12 站可到旅顺口,由此渡海到山东登州可南下至南京;一路由辽阳出发经牛庄驿、盘山驿、广宁驿、杏山驿、高龄驿等 16 驿可到山海关,出山海关可达北京;一路由都司出发向东南行,经连山关、通远堡、汤站堡等驿南行可达九连城;一路由辽东都司治所北行,经虎皮驿、沈阳驿、懿路驿等,最后可达辽东都司辖境北端的开原驿。[⑥]

据李建才先生考证,《辽东志》记载的开原以北地区主要的驿路就有 6

① 丛佩远、赵鸣岐编:《曹廷杰集》,中华书局,1985 年版,第 13 页。
② 丛佩远、赵鸣岐编:《曹廷杰集》,中华书局,1985 年版,第 123 页。
③ (清)傅恒等编著:《皇清职贡图》卷三,辽沈书社,1991 年版,第 250 页。
④ 丛佩远、赵鸣岐编:《曹廷杰集》,中华书局,1985 年版,第 124 页。
⑤ 佟冬主编:《中国东北史》第三卷,吉林文史出版社,1987 年版,第 631 页。
⑥ 陈循等撰:《寰宇通志》卷七十七,载郑振铎《玄览堂丛书续集》,1984 年版。

条，即："开原东路到朝鲜后门路""纳丹府东北陆路""开原西陆路""开原北陆路""海西西陆路""海西东水陆城站路"。据《辽东志》卷九记载"开原东路到朝鲜后门路"上的驿站有坊州城、奚官、那丹府城、费尔忽、弗出、南京、随州县、海洋、秃鲁、散三，这条路线是"明初通往建州左卫的路线，是建州左卫的朝贡道"；"纳丹府东北陆路"沿路的驿站有那木剌、善出、阿速纳合、潭州、古州、旧开原、毛怜，这是明初通往建州卫、毛怜位的路线，是其朝贡之路；"开原西陆路"沿路的驿站有庆云站、熊山站、洪州站、懿州，这是通往福余卫等西北牧人的路线；"开原北陆路"沿路驿站有贾道站、汉州站、归仁县、韩州、信州城、斡木城、龙安站、海西宾州站、弗颜站，这是由开原出发到海西的路线；"海西西陆路"沿途的驿站有肇州、龙头山、哈剌场、洮儿河、台州、尚山、札里麻、寒寒寨、哈塔山、兀良河，这是明初通往兀良哈三卫的路线，是明初兀良哈三卫的朝贡道；"海西东水陆城站路"水陆可直达奴儿干都司，陆路途经四十五个驿站可达满泾站，其中药乞站至满泾站共计二十四站为狗站，《明实录》记载"置辽东境外满泾等四十五站，敕其提领那可、孟常等曰：朝廷设奴儿干都司并各卫，凡使命来往，所经之地，旧有站赤者复设，各站头目悉恭命毋怠"，由此可知，这条驿路是在元代旧有驿站的基础上建立起来的"海西东水陆城站路"，是明代经营东北的一条重要的交通线，是松花江、黑龙江下游等地的海西女真、"野人"女真各卫头目的朝贡路线。①

除以上所列的驿路与驿站外，驿传系统还包括递运所和铺两种交通设置，递运所基本设在驿站附近，两者相辅相成，而铺在明代东北地区分布的数量并不很多，据佟冬先生所编的《中国东北史》统计，共有五十五铺，其分布情况如下：

铁岭：城西铺、新兴铺、芦野铺、泥沟铺、山头铺。

沈阳：塔山铺、平田铺、东山铺、白塔铺、浑河铺。

辽阳：接官亭铺、烂泥铺、山坳铺、板桥铺、首山铺、沙河铺、长店铺、清泉铺（井泉铺）。

海州：广信铺、牛庄铺、乾沟铺、龙台铺、塔山铺、分水铺、孛兰铺、平洋铺、高头铺、河湾铺、平山铺、三汊河铺、兰村铺、土河铺。

---

① 李建才：《明代东北》，辽宁人民出版社，1986 年版，第 107 ~ 122 页；李建才：《明代东北驿站考》，《社会科学战线》1981 年第 2 期；郭毅生：《元代辽阳行省驿道考略（下）——兼考明代"海西东水陆城站"》，《北方论丛》1980 年第 4 期。

盖州：石城铺、口儿铺、榆林铺、埚头铺、新安铺、布子铺。

复州：城南铺、八家铺、麻河铺、沙河铺、栾古铺、古城铺、南县铺。

金州：楼子铺、棘针铺。

广宁：在城总铺。

义州：塔山铺、双墩铺、山后铺、十三铺、三家城铺、沙窝铺、大凌河铺。[①]

上述驿道，把女真地区与内地紧密地连接在一起，既加强了明朝对女真各部的管理，又促进了各族间经济、文化的交流及发展。明王朝为了保证全国驿传的畅通，保证其统治的稳固，制定了一套十分完善的驿传管理制度。

首先，在驿传的机构设置上，明王朝规定在中央隶属于兵部的车驾清吏司主掌"卤簿、仪仗、禁卫及驿传厩牧之事"[②]，设立会同馆，北馆六所，南馆三所，设大使一员、副使二员，内以副使一员分管南馆。在地方设驿站、递运所、铺，统归布政使和按察使管理，但由于辽东地区实行卫所制，因而辽东地区的驿站、递运所、铺由辽东都司及其卫所直接进行管理，"驿递以本百户所军充驿"[③]，不设驿丞、大使等职。驿分为水驿和马驿，即在陆为马驿，在水为水驿；递运所也分为陆路递运所和水路递运所；铺则"十里设一铺，每铺设铺长一名，铺兵要路十名，僻路或二名或四名"[④]。这里需特别指出的是由于奴儿干都司"岁贡海东青等物"需要"狗站递送"，因而复设药乞站至满泾站的二十四个狗站。狗站是始设于元朝的，用狗作为挽畜，牵拽爬犁或船只的一种具有东北地方特色的驿站，"夏月乘船，小可乘载。冬月乘扒犁，乘二三人行冰上，以狗驾拽，疾如马"[⑤]。

其次，在驿传的资源配置上，明政府也做了明确的规定：如洪武二十六年定，"凡水驿设船不等，如使客通行正路或设船二十只、十五只、十只；其分行偏路，亦设船七只、五只，大率每船设水夫十名"，"凡马驿，设置马、驴不等"，对于"冲要去处或设马八十匹、六十匹、三十匹"，而非"冲要"处则"设

---

① 佟冬主编：《中国东北史》第三卷，吉林文史出版社，1987年版，第635页。

② 申时行：《明会典》卷一四〇，载车驾清吏司《续修四库全书》，上海古籍出版社，第444页。

③ 《辽东志》卷五，载金毓黻等编《辽海丛书》，辽沈书社，1985年版，第422页。

④ 申时行：《明会典》卷一四九《驿传五》，载《续修四库全书》，上海古籍出版社，2002年版，第539页。

⑤ 《辽东志》卷二《驿传》，载金毓黻等编《辽海丛书》，辽沈书社，1985年版，第398页。

马二十匹、十匹、五匹"[①]，东北地区驿站的配置大致也遵循这样的原则，如《辽东志》记载东关驿、高岭驿、广宁在城驿、十三山驿等驿置马三十匹、驴二十匹，而摔马岭驿、虎皮驿、义州驿则置马二十匹、驴十匹，有些驿站则只置马十匹。[②]

在驿传的运行及职能上，明政府同样有明确的规定：《明史》载，驿站专司"邮传迎送之事，凡舟车、夫马、廪糗、庖馔、裯帐"，而递运所则"掌递粮物""传送军囚"[③]，铺或铺舍则等同于元代的急递铺，专司传递公文。具体到执行上，明政府规定"各驿马匹，须分上、中、下三等，马膊上悬挂小牌，明写等地"[④]，根据使用人员级别的不同各驿提供不同的马匹和供给，如辽东等地"差官舍伴送朵颜、泰宁、海西、建州等卫夷人朝贡都督、都指挥俱支廪给应付下等马各一匹，指挥一下俱支口粮，应付驿驴各一头，伴送官支廪给，舍人支口粮，俱驿驴各一头，赏赐物件验包拨车"，如遇发往辽东等地充军的犯人则"付驿驴、红船，犯人不支米，无脚力"[⑤]。为避免驿传系统的肆意使用，明洪武二十六年定"凡在内公差人员"需使用驿传者须"领符验""事完就便销毁"，到嘉靖朝又进一步规定"公差勘合俱填实职实名，不许假借"，对使用假勘合者"严加缉访"。铺作为传递文书的机构，其对于国家政治、军事的影响是不言而喻的，所以一方面为保证所传递的文书系真实可靠，明朝政府规定"急递铺接送公文，须辨认果是前铺铺兵方许交领""公文亦须经由所在官司辩验方许入递"，对有假冒者须"押解赴京"，如有"司官吏、铺长、司兵，有公文不行明白辨验，轻易接递致令别生事端者治罪"，另一方面为保证所传文书的时效性，铺兵传递公文时"夜鸣铃走递，前铺闻铃，铺司预先出铺交收，随即于封皮格眼内填写时刻、铺兵姓名"，铺兵随即出发"每三刻行一铺，昼夜须行三百里"，如不能按时传递文书"稽留三刻笞二十，每三刻加一等，罪

---

① 申时行：《明会典》卷一四五《驿传一》，载《续修四库全书》，上海古籍出版社，2002年版，第477页。

② 《辽东志》卷三《兵食》，载金毓黻等编《辽海丛书》，辽沈书社，1985年版，第407页。

③ 《明史》卷七十五《职官四》，中华书局，1974年版，第1853页。

④ 申时行：《明会典》卷一四五《驿传一》，载《续修四库全书》，上海古籍出版社，2002年版，第477页。

⑤ 申时行：《明会典》卷一四八《驿传四》，载《续修四库全书》，上海古籍出版社，2002年版，第526页。

止笞五十”,“若损公文一角笞四十,每二角加一等,罪止杖八十”[①]。

如此严密高效的驿传系统,为明王朝的统治,特别是对边疆地区的有效统治提供了保障,客观上也促进了边疆地区社会经济、文化的发展。

(四)婚俗

明代女真婚姻是一夫多妻制。由于社会的发展,明初建州女真人的婚姻状况已经脱离对偶婚向一夫一妻制发展。但是在建州女真由对偶婚向一夫一妻制过渡时期,出现了“男子对女奴隶的支配和一夫多妻制”[②]。部分女真奴隶主抢夺汉族、朝鲜族妇女做妻做妾,过多妻的生活。又由于女真人所处的政治和经济地位的不同,他们在婚姻方面也有了明显的差别。酋长们或贵族之家娶妻纳妾,过着一夫多妻的生活。例如,建州卫首领“李满住三妻,一则斡朵里,一则兀良哈,一则火剌温”[③]。李达罕亦有一妻二妾。这种一夫多妻的婚姻家庭是父系氏族社会习俗的残留。

随着女真社会的发展,出现阶级分化,人们有了贫富差距、贵贱等级之别,人们在缔结婚姻时开始讲求门当户对。这种以门第观念为基础的婚姻俗制,在中国的封建社会曾相当流行。明代女真也存在这一现象。各部女真酋长或部族首领不与属下通婚,即“大抵斡朵里酋长,不娶管下,必求婚于同类之酋长。或兀狄哈,或兀良哈,或忽剌温”[④]。可见当时女真人在缔结婚姻时,都选择与自己同一级别的人。所以女真各部酋长之间的联姻很普遍,例如阿哈出家族与猛哥帖木儿家族就世为姻娅;普通民众很难高攀富贵人家。正如清礼亲王在《啸亭杂录》卷八中所云:“满洲旧俗,婚娶必视其氏族之高下。”[⑤]可以说在当时的女真人中,氏族高下与财富多寡已成为缔结婚姻的重要条件,对婚姻的缔结有重要影响。这种选择配偶讲求门当户对的婚姻习俗,一直延续到清代。

明代,女真人的婚姻已经打破地区和民族的界限,与周围各族都可以互相通婚媾。此时,女真人与汉人、蒙古人、朝鲜人互相婚嫁的情况很多。例

① 申时行:《明会典》卷一六七《律例八》,载《续修四库全书》,上海古籍出版社,2002 年版,第 51、539 页。

② 恩格斯:《家庭、私有制和国家的起源》,人民出版社,1954 年版,第 71 页。

③ 《李朝实录》,成宗六年七月癸丑。

④ 《李朝实录》,世宗卷八十二。

⑤ 《啸亭杂录》卷八,第 31 页。

如，与蒙古族通婚，据记载："海西女直素与朵颜三卫达贼结亲。"[①]而与汉族通婚更是司空见惯的事，最具代表的是，明成祖朱棣曾娶建州首领阿哈出之女为妃。还有一些女真人掠夺汉族女子为妻为妾。这种情况不仅发生在建州、海西女真中，就连尼麻车、都骨等兀狄哈也抢掠汉人男女婚媾。而在朝鲜沿边地区的居民自明朝初期开始就与女真人"日相亲狎，至结婚姻"[②]，如婆猪江建州女真与朝鲜边境之人多"私相往来"，"或结婚姻以成交好"[③]。女真人与邻近各族的广泛通婚，不仅密切了民族间的往来，同时也促进了女真族经济和文化水平的提高。

明代女真人沿袭金代婚姻旧俗，盛行接续婚制。史书记载：建州"胡俗，兄死则弟娶兄妻，例也"[④]。海西女真则"父死娶其妾，兄亡娶其妻"[⑤]。如元末建州女真始祖之一猛哥帖木儿父挥厚死后，挥厚弟包奇即以其嫂为妻。海西四部之哈达部，其首领王台死，王台妾温姐再嫁与王台之子康古陆。朝鲜李朝太宗时期(1401—1418 年)称边境之地的女真人"婚嫁不忌异姓四五寸，甚至兄亡娶嫂"[⑥]。可见，收继婚在女真诸部中曾一度盛行，是毋庸置疑的。这一习俗在清初尚有遗风。

明代女真人的婚姻，一般通行早婚之制，"女生十岁前，男家约婚"，也有"待年十七乃成婚"[⑦]者。由于受汉族婚俗的影响，女真人男女自由订婚的现象已不多见，多为父母包办，其婚俗也较以前复杂起来。要缔结婚姻，首先是男方到女方家约婚。订婚后，男方要向女方纳彩、赠礼、招待筵席等，据《李朝实录》成宗十四年十月戊寅条载："婿家先以甲胄、弓矢为币，而送于女家，次以金盃，次以牛二头、马二匹，次以衣服、奴婢，各因其家之贫富而遣之。富者三四年而成礼，贫者虽至十年之久，而犹未得成礼"。从中我们可以看出，聘礼是十分厚重的，财富已经成为缔结婚姻的先决条件，特别是奴婢也成为聘礼的一部分了。

---

① 《李朝实录》，成宗七年八月丙申。
② 《李朝实录》，辛禑九年八月。
③ 《李朝实录》，世宗十六年正月庚寅。
④ 《李朝实录》，中宗十年二月己酉。
⑤ 《李朝实录》，世宗二十一年正月己丑。
⑥ 《李朝实录》，太宗十五年三月己亥。
⑦ 《李朝实录》，世宗二十一年正月己丑。

明代后期,在女真进入辽沈地区之后,女真人在保留婚俗中旧有的一些特点外,又接受了汉族封建伦理思想的影响,对原有婚俗做了一些重大改革。

首先是对收继婚制的废除。天聪六年(1632 年)四月,皇太极颁布法令:"凡娶继母、伯母、叔母、兄嫂、弟妇、侄妇,永行禁止。"鼓励妇女为夫守节抚孤。可见此时的统治者深受儒家礼教影响,已经完全按照儒家伦理思想来约束族人的婚姻行为了。女真人此时意识到本民族的伦理观念与汉族、朝鲜族完全不同,而他们并没有选择坚持自己的落后的传统观念,而是积极接受汉人的新观念,并以法律形式对旧有习俗加以禁止,目的不仅仅是为了继承汉族的儒家思想,更主要的目的在于变革、规范人们的思想观念。另一个重要改革,是对女真人的早婚之俗加以一定的限制。天聪九年(1635 年),皇太极下诏规定:"凡女子十二岁以上者许嫁,未及十二岁而嫁者罪之。"[①]虽然 12 岁还是很小,但是可见此前女真早婚之风很盛行,皇太极这样的措施仍有一定的进步意义。最后一个重要变化是,上至王公贵族,下至普通百姓,男婚女嫁必须经过批准才行。

苦兀人是男少女多,女刚出生,男不问老少,先以狗为定,年及 10 岁即娶,甚至多至 10 妇。中国人至此,相交,则馈之艳妻,去则归之。妇女将产,令出三里草次,俟产后一月方回。

恰克拉人婚姻由父母定,令男至女家宿数夕,携以归。

(五)葬俗

从总体看来,明代女真丧葬大多尚俭。具体看来,女真各部的丧葬由于地区、部落以及死者的地位与经济状况的不同而有所不同。丧葬方式有火葬、土葬、水葬、树葬、兽葬等。

明代初期,一些偏远落后地区的女真人其葬俗较为原始、落后。存在树葬、兽葬等原始葬式。如海西兀者卫的葬俗就很原始。据记载,海西女真亏知哈的父母去世时,"置其尸于大树,就其下宰马而食,其肉张皮鬣尾脚挂之,兼置生时所佩弓箭。"[②]又据《辽东志》记载,乞黑迷也行树葬。而有些部落还行兽葬,即用尸体做诱饵,来捕杀猎物。

---

① 《清太宗实录》,天聪九年三月庚申。

② 《李朝实录》,世宗二十一年正月己丑。

有明一代,女真人在汉族影响下大多实行土葬。明代中叶时,建州女真“亲死则殡于家,亦杀牛以祭,三日后择向阳处葬之。其葬之日,常时所服之物并葬之。且杀其所乘之马,去其肉而葬其皮”①。而在富贵之家,随葬品也会有所增加,如瓷器、铜饰品和日用品、铁制兵器,以及玛瑙珠海贝等物品。明代女真人还较普遍实行火葬,例如海西“头目女真则火葬”②。自明初起,女真人凡在战争中战死者,都行火葬,将其骨灰送归其父母妻子。如文献记载,建州卫女真在渭源战斗中,“其死者烧尸作灰,盛于布囊,或裹草而去”③。由于其他情况而死于外地者,其亲属也会采取火化的方式将其骨灰带回家乡。努尔哈赤时代建州女真的一般葬俗是:“死则翌日举之于野而焚之。其时,子孙族类咸聚会,宰牛马,或哭或食,蒙白二三日除之。”④女真人的火葬在这一时期已经有所变化,一般将骨灰盛在罐或者坛中,然后将罐或坛葬在砌好的墓室中,即有了二次葬。努尔哈赤、皇太极死后也是进行火葬。女真人的葬礼及随葬品,一般比较简单、质朴,有些甚至不举行丧葬仪式。

早期女真人有人殉现象,这种残忍的人殉现象在我国古代北方民族中普遍存在。在明代的女真人中人殉仍然存在,一些上层贵族人物死后有人殉之俗,如努尔哈赤死后,以乌拉纳喇后及两名庶妃殉之;皇太极死后,以章京二人殉之。而女真人的“妻妾殉夫,奴婢殉主,是满洲旧俗,并不仅限于殉君上”⑤。女真统治者有对人殉之俗加以限制,致使人殉之风在当时并不普遍。

乞列迷人实行火葬,死者刳腹焚之,以灰骨夹于木末植之。相信灵魂不灭,“亲丧,则削木拟像,但具口眼,衣以熊皮,置炕头,饮食必以少许供口内,亦备衾褥以安寝。夫丧,妻亦如是,增系一犬于木像旁,待积数棺安葬。又刻木为一小人,长二寸许,挂于心,有事祈祷多验。又有木刻熊、蛇、猩猩等。”⑥土葬则不同,乞列迷人“不知岁月,不知生辰,死以片帛裹尸下棺,以木

---

① 《李朝实录》,成宗十四年十月戊寅。

② 《李朝实录》,世宗二十一年正月己丑。

③ 《李朝实录》,成宗六年三月癸丑。

④ 李民寏:《建州闻见录》。

⑤ 《探微集》,第76~77页。

⑥ 石荣暲:《苦兀岛志略》,载徐丽华主编《中国少数民族古籍集成》第23册,四川民族出版社,2002年版,第523页。

架插于野，置棺于架上，俟棺木朽，乃入土。”[①]溺死者以鱼叉叉其尸，裹以海豹皮，埋之，曰变海豹矣。熊虎伤死者，裸绑其尸，作熊虎势，令人射之，带矢埋之，曰变熊虎矣。

（六）宗教与祭祀

女真人是万物有灵论者，普遍信奉萨满教。这是一种原始形态的宗教。天神崇拜和祖先崇拜在明代女真人萨满教中占有越来越突出的地位。随着社会的发展和阶级的分化，在一些女真部落和部族中，天神崇拜占有越来越突出的地位。建州女真以“祭天”为主要宗教活动。“祭天则前后斋戒，杀牛以祭。又于月望祭七星。然此非常行之事，若有疾病祈祷则有之耳。”[②]与建州女真一样，海西女真也盛行“杀牛祭天”[③]，祭祀活动由萨满巫师主持。

后金建立前后，“祭天”已成为女真人征战、凯旋、会盟、重大节日必须举行的活动。《建州纪程图记》记载：努尔哈赤在费阿拉建有祭天祠堂。1615年，开始建筑三世的诸佛、天上玉皇庙等，共七大庙。另有史料载：“奴酋之所居五里许，立一堂宇，缭以垣壁，为礼天之所。凡于战斗往来，奴酋及诸将胡必往礼之。”[④]后金在迁都辽沈之际，也都在城外设有堂子，举行大规模的祭天活动，这种大规模的祭天活动，例由皇帝主祭，贝勒、大臣、将士陪祭，萨满司仪。值得注意的是，在举行萨满祭天的同时，还供奉佛、道神灵。据《满文老档》记载：天命七年（1624 年）元旦，努尔哈赤“率八旗诸贝勒、大臣出城，到堂子和庙里叩头”[⑤]。由此可见，女真萨满教的祭天活动既保留了萨满教固有的特点，又吸收了佛教和道教中的一些内容与仪式，并呈现出明显的汉化趋势。

除萨满教外，佛教在一些女真部落中也有一定影响。永乐十五年（1417年）正月，明朝在建州卫设僧纲司，“命本土僧塔儿马班为都纲”[⑥]。之后在东北地区修建了多所寺庙，以借助佛教来使当地人民向善，怡然服从明朝的统治，同时也促进了佛教在女真人中的传播。虽然女真人信奉佛教的很多，但

① （清）张缙彦：《宁古塔山水纪》，黑龙江人民出版社，1984 年版，第 29 ~ 33 页。
② 《李朝实录》，成宗十四年十月戊寅。
③ 《李朝实录》，宣祖三十八年九月甲午。
④ 李民寏：《建州见闻录》，第 43 页。
⑤ 《满文老档》，太祖卷三十二。
⑥ 《明太宗实录》，永乐十五年正月己亥。

是佛教似乎始终未能替代萨满教。

乞列迷人信仰“万物有灵”。他们把自然界的各种物体都神灵化，认为具有灵性：主宰自然界的是“神”，自然界的每种物体都有自己的“神”，如“山神”“水神”“火神”“熊神”等。他们之所以能获得鱼、海兽和野兽，都是因为这些神明在起作用，是神的“赏赐”，因而对它们崇拜备至。在清代乞列迷人的自然崇拜中，“熊图腾崇拜”占有突出重要的位置。

乞列迷人有“熊祭”或“过熊节”的习俗。“喜弄熊；呼曰马发，多以重价购养，聚邻里亲朋射杀为欢，虽百里外亦多至者。俗造室落成或迁居，则射狗熊。封江时，出门捕牲或贸易，合屯公为大祭，则射马熊。”“过熊节”时有吃熊肉习俗：“先食熊头于野，以敬长老，余则聚食于家，出胸佩木人，家藏木像奠之。妇女惟食熊髀，身不净者远之。”①“乞里迷族有熊祭之仪式，异常珍重，筑一高仓，凡熊祭时所用物品悉置其中。鸟居前往调查，仓内并列熊之骨头八十个，即每年供祭祀之熊头。祭时所用弓矢及枪，烹调熊肉之厨刀及食器、木器装饰之物，收藏甚多且其器具雕镂精细与日用者不同。其熊祭之盛可以知矣。”②他们对熊和逆戟鲸存有敬畏心理，有许多禁忌：“食毕，仍藏木椀于林中或岩下，家储恐有不祥，近来食麻勒特鱼亦然。”麻勒特鱼即逆戟鲸：“东北海口有大鱼，长一二丈，大一二围，其头有孔，如江豚，涉波孔中喷水，高一二丈，訇然有声，可闻数里。黑斤、济勒弥人通呼为麻勒特鱼，谓此鱼奉龙王旨，送鱼入江，以裕民食，不准回海。”乞列迷人捕逆戟鲸的方法很多：“每于风浪大作时，乘舟扬帆，持叉踩捕，俟出水时，以叉叉之，叉尾系以长绳，俟鱼力困惫，牵至江沿，或售或食，不敢携入室中，恐有神祟。”③

“恰克拉人刻木为鸟张翼形，立木柱上，以为祖。悬小铅椎于心，号妙翁居革得，祈祷甚验。跳神鼓大如藤牌。叉妈为抽掣状，立而不行，吃火自刺，并口吐蛇蛙于鼓上，旋吸而吞之，以示异。亦刻木为熊虎等形，画以彩文，跳神时出而奠之。”④

---

① 丛佩远、赵鸣岐编：《曹廷杰集》，中华书局，1985年版，第122页。

② 石荣暲：《苦兀岛志略》，载徐丽华主编《中国少数民族古籍集成》第23册，四川民族出版社，2002年版，第523页。

③ 丛佩远、赵鸣岐编：《曹廷杰集》，中华书局，1985年版，第118页。

④ 丛佩远、赵鸣岐编：《曹廷杰集》，中华书局，1985年版，第124页。

（七）歌舞礼仪

女真人能歌善舞，每当贵客来临，就以歌舞设宴来款待。如弘治十年（1497年），建州卫首领李达罕等设宴款待朝鲜使臣至建州卫，宴饮之际，女真人“或弹琵琶……或击拍板，达罕醉舞”。努尔哈赤时代已出现了专业乐工和优人，如万历二十四年（1596年）正月，努尔哈赤设宴招待使臣及女真各部首领，“厅外吹打，厅内弹琵琶、吹洞箫、爬柳。其余都围绕站立，拘手唱曲，以助酒兴”。努尔哈赤亦“自弹琵琶，耸动其身。舞罢，优人八名各呈其才”①。

女真人“相遇之际，抱腰相戏”，即互相抱腰作为相见之礼。努尔哈赤时代，女真人之间相见，至少有三种形式的礼节，一是下级对上级叩头，即“将胡之见奴酋脱笠叩头，卒胡之于将胡亦然”；二是抱见礼，“亲旧相见者必抱腰接面，虽男女间亦然”；三是妇女相见时“跪膝而坐，以右手指加于眉端”。17世纪，随着官职等级、地位尊卑制度的日益严格，抱见礼发生了一些变化，主要是众人与最高统治者之间不再仅仅是行平等的抱见礼了，而是先跪下叩头，再行抱见礼。大约从崇德改元起，皇帝与臣下之间废除了抱见礼，开始采用汉族统治者的礼仪，而行三跪九叩礼。但在平民之间，仍多行抱见礼。

（八）文字

明代，女真人中间一直通行着女真语。金代创制的女真文，明前期仍在女真地区使用。明初女真文字还在许多女真人中使用，这可以从永乐年间四夷馆中设女真馆，永宁寺碑碑阴刻有女真字，皇帝对女真各部的敕谕用女真文字，得到证明。明朝中叶，只有少数上层人物使用女真文字，在《华夷译语》的《女真馆来文》里，收录有任卫所职官的女真人给明廷的信件，是用女真文写的，而绝大部分普通女真人，已不会写女真文字了。属海西地区的玄城等40卫中，已“无识女直字者”。

由于女真人曾受元朝统治，加之明中叶以后南移定居，与蒙古人、汉人频频往来，所以有一部分女真人既会女真语，又通蒙古语和汉语。他们会写蒙古字与汉字，尤以识蒙古字者居多。正是由于女真人识认蒙古字者居多，且时间久远，所以老满文是仿蒙古字而创制的。16世纪末，努尔哈赤基本统

---

① 《李朝实录》，第199页。

一了建州女真各部,对内加强管理,对外提倡互市,经济政治上已粗具国家雏形。这时,对内发布政令,对外交涉往来,需要有适合本国语言的文字,如果再用蒙古文字,由于语言不同需要翻译,女真人感到很不方便,于是出现了老满文。

第七章　满族的形成及发展

满族的形成与发展经历了漫长的历史时期，其历史与文化渊源可追溯到先秦时期。《山海经·大荒北经》载："东北海之外……大荒之中，有山名曰不咸，有肃慎氏之国。"[①]这里所说"不咸山"，即长白山，"肃慎"为满族的先人。他们长期生活在长白山以东，黑龙江、乌苏里江流域的广阔地区。

明代后期，建州女真崛起，逐渐统一了女真各部，领袖努尔哈赤于1616年称汗，建立"大金"（史称"后金"）政权。1635年，皇太极下诏改女真为"满洲"。肃慎与其后裔满族既有关联又不能等同，肃慎、勿吉、靺鞨、女真的发展过程不能作为满族本身的发展过程；但是，在满族的历史中如果把肃慎以迄女真世代相承的联系与满族割裂开来，也是不能正确反映满族这个民族悠久的历史渊源的。

满族作为中华民族的一员，走过了一条独具特色的发展道路，不仅在中华民族发展史上做出了突出贡献，而且为人类文明进程提供了极有价值的经验与教训。满族及其先人在历史上曾三次崛起并建立政权，即以粟末靺鞨为主体建立的"靺鞨国"（渤海国）、女真建立的大金国、满洲建立的清朝，以其跨越式的发展在中国历史上留下了辉煌的足迹。满族以其自强不息、奋发进取、善于学习、吸纳先进、扬长避短、开放融合的民族精神，最终以少胜多，以弱胜强，君临天下，奠定了统一的多民族国家的广阔疆域，在中国的历史进程中做出了重要贡献。

---

① 袁珂校注：《山海经校注》，上海古籍出版社，1979年版，第421页。

第一节　满族的渊源与族称

一、满族的渊源

（一）满洲及其先世称谓

肃慎—女真族系历史悠久，内涵丰富，对中国历史的发展与中华民族的形成和巩固曾发挥了重要作用，对东北亚地区历史文化的发展与进步也产生重大影响。肃慎是中国东北白山黑水地区见于文献记载最古的族称，肃慎族系各族在不同历史时期的文献中有不同的称谓：先秦称肃慎；两汉魏晋称挹娄；南北朝称勿吉；隋唐称靺鞨；辽金元明统称女真；清代又有满洲、赫哲、鄂伦春等专称。其中，靺鞨人最早建立政权并被称为“海东盛国”；女真人建立了金国并入主中原而成为中国北部的王朝，满族则建立后金和清王朝并统一全国。在中华诸族系中，肃慎—挹娄—勿吉—靺鞨—女真—满洲是个影响深远、贡献极大的一个族系。

满洲族的形成基础，是在明代女真诸部长期经济、文化、血缘、地缘的交流，多次的军事兼并与政治联合基础上，由建州女真部落酋长努尔哈赤奠定的。满洲族的形成，与其他民族一样经历了漫长而复杂的过程，从部落、部落联盟发展到民族，逐渐形成了具有共同族源、共同语言、共同地域、共同经济生活、共同生活习俗，以及表现于共同文化上的共同心理素质的稳定共同群体。

（二）努尔哈赤统一女真诸部

随着明末女真诸部社会经济逐渐发展，相互间经济联系日愈密切，彼此间的争斗也因利益上的冲突而加剧，部落贵族经常为掠夺财货人口而互相攻伐。史载：“各部蜂起，皆称王争长，互相战杀，甚至骨肉相残，强凌弱，众暴寡。”[①]频繁的争战使社会生产力遭到破坏，在动荡混乱中，形成了女真诸部要求统一的趋势。

16 世纪初（明嘉靖年间），海西女真的众多部落经过反复的兼并已逐步

---

① 《清太祖武皇帝实录》卷一，第 3 页。

聚合为哈达、叶赫、辉发、乌拉四大部（自称“扈伦四部”）。16 世纪中叶，哈达部王台继为部长，“远者招徕，近者攻取”，逐渐控制了海西女真的全部和建州女真的局部地区，建立起前所未有的大规模部落集团。明代中叶以后，以建州卫、建州左卫、建州右卫为核心的建州三部在经历征战离合后，形成一系列新的部落集团：苏克苏浒部、佳木浒部、浑河部、哲陈部、扎库木部（以上皆在浑河流域）、完颜部、董鄂部以及长白山麓鸭绿江边的鸭绿江部、纳殷部、珠舍里等部。在“强凌弱、众暴寡”的激烈角逐中，努尔哈赤率部崛起，继续完成了女真各部的统一。

努尔哈赤，明嘉靖三十八年（1559 年）生于建州左卫部落酋长家庭，明初著名的女真酋长建州左卫都督猛哥帖木儿是其六世祖先。明万历十一年（1583 年），努尔哈赤的祖父觉昌安（明人称叫场）、父塔克世（明人称他失），在明军征讨王杲子阿台战役中担任向导，不幸被明军误杀。努尔哈赤将此事归咎于别部酋长尼堪外兰，遂以祖、父遗甲 13 副起兵往攻，从此展开统一各部的征战。

在征战中，努尔哈赤采取“恩威并行，顺者以德服，逆者以兵临”的策略，顺利完成了对周邻诸部的兼并。1587 年，努尔哈赤在苏子河畔建佛阿拉城（今新宾县老城），在此“定国政，凡作乱、窃盗、欺诈、悉行严禁”①，制定了保护私有财产的法律。同时，加强了与汉人地区的经济联系，“互市交易，以通商贾，因此满洲民殷国富”②。随后乘胜进击，翦灭鸭绿江部（1591 年）、朱舍里部和纳殷部（1593 年），将统治区域由抚顺以东的浑河流域扩大到鸭绿江和长白山南北，分散的建州女真各部基本上被合为一体。明万历二十七年（1599 年），努尔哈赤转而攻击西北的海西女真，从此以迄万历四十七年（1619 年），陆续翦灭哈达（1601 年）、辉发（1607 年）、乌拉（1613 年）、叶赫（1619 年）。海西女真人多势众、地域广阔、经济发达，是女真社会中最先进的一部分。海西女真的降附，使努尔哈赤拥有了莫与争锋的实力，这成为满族共同体凝聚的核心。

松花江、黑龙江流域是建州、海西女真的故土。努尔哈赤认为，这里的居民与乌苏里江流域的其他东海女真部落语言相同，同为一族，应该归他属

---

① 《清太祖武皇帝实录》卷一，第 8 页。

② 《满洲实录》卷二，第 35 页。

有。从16世纪末开始对东海女真用兵。在以后20年间,先后征服和招抚了安楚拉库(松花江上游二道河一带)、内河(松花江上游)、蜚悠(今吉林省珲春县北)、瑚叶(今俄罗斯滨海地区刀毕河)、那木都鲁、绥芬、宁古塔、尼马察(在绥芬河流域及乌苏里江上游)、穆棱(今穆棱河流域)等地的部落,并用兵黑龙江中游的萨哈连部与"使犬部"(在松花江与黑龙江汇流处以下)。努尔哈齐以遗甲13副起兵,经过40年鏖战,将建州女真、海西女真的全部及东海女真的大部合并为一,"自东海至辽边,北自蒙古、嫩江,南至朝鲜、鸭绿江,同一音语者俱征服"。

努尔哈赤统治时代,大部分女真部落已被汇集起来,但在黑龙江、松花江、乌苏里江及以东地区,还居住着东海女真的余部,在黑龙江中上游,还有盛产黑貂的索伦部。明天启六年,后金天命十一年(1626年)皇太极即位以后,继续向上述地区频繁用兵。理由是,这些地方的人民"语音与我国同,携之而来,皆可以为我用"。

二、满洲的族称

(一)钦定满洲(manju)为族称

努尔哈赤在统一各部的征战过程中,创建了军政合一的八旗制度。凭着八旗劲旅,努尔哈赤打败了明朝十多万军队的围剿。随后,满族政权又陆续建立了八旗蒙古(1635年)和八旗汉军(1631—1642年)。后来,这些蒙古族和汉族旗人后裔们也有相当一部分逐渐融进了满族当中。

"满洲"(manju)作为民族名,是于天聪九年(1635年)十月由清太宗皇太极钦定的。[①] "女真"在历史上又称"女直""朱里真""诸申",随着明代女真阶级分化,"诸申"逐渐下降为依附民的名称,不再指称全族。由于汉、蒙、朝鲜等大批外民族人口被编入八旗,导致不同民族成分的融汇。因此,制定一个新的、可以通行全族的族称,成为女真社会发展的迫切需要。1626年,努尔哈齐去世,其子皇太极即位。后金天聪九年十月十三日(1635年11月22日),皇太极宣布废除"诸申"(女真)的旧族号,改族称为"满洲"。这也标志着以女真为主体同时包括部分汉人、蒙古人以及其他少数民族所构成的一个新的民族共同体——满洲族的诞生。直到今天,满族将这一天视为自

---

① 《清太宗实录》卷二十五。

己民族的诞生日,称为"颁金节"。

满洲族虽然是从明代女真发展而来的,但对两者并不能等同看待。一方面,当大多数女真人发展为满洲族时,却也有少数女真人留在东北边疆,他们是清代赫哲、鄂伦春、鄂温克等民族的先人。另一方面,在满洲族形成过程中,也有汉族、蒙古族、朝鲜族等异民族成分陆续加入进来。所以,满洲族是在明代女真重新分化组合基础上融汇一部分外民族成员而形成的民族。

(二)佛满洲与新满洲

皇太极基本采纳努尔哈赤旧制,将大部分被征服部民迁入东北腹地,"均隶八旗,编为牛录",余者留居原地贡纳貂皮,成为金国统治下的边民。据不完全统计,天聪元年(1627 年)至崇德八年(1635 年)的十七年中,皇太极从东北沿边共迁入男丁一万三千余名,妇幼两万余口。这部分人丁因为入旗较迟,所以又被称为"新满洲"(伊彻满洲 ice manju),而以前入旗的则称"佛满洲"(fe manju)。"新满洲"入旗后享受与"佛满洲"同等的待遇:领受房地、耕农生产,很快融为满族的一部分。

"新满洲"(ice manju)伴随着"满洲"一词的出现而产生。"新满洲(ice manju)"与"佛满洲"(fe manju)是相比较而存在的。满族是以明代建州女真为主体,陆续融合了女真各部及其他各民族的人而形成的一个新的民族共同体。其形成经历了较长的历史时期,而在各不同阶段,"新满洲"则有不同的含义。

清太祖努尔哈赤时期,被纳入满族共同体的扈伦四部和东海三部族人,到太宗皇太极继位时,已经陆续实现了民族融合,与太宗朝刚刚被携回、编入户口、分补八旗的"新满洲"相比较,其已不是"新人",而与旧有族人一样都是"佛满洲"了。

清太宗时期,"新满洲"的含义从时间上看,即包括太宗崇德年间的新满洲,也包括太宗天聪年间归降后被编入满洲八旗的新虎尔哈、新瓦尔喀等,因为他们同处太宗一朝,又具有相同的性质。其主要由东海三部和黑龙江索伦等部族人组成。

太宗朝的"新满洲"在被纳入满族共同体以后,随着时间的推移,也逐步由"新满洲"变为"佛满洲"。1644 年,清朝定都北京后,仍有"新满洲"之称,一般指入关后新隶满洲八旗的东海余部族人。

第二节 满洲社会制度与共同体的形成

一、八旗制度的创建与政权的建立

（一）创建八旗制度

在统一各部战争中，努尔哈齐沿袭女真人氏族制时期作为生产和军事行动的组织形式——“牛录”，创立八旗制度。将被征服和被招抚的部落迁离故地集中到统治中心的浑河流域，与努尔哈赤原有部下及征服、降服的蒙古人、汉人统一编入八旗组织之中。

八旗的编制始于狩猎战斗集团。据《清太祖武皇帝实录》载：“辛丑年（1601 年），是年，太祖将所聚之众，每三百人立一牛禄厄真管属，前此凡遇行师出猎，不论人之多寡，照依族寨而行。满洲人出猎，开围之际，各出箭一枝，十人中立一总领，属九人而行，各照方向，不许错乱，此总领呼为牛禄（华言大箭）厄真（厄真华言主也），于是以牛禄厄真为官名。”1615 年，努尔哈赤正式创立八旗制度。“乙卯年……太祖削平各处，于是每三百人立一牛禄厄真，五牛禄立一扎拦厄真，五扎拦立一固山厄真，固山厄真左右，立美凌厄真。原旗有黄白蓝红四色，将此四色镶之为八色，成八固山。”其中“牛禄厄真”，即 niru i ejen，亦译为“牛录额真”；“扎拦厄真”，即 jalani ejen，亦译为“甲喇额真”；“固山厄真”，即 gūsa i ejen，亦译为“固山额真”；“美凌厄真”，即 meiren ejen，亦译为“梅勒额真”。

满族在入关前，于辛丑万历二十九年（1601 年）开始设立牛录（niru）制，每三百人编一牛录，作为基本组织。五个牛录组成一个甲喇（jalan），五个甲喇组成一个固山（gūsa）。固山是这种编制的最大单位，每个固山各有一个专用的颜色为旗帜，因此，汉语就译固山为“旗”。因当时满洲人少，只分四个固山，用黄、白、红、蓝四种颜色作旗帜。到万历四十二年（1615 年），满洲人口增多，又加了四个固山，于是将原来旗帜周围镶上一道边子，黄、白、蓝三色旗帜镶红边，红色旗帜镶白边，便成了八种不同的旗帜。不镶红边的黄色旗帜称之为整黄旗，即 gulu suwayan 简称正黄旗；镶红边的黄色旗帜称为镶黄旗，即 kubuhe suwyan，简称镶黄旗，俗称厢黄。其他三色与之相同，合起来称为八旗,即 jakūn gūsa。

八旗制度为满族社会“兵民合一”的组织编制,所编八旗人户在居住、屯驻、行军、狩猎以及祭祀班列上,全有固定的方位:黄旗在北,白旗在东,红旗在西,蓝旗在南。同时,分为左右翼,左翼(dashūwan gala)是镶黄(kubuhe suwayan)、正白(gulu anyan)、镶白(kubuhe sanyan)、正蓝(gulu lamun)四旗,又称东四旗。右翼(jebele gala)是正黄(gulu suwayan)、正红(gulu fulgiyan)、镶红(kubuhe fulgiyan)、镶蓝(kubuhe lamun)四旗,又称西四旗。任何场所其方位次序都不能改变。①

八旗又有上三旗与下五旗之分,满洲入关前,皇帝直接统辖正黄旗、镶黄旗、正蓝旗,称为“上三旗”;其他各旗分别由旗主贝勒统辖,称为“下五旗”。满洲入关后,皇帝凭借中央政权的政治经济力量,掌握了白旗,拨出正蓝旗,重新调整“上三旗”,为镶黄、正黄、正白,并陆续分皇子为正公,拨入“下五旗”。

八旗在最初成立时,所有的户口都要编进去,不分部族,所以在一个旗内,有满洲人、蒙古人,也有汉人。天聪九年(1635 年),因为蒙古人逐渐增多,于是另外成立蒙古八旗,旗色与原来八旗相同,将原来的八旗称为满洲八旗。但是原在满洲八旗中的蒙古人并没有拨出来,所以满洲八旗内仍有蒙古人。② 天聪五年(1631 年),清朝政府将各旗的汉人拨出,另编一旗,③后来定为汉军,以黑旗为旗帜。崇德四年(1639 年)分为纯皂(黑),皂镶黄,皂镶白,皂镶红四旗。④ 崇德七年(1642 年)亦扩充为八旗,旗色改与满洲、蒙古相同,取消了黑色。满洲入关时,满洲、蒙古、汉军各有八旗,实际是二十四旗,⑤但习惯上仍统称之为八旗。

编入八旗的人户,称为“旗人”,又称“旗下人”,编入某旗即为其旗人,其子孙亦同。八旗户口三年一调查,不许旗外人假冒入册,也不许旗下人远离本人所属的牛录居住。⑥

---

① 《光绪会典》卷八十四,第 1 页。

② 《清史稿》列传十六传论。

③ 王先谦:《东华录》。

④ 《清文献通考》卷一七九,第 7 页。

⑤ 《清文献通考》卷一七九,第 4 页。

⑥ 《光绪会典事例》卷一一一三,第 1 页。

八旗组织突破了部落组织狭隘血缘关系和地缘关系的局限。“一国之众，八旗分隶”，每旗设固山额真（入关以后改称“都统”）、甲喇额真（参领）、牛录额真（佐领），逐级管理统一指挥，最终结束了女真“部落无统”、关系涣散的落后局面。

八旗组织又继承了部落组织兵农不分的特点。“以旗统人，即以旗统兵”，旗下人丁“出则为兵，入则为民。耕战二事，未尝偏废”①，是军、政、经合一的社会组织形式。牛录是八旗的基层组织，举凡出兵派役、征敛粮赋，均按牛录分摊；出征所获，除贵族占有外，以牛录为单位在出征将士中分配；明万历四十一年（1613 年），努尔哈赤命每牛录抽调十丁四牛开荒种地，进行农业生产。共同生活、统一管理，使诸部间原存在的经济、文化、语言、习俗等方面差异日趋消泯，为满洲族共同体形成准备了组织条件。

（二）建立国家政权

努尔哈赤进行的兼并战争，是明末女真社会矛盾激化并不可调和的产物。为了加强对被统治者——奴隶、依附民、被征服部民的控制，努尔哈赤在部落制度的废墟上建立起新型的国家制度。

明万历十五年（1587 年），努尔哈赤刚刚削平周邻诸部，就在苏子河畔佛阿拉（今旧老城）修筑城寨，“定国政”，宣布严禁作乱、窃盗、欺诈②，制定保护私有制的法律。1616 年（万历四十四年）在赫图阿拉（今辽宁省新宾县老城）建立“金国”（史称后金）。这时，他已基本完成对女真诸部的征服，由众王大臣奉上“天命覆育诸固伦（诸部）英明汗”尊号，并以“天命”纪年。在这前一年，设立大臣八人（每旗一人），理事官四十人（每旗五人）理政听讼，③是以八旗组织为基础的国家行政机构。同时设立议政王大臣会议，每五日集议一次，作为决策军国大政的中枢机构。努尔哈赤建立的各项制度虽然粗疏，但已具备了国家机关的鲜明特征。

国家的建立，表明明末女真社会“攘夺货财，兄弟交嫉”混乱局面的终结，社会秩序趋向稳定，扫清了发展经济的障碍。

明万历四十六年，后金天命四年（1619 年），赫图阿位“土地肥饶，禾谷

---

① 《清太宗实录》卷七，第 5 页。

② 《清太祖武皇帝实录》卷一，第 8 页。

③ 《满文老档 · 太祖》卷四，第 38 页；《清太祖武皇帝实录》卷二，第 9 页。

甚茂,旱田诸种,无不有之”[①]牛录屯田制的实施,逐步扭转了建国以前“素无积储”的缺粮现象,出现“收获颇丰,仓库丰盈”的新气象。明万历二十七年(1599 年),努尔哈赤组织开矿炼铁,并开金银矿;明万历四十四年(1616 年)谕告国中,养蚕织绸缎,种棉织布帛。陶瓷业、造船业、建筑业、金属加工业均有起色。农业和手工业的崛兴,使狭窄的部落市场进一步瓦解,全社会的经济联系日益加强。为了适应商业的繁盛,明万历四十四年(1616 年)开始铸造“天命汗钱”,流通全境。

国家的建立,使贵族阶级拥有了实行阶级压迫和民族压迫的强制手段,同时也为统治者在全国范围内组织社会生产、推广先进生产技术、实行统一管理创造了条件。经济的振兴与民族市场的出现,是满族形成的必要前提。

(三)创制满文

金代女真原有文字,即女真大字和女真小字。到明代中叶,对于这种文字女真人已多不通晓。明正统九年(1444 年)玄城卫女真酋长在给明朝奏文中声称“臣等四十卫无识女真字者,乞自后敕文之类第用达达字”。达达字,也就是蒙古字。努尔哈赤起兵前后,女真诸部仍通行蒙古字。文书往返,必须先习蒙古书,译蒙古语通之,很不方便。

明万历二十七年(1599 年),努尔哈赤命巴克什额尔德尼及扎尔固齐·噶盖仿蒙古文字创制满文。《满洲实录》卷一载:“时,满洲未有文字,文移往来必须习蒙古字编成国书,译蒙古语通之。己亥年二月,太祖欲以蒙古字编成国书。巴克什额尔德尼、噶盖对曰:‘我等习蒙古字,始知蒙古语。若以我国语编创译书,我等实不能。’太祖曰:‘汉人念汉字,学与不学者亦皆知。蒙古人念蒙古字学与不学亦皆知。我国之言与蒙古字,则不习蒙古语者不能知矣。何汝等以本国言语编字为难,以习他国之言为易耶?噶盖、额尔德尼对曰:‘以我国之言编成文字最善。但因翻编成句,吾等不能,故难耳。’太祖曰:‘写阿字,下合一玛字,此非阿玛乎?额字,下合一默字,此非额默乎?吾悉决矣,尔等试写可也。’于是,自将蒙古字编成国语颁行。创制满洲文字自太祖始。”[②]努尔哈赤时代创制的老满文,以蒙古字母拼写满语,字母互相假借,殊难辨识,造成“上下字雷同无别”,书写人名地名多致错误的现象。再

① [朝鲜]李民寏:《建州闻见录》,第 27 页。

② 《满洲实录》卷一。

者，满族建国以后，社会活动范围急剧扩展，与汉族的接触日渐频繁，不断吸收新事物的结果，使大量汉语汇进入满语。但老满文却过于粗疏，不能准确记录汉语借词的读音，从而妨碍了对先进文化的汲取。明崇祯五年，后金天聪六年(1632 年)，皇太极命巴克什达海等人对老满文重新加以修订。达海为了更清楚地区分语音之间存在的各种差别，在有关满文字母旁加上了区别语音特征的圈或点。同时还改变了某些字母的形体、增加了专门拼写外来音的字母，新创 10 个字母(特定字母)，专记满语中原先没有音位的汉语语音。改进了有关字母的拼写方法。改进后的满文具有了更加完善的字母体系和拼写规则，并和原来的蒙古回鹘文字母间有了明显的区别特征。人们称 1599 年创制的满文为老满文或无圈点满文，而把 1632 年文字改革后的满文称为新满文或有圈点满文。新满文(有圈点满文)创制后很快取代老满文，成为满族的统一文字和以后清朝的"国书"或"清文"。满文的创制使满洲拥有了传达政令、沟通信息、积累知识、传播文化的重要手段。从此，满族可以运用自如地书写翻译，准确表达思想，对满族的发展起到了积极推动作用。

努尔哈赤采取上述诸项措施，加快了满洲形成的步伐。到 1616 年建立全国时，一个新的民族共同体——满洲已基本形成。

二、满洲共同体的形成与社会组织的演变

(一)满洲共同体的形成

明末，东北边陲建州女真崛起。从明万历十一年(1583 年)努尔哈赤起兵，到明崇祯十七年、清顺治元年(1644 年)清兵入关定鼎中原，约 60 年间，见于文献记载的满洲使用的国号有"女直国""建州国""后金国""大金国"和"大清国"。[①]

万历二十四年(1596 年)，努尔哈赤致朝鲜方面的回帖中自称"女直国建州卫管束夷人之主"[②]。这是努尔哈赤使用"女直国"国名的最早记载。"女直"即女真，因辽兴宗讳宗真，故改称女真为女直。

---

① 据《清太祖武皇帝实录》卷一"满洲源流"载，清皇室始祖布库里雍顺"其国定号满洲"，"南朝误名建州"。这是清初《清太祖武皇帝实录》撰稿者的杜撰。清开国时期从未使用"满洲国"一称。据潘喆、李鸿彬、孙方明编《清入关前史料选辑》第一辑，中国人民大学出版社，1984 年版，第 298 页。

② 《建州纪程图记》第 22 页，载辽宁大学编《清初史料丛刊》，1979 年版。

万历三十一年，努尔哈赤在赫图阿拉筑城，两年后致辽抚赵楫、总兵李成梁的呈文中说："我奴儿哈赤收管我建州国之人，看守朝廷九百五十余里边疆。"[①]万历三十五年三月，努尔哈赤又致书朝鲜国王："建州等处地方夷王佟呈，为夷情事。朝鲜国王知道，有天朝、你朝鲜、我达子三国。"[②]"建州国"之称一直沿用到万历四十六年与明朝彻底决裂，才由"后金国"名取代。[③] 从明万历四十七年努尔哈赤在致朝鲜国王书信中首揭后金国号，[④]直到明崇祯九年、金天聪十年改国号为大清，金国作为国号近 20 年。

"女直国"（建州卫）、"建州国"表示努尔哈赤对女真及建州女真的民族认同，国名反映建州女真模糊的国家概念；"后金国""大金国"则表明即将完成及已经完成统一的女真各部对共同国家的认同，这个共同国家名称之所以取名为"后金"和"大金"，则在于向外彰显继承的是历史上女真民族建立的金国的统绪；皇太极改"金"为"清"，从国家认同来解释，是因为当时金国治下的臣民虽以满洲为主体，但同时已融入数量众多的蒙古人、汉人以至朝鲜人等，金国的国名既涵盖不了满洲以外的民族，女真以外的其他民族也难以接受这一包含历史宿怨的国号。

满洲兴起时，对女真相邻各部以及与满洲或战或和的蒙古各部动辄以国相称，如称所谓"九部联军"为"九国兵马"，[⑤]称海西四部为"哈达国""夜黑国""兀喇国""辉发国"[⑥]，蒙古各部则称为"蒙古诸国"，蒙古察哈尔部则

---

① 转引自黄彰健《奴儿哈赤所建国号考》一文，载《清史论丛》第一辑，台湾文海出版社。

② 转引自黄彰健《奴儿哈赤所建国号考》一文，载《清史论丛》第一辑，台湾文海出版社。

③ 苕上愚公《东夷考略》载：万历四十六年，"闰四月，奴儿哈赤归汉人张儒绅等赍夷文请和，自称建州国汗。"据潘喆、李鸿彬、孙方明编《清入关前史料选辑》第一辑，中国人民大学出版社，1984 年版，第 70 页。

④ 据《东夷考略》，万历四十七年萨尔浒战役后，朝鲜"咨报奴酋移书声吓，僭号后金国汗，建元天命，斥中国为南朝，黄衣称朕，意甚恣"。载潘喆、李鸿彬、孙方明编《清入关前史料选辑》第一辑，中国人民大学出版社，1984 年版，第 74 页。

⑤ 《清太祖武皇帝实录》卷一，癸巳年九月。载潘喆、李鸿彬、孙方明编《清入关前史料选辑》第一辑，中国人民大学出版社，1984 年版，第 315 页。

⑥ 《清太祖武皇帝实录》卷一，戊子年、辛卯年、癸巳年。载潘喆、李鸿彬、孙方明编《清入关前史料选辑》第一辑，中国人民大学出版社，1984 年版，第 311、313、315 页。

称为“察哈尔国”①,如此等等。可见努尔哈赤与皇太极并没有也不可能将“部落”与“国家”做以现代意义上的严格区别,他们不过随着自身政治势力的迅速膨胀,认为自己有权利与汉人一样创建或更改国号。对满洲如此,对同样被明朝视为“夷虏”的其他女真各部和蒙古各部也是如此。

满洲在清代入关居北京为多,于全国各地均设八旗驻防,现代主要分布在中国的黑龙江省、吉林省、辽宁省,以辽宁省最多。另外,在内蒙古、河北、山东、新疆等省、自治区以及北京、成都、兰州、福州、银川、西安等大中城市均有少数散居满族。由于历史原因,满族散居全国各地,形成大分散之中有小聚居的特点。现在主要聚居区已建立岫岩、凤城、新宾、青龙、丰宁等满族自治县,还有若干个满族乡。1990 年第四次人口普查时,人口为 982.118 万;2000 年人口普查时,满族人口为 1068 万,在中国 55 个少数民族中仅次于壮族居第二位。

(二)满洲社会组织的演变和发展

满族社会经历了原始社会、奴隶社会和封建社会,但在早期社会相当长的时期内,社会形态处于过渡并存的复杂局面。由于满族社会特殊的经历与发展,使其社会的形态结构与组织关系极为复杂。

女真人的社会组织,通常是按两种方式划分,一种按血缘组织,层层划分为哈拉、穆昆以及更小的乌克孙;另一种按基层地域组织即噶栅(村寨)来划分。实际生活中,这两种又以不同方式相互交错在一起。

哈拉、穆昆,是女真人古老的血缘组织,关于两者的关系,前辈学者进行过研究。俄人史禄国认为:哈拉是基本的血缘组织,以后由于血缘组织的发展又分衍出噶尔干(gargan)与穆昆两个层次,②中国学者莫东寅接受了这种观点,并据以引申说:哈拉、噶尔干、穆昆分别相当明代女真人的部落、胞族、氏族。③ 事实上,史禄国关于哈拉与穆昆两层组织中间夹着一个噶尔干的说法从文献史料上是得不到任何印证的,对此,日本学者今西春秋早有说明。④

---

① 《清太宗实录》卷四十二,崇德三年七月丁卯,谕西北蒙古喀尔喀部落查萨克图汗下使臣达尔汉囊苏喇嘛曰:“朕以兵讨有罪,以德抚无罪,惟行正义,故上天垂佑,将蒙古诸国悉以与朕,今蒙古国主察哈尔汗之子见在朕皆抚养。”中华书局,1985 年版。

② 史禄国:《北方通古斯的社会组织》,内蒙古人民出版社,1984 年版,第 191 页。

③ 莫东寅:《满族史论丛》,人民出版社,1958 年版,第 21 页。

④ 今西春秋:《满洲实录》,满和对译,日满文化协会昭和十三年版,第 372 页注文。

日本学者三田村泰助对女真社会组织进行过深入研究，所撰《满珠国成立过程的考察》，认为穆昆是哈拉的派生部分，即以地域关系为基础的血族集团。①

1. 哈拉与穆昆

哈拉（hala）汉意为姓氏，音译为“喀喇”或“哈拉”。是由血缘关系构成的社会细胞。

据《皇朝通志·氏族略》记载，清代共有满八旗姓氏679个。满族及其先民的姓氏最初都是以本族语言称谓的，所以由多音节组成。如waggiya“汪佳”、fulha“富勒哈”、aisin gioro“爱新觉罗”、irgen gioro“伊尔根觉罗”、guwalgiya“瓜尔佳”、niohe“钮赫”等。由于受汉文化影响，或受中原王朝赐姓，满族先民中也有改称汉姓的，如建洲卫指挥释阿努被明朝廷赐姓李；女真姓“完颜”改称“王”；“乌古伦”改称“商”；“纥石烈”改称“高”等。清入关后，大多数满族逐渐改为汉姓。

满族的姓氏有多种起源与复杂的历史变化，包含着思维意识、生态环境、历史渊源、风俗习惯、民族关系等丰富的内容。对此，已有专家学者进行了一些专门的考察研究。在此，略举几例满族姓氏的起源及变化，以了解其基本的民族文化特点。

钮祜禄氏（niohuru hala），这一姓氏起源于对“狼”的图腾崇拜。女真语称“狼”为[nioqo]，满语称“狼”为niohe[nioxə]。“狼”为满族先民崇拜的野生动物神之一，所崇拜的其他动物神还有虎神、金钱豹神、鹰神、雕神、熊神、蟒神、虫神等多种，此为满族先民狩猎生计的印征。钮祜禄氏出于对“狼”的特殊崇拜，而以其为姓。在历史发展的各个时期，这一姓氏的称谓在发音上有所变化，辽代称“敌烈氏”，金代称“女奚烈氏”，元代称“亦乞烈氏”，明代称“钮祜禄氏”。清代以后，由于受汉文化影响，而改为汉姓为“钮”“郎”二姓。“郎”即“狼”的谐音字，是根据其义而取相近汉字为姓。而“钮”则是取满姓汉译文的第一个字为姓。“郎”姓内部又有“大郎”“小郎”之别。“钮”“郎”二姓为同祖、异姓、同宗；而“大郎”“小郎”属于同姓、同祖、异域、不同宗。钮祜禄氏为清初满族大姓之一，即所谓八大姓：佟（佟佳氏）、关（瓜尔佳氏）、马（费莫氏）、索（索绰络氏）、齐（齐佳氏）、富（富察氏）、那（那拉氏）、

① 三田村泰助：《清朝前史的研究》，东洋史研究丛刊昭和四十年，第476～477页。

郎(钮祜禄氏)。

觉罗氏(gioro hala),这一姓氏源于辽、金、元、明旧部氏族的名称。辽代称“加古”,金至元代称“夹古”,明代称“夹温”。《姓氏考略》释“夹谷”:“金姓”,其先出女真加古部,后讹为夹谷。”至清代称“觉罗氏”。满族中称此姓者最多,其又分 asin gioro hala(爱新觉罗氏)、irgen gioro hala(伊尔根觉罗氏)、susu gioro hala(舒舒觉罗氏)、silin gioro hala(西林觉罗氏)、yungyan gioro hala(勇颜觉罗氏)、ayan gioro hala(阿颜觉罗氏)、hulun gioro ha la(呼伦觉罗氏)、aha gioro hala(阿哈觉罗氏)、cala gioro hala(察喇觉罗氏)等九氏。

爱新觉罗氏(aisin gioro hala),系清太祖努尔哈赤的皇族姓,世居俄多里(今黑龙江省东部)与赫图阿拉(hetu ala 新宾县老城)两地。蒋良骥《东华录》卷三:“崇德元年正月……(太祖)六祖子孙俱称‘觉罗’,命系红带以别之。”显祖宣皇帝本支为宗室,系金黄带。旁支曰觉罗,系红带,革字者,纱紫带。在汉文化习俗影响下,此姓分别改为肇、金、罗、庄、熙、德、洪、依、海、华等姓,其属于同氏、同祖、同宗、异姓。

伊尔根觉罗氏(irgen gioro hala),世居穆溪、叶赫、嘉木湖、松花江(今永吉县土城子渔楼一带)、哈达、宁安、沈阳、佛阿拉等地,现改为佟、赵二姓,为同氏、同部、异姓、异宗。

穆昆(mukūn),汉意为“族”“群”“帮”,音译为“穆昆”。《满洲源流考》卷十八:“穆昆,族长也,旧作谋克(百夫长)。”

“谋克”系女真语,《女真文辞典》释:“mou - mu - χuwə 谋克、百夫长”,“谋克一词,写音分歧,概汉字与女真音没有一定规范的字,是一特点,宜注意及之。”①又《金史语解》卷六中释谋克作“族也”。《金国语解》则注曰:谋克即墨由克,索伦语谓乡里墨由克”。由此可知“谋克”有“族、族长、乡里”等意,是女真社会部族组织的基础。金国建立,同时建立了猛安、谋克制,将其作为由女真人统治金国的民族基础和军事基础。据《金史》卷四十四载:“金之初年,诸部先民无他徭役,壮者皆兵。平居则听以佃渔、射猎,习为劳事;有警则下令部内,及遣使指诸孛堇征兵,凡步、骑之仗、糗,皆取备焉。其部长曰孛堇,行兵则称曰猛安、谋克,从其多寡以为号。猛安者,千夫长也。谋克者,百夫长也。谋克之副曰蒲里衍,士卒之副从曰阿里喜。部卒之数,

---

① 金启孮:《女真文辞典》,文物出版社,1984 年版,第 106 页。

初无定制。”“至太祖即位之年，既以二千五百破耶律谢十，始命以三百户为谋克，谋克十为猛安。”这时的猛安谋克制度不仅是军事组织单位，同时也是行政组织单位。

穆昆（mukūn）作为满族社会生活的基本组织单位，在满族社会的发展变化中，一直发挥其悠久的功能和影响。后金——清朝建立，满族实行牛录（niru）制、八旗 jakūn gūsa 制。清代满族先后编入八旗，八旗制行使着国家行政职能，而日常的社会生活则由“穆昆制”起作用，清朝政府对满族穆昆制一直持支持态度。

穆昆达（mukūn i da），汉义为一族的头目或首领，称为“族长”，音译为“穆昆达”，其是穆昆制的代表。设立族长，教其族人，规定“每佐领下，各设族长，管束同族之人。其独户小族，即令兼管，由都统于男爵以下世职官及举人、贡、监生员、护军、领催内拣补”。其职司“继嗣则审其序，归宗亦如之，正其氏族。凡袭官则列其家谱，与其名”①。

其一，总穆昆达，即总族长。通常是在本姓人中公选产生，多由族中德高望重的年长者或精明强干的中年人担任。穆昆达一般无明确任期，不世袭，在原任总穆昆达年岁大时，在其自愿退位让贤的条件下，通过办谱立会仪式公推新任。穆昆达在处理宗族事务中有至高的权威，靠自己的德行，建立起崇高的威望。其主持公道，品德良好，有一定的社交能力和组织能力。其主持祭祀、主办续谱和族人的婚丧嫁娶，主管族中公共财物、调解和外族人的纠纷，执行族法等事项。穆昆达无任何特权和额外收入，是传统的代表，集体意志的执行者。

其二，副穆昆达，依据户门的多少而定，并事先由总穆昆达提名，经全族众公认。其具有一定的组织能力，善于做具体琐事公务，是总族长的助手。

其三，领支穆昆达，即以支系为单位，由总穆达提名以后，再经过各支族众公认的支系头目。其职权范围是上传下派，上听从总穆昆达的旨意，下传与本支系各家各户，是各支内的直接领导者。满族的穆昆制维系了族人的群体意识，同时还保留了相当部分的部落时代的民主遗风和平等意识，因此，在满族社会生活中具有重要的作用与深远的影响，一直保持着悠久的生命活力。

---

① 《光绪会典》卷八十四。

总之,在清代满族中,哈拉已非血缘组织的实体,只有穆昆才是。但是借助姓与氏的关系,可以了解哈拉与穆昆的历史面貌。姓氏之别,并非满族及其先世所独有。一个社会,只要它存在血缘组织并进行着自然繁衍,就必然形成区分不同层次血缘组织的概念。姓与氏具有表述血缘亲疏的社会功能,姓表同祖,即同一血族,氏表分支,即同一血统内的亲疏远近。由姓(哈拉)而及氏(穆昆),反映了血缘组织分枝繁衍的普遍规律,同时意味着血缘关系由近及远的变化。清代史籍,凡记各部始祖(damafa)姓氏,均同"hala"而不用"mukūn",《满洲实录》卷一记哈达、乌喇两部始祖的哈拉为"nara"(纳喇),叶赫部始祖的哈喇为"tumet"(土默特),这是蒙古姓,辉发部始祖的哈拉为"ikderi"(益克得哩),均可为证。

虽然,哈拉组织在明代建州、海西女真中已经瓦解,在长期留居东北边疆的"野人女真"及其后裔中却大体保留了原貌。《八旗满洲氏族通谱》中载有克伊克勒(又称葛依克勒)、禄叶勒(努业勒)、瑚锡哈理[①]原是世代居住黑龙江中游"混同江"一带的传统渔猎民,其中一部分迟至清康熙年间才被编入满洲旗籍。当时的官方档案为后人留下了关于哈拉组织的宝贵资料,葛依克勒哈拉,男丁793人,因人口繁多,已分为两个同姓哈拉,共含七个穆昆;努业勒哈拉,男丁493人,内含四个穆昆;怙什哈礼哈拉,男丁187人,内含六个穆昆。[②] 这三个哈拉"一向捕鱼为生","不谙农耕",尚未脱离渔猎经济束缚,南迁以前共组一个"国伦"(部落),以人丁众多的葛姓哈拉达(氏族长)世代承袭国伦达(部落长)。时人记其"随意行止,不知法度","无文字,刻木记事"乃至"不知岁月不知生辰","赐以官爵亦不知贵"。[③]

结合有关资料,可以就哈拉与穆昆的早期形态得出以下认识。

第一,哈拉组织的发展不是无限度的,它受到经济活动和管理职能的制约。在一个缺乏行政机构,主要依靠社会舆论与习惯调节人们关系的社会里,人数过多不单造成食物来源的短缺,还会增加社会管理的难度,影响组织机能的正常运转。上举葛依克勒哈拉一分为二的事实当即基于这些原因。

---

① 怙什哈礼、三哈拉,见《八旗满洲氏族通谱》卷四十二、五十八、五十九,乾隆九年内府刻本。

② 见中国第一历史档案馆藏《军机处满文月折档》,乾隆七年二月十三日鄂弥达奏。

③ 见中国第一历史档案馆藏康熙二十二年《宁古塔副部统行文档》;吴桭臣《宁古塔纪略》小方壶斋舆地丛书本第1帙,第346页。

第二，关于哈拉与穆昆的区别，单纯以人数多少为标准，显然难以辨识，关键在于结构的不同：一个哈拉包含若干穆昆，而一个穆昆只能从属于一个哈拉。在“国伦”内部，哈拉与穆昆是亲疏不同的血缘亲属集团，主干与分枝的关系不能颠倒。

第三，哈拉组织最初具有地域的同一性。女真人（满族）哈拉之由来，或者以地为姓，或者以河为姓，或者以古老图腾信仰为姓。前者如瓜尔佳（《通谱》卷一）、佟佳（卷十九）、董鄂、马佳（卷七）均是以地为姓；后者如纽祜禄（本义为“狼”，转义姓浪、郎）、萨克达（野猪）、尼马察（尼马哈，本义“鱼”，后转义姓榆）、舒穆禄等，多是以某一古老图腾作为血族的标记。反映了同一哈拉的先民最初同地而居，合作生产并有共同精神生活的历史。从葛依克勒等哈拉的实例看，每一哈拉分别居住在若干近居噶栅，换句话说，在每个噶栅内聚集的只是同一哈拉的男性成员以及他们的家庭。[1] 在这里，血缘关系与地域关系大体重合着。清代满人保留“随名姓”旧俗：人们相逢称名不举姓，以人名第一字相称“若姓然”[2]。

当同一哈拉成员生活在一个狭小封闭的社会环境，彼此相熟自然无称姓的必要。哈拉，作为一个基本血缘组织的标记，只有在和外部交往中才发挥它的作用。随名姓，或是那个同族聚居的古老时代留下的残风余响。

第四，与穆昆相比，在早期生活中，哈拉具有更为重要的社会功能。

其一，哈拉是族外婚单位。《满洲实录》卷一记满族始祖传说中布库哩雍顺入主三姓（ilan hala）部时，聘娶某哈拉女子，反映了哈拉曾是族外婚单位的历史。清初满语亲属称谓关于“亲戚”有两个含义不同的固有语汇。第一，“hūncihin”，即“同姓之人”（emu halainiyalma），是泛指同姓血亲的称谓；第二，“niyaman”，意指姻亲（sadun hala），即以婚姻纽带相缔结的异性亲属。[3] 在这里，界定血缘亲族的概念也正是“哈拉”。然而在实际生活中，清代满人的同族禁婚却早已突破了哈拉的界限（其说详后）。族外婚，是氏族形成的基础，也是它的重要标志。哈拉历史上既是族外婚单位，按照同姓不婚这一氏族社会根本原则可以推知：早期的哈拉，是由出自一个共同的祖

---

① 《清代中俄关系档案史料选编》，中华书局，1981 年版，第 1 编上册第 2 号、4 号档；参见康熙二十二年《宁古塔副都统衙门档》。

② 吴振棫：《养吉斋丛录》卷一，北京古籍出版社，1983 年版，第 3 页。

③ 《御制清文鉴》卷五，第 13、15 页。

先,具有同一个氏族名称并以血统关系相结合的血缘亲族的总和,也即氏族。

其二,接纳入族的职能。《氏族通谱》卷二三:辉发纳喇氏始祖星古里,原姓益克得理,黑龙江尼马察部人,"载木主迁于札鲁居焉"。后遇"张地方"的扈伦人纳喇姓噶扬噶土墨图,"遂附其姓,宰七牛祭天,改姓纳喇"。"木主",满语"weceku"(家内神,家堂神),也就是哈拉历代祖先的神位。星古里通过一定的仪式,正式改入他姓,这在满族先辈历史上并不是个别的事例。氏族部落时代,生产力低下,单弱的氏族难以抵御种种意外事件的侵袭和灾祸。人口锐减,时时危及它生存,人口较少的民族通过接纳或加入异姓氏族,增强抵抗自然力或者外敌的力量。

其三,血族复仇的义务。《朝鲜实录》记女真之俗:"勇于战斗喜于报复,一与作隙累世不忘。"又记尼麻车兀狄哈射死兀良哈部民以后,被害人"一族同类人"欲于秋后报仇。[①] 李朝世祖五年(明天顺三年,1459 年),毛怜卫酋长浪卜儿罕被害于朝鲜,"族亲"被迫移居建州左卫,七八年后,欲"以孛儿罕之故"向朝鲜报复。三十余年后,朝鲜派人出使建州,诸酋长均表诚服,唯独浪卜儿罕的远亲(七寸亲)金山赤下设险抗拒,原因仍是当年朝鲜当局无故杀害浪卜儿罕。[②]

这说明在氏族制度已趋瓦解的女真社会,同族自卫意识仍很强烈。当时还没有一种拥有足够权威的权力机关,自卫乃是对于任何外来侵犯唯一可能的反应。氏族自卫采取了血族复仇的形式。《朝鲜世宗实录》二十二年二月癸未又记:女真人自相抢掠,"其被耗者,亦必报复,依数征还而后已也。故虽强力者,恐其后日之患,未敢轻易下手"。"依数征还而后已",意味所受损失必得到同等补偿以后方可罢休。由此可见,血族复仇的作用,不仅在于补偿损失,在一定条件下也抑制了各氏族争斗的加剧,从而加强了氏族的凝聚力。

其四,哈拉是精神生活的单位。《满洲祭神祭天典礼》载乾隆十二年(1747 年),乾隆帝弘历谕旨云:"我满洲……恭礼佛与神,厥礼均重,惟姓氏各殊,礼皆随俗。凡祭神、祭天、背灯诸祭,虽微有不同而大端不甚相远。若

---

① 《朝鲜世祖实录》卷三十七,十一年十月甲申,日本东京大学文学部编《满蒙史料·朝鲜李朝实录抄》,1982 年版。

② 《燕山君日记》卷二十八,三年正月壬子。

我爱新觉罗姓之祭神，则自大内至王公之家，皆以祝辞为首。”[1]这段文字概括了满族萨满教信仰的基本内涵及清皇室的仪礼特点。它的满文原文载在殿本《钦定满洲祭祀条例》卷首，其中“我爱新觉罗姓之祭神”一句，满文为“meni gioro hala wecengge”[2]，译为“吾等觉罗哈拉所祭者”。另外《祭天典礼》卷一多处胪举了觉罗哈拉请穆昆在祭祀仪礼与内容上的共同之处。觉罗哈拉各穆昆在历尽历史沧桑失却血缘纽带以后，依旧长期保持共同信仰内容的事实表明：在氏族部落时代，哈拉曾是举行宗教仪式的基本单位，也是联结同族人精神生活的纽带。

第五，《满洲实录》卷一记吾都里国伦（吾都里部）的三哈拉（三姓），为了接纳布库哩雍顺并推举他为国伦达（部落长），而举行亲属氏族会议的古老传说，反映了哈拉还具有社会管理功能的历史事实。

通过对哈拉穆昆历史原貌的追索可以认为：在氏族部落社会时，哈拉是基本血缘组织即氏族，拥有多重社会功能，穆昆则是它内部的血缘分支，以更密切的血缘纽带结为一体。

2. 哈拉与穆昆的形态变迁

当人们的社会活动还局限在一个相对狭小的范围时，哈拉的各穆昆地域相接，构成了一个有机的血缘组织，在明代“野人女真”中，彼此界限分明的哈拉组织内便包括了穆昆组织。然而，就明代建州、海西这两个比较先进的部族说来，上述形态的哈拉组织已不复存在了。《八旗满洲氏族通谱·凡例》：“满洲族姓甚繁，而一姓之中所居地名不一。”同一哈拉的人们，从当初的某一中心地区辐射开去，愈走愈远，血缘关系由亲而疏，地域联系由近及远，最终失去了地域的同一性，在不同的地点逐渐发展起独立的穆昆。满族著名的瓜尔佳哈拉，分为苏完、叶赫等十二穆昆（《通谱》卷一—四），纽祜禄哈拉——英额、长白山两大穆昆（卷五）；曾为建州女真左右卫主体氏族之一的觉罗哈拉则分为八个穆昆（卷十二），此类现象多不胜举，足以显示哈拉与穆昆的深刻变化。《八旗满洲氏族通谱》卷十二记：“觉罗为满洲著姓，内有伊尔根觉罗、舒舒觉罗、西林觉罗、通颜觉罗、阿颜觉罗、呼伦觉罗、阿哈觉罗、察喇觉罗等氏。其氏族蕃衍，各散处于穆溪、叶赫、嘉木湖、兴堪、萨尔

---

① 《满洲祭神祭天典礼·文献篇》伪康德二年姜园精舍本，第3页。

② 《钦定满洲祭祀条例》卷首。

浒、呼讷赫、雅尔湖、乌喇、瓦尔喀、松花江、阿库里、佛阿喇、哈达、汪秦等地方。”

《通谱》虽成书较晚,但因为是稽考满洲源流之作,所以各家姓氏“俱按原籍地名分类编辑”①,其中除少数入旗较晚的所谓“新满洲”和尼堪(汉)、高丽(朝鲜)、蒙古人外,所载各哈拉的分布大体反映的是明末入旗以前的情形,从而为我们追索哈拉的分衍过程提供了比较可靠的依据。

上述觉罗哈拉的分布,涉及建州、海西、“野人”女真三部的广大区域,说明在明末以前,已经历了长期的繁衍和反复的分化。元末明初,以觉罗哈拉为核心氏族的吾都里部酋长猛哥帖木儿(孟特木,即清肇祖),在“旧有仇隙”的“兀狄哈”女真压力下“挈家流移”,率部从松花江流域的三姓(今黑龙江省依兰)开始,踏上了辗转南迁的里程。猛哥帖木儿抵达朝鲜东北境的会宁,在外部社会的压迫下,仍未安其居,曾一度往返于会宁与凤州之间。明宣德八年(1433年),猛哥帖木儿在会宁一带被七姓兀狄哈所害,②觉罗哈拉一时凋散。正统五年(1440年),其弟凡察与子董山在朝鲜威胁下率部西走婆猪江(佟家江)和浑河流域,同时部分族人留居会宁,其中包括凡察的亲兄弟吾沙可、于虚里等人。③ 同年七月辛丑。觉罗哈拉经历了再一次分化。而后,建州左右卫的析置,不可避免给残缺不全的哈拉组织又一次打击。④ 有明一代觉罗哈拉人们的迁徙远远不止上述三次,只不过这三次比较清晰地展示出辗转迁徙与哈拉分裂的因果关系而已。一个比较完整的哈拉组织,在二百余年间逐渐凋零了。

这时氏族的迁徙与扩散是一个自然过程,当人口增长引起生活资料紧张时,剩余的人口遂移居到新的土地上。在这种场合,氏族总是按照自己的愿望分离。而觉罗哈拉的变化则表明:女真氏族组织是在外部社会的干预或者打击,与社会内部攫取财产的武装冲突的合力作用下急遽瓦解的。私有制度的发展,激起女真人对农业社会人口与财产的觊觎,对朝鲜、明朝边境的频繁骚扰招致后者的反击。仅在明宣德八年—成化十五年(1433—

① 《八旗满洲氏族通谱》卷首《凡例》,第2页。

② 《朝鲜世宗实录》卷六十二,十五年十月乙巳。

③ 《朝鲜世宗实录》卷八十九,二十二年六月丙申;卷九十。

④ 《明朝英宗实录》卷八十九,日本京都大学文学部编《明代满蒙史料·明实录抄》昭和二十九年本,正统七年二月甲辰。

1479年)短短四十五年间,婆猪江流域的建州女真即被兵五次(宣德八年,1433年;正统二年,1437年;成化三年,1467年;成化十四年,1478年;成化十五年,1479年)。朝鲜、明军每次入讨,均以“可屠者屠之……尽灭乃已”为宗旨,宣德八年之役,朝鲜军擒斩五百余人,建州女真“流离四散,其余存者无几”①,成化三年之役,明、朝军队合击建州地区,事后,明武靖伯赵辅在《平夷赋有序》中自夸其功:“强壮尽戮,老稚尽俘”②,可知屠戮之惨。海西女真在正统、景泰之际则迭遭瓦剌蒙古的反复蹂躏荼毒,部落失散,乃至后人有海西女真有名酋长“率死于也先之乱”的说法。③

显而易见的是,满族先民的南迁对其社会发展产生了双重效应:一方面,与外部社会的经济、政治交往促进了私有制的迅速发展;另一方面,对外掳掠的需要又酿成与外部社会的矛盾冲突而招致报复。在明朝、朝鲜、蒙古三个强大势力的频繁干预和影响下,哈拉组织失却了绵延存续的条件。

《御制清文鉴》卷五释“穆昆”,第一义为同哈拉(姓)兄弟,第二义为一群人。前者取其血缘相近,后者取其地域相连,这与哈拉纽带的瓦解形成截然对比。同一哈拉的人们既散布在不同地域、不同部落,乃至不同民族中,④联系不易,哈拉所具有的传统社会功能随之消失殆尽,大部分转给了在地域上仍保持联系的穆昆,小部分转给了更小的血缘组织乌克孙(家族)乃至包(即个体家庭,主要是经济职能,这与私有制的发展有关)。

由哈拉转给穆昆的首先是同姓禁婚的功能。明代女真老哈拉的各穆昆之间,有一些已经突破了婚姻的禁忌,在明前期吾都里部内,酋长童亡乃与童所老加茂,并为童姓,互为姻族;另一酋长童吾沙可的女婿之一童束时,亦为童姓,⑤反映了同一哈拉不同穆昆联姻的早期变化。努尔哈赤的六祖即著名“宁古塔贝勒”,是明末崛起于新宾地方的一个乌克孙(家族),也是觉罗哈拉繁衍的一个枝系。在努尔哈赤诸妻中:伊尔根觉罗氏二人、嘉穆瑚觉罗氏

---

① 《朝鲜世宗实录》卷六十,十五年五月己未、丁卯,十六年五月乙巳。

② 《全辽志》卷六。

③ 马文升:《抚安东夷记》,载《清人关前史料选辑》(一),中国人民大学出版社,1985年版,第3页。

④ 《清朝通志》卷三至五《氏族略·满洲八旗姓》,万有文库本,共载横跨满、蒙两族的姓氏17个。

⑤ 旗田巍:《吾都里族的部落构成》,载《满洲史研究》专辑。

一人(此氏不录《氏族通谱》八大穆昆之列,当是支族)、西林觉罗氏一人。[①]其中,伊尔根觉罗是觉罗哈拉中较早分析出的穆昆,与努尔哈赤家族保持传统婚姻。努尔哈赤起兵后,率先投附他的嘉穆瑚寨主噶哈善,即伊尔根觉罗氏。[②] 努尔哈赤因他先众来归,妻之以妹,彼此结为姻亲。调节婚姻原本是哈拉最基本的功能,也是氏族赖以形成并存在的前提。于是,在哈拉的婚姻禁忌被突破的同时,诸如社会管理、宗教活动的组织等等也随之为穆昆承担了。穆昆在明代女真社会中的作用远大于哈拉,这是历史显示的又一重大变化。

3. 穆昆的结构

满蒙汉三体文《满洲实录》卷一,与"mukūn"对应的蒙文为"aimak"。关于"aimak",著名蒙古史学者符拉基米尔佐夫认为:"中世纪蒙古人的爱马克是近亲家族的结合,是部落分支……乃是互为亲族关系的家族,从古代氏族(斡孛克)的分裂中产生出来的不同分支的联盟或结合体。"[③]

女真人的穆昆组织,也是由同一地域内若干家族(乌克孙)组合而成的。他们有共同的祖先,血缘关系比较密切,与穆昆相比,在社会生活中保持了更大程度的一致。

乌克孙,满文写为"uksun",在《清太祖朝老满文原档》《满洲实录》等清代文献中,"宁古塔(满语'六'之义)贝勒"及其子孙,被称作"uksun"(乌克孙),[④]是由同祖、父衍生的诸子孙以及他们家庭所组成的血缘关系比穆昆更为密切的近亲集团。

关于乌克孙在明代女真社会生活中的作用与地位,直接的文字史料很少,只有通过不同的侧面进行综合的研究。

首先,从亲属制度来考察。亲属制度是指一定社会中规定人们之间亲属关系的某种体系,用以表明这种体系的名称即是亲属称谓。一般说来,亲属称谓是它形成时代的亲属关系的反映,也是随着后者的发展而变化的,正

① 唐邦治:《清皇室四谱》卷二,上海聚珍仿宋印书局,1923年版,第3、4页。

② 《八旗满洲氏族通谱》卷十二,第12页。

③ 博里斯·雅科弗列维奇·符拉基米尔佐夫:《蒙古社会制度史》,中国社会科学院民族研究所编译,1978年版,第211页。

④ 广禄、李学智评注《清太祖朝老满文原档》第2册,1972年版,第24页;《满洲实录》卷一,第24页。

是由于亲属称谓的这种滞后性，使人们可以借助对它的考察，去约略地了解已被湮没于历史尘埃中的亲属制度。

一直到清初，满族人的亲属称谓仍很简单，载在《满洲实录》中的父系称谓不过有：mafa（祖），ama（父），eme（母），eshen（叔父），ahūn（兄），deo（弟），uyun（姐），non（妹），jui（子），omolo（孙），以及作为家庭核心的eigen（夫），sargan（妻）。这些称谓上下及于祖孙，旁系不出伯叔，均未超出一祖所生的近亲范畴，而其他关系比较疏远的亲属称谓则由上述称谓派生，如称清太祖的伯父李敦巴图鲁为："taidzu sure beilei mafa giocangga jui lidun baturu"（直译"太祖淑勒贝勒的祖父觉常安的儿子李敦巴图鲁"），称侄子为"deo i jui"（直译"弟的儿子"）等等，如此累赘的表达方式，自然是比较晚近时候的产物。①

汇录《清文鉴》卷五有关家族成员的条目与释文，可以明了亲属称谓何以如此简单的缘由，兹据其原文翻译如次：

（1）mafa：父之长辈，又老翁之敬称；

（2）mama：父之母辈，又老妪之敬称；

（3）ahūn：父伯叔所生子比己年长者，又同辈亲戚比己年长者；

（4）deo：父伯叔所生子比己年幼者，又同辈亲戚比己年幼者；

（5）uyun：父伯叔所生女比己年长者，又同辈之亲戚比己年长者；

（6）non：父伯叔所生女比己年幼者，又同辈之亲戚比己年幼者；

（7）jui：亲生子女，又兄弟之子女，又同辈亲属之子女，称子辈；

（8）omolo：子所生之子。

上引称谓仍保留了满族先民社会关系的基本特点：第一，同一称谓，指称不同对象，除嫡亲外，旁及同辈分亲族。亲属制度一般分为类分式与描述式两大类型。前者的特点，重视群体关系而不计及个人的亲属关系，无论直系或旁系亲属，只要辈分相同，除性别外，一般使用同一称谓，因此称谓极简单。后者的特点，则是直系与旁系的亲属各使用不同的称谓，以示区别。满族早期称谓仍保留类分式特点，说明人们在早先的社会交往中，首先关心的是有无血缘关系，其次才是亲疏。同时意味着，凡是血族成员，在社会的权力方面基本是平等的。正是基于这一特点，类分式不但是满族先民，而且也

① 李学智：《谈满文的亲族称谓》，载台湾《边改研究所年报》第17期。

是世界范围内诸多民族氏族社会亲属称谓的基本范式。第二,每个称谓的对象均分两类,同祖所生的成员(乌克孙)为一类,其他比较疏远的亲属为一类,充分显示了乌克孙在血亲关系中的核心地位。这种对同祖所生伯叔子侄均以嫡亲称谓相称的习惯,一直延续到清代前期。

亲属称谓属于语言的范畴,并不可能准确无误地反映已经消亡或接近消亡的错综复杂的社会关系,所以需要结合满族先民的经济生活,对乌克孙的功能做进一步了解。

《满洲实录》卷三追述其先民行围狩猎制度时写道:"前此凡遇出师行猎,不论人之多寡,照依族寨而行。""照依族寨而行",满文为:"uksun uksuni gasan gasani yabumbihe"。这里,与"族"字对应的满文既非哈拉(hala),亦非穆昆(mukūn),而是以近亲血缘为纽带的乌克孙(uksun),与"寨"对应的满文是"gasan"(噶栅),即村屯。噶栅是部落内的基层地域单位,乌克孙则是基本血缘单位。但在实际生活中,这两种划分又以不同方式相互交错在一起,乌克孙既以一定的空间为存在前提,就不可能孤立于噶栅之外,换言之,噶栅多是以一个或几个乌克孙为主体的。因此,在行围狩猎的集体生活中。乌克孙的作用尤为重要。

女真人是传统的渔猎民族,同时兼顾采集、畜牧、农耕等辅助性生产。农业经济在 15 世纪末 16 世纪初才开始振兴。明初海西女真的经济虽然受到西部蒙古民族的更多影响,但经济生活与建州女真没有多大差异。狩猎离不开集体协作,"群聚以猎"是女真人行猎的主要形式,人数多则三十,少不过十余,"率以二十余人为群",①是围猎人数的理想规模。究其原因,集体狩猎的规模受到自然环境与本身攫取型经济特点的约束,人数过少难以保证行围的顺利进行,人数过多又会使个人收入受到影响,以乌克孙而非穆昆作为行围的组织基础,正是基于这个道理。

乌克孙既是集体狩猎的组织,也必然是从事这种性质生产的分配单位。满族和其他通古斯语民族中,有一个通行的古老语汇:"obu"(或曰"ubu"),意为集体狩猎平均分配的份额。②

清太祖努尔哈赤建立后金国后,分众亲近子侄为八旗旗主,号称"八家"

---

① 《燕山君日记》卷三十四,五年七月壬午。《朝鲜世宗实录》卷一一三,二十八年八月辛酉。

② 《御制清文鉴》卷七"ubu"条,《北方通古斯的社会组织》,第 613 页。

(jakūn boo),或者“八分”(jukūn ubu,意为八份),无论掳掠所获还是收养纳降,均按“八家均分”的原则分配。[①] 得到礼物,八家“例为均分之,如有余不足之数,则片片分割”。[②] 透过这种阶级社会特权家族内部的均分制度,可以曲折地了解到明代女真人在乌克孙内部平均分配猎获物的民主平等性质。

综上所述,乌克孙的经济职能是很重要的,它是集体狩猎的单位与相应的分配单位,这是决定乌克孙在社会关系中曾经占有核心地位的基本原因。

再次,从社会生活考察:生产活动趋向于分散,是狩猎和采集经济的共同特征,生计的需要使女真人养成“不喜羁系一处”[③]的习惯,因而在相对广阔的地域内只能维持小型的聚落形式。明代女真的噶栅组织规模狭小,一般在十至二十户之间,[④]因此,部落内的关系非常松散。建州女真酋长李满住部落千余户,直属部落仅百户,不过三百人。[⑤] 兀良哈是与朝鲜毗邻的女真部落,即明政府所授毛怜卫,其酋长赵三波、巨具、权赤在本卫大酋郎卜儿罕被朝鲜边吏杀害后,转投建州左卫,“亦各率麾下……百五十余兵而已,他人无与焉”[⑥]。当时左卫的大酋长董山纠结武装丁壮多时可达千人,实际上就是由这些平日各自为政的族、部临时凑集而成的。所以,朝鲜人记载说:“野人散处,或五六户或十余户,或十五余户,屯居无常,各有酋长,酋长欲留,则其下焉往,欲去,则其下亦从之”[⑦],这种率领十数户,屯居无常、任意去来的酋长,多数应是乌克孙的族长。他们是集体生产的组织者和社会生活的管理者,一般又是血缘组织内辈分最高的长老,在族人中享有很高的威信。社会关系的涣散,是导致乌克孙成为社会活动中心的又一原因。氏族制度的衰落瓦解,则成为强化乌克孙在社会生活中举足轻重地位的新因素。氏族社会的基础是氏族血缘组织,狭隘的生活环境使同氏族成员形成一种

① “八家均分”又作“八份均分”(jakūn ubui,neigen dendehe),见《满文老档》(太祖朝)卷四十四,东洋文库本,天命八年二月初三日。

② 《备边司誊录》第4册第307页,转引自陈文石《满洲八旗牛录的构成》下,载台湾《大陆杂志》31卷10期。

③ 《朝鲜世宗实录》卷八十二,二十年七月癸巳。

④ 《朝鲜成宗实录》卷五十三,六年三月庚申;《朝鲜世宗实录》卷九十四,二十三年十二月己未;《朝鲜世宗实录》卷八十六,二十一年九月癸酉。

⑤ 《朝鲜成宗实录》卷五十二,六年二月辛巳;《朝鲜世祖实录》卷三十七,十一年十月丙戌。

⑥ 《朝鲜世祖实录》卷二十六,七年十一月壬寅。

⑦ 《朝鲜世宗实录》卷九十四,二十三年十二月己未。

强烈的认同感,一种亲密而深刻的利害关系,在此基础上保持行动的一致。然而,处在氏族制度瓦解阶段进入早期奴隶制的建州、海西女真的部落组织,早已不是同一血缘成分的结集。由于古老的氏族组织哈拉已经析解,由它派生的血缘组织穆昆内部的关系也日愈松懈,同一穆昆不再能单独享有一片土地而是与其他血缘分支错居一起,同一片地域汇聚了越来越多的血缘成分,由于部落内已经不存在完整的氏族组织,有力家族即乌克孙的族长构成议事会主体。明初吾都里部酋长凡察,可以召集大小五十余酋长议事,[①]兀良哈部酋长曾聚集酋长二十余人会议。[②]

与会者大多是乌克孙的代表。同一血缘或不同血缘的各乌克孙形成自己的特殊利益,"其心不同,而间有异同之议焉"。[③] 其时女真诸部合则毕举,这多是在联合对外的场合,不合则各行其是。氏族组织的分解,注定了乌克孙在血缘组织内扮演起主要角色。

进一步考察乌克孙的内部状况,我们还可发现:同一乌克孙之内,存在着若干满语称为包(boo)的家庭。所谓家庭结构,是指家庭成员的代际和亲缘关系的组合状况。《朝鲜成宗实录》十六年(1485 年)十二月壬午条载:建州女真酋长李满住之孙沙乙豆说:"父达罕送我云,前者子包罗大、李多乙之介,受大国鞍马而来,不胜感戴,然皆别居,无益于我。汝则同居一家,幸蒙上恩,又受鞍马而来,则我得而资之矣。"《李朝实录》原文有注:"沙乙豆,万住(即李满住)之孙,达罕之第三子也,包罗大、李多乙之介,即达罕之第一第二子也。"说明沙乙豆的两兄弟都已别居,只有他还和父亲同居。《朝鲜中宗实录》十二年(1517 年)十二月乙丑条又记,建州女真酋长主成可之婿童尚时的话:"主成可率两子同居,长子、次子及我则各居。"上引记载表明,在女真家庭中,普遍存在年长诸子"别居"或"各居"的状况;分居的次序是由长及次,唯有幼子与父母同居。

长子析居、幼子守户大概是一种始于原始渔猎经济的家庭制度。它的社会功能,在于最大限度地控制家庭人口,以适应渔猎采集过程中分散经营、流动生产、辗转迁徙,以及长期野外生活期间窝铺(满语称"tatan",塔坦)狭小的需要。据日本学者旗田巍考证:明代女真人的家庭,一般是包含二名

① 《朝鲜世宗实录》卷八十九,二十二年六月丁亥。

② 《朝鲜太宗实录》卷十,五年九月甲寅。

③ 《朝鲜世宗实录》卷七十三,十八闰六月癸未。

男丁的小家庭，人口众多的人户是罕见的。[①] 这应是实行长子析居制的结果。文化人类学研究也证明：扩大式家庭（即由两对或两对以上夫妇及其未婚子女组成的家庭），通常存在于实行定居的农业社会。小农经济的单弱、四世同堂的定居生活方式，以及保证财产（主要是作为基本生产资料的土地）不致分散的愿望，是有助于农业社会中大家庭维系的主要因素。而在流动性很强的渔猎社会中，却缺少适应这种大家庭赖以生存的土壤。

到私有制度发展起来以后，从这种古老的析居制度中逐渐演化出一种特定的财产继承制度——分家子与未分家子制度（下简称“分家子”制度），或曰幼子继承制。《金史·本纪一·世纪》记：“生女真之俗，生子年长即析居。”金女真家中的未分家幼子称“蒲阳温”（即幼子之义），又名“主家子”。“主家子”者，即“主父母之业”，当父母在世时，与之同居止，父母殁，承袭其最后遗产（即最大份额的家产）。[②] 在满语中，末子称“fiyanggū”（费扬古），与“蒲阳温”似为同一语汇。据前引朝鲜实录的两条史料，明代女真酋长的诸分家子，可以把得来的赏赐据为己有，而并不奉献给父亲，是明代女真家庭实行分家子制度的明证。同时又说明，由于私有制的发展，女真人的家庭已不再是家族内单纯的生活单位，而兼有了越来越明显的经济内容，实际上已成为私有财产的所有单位。不过，这些别居的家庭往往还不是完全独立的生产和分配的单位。在集体生产的场合，仍旧实行按不同劳动组合（如乌克孙、噶栅、牛录、塔坦）平均分配的原则，以家庭为单位的生产主要见于传统的采集经济和农业生产中。所以，它仍旧是乌克孙家族的细胞，与之保持经济上的联系。同一乌克孙的各包的族人，往往在近邻居住，彼此关系密切；[③]在金代女真早期生活中，可以看到类似情景，即《金史·兵志》所云：“兄弟虽析，犹相聚种。”他们不能通婚。奉祀共同的祖先神；遇到困难时，共同对神立誓，团结一致；与外族发生冲突时，“同族所生”的各包集合聚议，“共相保守”[④]。社会生产力的发展和私有经济的不断壮大，促使家庭逐渐从家族中分离出来成为独立的经济单位。明朝末年，努尔哈赤的六祖分居在赫

---

① 旗田巍：《关于建州三卫的户口》，载《池田博士还历纪念东洋史论丛》昭和十五年本，第667页。

② 贾敬颜：《民族历史文化萃要·蒲阳温》，吉林教育出版社，1990年版。

③ 《关于建州三卫的户口》，第667页。

④ 《满洲实录》卷一，第12、24页。

图阿拉(今辽宁省新宾县境内)的六处地方,远近相距二十里至五六里不等。以后进一步分衍为十二处。[①] 这表明,个体家庭与家族的经济联系被进一步割断。

依据以上的考察,女真的血缘组织大致构成了这样一个系统的形态:哈拉(老氏族)→穆昆(新氏族)→乌克孙(家族)→包(家庭)。这一血缘组织形态的形成,显然是古老的氏族哈拉日益繁衍和发展的结果。伴随家族和家庭的发展,私有经济的壮大与阶级分化的形成,是传统秩序的被破坏和社会矛盾的日愈不可调和。

第三节　满洲社会经济形态

满洲早期,渔猎采集、畜牧以及战争掠夺在经济生活中占有主要地位,农业经济在此时处于从属性地位,但已达到相当水平。而当努尔哈齐兴起时,满洲进入辽沈地区,环境的改变与社会发展的需要,使满洲社会经济开始迅速向农业经济过渡。

一、渔猎与采集经济

广袤的白山黑水地带,物产富饶。产有珍稀的狐、貂、獭等毛皮兽,罕见的鲟、鳇等鱼种,贵重的鹿茸熊胆、山参等药材,以及各类飞禽走兽、山水特产。这是一个得天独厚的大渔场、大猎场,为世代生息在这里的满洲先民提供了丰富的生活资源。虽然满洲先民早已开始了农耕生产,但由于当时生产水平低下,产量很低,所以山水资源的索取在满洲生活中占有很大的比重。传统的渔猎采集经济形成满洲先民独具特色的物质文化。

(一)狩猎渔猎经济

狩猎在满洲先民的经济生活中占主导地位,为人们的生活提供了主要的资源。关于狩猎时的组织与形式在《满洲实录》卷三中有所记载:"前此,凡遇行师出猎,不论人之多寡,依照族寨而行,满洲人出猎开围之际,各出箭一枝,十人中立一总领,属九人而行,各照方向,不许错乱,此总领呼为牛录

---

① 《满洲实录》卷一,第12页。

(汉语大箭)额真(额真汉语主也),于是以牛录额真为官名。”[1]猎手在箭主带领下,各照方向,分两翼行走,围而不合,谓之行围(adambi),最后,所令合围(uturi acambi),将野兽围于中间射杀取之。狩猎形式灵活多样,涉及以上各词。据《啸亭杂录》卷七记述木兰行围制度说:行围之制有二,为行围与合围二种。“只以数百人分翼入山林,围而不合,谓之行围。合围之制,则于五鼓前,管围大臣率领蒙古管围大臣及虞卒,并八旗劲旅,虎枪营士卒,各部落射生手,齐至看城,则为合围。”[2]合围(uturi acambi),康熙朝《御制清文鉴》释:aba i juwe ujan emu bade acanara. be uturi acambi sembi。即“称打围的两端合于一处为合围。”合围为大规模有组织的围猎,早盛于金、元时代。据宋周密《癸辛杂志》载:“北方人打围,凡用数万骑,各分东西而往,凡行月余而围始合,盖不啻千余里矣。”合围的形式在《御制清文鉴》畋猎条中有所解释,中军黄纛(turun 大旗)处称围底(fer e 行围的中纛)两翼红白纛处称围肩(meiren);行围的尾纛处称围末(uturi)。围猎的率领者应是族长(mukūn i da)或者村长(ga? an i da),弓手虞卒应是壮丁。这种围猎既有经验丰富的组织者,又有同心协力密切配合的参猎者,有极强的组织性,便于联系与行动。由于用于狩猎的牛录组织适应于满族崛起时作战与生产的社会需要,而成为八旗制度下基本单位的起源。

满洲先民需要四季出猎,以下各词便是四季出猎的专有名称。春蒐(otorilambi 、sonjome abalambi)、夏苗(ulun gidambi 、usin i jalin abalambi)、秋狝(sahadambi 、wame abalambi)、冬狩(hoihalambi 、kame abalambi)。其各有不同的猎物与形式,《清文总汇》对此分别释之。otorilambi 为旧语,意为早春时节,数人结伴行小围,猎取新肉吃鲜。sonjome abalambi 为新语,意为春时兽未怀羔者择杀之,与 otorilambi 通用。ulun gidambi 为旧语,意为夏时野兽卧于沿山沟河深草处避蚊蠓,人往围循其踪。usin i jalin abalambi 为新语,意为夏时除损害禾苗之兽的围猎,与 ulun gidambi 通用。sahadambi 为旧语,意为顺秋风打围,与新语 wame abalambi 通用。muran 意为哨鹿的哨子,引申为“哨鹿”。秋季阴历八月,值鹿发情期,异性鸣叫相诱,猎手隐蔽于鹿群往来通道,身披鹿皮,头戴鹿头套,吹起鹿哨,模仿鹿鸣,诱致鹿来而射之。从康

---

① 《清实录·满洲实录》卷三,中华书局,1986 年版。

② (清)昭涟:《啸亭杂录》卷七,中华书局,1989 年版。

熙年间始，至咸丰时期止，每年均要举行秋狩之典，行围大猎二十天。《康熙会典》卷一百六十记载，清代“畋猎之制，岁有常期，于围场较猎之中，寓治兵振旅之意”。hoihalambi 为旧语，与新语 kame abalambi 通用，意为隆冬季节进行大围，又称围猎，捕杀野猪等凶猛野兽。

一到冬至，祭祀山神爷，以部落为单位，由族长（mukūn i da）将凡能出猎的男子合编成队，每队挑选一有经验的猎手当总领（niru i ejen 大箭主），率队进山打围。所带猎具有狗、海东青（猎鹰的一种）、弓箭、扎枪、刀叉等。先派人侦探兽群，人们按总领命令，将猎区包围，边高声呼叫边敲打树木，逐渐缩小包围圈，将猎物赶到空旷易射杀地带，此称为“赶杖”。待猎物完全进入射程时，总领一声令下，万箭齐发，获得大量猎物。每年打大围一般在二十天以上。每天打一围或二三围不等，因此每三五天要迁一回营地，前后要搬迁五六次。有时出猎两个月，直到过年前几天才回部落。猎物由族长（mukūn ida 穆昆达）主持平均分配，按一户一堆分好，上插各户的箭，人们认箭取物。

江河丰富的水产资源为满洲先民的又一主要生活资源，形成了满洲先民发达的渔猎经济。满洲先民的渔业生产同狩猎一样，一年四季，从不间断。人们根据春、夏、秋、冬各季鱼汛，以相应的渔具、灵活的捕捞技术进行各种渔猎活动。关于渔业工具，《五体清文鉴》中载录了 90 种，有各种船只、网、叉、钩、兜等。大小不一，名目繁多，各有用途。满洲先民以丰富的渔业知识与技术猎取大量的江河特产，有关河鱼类词汇就达七十多种，[①]其中鳇鱼（ajin）最为珍贵，为进贡朝廷的珍品。每年夏秋两季为鳇鱼汛期，人们以拦江大网（dangdali）进行捕捞。

（二）采猎经济

采猎经济在满族早期社会中占有重要地位，这与其所处地理环境直接相关。清朝建立后，采猎经济在社会经济中仍占有相当重要的地位。珠轩、朱显（juhiyan），是清朝社会经济发展的产物，是渔猎采集业的生产组织，即“打牲组织”，亦为“牲厂”之称。其除适应社会经济发展的需要以外，更重要的作用是适应清王朝的特殊需要。清朝建立后，其有关文献中出现 juhiyan 一词，音译为“珠轩”或“朱显”。《清文总汇》释其义为“一朱显达所管一分

---

① （清）乾隆朝《五体清文鉴》，民族出版社，1957 年影印版，第 4460 ~ 4478 页。

人丁即 emu juhiyan(一个朱显)也”。juhiyan i da 音译为“朱显达”,《清文总汇》释:“朱显达为专司打鱼、捞珠子、采蜜差之头目名。”汉名为“朱显长”或“珠轩长”。juhiyan 是清朝社会经济发展的产物,是渔猎采集业的生产组织,即“打牲组织”。亦为“胜丁”之称。采猎经济在满族早期社会中占有重要地位,这与其所处地理环境直接相关。清朝建立后,采猎经济在社会经济中仍占有相当重要的地位。而 juhiyan(打牲组织、牲丁)的出现,除适应社会经济发展的需要以外,更重要的作用则是适应清王朝的特殊需要。

清朝初期,清政府于吉林松花江乌拉地方设打牲机构,名为“打牲乌拉处”,《光绪会典》卷九十五《官三仓》条下注:“凡蜜由都虞司行‘打牲乌拉处’交送。”归属都虞司。都虞司为内务府所属,其掌所属文武职官的铨选任用及“打牲”捕鱼之事。初名尚膳监;顺治十八年(1661 年)改为采捕衙门;康熙十六年(1677 年)始改为都虞司。“打牲乌拉处”设置三品总管一人,四品翼长二人,统辖采捕东珠、松子、蜂蜜、捕鱼及庄屯之事。珠轩(juhiyan)为打牲处牲丁的组织,每三十人编一“珠轩”,设“珠轩长”(juhiyan i da)一人,副珠轩长一人。

清朝廷于吉林松花江乌拉地方设打牲机构,有其特殊的原因与需要。乌拉地方为“祖宗肇迹兴王之所,龙兴之地”[①],是位于白山黑水之间的一片肥沃富饶的土地,满族先祖建州女真长期生产生活于此地。乌拉处于东三省中,交通便利,为四达之要津。因此,清朝统治者极为看重乌拉地方。清王朝很重视礼典活动,以此祈祷列祖列圣保佑国事太平,统治牢固。而祭品与供品多取之于乌拉之地的山山水水,因而便于此地设置乌拉总管衙门,专门负责采捕与恭进之事,由此,乌拉地方便成为清朝祭品基地与要贡之区。“打牲乌拉处”也便成为采捕、恭进祭品与要贡的专门生产机构,而 juhiyan(打牲组织或牲丁)则是以艰辛劳动作采捕“祭品”与“贡品”的劳动者。

珠轩(juhiyan),据光绪《大清会典》卷九十一记载,juhiyan 主要采捕恭进的有四大宗,即东珠、鲟鳇、松子和蜂蜜。在组织内,“各牲丁”有具体的分工。juhiyan 有上三旗和下五旗之别。上三旗 juhiyan 六十五个,其中五十九个专采集东珠、松子、蜂蜜。六个专捕鱼。置领催十二人,管理各 juhiyan 事项,九人掌采集、三人掌捕鱼。由都虞司考核其缴纳牲物之多少,以定赏罚。

① 吉林历史档案:《乌拉贡山南界碑文》。

下五旗 juhiyan 四十五个,三十五个专采集东珠、松子、蜂蜜,十个专捕鱼。设领催十五人,十人管采集,五人管捕鱼。下五旗 juhiyan 不属内务所管范围,为内务府代管。其采捕之物,交纳王、贝勒、贝子各府。如遇分封亲王、郡王、贝勒、贝子时,将从上三旗 juhiyan 拨给,即入下五旗 juhiyan 额内。其拨给 juhiyan 遇有缺出,仍从上三旗幼丁中挑补。每月"珠轩长"发银二两,"副珠轩长"发银一两五钱,牲丁等各拨给银一两。清廷规定:上三旗珠轩每年应纳东珠十六颗、松子五十四仓石、蜂蜜五千斤,鱼无定额。珠轩内,若有将珠隐匿盗卖者,永远枷示。知而不举者,鞭一百,流三千里,该管官鞭一百,革退。查出者,列名升迁。

牲丁(juhiyan)的身份地位是微贱低下的,基本由两部分人组成。其一,据《打牲乌拉志典全书》载:"溯查本署旗仆,系我朝太宗文皇帝御基由来本处,以围猎貉皮、刨挖人参,进室纳贡。随奉特旨:'乌拉系发祥之胜地,理宜将所遣满汉旗仆原属,一脉相关,就在乌拉设置安官,即为一枝'。"由此可知这部分牲丁即皇太极的满汉旗仆,这些人及其后代,构成乌拉牲丁的主要部分。其二,另一部分牲丁,是清入关后,随着打牲业发展的需要,由各地派遣来的牲丁。他们有的是来自盛京、大凌河、黑齐木、义州等处;有的是京师被抄没之户;还有的是内务府发遣的罪犯。康熙初年,乌拉牲丁仅 400 人,至乾隆五十六年,增至 3993 人,直至清末此额定数字未更定。牲丁是乌拉社会的最底层,其奴籍世代相继,非经皇帝特许不能随意出籍。牲丁没有权利与自由,任由统治者奴役和支配,相当于农奴。他们以自己的血汗和生命换取的劳动成果,全部奉贡皇室,仅从皇室那里领取少量的口粮银,借以糊口度命,维持艰苦的再生产。珠轩(juhiyan)之称沿用至清末。

二、农业畜牧业经济

农业生产在满洲社会经济生活中经历了由附属地位向主要地位发展的过程,这是由生态环境与社会环境的影响而造成的。在满洲先人女真诸部中,社会经济发展水平很不平衡。散布在广大地区的东海女真,渔猎经济占有重要地位,农业处于低级状态。而建州和海西两部随着步步南迁,逐渐转向以农业为主。从事农耕生产的劳动者大部分是女真人掳来的汉人和朝鲜人,他们以先进的生产技术与辛勤劳作,推动了满族社会经济的发展。随着女真诸部的统一,后金政权的建立,满洲奴隶制经济获得迅速发展。满洲贵族通过战争占有大量的奴隶与土地，建立了大批拖克索（tokso），这是满洲社会农业经济发展的产物，其内部情况与性质变化独具特点。

畜牧业在满族社会经济中始终占有重要的地位，其中尤以马为盛。富家马匹“千百为群”。一般人家亦有十几匹。马匹用于狩猎、生产、征战、朝贡、贸易等多项活动，因而，牧马业在畜牧业中尤被重视。在满语词汇中，关于马的词汇，据初步统计，多达449个[①]，其丰富程度，可说明马在满洲人生活中占有重要地位。

（一）农业

16世纪70年代前，明代女真社会已进入早期奴隶制。

女真南迁定居后，由于女真人民的辛勤劳动和积极吸取汉族的先进生产技术，从而使社会经济得到迅速发展。明初“乐住种，善缉纺”[②]，毕恭：“屋居耕食，不专射猎。”[③]农业生产逐渐成为主要的生产部门。自南迁以后，通过朝贡和马市，引进汉人先进的生产工具，使用铁制农具和牛耕，再加上大批汉人流入建州地区，带来了熟练的生产技术和劳动力，促进农业快速发展。据《李朝实录》记载，在建州女真住地婆猪江一带，“率皆耕垦，农人马牛，布散于野”[④]。早先依靠明朝供给粮食，至晚到万历初年，已有余粮运往辽东抚顺关马市出售。[⑤] 这种深刻的变化，反映了农业生产水平的提高和发展。

上述概况说明，16世纪70年代以前，建州女真以农业为主，采猎为辅，手工业还没有从农业中分离出来，商业为各部首领所控制，没有独立的商人，总起来看生产力水平还比较低。

根据历史资料来看，这个时期建州女真社会中已有了贫富分化、阶级对立的现象，氏族社会已逐渐解体，开始进入早期奴隶制社会，具有以下的特征：

---

① （清）乾隆朝《五体清文鉴》，民族出版社，1957年影印版，第4317～4453页。

② 《辽东志》卷七，卢琼《东戍见闻录》。

③ 严从简：《殊域周咨录》卷二十四。

④ 《李朝实录》世宗朝卷七十七，十九年六月己巳。

⑤ 辽宁省档案馆藏，《明档》乙105号，《定辽后卫经历司呈报经手抽收抚偿夷人银两各项清册》，万历六年八月。这是一份记载抚顺关互市残档，从这份档册中可以看出建州女真有11次卖粮食。

1. 奴隶已成为社会的直接生产者

建州女真的奴隶来源，一方面是“剽掠上国（即明朝）边氓，做奴使唤”；[①]一方面是“虏汉人互相买卖使唤”[②]，两者皆为汉族。如建州左卫猛哥帖木儿就曾把大批汉人掠到会宁地区“为奴使唤”[③]。这些汉人成为女真人的奴隶，有的在家中“为奴婢使唤”[④]，有的则“驱使耕作”[⑤]，“勤治农事”[⑥]，他们是建州女真社会中的直接生产者，因被“抢掳使唤，不堪其苦”[⑦]，纷纷起来反抗，许多奴隶逃亡。

2. 建州女真的奴隶制是种族奴隶制

据朝鲜《李朝实录》记载，“野人（即建州女真）之俗，不相为奴，必虏汉人互相买卖使唤”[⑧]，这说明奴隶都是汉人。此时建州女真社会内部，各部中原有的血缘氏族开始分裂为若干个小家族，并出现了个体家庭私有制，他们为了维系这种私有制，就把奴隶吸收到家庭中，作为一个家庭成员，有的作为奴隶主的妻妾收养，有的作为家内奴婢使役，有的被驱使耕种。因为奴隶分散在各个小家庭中，所以每个家庭的奴隶人数并不多，一般是几名，或十几名。

从以上两个特征，建州女真社会可称之早期奴隶制。由于明王朝长期在该地区推行“使其各自雄长，不相归一”[⑨]的分而治之的政策，使其陷于分裂割据状态，这就阻碍了建州女真社会经济的发展。因此，建州女真早期奴隶制大约经历了两个多世纪，直到努尔哈赤兴起后，才进入一个新的历史时期。

3. 以“拖克索”土地所有制为基础的生产关系

在《满文老档》和《满洲实录》中出现过 tokso 一词，音译为“拖克索”。《御制清文鉴》卷十九释：“usin weilebume niyalma tebuhe ba be tokso sembi。”

---

① 《李朝实录》成宗朝卷八十，八年五月丁卯。

② 《李朝实录》燕山君日记卷十七，二年八月己亥。

③ 《李朝实录》世宗朝卷三十二，八年七月癸卯。

④ 《李朝实录》世宗朝卷五十九，十五年二月己亥。

⑤ 《明英宗实录》卷一〇一，正统八年四月庚戌。

⑥ 《李朝实录》世宗朝卷八十，二十年四月辛酉。

⑦ 《李朝实录》世祖朝卷二十一，六年八月丙辰。

⑧ 《李朝实录》文宗朝卷十三，二年四月癸未。

⑨ 《明经世文编》卷四五三，杨宗伯奏疏《海建夷贡补至南北部落未明谨遵例奏请乞赐诘问以折狂谋事》。

即“令耕田人居住的地方叫作拖克索” 。《清文总汇》释义为“屯里”“庄子”。“拖克索”是满族早期社会经济生产发展过程中的重要反映,是农业生产的一种组织形式。随着社会的发展,“拖克索”之称的内部情况和性质亦相应发生变化。

16 世纪末,在建州境内已出现“拖克索”,但数量不多。朝鲜人申忠一在其《建州图录》中描述所见到的“农幕”(即拖克索)有六处,这些农庄都属努尔哈赤家族和部臣所有。当时占有“拖克索”的奴隶主首领仅为少数,而且每个“拖克索”占有耕地面积也不大。随着统一战争的胜利和发展,统辖地区不断扩大,奴隶人数日益增多,“拖克索”的数量迅速增加。1616 年,努尔哈赤建立后金政权时,其统治的地区已扩展到四千余里,人口增至四五十万。这个时期,社会生产力迅速发展,农业生产繁荣起来,成为社会生产的主要部门。努尔哈赤创建“八旗制度”,“以旗统人”。全部土地和人民在名义上均属努尔哈赤所有,他把土地和人民分配、赏赐给八旗旗主与官兵享用。据李民奂《建州闻见录》所载:“自奴酋及诸子,下至卒胡,皆有奴婢(互相买卖)、农庄(将胡则多至五十余所)。奴婢耕作,以输其主。军卒则但砺刀剑,无事于农亩者。”可见此时“拖克索”已普遍存在。

“拖克索”一般有十人左右,设一庄头管理。庄丁为 aha(阿哈、奴隶),多数为战争中俘获的人口,主要是汉人和朝鲜人,也有一部分蒙古人。如《清太祖实录》卷四记载,明万历四十一年(1613 年),“乌拉败兵来归者,悉还其妻子仆从,编户万家。其余俘获,分给众军” 。后金天命三年(1618 年),努尔哈赤攻占抚顺等地,“论功行赏,将所得人畜三十万散给众军”。这些俘虏分给八旗官兵为奴,大部分用于“拖克索”的农业耕作。他们在庄头的驱使和监督下辛勤劳作,而产品全归贵族占有。《满洲老档秘录》中记载:“仆夫力耕以养其主,不敢自私。”由此可见,努尔哈赤时期的“拖克索”为奴隶制庄园。在“拖克索”内部,“诸王”和“将胡”是奴隶主贵族,aha(阿哈)作为奴隶是被剥削的主要对象,奴隶主和奴隶是两个基本的对立阶级。

1625 年,努尔哈赤采取强力镇压政策,将大量汉人降为奴仆,编入农庄,建立了成千上万性质与之前有别的庄园。每农庄由壮丁十三人、牛七头、地一百垧组成。庄田上的收入,二十垧供公差,八十垧供自己吃用。① 可见这

① (清)乾隆朝重抄本《满文老档·太祖》卷六十六,第 17 页。

时奴仆有了自己的财产，与进入辽沈前的“阿哈”不同，已由奴隶向农奴转化了。由于汉人不能忍受由民户下降为奴仆的地位，便大量从新编的农庄上逃亡。《清太宗实录》卷一记载，1626年，新即位的皇太极在农庄汉人大量逃亡、生产受到严重损失的情况下，被迫改编农庄，压缩了农庄奴仆的数目，释放了一批奴仆，其后，“乃按品级，每备御只给壮丁八、牛二，以备使令，其余汉人分类别居，编为民户”。

从1625年（天命十年）的编丁立庄来看“拖克索”的性质已发生转化，即由奴隶制向封建制转化。新编的大批封建农奴制“拖克索”对原有的奴隶制“拖克索”必然产生剧烈影响，促使其向封建农奴制庄园的快速转化。从保存下来的《顺治年间档》即顺治初年盛京内务府档案中所反映的关外几个“拖克索”的生产关系来看，已基本上采用了封建农奴制的剥削方式，“拖克索”的劳动力——庄丁，是耕种田地缴纳地租的封建农奴。自努尔哈赤时代的奴隶制“拖克索”的剥削方式，到此时已明显地向封建农奴制庄园转化了。这是生产关系的重大变化，是满族社会发展的一个重要标志。但是，对于辽东地区汉族劳动人民来说，从长期封建租佃制改变为封建农奴制，是一种倒退。无论是人身的奴役，还是地租、力役的榨取，都更加严重。因此，“拖克索”的庄丁大批逃亡，使“拖克索”发生危机。在此情况下，新即位的皇太极下令释放大批庄丁为民，缩减农奴制庄园的范围。虽如此，仍未能阻止庄丁逃亡斗争。皇太极一方面严厉处治逃人，一方面采取一些措施，对农奴主增加限制，扩大了一些阿哈首告离主的范围，缩小了各旗主贝勒的权力，逐渐向专制主义的中央集权制发展。满族入关后，“拖克索”之称，逐渐改为庄屯，其内部情况与性质亦随着社会的发展而调整变化。

16世纪80年代后，满族社会处于庄园奴隶制发展时期。明万历十一年（1583年），努尔哈赤顺应历史发展趋势，起兵统一了分散割据的建州、海西和“野人”女真各部，建立了后金政权，从而加速了满族奴隶制的发展。

4. 发展农业经济的重要举措

努尔哈赤晚年，由于政策失误，致使后金经济衰退。皇太极采取相应措施调动生产者的积极性，发展生产，活跃经济，实行改革。

分屯别居。努尔哈赤时，实行编庄，“汉人每十三壮丁编为一庄，按满官品级,分给为奴。于是同处一屯,汉人每被侵扰,多致逃亡”[1]。皇太极针对这种情况,他即位不久,就采取满、汉“分屯别居”的办法,以缓和民族矛盾,使汉民安心生产。规定:“乃按品级,每备御(即牛录)止给壮丁八,牛二,以备使令。其余汉人,分屯别居,编为民户,择汉官之清正者辖之。”[2]这样就有百分之四十的汉民从满官的奴役下解放出来,成为由汉官管理的自由“民户”。另外,还派孟阿图等人“丈量地亩”,将“各处余地”归公,分给民户耕种,不许再立“庄田”。天聪四年(1630年)十月,皇太极下令编审壮丁,要“牛录额真各察其牛录壮丁,其已成丁无疑者,即于各屯完结”,“此次编审时,或有隐匿壮丁者,将壮丁入官”。同时又令,“凡贝勒家,每牛录止许四人供役,有溢额者……将所隐壮丁入官”[3]。通过以上措施,大量土地改为国家控制的屯地,许多汉民壮丁变为国家管理的民户编民,而且实行“分屯别居”,协调了满汉关系,促进了农业生产。

离主条例。皇太极为了调整生产关系,解放束缚在八旗贵旗庄园里的生产者,使其变成自由民。天聪五年(1631年)七月,颁布《离主条例》,其中明确规定:凡役使奴隶的主人,除了八分(即八固山贝勒)外,犯有私行采猎、擅杀人命、隐匿战利品、奸污属下妇女、冒功滥荐、压制申诉等罪,许奴仆告发,讦告者“准其离主”[4],听所欲往。天聪六年(1632年)三月,皇太极又对《离主条例》做了补充,“凡讦告之人,务皆从实,如告两事以上,重者审实,轻者审虚,免坐诬告罪,仍准原告离主。如告数款,轻重相等,审实一款,亦免坐诬告之罪。如所告多实,及虚实相等,原告准离其主”[5]。到了崇德三年(1638年)正月,皇太极下令直接解放部分奴仆,他说:“前得辽东时,其民人抗拒者被戮,俘取者为奴。朕因念此良民,在平常人家为奴仆者甚多,殊为可悯,故命诸王等以下,及民人之家,有以良民为奴者,俱著察出,编为民户。”[6]这些措施,不仅打击了奴隶主,削弱了奴隶制,而且许多奴仆成了自由民,有了自己的经济支配权,从而提高了生产的积极性。

---

① 《清太宗实录》卷一,天命十一年九月丁丑。
② 《清太宗实录》卷一,天命十一年九月丁丑。
③ 《清太宗实录》卷七,天聪四年十月辛酉。
④ 《清太宗实录》卷九,天聪五年七月庚辰。
⑤ 《清太宗实录》卷十一,天聪六年三月庚戌。
⑥ 《清太宗实录》卷四十,崇德三年正月己卯。

重农政策。皇太极非常重视农业生产,认为农业是“立国之本”,“国之大经”,因此颁行一系列保护和鼓励农业生产的法令。

首先是不许扰农,把农业生产放在第一位。他即位不久就下令停止大规模的建筑工程,指出:“工筑之兴,有妨农务”,以后“止令修补,不复兴筑,用恤民力,专勤南亩,以重本务。”[①]天聪元年(1627 年)九月,皇太极明令禁止屠杀大牲畜,规定:“嗣后自宫中暨诸贝勒以至小民,凡祭祀、筵宴及殡葬、市卖,所用牛、马、骡、驴,永行停止。”[②]天聪五年(1631 年)七月,皇太极制定纵畜入田罚例。“如豕入人田,令送还本主,每次计豕罚银五钱,过三次许赴告该牛录额真,即以其豕给之。如羊入人田者,计每只罚银二钱。骆驼牛马驴骡入人田者,计每匹头罚银一两,仍赏其禾。”[③]天聪九年(1635 年)三月,皇太极召集诸臣说:“嗣后有滥役民夫,致妨农务者,该营牛录章京、小拨什库等俱治罪。”[④]六月,又下令禁止贵族郊外放鹰,“扰害人民,蹂践田园,伤残牲畜”,违者“决不轻恕”[⑤]。其次是保护汉民耕种,鼓励满族务农,确保农业生产有充足的劳动力。皇太极很清楚,后金的农业生产,主要依靠汉人,他们有农业生产的经验和技术,所以满汉分屯别居后,禁止满人到汉人居住地“擅取庄民牛、羊、鸡、豕”等财物。[⑥] 对有些缺少耕牛、农具的汉民,“给以牛具”,使其“乘时耕种”,要汉民“各安心农业”。[⑦] 此外,当时战争连年不断,满族壮丁几乎全部披甲出征,农业生产主要由老人、妇女、小孩和奴隶来承担,生产受到影响。皇太极为了改变满族壮丁只战不耕的现状,天聪年间开始实行“三丁抽一”,就是说三丁中一人披甲出征,二人留家生产,称为余丁。披甲人和余丁的关系是:余丁专事农业生产,保证披甲人的生计,而披甲人所得战利品也分给余丁,耕战相辅。

再次是重视农业生产技术,提高生产效益。天聪七年(1633 年)正月,皇太极在谈到农业种植时说:“树艺之法,洼地当种粱稗,高田随地所宜种

---

① 《清太宗实录》卷一,天命十一年九月丙子。
② 《清太宗实录》卷三,天聪元年九月甲子。
③ 《清太宗实录》卷九,天聪三年七月癸巳。
④ 《清太宗实录》卷二十三,天聪九年三月戊辰。
⑤ 《清太宗实录》卷二十三,天聪九年六月癸卯。
⑥ 《清太宗实录》卷一,天命十一年九月丙子。
⑦ 《清太宗实录》卷六,天聪四年正月壬辰。

之。"[①]崇德元年(1636年)十月,皇太极要求耕作应注意"地利""土宜"。他说:"至树艺所宜,各因地利。卑湿者可种稗稻、高粱;高阜者可种杂粮。勤力培壅,乘地滋润,及时耕种,则秋成刈获,户庆充盈。如失时不耕,粮从何得耶?"[②]又说:"凡播谷不相其土宜,土燥则种黍谷,土湿则种秫稗。各屯堡拨什库,无论远近,皆宜勤督耕耘,若不时加督率!至废农事者,罪之。"[③]由于以上农业措施得法,收到很好效果,天聪年间后金的农业生产有了明显的发展,随之手工业、商业、交通运输等,也有了一定的发展,从而使后金的经济逐步摆脱了困境。

(二)畜牧业

满族先民所居之地,既有富饶的山水,又有辽阔繁茂的草原,这是畜牧业发达的良好条件。因此,畜牧业生产便成为满族早期社会生活的又一重要内容。当时所驯养的牲畜种类很多,诸如马、牛、羊、骡、猪、鸡、鸭、鹅、犬等皆有。而其中尤以马为盛,因马具有广泛的用途,狩猎、生产、征战、朝贡、贸易皆离不开马。畜牧业的发达,反映在词汇上,便形成了大量有关马的词汇。据初步统计,相关词汇多达六百余个,[④]其中有关马的种类、形态、毛色、肢体、牧养、使用等词汇竟达449个之多,[⑤]其丰富程度,实属罕见。

满族有"马背民族"之称,因其早期社会经济生产活动与马密切相关而获此称。满族早期为游猎兼畜牧的氏族和部落的共同体,在游牧部落间,"战争便成为每一个自然形成的集体最原始的劳动形式之一。既用以保护财产,又用以获得财产"[⑥]。由于游猎、畜牧与战争的需要,善骑射便成为满族最主要的特征之一。而在这些活动中皆离不开马,库图勒(kutule)作为"牧马者""跟马人"显然是一个很重要的角色。

在满族早期社会经济中,畜牧业占有相当重要的地位,家畜的驯养非常发达。李民奂在《建州闻见录》中指出:"六畜惟马最盛,将胡之家,千百为群,卒胡也不下十数匹。"可见当时畜牧业以放牧马群为主,放牧马群便是

---

① 《清太宗实录》卷十三,天聪七年正月庚子。

② 《清太宗实录》卷三十一,崇德元年十月庚子。

③ 《清太宗实录》卷三十四,崇德二年二月癸巳。

④ (清)乾隆朝《五体清文鉴》,民族出版社,1957年影印版,第4297~4453页。

⑤ (清)乾隆朝《五体清文鉴》,民族出版社,1957年影印版,4317~4453页。

⑥ 马克思:《资本主义生产以前各形态》,人民出版社。

“库图勒”的主要生产劳动。马既是满族早期社会的主要财产,又是用于狩猎与战争获取财产的主要工具。清入关前,以“耕战二事未尝偏废”的战时体制,来维持社会经济,战事频繁。每次出兵,都需要相当数量的马匹与库图勒。据《太宗实录》崇德八年七月乙未条记载,皇太极命八旗军队远征黑龙江部,共遣护军校以下官兵1347名,厮役(库图勒)1364名,二者比例为一比一。[①]

库图勒的身份地位,刘小萌先生在《库图勒考》一文中进行了深入研究,从而得出结论。入关前库图勒的身份地位,处于旗人社会的最底层,其由清一色的奴仆组成。而库图勒可以按照惯例领取一定的战利品。这一事实,则说明奴仆库图勒的身份与经典著作中的“奴隶”有所不同。入关后库图勒已由单一奴仆转而包含多种社会成分,其中不仅有身份低下的奴仆、具有半自由人身份特征的雇工,而且加入了越来越多的正身旗人。[②] adun be kadalara yamun(太仆寺),汉意为管理马群的衙门,汉名为太仆寺,是掌管牧马事务的机关,于顺治元年(1644年)设立。太仆寺初设满、汉卿各一人,满、汉少卿五人。乾隆四十四年(1779年)以后,派大臣一人兼管。至嘉庆十三年(1808年),又停派兼管大臣。以后规定满、汉各一人(从三品),少卿满、汉各一个,员外郎满、蒙各二人,主事满、蒙各二人,满主簿一人,笔贴式十六人,经承、厅书、司书九人,总人数为三十八人。太仆寺所属边外牧场,按马群(四百匹以内为一群)设牧长(adun i da)牧副、牧丁(牧长、牧副每群各一人,牧丁每群七八人),管畜养马匹。并设统辖总管一人,总管二人(按地区分左翼、右翼,左右翼总管各一人),翼长(gala i da)四人(左右翼骒马场、骟马场各一人),协领十人,副协领十二人,管辖左右翼各马场。牧场并有副管一人、防御二人、骁骑校三人、护军校八人、护军四百七十四人(兼牧丁),都由统辖总管统率,管侦捕事务(盗窃私卖等案)。并有笔贴式二十人(兵丁委充),管统计造册事务(每年察验滋生、倒毙之数,造册报太仆寺)。每三年满卿与满少卿赴牧厂简阅一次,并报兵部查核。光绪三十二年(1906年),改革官制,裁撤太仆寺,所掌事务并入以兵部改组的陆军部。

阿敦大、牧长(adun i da),汉意为马群头目,汉名为牧长。其为上驷院

---

① (清)《太宗实录》卷六十五,第16~17页。

② 刘小萌:《库图勒考》,《满语研究》1987年第2期。

(adun i yamun)、太仆寺(adunbe kadalara yamun)及王府所置官员,掌放牧、繁衍、训练马匹等事。康熙年间,颁行牧马人役定制:骒马,每旗五群,每群设阿敦大一名,阿敦副一名,牧丁(adun i niyalma)十名;骟马,每旗一群,设阿敦大、阿敦副各一名。根据马匹繁殖多少,训练生熟,奖罚不一。亲王府置阿敦大二员,郡王府一员,从六品,管理王府牧马事务,俱满缺。雍正初期,阿敦大改称为马群头目。后称牧长。

阿敦侍卫(adun i hiya),意为牧群侍卫,为阿敦衙门(adun i yamun)的官员,其职掌为随侍皇帝和试骑"御马"。每年冬春派侍卫八人,骑试各厩"御马",从"内马"中挑选骏良马匹,供御用。康熙十六年(1677 年),阿敦衙门更名为"上驷院",仍设有阿敦侍卫二十一人。乾隆六年(1741 年),奏准额定阿敦侍卫二十一人,分为宗室、满洲、东三省索伦,各七缺。

三、手工业与商品交换

(一)手工业

16 世纪 70 年代前,明代女真社会已进入早期奴隶制。

这个时期手工业还没有从农业中分离出来,手工业与农业密切结合,一般只进行加工,不生产商品。由于农业生产需要大量铁制农具,狩猎和打仗需要大批铁制武器,因此制铁业得到优先发展。原先建州女真使用的铁器,主要是依靠明朝供给,明正统四年(1439 年)以后,明朝为了控制和约束建州女真,经常下令严行铁禁。[①] 结果造成"男无铧铲,女无针剪"[②],严重地影响他们的生产和生活。这些内外因素迫使建州女真发展制铁业,他们便"贸大明铁自造"[③],将"所易之锅、铧……毁碎融液"[④],制造各种器具。尽管此时已有"冶匠",可是"不解炼铁,但得正铁改造耳"[⑤],可见只能加工,不能冶炼,所以对明朝还有很大的依赖性。值得注意的是,作为与农业密切结合的家庭纺织业有了发展,建州女真已能以麻为原料,生产麻布,这种麻布还远

① 《清太宗实录》卷一,天命十一年九月辛未。

② 王在晋:《三朝辽事实录》卷十六。

③ 《明史》卷二五九《袁崇焕传》。

④ 《清太宗实录》卷一,天命十一年十一月乙酉。

⑤ 《明熹宗实录》卷八十四,天启七年五月庚辰。

销辽东等地。[①]

16世纪80年代后,满族社会处于庄园奴隶制发展时期。万历十一年(1583年),满族杰出领袖努尔哈赤顺应历史发展趋势,起兵统一了分散割据的建州、海西和“野人”女真各部,建立了后金政权,从而加速了满族奴隶制的发展。

此时满族的手工业,有些已脱离农业成为独立的生产部门,由于统一战争的需要,许多带有浓厚的军工色彩。这里“银、铁、革、木,皆有其工”[②]。如赫图阿拉城,“内外见居人家约二万余户,北门外则铁匠居之,专治铠甲,南门外则弓人箭人居之,专造弧矢”[③]。工匠中已有满族人,据朝鲜使臣河世国说:“老乙可赤(即努尔哈赤)城周回八十余里许,城门七处。……甲匠十六名,箭匠五十余名,弓匠三十余名,冶匠十五名,皆是胡人,无日不措矣。”[④]在手工业中,冶铁业最受重视,努尔哈赤对铁匠十分优待,偿给马牛,以资奖励。所以,冶铁业最发达,所谓“铁匠极巧”[⑤],冶炼技术较高,生产大批农具和武器,保证了农业生产与统一战争的顺利进行。当时除了冶铁业外,就算纺织业了,以往“女工所织,只有麻布”[⑥],丝绸棉布皆依赖输入。到了天命元年(1616年),努尔哈赤“布告国中,开始养蚕以织绸缎,种棉以织布帛”[⑦],纺织工匠大都是汉人,所谓“织绵刺绣,则唐人所为之”[⑧]。

(二)商品交换

建州女真传统的采猎业作为农业经济的补充,此时仍占有相当重要的地位,大量的采猎物是对外主要输出产品,正是这种采猎经济,促进了商业交换,他们以人参、貂皮、药材等名贵土特产品,通过朝贡和马市,换取铧、铲、锄等铁制生产工具和耕牛、种子等生产资料以及米、盐、绢、布、衣、靴等生活用品。朝贡除了各卫所官员按指定时间赴京述职,并向朝廷缴纳赋税、

---

① 《清太宗实录》卷二,天聪元年正月丙子。
② 《明熹宗实录》卷八十四,天启七年五月辛丑。
③ 《清太宗实录》卷三,天聪元年五月辛巳。
④ 《清太宗实录》卷三,天聪元年五月癸未。
⑤ 《清太宗实录》卷三,天聪元年五月癸未。
⑥ 《清太宗实录》卷三,天聪元年五月癸未。
⑦ 《清太宗实录》卷三,天聪元年五月癸未。
⑧ 王在晋:《三朝辽事实录》卷十七。

贡献方物外，他们所带货物，允许在京师市场上出售，分官市和私市两种，朝廷所需货物由官家收购，剩余的就在私市上交易，换取生产资料和生活用品运回去。建州女真每年十月至十二月“验收入关”，每次贡使率众多达五百人，[①]隆庆五年（1571年）甚至高达六百零七人。

另外，设在辽东边城的马市，也分为官市和私市，“凡马之到市者，官为收买之，其余听其售于诸人”[②]。

天顺八年（1464年），明朝专为建州女真开设抚顺马市，后来又在清河、宽甸三处增设马市对建州女真贸易。原先马市每月开放一次或二次，每次只有五天，可是到了万历初年，几乎成了日市，根据辽宁档案馆藏的《定辽后卫经历呈报经手抽收抚赏夷人银两各项清册》统计，抚顺马市每月约有二十二天开市。[③]

建州女真前往该地交易的人数一次就多达二百五十人，[④]可见当时马市贸易十分繁荣。如瞿九恩的《万历武功录》记载，建州女真首领来力红，“万历初，鬻贩貂皮、人参、松板以为利，结毂连骑，”[⑤]这就反映了马市交易兴隆的状况。

采猎业作为农业经济的补充，也促进了商业交易。就以人参而言，由于明朝停止互市，曾使新鲜人参不能及时出售，腐烂了十余万斤，可见人参产量不少。努尔哈赤为了防止鲜参腐烂，发明了蒸晒法，使人参便于保存，“徐徐发卖，果得价倍常”[⑥]，于是促进了人参的生产。此外，满族对马匹饲养很重视，每家皆养有骏马，所谓“六畜惟马最盛，将胡之家，千百为群，卒胡也不下十数匹”[⑦]。还饲养许多耕牛，用来耕种和驮运。

农业、手工业和采猎饲养业的发展，扩大了社会分工，促进了商业的活跃，不仅关内有不少商人到关外与满族人贸易，而且满族内部已出现从事商业活动的商人，这些商人都受努尔哈赤支配，主要贩卖东珠、人参和貂皮等

---

① 《清太宗实录》卷二，天聪元年正月丙子。

② 《明熹宗实录》卷八十，天启七年正月甲午。

③ 《明熹宗实录》卷八十，天启七年正月甲午。

④ 《明史》卷二五九《袁崇焕传》。

⑤ 《满文老档》下，第814～816页。

⑥ 王在晋：《三朝辽事实录》卷十七。

⑦ 《清太宗实录》卷三，天聪元年六月己亥。

土特产品。如天命元年(1616 年),努尔哈赤一次就派三十名商人,前往东海瑚尔哈部收购貂皮。又如乌拉部盛产"东珠紫貂",努尔哈赤派商人去"不与全价",转手后以"厚价"出售。[①] 所以《武备志》记载:"奴酋……岁以貂参互市,得金钱十余万。"[②]当时抚顺马市交易十分繁荣,这里有来自山东、山西、河东、河西、苏州、杭州等地的商人,[③]收购建州运来的土特产品,转销内地,与此同时,大批生产工具和生活用品输入建州,推动生产的发展与生活的提高。

以上几点概述了满族未进入辽沈地区前生产力发展的状况,此时在农业、手工业、采猎业和商业等生产部门,都出现了以前所没有的新东西,从而为满族奴隶制的发展提供了物质基础,无论是生产工具,还是生活用品,以往依赖明朝输入,现在基本上能够自给。努尔哈赤就曾说过:"天赋把我的地方出产财货,有三种貂皮,以及黑白红的狐皮、猞猁孙皮、豹皮、虎皮、水獭皮、黄鼠狼皮、貂皮、鹿皮、狍皮等皮张;又有棉花、丝锦、布匹、葛布、盐等物产;其他金、银、铁等都自地中皆产,穿的吃的都可获得。"[④]

第四节 满洲社会文化习俗

一、语言文字与文学艺术

(一)语言文字

肃慎女真族系语言属阿尔泰语系满—通古斯语族,其中女真语言文字与满洲语言文字为主要代表。女真语、满语与肃慎、挹娄、勿吉、靺鞨等先人的语言有着渊源的传承关系,满语的语音大体与女真语相同,在词汇方面,满语与女真语有 60% ~70% 相同,句法结构也大体相同。同时,女真语言文字、满洲语言文字又与汉语、蒙古语契丹语有着密切的关系。女真语言文字在形成发展中,受到契丹语、汉语的影响,吸收了大量汉语、契丹语词汇,女

---

① 王在晋:《三朝辽事实录》卷十七。

② 《清太宗实录》卷六,天聪四年二月甲寅。

③ 《明清史料》甲编第一本,天聪二年奏本。

④ 《清朝文献通考》卷一九四。

真人初无文字,金太祖阿骨打建立“大金”政权后,命完颜希尹等参照汉字和契丹字创制女真文字。希尹等“乃依仿汉人楷字,因契丹字制度合本国语,制女真字”①。满文则是努尔哈赤于 1599 年命巴克什额尔德尼及扎尔固齐·噶盖仿蒙古文字创制的。《满洲实录》卷一载:“时,满洲未有文字,文移往来必须习蒙古字编成国书,译蒙古语通之。已亥年二月,太祖欲以蒙古字编成国书。巴克什额尔德尼、噶盖对曰:‘我等习蒙古字,始知蒙古语。若以我国语编创译书,我等实不能。’太祖曰:‘汉人念汉字,学与不学者亦皆知。蒙古人念蒙古字,学与不学亦皆知。我国之言与蒙古字,则不习蒙古语者不能知矣。何汝等以本国言语编字为难,以习他国之言为易耶?’噶盖、额尔德尼对曰:‘以我国之言编成文字最善。但因翻编成句,吾等不能,故难耳。’太祖曰:‘写阿字,下合一玛字,此非阿玛乎?额字,下合一默字,此非额默乎?吾悉决矣,尔等试写可也。’于是,自将蒙古字编成国语颁行。创制满洲文字自太祖始。”②

1. 女真语言文字

女真语是历史上的女真人使用的语言。女真语属于满—通古斯语族满语支语言。女真人与肃慎、挹娄、勿吉、靺鞨等我国东北地区的古代民族有着渊源关系。由于到了五代,契丹人称黑水为女真,从而女真之称谓就代替了靺鞨。有关女真一词的含意有不同解释,其中主要有①女真是肃慎的转音写法;②女真是契丹人的意思;③女真是东人之概念等。自 907 年契丹人建立辽朝之后,生活在松花江以南被称为熟女真的女真人与汉人开始广泛接触。在学习汉人农耕生产的同时,也学习吸收了汉人的语言、文字以及诸多文化,在使用母语言的同时,很快熟悉掌握了汉语。在贵族阶层中还兴起了学汉文汉字的风气,结果这部分女真人逐渐脱离本族群语言文化,融入汉语言文化之中。然而,当时生活在松花江以北的女真人,尤其是生活在偏远地区的女真部落的女真人,不仅保持了自古以来的语言文化,同时不断扩大与契丹人的接触,而使女真人中一部分人不同程度地掌握了契丹语。总之,女真人在进入中原之前,在他们的日常生活中均使用本族群语言,只有属于贵族阶层的一部分女真人不同程度地掌握了契丹语。因此绝大多数情况

① 《金史》卷七十三《完颜希尹传》。

② 《满洲实录》卷一。

下,女真人与契丹人进行交流时还是需要翻译人员。然而,那些属于贵族阶层的女真人已达到了与契丹人直接对话的程度。这一时期在女真语中仅借入很少的外来语,自然在语音、词汇、语法等方面都完整地保留了女真语自身的诸多特征。不过,从1123年以后,女真人不断向南进军。到了1161年,女真人几乎占领了整个中原地区。进入中原初期阶段女真人的语言文化发挥了较大作用,使女真语的使用范围空前扩大,结果相当地区的汉人不仅不同程度地掌握了女真语,甚至一些汉人达到了与女真人对话如流的程度。与此同时,女真语也开始大量地借用汉语新词术语。从1135年起女真语在中原地区的使用率逐渐下降,汉语对女真语的影响逐年加深。尤其在女真人的统治阶级和贵族阶层汉化现象急剧扩大。当时女真人改称汉姓、汉名,使用汉语、吸收汉俗成为自上而下的一股风气。1161年金世宗继位后,虽然下决心想挽救已面临大范围汉化的女真人和女真语,但为时已晚。在中原这一汉语言文化的大环境中,起初女真语言文化确实发挥过一定作用,然而,后来女真语言文化不由自主地、无可挽回地进入了全范围的汉化阶段。从1190以后,女真语在中原地区几乎全部失去了生命力,只有边远地区或没有同汉人杂居的地区内女真语才被保存下来。不过,也不同程度地受到了蒙古或其他北方民族语言的影响。

到了元代,这些东北地区的女真人仍然保持旧俗,以女真语为日常用语。可是,到了明代,包括东北地区的女真语,由于不断吸收使用来自汉语言文化以及蒙古族语言、文化的同时,逐渐发展到清代的满语。由此,学术界认为女真语是满语的祖语。而且,女真语中包括了一些来自契丹语、汉语、蒙古语以及其他北方诸民族语言的成分。

女真文是女真人建立金朝后创制的。有女真大字和女真小字两种。据《金史》记载,金太祖阿骨打命完颜希尹仿契丹字和汉字创制女真字,并于1119年颁行了女真大字。女真大字作为一种表意文字,反映女真语言时必然会遇到许多麻烦,这促使女真大字本身根据女真语富有的语言特征不断产生变化。表意字完全适合于以词序表达句法意义的单音节语言,而不适合于黏着型的女真语。在实际应用过程中,为了准确地表达女真语特有的词法和句法意义,准确地反映女真语语音实际,女真人逐渐创制了表示一个音节的音字来解决黏附在词干后面的词缀问题。就这样既可以表示后缀概念,又可以合成形式表现另外一个新词新增加的字音以及改变一定书写形式的女真小字,在女真大字颁行20年后,于金朝熙宗时代创制,1138年颁行。由此,当初的女真文表意字,为适应女真语的语法特征,新增加了词干字和词缀字,最后发展为按音拼写的女真小字。不过,女真小字中还是有不少表意字,有的用来单独表示一个词的音和义,是属于完全表意字,有的用来表示一个词的表意部分,作词干,这是属于不完全表意字。女真文被创制之后主要用于官方和一些贵族阶层。在金朝受到很大重视,采取许多措施广为推行。像女真文翻译汉经书;各路设学校传授女真文;立女真进士科;用女真文作策论、作诗文,以考取进士;为金朝培养懂女真语言文字的人才等。女真文字的具体应用,说明了女真书面语言的形成以及女真语语法规则和严密化。

1234年金朝覆亡后,女真文的使用率急剧下降,被使用了120余年的女真语也几乎到了完全消失的境界,只有留居故地东北的女真各部,一如既往地使用着本民族语言。并跨越元、明两代的漫长历史变迁,东北地区的女真语言文字一直流传到被满语所替代为止。

女真文是以完颜部方言为基础确定其音值、字义和字形的。同时也吸纳了其他女真方言的代表性的语音特征以及大量词汇。女真各方言之间存在不同程度的差别,尤其是金、明两代的女真语之间产生了较大差距。这一差距从金代碑文和《金史》中记载的女真语以及明代所编《女真译语》的女真语不同完全可以看得出来。女真语与满语和锡伯语比较接近。女真语词汇中与满语共有的成分约占70%左右。句法结构以及形态结构与满语也基本相同,并有极系统的黏着型词缀。除此之外,女真语里也有相当数量的赫哲语、那乃语、奥罗奇语以及其他通古斯诸语间共有的基本词汇。女真语没有长元音,重辅音只在闭音节后边接上辅音开头的音节时才能出现。在元音i、u后面接触其他元音时,产生过渡性半元音y、w之音变。女真语有较严格的元音和谐现象,而且分有阳性元音、阴性元音和中性元音。女真语里没有以r开头的词,词首辅音一般以与元音或音组合成音节的形式出现。女真语中没有复辅音。女真语词汇中有关狩猎、山水草木等自然物的名词术语以及畜牧业方面的词语相当丰富。由于女真人和农垦文化接触较早,所以在他们的词汇中也有一定数量的农垦文化词语。并且,从契丹语、汉语和蒙古语那里借入了不少新词术语。女真语词类分名词、形容词、代词、数词、动词、后置词、副词、连词、感叹词等。女真语形态结构较复杂。名词有数、格等形态后缀,格形态一般分为主格、领格、位格、与格、定格、宾格、造格、从格等。主格以词干形式表示,其他格均用词缀或特定后置词表示。女真语动词有态、体、式等形态变化。动词一般位于句尾。句型特征是动词谓语句要比其他词做谓语句多。句子成分中有主语、谓语、宾语、补语、修饰语、限定语等。其中主要成分是主语和谓语。主语在前,谓语在后。宾语在谓语前出现。定语在被修饰语前出现。补语主要在动词前使用。女真语句型为sov。句子分单句和复句。复句结构较复杂。

女真文资料虽然有过不少,但现在所见的并不很多。其资料一般分文献、金石、黑迹三大类。其中金代的文献资料有《女真字书》《女真小字》《女真字母》。金代也有用女真文译写的《易经》《尚书》《孝经》《论语》《孟子》《老子》《杨子》《文中子》《史论》《汉书》《新唐书》《百家姓》《家语》《贞观政要》《白氏策略》《盘古书》《太公书》《伍子胥书》《孙膑书》《黄氏女书》等书。这些书均已早佚,只见于后人辑录的金、元《艺文志》中。现在我们熟悉的女真文文献有明代的《华夷译语》内的《女真馆来文·杂字》,即《女真译语》《方氏墨谱》以及日本《吾妻镜》等书中的女真文。而且,《华夷译语》分有永乐《华夷译语》和会同馆《华夷译语》。永乐《华夷译语》的《女真译语》抄本有柏林本《女真译语》、东洋文库本《女真译语》、北京图书馆藏明抄本《女真译语》、翁覃溪藏本《女真译语》、罗福成氏手写《女真译语》。上述几种《女真译语》一般都分为杂字、来文两部分。杂字专辑语汇,来文则移录当时进贡表文。会同馆《华夷译语》只有语汇,没有来文。并且书中的女真语词汇与满语较为接近。女真文金石资料要分石刻与印、镜等文字种类。女真文石刻资料主要有《大金得胜陀颂碑》《女真进士题名碑》《奥屯良弼饯饮碑》《奥屯良弼诗碑》《海龙女真国书摩崖》《朝鲜〈庆源郡女真国书碑〉》《朝鲜〈北青女真国书摩崖〉》《奴儿干都司〈永宁寺碑〉》等。这些石碑上均不同数量地刻有女真字。有的石碑上是以汉字和女真字对译形式刻写的。其次,在印、镜上发现的女真字资料主要有,《〈可陈山谋克印〉侧女真字》《〈移改达葛河谋克印〉侧女真字》《河头胡论河谋克印》《和拙海蛮谋克之印》《夹浑山谋克印》《咸平府谋克官造镜》《叩畏猛安铜镜》《绶带纹铜镜》《女真文画押铜印》等。除此之外,也有一些像《弹琴峡女真文题字》《白塔女真文题字》《陕西石台孝经顶部发现女真文书残页》《吉林省发现的女真文题字》等女真文墨迹资料。所有这些资料对女真语言、文字、语音、词汇、语法、形态结构的研究及对女真语和其他语言的关系研究均具有十分重要的作用。

2. 满洲语言文字

满语是明代由女真语演变而来,满语属于满—通古斯语族满语支语言。满洲不仅有自己的语言,同时也创制过自己的文字,称其为满文。满文是自左向右竖写的一种拼音文字。满文是清太祖努尔哈赤命额尔德尼和噶盖二人参照蒙古回鹘文字母于1599年创制的。当初的满文字母数目和形体与蒙古回鹘文字母基本一致。该满文被使用30余年之后,于1632年清太宗皇太极令达海对满文加以改进。达海为了更清楚地区分语音之间存在的各种差别,在有关满文字母旁加上了区别语音特征的圈或点。同时还改变了某些字母的形体、增加了专门拼写外来音的字母,改进了有关字母的拼写方法。改进后的满文具有了更加完善的字母体系和拼写规则。并和原来的蒙古回鹘文字母间有了明显的区别。人们称1599年创制的满文为老满语文或无圈点满文,而把1632年文字改革后的满文称为新满文或有圈点满文。满文主要是以京旗满语方言为基础创制的。

满语元音为a、e、i、o、u、ū;二合元音为ai、ei、oi、ui、eo、oo、io、ao、ūi、ia、ie、ua、ue、ūa、iu、iū;三合元音为iai、iei、uai、ūai、uei、ioo、ioi、ioa、ioe;四合元音为ioai、ioei。辅音为n、k、g、h、b、p、s、š、t、d、l、m、c、j、y、r、f、w、ng、ts`、dz、ʐ,其中ts`、dz、ʐ用于汉语借词。满语元音有较严格的元音和谐规律,并分阳性元音、阴性元音、中性元音。元音a、o、ū属阳性元音,e属阴性元音,i和u则属中性元音。其和谐规律主要产生在同性元音内,中性元音可以和阳性元音、阴性元音发生和谐关系。不过,在个别词或借词里也能见到阳性元音和阴性元音同时被使用的现象。满语复合元音一般都在词中或词尾出现,词首出现较少。辅音ng和r在满语中不使用于词首。满语音节结构以开音节居多。元音或复合元音可以单独成为一个音节,也可以与辅音相结合构成音节,但辅音不能自成音节。即满语音节是由元音为主构成的,一般说来一个词中有几个元音就分几个音节。音节结构主要有cv、vc、cvc、v四种。

满语词汇中有关牧业、渔猎、骑射以及自然物方面的内容非常丰富。后来又增加许多关于宫廷文化及军事方面的词汇。有一定数量的来自蒙古语、达斡尔语等北方诸民族语言和汉语的借词。北方诸民族语言借词属早期借词,汉语借词虽然在数量上远远超出了北方诸民族语言的借词,但基本上属于后期借词。满语内也有一些来自藏语佛教方面的借词。满语词汇中有相当数量的派生词和合成词。派生法和合成法是满语主要构词手段。

满语的词类分为名词、动词、形容词、代词、数词、量词、副词、连词、后置词、语气词、模拟词、感叹语等。其中,名词、动词、代词、形容词、数词可以独立充当句子成分,并有数、格、时、态、式等形态结构。数形态有单数和复数之分。单数由词干形式表示,复数用词缀 - sa/ - se/ - si/ - so/ - ta/ - te/ - ri 表示。格形态有主格、属格、方向格、宾格、位置格、工具格、从比格、经格等。其中主格用词干形式表示,其他各格的词缀为,属格 - ni/ - i,宾格 - b,方向格 - de/ - ci,位置格 - de,工具格 - ni/ - i/ - de,从比格 - ci/ - deri,经格 - b。满语的属格和工具格、宾格和经格的格词缀在语音结构上都完全相同。方向格和位置格、方向格和从比格的格词缀中也有在语音方面相同的现象。要分析这些语音相同的格词缀在句子内表现出的不同语法新意义,主要看格词缀在句子里发挥的语法功能以及所处的语言环境和句子所表示的语义结构等。形容词有级形态,分为原级、最高级和比较级。其中一般级以形容词的词干形式表示,其他各级形态由专用附加成分或副词来表示。

满语中的动词是各类词中最活跃的一种词类。不仅形态变化丰富,而且数量也很大。动词的形态分主动态、被动态、使动态、方向态、互动态、齐动态、持续态七种。除主动态外,其他六种态都有附加成分表示。使动态 - bu,被动态 - bu,方向态 - na/ - ne/ - no,互动态 - no/ - du,齐动态 - ca/ - ce/ - co,持续态 - ta/ - te/ - da/ - de/ - ta/ - te/ - ca/ - ce/ - co/ - ja/ - je/ - jo 等。其中,使动态和被动态词缀完全相同,是根据句中补语接缀的不同格词缀作为它们的区别特征。满语动词有三种时制:现在—正在时、现在—将来时、过去时,以动词词根缀以附加成分表示。动词的式形态主要分陈述式、否定式、疑问式、命令式、请愿式、虚拟式六种。式形态以词缀或词缀加助动词、副动词的形式表示。副动词分并列副动词、顺序副动词、条件(假设)副动词、连续副动词、直至副动词、极尽副动词、延伸副动词、未完副动词、伴随副动词、程度副动词等。而且,每种副动词都有特定词缀表示。现在—正在时形动词、现在—将来时形动词、过去时形动词、否定式形动词、所有形形动词,分别以词缀表示。满语词组结构也比较复杂,分联合词组、偏正词组、动宾词组、主谓词组、补谓词组、后置词组、能愿词组、数量词组、助动词组、同位词组十种。满语句子的主要成分有主语、谓语、宾语、定语、状语、补语六种,还有同位语、插入语、呼语等句子的特殊成分。句子内主语在前、谓语在后。宾语位于谓语之前，定语用来修饰主语和宾语，状语和补语用来修饰谓语。满语句子的类型为 sov 结构。句子程序是：定语—主语—（定语）—宾语—状语（或补语）—谓语。句子还分陈述句、疑问句、祈使句和感叹句。按句子的大小结构还可以分单句和复句，复句还进一步分包孕句、并列句、主从句、多重句、引用句等。其中主从句较复杂。满语的诸多语法结构和句法结构基本上与词缀、虚词有关。满语不仅有黏着性词缀的形态特征，又有大量使用虚词作为表达语法意义的手段。由于满语长期受汉语影响，使满语不仅在语音结构以及语音组合规律等方面产生了一定的变化，同时，在有关句子结构上也发生了一些变异。

3. 满文的应用与满文文献的产生

满文 1599 年初创，于 1632 年改制，后又经过一定阶段的过渡时期，逐渐成为一种成熟的文字，被广泛应用于社会的各个方面。

随着满族社会的迅速发展，满文字的应用范围不断扩大，文字书写形体也日趋多样化，不仅有楷体（印刷体）、手写体，还有仿照汉字的满文篆体。随之产生了大量的满文文献。按文字划分，无圈点老满文文献为数不多，且以官方记述为主；加圈点新满文（包括过渡时期的新满文）文献占比重较大，且种类丰富多样，既有大量的档案文献和满文著述文献，对汉文原著的翻译文献，还有一定数量的碑刻和谱牒文献。内容涉及政治、经济、军事、外交、文化以及自然科学等多方面。

（1）老满文文献

从老满文的创制到改革前后仅三十余年，由于满文是草创而成，存在不少缺陷，加之是自上而下在女真社会中推广使用，因此，在此期间所形成的满文文献数量十分有限，主要为官方记述文献。尽管女真社会中有一部分平民也在使用老满文书写信件，但并没有民间文献形成，至少目前仍未发现有除官方文献以外的老满文文献。即使是官方老满文文献也十分有限，且以档案类居多。在此，仅选其中几部具有代表性的文献，略做介绍。

①《满文老档》

《满文老档》是现存最早的满文文献，为满族入关前用满文写成的编年体的官方原始文献记录。它真实地记录了上自努尔哈赤建立后金之前九年，亦即明万历三十五年（1607 年），下至皇太极崇德元年，也就是明崇祯九年（1636 年）近三十年的历史。包括努尔哈赤统一女真各部，建立后金政权，而后对明朝政府进行战争，夺取辽东，建都辽阳、沈阳，以及皇太极继位后，继续进兵辽西，并数次深入关内，屡挫明军等等军政大事。其中涉及当时满族的社会组织、八旗制度、法律法规、外交、族内纷争、官员任命、生产和经济状况，甚至于宫廷生活、民情、风俗、天文、地理、气象等诸多方面。在《满文老档》中使用的既有老满文（自丁未年至天聪六年三月 1607—1632 年），也有改制后的新满文（1632 年 3 月后）。《满文老档》有原本、重抄草本、重抄正本几种不同本子。《满文老档》原本通常被称为《无圈点老档》或《满文原档》，形成于清入关前。《无圈点老档》是最为原始的版本，是以无圈点老满文为主、兼以加圈点新满文并间杂蒙古文和个别汉文书写的、记载满洲兴起和清朝开国的史事档册，也是最为系统、最为珍贵的清太祖、太宗时期编年体的史料。皇太极天聪三年（1629 年）设置文馆后，分别由儒臣库尔缠、希福、达海、尼堪、布尔善、艾巴礼、准泰等 7 人辑录而成，[①]现存四十册，皮藏于台北市士林外双溪故宫博物院。至乾隆朝，《满文老档》的原本纸张由于年久糟损而重新抄写，从而形成了《无圈点字档》（底本，又称草本）和《无圈点字档》（内阁本），恭藏阁府。后以新满文音写两份，即《加圈点字档》（底本）和《加圈点字档》（内阁本）；另专为阿哥书房办理一部，即《加圈点字档》（上书房本）；再为贮藏盛京崇谟阁办理两部，即《无圈点字档》（崇谟阁本）和《加圈点字档》（崇谟阁本）各一部。《满文老档》是对这些不同版本的统称。

作为满族最早、最原始的历史文献，《满文老档》是十分珍贵的民族文化遗产，不仅具有重要的史料学价值，为研究清史、满族史特别是清入关前历史最重要的参考文献，而且具有极高的语言学价值，为研究早期满语口语以及满文文字发展演变史的珍贵资料。

②《后金檄明万历皇帝文》

1996 年，俄罗斯学者庞晓梅（Tatiana A Pang）、意大利学者斯达理（Giovanni Stary）于巴黎给买博物馆的补充手稿中首次发现了《后金檄明万历皇帝文》老满文本。[②] 该文的汉文本被收录于《清入关前史料选辑》第一辑，原书“藏北京图书馆，大字印本，有残缺，上下封面已失，不分卷，无著者名氏，无序跋，折页处也无书名和页码，全文现存二十三页，每页十四行，每行十二

---

① 关孝廉：《〈满文老档〉原本与重抄本比较研究》，载《历史档案》1990 年第 1 期。

② 庞晓梅、斯达理：《最重要的科学发现之一：老满文写的〈后金檄明万历皇帝文〉》，载《满学研究》第六辑，民族出版社，2000 年版。

字,只有第二页为十六行,每行十五字,总四千余字。……它以檄文的形式,举出我国历史上兴亡的十九个例子,以证明后金必胜,明朝必败的道理,从而为后金入主中原、夺取全国政权制造舆论。”①

老满文本《后金檄明万历皇帝文》的发现,对前清史、满族史和满族文化史的研究无疑是一个非常重要的发现,不仅可以补汉文本之不足,而且作为满族统治者发给汉人的一种文书,具有较高的史学价值和文献学价值。

③《逃人档》

清入关前的档案文件保存至今者极少,现今中国第一历史档案馆收藏的满文档案中,在努尔哈赤和皇太极时期的满文档案仅有几种。其中有一册八旗值月档,专门记录逃人事宜的档册,叫《逃人档》,记录时间为天命十一年(1626年)十月至天聪四年(1630年)十一月间。主要记载了后金逃往外地及从外地投到后金人员的情况,共计148件。该档形成于清入关前的盛京,均用无圈点老满文书写,所以又称为《盛京满文逃人档》。②

《逃人档》不仅提供了许多迄今仍鲜为人知的太祖、太宗交替时代的原始资料,是我们了解清入关前,后金社会状况和民族关系的重要文献,具有极高的史料价值,而且是一部了解《满文老档》(原本)成书过程的珍贵资料,具有较高的文献学价值。

(2)新满文文献

1632年老满文改革后形成的新满文,经过一个阶段的过渡,日渐成熟,开始为满洲人所接受并广为使用,成为他们之间交流的主要工具。而清朝皇帝对满语文的推广使用起了至关重要的作用。自满族入关后,顺治、康熙、雍政三帝都十分重视满语文的推广使用,将其作为官方使用的语言文字,尊为“国语”“清文”,并采取有效措施,促进满语文的广泛应用。如设立官学,设专门满文教习,教授满文和满汉翻译;在选拔官员时,以“通满文意者”作为晋升条件;规定一些官方文书都必须用满文书写;修纂一批满文学习书籍,等等。至乾隆朝,推广和应用满语文的各种政策和手段得到进一步加强。在办学推广满语文方面,不仅保留了前朝的各类学校,而且增加了很多,将办学范围由内地扩大到边陲少数民族地区,如齐齐哈尔、墨尔根、瑷珲

① 《后金檄明万历皇帝文》编者按,载潘喆,孙方明,李鸿彬编《清入关前史料选辑》第一辑,中国人民大学出版社,1984年版,第289页。

② 中国第一历史档案馆:《盛京满文逃人档》,载《满学研究》第二辑,民族出版社,1994年版。

等地区。并对满语文的学习和使用做出严格规定。“清语尤为本务,断不可废”,“宗室、章京、侍卫有不谙清语者,定从重治罪。”①

同时,乾隆皇帝还对满语文做了进一步规范:增加满语文的词汇,使满语更加丰富,更便于人们在社会生活中使用;使汉语借词更趋于满语化,使读音更加准确;规定汉语同音多义字满文译法。可以说,满语文在乾隆时期得到进一步完善,达到了发展的顶峰时期。在官方的努力倡导下,满语文的应用范围也不断扩大,大量的满文文献也应运而生。至乾隆中后期,随着满族吸收汉语汉文化程度的加深,满语文开始渐趋衰落,直至最终不再作为交际工具使用。因此,满文文献主要产生于顺、康、雍、乾四朝,自嘉庆朝后,满文文献明显减少。

清代满文文献的形成主要有两种方式,一种为刻印,一种为抄写。清入关后,其政治机构、典章制度、科举制度等仍沿袭明朝旧制。清朝的刻书事业也沿袭了明代的体制,主要分为官刻、坊刻、私刻三大部分。其中官刻文献数量最多,规模最大。坊刻、家刻作为官刻的补充,为清朝图书事业的繁荣同样发挥了重要作用。

清代官府刻书可分为中央与地方两级,中央归内务府掌管。举凡中央各部院衙署和各机构所刻之书,通常称为“内府书”。康熙十九年(1680年)在武英殿设置刻书处,派翰林院总领其事,掌刊印装潢书籍,从此“内府本”遂称殿本或殿版。殿版书的共同特点是刻工精细,纸墨精良,不少品种采用上等开化纸,部分书版多色套印。清代满文刻书同汉文刻书一样,以武英殿刻本最为著名,而殿本尤以乾隆朝版本最为繁荣。清代修书各馆除武英殿、国史馆、方略馆等长年开设外,还有例开的修书馆如实录馆、玉牒馆,每届修书时开馆,书成即闭馆;特开的修书馆如明史馆、会典馆、文颖馆、三礼馆等。

清代历朝官本几乎都由武英殿承刻,内府书籍如实录、圣训、御制诗文、御纂经典等,统由武英殿刊版印行。特别在康、雍、乾、嘉等几朝刻印了大量精美的满汉文献。

顺治朝共刊刻满文图书近二十部,其中以翻译汉文典籍较多,内容涉及历史、文学、军事等方面。如,顺治三年(1646年),刻有查布海、苏纳海等译的《金史》《元史》,希福等删译的《辽史》(故宫藏品),这是清入关后首次刊

① 《清高宗实录》卷一三八。

印的满文图书,也是我们现在能见到的最早的满文刻本;顺治三年刊印的《洪武宝训》则是入关后翻译的第一部汉文典籍。顺治七年(1650 年),刻有由罗贯中著、祁充格等译的《三国演义》,现存国家图书馆。顺治八年(1651 年),皇帝亲政,这个时期以皇帝名义撰写、编纂了一批宣扬儒家思想的文献,且多数以满汉两种文本刊印,如顺治十年(1653 年)的《劝学文》《御制人臣儆心录》,顺治十二年的《资治要览》《劝善要言》等。①

康熙朝大约刊印了二十多部满文图书,主要为一些法律图书和对儒家经典著作进行翻译或解释的著述。如在康熙十六年(1677 年),刻印了《日讲四书解义》26 卷;十九年刊印《日讲书经解义》18 卷;在康熙二十九年,刊印了清代第一部《大清会典》(满文),141 册,162 卷。

雍正朝武英殿刻书种数不多,但卷数非常可观,远远超过康熙朝刻书,以官方政令、律例居多。如雍正三年的《钦定吏部处分则例》16 册,47 卷,《钦定吏部铨选官员则例》4 册,4 卷,《钦定吏部铨选汉官则例》,存 3 册,3 卷,满汉合璧的《清文启蒙》等等。

武英殿所刻满文典籍最多的是在乾隆朝,无论从内容、数量和书品上看,都超过了前三朝。如,政治法律类有乾隆五年(1740 年)的《大清律例》,乾隆七年、四十八年、六十年的《钦定吏部则例》,宗教类有极为珍贵的满文《大藏经》,现存 76 函(故宫藏品),《金刚经》54 页(国图藏品);语言文学方面的有《清文汇书》多种版本,《御制增订清文鉴》48 册,46 卷,等等。

嘉庆以后,武英殿刻书日渐衰落。所刻满文图书以继刻、重刻前朝典籍居多。如嘉庆二年(1802 年)刊刻的满汉合璧《清文补汇》为乾隆五十一年刻本的重刻,道光年间刻印的《续纂中枢政考》为乾隆年间《钦定中枢政考》和《钦定增修中枢政考》的继修。但也有少量为新刻图书。

4. 满语满文的使用

满文创制后在东北各地设立满文学堂,教授满文。当时,除满族外,东北诸民族也兴起了学满文的热潮。许多成年人自觉学习满文的同时把孩子送到满文学堂读满文。清朝王府迁燕京后,满文成为清朝重要的官方文字。在顺、康、雍三朝各种军政要务均以满文书写;在乾、嘉、道三朝重要军政要报及文件也用满文书写,但例行公文多用满文与汉文合璧形式写;在咸、同、

① 参见黄润华、史金波《中国少数民族古籍版本》,江苏古籍出版社,2002 年版,第 42 ~ 45 页。

光、宣四朝，虽然满文公文逐渐减小而汉文公文日益增多，但清朝政府还是明确制定了唯有满文是官方文字的政策。18 世纪中叶开始满文的使用率逐年下降，到了辛亥革命以后，满文基本上退出了历史舞台。

满语起初主要被东北地区的满族使用。后来随着满族的强大，领土的不断扩大以及清朝政府的建立，满语的使用人口快速增多，满语的使用范围从东北逐渐向南推进。尤其是 1644 年后，清王朝逐步统一了中国，满语被定为“国语”“清文”之后，满语以更快的速度向各地传播，当时学满语、讲满语已成为社会的一种时尚。其中受影响最深的是东北诸民族，其次中原地区和全国各地的上层阶级也不同程度地接触过满语，这使满语的使用率达到历史上的最高点。不过，与此同时满语也不断受到汉语的影响，满语中的汉语借词也越来越多。

伴随汉语言文化对满族语言文化的不断渗透，满洲贵族阶级和文化人对汉族语言文化产生了浓厚的兴趣，从而开始积极、主动地接触汉族语言文化，学习汉语汉文、使用汉语汉文自然成了满族中的一种风气。其结果满语从南向北逐步汉化。约 18 世纪末 19 世纪初开始满语的使用范围以惊人的速度缩小，使用人口也逐年减少，到了清朝末年满语的使用范围就仅限于东北满语的聚居区。现在只有黑龙江黑河市的爱辉镇、大五家子、蓝旗村、卡伦山、孙吴县四季屯、富裕县三家子满族村、泰来县依布气满族村等地区的约 20 多位 60 岁以上的老人会说满语。50 岁左右的满族人中也有一些会说或能听懂、不会说本民族语的人。其中富裕县三家子村是满语保存最好之地，其原因是三家子村地理位置偏僻，加上交通闭塞，直到 20 世纪 50 年代才修了通往县城的土公路，因此外界进入的人员较少，从而在客观上为本村原有的语言设立了一道天然保护屏障。该村满族人口在 1961 年尚占全村总人数的 84.7%，但到 1986 年却只占 50% 左右，多民族杂居在一定程度上破坏了满语使用的环境，加速了此地满语使用群体转用汉语。①

满语濒危化是受生态、社会、心理、语言等因素的影响而逐渐形成的。语言是交际工具，因而它的存在和发展始终要靠其使用者（即它的语言集团）对它的使用和维护来保证，一旦使用者的人口规模跟所接触语言集团的

---

① 赵阿平、郭孟秀、唐戈：《满—通古斯语言文化抢救调查——富裕县三家子村满族语言文化调查报告》，《满语研究》2002 年 2 期。

人口规模发生此消彼长的悬殊改变，则规模劣势方语言的交际作用就将发生衰退，促使使用者人口规模减小的客观原因有使用人口基数少、分布杂居、族际通婚、文化压力、经济发达与文化繁荣导致的交际频繁等。以非本族语作为媒体语言和教学语言，使本族语在竞争关系中更显劣势，加速了它的濒危。开放的民族心理和开明的语言态度是语言取舍和转用的主观动因，这些主客观原因都是引发语言濒危化的非语言因素。就语言本身的原因来说，大批量借词或词汇转用是语言转用直至本族语濒危的先兆，它导致词法、句法、语音的一系列连锁变化，从语言的外部变化看，满汉语的转用呈“满语单语→满汉双语→汉语单语”的轨迹，但从语言的内部变化看，因为所操语言中的本族语固有成分逐渐淡出，外族语成分逐渐强势进入，所以满汉语的转用似乎又呈“满语→满汉语相互影响→汉语”的轨迹。具体地说，第一阶段是满语单语；第二阶段是满汉双语，此时满语在一定程度上表现出汉语特征；第三阶段是汉语单语，此时至少在初期阶段表现出一定程度的满语特征。因此满汉语的转用其实是系统切换方式（第一轨迹）和系统变异方式（第二轨迹）的合力结果，亦即系统突变方式和系统渐变方式互相推动的结果。①

（二）文学艺术

满族在形成发展中，尤其自清代入关以后，在文学和艺术方面取得了辉煌成就。清代的满族作家有数百人之多，他们在诗词文赋、小说戏曲等领域创作出大量作品。从清初开始满族文学家就开始涌现，诗坛上有名的有鄂貌图、岳端、博尔都、赛尔赫、文昭等。词坛上的纳兰性德被称为“清初第一词人”，他的词以“真切”胜人一筹，其词作《饮水集》在清代，乃至现代都产生了相当大的影响。

清代中期，满族文学发展更为繁荣，作家作品大量涌现，形成了独立的文学风格和文学力量。诗坛上出现了敦诚、永忠、铁保等一大批诗歌名家。词坛上女词人顾太清（西林春）声名远播，她的词集《东海渔歌》受到了很高的评价。在八旗词人中有“男中成容若（纳兰性德，字容若），女中太清春（顾太清名春）”之誉。在小说方面，曹雪芹的《红楼梦》、文康的《儿女英雄传》都是家喻户晓的作品，在中国小说史上占有极为重要的位置。和邦额的短

---

① 赵阿平：《满语、赫哲语濒危原因再探》，载韩国《ALTAI HAKPO》，2009 年 6 期。

篇文言小说《夜谭随录》,也是清代小说中的重要作品。另外还出现了大量满文翻译作品,成为满汉文化交流的成果。出现了散文名家麟庆,他的《鸿雪因缘图记》以散文形式记述一生的经历、思想,别具一格。

在清代,满族不仅创造了灿烂的满族文学,而且对整个中国文学的繁荣发展也做出了贡献。

1. 文学

(1)满洲上层文学

满洲这个族称是在努尔哈赤统一建州女真、海西女真、东海女真,征服蒙古之后,由皇太极下令使用的,反映众多氏族联合统一的现实,以示强大。在《满文老档》天聪九年记载中可见多处有满洲人、满洲兵和满洲国的称谓。

满洲由族称变为国号始见皇太极当权时代。据《清太宗实录》载:天聪元年在给锦州二太监复书中,自称"大满洲国天聪皇帝"。天聪十年四月十一日,皇太极接受尊号,祭告天地时,自称"满族国皇帝臣,敢昭告皇天后土之神。"从此"建国号大清,改元为崇德元年",[①]结束了族称国号混用时代,恢复了满洲仅限为族称的含义。

总之,满族文学的历史并不悠久,它的诞生在明代末叶。虽然民间口头文学往往早于作家的书画创作,但人所熟知的有关努尔哈赤的很多传奇故事,也多是产生在努尔哈赤称汗之后。

有清一代满族文学家近五百人,他们的著作至少有六七百种,在少数民族文学中实属罕见。满族入主中原前后,其文化与历史悠久、雄厚丰富的汉文化形成悬殊差距。形势迫使满族上层人士产生强烈的求知欲,从而也促进了文学创作。

满洲统治集团为了适应入主中原后统治广大具有高度文化汉人的需要,必须迅速提高自己的文化水平,从而开始学习汉文化典籍。皇太极在天聪三年四月设文馆,命达海、刚林等翻译汉文书籍,其中有《通鉴》《六韬》《孟子》《三国志》《大乘经》。到了康熙时代出现了翻译高潮。"圣祖仁皇帝欲俾不识汉文之人,通晓古事,于品行有益,曾将《五经》及《四子》《通鉴》等书翻译刊行"。除官方倡导的译书外,与之同时"稗官小说盛行,满人翻译者众"。《封神演义》《列国志演义》《两汉演义》《三国演义》《西游记》《南宋演

① 《清太宗实录》。

义》《西厢记》《连城壁》《十二重楼》《八洞天》等都有满文译本。汉文化典籍的翻译对满族文化水平的提高起到了有效作用。[①]

然而通过译文掌握汉文化典籍，远不如直接掌握汉语文便捷。强烈求知欲使清历朝统治者潜心于汉文化经典与文学。“圣祖尝自言，年十七八时，读书过劳，至于咯血而不肯少休。老耄而手不释卷，临摹名家手卷，多至万余，写寺庙匾榜，多至千余。”乾隆热衷学习，文化知识渊博，在我国古代帝王中少见。他的“御制诗共五集，合计得诗四万一千八百首，而潜邸所著《乐善堂全集》尚不在此数。伊古以来帝王制作，未有若此美富者。”清代皇帝——特别是清前期的皇帝，在学习汉文化、文学方面率先垂范，对满洲上层人士学习汉文化与文学起了强大的带动作用。

清前期皇帝督责皇子、王公子弟学习汉文化、文学极为严格。赵翼《檐曝杂记》载：“本朝家法之严，即皇子读书一事，已迥绝千古。余内值时，届早班之期，率以五鼓入……惟内府苏喇数人往来黑暗中，然已隐隐望见白纱灯一点入隆宗门，则王子进书房也。天家金玉之体，日日如是。既入书房，作诗文。每日皆有课程。未刻毕，则又有满洲师傅教图书，习国语及骑射等事。”[②]这是皇子的学习情况，近支王公子弟在上书房学习也是如此，而且定期考核。他们都长于汉诗文和书法。

满洲王公贵族、豪门子弟都延聘汉人中名儒学者作为家塾教师，江南文人尤受青睐。他们尊敬江南文人，实际是崇拜汉族优越的文化。在康熙时代满洲王公贵族广交汉文人，形成一时之盛。岳端、博尔者、纳兰性德、揆叙、文昭都分别和一批汉族名士有深厚友谊。

满洲皇室、王公贵族、官宦子弟所以热衷学习汉族文化经典、文学创作，除政治需要、文学渴求外，与其多是上层人物，非生产者，且具有优越的社会地位、经济条件有密切关系。偏远地区的无职满洲下层民众，既无迅速提高文化、文学水平的需求，也无延聘汉人师傅、结交汉人名士、购买汉文化典籍的条件。

（2）满族民间文学

满族民间文学有神话、传说、故事、民歌、说唱文学等。满族神话中天地

---

① 张佳生《清代满族文学》，辽宁民族出版社，2009 年版。

② 赵翼：《檐曝杂记》。

形成和万物起源,与原始宗教——萨满教相联系。萨满教把宇宙分为三层,即天上国、地上国和地下国。传说天上国是神居住的,地上国是人居住的,而人是天神阿布凯思都里按自己的形状造出后放在面缸里置于水上才有的,地被四条大鱼驮着,鱼饿了摆动即发生地震。山岭是恶神那路里的尸骸。他居住的地方是地下国。此外还有许多关于医药、火、衣服、住房等神话。这些神话表现了原始社会满族先民们丰富的想象力。女真时期的《女真定水》和《天池》之类的神话反映了治洪、治火斗争,表现了他们征服自然的愿望。

满族传说,有始祖传说、英雄传说和风物、习俗传说等,《库布里雍顺》《天池仙女》《天女生天童》《三姓的传说》是关于满族主体建州女真始祖库布里雍顺的几种传说。佛库伦吞朱果怀孕应属母系社会婚姻制度遗迹的反映。在《小罕占龙脉》《小罕诞生记》《小罕挖棒槌》等关于民族英雄清太祖努尔哈赤的传说中,人们按本民族的性格塑造了淳厚朴实、坚韧不拔、勇敢抗争和知恩重义的小罕形象。《珠浑哈达的传说》《红罗女》《百花公主点将台》质朴而真实地反映了满洲人民的审美观念。这些传说几百年来一直在全民族范围内流传。满洲的风物传说尤多,内容多与满洲人民的挖参、狩猎、捕鱼、骑射等特有的生产生活相结合,更增强了传说的特殊风采。有些传说往往将某种民族习俗同一位令人敬仰的故事人物的正义行为联系起来,使之具有较深刻的思想性和较高的人民性。[①] 满族民间故事以晚清时期为最多。有追求真挚爱情的《泪滴玉杯》《尼雅岛》《红裙妹》,有反对封建礼教桎梏的《姑妈妈》;有歌颂善良反对邪恶的《黄瓜开山》《小龙头》;有反抗官府压迫统治倾诉人民疾苦的《胭脂色的宝马》《采珍珠》;有揭露统治阶级内部矛盾从而鞭挞清王朝反动统治的《奕老疙瘩》;有直接把反抗矛头对准最高统治者的《黑妃娘娘》《一夜皇妃》《咸丰买凉粉》;还有许多反映爱国的抗俄故事如《萨布素驯牛》《萨布素买军草》《海兰泡和大将军》《毛子坟》《道尔玛法》等。

满族原是能歌善舞的民族,史料记载"踏锤""莽势""秧歌"以及 1949 年 10 月前还存在的"拉空吉""达穆特里"等都有满语歌词,但后来大都失传。长篇说唱故事中,目前搜集到的最有价值的首推《尼山萨满》和《莉坤珠逃婚记》。

---

① 张佳生:《清代满族文学》,辽宁民族出版社,2009 年版。

满族民间还有“摇篮曲”“闯十层”等俚俗小调和萨满神歌，以及入关后受汉文化影响借用其小调填词的民歌。如反侵略斗争的《悠悠调》《快关门》；表现忠贞爱情的《清江引》；抒发反战心理的《十二月》；祈愿美好生活的《萨满祭歌》；控诉满汉不通婚制度造成悲剧的《王小兰》等。

历史上曾出现过渤海文化、金源文学和清代文学，满汉文化有过三次大的融合，满族作家文学深受汉文学传统的影响。清入关以前满文创制以后，曾有记事体的多达180册的《满文老档》，是额尔德尼巴克什和巴海巴克什等关于当时重大事件的撰述，具有文学性。它通过人物的行动和个性化语言，刻画人物性格，取得了相当大的成功，对当时和后来的满族士子都有深刻的影响。入关后，清朝统治者为了缓和满汉民族矛盾，加强统治，十分注意吸收和学习先进的汉文化。继续大量翻译汉文典籍和文学作品，启用汉人学者任教，康熙皇帝玄烨是清代第一个能用汉文写诗的帝王。在他的影响下，满族宗室贵胄们延请汉文人名士教习自己子弟蔚然成风。清代用汉文写作的作家达数百名，仅《八旗艺文编目》中收录的属于满族旗人的诗文集便有600多部，其中女词家诗人也有近30名。①

满族作家文学诗词最多。其中最有成就的是纳兰性德。铁保纂集的《熙朝雅颂集》长达130卷。纳兰性德、鄂貌图、高塞、岳端、博尔都、纳兰氏、揆叙、何溥、鄂尔泰、讷尔朴、赛音布、塞尔赫、长海、文昭、图鞳布等人的诗集中大多具有蓬勃奋发的向上精神。甚至玄烨的某些篇什，如《松花江放船歌》《剿噶尔丹大捷》和一些农事诗之类的篇章，也表现出一个雄才大略的君主致力江山统一、渴望国泰民安的气魄与抱负。

清代中叶，由于宫廷中争夺储位的斗争激烈，造成一批政治上失意的宗室文人。在文网罗织下唱出了预兆封建制度没落衰朽的哀音，如永忠的《延芬室诗稿》、敦诚的《四松堂集》、敦敏的《懋斋诗钞》中的许多篇什皆属此类。只有铁保的《试马》《戈壁》《塞外听雨》等诗粗犷豪爽、生气勃勃，还保持着游牧民族的气质。

晚清满族诗坛萧条，成就较高的诗人只有顾春、奕绘、英和等寥寥数人。顾春词深稳沉着，不琢不率，浑朴真挚，有“清代第一女词人”之称。奕绘关于描写挖煤工人、捕虫工人、炮手之子、放羊娃和街头卖艺者的诗词，表现了

① 张佳生：《清代满族文学》，辽宁民族出版社，2009年版。

对下层劳苦大众的同情。

满族小说有文言短篇小说和白话长篇小说两类。和邦额的《夜谭随录》收文言小说140余篇,借谈狐鬼抨击贪财好利、滥杀无辜的酷吏和悭吝贪鄙、一毛不拔的财主,他同情饱尝战乱之苦的百姓,关心下等旗人的困境,作品属于暴露文学。庆兰的《萤窗异草》风格内容与之相近,二者皆具有情节曲折、结构完整,人物形象鲜明的长处。唯因其仿效《聊斋志异》而未受重视。

文康的白话长篇小说《儿女英雄传》,描写了清代官场的腐朽黑暗,塑造了具有反抗个性的十三妹。书中流畅的北京方言和旗人生活的形象描摹,构成了一幅幅民族风俗画,别有韵味。

满族演唱文学拥有一大批作者。乾隆年间的戴全德在《浔阳诗稿》中收入两本"西调小曲"。郑振铎在《中国俗文学史》中称赞他"有勇气",在古典主义全盛的时代,第一个脱出了这个古典的陷阱到民间来找新的材料。流行了一百五、六十年的《子弟书》也产生于这一时期,其作者多属满族下层士子,如罗松窗、韩小窗、鹤侣、缪东麟、喜晓锋、春树斋等。代表性篇目有《忆真妃》《露泪缘》《红拂私奔》《草诏敲牙》等。还有鹤侣的《侍卫叹》《老侍卫叹》《少侍卫叹》等,表现了旗人现实生活。《子弟书》的作者在叙事抒情、人物塑造、心理描写、场面烘托、气氛渲染上都有较高的技巧,许多段子至今仍在民间流传。满族说唱形式还有八角鼓、牌子曲、单弦、岔曲等。有的满洲人还参与了相声、京韵大鼓、东北大鼓等曲艺形式的创作。①

清代满洲作家散文的品类有实录和关于古迹、掌故、轶事、风物、习俗、岁时的考证和杂谈。较有影响的有昭连的《啸亭杂录》、西清的《黑龙江外记》、麟庆的《鸿雪因缘图记》、敦崇的《燕京岁时记》、震钧的《天咫偶闻》等。

2. 艺术

(1)书法绘画

在书法方面,清代的满洲涌现出众多名家。如康熙、乾隆都善书法。成亲王永瑆、吏部尚书铁保,都是当时第一流的书法家。另外如吞珠、图清格、英和、如山等人的书法也都得到社会的公认。

在绘画方面,名家更多。宗室中如慎郡王允禧、质亲王永瑢,还有赫奕、

---

① 张佳生:《清代满族文学》,辽宁民族出版社,2009年版。

黑寿、莽鹄立、西密扬阿、阿尔稗、庆保、耆龄、文祥等,在绘画界都享有盛誉。自汉军旗人高其佩首创指头画后,满族指头画名家不胜其数,成为当时指头画派的主力军。绘画方面最著名的是唐岱,他曾被康熙赐为"画状元",著有《绘事发微》一书。布颜图的声名也很大,他的画重视章法,简而能厚,著有《画学心法》。

剪纸艺术在满族民间广泛流传。过年过节,满族喜欢贴窗花,用各种彩纸剪成各种鸟兽花卉、古今人物,贴在窗户上,栩栩如生,充满活力。还有另外一种剪纸艺术,就是挂笺,或称挂钱。过春节时,家家户户用五色彩纸,剪成长约 40 厘米、宽约 25 厘米不等的纸块,中间镂刻云纹字画,如丰、寿、福字,下端剪成犬牙穗头,悬挂于门窗横额、室内大梁等处,五彩缤纷,喜气洋洋。最早挂笺是祭祖场所的装饰品,一般都是单数。

(2)音乐歌舞

满族歌舞也独具特色。满族歌舞早期比较简单,主要形式是举一手于额,反一袖于背,盘旋作势,众人以唱"空齐"配合,谓之"空齐曲",这种舞蹈称为"莽式"。在莽式舞中比较复杂的则糅进了各种动物的动作。在民间还有《笊篱姑姑舞》《太平鼓》等舞蹈。

清初以来,满族秧歌盛行。满族秧歌是吸取了汉人秧歌的形式发展起来的,但秧歌的人物和动作已经鲜明地满洲化。队中增加了反穿皮袄、身挎串铃、手持鞭子和身着八旗官员服饰的人物,人物动作增加了鹰、虎、熊、蟒等动物姿态。满族秧歌中还有满族特有的对刀把、碰肩、抱腰等数十种礼节动作。

八旗创造的子弟书影响最大,又称为"八旗子弟书",是一种曲艺演唱形式,盛行于北京和沈阳,满族人创作出许多曲艺节目,对其他曲艺尤其是大鼓的形成发展有深刻影响。

还有满族戏曲剧种"八角鼓戏",由满族曲艺八角鼓发展而来。满族先民在骑射渔猎之暇围在篝火旁,边说边唱边舞,并叩击自制八角鼓相和,娱其情志,逐步形成说、唱、舞相结合的艺术形式。清兵入关后,八角鼓和扬琴、琵琶、四弦、锣鼓等配合,吸收诸宫调、杂剧及各地民歌、小曲,形成牌子曲剧,多演唱历史和民间故事。

二、社会生活习俗

(一)服饰饮食

满族的衣、食、住、行习俗根源于长期所处的生态环境与生产活动，随着满族社会的发展变化，其衣、食、住、行习俗也逐渐变化改进。

1.服饰

满族先民在长期的山林狩猎生涯中，形成了利于马上骑射的服装。

袍(sijigiyan)，因系旗人所穿而被外旗人称为“旗袍”。其样式特点为：圆领，捻襟(大襟)，左衽，四面开禊，束腰，窄袖(有的带箭袖)。这种服装适用于骑射活动，便于上下坐骑。左衽与束腰，既紧身保暖，又利于马上活动，而且在行猎时，可将食品、用具等装进前襟。wahan“箭袖”，是在窄袖口前边再接一个半圆形袖头，一般为半尺长，形似马蹄，故又称“马蹄袖”。其便于狩猎出征，盘弓射箭，在冬季将其覆盖手背，可御寒。至清朝，官员入朝拜见皇上或其他王公大臣，都须将“马蹄袖”弹下，两手伏地叩头拜见，成为一种专门的礼节。

旗袍源于满族先民长期的狩猎生活。在辽金时期的女真人服装为“窄袖、盘领、缝腋”，“其长中骭(小腿)，取便于骑也”[①]。此为男式服装特点。满族进入辽沈地区后，清太祖努尔哈赤统一衣冠，定制“凡朝服，俱有披肩领，平居只有袍”[②]。即入朝时穿披肩领袍，谓之“朝服”；平时穿无披肩领袍，谓之“便服”。

“旗袍”的样式随着社会的发展而不断变化。满洲入关后，与汉人杂居相处，受到汉人“大领大袖”服装的影响，“箭袖”变为“喇叭袖”，后又由肥变窄。四开禊逐渐变为左右开禊，或根本不开禊，下摆由宽大变为收敛。这是由于骑射活动减少而适应于新的生产活动。清时，满族贵族和有身份的人仍穿带箭袖的旗袍，旗人百姓则以箭袖袍作为礼服。清朝《会典》规定，帝后的龙袍，亲王、贝勒、文武官员的蟒袍，都一律带箭袖，辛亥革命后，至20世纪30年代，满族男女皆穿直立式的宽襟大袖长袍，男旗袍下摆至踝，无纹饰。女旗袍下摆及小腿有绣花纹饰。至40年代后，男旗袍逐渐被新式服装取代，

① 《金史》。

② 《清太宗文皇帝实录》。

女旗袍则由宽袖变为窄袖，直统变为贴腰紧身，臀部略肥，下摆回收，长至踝，逐渐演变为现在的旗袍式样，流行于全国，并受到外国女士的喜欢，成为中国民族传统服装的象征。

马褂（olbo），是与旗袍配穿的短衣，罩于旗袍外面，适于骑马、狩猎或出征时穿用，故称“马褂”。其样式的特点为：圆领，对襟，有扣绊，身长齐脐，袖长及肘，四面开禊，可四季穿用。春、夏两季以夹纱布料制作，秋、冬季以棉皮料制作。清初，“马褂”流行于八旗军旅，至康、雍朝以后，在民间盛行。人们喜欢于旗袍上套马褂，以显文雅，具有礼服的性质。其式样逐渐增多，布料亦讲究高贵。马褂主要有短袖与长袖两类，短袖马褂有对襟马褂、大襟马褂、琵琶襟马褂等数种。对襟马褂在乾隆朝后称为“得胜褂”，据传，满洲经略大学士傅恒率兵征金川，得胜回朝，因其喜穿这种马褂，而誉称“得胜褂”[①]。琵琶襟马褂因状如琵琶而得名，为民间普遍习惯穿用。长袖马褂对襟、身长、袖长，称为“卧龙装”，即“额娘装”。据《清稗类钞》记载，某相国北征，其母忧其体弱，为他缝制了这种长袖马褂，其感母恩，而常穿在身，后被康熙帝知，褒其孝心，赐名为“额娘装”，后误传为“卧龙装”。

清代流行的黄马褂，有明黄色与金黄色之别。前者系帝王、官宦、侍卫所穿，民间禁用；后者系八旗兵用的一种便服。“黄马褂”还作为清帝赐给勋臣的重要赏赐。

腰带（umiyesun 或 imiyesun），满族有束腰的习惯，冬夏皆扎腰带。在颜色上有明确的区分，宗室为杏黄色，觉罗（爱新觉罗王室外枝王辈之内）为红色，其他皆为蓝色。

满族先民有穿皮衣的传统，肃慎、挹娄人“好养豕，食其肉，衣其皮”[②]。辽金女真人，富家以黑毛为贵，貂鼠、青鼠、狐狸、貉子皮次之，贫者以牛、马、猪、羊、猫、蛇、犬、鱼皮为衣。满族便有 ceke“野兽皮马褂”、akūmi“鱼皮衣”、nami“去毛鹿皮衣”、dahū“皮端罩”等多种长皮衣。dahū“皮端罩”是清朝官服中的一种，毛朝外，对襟、圆领、平袖，身上至膝。崇彝《道咸以来朝野杂记》，“（褡忽）即反穿貂褂（另有玄狐一种）。普通貂褂皆以青或元青为表，正穿反穿皆可。（褡忽）则月色托子（即里也），左右开衩缀飘带二条。”杨宾

① 《清稗类钞·服饰类》。

② 《后汉书·挹娄传》《晋书·肃慎传》。

《柳边纪略》:“天寒披重羊裘,或猞猁狲、狼皮(打呼),皮长外套也。”[①]《大清会典》中称为“端罩”,其为清朝皇帝到一般官员都有的一种礼服。

发辫(soncoho)、妇女发辫(subehe),满族的留发辫习俗独具特色。满族成年男子的发式为“剃发垂辫”,即在额角两端引一条直线,将直线以外的头发全部剃去,只留颅后头发,将其编结为一条长辫,垂于脑后。这种发式是从其先民古俗中因袭而来的。据史书载,古代靺鞨人“俗编发”,女真人“辫发垂肩”,“垂金环,留颅后发,系以色丝。妇女辫发盘髻”[②]。这种发式便于骑射,前部不留发,于骑射时无遮挡,颅后留一条粗大的辫子,在野外行军狩猎时,可以枕辫而眠。满族及其先民所信仰的萨满教认为,发辫生于人体顶部,与天穹最为接近,是人之灵魂所在,所以发辫倍受满族人珍视。以往在战场上捐躯的八旗将士,其骨殖如无条件带回故土,而发辫则必须带回。发辫不仅是满族的外部标记,而且也为其重要的审美对象,以各种色丝珠宝修饰发辫为美。清朝曾强令剃发留辫,使这种发式遍及全国,直至清朝结束。

满族女子的发式在成年前,因习骑射,与男孩同,剃去四周头发,只留颅后发,编成辫子垂于脑后,直到成年待嫁,方始蓄发。已婚的满族妇女发式,多是绾髻,其样式与名称很多,如绾至头顶的大盘头,额前起髻的扁头、架子头、两把头等等。其中最为典型的是两把头,因这种发式多流行于上层妇女中,而平民妇女在婚嫁、节庆等庄重场合也梳此发,故称为“京头”。

2. 饮食

满族先民长期居于物产丰富的白山黑水地带,得益自然环境,形成了丰富而独具特色的饮食习俗。各种山禽野兽、家畜和鱼类是满族先民的主要食粮。辽金时期,女真人还常以肉类为主食。据《金史纪事本末》载:“自过缤、辰州、东京迤逦,绝少麦面,每晨及夕,多以射到禽兽为饭。”满族的肉食做法多样,如烤肉(šangkan)、白肉(amsun i yali)、血肠(seng g i duha)、炸鱼肉丁(heihuwen)、晾干肉(borcilaha yali)、风干肉(ujilaha yali)等等。

烤肉(šangkan),是满族狩猎时代的野味,把猎到的禽兽肉用篝火烤吃,别有风味。后来,以炉灶烤肉,为普遍吃法。在此基础上发展为熏肉酱肉。

白肉血肠(amsun i yali、senggi duha),是典型的满族风味。其源于满族

---

① 杨宾:《柳边纪略》。

② 《大金国志》。

先民的萨满祭祀中的供品 amsun i yali“祭肉”。满洲统一后，满族祭祀的供品亦由各部落的特产野味，代以毛色纯黑的公猪，且必须为阉割过的，其肉鲜嫩。所杀猎血用以灌肠，即血肠（senggi duha），也是敬神的供品。将所杀猪煮八分熟，供于神案，祝祷后，再放于锅中煮熟，用刀片食。因其肉是敬过神的，故称为“福肉”“祭肉”，也称“努尔哈赤黄金肉”。白肉因其用刚宰杀的新鲜猪肉制成，又是清水烧煮，而保持了猪肉的本色本香，十分可口，至今东北城乡仍普遍流行这种特殊风味。

晾干肉（borcilaha yali）、风干肉（ujilaha yali），满族先民在狩猎中，有时所获猎物多，一时吃不完，便将兽肉切成薄片，放于阴干处风干，即成“晾干肉”“风干肉”。这种肉也便于狩猎活动携带。

满族先民长期以渔猎为主，其从江、河、湖中获取多种鱼类产品，制成各种美味食之。如炸鱼肉丁（he ihuwen）、煎鱼肉片、鱼肉丸子、生鱼片等，还制成咸鱼（gidaha nimaha）、焙鱼（bolha nim aha）等储存备用。

满族先民很早便开始农耕业，主要种植物为粟类粮食，因此，满族的主食与祭品多为粟米。如馓子（caise）、撒糕（feshe efen）、黏谷糕（fisihe efen）、淋浆糕（miyeku efen）、萨其玛（sacima）、搓条饽饽（mudan）、豆面饽饽（sesi）等等。

馓子（caise），多用荞面或黏高粱为原料，用其粉和面，搓拉成细条，上笼屉蒸或用油煎，熟后，拌卤酱成汤，食之“筋道”，即有韧性。现在东北地区的钢丝面，便是由其转化而来。在满族祭祀时，常供馓子，是将其过油，切成方块，供于神位前。

撒糕（feshe efen），原料为黏米面，于蒸屉上先撒一层小豆，然后再撒一层黏米面，蒸熟后再撒第二层。如此多层。其味甘美、细腻。fisihe efen“黏米糕”的做法与之基本相同，只是蒸笼有所区别，为底部有若干小孔的陶制盆，所以又称为“盆糕”，因吃时用刀切成片状，卷粮食吃，所以也称为“切糕”。其色黄如玉，味腻如脂。

淋浆糕（miyeku efen），原料也为秫米面、黄米、江米面。将面搅拌均匀后，置于布袋中，使淋成的汁滴于容器中，淋好后，上笼屉蒸熟，切成方块或菱形块，其质地松软、细腻，味道香甜。

萨其玛（sacima），是驰名全国的满族糕点，其源自满族的一种传统糕点搓条饽饽（mu dan）。原料为大小黄米、江米的黏性体物，将米蒸成黏饭，淋以清水,放于打糕石上锤打成面团,然后蘸熟黄豆面搓拉成条状,油炸后切成块,再撒上一层较厚的熟黄豆面即成。此为满族的重要供品,也称为“打糕穆丹条子”。后来,以白糖代替了熟豆面,成了“糖缠”,而更名为“萨其玛”。

从上述食品可知黏食在满族主食中的重要地位。这种黏食耐饥,便于满族人的狩猎、远征。因此,满族对此有极深的感情,并以黏食比喻男女青年爱情的坚贞。有一首情歌唱道:黄米糕,黏又黏,红芸豆,撒上面。格格做的定情饭,双手捧在我跟前。吃下红豆定心丸,再吃米糕更觉黏。越黏越觉心不散,你心我心黏一团。

(二)居住交通

1. 居住

满族先民的居住习俗经历了穴居到地面居室的过程。从其主要的住宅词中可以看到与地理环境及习俗相关的特点。

地窨子(ukdun boo),即地下室。据史书记载,满族先民肃慎人“夏则巢居,冬则穴处”①。其地下穴室面积较大,最大的可达二百平方米左右。四壁涂抹细砂黄泥,有的用岩石垒砌,坚固且隔冷防潮,又可防止坍塌,于室中置2至4个灶膛,以抵御寒冷,渡过塞外漫长的严冬。挹娄人“处于山林之间,土地极寒,常以穴居,以深为贵,大家至接九梯”②。勿吉、靺鞨人因“其地下湿,筑城穴居,屋形似冢,开口于人,以梯出入”③。“筑堤凿穴以居,室形似冢”④。这是一种半地穴式的居室,基本与地窨子相似。至辽金时期的女真人居室,由穴居变为地面居室。满族时期的居室有了进一步的发展,由女真人的简陋居室“纳葛里”发展成高大宽敞的房屋。地窨子(ukdun boo)主要为东北山林地区的居室。东北张广才岭西麓,为清代满族“巴拉人”的集住地。其一般都于泉水附近靠着山坡的地方建地窨子(ukdun boo),门东开,室内三面是炕(nahan)。西炕不许住人,是供奉祖先的地方。巴拉人长期在山林中狩猎生活,他们的住舍更多地继承了其先民的习俗。

正房(cin i bo)、厢房(hetu boo),满族住宅一般为一正两厢,即正房与东

① 《晋书·肃慎传》。
② 《后汉书·挹娄传》。
③ 《魏书·勿吉传》。
④ 《通典·勿吉·靺鞨》。

西厢房。正房为主,左右为东西厢房,成口形。满族建房有“以西为贵,以近水为吉,以依山为富”之说,盖房时,须先盖西厢房,再盖东厢房。落成的正房,也以西屋为大,称为上屋。辽金以前,满族先民崇尚的是东方,因东方是太阳升起的方向,为光热之源,所以门东开。辽金以后,女真人建地面居室,往往选择山的阳坡,西北风被挡住,东北风挡不住,因而东厢房比较冷。满族有敬老习俗,暖和的西屋为长辈居住,祭礼也于西屋举行,祖宗神板(sendehen)供于西屋炕上方,久而久之,形成了以西为贵的风尚。

炕(nahan)、炕洞(suwan)、弯子炕(mudangga nahan)、地炕(falangga nahan),满族卧室的布局,最大的特点是环室的三面火炕,即弯子炕(mutangga nahan)或称“蔓字炕”“万字炕”。南北为大炕,西炕为窄炕,下通烟道。西炕不摆充杂物,因在西炕墙上端供着祖宗神板(weceku i sendehen)。西坑不能坐人。连贵宾亲友也不能坐。在严寒的冬季,于火炕内燃火通烟,使室内温暖。

呼兰、烟洞、烟囱(hūlan),满族住宅的“烟囱”建于屋侧,独具特点。早期多以空心整木制成,后来也可用木板围成。这种烟洞底部有窝巢,以回风挡逆风,使烟道通畅,又不易倒坍。

神杆(somo),俗称“索罗杆”。这是满族住宅的独特标记。其立于住宅院中,大门或二门之间左侧。长九尺,杆顶置斗,形如浅碗,为锡制。据传说,努尔哈赤年轻时,手持索罗棍,头顶北斗星,在长白山挖参艰苦创业,后来打下江山。所以,索罗杆即是其所用之索罗棍的象征。杆上的锡斗置五谷杂粮和猪杂碎,以供奉乌鸦、喜鹊食用,因为它们曾救过努尔哈赤的命。索罗杆实际是为了祭天,是古代神树的一种演化。

栅栏(hiyatari)、木栅子(faisha),满族先人女真人的居住习俗之一是“联木为栅,满族的住舍也称“刳木树栅”。在东北农村,住宅院子多用柞木细杆围起来,俗称“障子”,即木栅子(faisha)。

2. 交通

爬犁(fara)、独木船(weihu)、整木船(erhe)、狗爬犁(tolhon)、桦皮船(jaya、alan weihu),这些为满族于水路、冰路、雪路使用的传统交通运输工具。

东北地区高寒,积雪长达半年之久,冰雪经踩踏而成为光滑、坚固的路。此时,满族的传统交通工具 fara 爬犁、erhe 狗爬犁等大显身手,于冰雪路行驶畅通无阻，极为方便。爬犁用两根一丈多长的硬杂木杆煨成弓形，高高翘起，于杆上架一副车架子，靠两根杂木杆在冰雪地上滑行。其以牛、马或狗拖拉，简捷轻便，是冬季拉人载货的主要交通工具。

独木船（weihu），或称“整木船”。其“长二丈余，阔容膝，头尖尾锐，载数人，水不及船常寸许，而中流荡漾，驰如竹箭，此真刳木为舟也，遇河水暴涨，则联二为一，以济车马”。满族人经常驾驭独木船闯急流险滩。后来，所制作的这种船，不完全是用独木刳成，凡类似的木制小舟，亦称独木船。

tolhon 或 jaya、alan weihu 皆称“桦皮船”，船长 10 余尺，宽 3 尺左右，两头尖而向上翅，用松木做架，外面覆以桦皮，然后涂上松树油。这种船体很轻，可由人扛起转移。时速可达 20 至 25 华里，是交通捕鱼的方便工具。

（三）婚育丧葬

1. 婚育习俗

满族先民的婚俗是多彩的，经历了由群婚至一夫一妻制的过程。满族入关后，由于受汉族高度封建文化的影响，形成了以民族融合为特点的婚姻习俗。而在东北的一些边远地区，原来的东海女真、野人女真的后裔，因受内地封建文化影响较少，所以，在很长历史时期都保留了传统的婚俗。具有浓郁的民族色彩。

说亲（feli yembi），男方择门第相当的女家，托媒人（jala）前去通言说合。媒人去女方家每次带送一瓶酒为礼，要先后去三次，以示诚意，即俗话所言：“成不成，三瓶酒”。

下定礼（hejembi），女方答应议婚，男方主妇至女方家问名，相看年貌。姑娘来装一袋烟，俗称“装烟礼”。如相看满意，则赠送如意、钗钏等为定礼，名曰“小定”。有的男家主妇要把钗钏等首饰亲自给姑娘戴上，称为“插戴礼”。

下大礼（hošo baimbi 或 hošo sahambi），小定后，选择一个吉日，未婚新婿同族人一起去女家问名，女方聚族欢迎。男方长者致辞以示结为亲家，女方长者亦致辞答谢。以此为正式订婚，俗称“大定”。大定礼毕，未婚夫入拜女家神位，再拜谢女家父母等诸亲。之后女家进菜，主宾易位，再设宴祝贺。

聘礼（jafan），男方根据议定的聘礼择吉日去女家行聘。聘礼的种类，可以地位、贫富的差别而异。上层贵族多以鞍马、甲胄为主要聘礼；一般百姓多以猪、羊、酒、钱、帛、首饰等物为聘礼。聘礼放置在铺有红毡的高桌上，抬送女家，陈列于祖先案前。

送嫁妆（atuhūn fudambi），婚期前一日或九日，女方将陪嫁妆奁放置在铺红毡的高桌上，抬送到男家，陈列于门前，俗称“过柜箱”。

结亲（sadulambi），举办婚礼，一般进行三天。第一天，男方由全福的长辈人布置好洞房，被子四周放枣子、花生、桂圆、栗子，中间放一如意，意味着“早生贵子，万事如意”。洞房陈设好后，彻夜奏乐，以驱鬼怪，称为“响房”。东北的满族新娘则在头一天离家，临行前向祖先及佛托妈妈（fodo）叩拜。新娘登彩车时，要换去娘家鞋，穿上踩堂鞋，由送亲婆陪送，到离新郎家不远的某家住宿。俗称“打下处”。

第二天清早，新娘登彩车，其兄护送，路遇井、石、庙、墓皆以红毡遮盖，以避煞神。与此同时，新郎拜毕祖坟，由姑爷陪同，率迎亲车出车，一路鼓乐齐鸣。两车于途中相遇，其兄将新娘抱至迎亲车上，俗称“插车”。“插车隐喻行营结亲之意。”[①]是满族早期军旅生活的遗风。轿车至夫家门口停下，新娘于车中等候，俗称“劝性”。新郎持弓矢向轿下三射，谓之驱煞神，新娘踏马兀（方凳一种），头盖红巾，前后心各悬铜镜，至天地桌前，一对新人面北而拜，俗称“拜北斗”。新娘至院中的临时帐篷门前，新郎用秆杆或马鞭将头上红巾挑下置帐顶，又递新娘两樽壶，里面盛米及钱。新娘将其抱于怀中，俗称“抱宝瓶”。新娘跨过门槛上的马鞍与火盆，象征安全过门，日子火红。新娘入帐篷登床，面吉方而坐，俗称“坐福”也称“坐帐篷”。天交中午，于院内设神桌，供猪哈力巴肉一方，酒三盅，由萨满身穿吉服致祭。新郎新娘于神桌前跪拜受吉，萨满单膝跪神桌前，用满语朗声念《阿察布密歌》（acabumbi合卺歌），其大意为：祭请在天诸神保佑夫妻长寿无灾，子孙繁衍，共享富贵。每念完一节，用刀切肉一片，抛向空中，向地酹酒一盅，俗称“撒盏”。

合卺（acabumbi），祝吉之后，新人回到洞房，由全福人斟满两杯酒，新人各呷一口，互换酒杯，再饮一口，即为“合卺礼”。然后吃子孙饽饽和长寿面，完毕新人争坐被上，以为吉兆。

摇车、悠车（duri），此为育儿的方便用具，被称为关东“三大怪”之一——“养活孩子吊起来”。这种育儿方式源自满族先民的生态环境。古时，满族先民于林中狩猎居住，将孩子放于地上不安全，便挂于树上，逐渐形

---

① 《安东县志》。

成睡悠车的习惯。古时悠车用桦树皮制作，长四尺，宽二尺余，两端呈半圆形，如同小船，后来多用椴木薄板制作，边沿漆成红色，并绘制花纹，书写吉利话，美观耐用。悠车挂于房梁上，悠起来十分轻便。在孩子出生的第七天要把其姥姥、姥爷请来，由他们送一台悠车。在车内铺上褥子，粮食枕头，意为头枕粮仓，兼具为睡头之用，使后脑勺长得扁平。满族人不论男女，都以平头为美。

2. 丧葬习俗

满族葬俗，在漫长的历史发展中，满族先民先后经过了土葬、兽葬、树葬、火葬等各种葬俗，其中反映了萨满教的灵魂观。

在肃慎、挹娄、勿吉时代，据古籍记载，一般为春夏土葬，秋冬兽葬。如父母春夏死，当日就葬之于野，“交木作小椁”“有椁无棺”，并在冢上做屋，以免受雨水淋浇。杀猪积其上，以为死者之粮，猪是主要祭品。当时的吊唁活动也很简单，“以土覆之，以绳系干椁，头出土口，以酒灌酹，才绝腐而止，无四时祭祀也”[①]。如父母死于秋冬即以其尸喂貂，貂食其肉，往往能多捕获。

渤海人的葬俗要复杂得多，现在可以看到渤海墓葬就有五种形制：土炕封土墓、石护封土墓、石棺封土墓，石室封土墓、砖室石顶封土墓。其中有的墓顶有塔式建筑，如贞孝公主墓就相当有气派。葬俗中的木棺葬、火葬，二次葬除了有靺鞨族的特点外，又受到汉族、高句丽文化的深刻影响。

《李朝实录》载，忽剌温女真一般也行树葬，“置其尸于大树。”治丧之礼也比较繁杂。“父母死，编其发，其末系二铃以为孝服；置其尸号大树，就其马上宰马而食其肉，张皮鼠尾脚拄之，兼置生时所佩弓箭，不忌食肉，但百日之内不食禽兽。”这种树葬即架尸于枝干上。还有一种树葬是将尸体置于大树洞穴内，“选大树之枝叶繁茂者，伐其枝，穿穴于树干，以可以纳尸为率”。这种葬俗近世用于萨满之死，随葬的常有手鼓、神刀等萨满法器和铁罐、木匙等日常用品。有一些著名的老萨满或氏族长，死后裸体埋于深坑，头东脚西，牲血散土，意在散其魂气，早成族神。

火葬，初为女真酋长的厚葬礼俗，“头目女真则火葬”，因为当时萨满教崇火观念很强，经过圣火燎烧的东西是最圣洁的，所以是一种厚葬。其葬礼也比较隆重，死者“皮冠上缀百鹿（皮）布，前蔽面目，后垂于肩，仍穿直身

① 《肃慎国记》。

衣。”火葬后，每遇七七日，杀牛或马，煮肉以祭，彻面食之。努尔哈赤时期仍有此俗，“死则翌日举之于野而焚之，其时，子孙族类咸聚全，宰牛马，或食。”这是将尸体直接火化的火葬，当时服丧日期很短，“蒙二、一日除之”①。清初康熙朝，东北满族仍有火葬之俗“七七”内必殡，火化而葬，葬礼已相当隆重，人于入殓前的晚上有守灵之俗：“将入殓，其夕，亲友俱集，名曰守夜，终夜不睡。丧家盛相待，候殓后方散。”②这种入殓之棺颇不一般，“棺盖尖而无底，内垫麻骨芦柴之类，仍用被褥，以便下火。”出殡后，将棺置于柴垛上，点火焚之。服丧期也延长许多，“父母之丧，只一年而除。”并以不剃头为重。居住在江河水滨的满族先人也有实行水葬的，将死者的尸体近水置之，随江涨而没。

明代建州女真也兼有土葬，“亲民则殡于家，亦杀牛以祭，三日后择向阳处葬之。其杀其所乘之马，去其肉而葬其皮”③。满族进入辽沈地区后，受汉族土葬风俗影响，形成了以土葬为主的新葬俗，历经数百年。

满族的土葬可分两类，一类是先火葬，将骨殖装进瓦罐再土葬，多用于远征在外的阵亡将士。有时，将辫发割下，和骨灰放在一起，因辫发是灵魂寄栖的地方。一类是入殓棺材的土葬。这是最通行的葬俗，其葬礼仍有鲜明的民族特点。

人死后停放在西间，顺炕沿在地上做三块板子，板子的高度以死者年龄而定。老年人与炕沿平，中年人次之，小孩最低。有的满族人家只有长辈可放在西屋，其他人只停放在外屋或东屋。死者放板子后，头西脚东，因满族以西为上。要在死者口里放一枚铜钱，俗称“含口钱”。让其双手握两枚铜钱或饽饽，并用棉线将双脚绊住，用红布将脸蒙上，在其脚下点一盏油灯，长燃不熄，直至出灵。一切安排好后，才全家穿孝举哀，并通知族亲。长子日夜守灵。满族孝服前后开襟，马蹄袖，白粗布长衫，腰扎白布孝带，帽子围一圈白布。女孝服是没开襟的白布衫，头围宽幅布折叠的孝包头，发髻要放下，编成发辫。

家人穿好孝服后，在大门前要挂红幡，即丹旋，设木座高杆悬挂，每天日出悬出，日落取下，放在棺材旁侧。近世满族民间多用红布制成，全长一丈

① 《建州闻见录》。

② 《宁古塔纪略》。

③ 《李朝实录》。

二尺许。红幡形状是将整幅红布分为四条,头和尾用黑布装饰。满俗贵白贱红,认为红色是送终时用的。

死后三天,要在十字路口或土地庙举行“拉搭链”仪式,意思给死者送一些路费。七天是出魂日,有的地方分男九天,女七天,家人在死者生前睡觉的地方,铺上他原来用的被褥,摆上小桌,供四个小菜一壶酒及酒盅匙箸等物。屋里要安静,以免惊动死者的灵魂。家人早睡,到头遍鸡叫,便起来到西烟囱后,烧罢纸举哀。

入殓时,长子抱着死者的头,从窗户抬出,不许见日、月、星辰,用毡子遮起来。满族棺材起脊,是从火葬上尖下方的棺材演变过来的,汉人棺材则为平顶。棺材头钉一块象征火焰的风火翅,棺材里放谷草、树枝,为火葬的遗迹。尸体放进棺材前要解开绊脚绦,取出“含口钱”,棺材底用铜钱摆成北斗七星,然后,尸体连同褥子一起安放在棺材里,长子蘸水在死者眼、鼻、口处擦洗,俗称“开光”,一老人在旁叨念“开光歌”。开光完了,家人族亲瞻仰遗容,然后合棺、举哀、烧纸。

开吊,有一天、三天不等,丧家搭灵棚。因贫富不等其灵棚大小繁简不一,吊唁的人拿纸箱、香烛、幛联等祭礼,并在灵前叩拜。

出殡前一天晚上有“辞灵仪式”,主要亲友跪在灵前向焚纸盆中奠三盅酒,司仪人念词、插香。

出殡,一般选单日出殡,由丧主执幡前行,后面是鼓乐、纸彩、灵柩、亲友。灵柩外面要罩上长方形尖顶棺罩,在灵柩前用长白布做成牵绳由死者子孙拉着。

烧饭,即将祭祀之物焚烧,是女真旧俗。清太宗曾规定:和硕亲王以下,牛录章京以上卒,只许烧夏衣、春秋衣、冬衣各三件;平民只许烧各一件。所以满族的“烧饭”比较简单,一般平民仅焚枕头内的荞麦皮、谷物和纸制的祭奠品,如车马人。焚烧时面北。

死人埋葬后,如夫妻先死一人,在坟地将红幡去掉黑头、黑裱,拿回来收藏,待后者出殡时再用。当后死者埋葬后,在坟地上将幡抢回给小孩子做兜肚,以求孩子平安长大。

死者入土后三天,家人还要到坟地来祭奠一次,称“圆坟”。有的地方有烧七七之俗,有的地方则烧周年。

（四）宗教信仰

满族主要信奉萨满教,其由来已久,世代传承,影响深远,于满族社会的发展史中留下了深刻的印记。满族从其先人肃慎始,历经挹娄、勿吉、靺鞨、女真至满洲,均信奉萨满教。据《女真史》载:“女真人信奉的是珊蛮(萨满)教。这是一种没有系统教义、教规,以‘万物有灵’为思想基础的原始宗教。又是崇拜自然、崇拜图腾、崇拜祖先的多神教。萨满教主张三界说,即天界、人界、地界。萨满是沟通人与神、鬼之间的代言人。他借助于奇特的仪式、服装、法器和特殊的社会地位,获得具有支配神灵的能力。”满族先人经历了漫长的原始社会时期,长期生活于我国北部的白山黑水高寒地带。人们处于生产力低下、自然生活环境险恶之中,加之科学知识贫乏,面对自然物和自然界的万端变化茫然不解。对于自身的梦、生、老、病、死等无法解释,便产生了灵魂观念。对于自然界中风、雷、雨、电等造成的灾害感到恐惧与不可理解,便又将灵魂观念推及于自然界,由此而产生了“万物有灵”的观念。满语中诸多神灵崇拜词语的产生,反映了满族先民的自然崇拜意识。满族先民在生产生活中,把各种自然物、变幻莫测的自然现象与自身需要联系起来赋予其主观意识,幻化创造了诸多神灵,如天、地、日、月、星、云、雷、雨、火、风、山、河、水、石以及多种动植物等,都被神化。为维持生存,避免灾难,而对诸神进行崇拜祭祀,祈求保佑。满族先民的神灵崇拜主要为自然崇拜、图腾崇拜、祖先崇拜,其反映了满族先民思维观念的发展与满族社会的发展,也反映了满族先民生态环境与生产活动的主要特征。[①]

1. 自然神灵崇拜

天空浩瀚无垠,高远莫测,日月、星辰、风云、雷雨分布其间,阴晴不定,变化万端。其神秘巨大的威力直接影响着人们的生产与生活。满族先民世居白山黑水之间,主要以采集、狩猎、捕鱼为生,自然天体的变化与之息息相关。风雷雨电、火山爆发、洪水泛滥所造成的灾害,使人们对自然天体产生极大的神秘感与恐惧感,由此将天幻化为神。天神是满族萨满信仰的重要神祇,人们对天神的崇拜与对日、月、星、云、火、雷、风、雨的崇拜相联系,认为天生万物,天是万物本原。

abkai hehe 汉意为“天女”“天母”,音译为阿布卡赫赫或阿布凯赫赫,是女天神。在满族萨满教神话《天宫大战》记载中,阿布卡赫赫是宇宙间第一位大神。满族先民认为天神没有固定形体,似水、似云、变幻不定,后来云水

① 赵阿平:《满族语言与历史文化》,民族出版社,2006 年版。

在雷战中凝生三女神，便是女天神“阿布卡赫赫”。以女性生育奇能类比天，涵天生万物之意。女天神是创世大神，在神话中这样描述：阿布卡赫赫被狡猾的耶路里（yeruri 恶神）骗进大雪山里，她只好啃石头充饥。住在山岩里的多阔霍女神（tuwa hehe 女火神）和石头被她吞进肚里，烧得她肢体融解，眼睛变成日月，头发变成森林、汗水变成溪河。在满族一些姓氏家传神谕中也记载了女天神的创世功绩，如满族富察氏家传神谕记载：在天连水、水连天，遍地大水的时候，人们呵，无法生活了，是阿布卡赫赫给人世万物扔下了柳枝，拯救了生灵。又如珲春瓜尔佳氏神谕中说：本姓瓜尔佳哈拉，敬祀赫赫瞒尼（hehe manggiyan 女巫）。她是阿布卡赫赫身上搓下来的泥所变。赫赫瞒尼摘下一片青天做鼓，拿起一座高山做鼓鞭，当青天和山岩撞击的时候，从那震天动地的咚咚鼓声中，生出了男女和宇宙生灵。① 可见神谕中记述的阿布卡赫赫，是人类万物的始母神。

abkai enduri 音译为阿布卡恩都哩或阿布凯恩都哩，是由 abkai hehe“阿布卡赫赫”转换的男性天神。他是满族萨满信仰崇拜的重要神祇，是至高无上的神，为众神之主。在满族世代相传的《天神创世》神话中，生动描述了阿布凯恩都哩开天辟地、创造人类的功绩：原来没有地。天连着水、水连着天，是天神阿布凯恩都哩照着自己的样子，造了一男一女两个人。无所不知的天神阿布凯恩都哩知道了耶路里（yeruri 恶神）残害人类的坏事，勃然大怒，便派他最小的弟子帮助恩都哩增图（人类保护神）除掉了耶路里。耶路里的尸体化作碎片，落到大地上变成了一座座高山和峻岭。神话中还说：天，有十七层；地，有九层。人住的地方叫地上国，神住的地方叫天上国。主宰十七层天和九层地的是至高无上的天神阿布凯恩都哩。耶路里被刺死后，他的灵魂无处可去，便造了一个地狱——八层地下国。在满族先民对天地万物的产生与人类的起源不能予以科学认识理解条件下，便以丰富的想象编织出种种奇特神话，来解释天地万物的形成及人类的起源。人们认为天生万物，因而天神阿布凯恩都哩具有无比巨大的神秘威力。

从 abkai hehe“阿布凯赫赫”到 abkai enduri“阿布凯恩都哩”的转变，反映了由母系氏族社会过渡到父系氏族社会发展中的满族先民思维观念变化。到满族父系氏族社会后期，萨满教形成了系统的三界说，即把自然宇宙

① 富育光、于又燕：《满族萨满教女神神话初析》，载《社会科学战线》1985 年 4 期。

分为上中下三界。上界曰天,又称光明界、火界。天分九层,为天神阿布凯恩都哩和日、月、星、辰、风、雷、雨、雪等神祇居住,还有动植物神、氏族祖先英雄神也高居九天。中界曰地,是人及万物的居所。下界为土界,又称暗界,是地母神巴那吉额姆(banai eme)的居地,也是恶魔的藏身地。这是一个上下有别的万神世界,出现了自然神的等级差别,在自然神聚居的天界里,神祇们不仅各有所司,并且产生了神的家族与地位分化。天神阿布凯恩都哩为众神之首,他的三个女儿为太阳神(šun)、月神(biya)、云神(tugi gege)。天神之下有大弟子人类保护神恩都哩增图,二弟子耶路里(后来背叛天神成为众魔之首),小弟子多隆贝子。另外,天神手下还有风、雷、雹、雨、雪五个自然神和北海的雕神(damin enduri)、东海的虎神(tasha enduri),以及火神托阿恩都哩(tuwa enduri)、喜鹊神沙克恩都哩(saksaha enduri 喜鹊神)、大力神三音贝子(sain bei se 好贝子)等等诸多神灵。①

从满族许多姓氏的神系来看,天神阿布凯恩都哩的地位并不突出优越于其他神。这说明等级观在满族萨满教信仰中还不十分明显,人们的天神崇拜观念还处于较原始的形态。

火神是满族崇拜的重要神祇,被尊为自然神之首。火将光明与温暖带给人类,对于生活在严寒北方的满族先民有着更重要的作用。他们熟食、取暖、照明、制造工具等皆离不开火。火又是一种可怕的力量,它可以将世间的一切燃为灰烬,造成人们难以抗拒的灾难。火的神秘威力使人们敬畏,因而将其看成天神的化身,与太阳神、星神并重,视作万物生命之母。在满族火神神话中,充分表达了满族先民对于生命与光热的强烈追求,反映出他们对火神的由衷赞颂与崇拜。

tuwa hūlha 汉意为"盗火",音译为"拖亚拉哈",是一位盗窃天火的女神。在满族萨满教神话《天宫大战》中,生动描述了这位火神为人类盗天火的故事:"洪荒远古,阿布凯恩都哩高卧九层天上,呵气成霞,喷火为星。只因他性喜酣睡,故而北地寒天,冰河覆地,万物不生。阿布凯恩都哩额上红瘤'其其旦',化为美女,脚踏火烧云,身披红霞星光衫,嫁与雷神西斯林为妻。风神将她盗走,欲与她繁衍子孙,播送大地,拖亚拉哈见大地冰雪齐天,无法育子,私盗阿布凯恩都哩心中神火下凡,怕神火熄灭,她把火吞进肚里,嫌两脚

---

① 傅英仁:《满族神话故事》,北方文艺出版社,1958 年版。

行走太慢,便以手为足助弛。天长地久,她被烧成虎目、虎耳、豹头、豹髯、獾身、人心、鹰爪、猞猁尾的一只怪兽。她四爪趟火云,巨口喷烈焰,驱冰雪,逐寒霜,弛如电闪,光照群山,为大地和人类送来火种,招来春天。现在人们还说,天上所以打雷,是雷神西斯林在咆哮着向风神索还妻子呢!"

2. 图腾神灵崇拜

fodo 音译为"佛多"或"佛朵""佛托""佛都""佛特""佛母"等,汉意为"柳枝"。fodo mama 为柳枝娘娘,是满族最为崇拜的柳母神。满族关于早期族源的神话有多种,其中最具代表性的神话是将柳枝、柳叶奉为生育人类万物的起源。据牡丹江地区富察氏家传神谕载:宇宙初开遍地汪洋,黑夜中旋转着黑风,在水中生出生命。最先生出的是尼亚拉吗(niyalma 人)?是尼玛哈(nimaha 鱼)?是他叶哈(tasha 虎)?是伊搭挥(indahan 狗)?不是,是佛多(fodo 柳枝),是毛恩都哩(moo enduri 树神)。佛多生得象威虎(we ihu 小船),能在水上漂,能顺风而行,它越变越多,长成佛多毛(fodo moo 柳树)。世上人为啥越生越多,遍布四方?凡有水的地方,就有佛多毛,佛多毛中生出花果,生出人类。在珲春满族喜塔拉氏萨满神谕中也有这样的记载:满族为什么敬柳?原来,当阿布凯赫赫与耶路里鏖战时,善神们死得太多了,阿布卡赫赫只好往天上飞去,耶路里紧追不放,一爪子把她的下胯抓住,抓下来的是一把披身柳叶,柳叶飘落人间,这才生育出人类万物。在以上神谕中,满族先人按自己的思维想象说明了生命的起源。费尔巴哈说:"人的存在和生命依靠的东西,对人来说,就是神。"[①]在满族先民生活的山林河谷中,柳树到处生长,种类颇多,满语词汇中关于柳树种类的专有名称多达 15 个。[②] 柳树在满族先民的生活中有多种用途,盖房、狩猎、捕鱼、编织用具等皆离不开柳,柳叶、柳芽还可作为暂度春荒的食物。柳树又有极强的生命力,是生命、生育的象征,因而人们也希望获得柳树的生命力、生殖力。这种物质生活、精神生活的需要对满族先人的心理、信仰起了决定作用,从而形成崇柳习俗,并将其视为祖先神供奉,称柳枝神为"佛多妈妈"(fodo mama 柳枝娘娘)或"佛多鄂谟锡妈妈"(fodo omosi mama 柳枝子孙娘娘)。如满族富察氏家祭中,在神板(weceku i sendehen)上要供柳枝。其家传神谕中讲:

---

① 《费尔巴哈哲学著作选集》下卷,生活·读书·新知三联书店,1962 年版,第 438~439 页。

② 乾隆朝:《五体清文鉴》树木部,民族出版社影印本,1957 年版,第 4030~4034 页。

在古老又古老的年月,富察哈拉祖先居住的虎尔罕河突然变成虎尔罕海。白水淹没万物。阿布凯恩都哩用身上搓落的泥做成的人只剩下了一个。他在大水中随波漂流。忽然漂来一根柳枝,他手抓柳枝漂进一个石洞。柳枝幻化一个美女,和他媾和,生下了后代。这则神谕明显地表示本氏族为柳的子孙。柳为氏族部落生命之始母,是氏族社会图腾崇拜观的产物。在满族先民的原始意识中,柳与创世女神是紧密相连的,柳是人类万物之源,女神生万物,万物自柳叶生出,即从女阴生出,女阴为万物之源。对柳的崇拜乃是对女性生殖器的崇拜,柳叶与女阴,形象与含意都相似。这反映了满族先民对女性的崇拜,表明了原始人类对自身、对本民族来源的思维观念。

柳崇拜在满族及其先人的祭祀活动中占有突出重要的地位,各种崇拜习俗由来已久,多有表现。如《大金国志》记载辽代女真人"重五则射柳祭天"。金代女真人于清明时分"儿童插柳、祭扣坟茔""坟墓插遍'佛多'以祭"。满族诸多姓氏树柳为神位,举行换索(siren futa)、树柳枝祭(fodo wecembi)的祭祀仪式。以柳木为家法,供于堂子,代祖先苔责不肖子孙。还有以柳刻制神偶,俗称"柳木神",对之崇敬供奉。

鸟类灵禽崇拜观念在满族古老文化信仰中占有突出重要的地位。山林水滨的自然生态环境使满族先民与鸟类灵禽产生了密切的关系,鸟所特有的灵性更使满族先民崇拜敬仰、赋予其神化。鸟有凌空的双翼,翱翔于天地之间。因此,人们认为鸟类可以到神界飞游,为超凡之物,具有通贯天地的神力,在满族诸姓氏中还世代传承着许多鸟神创世造人的神话。在满族太阳河神话中,神鸟是太阳河的精灵,具有赋予宇宙主神以生命和神力的巨大能量。神话中描述,在洪荒远古时,善神阿布卡赫赫与恶神耶路里争夺宇宙的统治权。耶路里口喷黑风恶水,淹没了大地,打败了阿布卡赫赫,并一把扯去她用九座石山、九片柳林编成的战裙。阿布卡赫赫赤身裸体地逃回天上,昏倒在滚动着一束金光的太阳河旁。太阳河边一棵高大的神树上,住着一个名叫昆哲勒的神鸟。他扯下自己的羽毛,为阿布卡赫赫擦拭伤口,编织护腰战裙。又衔来金光流漾的太阳河水,喷洒在她的全身。当阿布卡赫赫身穿九彩神羽战裙,从太阳河中苏醒过来时,她成为一位金光灿灿永远不死和不可战胜的大神。耶路里再也无法与之匹敌,被阿布卡赫赫打回地底。满族先民认为鸟是万物之灵,人的灵魂在鸟身上,神鸟在生出所有灵魂前,便已栖息于神树上。满族的部族恰喀拉人"刻木为鸟,张翼形,立木柱上以为主”。[①] 满族先民还认为萨满是鹰的后裔,因为萨满能像鹰一样翱翔太空,具有通贯天地的神力,沟通天地诸事。在萨满都星象图中,由无数个闪烁的星星组合成一个硕大的鹰形象,其具有巨大的威力,翅膀一扇动,便会引起天翻地覆的变化。乌鸦被视为满族的始祖,人类的保护神,因而,世代传承着崇拜祭祀的习俗。满族先民浓厚的鸟崇拜观念,反映了鸟类在其生存中所起的重要作用,同时也带有母氏系族社会图腾崇拜观念的意味。

灵鹊(VJ engge saksaha)之称指“神灵的鹊”“先知先觉的鹊”,是创世的神物,人类的保护神。在满族先民中世代流传着崇鹊的神话,古文献中亦记载了神鹊创世的民间传说。天聪九年《旧满洲档》中载:彼布勒霍里池有天女三人——恩古伦(enggulen)、正古伦(jenggulen)、佛库伦(fekulen)前来沐浴,时有一神鹊衔来一朱果,为三仙女中最小者佛库伦得之,含于口中吞下,遂有身孕,生布库里雍顺。其同族即满洲部是也。清代文献《满洲实录》《清太祖武皇帝努尔哈奇实录》和《清太祖高皇帝实录》对此也有记述。于《满洲实录》卷一中另载一篇爱新觉罗氏家族崇鹊神话:布库里雍顺数世后,“其子孙暴虐,部属遂叛,于六月间将鄂多理攻破,尽杀其阖族。子孙内有一幼儿名樊察,脱身走自旷野,后兵追之,会有一神鹊栖儿头上,追兵谓人首无鹊栖之理,疑为柘木,遂回。于是樊察得出,遂隐其身以终焉。满洲后世子孙,俱以鹊为神,故不加害”。这些记载满族先民的古老崇鹊信仰,在其古代神话中,早有“神鹊通天”“神鹊救水中生灵”之说。如洪水神话《白云格格》中,群鹊求告天神的三女儿白云格格,投下青枝,才拯救和繁衍了地上的生灵万物。在《天宫大战》神话中有鹊助天神斗恶魔的记述:宇宙初开时,神鹊为阿布卡赫赫的侍女。天母神与恶魔搏斗,需要吃东海石生力气,神鹊便天天去东海采石,归程累了就歇落在神树上。神鹊衔石助天的功绩,受到人们的歌颂与崇敬。

乌鸦在满族先民的观念中,倍受崇拜,远超崇鹊,被视为始祖与人类保护神。在文献记载中,有以乌为祖说。如《宁安县志》载:满族有的姓氏亦以乌鸦为主,“庭中必有一竿,竿头系布片,曰祖先所凭依……割豕而君乌下,啖其余脔,则喜曰:祖先豫;不,则愀然曰:祖先恫矣,祸至矣”[②]。满族敬天的

---

① 曹廷杰:《伯利探路记》。

② 王世选修:《宁安县志》卷四《风俗》,民国十三年版,第5页。

神杆祭要于神杆之上置斗放肉米敬奉乌鸦。据《吉林汇征》载:"满洲……祭院中杆,以猪及肺先置于杆顶之碗中,以祭乌鸦用。"至清代,敬饲乌鸦风气更浓。"必于盛京宫殿之西偏隙地上撒粮以饲鸦,是时乌鸦群集,翔者,栖者,啄食者,梳羽振翼肃肃,飞鸣哑哑,数千百万,宫殿之屋顶楼头,几为之满。"①

在满族各姓中,"后世俱德鸦,诚勿加害",足见对乌鸦的诚敬与厚爱。

关于佛库伦吞食朱果的始祖传说,曾有学者对其中三仙女名字含义进行种种分析推测。赵振才、刘小萌二位先生对此认为与古老乌鸦崇拜密切相关,论述令人信服。在此基础上进一步分析推论,佛库伦之含义,从语源学的角度来讲,"库伦"(kulen)一词源于满语"慈乌"(keru),即"大乌鸦",而"佛"(fe)冠于"库伦"前,从满语构词法来看当为修饰定语,即满语形容词"旧""古""老"(fe)。由此分析推论,"佛库伦"之含义为"古乌""祖乌",这正与满族先民的古老乌鸦崇拜观念相吻合。

乌鸦作为人类的保护神也多有神话传说。在《乌布西奔妈妈》中描述,乌鸦从前是阿布凯恩都哩的勤快亲随,因为在征战中饿极了,误吃黑草死去,而变成了召啼的黑乌,飞旋于人马屯寨边。人们认为乌鸦是黑夜报警鸟,为人畜的安全巡狩。若林海荒野中突生异兆或见野兽僵尸,乌鸦便满天飞叫,为人们报信。据《满洲实录》载,清太祖努尔哈赤与明兵争战,群鸦路阻兀里堪,传报兵情。努尔哈赤因乌鸦报警以少胜多,大破来攻的九部联军,此后,兵力日趋强盛。由此乌鸦更受崇敬,神灵之感倍增。满族先民还将乌鸦与神鹊同视为连接天地的使者,在祭天之时,附祭乌、鹊,正是希冀借助其超凡的神力,将虔诚的祝愿通达天神。乌鸦在满族人的心目中是神圣、吉祥的象征,若有乌鸦群飞集落于屯寨,则显示部落兴旺、富裕。相对来讲,这与许多民族视乌鸦为恶神、不祥之物,显然是截然不同的两种观念。

"鹰神""雕神"在满族先民的动物神拜祭祀中,具有突出的代表性。"鹰神"与"雕神"被视为众动物神之首神,

鹰神(giyahūn endure),在萨满教中为司火神,是光与火的化身,是人间光明与黑暗的支配者。雕神(damin enduri)为司水神,是最凶猛的宇宙大神,管理宇宙安宁、祛灾除害。鹰神与雕神象征着凶猛、威武与力量,巨大的翅

---

① 《东三省古迹遗闻》。

膀能遮天盖地,使日月无光。鹰神与雕神有通贯天地的神力,与萨满有着密切的关系。据满族胡、赵姓萨满神谕传讲:鹰神最早从火中叼出一个石蛋,生出一个女萨满,这便是东海最早的女祖、女罕。另一则萨满神话中讲述:天初开时,大地像一包冰块,阿布卡赫赫让一只母鹰从太阳那里飞过,抖了抖羽毛,把光和火装进羽毛里头,然后飞到世上。从此,大地冰雪才有融化的时候,人和生灵才有吃饭、安歇和生儿育女的时候。可是母鹰飞得太累,打盹睡着了,羽毛里的火掉出来,将森林、石头烧红了,彻夜不息。神鹰忙用巨大翅膀扇灭火焰,用巨爪搬土盖火,烈火烧毁翅膀,死于海里,鹰魂化成了女萨满。据说萨满跳神也源于鹰神的传授。萨满为鹰神的化身,因此在每件萨满神服上都饰有鹰的图案,甚至神鼓上以及萨满祭祀所供奉的神偶,都雕刻或绘画着神鹰。萨满神帽上的神鹰雕像更是活灵活现,似振翅欲飞。

鹰神的巨大威力,在萨满神谕中有生动的描述、赞颂:从天飞降像风雷电闪,从山飞下如金光照眼,左翘膀扇开遮住太阳,右翅膀扇开遮住月亮,你前爪尖搭在松阿里乌拉,你后爪尖钩在东海巴卡锦霍落……鹰神降临神堂时,萨满表演鹰的舞姿,双手拎着由神帽上耷拉下来的两条飘带,模拟鹰拍翅、展翅、迎风翱翔的动作飞舞,用以渲染雄鹰展翅万里、搏击长空的宏大气势。对鹰神的敬仰,反映了满族先民的图腾崇拜观念。

3. 萨满教信仰

满族对各种神灵的信仰崇拜,集中表现于多种形式的萨满祭祀活动。在历史发展过程中,满族的萨满祭祀由原始社会时期的无规则性偶然祭祀逐渐发展为常规性的周期例祭,主要分为家神祭与野神祭两类。萨满祭祀是以烧香跳神活动进行的,皆由族长(mukūn i da“穆昆达”)主持,跳神者为领神人萨满(saman)。满族将此活动视为民族的信仰根基。清高宗弘历曰:“吾等满洲素性诚敬,心意笃实,恭祀天佛神祇,慎重跳神还愿神仪。”[1]所谓跳神,是指萨满(saman)脱魂显灵沟通神与人的一种手段,以此实现人们对神灵的诚敬崇拜。

“萨满”一词,经多数学者考证、分析、研究后,基本认为源自通古斯语,“萨满”之称通用于通古斯人中间。在各种史籍中有多种译音写法,如“萨

---

① 《钦定满洲跳神还愿典例》乾隆十二年七月初九日上谕,道光八年北京琉璃厂复古斋刻本,第1页。

摩”“萨玛”“叉马”“撒卯”“撒牟”“珊蛮”等。“萨满”在我国史籍上记载最早见于南宋徐梦莘编的《三朝北盟会编》。书中记述完颜金时“兀室(完颜希尹)奸滑而有才,自制女真法律文字成,其国人号珊蛮。珊蛮者,女真语巫妪也。以其通变如神,粘罕以下皆莫之能友。”[①]“珊蛮”即“萨满”。《金史》称“萨满”为“撒卯”或“撒牟”,《金史国语解》中注“撒卯”“撒牟”为“萨满”,并称其为“巫”。《清史稿》中记载:“乾隆三十六年,定春、秋骟马致祭,萨满叩头。萨满者,赞祀也。”又,“跳神之举,清初盛行,其诵咒词者曰萨吗。”[②]saman《清文鉴》中释为 enduri weceku de jalbarime baire niyalma be saman sembi。汉译为于神祇前行祷祝之人为萨满(saman)。《清文总汇》释为“巫人”[③]。

由以上历代史籍的记载、解释来看,“萨满”的产生、发展经历了漫长的历史岁月,在历史的发展中虽有演变,但其基本意义与职能是相承一致的。“萨满”具有通神的能力,晓彻神意,是人与神的中介者。其为祭祀仪式的主祭者,行跳神之举,即 samdambi,巫人戴神帽,束腰铃,扭腰摇摆,打神鼓走着跳神。[④] 其还具有占卜、算命、医病的能力。

满族的萨满(saman)与其他民族的萨满相比,既有相似之处,亦有自身的特点。因满族的萨满教在萨满信仰文化中具有突出的代表性,所以满族的萨满在萨满教各系的萨满中很有特点,极具典型性和代表性。

萨满(saman)一般分为野神和家神两种。野神萨满即跳大神,主要负责祭祀和治病。家神萨满的主要职责是负责家族祭祀。两种萨满都属于赋予他生命的那个血缘群体,所侍神也都是本族先世传承下来的。由于萨满沟通人神,并具有丰富的历史文化知识及许多生活技能,而被视作氏族文化水平的代表与氏族威望的体现者,受到阖族的尊崇。他们主祭时,有一套祭祀神祇的祭词,即民间所称的“神歌”。萨满将神谕一代代口耳相传下来,只限族内秘不外传。后来出现文字记录的“神本”,有满、汉两种文字,其中以满文记录神本流传久远。家萨满多由人选,至多是许愿为之。经过专门的“神学”培训,由老萨满传满语神辞,教练各种响器打法和各种舞姿,讲授本族祭

---

① 徐梦莘:《三朝北盟会编》卷三。

② 《清史稿》卷八十五《礼四》,中华书局,1977 年版。

③ 志宽、培宽等:《清文总汇》,光绪二十三年(1897)荆州驻防翻译总学刻本。

④ 志宽、培宽等:《清文总汇》,光绪二十三年(1897)荆州驻防翻译总学刻本。

祀的一切礼序、规法。清初皇帝均强调萨满职能的规范性,并载入满洲祭祀大法,即乾隆朝颁行的《钦定满洲祭神祭天典礼》,确定家萨满为司祝。

满族萨满最初是女性,后来向男性转化;还有野神萨满出现等级。由此可体现出满族萨满是随着社会发展而变化的。

萨满祭祀活动中使用的与神相关的主要器具,具有供祀、请神、通神之功能。萨满(saman)借助这些神器进入神境,达于人神的沟通。这些神器不仅起着人神相通的重要媒介作用,而且还寄托寓涵着人们的神幻观念,以其特有的音响形态表示出种种神灵现象,烘托出萨满(saman)与神相通的入境气氛。

抬鼓(tungken),为木制,双面蒙牛皮、驴皮或马皮,绷紧晒干后以鼓槌(gisun)敲击。萨满(saman)跳神时,由木架支撑或由人抬着敲击。其声音浑厚宏大,震撼天地。它是宠伟壮阔的山峦、江河的代表,山崩地裂、惊涛骇浪皆以击鼓之声来表示。

女手鼓(untun)、男手鼓(imcin),是男女萨满(saman)跳神时分别使用的神鼓,俗称抓鼓。鼓面为圆盘形,蒙以驴皮或马皮、羊皮、牛皮,鼓背中部设一铁环,由皮绳或铁条将鼓与鼓框十字拴系,并串缀十余枚铜钱,鼓鞭由一根薄竹片制成。使用时左手握铁环十字皮绳或十字铁架,右手执鞭击鼓,其声高远、洪亮。在此鼓面上,常绘有神图案、神偶像。它代表翻卷的云涛,人们认为,灵魂坐上神鼓可飞天入地,所以,萨满(saman)敲击神鼓时,似翔天飞舞。

腰铃(siša),是萨满(saman)跳神时围于腰间的铃,用铁、铜制作,形如喇叭筒,一般将数十个腰铃串在一起,重达三四十斤,当跳神摇摆晃动时,铃互撞发响。相传腰铃是天神阿布卡赫赫(abkai hehe)围于战裙上之物,其震颤的声音使恶魔耶路里害怕、头晕,最后被打入地底下。因此,萨满撞击腰铃,犹如升入宇宙,处于风雷交鸣之中,可镇妖降魔,驱除鬼怪,安保太平。人们还认为,腰铃震响不是人摇动的,是神的支配,是神来、神走时震动的声音,所以腰铃是镇邪的神器。

神铃、铃铛(honggon),又称"晃铃""杆铃"。是于木杆上用皮绳拴以大小不同的七个铁铃或铜铃,摇晃作响。人们认为它是神,代表魂魄精灵。神铃响声清脆悦耳,似神灵的行走之声。神铃可化作各种动物精灵,随时可自行变化,忽多忽少。

神镜(toli)、"铜镜",是萨满(saman)跳神时佩戴的小镜子。"神镜"是最受人崇拜的一种神体——日神体,即"太阳神"的象征。其明亮发光能映照万物,极有神力和威严。人们认为镜本身就是神灵,要获得与天神的沟通,就必须依赖镜作为媒介,因此,萨满与"神镜"密不可分。"神镜"还是驱邪的武器,安全的卫士,萨满带着它,能打败恶魔。"神镜"还能自行其是,战胜各种妖魔鬼怪、自然灾难。人们对"神镜"的崇拜表现在多方面,如结婚时挂"神镜",新房建成挂"神镜",为避邪除灾挂"神镜"等。

扎板(carki),又称"拍板"。为木制铁制两种,用布带联结的几块板条,双手合击发声。在祭祀中有数人使用"扎板",其代表神的步履,常用于"背灯祭(tuibumb i)。数人击响"扎板",表示神已从深夜中走来,由远而近。

神帽(yekse),是萨满(saman)跳神时所戴。满族各姓"神帽"有所不同,"神帽"上饰物有鹿角,而多数为鸟。鸟的数目由各姓而定,各姓"神帽"多表示所崇祀的自然宇宙大神的数目、内容及神权范围。鸟是一种灵物,是生命、灵魂的居所,它能于宇宙空间飞翔,与各种神交往,因此也是具有与神交往能力的萨满的象征。

神箭(debse desiku)、神刀(haimari),是护法去邪的神器,具有消灾祛病保佑康宁的神力。萨满(saman)依靠这些神器,与魔鬼争斗。神刀(haimari)既是护法神器,又具有像"神镜"一样独自飞出去战斗的神力,它还是辅助风神的神具。

神杆(somo),又称"索莫杆子""索罗杆"。是祭祀用具,用山上的松树砍去枝杈,剥光树皮制成。人们将其视为神树的象征,其以九枝为上,代表通天之意,可达九天。"神杆"立在院内大门东侧,下面要有石座。对此石座,人们认为是长白山的化身,为的是世世代代不忘祖宗的根基。这体现了满族先民原始山岳崇拜观念。在祭祀时,在神杆尖上沾上猪血,然后将草把捆在神杆上,或在其上安放一个锡斗(hiyase 神杆头),从祭猪的各部位取以下肉与内脏少许切碎,与米一起放在草把内或斗内,以供被奉为神灵的乌鹊食用。

供神板(weceku i sentehen),是供奉祖宗神祇的地方,在正屋西山墙上。"祖宗板"是神灵和权利的象征,"满族旧规,最重渥辄库(wece ku)跳神祭祀之礼。……遇有吉凶之兆,总在渥辄库上磕头,虽度清减,亦仍按时跳神,于此一节,从不少减”[1]。

满族人家烧香跳神,必须于家内设有“祖宗板”,没有“祖宗板”是不能举行烧香跳神的祭仪的。

香炉(hiyan dabukū),是祭祀器具。萨满跳神离不了烧香,“香炉”是祭祀跳神的必备之物。人们以各种植物制成香,用来敬神以表虔诚。在祭祀中,香烟缭绕,香气迷漫,使人有身临仙境之感。烧香跳神是对神灵的崇敬、祈祷,人们祈望禳除灾难,顺喜康泰。

4. 萨满祭祀礼俗

满族萨满祭祀的主要形式有换索绳(siren futa)、树柳枝祭(fodo wecembi)、背灯祭(tuibumbi)、夜祭北斗七星(amasi bumbi jugembi)、还愿(julesi bumbi metembi)祭肉敬天(oyo gaimbi)等,这些祭祀仪式的内容表达了人们对神灵的崇拜、敬仰、祈祷、祝愿,以物化形式展示了满族萨满信仰观念。满族的萨满祭祀以同血缘的族姓为单位,阖族人员参加,主祭人为萨满(saman)、穆昆达(mukūn i da)(族长)及祭品备制者锅头。祭祀有诸多种类,且每一种类都有一定的祭规、祭序、祭辞、神祇、祭品等,是对自然神、动物神、祖先神进行的综合祭典。

树柳枝祭(fodo wecembi)是满族对始母神柳枝娘娘(fodo mama)的祭祀仪式。这种祭祀活动反映了满族先民的祖先崇拜和生殖崇拜观念,在满族萨满祭祀中占有突出重要的地位。其不仅是烧香跳家神中必须举行的祭典,而且平时也经常进行,人们祈求“柳母神”保佑子孙繁衍,家族兴旺,永不绝嗣。

换索(siren futa),是指更换脖子上带的旧索线,代之以新索线。祭时萨满(saman)从西墙祖宗神板(weceku i sendehen)北侧挂着的黄布口袋(子孙口袋)中取出子孙绳,一端系在挂索口袋的钉上,一端拉出来,从正屋穿过堂屋拉到院东南侧,系于新立的柳枝上,仪式开始,摆好供品。萨满系“腰铃”(siša),打手鼓(undun、imcin)手舞足蹈唱着神歌奉祀佛多妈妈(fodo mama)。众家人向“索口袋”和院内新立fodo“柳枝”磕头,萨满向fodo mama“佛多妈妈”祈祷保佑子孙平安后,将新索线戴在人们脖上。在子孙绳上还系有弓箭、彩条、嘎拉哈,分别为男孩、女孩的吉祥信物,即弓箭代表男孩,彩条代表

---

① 《满洲祭神祭天典礼》序,民国二十四年铅印本。

女孩。祭祀礼毕，人们脖上的索线要系在子孙绳上，一并重新装入“索口袋”中，仍挂在西墙上。

祭祀柳始母的换索仪式，各满族姓氏有所不同，各姓氏的“换索神词”生动反映了祭礼的主要过程和内容。如吉林建州女真瓜尔佳氏（关姓）的换索神词：

乞请佛多奥莫西妈妈，取来新柳枝，敬于庭院中。献上九摞饽饽糕，摆上祭神肉，点上阿延香，系上子孙绳，挂上彩条弓箭，门楣绑上草把。瓜尔佳氏，亲口许愿，今已是旧月去新月临，阖族叩拜奥莫西妈妈，保佑我叶茂而根固，子孙昌盛太平。

吉林锡吉特勒氏（石姓）的换索神词：

石姓子孙恳乞萨满皆跪尘上，祝贺祈祷，恳乞千年修炼，万年道行，神通广大的佛多妈妈，由长白山而降。日新月异，裕春富秋之际，陈柳换新柳之时，择定良辰吉日，淘净了新黄米，做好了敬神糕，选好了茂盛柳枝，敬栽在院当中。取来白绫彩帛，巧手剪成线索，系在神树柳枝上。全家老少戴神索，如叶之茂盛，如木之繁荣，子子孙孙苗裔多，世世代代保平安！

背灯祭（tuibumbi），是满族跳家神时晚上的一种祭祀形式，是满族萨满信仰中重要的祭祀之一。其所祭祀的神祇多为星神或黑夜守护神。各姓氏背灯所祭的神祇有所不同，但主要是顺星，此为泛称，一般是北斗七星（nadan usiha）、三星（ilan usiha）等。满族先民无限崇仰宇宙星辰，认为星光是自己长夜里最亲密的伙伴和可依赖的导引者。

“背灯祭”是在夜深人静时举行。当“蓝天万星出齐了，银河千星出齐了，高天北斗七星出齐了，柳梢之星出齐了”之时，于匣中请出七位（或九位）神，分别放于神案上，神前敬奉摆放供品。萨满在鼓声中边歌边舞，当一段神词唱后，则锅头杀猪摆宴。然后将门窗关闭，熄灭灯火，不许进出。大萨满手持“神铃”（honggon）边摇边诵念神词，并甩“腰铃”（siša），由慢渐快。此时，鼓手击鼓，小萨满伴鼓，大萨满神铃响，三音齐鸣，众家人跪拜叩首。萨满念完神词后，点燃灯火，众人再次叩头毕，将所请神偶放入神匣，举放西墙供神板上。所祭用的猪肉，三日内由族人食之。

“背灯祭”仪式有多种，奉祀的神灵也很多，如“那丹拉浑神”“阿浑年锡神”“胡拉拉贝子神”“纳伦色夫神”“索林渥库神”“泰宁格格神”“代敏嘎哈神”等，这些神祇多为黑夜守护女神和氏族、部落保护神。各姓氏的背灯祭

神词唱出了族人对神灵的祈祷与心愿,其内容也各有区别。如建州关姓的背灯神词:

蓝天万星出齐了,银河千星出齐了,高天北斗七星出齐了,柳梢之星出齐了!即迎请那丹拉浑降临神堂,阿浑年锡降临神堂,胡拉拉贝子降临神堂,纳伦色夫降临神堂,泰宁格格降临神堂,索林渥库降临神堂,代敏嘎哈神降临神堂吧!庇佑八方安宁,长夜无病无灾。

吉林永吉县乌拉街满族瓜尔佳氏(关姓)背灯神词:

关闭门窗,熄灭灶烟。压住炭火,人声敛息。金鸡屈颈,犬无吠声。正是马牛入圈的时辰啊!正是飞禽盘旋归巢的时辰啊!正是野兽进窝的时辰啊!正是万星出没千星闪烁的时辰啊!正是三星高照的时辰啊!正是七星眨眼的时辰啊!正是彗星闪光的时辰啊!恭请诸神来相会:北斗七星神,阿浑年锡神,呼啦啦贝子神,讷克莲师付神,雕神,鹰雀之神,两位神主。哈苏里哈拉本家姓关。奴才众口许愿,满口应承。披肝沥胆,祈神赐福。大萨满已老,小萨满继之,牢记神谕,凛遵神规。

“背灯祭”是满族对其先人曾栖息于地穴、山洞,经历了无光无火的艰难岁月的追忆和真实写照。

还愿(julesi bumbi metembi),是祭天典礼,又称“念杆子”“祭还愿神杆”“祭神”“给外头”等。满族对天神是极为崇拜的,不仅烧香跳神要祭天,平时也经常举行祭天活动,祭祀的程序大同小异。祭天的目的,就是为了还愿,即为某人某事向天神乞求保佑,并立下誓言,向天神表示在一定时间宴请众神。往前给(julesi bumbi),正是将要敬请回报神灵之意。满族所祭的天神,是宇宙的总称,众神的泛称。因满族的地域和姓氏差异,所信仰的天神多寡不一,少的有十几位,多的达百余位。天神 abkai enduri“阿布凯恩都哩”在许多姓氏的神系中,并不超越其他神,与众神地位是平等的。人们祭天神,与祭其他神相同。在许多姓氏的祭祀神词中,称天为高的天(den i abka)、弘阔的天(amba abka)、高高的天(dergi abka),显然是对浩大宇宙苍穹的崇拜,体现出原始的天神观念,多神崇拜的特质。

祭肉敬天(oyo gaimbi),是在还愿肉未煮之前,从祭牲(黑猪)的各部位取下肉和内脏少许切碎放在 hiyase“神杆斗”内或 furgi“草把”内,用以供祀乌鸦、喜鹊。乌鹊是满族崇拜的神灵,极受敬重。

“祭天还愿”中萨满要用五谷撒地，还愿撒的米称为 soca bele。萨满一手举米碟，一手撒米，口诵供神歌，撒米三把，诵毕神歌，祈望天神保佑，再赐一个丰收年。

还愿祭除各项供品外，还有一种“小肉饭”（sori yali），祭毕，阖族共餐。祭牲仅将猪头供在神架上，供奉天神享用。猪肉煮熟后，阖族吃“祭肉”（amsun i yali）称为“饎肉”。

满族各姓氏祭天还愿仪式有所不同，但内容大同小异。各姓氏各有本族的祭天神词，反映了本族所供的天神与祈祷的心愿。如满族钮祜禄氏祭天神词：

anje amba abka donji. hasuri hala. halai giyoro niohuru hala. tere aniyangga hah ai beye. tere aniyangga hehe i beye i jalin. basan jafafi baime. ulin jafafi udame. baitngga ulgiyan bahafi. emu gala tukiyefi, tugi de gama. juwe gala tomosofi . amba abka de aliburengge. tere aniyangga hahai beye tere aniyangga. hehe i bey ebe angga weihe sorotolo. uju funiyehe aratala. ninju aniya nimerakū. tanggū aniya gasha akū. enteheme sain i banjibuki banjibufi sakdabuki.

安哲！广阔的苍天，请悉听，哈苏里哈拉，是觉罗钮祜禄氏。为（某年生的）男孩和（某年生的）女孩祭天。已讨到供食钱，已买好一应布帛。佣人已抓了猪，请用一只手擎着，带到云端，请用双手接受，呈献苍天。那个（某年生的）男孩，那个（某年生的）女孩，让他们直至头白齿黄吧，享尽天年。六十年无病患，百生无灾罹，岁岁安逸，日日吉祥。

吉林省永吉县乌拉街满族奚姓念杆子神词：

je…… amba abka alime gafi den abka don jime gaifi. hasuri hala sikteri hala. angga gisun aljafi. hehe gisun hendufi. hiyengniyeri be dulenbufi. bayan bolori be alifi. fe biya be fudefi. ice biya be alifi. Enenggi ice de biya bolgonde. sucungga derede jukteme. ayan hiyan be na de dobofi.

遮！……高天悉听，献牲祭天，天神领去。哈苏里哈拉，本家姓奚。张口许愿，满口应承。春天已过，迎接金秋。辞去旧月，喜迎新月。择定吉日，选好良辰。初次奉祀，恭敬诸神。焚上靶香，跪地叩拜。

“祭天还愿”主要是对众天神的膜拜，目的是祈佑来年风调雨顺，再获丰收，祈福佑子，除病祛邪；保佑族人身体健康，永无灾罹。

（五）礼仪节庆

1. 礼仪

在满族日常社会生活和交际活动中，沿袭着独具特色的礼仪习俗。满族以注重礼节著称，有严格而规范的礼仪。尤其是“八旗”旧家，礼节最重。[①]

bethe bukdambi 是男性请大安的一种礼，称为“打千儿”。此礼是产生于辽金时代的古礼，是满族男子对权贵者、尊者或长辈的一种礼节。其动作为先弹箭袖，袖头伏下，左膝前屈，右腿后弯，头与上身稍向前俯倾，左手贴身，右手下垂，介乎于作揖与下跪之间的姿势。边动作边道：“请某某大人安”。

domnombi 是满族女子向长辈请大安的一种礼，为“妇女蹲拜”，俗称“半蹲礼”，与男子“打千儿”同礼。媳妇到公婆家后，早晚都要向老人请安。其动作是双脚并立，两手扶膝一弓腰，膝部屈若半蹲状。

tebeliyeme acambi 是满族的一种大礼，称为“抱见礼”或“抱腰礼”。用于至亲相见，久别乍晤，或贵宾来临，或重要的外交场合。行礼动作为行礼人右腿抢上一步，两手张开，左膝着地，双手抱住受礼者腰部，头轻轻顶于受礼者胸下，受礼者略弯腰，双手轻抚施礼人的头。晚辈双手抱长辈腰，长辈则用手抚少者的背。一般平辈之间，常彼此相抱，然后抓手问安。对长辈、尊者施此礼时，必须取得对方点头示意后方可。

hengkilembi 是满族的一种大礼，为叩拜礼，俗称“磕头礼”。多用于初见尊长、婚丧大礼、春节吃岁、办祭敬祖或受穆昆达（mukūn i da 族长）指责时。此礼源于金代，动作较为复杂，先摇动双臂，向前三步，弹袖过肘左右三次，右膝着地，左膝弯屈，双手扶左膝，摇动三次再叩头。至清朝后，此礼动作从简为弹袖、跪、叩头。分一拜一叩、一拜三叩等。一般情况只叩一个头，祭祖跳神烧香时叩三个头，而见皇上则要三拜九叩。

2. 节庆

满族的节庆既有传统的节日，亦有与汉文化交融而相近或相同的节日。如：农历新年（春节）。正月十五过灯节、正月二十五祈求来年过“添仓节”，农历二月二是“锁龙”的日子，还有五月端午、六月六“虫王节”、八月十五日中秋节等。

春节。满族春节源于汉族习俗。努尔哈赤建立后金政权后，天命三年

---

① 《天咫偶闻》。

(1618 年)起兵进入辽阳、沈阳地区,在汉族经济文化的影响下,满族社会发展有了很大的变化。尤其是顺治元年(1644 年)清军入山海关定都北京,大批满族居民迁移关内,与汉族杂居共处,经济文化彼此交流,互相影响,关系密切。天长日久,汉族许多文化习俗被满族人民所吸收,春节便随之而成为满族与汉族共有的传统节日。

上元节。即正月十五日,俗称“元宵节”。同汉族一样,满族也有元宵挂彩灯和吃元宵的习俗。

添仓节。满族农家正月二十五过添仓节,这与汉族略有不同。届时,家家讲究煮黏高粱米饭,放在仓库,用秫秸秆编织一只小马插在饭盆上,意思是马往家驮粮食,丰衣足食。第一天,再添新饭,连着添三回。也有的人家用高粱秸做两把锄头插在饭上。这个节至今在东北农村保留着。

二月二。俗称“龙抬头日”。当日晨,满族人家把灶灰撒在院中,灰道弯曲如龙,故称“引龙”。然后在院中举行仪式,祈求风调雨顺。全家人还要吃“龙须面”和“龙鳞饼”。妇女们这天不能做针线活。

清明节。上坟祭祖时在坟上插 fodo(佛朵)。译成汉语为“柳”或“柳枝”。柳是满族人的图腾崇拜,尊为始祖,为表明后继有人,而在坟上插柳。

虫王节。六月天,易闹虫灾,满族在六月初六这天,一户出一人到虫王庙朝拜,杀猪祭祀,求虫王爷免灾,保证地里的收成好。

端午节。满族过端午节吃粽子、划龙舟,其风俗与汉族相同。

中元节。满族以七月十五为中元节,也视为超度亡灵的“鬼节”。届时,各处寺院设立道场,燃灯念经,要举行各种超度仪式。

中秋节。满族人家过中秋节也吃“团圆饭”。此外,月亮初升之际,还要供月。即在院内西侧向东摆一架木屏风,屏风上挂有鸡冠花、毛豆枝、鲜藕等,为供月兔之用。屏风前摆一张八仙桌,桌上供一大月饼。祭时,焚香磕头,妇女先拜,男人后拜。

腊八节。满族人家腊月初八要泡“腊八醋”和煮“腊八肉”。除全家人吃外还要分送亲友。

小年。满族过小年的习俗与汉族相同。腊月二十三日为“小年”。届时家家户户要祭祀灶神,俗称“送灶王爷”。

颁金节。是满族“族庆”之日。1635 年农历十月十三日,皇太极发布谕旨,正式改族名“女真”为“满洲”,这标志着一个新的民族共同体的形成。

（六）游艺竞技

满族传统游艺竞技与其先世的生产、生活方式、生态环境以及政治、军事活动的影响密切相关，基本起源于渔猎生产。由其先民的军事操练、征战和日常劳动、生活演变而来，又经多民族往来交流而融合。逐渐形成了骑射、冰戏、球戏、角力、技艺、嬉水、博弈、游戏娱乐等游艺竞技活动，具有鲜明的民族性、地域性与实用性，生动展示了满族人勇猛尚武、睿智善战的民族风貌。

1. 骑射

骑射是满族先世狩猎的一种基本技能，满语为“niyamniyambi”，汉语意为“射马箭、马上射兽”。

从肃慎、挹娄、勿吉、靺鞨、女真到满族，弓箭一直是狩猎和军事战争的主要工具和武器。用弓箭射柳枝比赛来源于女真人的拜天射柳。每逢重五，女真人有拜天射柳的习俗。《金史·礼志五》对此习俗做了较为详细的描述：“凡重五日祭天礼毕，插柳于球场为两行，当射者以尊卑序，各以帕帜其枝，去地约数寸，削其皮而白之，先以一人驰马前导，后驰马以无羽横镞箭射之，既断柳又以手接而驰去者为上，断而不能接去者，次之，或断其青处及中而不能断，与不能中者，为负。每射必伐鼓以助其气。”从上述的记叙中，可以看出射柳的秩序井然，规则严密，绝不是偶尔兴起，而是一种有组织，有规则有奖赏的比赛了。

清太祖努尔哈赤起兵之后，将这种技能主要运用于军事战争。在冷兵器为主的年代，各种兵器相比，弓箭的威力是非常大的，而且往往决定战役的胜败。如1613年努尔哈赤进攻乌喇部，即主要以弓箭取胜，《清实录》中的描述是：乌喇部的“布占泰率兵三万，经伏尔哈城而来，令军士步行，列阵以待。两军距百步许，我兵亦下马步战，矢交发如雨，呼声动天，上奋然挺身而入，诸贝勒率军士鼓勇纵击，大败乌喇兵。”这场战争消灭了乌喇部。在总结战争胜利的经验时，弓箭的作用受到了高度的重视。1615年努尔哈赤将四旗扩展为八旗，并在以后的争战前制定军阵的方式时，都是“被坚甲、执长矛大刀者为前锋，披轻甲、善射者从后冲击。俾精兵立他处，勿下马，相机接应”①。努尔哈赤每场战役均使用此阵法，屡战屡胜。到了皇太极时期，虽然

① 《清太祖武皇实录》卷四，第20页。

八旗兵也有了枪炮,但枪炮武器主要由汉军使用,满洲八旗的主要武器仍然还是弓箭。勤习骑射仍然是满洲八旗军的主要任务,皇太极就多次告诫满洲八旗勿忘习射,骑射也就自然地被认为是大清国“立国之根本”了。

满族入关后,重视骑射的传统不但没有削弱,而且得到了加强。满族人一直认为他们能够夺取明朝政权,主要依靠了弓箭的威力,故有“以弧矢定天下”之说。因此精于骑射仍然是对满族人的一项基本要求。皇帝每年都在春秋两季,带着文武百官和皇子皇孙到木兰围场,以狩猎方式演习骑射;军队也经常开展骑射训练并验视骑射的效果和成绩;就连“八旗遇考试生员、举人、进士之时,俱令射马步箭”[①],只有马步箭合格者才可以算中式。官方对于骑射的重视和提倡,大大地推动了民间骑射活动的开展。民间骑射活动形式多种多样,有朋友相聚,比试骑射,然后喝酒;有旗主组织的骑射比赛,对优胜者予以奖励;还有“射赌”,也叫赌箭。满族人震钧在他写的《天咫偶闻》卷一中记录了“射赌”的情况。“定制,赌有禁,唯以射赌者无禁、故有大书于门曰‘步靶候教者,赌箭场也’。”

跳马、跳骆驼。入关前的满族是一个骁勇剽悍的民族,精骑善射。男孩六七岁就学骑马、骑骆驼,十几岁就能佩矢驰逐于山林疆场。满族妇女不裹脚,执鞭骑乘不异于男人。因此,满族被称为“马上民族”。

女真时期的跳马、跳骆驼是飞身上坐骑难度很大的动作。一种方法是两匹马或马与骆驼并驾齐驱时,骑者从马上飞越到另一匹马或骆驼上。另一种是跳马、跳骆驼人站立不动,当马或骆驼在人前面跑过时,飞身跃上。跳马一般是侧面跳上。而跳骆驼则是从后面跳上。这个项目最初是清朝八旗士兵提高体质和作战技巧,飞身跃上敌骑擒拿的军事训练项目,后演变成民间的体育活动。每当春节及秋收后,满族人民都要举行跳马、跳骆驼比赛。

赛马,骑术在满族中占有重要位置,赛马也就成了军民共有的传统体育项目。在清代满族举行的各项技艺比赛中,最重要的一项就是赛马。被清王朝定为恒制的“木兰秋狝”,每次围猎结束举行的宴会“赛宴四事”中就有两项是赛马。清代赛马极为盛行,在军队训练、友谊交往、民间节日集会中都有赛马活动。

---

① 《清太宗实录》卷三十,第10页。

射箭满语为“gabtambi”，在军事战争中发挥了重大作用，受到了清王朝的高度重视。所以在清代射箭技术之精，比赛方法之多是空前的。

射箭比赛的主要项目有：

射香火。这种比赛多是在夜间或是在暗室内举行。把香点着然后悬于高空中，参加比赛的按事先排好的序号，一个一个地站在固定点上拉弓射箭，把香火射掉了为胜。

射柳技。此项比赛源于女真人拜天射柳。每逢重五有拜天射柳的习俗。《金史·礼志五》对此习俗有详细的描述：“凡重五日祭天礼毕，插柳于球场为两行，当射者以尊卑序，各以帕帜其枝，去地约数寸，削其皮而白之，先以一人驰马前导，后驰马以无羽横镞箭射之，既断柳又以手接而驰去者为上。断而不能接去者，次之。或断其青处，及中而不能断，与不能中者，为负，每射必伐鼓以助其气。”

射月子。此种比赛，是在布上绘成箭靶，然后将箭靶挂到五十米或百米以外的地方，参赛者按顺序以箭之，仅一箭射中靶的中心点为上。

射鹄子。将箭靶高悬，参赛者用响箭射，鹄子分层次并有各种名称而大小不一，最小者为羊眼。高手不但能射中羊眼，一箭射中而靶不但不落，并成花篮状为最好。

射米团。把米团、角黍（黏米面包的饽饽）放在盘中并悬挂半空，以小角弓箭射之，谁一箭射中可食之。

射箭簇。参加比赛者各带小箭一二十支，每场比赛要 5 人以上，每人小箭 2 支，将 10 支箭竖于一簇立于三十米远处，按事先排好的顺序依次而射，射中得箭。

2. 球戏

古代球类运动称之为球戏，后来又称之为“蹋鞠”。晚清时期将“蹋鞠”改称为球类运动。满族的球类运动主要有珍珠球、踢形头、打马球等。

珍珠球项目，原名叫采珍珠，[①]满族先人繁衍于白山黑水之间，茂密的山林、广阔的草原、纵横的江河，提供了丰富的渔猎资源和赖以生存的生活环境。他们集珍珠的生产和生活实践中，创造了“采珍珠”的游戏。起初，他们用牛毛滚成“绣球”，把“绣球”比作大颗珍珠。游戏场地只有水区、蛤蚌区和

① 满语为“nicuhe ”（尼楚赫）或“tana”（塔那）。

威呼[1]区，采珍珠的人在水区千方百计地冲破蛤蚌区人的阻挡，设法把绣球投到威呼区同伴手持的筐篓里，投中的，表示“采到了珍珠”就会吉祥。

后来，人们又想象出蛤蚌既然能生成珍珠宝贝，那它也一定会成精的，一旦成精了的蛤蚌，它肯定能张开巨壳保护珍珠而不被采走，所以就用“蚌壳”阻挠“绣球”被投入筐篓，于是就创造了攻守兼备的体育活动——采珍珠。

采珍珠体育活动，明末清初时期在松花江、鸭绿江、牡丹江等流域的女真族集聚区比较盛行。1635 年，皇太极将女真改为满族，1644 年满族入关后，把采珍珠活动带到了北京、河北、山东等地区。到“康乾盛世”时期，采珍珠的体育活动非常盛行。乾隆九年开始的京八旗满族移民、屯垦戍边和八旗兵驻防、满族人又把采珍珠体育活动带到了全国各地。从此以后，这项体育活动在满族集聚区常有举行。

踢熊头。在先秦时期的肃慎人，每当猎得熊等猛兽时，则视为山神所赐，遂将熊头割下供奉于树桩上，向山神烧香磕头求山神保佑，然后众人围着树桩载歌载舞饮酒祝贺，继而烤食兽肉。在欢乐的气氛中，人们激情高涨，就从树桩上取下已经祭完山神的熊头，你一脚我一脚争先恐后地抢着踢来踢去，比谁踢着的次数多，比谁踢的远、踢的高。后来就有了踢熊头的比赛。满族建立八旗后，踢熊头就逐渐地改革成踢形头（相当于足球）比赛。天命十年（1625 年）正月初二，努尔哈赤在浑河冰面上兴高采烈地主持蹴鞠（踢形头）比赛。努尔哈赤立于中央，各贝勒和他们的侍卫随士兵参加，连踢两场，每次均奖以银两和酒席。[2] 打马球活动历史也很久远，据说打马球起源于勿吉人狩猎，渤海国时期的靺鞨人就很擅长打马球。打马球的人是骑在马上用杖往门里击球，而不是人在场地上奔跑并用脚往门里踢球，用的杖其击球端如偃月，这个击球杖又与打冰球的曲棍相似。到清代时，打马球仍然是满族人普遍喜爱的一项体育运动。从宫廷到民间，击球比赛经常举行。

3. 冰嬉

冰嬉竞赛属宫廷一项冰上竞技活动。[3] 从康熙朝兴起，到乾隆朝为最兴盛。它不仅是冰上的竞技比赛，同时也是皇上对八旗兵训练的实地检阅。

---

① 满语“weihu”独木船、小船。

② 《满文老档》卷三十。

③ 溜冰、滑冰满语称“nisumbi”。

清代民间的冰嬉活动也非常活跃，当时的北京城，每年一到冬季，无论是护城河还是各个湖面上，随处都可以看到冰嬉比赛或技艺表演，非常热闹。乾隆皇帝在《冰戏赋序》里把滑冰运动称为“国俗”，可见当时的滑冰运动是多么的普及。《帝京岁时纪胜·滑擦》中对速度滑冰做了叙述：“冰上滑擦者，所着之履皆有铁齿，滑行冰上，如星驰电掣，争先夺标而胜。”这本书还记录了冰上踢球比赛的情景：“每队数十人，各有统领，分位而立。以革为球，掷于空中，俟其将坠，群起而争之，以得者为胜。”《燕京岁时记·溜冰鞋》中描写花样滑冰是：“技之巧者，如蜻蜓点水，紫燕穿波，殊可观也。”还有“打滑挞”（打滑出溜坡）活动，也非常流行。冬季一到，无论是京城还是在各地的满族集居区，随处都可见到打滑溜坡活动或比赛。这种滑溜坡是用冰雪堆砌而成的冰山，最高处约三四丈，坡道长约五六十米，坡面用水浇后如镜，人穿带毛的猪皮鞋，从山顶站立滑下，以不倒为胜。皇帝在冰面上坐的叫“冰床”，民间百姓就将其称为冰爬犁。每到江河湖泊封冻之后，在冰面上支爬犁、拉爬犁的活动也非常盛行。

冰嬉竞赛有好几种，其中有“抢等”“抢球”“转龙射球”等项目。以上三项相互联系，但又相对独立。“抢等”是个人的竞技项目，赛法是：距皇帝的“冰床”（高级冰上爬犁，也叫冰车）二三里外的冰上设一大纛（军旗），众兵就列队在大纛下准备参加比赛。在纛前一米处，画一条横线，既起跑线，然后参赛者脚穿溜冰鞋①站在起跑线以内，每个人都摩拳擦掌，跃跃欲试。皇帝御座这边鸣一炮之后，大纛处也鸣一炮以应和，以示比赛马上开始。发令员一声令下，参赛者立即奔出起跑线，飞快地滑向皇帝的“冰床”前，数位御前侍卫站在冰上的终点线上，按“抢等”人员先后到达的顺序，有抓一等的、有抓二等的、有抓三等、四等的，然后由侍卫领到皇上面前，由皇上分别赏赐。

在“抢等”结束之后，兵分左右两队，左队穿红色衣服，右队穿黄色衣服，列队布阵。然后，御前侍卫“以一球猛踢之，至中队，众兵争抢，得球者复掷，则复抢丐。有此已得球而彼复夺之者，或坠冰上，复跃起数丈，又遥接之”。相互拼抢非常激烈，展示参赛者们高超的技艺和良好的身体素质。

接着进行分队竞赛，项目是“转龙射球”。先是“走队”，走队分前导队与

---

① 溜冰鞋（滑冰鞋），满语称“nisuku”。

大队两部分，前导队由3人组成，前面的有执大旗1人，后两人拉弓矢。其后为大队，大队的旗帜、衣着和各个旗之色相同，“执旗的二百左右人，执弓矢的四百人左右”。所有的队中人都脚穿冰鞋在前导带领下，编出队形，“盘旋曲折行之冰上，远望之蜿蜒如龙”①。在接近御座处设有一旗门，门的上下分别悬挂着“天球”与“地球”，“转龙之队疾趋到，一射天球，一射地球，射中者赏”。射中之后，再由原路滑回队伍，队的末尾是一幼童为龙尾。转龙射球是数百人在列队滑行中发箭射球，它对滑、射技艺要求很高，既要快速地滑行，还必须射中双球，同时队形还不能混乱，这就使得八旗兵士们必须平时刻苦训练才能做得完美。

冰嬉竞赛深受皇上重视，从而也推动了八旗军队以及民间冰雪运动的开展。

冰雪运动的速度滑冰、花样滑冰、冰上足球、支爬犁、打滑挞、抽冰尜、滑雪以及游戏中的滚冰、打雪仗等，只有生活在东北这白山黑水之间，每到冬季，千里冰封万里雪飘才能开展的运动，体现了特有的地域性。

4. 摔跤

摔跤比赛，古时称角抵。是族人或部落之间因争夺猎物和地盘而争斗撕打形成的。为了提高摔打和比拼的本领，部落内的青少年经常练习角抵，后来角抵就逐渐演变成了比赛项目。

摔跤在满族入关之后也有了很大的发展。朝廷为了练兵强军还专门建立了“善扑营”。建立善扑营的目的礼亲王昭梿在《啸亭续录》卷一中说得比较明白，“选八旗勇士之精练者为角抵之戏，名善扑营。凡大燕享皆呈其伎，或与外藩部角抵者争较优劣，胜者赐茶、缯以旌之。纯皇(乾隆)最喜其伎，其中最著名者为大五格、海秀，皆上所能呼名氏。有自士卒拔至大员者，盖以其勇挚有素也”。由此可知，善扑营是为外交而兼娱乐的目的设立的，摔跤手也都是职业性的。摔跤手满语称为布库(buku)，善扑营中的布库分头等布库、二等布库、三等布库，名额定于200名，不入等的年幼者称为“tacimbi”(他希密)，汉语意为学习。善扑营的建立为中国式摔跤的形成打下了基础。

后金天聪八年(1634年)，蒙古的各个部落贝勒来盛京朝拜，皇太极命令

① 《八旗通志》第五册。

蒙古三贝勒下三旗的力士“先与小力士角抵摔跤,尔后又命令阿尔萨兰将其一一高举而掷之。三贝勒并满洲、蒙古、汉人,无不称其奋勇”①。阿尔萨兰是皇太极身边一名以勇武著称的蒙古族大力士,皇太极这样安排也是想展示一下各个力士之间的角抵水平,这种比赛表演是在满洲与蒙古部落之间举行的。

角抵比赛在满族内部也经常举行,如在1637年秋,皇太极到演武场视察,“令每旗选善射者十人,善角抵者五人,左翼以和硕睿亲王多尔衮、多罗贝勒豪格、多罗饶余贝勒阿巴泰、固山贝子博洛统之,右翼以多罗贝勒岳托、多罗安平贝勒杜庆、固山贝子硕托、罗托统之。两翼较射三次,右翼多中一矢。角抵时,右翼亦多仆倒。负者与胜者羊七只,赐宴”②。以上几次比赛和表演看出,角抵比赛在八旗中已经是一种普遍开展的活动了。

有清一代的摔跤,无论是在八旗军队中还是在民间百姓中、都非常盛行。除了善扑营的专业摔跤手们练习摔跤外,普通的八旗兵丁也很喜欢摔跤,因为摔跤的竞技性很强,所以它成为血气方刚的青年相互争强好胜的一种方式。八旗军中的摔跤热,带动了民间的摔跤活动。全国各地凡是满族聚居区,摔跤活动随处可见,摔跤比赛也时常举行。尤其是北京,成为清代摔跤最为盛行的地方。

满族的先世逐水草而居,捕鱼便成为其一种生产方式,所用的船称“威呼”,满语“weihu”意为独木船、小船,是用原木刳空而成的,船身长而窄,在水上的划行速度也很快。渐渐地由打鱼而用又增加了在江河湖面上举行赛威呼活动。后来因满族入主北京,渔猎不再是生存的一种手段,在江河水上的活动机会也少了,所以就把赛威呼演变为在陆地上举行了。

拔河比赛,是由满族先人的一位部落酋长主持分鱼而演变成的比赛项目。戏水中的游泳、跳水、打水仗的游戏,都是从渔业生产演变而来。

除上述一些竞技性运动之外,满族民间还流传许多娱乐性的体育活动和游戏项目,如抓嘎拉哈、撞拐、老鹞子叼小鸡、满洲棋、翻绳等,其中抓嘎拉哈在满族民间流传最广。

抓嘎拉哈(又称“抓子儿”)。是用动物獐、狍、鹿、猪、羊等的骨头(趾

① 《清太宗实录》卷三十八,第8页。

② 《清太宗实录》卷十七,第20页。

骨)制成,并涂有各种颜色。玩法多种多样,室内、室外、地上、炕上都可以玩。《清文汇书》中归为两种玩法:抓背式骨(接马儿);抛背式骨(打玩马儿)。女孩子一般在室内玩弹嘎拉哈、拉珍儿、抓对等,男孩子一般在室外玩打嘎拉哈、击嘎拉哈。玩时常常还伴有"布口袋""钱马子"等辅助玩具。撞拐,又称格蹬,是指搬起一脚,一只脚蹦跳,以膝盖互相冲撞的游戏。被撞倒则败。

老鹞叼小鸡,满族儿童喜爱的一种游戏。参加游戏的儿童,一人扮作"老鹞子",一人扮作老抱子(母鸡),其余的排成一队,扯着后衣襟躲在老抱子后面。老鹞子左右捕捉小鸡,老抱子则竭力进行保护。一边玩,一边互相问答。老鹞子每抓到一个小鸡,便让其背着走一段,然后"吃掉"。依次抓捕,直至叼完为止。

翻绳,又称"解股",为满族女孩子喜欢玩的一种游戏。玩这种游戏需要两个人,首先以细蝇结成绳套,一人先将细绳在双手上翻出花样,然后另一个人用两手将之翻成新的花样,相互反复翻绳,直至不能再翻或翻乱方算输。

第八章　赫哲族及相关跨界民族的历史沿革与地域分布

赫哲族是阿尔泰语系中通古斯—满语族的重要组成部分,它和满族、鄂伦春族、鄂温克族、锡伯族等族一样,是肃慎族系的重要组成部分。清朝前期,赫哲、鄂伦春、费雅喀、库页等民族形成独立民族并主要生活在中国的黑龙江流域,多以渔猎为主。清朝后期,沙俄通过不平等的《中俄瑷珲条约》和《中俄北京条约》,从中国攫取了黑龙江以北乌苏里江以东一百多万平方公里的土地。原生活在这里的赫哲、鄂伦春、费雅喀、库页等族便成为异国民族。现分布于俄罗斯的与赫哲、鄂伦春等民族相关的有那乃、埃文人、乌德盖人、奥罗奇人、奥罗克人、涅吉达尔人、乌尔奇人。赫哲族及相关跨界民族在不同的地域分布和发展,其社会经济和文化发生了较大的变化。

第一节　赫哲族及相关跨界民族的族源与形成

作为肃慎族系的重要组成部分,赫哲族及相关跨界民族具有悠久的历史。清代是赫哲等族形成和发展的重要时期。在此之前,俄赫哲族、鄂伦春族、费雅喀族、库页族等被统称为野人女真和东海女真。清朝初年,这些民族逐渐有了自己的族称和民族特质,形成了独立的民族。

一、赫哲族及相关跨界民族的族源

赫哲族及相关跨界民族具有悠久的历史,自古以来繁衍生息于黑龙江、松花江中下游,乌苏里江流域以及鄂霍次克哈斯等东部沿海一带。赫哲等族的族源问题，是学术界较为关心的问题。赫哲等族并不是直接来源于中国东北的某一古代民族，而是以某一民族为主源，同时吸收当地其他民族成分而形成的。在黑龙江流域东部地区的“肃慎”“挹娄”“勿吉”“靺鞨”等古代民族与赫哲等族有着较为密切的渊源关系。隋唐之黑水靺鞨，即为赫哲等族的远祖。[①] 辽代，黑水靺鞨区域之五国部女真人为赫哲先民。[②] 金代的“兀的改”“兀的哥”以及元代“水达达”也包含着赫哲等先民的成分。明代的东海女真（也称野人女真）与赫哲等族有着极其密切的渊源关系，当时散处于黑龙江下游沿岸的虎尔哈、瓦尔喀、乞列迷、苦夷等许多部落氏族，即是后来赫哲等族的主体。

二、赫哲族及相关跨界民族的族称

在清代以前，赫哲族等民族大多没有自己本民族的确切族称。在中原的文献中，他们往往被统称为“野人女真”“东海女真”等。到了清代，随着赫哲族等民族的形成，各民族有了自己的民族名称，其民族名称才明确并稳定下来。

赫哲族是清代黑龙江东部地区重要的少数民族。“赫哲”一名，最早见于《清圣祖实录》：康熙二年三月壬辰，“命四姓库里哈等进贡貂皮，照赫哲等国例，在宁古塔收纳”[③]。此后，在清代文献中，“赫哲”又被写作“黑斤”“黑金”“赫金”“赫津”“黑吉”“赫真”等。这些都是“赫哲”的同音异写。与此同时，在清代文献中，赫哲族还被称为“鱼皮部”“鱼皮鞑子”“剃发黑金”“不剃发黑金”“栖林（麒麟）鞑子”等。此外，由于分布地区不同，或因部落不同，赫哲族还有许多的自称和他称，如现居在黑龙江省富锦市大屯沿松花江上游的称“那贝”，居嘎尔当屯至津口村的称“那乃”，居勒得利村沿黑龙江下游至乌苏里江的称“那尼傲”。因此，赫哲族的名称多而复杂。“赫哲”是赫哲族的自称。由于赫哲族没有本民族的文字，无法记载本民族的历史，因此对“赫哲”一名的含义，史学界说法不一。萨英额认为：“黑津指黑水为名”[④]，这是望文生义。因为“黑津”是赫哲语“hejen”的汉字标音，字面上没

---

① 凌纯声：《松花江下游的赫哲族》上册，中华民国二十三年版，第52页。

② 干志耿、孙秀仁：《黑龙江古代民族史纲》，黑龙江人民出版社，1986年版，第476页。

③ 《清圣祖实录》卷八，康熙二年三月壬辰，中华书局影印本。

④ 萨英额：《吉林外纪》卷二，光绪二十九年皇朝藩属舆地丛书本。

有意思,所以这种说法难以成立。凌纯声认为:赫哲是由“窝集”转变而来,与“窝集”所含的“山间密林”之意是一致的。这种说法也不能成立。因为“赫哲”是赫哲语,是“下游人”“下方人”的意思。①

鄂伦春是清朝前期黑龙江地区分布最广的土著民族。在顺治朝以前的清代史书中,鄂伦春族与鄂温克族、达斡尔族统称为索伦部。从康熙年间开始,在皇帝的上谕及大臣的奏折中才有“俄罗春”“俄乐春”“俄伦春”等名称,这实际上均为同音异写。据《朔方备乘》记载:“今黑龙江所属东北部族,有鄂伦春者,亦使鹿,盖俄伦即鹿名也。”又载:“俄罗斯伊聂柏兴,有一种人乘鹿者,呼鹿曰俄伦,此可见俄伦春命名即使鹿之故”②。与此同时,在清代文献中还将鄂伦春族的一些氏族名称或所居住的地名当作单独的民族名称记录下来,如玛涅克尔、喀木尼堪、毕拉尔、奇勒尔、满浑、山丹等。他们实际上都是鄂伦春族的组成部分。

费雅喀族的先人在明代称为乞列迷。在清代文献中,费雅喀也写作“非牙喀”“飞牙喀”等。费雅喀是赫哲族对该族的称呼,其意即为“不穿裤子”。据《柳边纪略》记载:“飞牙喀,俗产与不剃发黑金同,而赤臀无裤,以皮蔽其前。”③可见其名是因其俗而来。

库页之名,明代称为苦兀,《重建永宁寺碑记》中为苦夷。清代史书称之为库页,又有库野、库叶、库耶等不同写法。库页人主要生活在库页岛上。库页岛的名称,汉代时称“女国”,唐代称“莫曳”,明代称“苦夷”,清代方称“库页”。库页人当是因库页岛而得名。

三、赫哲族及相关跨界民族的形成

赫哲族及其相关跨界民族鄂伦春、费雅喀、库页等的形成经历了较为漫长的过程,是在明末清初由东海女真转化而来的,在此过程中又不断融入当地其他渔猎部落。这些氏族部落沿江由西向东依次而居,又相互交错,共同过着以渔猎为主的生活。促成赫哲族及其相关跨界民族鄂伦春、费雅喀、库页等形成的重要外部因素是后金——清朝政权对东海女真各部的不断征服与统一,同时还有沙俄殖民者对黑龙江流域的入侵。这些因素使得东海女

---

① 郭燕顺:《赫哲族的名称》,《社会科学战线》,1981 年第 4 期。

② 何秋涛:《朔方备乘》卷四十三,中国边疆丛书第二辑,文海出版社有限公司印行。

③ 杨宾:《柳边纪略》卷三,载《龙江三纪》,黑龙江人民出版社,1985 年版。

真各部在反抗异族入侵的过程中加强了相互间的联系和团结,增强了民族意识和民族认同感,在保持各部落共同文化习俗的基础上,形成了赫哲、鄂伦春、费雅喀、库页等民族。

从努尔哈赤时代开始,随着东海女真的被征服及满族的形成,后金——清朝政权便不断地将赫哲等族各部部民迁往辽东等地编入八旗,使之成为“新满洲”。清兵入关后,仍然有大批的赫哲等族各部民众被编入八旗,成为“新满洲”。如康熙五十三年(1714 年),清朝政府从四姓赫哲中“挑放披甲二百名,编为四旗”①。雍正十年(1732 年),清朝政府批准了宁古塔将军常德的奏请,于八姓赫哲地方内,“挑兵一千名,编为十佐领,各设佐领一员,骁骑校一员,照三姓例给予俸饷器械”。在三姓地方建筑城池,“令三姓、八姓官兵等,一并驻扎。以前八姓人户不学耕种,请俟来年二月,给与牛种口粮,令其开垦”②。这样,在清初有许多赫哲、鄂伦春、费雅喀、库页等民族成员被编入八旗,成为“新满洲”,他们或迁往内地披甲驻防,或在三姓等地开垦务农,社会经济发生了巨大的变化,后来大多都融入满族共同体中,成为满族的成员。

皇太极时期,清朝政府便开始对黑龙江东部地区的各族边民进行编户管理。崇德四年(1639 年)八月甲午,皇太极派萨尔纠等率兵出征库尔喀部落时,就明确指示他们将其归附者,编为户口,令贡海豹皮。并劝谕伊等,弃恶从善,共为良民。这标志着清朝统治者在不断将东海各族俘掠编入八旗、使之成为“新满洲”的同时,开始实行就地编户为民进行管理的政策。崇德五年(1640 年)五月甲辰,清军按皇太极的指示,将俘获和归降的虎尔哈(库尔喀)男子“共四百八十五人,内有捕海豹人二百四十三人,捕貂鼠人一百九十八人,令仍居彼地”,俘获及归降家属“共一千二百七十七口,内留一千一百九十四口,仍居彼地”③。由此可见,清朝政府将大部分的虎尔哈等边民留在当地,编户纳贡。这为其民族形成奠定了基础。

清兵入关后,这一政策得到进一步的发展,赫哲、鄂伦春、费雅喀、库页等“边民计以户”,年“每户纳貂皮一张”④。如“顺治十年,使犬部(赫哲)富

---

① 《依兰旧志五种》,内蒙古文化出版社,1991 年版,第 37 页。

② 《清世宗实录》卷一一九,雍正十年闰五月己亥,中华书局影印版。

③ 《清太宗实录》卷五十一,崇德五年五月甲辰,中华书局影印版。

④ 长顺等修:《吉林通志》卷二十八,光绪十七年刻本,第 5 页。

斯哈喇等十姓,贡貂归诚”[①]。通过计户贡貂,清朝政府进一步加强了对黑龙江东部边民的统治和管理。顺治年间,清朝政府多次派遣官兵,深入到黑龙江下游及沿海包括库页岛在内的广大地区,对散居在这里的各族居民进行编户入册,加强管理。顺治十年(1653 年),宁古塔总管沙尔虎达,派遣库力甘额夫等 12 人,招抚高富斯哈喇等十姓赫哲居民,编为 432 户,贡貂 217 张,并保证“二百十五家欠缺貂皮,待来年进贡添进”[②]。此后,黑龙江下游及沿海地区各族的贡貂编户不断增多。据乾隆十五年(1750 年)大学士傅恒的统计,“康熙十五年赫哲、费雅喀贡貂之一千二百零九户。自十五年至六十一年,陆续增加七百零一户,计一千九百一十户。雍正元年至乾隆十五年,又增加三百四十户,现有贡貂之赫哲、费雅喀二千二百五十户。”加上库页岛贡貂 148 户,总计“赫哲、费雅喀、库页费雅喀贡貂者二千三百九十八户”[③]。由此可见,到乾隆十五年(1750 年),这一地区的贡貂边民已增加到了 2398 户。这些留居原地的赫哲、鄂伦春、费雅喀、库页等族人继续保留其原有的氏族部落名称和以渔猎为主的社会生活方式,成为清代赫哲、鄂伦春、费雅喀、库页等民族的主体。

第二节　1860 年以前赫哲以及相关诸跨界民族的历史沿革

从清初到 1860 年《中俄北京条约》签订前,外兴安岭以南的黑龙江流域和包括库页岛在内的东部沿海地区始终是中国的固有领土。在清朝政府的有效管辖下,生活在这一地区的赫哲、鄂伦春、费雅喀、库页等民族的社会经济在原有的基础上缓慢地发展着。

一、赫哲族早期的历史沿革

清朝初年,黑龙江下游、松花江、乌苏里江流域以及滨海和库页岛地区

① 康熙《大清会典》卷七十四,康熙二十九年刻本,第 15 页。

② 中国第一历史档案馆编:《清代中俄关系档案史料选编(顺治十年三月—雍正十二年十二月)》第 1 编上册,中华书局,1981 年版,第 2 页。

③ 辽宁省档案馆等译编:《三姓副都统衙门满文档案译编》,辽沈书社,1984 年版,第 460 页。

的各族边民除赫哲族外，都没有固定的族称，主要是以姓氏相区别。其社会生活较为原始，主要以渔猎经济为主。据《皇清职贡图》记载："赫哲所居与七姓地方之乌扎拉、洪科相接。男以桦皮为帽，冬则貂帽狐裘。妇女帽如兜鍪，衣服多用鱼皮而缘以色布，边缀铜铃，亦与铠甲相似。以捕鱼射猎为生。复航大舟，冬日冰坚则乘冰库用犬挽之。其土语谓之赫哲话。"又"七姓在三姓之西二百余里之乌扎拉、洪科等处。性多淳朴，地产莜麦。虽知耕种，而专以渔猎为生。遇冬日冰坚，则足踏木板，溜冰而射。其妇女亦善伏弩猎貂，衣帽多以貂为之。土语谓之乌迪勒语"①。

对于黑龙江东部边疆地区的赫哲等民族，清朝政府采取了与八旗制度完全不同的管理制度，即将边疆各族就地编户入册，以其姓长等进行管辖，按期纳贡，这就是边民姓长制。这里的边民是指居住于黑龙江下游，松花江、乌苏里江流域以及滨海地区和库页岛等地的赫哲、费雅喀、奇勒尔、鄂伦春、恰克拉、库页等族。由于这一地区的各民族姓氏较多，居住分散，因此清朝政府除将一部分各族边民编入八旗，称为"新满洲"，迁往驻防地外，便将黑龙江下游两岸地区余下的赫哲族等各族边民按氏族部落就地编户，"各设姓长、乡长，分户管辖"②，实行了边民姓长制统治。即对这里的赫哲族以其部落首领为姓长、乡长，负责管理本氏族村落各项事宜，并归宁古塔将军及副都统管辖。康熙五十三年(1714 年)清朝政府在三姓设协领衙门，管辖三姓一带赫哲族。雍正十年(1732 年)设三姓副都统，仍管辖三姓地区的赫哲族，并兼管库页岛。黑龙江下游的赫哲族由宁古塔副都统管辖。这样，到乾隆十五年(1750 年)，清朝政府对黑龙江下游滨海地区及库页岛上分布于252 个村屯中的56 姓2398 户各族边民，先后设置姓长22 名、乡长188 名、穿袍人108 名，③进行管理。这些少数民族最初由宁古塔副都统管辖，乾隆四十五年(1780 年)，清朝政府对赫哲管辖区进行调整，以瑚尔穆河到入海的约色河为界，其南由宁古塔副都统管辖，其北归三姓副都统管辖。

清朝政府便根据他们固有的血缘姓氏及其居住的地域村屯分别设立姓长(满语称为哈喇达)、乡长(满语称为噶山达)及穿袍人(满语称为西吉坚，又称子弟)，建立起了一整套的地方基层组织，对当地边民进行管理。姓长、

---

① 傅恒等修:《皇清职贡图》卷三，四库全书本。

② 《清朝文献通考》卷二七一《舆地三》，商务印书馆万有文库本。

③ 杨余练等:《清代东北史》，辽宁教育出版社，1991 年版，第 142 页。

乡长一般都是各姓氏及村屯的头目。他们也相当于清朝政府在当地的地方官员，由政府任命并发给他们“顶戴、文凭”[①]，实行长子世袭制。姓长、乡长下设穿袍人，由姓长、乡长长子之外的子弟担任，不世袭。他们是协助姓长、乡长进行管理的差役，每年贡貂时可得到清朝政府赏赐的“缎袍”一套，故名。姓长、乡长的职责是管理户籍、催纳贡物，并负责处理乡内不平不法诸事。[②]

经过清初的大规模编入八旗及迁徙，很多赫哲族人离开故乡，加入到满族之中。留居松花江、乌苏里江及黑龙江下游地区的赫哲族由原来的22个姓氏减少到17个姓氏，主要以三姓、七姓、八姓为主了。关于赫哲族的基本姓氏，一般学者多认为是18个，但在《三姓副都统衙门满文档案》中却找不到八姓赫哲中的舒穆鲁姓氏，作者认为此姓氏可能在康熙年间在八姓赫哲征兵时大部被编入八旗，融入满族之中。故在赫哲贡貂户中无此姓氏。赫哲族同邻近的费雅喀、鄂伦春、库页等族一样，成为清朝政府编户贡貂的贡民。据乾隆十五年（1750年）大学士傅恒等统计，“康熙十五年赫哲费雅喀贡貂之人一千二百零九户，自十五年至六十一年陆续增加七百零一户，共计一千九百户。自雍正元年至乾隆十五年，又增加三百四十户。现有赫哲费雅喀人二千二百五十户”[③]。由此可见，从康熙年间到乾隆年间，赫哲、费雅喀的贡貂户在不断增加，到乾隆十五年已达2250户，其中赫哲族的三姓、七姓、八姓共1277户。另外根据乾隆五十九年（1794年）《三姓副都统衙门满文档案》中的贡貂赏乌林数目清册，我们可以了解当时赫哲族的姓长、乡长情况及姓氏村户情况。据乾隆五十九年十月初一《三姓副都统额尔伯克为造送颁赏乌林数目清册事咨吉林将军衙门》附件统计：赫哲族葛依克勒姓乡长1名、子弟2名；额叶尔古姓乡长5名、子弟5名；富斯哈喇姓姓长1名、乡长10名、子弟6名；必勒达奇哩姓萨尔罕锥1名、姓长1名、乡长23名、子弟18名；贺齐克哩姓萨尔罕锥1名、姓长1名、乡长14名、子弟10名；乌扎拉姓姓长1名、乡长6名、子弟2名；扎克苏噜姓姓长1名、乡长6名、子弟3名；必喇勒姓乡长3名、子弟1名；哲勒图哩姓乡长1名，子弟1名；图勒都笏噜姓子弟1名；乌定克姓乡长1名；湖定克姓乡长1名；霍勉姓乡长1名、子弟2

① 曹廷杰：《西伯利亚东偏纪要》，辽海丛书本，第32页。

② ［日］间宫林藏：《东韃纪行》，1935年版，第90页。

③ 辽宁省档案馆等译编：《三姓副都统衙门满文档案译编》，辽沈书社，1984年版，第460页。

名;揣果尔姓乡长 2 名、子弟 2 名;卓勒霍啰姓子弟 1 名;图墨里尔姓姓长 1 名、乡长 4 名、子弟 3 名;嘎奇拉尔姓乡长 5 名,子弟 4 名。[①] 这样,当时的赫哲族共有萨尔罕锥 2 名、姓长 6 名、乡长 80 名、子弟 61 名。除萨尔罕锥外,姓长、乡长等负责赫哲族的贡貂事宜及各姓氏村落的编户管理。

对于编户的赫哲族,清朝政府征收贡物,即每户每年到清朝政府指定的地点贡貂皮一张,同时清朝政府根据贡貂者身份的高低分赏布绢等生活用品,此即贡貂赏乌林制。赫哲族贡貂,居住在齐集以上的先是到宁古塔纳贡,后改为三姓,齐集以下的到德勒恩地方,由三姓派员收纳。恰克拉至乌苏里江等地的贡貂户,也由三姓派员前往收纳。一年一度的贡貂,是赫哲族的重要活动。赫哲族通过贡貂来向清朝政府尽臣民的义务,同时他们也得到朝廷的丰厚回报。他们纳贡时不仅受到热情款待,得到赏赐的布绢等生活必需品,还可以用多余的毛皮换取其所需要的生产生活用品。这种贡貂赏乌林活动对促进赫哲社会经济的发展起到了重要作用。

赫哲族和清朝政府间也保持着联姻关系,这是清朝政府实行边民联姻制的结果。按清朝政府的规定,赫哲等族不论地位高低,只要备足一份以毛皮为主的聘礼,便可以向清廷提出申请并进京娶妻。清朝政府自朝廷到地方对此事都很重视。据乾隆五十九年(1794 年)八月初五日《三姓副都统额尔伯克为赫哲人进京娶妻事咨吉林将军衙门》记载:"去京城娶妻之赫哲乌扎拉姓皮玉里噶珊白人卓乌努,携带折黑狐皮二张之白珍珠毛狐皮四张、九张元狐皮之褥子二、九张黄狐皮之褥子四、通常貂皮三百零四张"。"今乌扎拉姓皮玉里噶珊白人卓乌努欲去京城娶妻,携带聘礼有折黑狐皮之白珍珠毛狐皮、元狐皮褥子、黄狐皮褥子、通常貂皮等,皆与昔时去京城娶妻之人所带聘礼之例相符,除相应照例供给卓乌努驿车一辆,遵照四十年上谕,趁凉爽季节,派出骁骑校喜善保率兵丁二名随行,于八月初五日护送起程外,卓乌努自带跟役一名、作盘费用之貂皮五十张及元狐皮三张。据卓乌努禀称,昔前往娶妻之人,沿途皆供给吃食,乞请照往年之例供给吃食等语。相应咨请将军衙门查验,照例供给卓乌努沿途应给之吃食"[②]。从这里可以看出,赫

① 辽宁省档案馆等译编:《三姓副都统衙门满文档案译编》,辽沈书社,1984 年版,第 36 ~ 37 页。

② 辽宁省档案馆等译编:《三姓副都统衙门满文档案译编》,辽沈书社,1984 年版,第 397、398、400 页。

哲族进京娶妻者即霍集珲(满语“女婿”之意)所准备的聘礼是很贵重的,约有近400张珍贵毛皮及其制品。进京娶妻者由官府提供车马,并派兵护送,沿途供应饮食。到京后举行隆重婚礼,然后由原驿路返回。被赫哲族霍集珲迎娶回的“京女”称萨尔罕锥(满语“少女”之意),在赫哲族中很受尊崇。乾隆五十六年(1791 年),赫哲族中有萨尔罕锥 2 名,即必勒达奇哩姓有 1 名、贺齐克哩姓 1 名。[①] 加上乾隆五十九年(1794 年)乌扎拉氏新迎娶的萨尔罕锥,则赫哲族在乾隆末年共有萨尔罕锥 3 名。联姻关系的建立,进一步加强了赫哲族与清朝政府之间的联系,对赫哲族的社会经济发展也产生了一定的影响。

为了保持“龙兴发祥之地”满洲八旗的“国语骑射”、独占东北得天独厚的人参、貉皮、东珠、鹿茸等诸多天然资源,康熙七年(1668 年),清朝政府开始实行长达200年的“封禁”政策,严禁汉族人民进入东北地区。其结果造成黑龙江流域人烟稀少、经济落后,形成大面积的“真空地带”,千里边境防务屏弱,甚至有边无防。这给俄国的侵略以可乘之机。

清朝前期,赫哲族仍然处于较为原始的父系氏族社会阶段。他们以氏族部落为单位,形成各自村落,以几户或几十户聚屯而居。当时已经出现了等级区别和贫富分化。赫哲族主要以渔猎经济为主,很少从事农业。他们多以貂皮等毛皮及鱼产品向清朝进贡并领取“乌林”,同时换回自己所需的生产生活用品,在与满族及其他民族的交往过程中,其社会经济也有所发展。

二、鄂伦春族早期历史

清朝前期,黑龙江地区的鄂伦春族主要分为两部分。一部分分布于外兴安岭以南、黑龙江中上游及嫩江流域,与鄂温克、达斡尔等族相邻,另一部分则分布于黑龙江下游、鄂霍次克海沿岸及库页岛等地,与赫哲、费雅喀、库页等族共处。他们都以渔猎为生,流动性较大。

分布于黑龙江西部地区的鄂伦春族,在顺治以前同鄂温克、达斡尔族共同居住在黑龙江上游沿岸的广大地区,被称为索伦部,也称喀穆尼堪。这就是史书所说的“鄂伦春实亦索伦之别部,其族皆散居内兴安岭山中,以捕貂

---

① 辽宁省档案馆等译编:《三姓副都统衙门满文档案译编》,辽沈书社,1984 年版,第 28 页。

为业"[①]。在民族调查中,鄂伦春族老年人也说,鄂伦春和索伦、通古斯、雅库特(后三者1958年后统称鄂温克)原来是一个民族。[②]因此,这里的鄂伦春族是从鄂温克族中分出来的一支,与鄂温克族关系密切。

17世纪中叶,由于沙俄对黑龙江流域的入侵,有相当一部分的鄂伦春人随达斡尔族、鄂温克族等南迁嫩江流域,游猎于内外兴安岭之间。康熙二十三年(1684年),清朝政府将南迁的鄂伦春族与鄂温克族、达斡尔族编入布特哈打牲部落,岁贡貂皮。据《龙沙纪略》记载:康熙末年,鄂伦春"隶籍者五百六十五人,十佐领辖之,输貂如索伦制"[③]。雍正九年(1731年),清朝政府组建了布特哈八旗,共设92佐领,其中鄂伦春族占6佐领。这样,黑龙江西部地区的鄂伦春族又分为两部分,"其隶布特哈八旗为官兵者,谓之摩凌阿俄伦春;其散处山野仅以纳貂为役者,谓之雅发罕俄伦春(摩凌阿、雅发罕者,满洲语犹云马上、步下也)"。摩凌阿鄂伦春同布特哈达斡尔、鄂温克族一样,除岁贡貂皮1张外,还要承担驻防巡边、出征作战等义务。"雅发罕俄伦春有布特哈官五员分治,三岁一易,号曰谙达。谙达岁以征貂至其境,其人先其毕集,奉命惟谨。过此,则深居,不可踪迹矣"[④]。由此可见,这些鄂伦春人或编旗披甲,或分散于山中游猎,都由布特哈八旗总管衙门管理,由黑龙江将军统辖。

清朝前期,南迁的鄂伦春族处于原始的氏族社会阶段。他们按照不同的部落、氏族分别居住,游猎于不同的区域。根据吕光天先生的调查研究,原游猎于石勒喀河,后迁徙游猎于托河、多布库尔河、甘河、奎勒河等地的是鄂伦春族的托河部落和阿里多布库部落,其中托河部落柯尔特依尔氏族(那旦千、东东依尔千、红给旦千)和白依尔氏族(布勒特依尔千、昭伦千、查极依尔千、乌永那千、阿其格查依尔千)组成;阿里多布库部落由柯尔特依尔氏族和阿其格查依尔(依格古依尔、嘎格达依尔、阿其格查依尔)组成。原游猎于精奇里江、后迁徙游猎于呼玛尔河流域的是鄂伦春库玛尔部落,由玛乃依尔

① 徐世昌:《东三省政略》附件一,宣统三年版。

② 全国人大民委办公室编:《鄂伦春族情况》(鄂伦春族调查材料之一),1957年铅印本,第7页。

③ 方式济:《龙沙纪略·经制》,载《龙江三纪》,黑龙江人民出版社,1985年版。

④ 何秋涛:《朔方备乘》,圣武述略二,索伦诸部内属述略,中国边疆丛书第2辑,文海出版社有限公司印行。

(即清代史书上的“玛涅克尔”)氏族(玛乃依尔氏族、伍查尔坎氏族)和葛瓦依尔氏族(葛瓦依尔氏族、魏拉依尔氏族、古拉依尔氏族)组成。原游猎于精奇里江、牛满江一带,后迁徙游猎于毕拉尔河、逊克河等地的是鄂伦春毕拉尔(即清代史书上的“毕拉尔”)部落,由玛哈密瓜依尔、莫拉呼尔、毛考依尔、恰克依尔及杜那依尔(侨支依尔、杜那依尔)等氏族组成。[①] 这些鄂伦春人,就是清代黑龙江地区也是中国鄂伦春族的主体。

在黑龙江东部地区从黑龙江下游到沿海地区包括库页岛在内的广大区域里,也分布着鄂伦春族及清代史书称为奇勒尔、满浑、山丹等的鄂伦春人。

鄂伦春族是黑龙江下游地区分布最广的民族之一。当时鄂伦春是与赫哲、费雅喀、奇勒尔等杂居共处。为了加强对鄂伦春族的统治,清朝政府以其氏族、部落为基础,实行姓长、乡长制。同时实行编户贡貂赏乌林制和边民联姻制。根据《三姓副都统衙门档案》,乾隆五十九年(1794 年),在黑龙江下游及库页岛的 53 个各族姓氏中,鄂伦春部占有 16 个姓氏。这些姓氏共设乡长 22 名、子弟 1 名。[②] 其姓氏及村屯编户情况如下:鄂伦春姓:锡勒玛奇噶珊 7 户、部多春噶珊 5 户、尼雅勒墨噶珊 3 户、部齐山噶珊 3 户、阿库察穆连察噶珊 4 户、沃勒沁噶珊 9 户;特墨音姓:布叶尔噶珊 6 户;喀迪叶姓:喀迪叶噶珊 5 户;瓦噜勒姓:东萨鄂伦春噶珊 9 户、西萨鄂伦春噶珊 8 户;克频噶珊 5 户、乌屯噶珊 3 户;多波农部姓:自多波部农噶珊分出之 8 户、多波农部噶珊 10 户;鄂岳洛姓:鄂岳洛噶珊 3 户;通武楚勒姓:锡襄阿噶珊 3 户;索木尼音姓:用轱密噶珊 6 户;典产姓:沃尔齐德钦噶珊 4 户;楚沃尼姓:楚沃尼噶珊 10 户、必锡克噶珊 5 户、楚车噶珊 6 户、自楚车噶珊分出之察必阿噶珊 8 户、自必锡克噶珊分出之 4 户;楚克齐贺哩姓:楚克齐贺里噶珊 3 户;侯沃提姓:侯沃提噶珊 4 户;笏特姓:佛哩密噶珊 4 户;用轱密姓:乌勒齐噶珊 3 户;黑古勒姓:索木尼音噶珊 12 户、自索木尼音噶珊分出之 13 户、自索木尼音噶珊分出之德钦噶珊 5 户;普尼雅库姓:自波谟托噶珊分出之 3 户、波谟托噶珊 9 户。[③] 这样鄂伦春 16 姓共 193 户,分别居住在 34 个村屯中,其村屯户

---

① 吕光天:《鄂伦春族的父系氏族社会结构》,《北方民族原始社会形态研究》,宁夏人民出版社,1981 年版。

② 辽宁省档案馆等译编:《三姓副都统衙门满文档案译编》,辽沈书社,1984 年版,第 37、38 页。

③ 辽宁省档案馆等译编:《三姓副都统衙门满文档案译编》,辽沈书社,1984 年版,第 166 ~ 169 页。

数不多，大者十几户，小者 2 至 3 户。如果以每户 5 口人计算，这部分鄂伦春人应有约 965 人。

“奇勒尔”是指活动于外兴安岭以南、黑龙江以北、牛满江以东至海滨地域内渔猎定居的女真人，是邻族赫哲族对他们的称呼。“鄂伦春一名奇勒尔”[①]。清代文献将“鄂伦春”与“奇勒尔”“使鹿部”等并用，同时还作“奇楞”“奇勒”“奇里”“齐凌”“栖林”“麒麟”等。

在清代，奇勒尔是黑龙江中下游地区成分最复杂、分布地域最广、流动最大、变化最大的居民。从氏族成分上看，奇勒尔人主要由两部分人构成。一部分姓氏，如乌迪尔、乌德恩、珑奇尔、哈勒滚、部尔哈勒、柴塞拉等姓，长久以来就居住在乌德尔湖畔和黑龙江下游沿岸。他们以捕鱼为主，都是古老的本地氏族，属于奇勒尔人中的本地支。另一部分姓氏如奇津、阿雅玛喀、托罗莫科、诺谟托喜、哈勒滚、赛马尔、奇勒尔等姓，则分别来自乌第斯河以北地区、牛满江和亨滚河上源。他们以狩猎为主，是这部分人中的鄂伦春支。与鄂伦春人不同的是，这两部分人都过定居生活，都程度不同地处在从鄂伦春人的游猎经济形态，向黑龙江中下游沿岸居民以定居捕鱼为主的经济形态过渡之中。[②]

清朝政府在征服黑龙江下游地区各族后，除将部分居民编为新满洲、迁移内地外，对“混同江（黑龙江下游）岸及海中大洲（库页岛）居住之赫哲、费雅喀、鄂伦春、奇勒尔，不编佐领”[③]，各设姓长、乡长，分户管理。每丁岁贡貂皮一张，“辖以三姓副都统，统以吉林将军”[④]。这样加强了对他们的统治，达到了“羁縻诸部，固我边陲”[⑤]的目的。

根据乾隆年间《三姓副都统颁赏边民乌林数目清册》及《三姓副都统收得边民贡貂清册》统计：在黑龙江下游各族的 56 姓中，奇勒尔部共有 12 姓，有姓长 4 名、乡长 32 名、子弟 27 名、白人 400 余名，这是前来贡貂领赏的人数。从贡貂领赏情况看，奇勒尔户数在 454 户至 467 户之间波动。他们分别

---

① 《清朝文献通考》卷三七一，商务印书馆万有文库本，第 7280 页。

② 郭燕顺：《清代奇勒尔部及其源流》，《北方文物》1986 年第 3 期。

③ 乾隆朝《大清会典》卷八十四，乾隆二十九年武英殿刊本。

④ 乾隆朝《大清会典》卷八十四，乾隆二十九年武英殿刊本。

⑤ 曹廷杰：《条陈十六事》，载丛佩远、赵鸣岐编《曹廷杰集》下册，中华书局，1985 年版，第 383 页。

居住在48个村寨之中。① 如果以每户5口人计算，当时奇勒尔的人口大约为2200至2300人以上。在黑龙江中下游各族边民中，奇勒尔与清朝的联姻关系最密切。据乾隆五十六年（1791年）《三姓副都统衙门满文档案》记载，当时下嫁并生活在黑龙江中下游各部边民中的“萨尔罕锥”（宗女，后以民女充之）有10名，其中奇勒尔部中有6名，主要分布在：奇津姓2名、部尔哈勒姓2名、赛马尔姓1名、奇勒尔姓1名。②

“满珲”“山丹”也是鄂伦春族的一部分。“居黑龙江下游及松花江沿岸之满珲人，因与鄂伦春种族语言相似，亦有称鄂伦春者。”③山丹主要居住在库页岛上，是虾夷人对那里的鄂伦春人的称呼。清朝政府对这两部分鄂伦春人也同对奇勒尔一样实行边民姓长制、贡貂赏乌林制和边民联姻制统治。

黑龙江东部地区的鄂伦春人虽然处于原始的父系氏族社会阶段，但已经出现了等级和贫富分化。清朝政府的统治政策对他们的社会经济发展产生了一定的影响。由于所处地域相同，社会经济发展相近，加之频繁的交往，这里的鄂伦春各部后来大多融合到黑龙江下游沿岸的各民族之中。如部分奇勒尔人融合到赫哲族中，成为赫哲族的四大氏族之一。④

三、费雅喀族早期历史

费雅喀族是清代黑龙江下游及海滨地区与赫哲等族相邻的重要民族。从努尔哈赤时期开始，随着后金——清朝政权对东海女真地区的征服和对这一地区各族的招抚，便不断有费雅喀人归附进贡。清兵入关后，前来进贡归附的费雅喀人日益增多。清朝政府在派兵驱逐黑龙江下游地区的沙俄侵略者的同时，也通过宁古塔梅勒章京等官员派人“前往附近东海费雅喀部落温屯村，宣布朝廷德意，并行招抚。于是温屯村以内九村人民，皆愿归顺，庄屯头目克尔格孙等进贡狐皮、貂皮”。为加强对归附贡貂费雅喀的管理，清朝政府规定：费雅喀“贡物应送至京师，交户部。此后费牙喀部落人民进贡，应送至宁古塔，照例宴赏遣回，今该部落初经降附，有欲赴京来朝者，从其

---

① 辽宁省档案馆等译编《三姓副都统衙门满文档案译编》，辽沈书社，1984年版。

② 辽宁省档案馆等译编《三姓副都统衙门满文档案译编》，辽沈书社，1984年版，第28、29页。

③ 万福麟修、张泊英纂：《黑龙江志稿》卷十一，中国边疆丛书第一辑，文海出版社印行。

④ 《赫哲族简史》，黑龙江人民出版社，1984年版，第15页。

便”①。此后，随着清军驱逐入侵沙俄军队斗争的开展和对东部沿海地区各族招抚工作的进行，当地的费雅喀族纷纷归附。顺治十七年(1660年)七月，有沿海15村的120多户费雅喀人归顺清朝。② 据顺治十七年(1660年)三月初三日《户部尚书车克等为赫哲、费雅喀部三百五十一户归顺事题本》记载："今年四月间，由胡里哈额驸、伊讷克额驸率随从十二人，前往招抚费雅喀部众。伊等行抵费雅喀部落库浑村后，带回费雅喀部落村头领胡勒廷额等六十人，并于七月二十日前来宁古塔纳贡。计有：塔克秦村二十户，兴衮村十六户，喜勒尔村二十户，穆和勒村十户，巴雅拉村十二户，蒙果洛村二十七户，库浑村十户，莽阿禅村十户，阿达三村十户，锡克都里村十五户，佳哈村二十户，哈勒浑村五户，都克登村二十一户。以上共为十三村二百零三户。伊等初次归顺，并已纳贡一年之貂皮二百零三张"③。另据同年十一月十二日《户部左侍郎叶成额等为奖赏赫哲、费雅喀、奇勒尔部归顺村屯头领事题本》："据镇守宁古塔等处地方昂邦章京巴海等咨开，今年前往征讨所余罗叉时，有居住于东海岸之费雅喀部众归顺，计有：扎噶丹村头领鲁恒额率二十户归顺；丕洞阿村头领楚尔格拉达率五户归顺；朗阿塔村头领伊鲁尼率十八户归顺；庙屯头领楚尔加努率五户归顺；阿尔都希吉村尹加努率十户归顺；库奔村头领丕尼米努率四户归顺；噶沁屯头领昂噶依率十户归顺；瓦布齐努村头领柴邦阿努率十四户归顺"，并交纳貂皮、狐皮等。④这样，顺治十七年，先后贡貂归顺的费雅喀就有21个村落289户之多。类似的纳贡归顺活动一直持续到康熙年间。清朝政府对归附纳贡的费雅喀族头领热情款待，并赏赐以衣物布帛。这些衣物等由盛京送到宁古塔，由宁古塔官员亲自颁赏。这种贡赏关系的建立，进一步加强了清朝政府与费雅喀族各部之间的联系。

随着费雅喀族归附部落的增多，清朝政府也加强了对他们的管理。康熙皇帝对此事特别重视，他在康熙十年(1671年)谕令宁古塔将军巴海："飞牙喀、黑折虽服，然其性暴戾，当善为防之，尤须广布教化，多方训迪，以副朕

---

① 《清世祖实录》卷一二四，顺治十六年三月辛丑，中华书局影印本。

② 《清世祖实录》卷一三八，顺治十七年秋七月丁丑，中华书局影印本。

③ 中国第一历史档案馆：《顺治十七年招抚赫哲等部族之人史料》，《历史档案》1995年第2期。

④ 中国第一历史档案馆：《顺治十七年招抚赫哲等部族之人史料》，《历史档案》1995年第2期。

怀远至意。”[①]在充分了解这一地区费雅喀等族社会经济发展状况的前提下，清朝政府在其原有氏族、部落组织的基础上，任命各氏族、部落首领为“哈赉达”(氏族长、姓长)、“噶珊达”(乡、村长)，通过他们来管理各自氏族。也就是在费雅喀族中实行“边民姓长制”，“设姓长、乡长以统之”[②]。关于对费雅喀等族的行政管理，《钦定大清会典》也明确指出：“混同江岸及海中大洲(即指黑龙江下游及库页岛)居住之赫哲、费雅喀……不编佐领，辖以三姓副都统，统以吉林将军”[③]。这样，清朝政府通过在费雅喀中建立边民姓长制，使“其一姓一乡各有长，有不法不平诸事，则投乡长、姓长，集于证，公议处置”[④]，进一步加强了对费雅喀等族的管理和统治。

据《三姓副都统衙门档案》记载，乾隆五十九年(1794 年)，清朝政府在黑龙江下游及库页岛的费雅喀人及库页费雅喀人中所设的姓长、乡长及其所属的村屯情况如下：

费雅喀氏：姓长 6 名、乡长 26 名、子弟 15 名。[⑤] 所辖村屯有：都古兰噶珊 4 户、自哈勒滚噶珊分出之 6 户、庙噶珊 10 户、自魁玛噶珊分出之 5 户、自扎哈达噶珊分出之 3 户、都噶津噶珊 6 户、自哈尔滚噶珊分出之 4 户、瓦布齐努噶珊 7 户、自乌克屯噶珊分出之 4 户、锡克图哩噶珊 4 户、乌屯噶珊 14 户、蒙武洛噶珊 11 户、蒙武洛噶珊 6 户、布叶鲁噶珊 4 户、达噶珊 13 户、蒙武洛噶珊 4 户、瑚琨噶珊 15 户、魁玛噶珊 8 户、自蒙武洛噶珊分出之 6 户、自绰煌郭噶珊分出之 5 户、莽阿祥噶珊 5 户、莽阿祥噶珊 7 户、自莽阿祥噶珊分出之 3 户、奥哩噶珊 7 户、佛哩密噶珊 6 户、佛哩米噶珊 3 户、迪雅布塔噶珊 7 户、自迪雅布塔噶珊分出之 8 户、东甸噶珊 3 户、自乌克屯噶珊分出之 9 户、自乌克屯噶珊分出之 6 户、哈苏勒奇噶珊 7 户、甸洪科噶珊 4 户、自哈勒滚噶珊分出之 3 户、绰煌郭噶珊 6 户、自绰煌郭噶珊分出之 5 户、贺勒亨噶珊 7 户、嘎金噶珊 5 户、自嘎金嘎珊分出之 5 户、佛哩穆噶珊 4 户、郭勒亨噶珊 4 户、自巴岳另外噶郭珊珊分出之 3 户、瑚琨噶珊 3 户、喜雅哩噶珊 4 户、自瑚琨噶珊分

① 《清圣祖实录》卷三十七，康熙十年冬十月壬辰，中华书局影印本。

② 乾隆二十九年敕修：《大清一统志》外藩疆域，附注，四库全书本。

③ 乾隆朝《大清会典》卷八十四，乾隆二十九年武英殿刊本。

④ 曹廷杰：《西伯利东偏纪要》，载丛佩远、赵鸣岐编《曹廷杰集》，中华书局，1985 年版，第 120 页。

⑤ 辽宁省档案馆等译编：《三姓副都统衙门满文档案译编》，辽沈书社，1984 年版，第 37 页。

出之2户,[①]共计45个村屯、265户。

库页费雅喀共有6个姓氏,其中耨德姓设姓长1名、乡长7名、子弟1名,所辖45户;都瓦哈姓设姓长1名、乡长1名,辖5户;雅丹姓设姓长1名、乡长4名、子弟1名,辖26户;绰敏姓设姓长1名、乡长3名,辖15户;舒隆武噜姓设姓长1名、乡长2名,辖38户;陶姓设姓长1名、乡长1名、辖19户。[②] 六姓共有姓长6名、乡长18名、子弟2名、148户。

这样,在三姓副都统管辖下的费雅喀编户约有413户,如果以每户5口计算,约有2065人,这只是个参考数,实际人口应比这个数目多。

同赫哲等族一样,清朝政府在费雅喀族中也实行贡貂赏乌林制和边民联姻制。在对费雅喀人进行编户的基础上,清朝政府规定:费雅喀族每户每年要“至宁古塔入贡貂皮一张,或三年一贡。又有远在混同江海口之飞牙喀、奇勒尔二部及远在海中之库叶一部,不能以时至宁古塔,则以六月期集于宁古塔东北三千里外之普禄乡(今俄罗斯布拉瓦附近),章京舟行如期往受。雍正七年(应为九年)设三姓副都统,遂归三姓办理。定例,岁贡者宴一次,三年一贡者宴三次,皆赐衣冠什器,名曰赏乌林,自诸部言之,则曰穿官”[③]。费雅喀人的贡貂一般由其姓长、乡长负责收缴,然后按时到普禄等地纳贡。乾隆年间,费雅喀的纳贡地改为奇集。与此同时,三姓副都统也派官员带乌林前来收贡颁赏。如乾隆四十二年(1776年)《三姓副都统穆尔泰为请备办乌林事咨吉林将军衙门》文件中就提道:“乾隆十五年奏准,三姓地方贡貂之库页费雅喀六姓人等额定一百四十八户,约定于奇集噶珊进贡貂皮。……应颁赏乌林一百四十八套”[④]。前文已述,库页费雅喀6姓加费雅喀共计约413户,贡貂皮413张,清朝政府赏乌林413套。在贡貂领赏的同时,费雅喀人还将剩余毛皮等与官方及满汉等族进行交换,换得自己所需的生产生活用品。这种贡貂赏乌林制进一步加强了费雅喀族与清朝政府间的政治隶属关系,同时也进一步密切了费雅喀族与东北其他民族的交往,丰富

---

① 辽宁省档案馆等译编:《三姓副都统衙门满文档案译编》,辽沈书社,1984年版,第163~166页。

② 辽宁省档案馆等译编:《三姓副都统衙门满文档案译编》,辽沈书社,1984年版,第38、170页。

③ 曹廷杰:《条陈十六事》,载丛佩远、赵鸣岐编《曹廷杰集》,中华书局,1985年版,第383页。

④ 辽宁省档案馆等译编:《三姓副都统衙门满文档案译编》,辽沈书社,1984年版,第20页。

和发展了费雅喀族的经济生活。

与此同时，清朝政府还实行了边民联姻制，即鼓励费雅喀人以珍贵毛皮等作为聘礼到京城娶宗室之女为妻。据乾隆五十九年（1794年）八月初五日《三姓副都统额尔伯克为赫哲人进京娶妻事咨吉林将军衙门》文件记载："乾隆四十四年宁古塔副都统衙门移付档内开，三十九年咨行将军衙门，去京城娶妻之费雅喀姓乌克屯噶珊白人里达喀携带黑狐皮二张、九张元狐皮之褥子二所需元狐皮十八张、九张黄狐皮之褥子一、九张黄狐皮褥子三所需黄狐皮二十七张、通常貂皮三百零四张"。"今费雅喀姓乌克屯噶珊白人里达喀欲进京娶妻，所带黑狐皮、元狐皮褥子、黄狐皮褥子、通常貂皮等，皆与昔时进京娶妻之人所带聘礼之例相符，除照例供给里达喀驿站牛车一辆，派出骁骑校恒柱带领披甲三名护送前去外，里达喀带跟役三名，作盘费用之貂皮十七张及水獭皮三十三张。据里达喀禀称，昔年进京娶妻之人，沿途皆供给吃食，我里达喀亦请照往年之例供给等语。相应酬咨请将军衙门查验，倘应供给里达喀沿途吃食，则请照例供给之。"这个文件较详细地记叙了费雅喀人里达喀备办聘礼进京娶妻及地方官员派兵备车为之送行的情形，反映了清朝政府及费雅喀人对此事的重视。对于进京娶妻的费雅喀人，清朝政府也礼遇有加，由"礼部光禄寺供筵宴，盛京工部供薪藁，略如蒙古仪"①，举行隆重的婚礼后由驿路送回。由于路途遥远，进京娶妻多有不便，后来清朝政府将费雅喀等族的娶宗女改由吉林将军负责。于是吉林"将军即购买民女，乘以红舆代宗妇，以厚奁赠之，其部落甚尊奉"②。费雅喀人所娶的宗女被称为"萨尔罕锥"，在族中具有很高的地位。据《三姓副都统衙门满文档案》记载，乾隆五十六年至五十九年（1791—1794年），费雅喀姓氏中有"萨尔罕锥"两名。③ 清朝政府在费雅喀族中实行边民联姻，进一步加强了双方之间的血缘关系，对费雅喀族的影响是深远的。直到20世纪初，有些费雅喀族老人仍然记得他们的先人"到京娶妇"的详细情况。④

---

① 何秋涛：《朔方备乘》卷二十二，库叶附近诸岛考，中国边疆丛书第二辑，文海出版社有限公司印行。

② 昭梿：《啸亭杂录》卷九，中华书局，1980年版。

③ 辽宁省档案馆等译编：《三姓副都统衙门满文档案译编》，辽沈书社，1984年版，第29、37页。

④ ［苏联］Л. Я. 斯特恩堡：《基立亚克人、奥罗奇人、奥尔特人，涅吉达尔人、爱奴人》，1933年哈巴罗夫斯克版，第301页。

清朝前期,费雅喀族仍然处于较为原始的父系氏族社会的发展阶段。他们各以氏族、部落为单位聚屯而居,由其氏族、部落首领管理内部事务。清朝政府在这里实行边民姓长制后,这些部落首领又成为清朝委任的地方官吏。当时费雅喀族已出现了私有制和等级差别。在费雅喀社会中,地位最高的是萨尔罕锥(皇姑)及其丈夫(即霍集珲),其次是姓长、乡长、子弟、白人。遇有内部纠纷,其法"杀人者死,余则视事之大小,定班帛服物之多寡,令理屈者出之,名曰'纳威勒',至十头为止。小事纳一头、二头,大事则纳十头,约值银数两。两造心服,姓长乡长始以杖叩地,遂成铁案"[①]。费雅喀的经济主要以渔猎业为主,几乎没有农业。他们用渔猎产品同外界换取生产生活用品。一年一度的贡貂赏乌林是他们经济生活中最重要的一件大事,他们通过贡貂从清朝政府那里领得衣帛用具等生活必需品。

四、库页族早期历史

库页族是清初生活于黑龙江入海口以东的库页岛上的土著少数民族。库页人属于千岛人种或称阿伊努人种、虾夷人种,介于蒙古人种和赤道人种(尼格罗—澳大利亚人种)之间的过渡类型。其"最有代表性的特征是全身毛极发达,特别是脸部胡须极多",家庭制度具有代表性的母系氏族制特点;语言结构中,"保留了明显的单音节特点,更接近于印度尼西亚各民族"语言。[②] 据《皇清职贡图》记载:"库野(页)居东海岛之雅丹达里堪等处。男则剃顶心以前之发而蓄其后,长至肩即截去。草笠、布衣,缀红布卍字于肩背间。亦有衣鱼皮者,性好斗,出必怀利刃。妇女幼时即以针刺唇,用烟煤涂之。土语谓之库野话。"[③]

"《水道提纲》曰大长岛(即库页岛)为黑龙江口海中大护沙,南北袤长一千六百余里,东西最阔三四百里,或一二百里。地形夭矫如游鱼,中脊有山连峰,自北至南松林相望,蜿蜒不绝,水分流东西入海,海平处有居人数处。"[④]清代库页岛不仅居住有库页人,还有费雅喀和鄂伦春人。魏源在《圣

① 曹廷杰:《西伯利东偏纪要》,载丛佩远、赵鸣岐编《曹廷杰集》,中华书局,1985 年版,第 120 页。

② [苏联]Л. Я. 斯特忍堡:《黑龙江地区土著居民分类》,《民族译丛》1983 年第 1 期。

③ 傅恒等修:《皇清职贡图》卷三,四库全书本。

④ 曹廷杰:《东北边防辑要》,载丛佩远、赵鸣岐编《曹廷杰集》,中华书局,1985 年版,第 20 页。

武记》中写道："库页部海岛，袤广埒台湾，近混同江海口，其岛杂有赫哲、费雅喀、鄂伦春之人，而库页为大。"①在这里，魏源认为库页岛上有赫哲人是错误的，但他认为库页岛上以库页人为主是可取的。当时，库页人主要聚居在库页岛的南部，即鄂多河、萨克努楚河、博和必河、音格绳河、塔塔玛山、德必河等地。②

从努尔哈赤时期开始，后金政权就征服了库页岛上的库页等族。如天命二年（1617 年）二月，"时东海沿边，散居诸部，多未归附，上（努尔哈赤）遣兵四百往取之，悉取其散处之民。其岛居负险不服者，乘小舟，尽取之而还"③。此后，在清朝政府的招抚政策下，库页人便同费雅喀、鄂伦春等一起归附清朝，并向清朝政府纳貂进贡。如康熙二十九年（1690 年）十月，有"归顺奇勒尔、飞牙喀、库耶、鄂伦春四处头目进贡，赏赉如例"④。

为了加强对库页人的统治，清朝政府根据其氏族、部落组织及居住区域，使之"与贡貂之赫哲诸部皆不编佐领，不列满洲八旗"⑤，与岛上的费雅喀、鄂伦春人一样，进行编户，以其部落首领为姓长、乡长等，"辖以三姓副都统，统以吉林将军"⑥。与此同时，清朝政府规定库页人也和费雅喀等其他部落一样，每户每年贡貂皮一张，清朝政府则赏以财帛。这样，在库页人中也实行了贡貂赏乌林制。其贡貂赏乌林地点最初在普禄，后来改在奇集，其后又在德楞。根据乾隆五十九年（1794 年）《三姓副都统衙门满文档案》材料，在当年贡貂的黑龙江入海口沿海岸及库页岛赫哲、费雅喀、鄂伦春等族 53 个姓氏中，库页人只占 1 姓。库页姓没有姓长、乡长、子弟等，只有白人 17 名。⑦ 库页姓的村屯编户情况是：居住在襄玛喇河之图虾必努噶珊 6 户、纳都齐噶珊 4 户、和罗奇噶珊 3 户、额赫穆春噶珊 2 户、楚都车噶珊 2 户。⑧ 该姓氏共计有 5 个村屯，17 户，如果以每户 5 口人计算，有约 85 人。这只是贡

---

① 魏源：《圣武记》卷一《开国龙兴记一》，中华书局，1984 年版。

② 石荣暲：《库页岛志略》卷二，第 4 页，转引自吕光天、古清尧编著《贝加尔湖地区和黑龙江流域各族与中原的关系史》，黑龙江人民出版社，1991 年版。

③ 《清太祖实录》卷五，天命二年二月丙申朔，中华书局影印本。

④ 《清圣祖实录》卷一四九，康熙二十九年冬十月壬戌，中华书局影印本。

⑤ 魏源：《圣武记》卷一《开国龙兴记一》，中华书局，1984 年版。

⑥ 乾隆朝《大清会典》卷八十四，乾隆二十九年武英殿刊本。

⑦ 辽宁省档案馆等译编：《三姓副都统衙门满文档案译编》，辽沈书社，1984 年版，第 37 页。

⑧ 辽宁省档案馆等译编：《三姓副都统衙门满文档案译编》，辽沈书社，1984 年版，第 164 页。

貂的库页姓的数目。在库页费雅喀的耨德、都瓦哈、雅丹、绰敏、舒隆武噜及陶等六姓 148 个贡貂户中,也可能有库页人。这些都是额定参加贡貂赏乌林的,而实际的库页人口要比这多得多。

同库页岛上的费雅喀人、鄂伦春人等一样,库页人也处于原始氏族部落阶段,带有母系氏族社会的残余。其经济主要以渔猎经济为主。他们经常到岛外与满、汉等族进行交换。贡貂赏乌林也是其社会经济生活中重要活动,对其社会经济的进步具有一定的影响。

第三节　1860 年以后赫哲以及相关诸跨界民族的历史沿革

19 世纪中叶,沙俄乘中国内忧外患不断加剧之机,通过一系列不平等条约侵占了中国黑龙江以北、乌苏里江以东的广大领土。生活在这里的赫哲、鄂伦春、费雅喀、库页等民族被划归俄罗斯。这样黑龙江流域的赫哲族、鄂伦春族便成为跨界民族。后来俄罗斯远东地区的那乃、鄂伦绰、玛涅格尔(埃文克)、涅吉达尔、乌德赫、奥罗克、吉里亚克(又称尼夫赫)、阿伊努等民族,都与清朝前期黑龙江流域及东部沿海地区的赫哲、鄂伦春、费雅喀、库页人有着较密切的渊源关系。

一、中国赫哲族的历史变迁

在第二次鸦片战争中,俄国通过军事威胁和外交讹诈手段攫取了黑龙江以北乌苏里江以东一百多万平方公里的土地。随着中国东北边疆危机的加深,清王朝对东北边疆地区的政区管理体制进行了一定的改革,如 19 世纪 70 年代末,清政府取消封禁东北的所有法令,移民实边、放垦,加紧开发和保卫东北边疆,以防止沙俄的继续入侵。而此时赫哲族居住的黑龙江、乌苏里江等已经成为防俄的最前沿。为加强对这一地区赫哲族的管理,光绪八年(1882 年),三姓副都统上书皇帝:“三江口为俄国轮船出入之所。自中俄分界以来,赫哲半居界内,半居界外。界内各屯之赫哲即有七姓,均以渔猎为生,秉性朴诚,晓健耐苦,素习鸟枪并善戈弋。近因屡调进城,随同官兵搜山缉匪,露宿风餐,不避艰险,最为得力。每年纳贡貂皮,照章颁赏,无不感戴皇上,翕然向化,从无持强滋事等情。兹值筹备边防添练兵勇之时,宜将界内之赫哲设法抚绥,以图久远。”①于是,朝廷在富克锦嘎尔当设立协领衙门,“协领之下设佐领四员、防御二员、晓骑校四员、笔帖式二员,披甲四百名,共设官兵 413 名,统归三姓副都统管辖。”清政府要求这些兵丁“居常无事之时,仍听其渔猎谋生,各安本业,设遇江防紧要,随时调遣,就近分布各口以资扼守。”协领衙门最高长官是“嘎尔达”,其下所属四个“章京”,由熟悉赫哲情形的满族人担任,每个章京以下各屯有“哈番”“拔什库”,由本地赫哲人担任,直接统治各村屯居民。从此,赫哲族一切大小事物均由协领衙门管理,“赫哲设官,系属创始”②。

1912 年清朝灭亡,中国人民结束了几千年来封建帝王的压迫统治,进入了中华民国时期。此时,赫哲族大多已经开始了定居生活,主要分布于黑龙江的桦川、富锦、同江、抚远,饶河、宝清等地。州、县制建立后,赫哲族分别归属于所在县衙门管辖之下,村内最高行政官员是百家长,由县衙门委派的汉族担任,百家长以下设十家长,分户管理居民。

这个时期,随着东北边疆汉族等族移民的迅猛增加,赫哲族和汉民族开始了交错杂居,赫哲、汉、朝鲜、满等多民族居住的格局基本形成。这使赫哲族的社会生活与传统文化进一步受到了冲击而发生变迁。随着枪支的传入,赫哲族的狩猎技术和生产能力提高,一部分赫哲族渔猎产品,不再是为自己的生活所必需,而主要是为了出售,以物易物的贸易额增加,赫哲族的经济有了发展,加速了赫哲族的阶级分化。但商业资本无休止的盘剥,再加之匪盗的猖獗,赫哲族人民面临的生产生活居住环境开始变得复杂起来。1920 年前后,富锦、同江、桦川、饶河等县政当局把身强力壮、善于骑射的赫哲族青壮年 150 多人组成马队、炮手队,以适应戍边和治安的需要。军阀、土匪、流民横行,加之鸦片的毒害,疫病的流行,不仅使大部分赫哲渔猎民的经济生活陷入贫困状态,而且一部分富裕户也相继败落破产,赫哲族人口大量减员。民国初年,松花江、混同江、乌苏里江流域的赫哲族约有 2200 人左右:民国十九年(1930 年)凌纯声调查赫哲族时,估计乌苏里江沿岸有 400 余人,

① 辽宁档案馆:《三姓副都统衙门满文档案译编》,辽沈书社,1984 年版,第 5 页。

② 辽宁档案馆:《三姓副都统衙门满文档案译编》,辽沈书社,1984 年版,第 444 页。

混同江沿岸大约有380人，松花江沿岸大约400人，总计共约1200人。

1931年九一八事变以后，日本侵略军迅速侵占了东北全境。在日伪殖民统治的14年中，赫哲族人民同其他各族人民遭受了残酷的奴役和摧残。这不仅改变了赫哲族的生活地域格局，而且还使赫哲族人口锐减，濒临灭绝的边缘。这一时期，日伪当局为防止赫哲族“通苏”或参加抗日联军，把百家长改为屯长，屯长直接看管赫哲居民，并对赫哲族捕鱼狩猎严加限制。除利用伪警察队控制赫哲族以外，还借赫哲族山路熟、枪法好的特长强迫其组成“山林队”和“山林警察队”，带路进山剿灭抗日联军。大多数的赫哲族人不仅拒绝与日伪合作，而且还经常给苏联边防军和抗日联军送情报，反抗日伪的残暴统治。1942年日本侵略者对赫哲族施行的“收买、利用”政策失败后，便采取惨绝人寰的“灭绝”措施。实行了“坚壁清野，集村并屯”的反动政策。强行把居住在三江口至混同江沿岸的齐齐喀、得气、哈鱼、茂日红阔、街津口、勤得利等地的赫哲族，迁至远离江岸和山区沼泽地带，归并到深山密林的沼泽地区，建立了三个部落，把赫哲族与外界隔离起来。仅在三年时间里，归并部落的237人中就有72人灭亡，占30.4%。为了加速赫哲族的灭亡，日伪当局还以“照顾”吸食“寿膏”（鸦片）为名，给赫哲族发放吸烟证，强迫赫哲族吸食鸦片，严重地危害了赫哲族的生存和发展。在日伪统治时期赫哲族面临着灭绝的境地，人口急剧下降，到1945年赫哲族仅剩300余人，当时人口损失最惨重的是混同江一带的赫哲族。

1945年中国人民抗日战争胜利后，被日伪当局强迫移至一、二、三部落的赫哲族重返故乡。1947年冬赫哲族同其他各民族人民一样共同参加了土地改革，人平均分得二亩半土地，单身户分得二亩地，利用这些土地主要种植苞米和其他农作物以及蔬菜等，但主业仍是捕鱼。1948年，居住在七里沁的赫哲族也都迁到了四排村，后来又有一部分家庭迁回街津口；八岔赫哲族仍留居原地。自此，赫哲族主要集中居住街津口村、四排村、八岔村的三地格局就形成了，并大体一直保持到今天。1949年中华人民共和国成立以后，赫哲族社会经济发生了巨大的变革。50年代以后，赫哲族同其他各民族人民一样实行了合作社与人民公社化，赫哲族社会实现了从保留原始公社制残余的社会形态向社会主义社会形态的直接过渡。

1950年四排村由临时互助组转为常年互助组，1951年八岔村成立常年渔业生产互助组。1952年10月四排赫哲族村成立了第一个纯社会主义性质的初级农业生产合作社，即“四排先锋农业生产合作社”。1953 年街津口村赫哲族成立了第一个互助组，八岔村成立了初级“五星渔业生产合作社”。1956 年在初级合作社大规模发展的同时，三个赫哲族村都相继开始试办高级社，成立了“团结”“黎明”等高级农业生产合作社。1956 年根据上级指示，撤销原来的村屯制，改为乡村制，因此在同江县（今同江市）建立了全国第一个赫哲族乡级政权——八岔赫哲民族乡，赫哲族有史以来第一次拥有自己的政权。

从 1958 年开始，人民公社体制最终代替了高级社，成为中国农村延续了近二十年的基本制度。与此同时，国家组织十万转业官兵，挺进北大荒，展开了大规模的开发建设。在三江平原建起了一大批生产建设兵团建制的机械化国有农场群；在完达山脉中建起了一系列现代化的林场和林业局。混同江以及乌苏里江流域的赫哲族居住地建制划归农场管理。同江划归抚远管辖，街津口隶属农场三分场三队；而饶河县与八五九农场合并，四排村隶属八五九农场二分场管辖下的一个队。这种大规模的开发，使赫哲族人传统生存环境发生急剧变化，赫哲族传统的渔猎生产逐渐向以农业为主的生产生活转化。

1961 年以后，实行场社分开，街津口赫哲族民族乡成立，第一任乡长是尤金良（赫哲族），四排、八岔仍归原先的建制。因此，赫哲族将生产的重点由以农为主转向以传统渔猎为主业，粮食由国家供应。1966 年至 1976 年，赫哲族与全国各族人民一样进入“文化大革命”时期，出现了八岔的“苏修特务集团”和街津口的“苏修情报二组”两起冤假错案，涉及 13 人，关押了 9 人，死亡 3 人。在饶河县制造了所谓“四排集体投修”案，关押 4 人，死亡 1 人。因受“文化大革命”的冲击，在“以粮为纲”的口号影响下，赫哲族又一次搞起了农业，1968 年国家投资给四排、街津口和八岔村各一台拖拉机及相应的配套农机具，用以开荒种地，渔、猎业生产停滞不前。到了 70 年代，随着森林资源的大面积砍伐，狩猎业资源的日益减少，加上国家对野生动物实行保护，赫哲族已无猎物可打，逐渐放弃了狩猎生产。

党的十一届三中全会以后，随着中国进入改革开放的新时期。居住在黑龙江省的赫哲族也进行了农村经济体制的改革，选择了传统的渔业生产经济形式。1980 年春，八岔、街津口、四排村赫哲族从原生产队划出，组成了专营渔业的生产队。1982 年开始实行家庭联产承包责任制后，三村都相继解散了渔业队，彻底打破大锅饭。渔船、渔具被按比例合理分给各家各户，形成了以家庭为单位的生产组织。与此同时，国家调整了渔业收购任务，扩大了渔民自销权利，上调了水产品价格，赫哲族人均年纯收入逐年增高。但是，由于赫哲族的渔业经济本身就属于自然捕捞型的渔业生产方式，受自然源因素的影响较大，随着改革开放的深入，沿江工厂、企业急剧增多，造成松花江流域、黑龙江流域的水质严重污染，加之盲目的过度捕捞，渔业资源急剧减少，捕鱼量逐年降低，渔业收入日益减少。到 1994 年街津口渔业村渔民人均年收入仅有 560 元，而整个乡的人均年收入是 1200 元，黑龙江省农民的人均年收入是 1500 元。面对这种情况，黑龙江省民委会同当地政府有关部门，对赫哲族 3 乡 4 村做了全面细致的调查研究，提出赫哲族产业结构调整，上岸转产，弃渔务农。目前，作为中国最北的渔猎民族，拥有 4500 人左右的赫哲族在政府的指导下，脱船上岸，开荒种地，兼营家庭养殖，打破传统单一的渔业生产格局，进入了以农为主、多种经营的新时期。

二、中国鄂伦春族的历史变迁

1860 年以后，中国境内的鄂伦春族主要在黑龙江将军管辖之下，大部分隶属于布特哈八旗。尽管和满、汉等民族交往日益增多，但鄂伦春族依然保持着其原有的社会生活方式，游猎于黑龙江上游及大兴安岭的深山密林之中。当时，鄂伦春族的社会发展还停留在被称为“乌力楞”的父系家族化公社阶段。鄂伦春人的家庭公社叫“乌力楞”。“乌力楞”内的小家庭是由血缘纽带联系起来的。“乌力楞”是鄂伦春族社会的基本经济单位，家族长经民主选举产生，生产资料公有，共同劳动，所获猎物按户平均分配。由于交换的需要和铁器、枪支及马匹的使用，鄂伦春族的原始氏族社会发生了变化。生产工具变成私人所有，出现了私有财产。一夫一妻的小家庭从家族公社中分离出来，并逐渐成为新的社会经济基本单位，转变成为以地缘为纽带的农村公社。即使出现了私有制，鄂伦春族整个社会尚未形成阶级分化，仍处在原始氏族公社末期发展阶段，当时氏族组织虽仍然存在，但社会的基本经济单位已不是氏族，而是“乌力楞”。每一个“乌力楞”包括同一祖先若干代子孙的一些小家庭。“乌力楞”的家族长称为“塔坦达”，其内部生产资料是公有的，过着共同劳动、平均分配的原始共产制生活。

清政府为加强对鄂伦春族的统治，于同治七年（1871 年）分设了五路八佐对鄂伦春族进行管辖。清政府按照居住的各河流,将居住在呼玛尔河流域的鄂伦春人编为三佐,设库玛尔路管辖;将居住在阿里河流域的鄂伦春人编为一佐,设阿里路管辖;将居住在多普库尔河流域的鄂伦春人编为一佐,设多普库尔路管辖;将居住在托河流域的鄂伦春人编为一佐,设托河路管辖;居住在毕拉尔河流的鄂伦春人编为两佐,设毕拉尔路管辖。光绪八年(1882 年),清政府废布特哈总管衙门,设立兴安城总管衙门,专管五路鄂伦春族。清政府把鄂伦春由上述的五路八佐,改为五路八旗十六佐。光绪十九年(1893 年),随着兴安城总管衙门的裁撤,清政府将鄂伦春族的阿力、多布库尔两路合并,使原来的五路十六佐变成为四路十六佐,分属黑龙江、墨尔根、呼伦贝尔副都统衙门。鄂伦春人调整后的四路八旗十六佐为:库玛尔路,下分四旗八佐,即镶黄旗、正白旗、镶白旗、正蓝旗,每旗又分为头佐和二佐,由黑龙江城副都统管辖。毕拉尔路,下分两旗四佐,即正黄旗、正红旗,每旗又分为头佐和二佐归黑龙江城副都统管辖。阿里、多普库尔路,下设一个镶红旗,也分头佐和二佐,由墨尔根副都统管辖。托河路,下设一个镶蓝旗,也分头佐和二佐,归属呼伦贝尔城副都统管辖。清朝末年,东北也实行行政改革,黑龙江裁撤将军、副都统,改设行省,开始分设县制。但是,针对鄂伦春族游猎于深山、社会经济发展缓慢的情况,清朝政府依旧沿用了四路八旗十六佐的旧的管理体制。

民国时期,东北政府只是废除了八旗组织的内容,四路十六佐的机构基本上没有变动。管辖系统上,其中库玛尔路、毕拉尔路、阿里多普库尔路等三路划归黑龙江省督办公署管辖,托河路划归海拉尔蒙古衙门管辖。路、佐组织同旗、县并存,鄂伦春族不论到哪个县界去游猎,只归它所属的路、佐领导,不受旗、县限制。随着清政府对鄂伦春族的管辖制度更趋严密,鄂伦春与满、汉等族的经济交流也得到了发展,铁质工具、枪支的输入,以及狩猎产品同农牧手工产品交换的发展,逐步在鄂伦春族社会内部引起了一系列的变革。除猎场、森林、河流仍属于公有而外,一些重要的生产资料已由公有演变为私有,劳动组织和分配制度也起了相应的变化。由于原来孕育在“乌力楞”内部的个体家庭的崛起,终于导致了“乌力楞”由血缘组织演变成为地缘组织,氏族制度已经走到了尽头。一夫一妻制的小家庭逐渐成为社会经济的基本单位。由于鄂伦春族居住地区地理位置十分重要,而且沙皇俄国不断对东北地区进行骚扰,侵夺林产、矿藏资源,北洋政府将鄂伦春族中身强力壮、精于骑射的青壮年编为“保卫团”和“山林游击队”。他们一面巡山、狩猎，一面抗击沙俄入侵、保卫边疆。“民国以来，俄人觊觎兴安岭中林矿，而惧鄂伦春人，乃遣其国最勇之哥萨克兵一千人来剿之，不半年，死八百，俄人乃深惊鄂伦春之雄强”①。

1931 年九一八事变后，日本侵占了东北地区，建立了“满洲国”。日本侵略者将鄂伦春族名义上分别置于伪黑龙江省和兴安北省管辖，对鄂伦春族采取了“不开化其文化，持续其原始生活，不使其归农，当特殊民族实行隔离；构成其独立生活道路，排除其依存生活习惯”②的政策，还强迫所有 18 到 45 岁的鄂伦春男子编入“山林队”，在经济上实行“统制”和“配给制”。日本人的残酷统治激起了鄂伦春人的强烈反抗。鄂伦春人支援和帮助抗日联军，为抗联引路、报信，参加抗联队伍，积极投身到反对民族压迫、争取民族解放的斗争中。用自己的鲜血保卫祖国和本民族的生存。在解放战争和抗美援朝战争中，很多鄂伦春族青年，积极参加战斗，甚至献出宝贵的生命。

抗日战争胜利以后，东北地区的鄂伦春族在中国共产党领导下，建立了人民政权，于 1951 年 10 月 1 日成立了鄂伦春自治旗和多处民族乡。国家给予鄂伦春以特殊照顾，拨出大批资金，于 1953 年开始建筑新房，逐步实现了定居。现在绿树成荫的新村里幢幢整齐明亮的大瓦房以及学校、商店等代替了昔日的“仙人柱”。兴安岭上出现了电灯通明的新城镇。狩猎的土枪已换成步枪和半自动步枪。相继兴建了养鹿、养猪、养牛、养蜂场。每年向国家提供上千两鹿茸。农田耕作已使用多种农业机械，粮食总产量成倍增长。以往马是主要交通工具，现在筑起公路，通了汽车，铁路也通向鄂伦春族的一些新城镇。过去连文字都没有的鄂伦春族人民，如今已普及了中学教育，不少青年上了大学；有了电影队、文艺队、俱乐部、广播站，本族丰富的民间歌舞搬上了舞台与银幕。旧社会鄂伦春族地区无医无药，天花、伤寒等传染病流行。患妇女病的竟达妇女总数的 80% 以上，而今乡有卫生院，大队有卫生所，村有卫生员，天花、伤寒等传染病已绝迹，人口成倍增长。特别是中国共产党十一届三中全会以来，鄂伦春族人民的各项生产迅速发展，收入大为增加，生活显著改善。他们不仅大力发展农、牧、副业等生产，而且肩负护林

---

① 万福磷修、张泊英纂：《黑龙江志稿》卷十一，载中国边疆丛书第一辑，文海出版社印行。

② 《滿洲に於ける鄂倫春族の研究》，治安部参谋司调查课，第 33 页。

防火的重任，护卫大小兴安岭森林的安全，保障了木材源源不断地运出，为支援国家建设做出了贡献。

三、俄罗斯那乃等族的历史变迁

1858 年、1860 年沙俄政府先后迫使清政府签订了不平等的《中俄瑷珲条约》和《中俄北京条约》，自此，黑龙江以北，乌苏里江以东大面积土地划归俄国版图，世代生活在这一地区的赫哲、鄂伦春、费雅喀、库页等民族随着土地一起划归俄国，成为俄国远东的少数民族。赫哲族、鄂伦春等民族被分隔两地，成为中国和俄罗斯两个国度双边的跨界民族。赫哲族及相关民族被划归俄罗斯后，被称为那乃、埃文人、乌德盖人、奥罗奇人、奥罗克人、涅吉达尔人、乌尔奇人等。在俄罗斯等社会经济文化的影响下，其社会经济和文化发生了较大的变化。

沙皇俄国占领了中国黑龙江以北、乌苏里江以东的大片领土以后，沿用了清朝政府对这一地区各少数民族的民族政策。早在 1822 年，沙俄政府就制定了《关于管理外族人章程》。根据章程的规定，保护土著人的生产生活方式，不干预和破坏那乃族民族内部的地域或血缘组织，依然利用当地那乃族的氏族头人或部落酋长进行统治。沙俄政府沿袭使用了西伯利亚少数民族所熟悉的古老的实物税制度，用强迫手段逼迫那乃等族以实物税的形式交纳毛皮。最初，那乃等民族并不愿意接受沙俄政府的统治，拒绝向沙俄交纳实物税。他们依然心系清朝，不顾路途遥远，到三姓等地向清朝政府地方官员交税纳贡，求赏乌林。有的氏族部落直接回到中国境内居住生活。这种情况直到清末还时有发生。

在沙俄统治时期，那乃等族的社会经济生活依然以原始的渔猎经济为主。在一年四季中，他们用各种传统方法和工具从事捕鱼业和狩猎业，捕获大量鱼类和野兽以供食用和交换，他们将鱼皮和兽皮单独加工，制成服装或鞋子。他们已经进入定居时代。与这种定居的渔猎生活方式相适应，“他们冬季住地下土窖，夏季则在地面上搭盖桦树皮的和兽皮的锥形窝棚居住。在那乃族家庭经济中，狗是他们的主要家畜，他们主要用狗冬拉雪橇，夏拉纤，作役畜使用。”[①]与此同时，随着 1861 年俄国农奴制改革的实行及对远东

---

① 孙运来:《十月革命前的西伯利亚土著民族》,《黑河学刊》1988 年第 1 期。

阿穆尔河和乌苏里江流域统治的加强,那乃等族的社会经济生活也开始受到俄国社会经济文化因素的影响。1861 年 3 月 26 日,沙皇政府批准了关于《俄国人与外国人在阿穆尔省和滨海省定居条例》,以相当优惠的政策鼓励和吸引国内外移民自费迁徙到这两个边疆省份。该法令规定了阿穆尔省和滨海省新居民点的两种土地占有形式,即私人所有制和国有土地临时占有制。大多数移民可无偿地临时占用国有土地 20 年。1866 年俄国政府又颁布向南乌苏里边区移民的特别规章,向每个移民户发放 100 卢布贷款,落户后给予一年内的口粮。① 俄罗斯移民的到来,使那乃族与俄罗斯移民开始了直接接触,俄罗斯人向那乃等族订购船只、渔网和滑雪板,那乃等族则用蛙鱼和毛皮从俄罗斯人那里换取食品和粮食,以物易物贸易亦在不断进行。双方虽然互有影响,但影响并不大。l859 年"在阿穆尔河建立起了第一个以俄文命名的那乃族居住的村庄'特洛伊茨克耶'村,这个时期的那乃族同俄罗斯人的接触毕竟不多,只是在毗邻地区才有文化接触"②。从总体上看,在沙俄统治时期,那乃等族依然保持着与世隔绝的状态和原始的生活方式、生产手段。由于沙皇的掠夺政策以及恶劣的自然条件,那乃等族日趋贫困,瘟疫和饥饿使那乃等族的死亡率非常高,特别是儿童的死亡率更高。"1897 年,沙皇俄国第一次人口普查结果是那乃族的人口总数为 5439 人。"③

1917 年,俄国爆发了"十月革命",推翻了沙皇的统治,建立了苏维埃政权。俄国开始进入了社会主义苏联时代。十月革命后很长一段时期,绝大多数那乃等族各部落还保留着古老的氏族制度。在列宁民族平等政策的指导下,苏联共产党和苏联历届政府采取各项措施,大力扶持和帮助生活在西伯利亚和远东的那乃等小民族。1919—1934 年,苏维埃政府共组织共青团员、共产党员来到阿穆尔河等地对北方小民族进行了 90 次的考察,对他们的经济、文化、生活习惯有了较全面的考察和研究。同时做了大量的耐心细致的宣传工作,寻找帮助北方小民族包括那乃族建立起苏维埃政权和独立参与政治生活的途径。"1924 年全俄中央执行委员会通过《关于生活在远东地

① 王晓菊:《俄国东部移民开发问题研究》,中国社会科学出版社,2003 年版,第 42 页。

② [俄]伊万·安得列维奇·别利德:《我们——同一民族》,中俄两国那乃族恢复民族联系十周年,哈巴罗夫斯克,2002 年版,第 9 页。

③ 姚凤编译:《并入俄国后的远东(黑龙江流域、滨海边区、库页岛)民族(17—20 世纪)》,黑龙江民族丛刊,1988 年第 1 期。

区土著居民的暂行管理条例》,决定把北方小民族的苏维埃建设分为两个阶段。第一阶段是建立氏族苏维埃。氏族苏维埃是建立在氏族基础之上具有苏维埃形式和结构的政权机构,它具有行政管理和司法双重功能。可见,氏族苏维埃的权限范围非常大,在处理日常事务和审理各种案件时,除了遵循苏联法律外,还充分考虑到那些不与法律相抵触的风俗习惯和道德水准。因此,这种苏维埃易于为小民族居民理解和接受。"[①]随后,全俄中央执行委员会成立了附设的北方各族促进委员会,同时又建立起地方的北方委员会,负责具体落实苏联共产党和政府旨在发展包括那乃族在内的北方小民族经济和文化的专门措施。"1925 年在由远东革命委员会成立的第一次土著居民代表大会上少数民族代表同意《暂行管理条例》,同时向苏维埃政府提出请求,要求保护边疆区的渔业和毛皮财产,使其免遭美国与日本工业者和商人的滥加开采。"[②]1926 年全俄中央执行委员会和俄联邦人民委员会确立了《暂时管理俄联邦北部地区土著居民的部落》的决议。"在那乃族居住的土地上,成立了托尔顿和渤龙两个土著民族区。那乃区的第一个共产主义支部诞生于托尔贡临宿地(1930 年改为那辛村),书记是 B. 吉列,第一批党小组于 1931—1932 年在临宿地涅尔根、扎里、那辛、博伦成立。"[③]"1931 年夏,在那辛村召开了这两个区的那乃族代表大会,会议决定把两个土著民族区合并成立为一个那乃区。远东区委员会的主席团在 1934 年 6 月 21 日通过了《成立那乃民族区》的 764 号决议。"[④]区政府设在"特洛伊茨克耶",该区苏维埃主席一般由那乃族人担任。从此 6 月 21 日被当成那乃族的民族节日而加以纪念和庆祝。那乃族第一次拥有了自己的政权机构并享受到民族自治权。依照苏联宪法,这些小民族根据分配给民族州、民族专区的名额选派代表进入各级苏维埃政权机构,同苏联其他民族平等地参与国家事务的管理工作。那乃民族区的建立,加快了那乃族各村落原始社会的父系氏族制度的解体,社会主义社会制度和新型的社会关系在北方小民族中确立,同时

---

① [俄]济巴列夫:《北方地区小民族的苏维埃建设(1917—1934)》,托木斯克,1968 年版,第 118 页。

② [俄]3. A. 堪达拉等:《那乃宽广的道路》,哈巴罗夫斯克出版社,1984 年版,第 9 页。

③ [俄]3. A. 堪达拉等:《那乃宽广的道路》,哈巴罗夫斯克出版社,1984 年版,第 8 页。

④ [俄]伊万·安得列维奇·别利德:《我们——同一民族》,中俄两国那乃族恢复民族联系十周年,哈巴罗夫斯克出版社,2002 年版,第 14 页。

也为那乃族过渡到社会主义民族创造了条件。①

随着那乃等族政治权利的提高，其社会经济也开始发生巨大的变化。苏联政府根据那乃等族的历史特点，充分地利用其原始公社自然经济中进步的社会经济结构，在经济上对其进行社会主义改造。在苏联实行合作化和农业集体化运动的时期，那乃等族也加快了向现代社会过渡的步伐。这些小民族在共同利用渔场、猎场、牧场的基础上进行最简单的劳动互助，建立初级生产联合组织。这种互助生产联合组织还带有明显的原始社会的残余，其特点是部分生产资料归个人所有，劳动收获按人口平均分配。

从1938年起，那乃等族的初级生产联合开始向集体农庄过渡。即把原有的集体生产形式改造成社会主义的集体化组织，成立渔业和狩猎业集体农庄。如"到1933年已建成10多个国营养鹿场，相继成立了一系列新兴的企业，如特洛伊茨克耶木材采运企业，因娜肯基耶夫卡村造船厂、养鱼场和鱼类加工厂等"②。在集体化过程中，那乃等族人捕获的毛皮、渔产品不只是为了满足自己的需要，其中一部分纳入了国家的商品流通，通过商业部门换回自己所需的粮食、日用品、布匹、工作服、捕鱼的工具和弹药等生产生活用品。虽然渔业捕捞业和采集业仍然是那乃族的传统经济，但其生产技术和工具却日益现代化。这不仅大幅度提高了生产力，而且促进了渔猎产品的商品化，加速了那乃等小民族原始的氏族组织和自然经济的瓦解。到1940年，包括那乃等族在内的北方小民族经济的社会主义改造基本结束，那乃等小民族也开始了社会主义建设时期。尽管如此，在苏联政府高度集中的计划经济体制和民族政策下，民族地区社会经济虽然有了飞跃式的发展，但由于远东民族地区的轻工业不发达，加之原材料以较低的价格调拨出去，又以高价购进日用品，使得那乃等族生活水平的提高比较缓慢。

第二次世界大战爆发后，苏联成为世界反法西斯战争的欧洲主战场。1941年到1945年，苏联人民在斯大林领导下，进行了卫国战争。在卫国战争时期，俄罗斯北方及远东地区成为战略后方。俄罗斯远东地区的阿穆尔河沿岸那乃等土著民族也积极参加了卫国战争。他们或在工厂中为前线生产军需产品，或夜以继日地为前线加工鱼产品、食品等，年轻人则直接参军

---

① 何玉芳：《赫哲族、那乃族文化变迁比较研究》，中央民族大学博士论文，2007年，第111页。

② ［俄］3. A. 堪达拉等：《那乃宽广的道路》，哈巴罗夫斯克出版社，1984年版，第10页。

到前线作战。以那乃族为例,“那乃族青年积极报名参军,志愿去前线的人非常多,以至于参战名单要在党的会议和共青团会议上讨论。古老的萨马洛夫家族派出了100多名志愿兵与法西斯分子作战。那乃族作为土生土长的猎人,他们以良好的战术技能和优秀的性格特点,被吸收为侦察兵”①。所以当时“北方土著区域中有6000人响应号召加入了苏联军队,其中就有2000多名那乃族青年”②。那乃族参战士兵几乎有1/4的人没有回来,为卫国战争的胜利献出了宝贵的生命。在卫国战争中,参战的那乃族战士为自己民族虽然赢得了荣誉,但也使民族人口的发展受到了一定程度的影响。

20世纪50年代末60年代初,随着社会主义建设时期的到来和西伯利亚地区开发的不断深入,苏联政府分两批把大部分那乃等北方小民族经济最薄弱的小村庄、小集体农庄合并为大型集体农庄或国有农场。从事传统自然经济的人数逐渐减少,在大型集体农庄和国有农场里从业人员逐渐增多,这使得那乃等北方小民族的氏族制被彻底解体,实现了从结构单一的传统渔猎经济向多种门类的现代经济的转变。到了60年代,随着以俄罗斯为主的外族人的大量涌入,形成了多民族混合的大村落,使那乃等其他土著民族成为自己世居的土地上的少数民族,土著居民的生活条件发生了根本的变化。在社会主义制度和民族平等的政策下,那乃等其他土著民族多与俄罗斯等外族人在集体农庄、国有农场以及森林加工、矿山开发、鱼产品加工企业里共同生产生活。尽管在教育和技术水平等方面还存在着差异,但那乃等土著民族与俄罗斯等民族的不平等原则上已经消失了。随着与俄罗斯人、乌克兰移民交往的增多,以及受苏联经济产业结构和职业结构的改变及文化的影响,那乃等土著民族的社会生产生活已经基本上俄罗斯化了。

1991年,以叶利钦为首的改革派取得胜利,苏联共产党下台,俄国进入了新俄罗斯联邦时期。苏联解体后,俄罗斯政府开始实行以货币主义理论为基础的“休克疗法”,实现由计划经济向市场经济转变的改革。价格自由化和国有资产私有化实施后的结果是物价大幅度上涨,通货膨胀,卢布大幅贬值,人民生活水平急剧下降。这对长期依靠政府扶持的北方土著民族包括那乃族来说是非常残酷的。1995年,那乃等族地区已经没有了集体农庄、

---

① [俄]З. А. 堪达拉等:《那乃宽广的道路》,哈巴罗夫斯克出版社,1984年版,第28页。

② [俄]伊万·安得列维奇·别利德:《我们—同一民族》,中俄两国那乃族恢复民族联系十周年,哈巴罗夫斯克出版社,2002年版,第14页。

国有农场,基本生产资料已经分配给个人,民族村的生产设施和社会组织均被破坏,许多鱼产品加工厂、日用品生产厂以及各种服务性行业的企业纷纷倒闭。那乃族的传统社会经济进入了多样化的时代。

第四节　赫哲以及相关诸跨界民族的分布地域

民族的形成发展及其社会经济文化,与其所处的地域有着密切的关系。不同的地域会造就不同的民族。赫哲以及相关诸跨界民族的分布地域主要在黑龙江流域和鄂霍次克海沿岸地区,这是使这些民族成为渔猎民族的最主要因素之一。现在,这些来自同一祖先——野人女真的民族主要分布于中国和俄罗斯两国境内。赫哲、鄂伦春分布在中国的黑龙江省。那乃、埃文、乌德盖、奥罗奇、奥罗克、涅吉达尔、乌尔奇等民族分布于俄罗斯远东的哈巴罗夫斯克边区、库页岛以及滨海边疆区。

一、中国赫哲族的分布

清初学者杨宾将赫哲族分为两部分,即剃发黑金和不剃发黑金。据《柳边纪略》记载:“自宁古塔东行千五百余里,住松花江、黑龙江两岸者,曰剃发黑金,喀喇凡六,俗类窝稽,产貂。以上皆每年入贡。又东北行四五百里,住乌苏里、松花、黑龙三江汇流左右者,曰不剃发黑金,喀喇十数,披发,鼻端贯金环,衣鱼、兽皮,陆行乘舟(或行冰上),驾以狗,御者持木篙立舟上,若水行拦头者然,所谓使犬国也”①。赫哲族东邻费雅喀、鄂伦春等族,也有与之交错而居者。

清朝之初,赫哲族主要由三姓、四姓、七姓、八姓等22个氏族为主体组成。其中三姓即葛依克勒氏、卢业勒氏和胡什哈哩氏,主要分布于松花江下游地区。四姓也分布于松花江下游地区,具体为赫哲嘎山达黄甲力带领40余户,在胡尔哈河(今牡丹江)口居住;由胡尔哈河口并松花江顺流而下百余里汤旺河口,为赫哲嘎山达萨柳带领的百余户居住;由汤旺河口顺流而下百余里,玛那哈地方,为赫哲嘎山达阿勒珠带领百余户居住之地;胡尔哈正东

---

① 杨宾:《柳边纪略》卷三,载《龙江三纪》,黑龙江人民出版社,1985年版。

使鹿地方，系赫哲舒穆鲁氏人居住。因此胡尔哈河口及其以下的松花江下游沿岸地区，“此四姓赫哲占住处也”①。七姓赫哲为必勒达奇哩、贺齐克哩、乌扎拉、扎克苏鲁、必喇勒、哲勒图哩、图勒都笏噜，主要分布在伯力以下的黑龙江下游。八姓赫哲为湖克定、乌克定、霍勉、揣果尔、卓勒霍勒、图黑里尔、嘎即拉、舒穆鲁，主要分布在乌苏里江及黑龙江下游地区。② 从这一时期各氏族部落的分布情况看，“三姓东之松花江两岸，直达东海，系赫哲部落”③。这部分以三姓、七姓、八姓为基本氏族部落的赫哲族，在吸收了鄂伦春、费雅喀、库页等族部分成员的基础上，不断地发展壮大，成为“通古斯的雄族”④。

从分布格局看，1930 年凌纯声把赫哲族的分布地域分作三个地段。松花江流域有：蒙古力、苏苏屯、万里霍通（以上在桦川县境），哈库码、富克锦、嘎尔当、霍通吉林、洼其奇（以上在富锦县境），古必扎拉、图斯科、泥尔博（以上在同江县西），鄂米（在绥宾县境）：混同江流域有：拉哈苏苏、齐齐喀、莫红阔、哈玉、街津口、得勒奇（以上在同江县东），额图、勤得利、秦皇鱼通、上八岔、下八岔、义日嘎（以上在抚远县城以西）；乌苏里江流域有：乌苏镇、抓吉、海青、别拉洪（以上在抚远县东和南），饶河口、团山子、杜马河、红石砬子、阿巴清、西博格林（以上在饶河县境）；黄岗、黑嘴子、松嘎查（以上在虎林县境）。经过日伪时期这样大的灾难后，除了当时在额图、八岔和饶河一带的赫哲族过江到俄罗斯居住外，1946 年中国境内的赫哲族又进行了新的迁徙和聚合。原被迫迁至二、三部落的赫哲族都聚落到了街津口村，而一部落的赫哲族人和富锦大屯的部分人迁到了饶河保安屯，后因居住处离狩猎点较远，就又搬到了挠力河畔。

1949 年 10 月后，中国赫哲族主要分布于黑龙江省同江市及八岔、街津口民族乡、饶河县及四排民族乡、佳木斯市及郊区敖其镇。

二、中国鄂伦春族的分布

清代，黑龙江地区的鄂伦春族主要分为两部分。一部分分布于外兴安

① 《依兰旧志五种》，内蒙古文化出版社，1991 年版，第 18 页。

② 干志耿、孙秀仁：《黑龙江古代民族史纲》，黑龙江人民出版社，1987 年版，第 482 页。

③ 《依兰旧志五种》，内蒙古文化出版社，1991 年版，第 51 页。

④ [日]乌居龙藏：《东北亚洲搜访记》，商务印书馆，1925 年版，第 143 页。

岭以南、黑龙江中上游及嫩江流域，与鄂温克、达斡尔等族相邻。“鄂伦春实亦索伦之别部，其族皆散居内兴安岭山中，以捕貂为业”①。根据吕光天先生的调查研究，原游猎于石勒喀河，后迁徙游猎于托河、多布库尔河、甘河、奎勒河等地的是鄂伦春族的托河部落和阿里多布库部落，原游猎于精奇里江，后迁徙游猎于呼玛尔河流域的是鄂伦春库玛尔部落。原游猎于精奇里江、牛满江一带，后迁徙游猎于毕拉尔河、逊克河等地的是鄂伦春毕拉尔（即清代史书上的“毕拉尔”）部落。② 这些鄂伦春人，就是清代黑龙江地区也是中国鄂伦春族的主体。现在鄂伦春人分布的地方，北面和西南是黑龙江及其上游额尔古纳河。

另外，黑龙江下游、鄂霍次克海沿岸及库页岛等地，也分布着清代史书称为奇勒尔、满浑、山丹等的鄂伦春人，与赫哲、费雅喀、库页等族共处。他们都以渔猎为生，流动性较大。据《皇清职贡图》记载：“宁古塔之东北海岛一带，唐书所云少海之北，三面阻海。人依屿散居，有鱼盐之利者。人有数种，鄂伦绰其一也。在近海之多罗河、强黔山游牧。男女皆披发、跣足。以养角鹿捕鱼为生，所居以鱼皮为账。”③这里所说的鄂伦绰实际就是鄂伦春的一部分。另据《皇舆全图》记载，清初在黑龙江下游奇集以下至海口及沿海地区，鄂伦春人居住的村屯主要有喀拉尔（黑勒尔）屯、郭爵亨屯、齐克都哈屯等。而在库页岛上，鄂伦春主要居住在阿当吉山、特肯河和启多什河流域。④ 在清代，奇勒尔是黑龙江中下游地区成分最复杂、分布地域最广、流动最大、变化最大的居民。“满珲”“山丹”也是鄂伦春族的一部分。“居黑龙江下游及松花江沿岸之满珲人，因与鄂伦春种族语言相似，亦有称鄂伦春者。”⑤山丹主要居住在库页岛上。

三、俄罗斯那乃等族的分布

在清代，费雅喀族是黑龙江下游及海滨地区与赫哲等族相邻的重要民

① 徐世昌：《东三省政略》附件一，宣统三年版。

② 吕光天：《鄂伦春族的父系氏族社会结构》，《北方民族原始社会形态研究》，宁夏人民出版社，1981 年版。

③ 傅恒等修：《皇清职贡图》卷三，四库全书本。

④ 石荣暲：《库页岛志略》卷二，转引自吕光天、古清尧编著《贝加尔湖地区和黑龙江流域各族与中原的关系史》，黑龙江人民出版社，1991 年版，第 249 页。

⑤ 万福磷修、张泊英纂：《黑龙江志稿》卷十一，中国边疆丛书第 1 辑，文海出版社印行。

族。据《皇清职贡图》记载:“费雅喀在松花江极东,沿海岛散处,以渔猎为生。”[①]清代将松花江和黑龙江下游看作一条江,因此这里的松花江指的是黑龙江下游,而海岛则是指库页岛。这样,清初费雅喀的大致分布区域在黑龙江下游以东的沿海地区及库页岛。据《皇舆全图》记载:在黑龙江下游奇集以下至海口及沿海,费雅喀人居住的村屯主要有:布裕尔屯、索木宁屯、韩布齐努屯、斡齐屯、庙街、扎哈达屯、塔克提音屯、莽阿臣屯、奇集屯等。到19世纪中叶,黑龙江下游的费雅喀人共有39个村屯,140户。[②] 在库页岛,费雅喀位于岛的东、西海岸,北部额尔什河流域有9个小部落,东部海岸有23个小部落,西部海岸有48个小部落。[③] 库页族是清初生活于黑龙江入海口以东的库页岛上的土著少数民族。此后,这个民族也一直分布于库页岛上。

19世纪中叶以后,随着《中俄瑷珲条约》和《中俄北京条约》的签订,沙俄将中国的黑龙江以北、乌苏里江以东广大地区占为己有,使生活在这里的赫哲、鄂伦春等民族成为跨国民族,其中部分赫哲、鄂伦春、费雅喀、库页人成为俄国臣民。这些民族后来成为俄罗斯远东地区的少数民族,他们依然生活在黑龙江下游、乌苏里江沿岸以及滨海地区和库页岛上。现在,俄罗斯的那乃、埃文、乌德盖、奥罗奇、奥罗克、涅吉达尔、乌尔奇等小民族主要分布在哈巴罗夫斯克边区、库页岛以及滨海边疆区等地。

第五节　赫哲族以及相关诸跨界民族的萨满教信仰

萨满教是具有悠久历史的原始宗教,它起源于远古的石器时代,形成于漫长的原始氏族制阶段。萨满教也是黑龙江流域最古老的原始宗教。从新石器时代(距今五六千年)起,生活在这里的各族先民就开始信奉这种原始宗教。萨满教没有创始人和宗教组织,其内容主要是自然崇拜、动物崇拜、

① 傅恒等修:《皇清职贡图》卷三,四库全书本。

② [美]柯林斯:《西伯利亚之行》,威斯康星,1962年版,第290页。

③ 石荣暲:《库页岛志略》卷二,转引自吕光天、古清尧编著《贝加尔湖地区和黑龙江流域各族与中原的关系史》,黑龙江人民出版社,1991年版。

祖先和人物崇拜以及与之相应的祭祀活动仪式。

对自然的崇拜是人类最早的宗教意识活动，也是对自然界最初认识的反映。恩格斯指出："一切宗教都不过是支配着人们日常生活的外部力量在人们头脑中的幻想的反映……在历史初期，首先是自然力量在人们头脑中获得这样的反映。"[①]费尔巴哈也说过："自然不但是宗教的最初的原始的对象，而且也是始终如一的基础。"[②]萨满教作为原始宗教，其认识论的基础就是万物有灵论，即认为世界上万物都有主观意志，也有永久的灵魂。它们既可以造福于人类，也可以为祸于人类，因此对各种神灵都要加以崇拜。自然崇拜，即把自然物神化而加以崇拜，如日、月、星辰（北斗星等）、冰雹、雷电、雨、雪、风、水、火、石、山、河、海等自然物或自然现象，都被赋予神灵，加以崇拜。在上述这些自然神中，各民族的崇拜对象也不尽相同，如在山林中狩猎的鄂伦春等族特别崇拜山神（白那查）、北斗星等。动植物崇拜，也称图腾崇拜，即认为某一些动物或植物与本氏族有着血缘关系，因而加以崇拜。这些神灵主要有虎、豹、狼、熊、狐狸、水獭、蟒、蛇、鹰、雕、乌鸦、喜鹊、柳树、榆树、柞树及桦树等。如鄂伦春猎人崇拜熊，赫哲人崇拜虎和神树等。祖先崇拜是指相信人死后灵魂不灭，从而对祖先或为氏族部落的创建发展立下丰功伟绩的英雄人物加以崇拜。

萨满教认为宇宙分为上、中、下三界。上界（天界）为天神所居，中界（人界）为人类和各种神灵居住，下界（阴间）为鬼魂的住所。人死后的亡灵要到阴间去，那里的生活与人间基本相似，如果人死后亡灵去不了阴间，那它就要在人间游荡作祟。在人间的深山老林及海河泽川之中，还生活着各种自然神，如虎神、山神、火神、河神、鱼神等。它们既可以造福于人，也可能作祸于人，这取决于人们对它们的崇拜程度。而能够沟通人与鬼神，来往于天界、人间和阴间三界，具有各种超自然力的人，便是萨满教的神职人员——萨满。

萨满教主要以萨满作为人和神之间的中介人，萨满一词是通古斯语，意为激动不安或疯狂的人，后来演化为巫师。据《三朝北盟会编》记载："珊蛮者，女真语巫妪也。以其变通如神，粘罕以下皆莫能及。"[③]这里的"珊蛮"就

---

① 恩格斯：《反杜林论》，人民出版社，1970 年版，第 311 页。

② 《费尔巴哈哲学著作选读》下卷，生活 · 读书 · 新知三联书店，1962 年版，第 442 页。

③ （宋）徐梦莘：《三朝北盟会编》卷三，上海古籍出版社，1987 年版，第 21 页。

是萨满。萨满在史籍中又有“萨玛”“沙曼”“撒牟”“撒卯”“撒莫”“叉玛”“叉马”等不同写法，而最先写作“萨满”的是《大清会典事例》。清代，黑龙江流域信奉萨满教的各民族一般都有各族的萨满，赫哲族、鄂伦春族等都称他们的巫师为“萨满”。每个氏族也都有自己的萨满，如赫哲族专治瘟病的萨满，称“阿哈玛发”；送魂萨满，称“达克苏特亦”；治病萨满，称“巴其兰”；专管祈祷、祷告神灵的萨满，称“佛日朗”等等。萨满不仅通过跳神祭祀等方式来充当本氏族的保护者和精神领袖，而且早期在一些部落中直接担任部落首领。由于萨满教产生于母系氏族公社阶段，因此在清初黑龙江地区各族女性萨满居多，随着社会的发展，男性萨满才逐渐增多。

在清代，新满洲（伊彻满洲）是黑龙江满族的重要组成部分，主要是指原居住于黑龙江下游广大地区、后被编入满洲八旗的赫哲、鄂伦春、费雅喀、库页等族人。由于新满洲与黑龙江东部地区的赫哲、鄂伦春、费雅喀、库页等族有着很深的渊源关系，因此其萨满教信仰也基本上与赫哲、鄂伦春、费雅喀、库页等族的萨满教相一致。新满洲的萨满教跳神与满洲的家祭有所不同，属于野祭，主要以请神驱魔治病为主。“伊彻满洲病，亦请萨玛跳神，而请扎林一人为之相。扎林，唱神歌者也。祭以羊，鲤用腥。萨玛降神亦击鼓，神来萨玛无本色，如老虎神来狰狞，妈妈神来噢休，姑娘神来腼腆，各因所凭而肖之。然后扎林跽陈祈神救命意。萨玛则啜羊血嚼鲤，执刀枪叉挺，即病者，指画而默诵之，病亦小愈”①。这里的“扎林”，实际上就是“二神”，配合萨满（大神）跳神。这种萨满教的跳神治病形式，是与赫哲、鄂伦春、费雅喀、库页等族较为落后的社会文化相适应的。

萨满教最重要的宗教活动就是跳神。神具有神鼓、腰铃、杖、神刀等，神服有神帽、神裙、神鞋、神袜、神手套等。跳神时，萨满要穿上神衣、神裙、神鞋、神袜等法衣，戴上安有显示威力的鹿角的神帽，法衣上缀有防魔避妖的铜镜、铁腰铃，手中拿着能灭鬼请神的神鼓、神刀、神杖等法器，击鼓歌舞跳神，或祭祖，或为人除魔治病。当时黑龙江流域各族的萨满跳神祭祀仪式大致相似，但各民族也有其各自的特点。

进入现代社会以后，随着社会经济的发展和进步，萨满教日益走向衰落。特别是在苏联和中国相继进入社会主义建设时期后，两国政府对少数

① 西清：《黑龙江外纪》，小方壶斋舆地丛钞本，杭州古籍书店影印。

民族开展文化革命,进行文化改造,宣传共产主义思想和无神论思想,禁止信仰萨满教搞迷信活动。这使得赫哲族、那乃族等跨界民族的萨满教信仰受到极大冲击和影响。其萨满教信仰和活动由公开转向秘密,并逐渐趋向衰亡。

第六节　赫哲族以及相关诸跨界民族的社会生活

社会生活风俗是人类社会在长期历史发展过程中所形成的生活行为规范及习惯,是反映其社会历史的基本要素。与其他的民族一样,黑龙江流域各民族的生活风俗主要包括饮食风俗、服饰风俗、居住风俗及出行风俗。黑龙江地区的土著民族如赫哲、鄂伦春、费雅喀、库页族等,由于世代居住在这一地区,因此形成了具有民族特色的生活风俗。由于历史的发展和时代的变迁,加之满族、汉族、俄罗斯等民族的迁入,不仅使赫哲族以及相关诸跨界民族的社会生活风俗内容更加丰富,而且对当地土著民族的生活风俗也产生了重大的影响。1860 年以后,赫哲族以及相关诸民族跨界分布后,由于与所居住地外界交流的扩大和经济结构的变化,中国赫哲、鄂伦春族的生活方式日益汉化,俄罗斯那乃等族则日益俄罗斯化。

一、服饰

服饰是伴随着人类征服自然,以求得最基本的生存需要而逐渐产生的。它是人类所独有的生活技能和人类智慧的创造。服饰的产生及其特点,与人类所处的自然环境及人类的生产方式有着极为密切的关系。黑龙江流域地处中国东北北部,冬季漫长,夏季短促,气候寒冷。这里的土著民族多以渔猎游牧为主,生产力水平极为低下,这种自然条件和生产力水平决定了他们的服饰特点主要是御寒性和季节性。与此同时,清朝是以满族为主体而建立的封建王朝,在征服各民族、统一全国的过程中,清朝统治者把是否接受满洲服饰作为是否归附和接受其统治的标志,因此强令被征服的各族人民改用满族服饰。黑龙江流域的赫哲、鄂伦春、费雅喀等族,由于较早就归附了清朝，其服饰也与满族服饰较为接近。生活在黑龙江下游及库页岛等地的赫哲、费雅喀、库页及鄂伦春等族，由于长期以渔猎经济为主，因而其服饰具有渔猎民族的特点。赫哲族分为剃发“黑斤”和不剃发“黑斤”两种，“男以桦皮为帽，冬则貂帽狐裘。妇女帽如兜鍪，衣服多用鱼皮而缘以色布，边缀铜铃，亦与铠甲相似。”费雅喀人“男女俱衣犬皮，夏日则用鱼皮为之”。库页人“男剃顶心以前之发而蓄其后，长至肩即截去。草笠、布衣，缀红布卍字于肩背间。亦有衣鱼皮者。”而鄂伦春则“男女皆披发、跣足”，以鹿皮、鱼皮为衣。[①] 由于清朝政府对赫哲、费雅喀等族贡貂户采取赏乌林的政策，即赏给他们大批的满族官袍和服装，这对当地各族的服饰产生了极大的影响，使之日益接近满族服饰。清代至民国，黑龙江流域各民族主要穿皮靴，其中以靰鞡最为有名。“土人著履，曰乌拉，制与靴同，而底软，连帮而成，或牛皮，或鹿皮，缝纫极密，走荆棘泥淖中，不损不湿，且亦耐冻耐久，市有专肆，力食者，入冬皆倚赖之。”[②]穿这种鞋一般多与一种草合用，这种草“出近水处，细长温软。用以絮皮鞋内，虽行冰雪中；足不知冷”[③]，因而被称为靰鞡草。靰鞡草与人参、貂皮一起被称为东北三件宝。穿靰鞡成为当时黑龙江各族服饰风俗中的一大特色。民国以后，中国的赫哲族和鄂伦春受汉族的影响，基本上穿布衣了，其款式由长款变为短款，只是冬季或男人外出狩猎时，仍穿鱼皮或兽皮衣服。而俄罗斯的那乃等族的服饰已经基本上俄罗斯化了。男人们喜欢穿西装皮靴。妇女和俄罗斯妇女一样，夏穿“布拉吉”（连衣裙），冬季穿长裙。

二、饮食

饮食是人类最基本的活动方式，它不仅是维持人们生存的前提，也是构成民族文明的一个标志，从侧面体现了一个民族历史与文化。黑龙江流域各民族的饮食风俗，与各民族的经济发展及社会进步有着密切联系，是其勤劳与智慧的创造，同时也开始受到满、汉、俄罗斯等族饮食风俗的影响。清朝前期，地处黑龙江下游广大地区的赫哲、费雅喀、鄂伦春、库页等族，由于主要从事渔猎业，社会经济发展较为落后，因此其饮食也较为原始。他们的

---

① 《皇清职贡图》卷三，四库全书本，第5～12、15～18页。

② 徐宗亮：《黑龙江述略》卷六，载《黑龙江述略（外六种）》，黑龙江人民出版社，1986年版。

③ 吴桭臣：《宁古塔纪略》，载《龙江三纪》，黑龙江人民出版社，1985年版。

餐饮用具主要是木制和用桦树皮制作，食品主要以鱼肉和兽肉为主，粮食很少，同时辅以一些山菜野果等。这些民族一般将鱼肉和兽肉晒成鱼干及肉干，以备冬季及平时食用。归附清朝后，他们的饮食风俗开始受到满族的影响，但并没有改变其原有的饮食风俗。20世纪中期以后，中国的赫哲等族和俄罗斯的那乃等族在饮食结构方面改变了过去以鱼、兽肉、野菜为主食的习惯，开始越来越多地吃米和面，鱼肉只是当菜食用。中国的赫哲等族受汉族影响，面食有面片、面条、疙瘩汤、饺子等，米主要是做饭和煮粥，肉类食品不纯粹是野生动物，而是增加了猪肉等家禽类。但“刹生鱼”“塔拉哈”“刨花生鱼片”以及原汁原味“江水炖江鱼”依然是赫哲族的特色佳肴。俄国的那乃等族受到俄罗斯人的影响，面食主要是吃面包（黑列巴），而很少吃米类食物，肉类食法主要是吃各种制式的香肠以及装满坚果仁的松鼠肚。

三、居住

居住风俗是人们生活风俗的重要组成部分之一。它包括居室、庭院的建造及结构、居室内的格局、摆设以及人们的起居习俗等。清朝前期黑龙江地区各民族，以其社会经济发展及生产生活方式的不同，主要分为三种居住类型：建造土木草房固定居住、搭建帐篷临时居住、半地穴居住。这三种不同的居住方式形成了不同的居住风俗。黑龙江下游地区的赫哲、费雅喀及库页等族，在夏季主要居住在用草、木、桦皮等搭建的棚屋里。这种棚屋名称很多，各有用途。据《西伯利亚东偏纪要》记载：“黑斤……所止之处，取树皮或草为小屋，有安口，桦皮为之，捕牲住；搓罗，草盖用棚，捕鱼住；傚苛，冬行晚宿所住，或布或树皮为之；胡莫纳，桦皮小圆棚，夏捕鱼住；麻依嘎，不剃发黑斤捕鱼小棚；刀伦阿吉嚷莽，行船时晚宿岸上小布棚。诸名平居皆草房，在江沿有暖炕。”[①]这种居住风俗是适应渔猎生活的需要而形成的。半地穴居住方式主要是在黑龙江下游地区的赫哲等族中存在，后来也为黑龙江地区的满、汉等族所采用。赫哲等族在冬天主要居住在“地窨子”里。这种居住风俗是从其祖先肃慎人那里继承下来。早在远古时期，黑龙江地区的肃慎等族就过着穴居生活。他们的居穴最初完全在地下，后来逐渐向地上发展，到清初变成了半地下状态。地窨子赫哲语称为“胡如布”（小型地窨

① 曹廷杰：《西伯利亚东偏纪要》，辽海丛书本。

子)、“希晚克”(大型地窨子)。其修建方法是向地下挖三尺深坑,坑顶用一二根粗木作梁,搭上横木支起楔形架子,上铺树枝树皮,再培上6寸的厚土做顶盖。前面开门,旁有小窗,内搭火炕或床铺。这种居住风俗主要是为了适应黑龙江地区冬季寒冷的气候。20世纪50年代以后,在中国政府的关怀和支持下,赫哲族、鄂伦春族过上了定居生活,居住条件发生了重大改变。撮罗子、地窨子逐渐为草苫土坯正房所代替。20世纪90年代以后,中国赫哲族、鄂伦春族又开始住上了砖瓦房和楼房。俄罗斯的那乃等族与中国的赫哲等族一样,过去也是住撮罗子、地窨子,20世纪20年代开始住与满族相似的房子,后来住“木刻楞”。这种俄式建筑是用大圆木架成的壁衍式木屋。

四、出行

出行是人类社会生活的重要组成部分,是人类活动的重要手段。清朝前期,黑龙江地区地域辽阔,各城村屯相距遥远,因此各族人民的出行必须借助马、牛、驯鹿等动物及车船等交通工具。由于黑龙江地区民族较多,社会经济发展各异,这使其出行风俗具有民族特色和地域特色。生活在黑龙江下游地区的赫哲、费雅喀、鄂伦春、库页等族,主要依靠船在江上和海里捕鱼生活,冬季冰封后则以爬犁作为交通工具。当时黑龙江沿岸的各民族普遍使用桦皮船,如费雅喀人就“以桦皮为船,止容一人,用两头桨。如出海捕鱼,则负至海边,置水中,遇风便归”①。又如赫哲人“夏航大舟,冬月冰坚则乘冰床用犬挽之”,或者“足踏木板,溜冰而射”②。这里的“冰床”即是爬犁,也称雪橇,“足踏木板”即是滑雪板。赫哲等族的出行风俗,又为其他民族所接受。冬季的狗拉爬犁,发展为马拉、牛拉爬犁,成为黑龙江地区的地方风俗。据《清稗类钞》记载:“黑龙江布爬犁,如凌犁,不施铁条,屈木如辕,驾二马以行于雪上,疾于飞鸟。”③到现代,无论是中国的赫哲等族,还是俄罗斯的那乃等族,其交通工具都已经现代化了,汽车、摩托车、拖拉机、机动船代替了过去的马车、牛车、狗拉爬犁和桦皮船。

---

① 吴振臣:《宁古塔纪略》,载《龙江三纪》,黑龙江人民出版社,1985年版。

② 傅恒等撰:《皇清职贡图》卷三,四库全书本,第15~18页。

③ 徐珂:《清稗类钞》第13册,中华书局,1984年版。

结语——论肃慎族系各族在祖国历史上的地位和作用

综上所述,不难看出:

第一,最晚从数万年前的旧石器晚期时代起,以猎食猛犸象、披毛犀等动物和采集植物果实作为食物的原始先民们,即已持续奔波生活在自然资源极其丰厚的当时黑龙江流域东部地带。不言而喻,正是这些原始先民们的后代们从八九千年前的新石器时代早期起,逐渐在乌苏里江流域的一些沿江靠河地带"定居"下来而成为土生土长和世世代代以渔猎作为谋生手段区别于邻近地域人们的原始居民,开始了黑龙江地区的最早开发。毫无疑问,这些原始先民们显然就是后来生活在同一地带并继续以渔猎为业而被称为"肃慎"族系各族人们的先世。故从这些原始先民起,到相继以肃慎、挹娄、勿吉、靺鞨、女真、满族为名出现的各个族群或部族,以及赫哲、鄂温克、鄂伦春等族群部落,无一例外都是始终繁衍和生活在黑龙江流域东部地区的古代族部;尽管不能完全排除在各个历史时期确实有来自域外的其他族部人群的进入并逐渐地融入其中,但却从未改变和影响过如上各个世居即土著族群或族部在古代黑龙江东部地区居民中传统的主体地位。这当然也就意味着正是他们以其勤劳勇敢和聪明才智,披荆斩棘、筚路蓝缕地分别为各个时期本区域的开发做出了不可代替的历史性贡献,并不同程度地扮演了当时本区域历史活动的主要角色。既然如此,我们也就有足够的理由摒弃所谓的肃慎族系各族的起源系来自域外地区的"西来说""南来说"之类错误观点的立论。①

---

① 参见高凯军《通古斯族系兴起的"递进重构"模式》,北京出版社、文津出版社,2001 年版,第 14~15 页。

第二,肃慎族系各族确实为本地区古代历史的发展以及经济文化的开发做出了无可替代的重大贡献。1991年7月在饶河县小南山山顶地表下开掘出的一座双人合葬墓,出土了大量精美的玉器、石器和牙坠等,两具遗骸,一大一小,大者位左而小者位右,大者男性直肢平仰,小者女性屈体侧身。仅文物部门收藏到的玉器就有66件之多,其中49件为珍贵文物,主要有玉斧、玉簪、玉圭、玉匕、玉璧、玉瑗、玉环、玉珠等,多为礼器,选料纯正,加工精美,工艺水平高超娴熟,意味着远在六七千年甚至于更古老的年代之前,即早在辽西的红山文化出现之前,当地即已存在玉文化传统。另外还有55件石制品,其中17件为珍品,除加工精细的石镞、石斧、石凿、石锥形器和砺石外,其中的"几块留有人工切割痕迹的石料"上还带有当时人们用"'绳切法'切割石料留下的波状切痕"。而绳切法无疑是金属器出现之前古人们创造的一种切割石料以制作石器的主要方法,即用皮条等材料制成绳索,并在石块欲切割部位撒上细砂,再浇上水,然后用绳索往复压拉砂粒以切割石块的一种原始技术。现在看来,它是一种少慢差费的方法,但在当时曾对推动生产力的发展起过相当大的作用。这种绳切工艺,大概是现代机械加工技术,比如压、磨、切、锯、刨等各种工艺技术在5000年前的雏形。这座墓葬即占据了方圆上百平方公里内最优势的地形,又能够用这么多的玉器随葬,可想而知其墓主人具有多么高的显赫地位和占有着巨大的社会财富。而出土的玉器中"玉佩,应是社会等级的标志物;玉璧、玉环、玉圭等应属祭祀天地的神器",均非常人所能存用而"有着严格的等级和使用规格",至于"玉斧、玉匕等应与玉钺、玉杖等用途相当",即作为权力的象征,其墓主人也"绝非常人,而应是一个地位显赫、掌握着很高权力并占有相当财富且受人尊崇的人物"。故这座乌苏里江流域所仅见的墓葬,不仅展示了白山黑水间的早期文明,也为北方"'玉兵'时代的研究提供了重要素材",标志着"当时乌苏里江流域的人类社会已走出野蛮的暗谷并踏上披满曙光的文明之路"①。这也就不能不让人们有理由怀疑到距今五六千年前后即相当于中原地区的传说时代,在当时的乌苏里江流域似有可能形成了被后来中原地区人们称之为"肃慎人"的古老部族共同体。到了两汉之际,肃慎诸部落集团的后裔挹娄人的文明程度又较肃慎人有了较大的发展,已开始使用了铁器,有五谷、麻

① 叶启晓等:《东域访古》,《北方文物》1992年第4期。

布,“好养豕,食其肉,衣其皮”[①],既能够在江河湖沼中进行捕捞,还可以乘船到海上作业,猎人们以“善射”,“发能入人目”而著称并掌握了“镞皆施毒”的技术。已经掌握人工养貂的本领,所产之“挹娄貂”在当时即已颇有名气,至今黑龙江东部地区仍为著名的产貂之乡,溯本求源显与当时的挹娄人有关。因为铁器的使用,已能够开垦耕地和种植“五谷”和麻类;养牧的对象则主要是猪、狗和牛马等等,尤以养猪最为普遍,所谓“好养豕,食其肉,衣其皮”[②],是其重要的衣食之源。现今陈列在博物馆中的出土于集贤县五四砖厂遗址的一批大小不等的19件小陶猪,无疑为挹娄人的“好养豕”提供了生动的物证;家庭手工业也已出现,懂得用猪皮、兽皮缝制衣服和以麻类纤维为原料纺线织布而有了“麻布”的生产。令人兴奋的是,近年在牡丹江市郊的“熊场遗址”,出土了“2片仅几平方厘米的褐黑色半碳化的‘麻布’残片标本”,“麻布经纬清晰,编织均匀平整,工艺水平已很高”,“其时代可定在早期铁器时代”[③]。当时已经普遍在“穴居”基础上进入了定居生活状态,其中“大家”(富有的大家庭)地下居室“深九梯,以多为好”[④];原来的一些捕鱼点或渔村已发展为有一定规模的聚落或邑落,迄今黑龙江省东部七星河流域发现的上百处居民点和邑落,往往密集成群,连成一片,而其中的一些大型栅寨内外满布的“穴居坑”即居住址往往多达百个左右。如以每坑居民按5口计算,则仅七星河流域的挹娄人口即达数千人以上或者还要多些。由这一切连同私有现象的出现和发展即所谓“相盗窃,无多少皆杀之,虽野处而不相犯”[⑤]的情况判断,足以表明其社会发展程度已接近文明时代的门槛,只是诸部分立,尚未统一起来罢了。在今三江平原各地发现的居民点尤以七星河中游一带最为密集,仅已发现的聚落址和栅寨址即达数百处之多,深刻表明当时的社会发展确实比肃慎时期有了很大发展和进步。至于两晋之交当地的勿吉社会,又较挹娄时期有了更大的发展和进步,铁制的锛、刀、镞、矛、带扣及马衔、马镫等等的使用已经更为普遍,而铁矿渣及炭化熟铁块等,又证实勿吉人的物质文化确已进入了早期铁器时代,不仅能够制造一般的

---

① 《后汉书》卷八十五《东夷·挹娄传》。

② 《后汉书》卷八十五《东夷传》。

③ 叶启晓等:《东域访古》,《北方文物》1992年第4期。

④ 《三国志》卷三十《东夷·挹娄传》。

⑤ 《通典》卷一八六《边防典》。

工具和武器,还掌握了铸制铁器的某些技术要领,如锻接、熔接、钻孔、穿孔、转扭等。[①] 农业已上升为最主要生产部门,既“有车马,佃则偶耕,车则步推”,似已用马作为耕畜,耕作水平较前代有了较大提高;农作物的种类也有增加,在五谷中以“粟及麦、穄”的种植最为普遍,由于粮食产量的增加,除满足主食的需要外,还有不少的剩余用来酿酒,即所谓“嚼米酝酒,饮能至醉”;而这种“嚼酒”之俗后来逐渐地传播到中国台湾、日本北海道等地的土著民族中;畜牧业也有了新的发展,除继续大量养猪外,马的产量也相当可观,乃至一次向北魏王朝进贡的马即达到500匹之多。传统的渔猎生产仍旧占有重要的地位,并已普遍使用了铁镞而大大提高了狩猎的效率。捕捞不仅能够在内河湖沼或近海中作业,而且可以到日本佐渡岛一带进行;当然其车、船的制作水平也必达到较高的水平,以至到了5世纪后期还曾与百济密谋从水道进攻高句丽,足证其所造船的数量已是相当可观。但最说明问题的是,在今三江平原南部丘陵和完达山脉一带所发现的远较挹娄时期多得多的栅寨或聚落址,堪与《魏书·勿吉传》中所谓“筑城穴居”的记载相印证。其中仅七星河流域就发现了426处古代遗址,其分布密度“远高于现代七星河流域村镇的分布密度”,依功能可以分为居住址、防御址、祭祀址、瞭望址、要塞址等不同用途。“遗址的等级至少可以划分小型、中型、大型和超大型四个层次”,而“若依现行于中国内地的聚落考古理论判定,四个层次的遗址结构就应存在三个管理层,当属于复杂社会”。尤其是属于全流域的要塞聚落凤林古城和祭祀聚落炮台山古城的存在,“表明其应是动员全流域的力量修筑的”,既象征了全流域的军事、祭祀以及其他重要活动已经逐渐结合为一个整体,又成为当时已存在组织和调动全流域力量的行政管理机构而进入“早期国家社会”[②]的重要标志,甚至于有可能涌现出管辖当时七星河流域甚至于更大地面的“王”者。耐人寻味的是,作为全流域中心所在的凤林古城城中还发掘出一座建筑面积达759平方米的半地穴式大房址。“坐西向东,南北长约29米,东西进深约23米,房中有横5、纵4计20个粗大柱洞。柱洞深60~90厘米,底口直径25~30厘米,地面平整坚实,为黄沙土夯实烧烤而

---

① 杰烈维扬柯:《黑龙江沿岸的部落》,林树山译,吉林文史出版社,1987年版,第61~62页。

② 许永杰、赵永春:《七星河流域汉魏遗址群聚落考古的理论与实践》,载王学良主编《黑龙江省双鸭山市文物资料汇编——黑龙江历史第一都》,双鸭山市文物资料汇编编委会2008年内部刊印,第39~49页。

成。此外,在房子四周有排列密集的柱洞,北边有两排82个洞,南边也有两排83个洞,西边一排25个洞,东边一排48个洞,柱洞直径10~20厘米不等。"①如此宏伟气派的建筑自然不是普通民居或小部落首领的住所,而应该是"王"者所居的"宫殿"址或至少是管辖着整个流域广大地面的权力中心所在,故只能是勿吉时期而不是挹娄时期的王城,当时当地确已出现了以"王"为核心的"酋邦"(方国)之类的政权组织系统,故勿吉人也就以"最强"者的形象屹立于东北民族之林。不言而喻,这一切无疑又以经济开发的实力为后盾的。不过,唐时靺鞨人对黑土地的大开发则又较勿吉人的创造不可同日而语,因为他们不但创建了黑龙江流域的第一个高度发展中的封建文明,而且以其经济的繁荣和文化的昌盛而被当时中原地区的人们誉称为"海东盛国"。在政治方面,他们仿照唐朝的模式建立了以三省六部为基本框架的完整的中枢统治机构和司法监察体系,地方上则建置了5京、15府、62州和二三百个县;经济方面除原有的畜牧、捕鱼、狩猎、采集外,农业和手工业显已成为最主要的生产门类,社会分工也越来越细,尤其纺织、制革、陶瓷、建筑、车船制造和金属冶炼都达到了较高的水平,特别是熟铜的生产除满足本地的需要外,还能够远销到山东半岛等地,至于所畜牧的名马则与登州、青州等地的交易"岁岁不绝"②;至于与日本列岛的贸易规模更为惊人,到9世纪末叶一次易货交易中的货物补偿款项即达数十万钱之多。《新唐书·渤海传》还特别记载其"太白山之菟、南海之昆布、栅城之豉、扶余之鹿、莫鄚颉之豕、率宾之马、显州之布、沃州之帛丝,龙州之䌷、位城之铁、卢城之铁、卢城之稻、湄沱湖之鲫,果有凡都之李、乐游之梨",无疑大都是渤海地界所出产的名闻海内外的拳头产品。正因为其经济力的增长,到其后期所能够供养的军队竟达数十万之多,人口则至300万左右。王都上京城的外郭周长约16 296.5米,面积约16平方公里有余,已经成为当时东亚区域除唐朝内地之外首屈一指的大都会。上京城开有10门,一条被俗称"朱雀大街"的中轴大街长达2 000多米,把整个王城分为东西两个方形区域。宫城南北的中轴线上,则自南而北坐落布列着五重宫殿,其中第二殿的基址竟东西长93.5米、南北宽22.4米,"不仅是渤海上京城内最大的宫殿建筑,而且还是目前

---

① 殷德明:《"从北斗七星"祭坛的发现到"亘古荒原第一都"的提出》,载潘春良、艾书琴主编《多维视野中的黑龙江流域文明》,黑龙江人民出版社,2006年版。

② 《旧唐书》卷一二四《李正己传》。

我国已发掘和现存与渤海国同时期的宫殿单体建筑规模中的宫殿基址长度最长的宫殿”[①]。诸殿之间往往都有回廊相通,殿宇两侧多有附属性的小型建筑,这一切连同出土的诸多螭首及大量釉瓦、筒瓦、莲花纹瓦当以及陶制或石刻的建筑部件等,折射出当时渤海宫殿建筑的豪华壮丽和金碧辉煌,反映了其社会的经济、文化的发展和科学技术特别是建筑技术的进步。除王都之外,在一些重要的京、府、州、县的治所,也都有不同程度的修建或扩建,乃至出现了至少上百座的城邑。生产出了包括“南海之昆布、栅城之豉、扶余之鹿、鄚颉之豕、率宾之马、显州之布、沃州之绵、龙州之紬、位城之铁、卢城之稻、湄沱湖之鲫”[②]在内的一系列上等精品,特别是把水稻的种植扩大到了北纬44°以北的上京地区(今宁安一带),从而使其农业已大体满足了境内300万人口对粮食的需求,这在当时不能不说是个了不起的壮举。其商人还不时地与唐人、新罗人一起从事海上的跨国贸易而往来于当时的东北亚各国之间。至于文化方面的建树则更为突出。自王都到诸京、府、州、县都建立了自己的官学体系,民间社会中还存在着类似私塾式的“扃堂”教育,其结果不但使儒家思想逐渐上升为整个社会的统治思想,也得以培养出大批才华横溢的各个方面的能人,并拥有了自己的专家、学者、诗人、高僧和名流。如著名诗人裴颋既被日本诗人推誉为两国诗坛的“领袖”,又在大唐内地赢得了同行们的认同和尊重,晚唐著名诗人温庭筠的《送渤海王子归本国》诗“疆理虽重海,车书本一家。盛勋归旧国,佳句在中华”,就提供了这方面的明证。同时,佛教与佛教文化也有了相当的普及,都使得其文学、诗歌、史学、天文、历法、音声、艺术、书法、绘画、雕刻等诸多领域取得了骄人的业绩并形成了“遵礼仪而封部和乐,持法度而渤海晏宁”的局面。其结果确实让“海东文化”在邻近的诸国和民族中受到盛誉和青睐。不止于此,当时的渤海国还是八九世纪东北亚地区和平安定的积极因素,并在当时东北亚诸国和民族间的经济文化交流中扮演了重要角色。凡此等等,都使得9世纪后期的渤海人特别是其中的上层人物和士人阶层意气风发,踌躇满志,并在与周邻接触的过程中表现得空前乐观和充满自信。如下的事实就提供了这方面的重要线索:一是咸通十三年(872年),渤海人乌炤度在唐京宾贡及第,名

① 纪斌等:《寻找湮没的辉煌——渤海古国上京城第二殿考古发掘纪实》,《老年报》2000年2月3日第7版。

② 《新唐书》卷二一九《北狄·渤海传》。

次还排到了新罗人李同之前，虽说这未必表明当时渤海的文明水平已经超过了新罗，但情况显已发生了有利于渤海的变化而让前此曾自高自大的新罗人感到奇耻大辱。故当天祐三年(906 年)，朝唐的渤海国相乌炤度因其子光赞与新罗人崔彦抝同科宾贡及第而名次在彦抝之后，乃"表请"于唐廷曰："臣昔年入朝登第，名在李同之上。今臣子光赞宜升彦抝之上"；尽管唐廷以彦抝"才优、学赡"为名而"不许"[①]，即拒绝了他的要求，但至少表明当时渤海人自认为其文化水平已经后来居上而超过了新罗。二是乾宁四年(897 年)七月的"争长"事件，即贺正的渤海王子大封裔上书唐廷，"请许渤海居新罗之上"[②]，即要求将渤海在朝会中的位次排到新罗之前。尽管由于昭宗本人的亲自裁定："国名先后，昔不以强弱而称；朝制等威，今岂以盛衰而改。宜仍旧"[③]，从而使大封裔的请求落空，但却进一步表明在双方的长期较量中，渤海的国力显然超出了新罗之上或至少在渤海人和唐廷看来已呈现出渤海强而新罗弱的趋势。三是渤海人在同日本人的接触中也出现了类似的反映，即 9 世纪以前，日本一直视渤海为其"下国"而高估自己，但到 9 世纪后半叶，日本人却产生被渤海压倒的感觉，尤其是在鸿胪馆里的诗文联欢会上显已出现"日本文人却不得不甘拜下风"[④]的局面。越来越多的近世日本学者们认为"九世纪后半叶，渤海渐趋'中华'化，而日本却渐趋'夷狄'化，二者成为明显的对照。鉴于这种情况，持有中国式价值观的渤海统治阶层，如若不以'中华'自居，不把日本视为'夷狄'，那是难以想象的"；对这种"文化"水平方面的差异，当时"双方都有所察觉，于是诗文联欢过程中也就夹杂着政治性因素，出现了'文化'领先者的'中华意识'以及试图与之相抗衡的意识之间的差别与对立……这是与从前的状况有所区别的"，故不能不说当时渤海王国已经正式进入"海东盛国"时期。最后必须指出的是，12 世纪时女真人对黑土地经济文化的开发似又超过了渤海时期，由于篇幅所限，这里

---

① 《高丽史》卷九十二《崔彦抝传》。

② 崔致远：《孤云集》卷一《谢不许北国居上表》；转引自石井正敏《日本渤海关系史研究》，吉川弘文馆，2001 年版，第 169 页。

③ 崔致远：《孤云集》卷一《谢不许北国居上表》。

④ 古火田彻：《渤海的文化使节侧面再探——渤海后期的中华意识、对日意识》，李东源译，载《东北亚考古资料译文集·高句丽、渤海专号》，第 199 ~ 200 页；译自《东北大学东洋史论集》(六)，1955 年 1 月版。

只强调两点以说明问题：一是学界已经公认的当时的金属钱币和纸币的大量使用和流通，无疑让当地商品经济发展的程度和规模远远高于渤海时期；二是城池的大量修建也远远地超过了渤海时期，并使得中原文化与文明的传播普及纵深到边远的今黑龙江中下游广大地区，甚至于在外兴安岭山脉某处的山谷地带也建筑了供于守卫的城堡。凡此一切，足以证明，肃慎—女真族系各族确实为黑龙江流域东部地带的开发和历史发展做出了无可替代的贡献。

第三，肃慎族系各族大都具有开放的意识和包容的精神，既敢于同周邻地带的人们进行接触、联系和交往，又善于吸收和消化其他各地的先进文化和有益营养，尤其是心系和仰慕中原地区的物质文化而代代相因地不惜远道奔波前往中原内地，故能够不断地增进和加强同当地部族和势力的各方面联系，其中的一些部族还逐渐地同中原内地的人们打成一片进而融为一体。如早在传说中的帝舜之世，肃慎人即向华夏大联盟的首脑贡献弓矢以表示附属；至夏、商、周三代与中原王朝之间的世属关系又进一步地紧密而一再地进贡“ 矢石 ”及其他的土特产品，以至春秋时代的著名圣哲孔子在游说陈国之际就曾提到了“肃慎氏之贡矢”。而正由于肃慎的无忘职贡，才让后来周王室的代表得以宣称“肃慎、燕亳，吾北土也！”[①]即把肃慎人所在的黑龙江东部地区视为其疆域的北境。至于后续的各族同样是如此，其中的勿吉人最晚从4世纪30年代起，即已向中原的后赵政权入贡，即所谓的“成帝时通贡于石季龙，四年方达。季龙问之，答曰：‘每候牛马向西南卧者’三年矣，是知大国所在，故来焉！”[②]其向往中原的意向跃然纸上。及至到了南北朝时期，派往中原的贡使就更加频繁了，而且人数不断增多，有时一次竟达500余人之众，并在一些重大问题上请示中央王朝的意见、指示而予以遵照和执行。而至隋唐之际，靺鞨人与内地之间的联系就更为频繁和亲密，如其使者在开皇初年即庄重地向隋文帝表示：“臣等僻处一方，道路悠远，闻内国有圣人，故来朝拜。既蒙劳赐，亲奉圣颜，下情不胜欢喜，愿得长为奴仆也！”其臣服的诚意跃然纸上。对此，隋文帝在给予其种种的厚赏之余，还欣然表示“实副朕怀”，并称“朕视尔等如子，尔等宜敬朕如父”，故当开皇末叶粟末

---

① 《春秋左传正义》卷四十五，昭公九年。

② 《太平寰宇记》卷一七五《东夷·挹娄国》；转引自《东北古史资料丛编》第一卷，沈阳书社，1989年版，第420页。

诸部被高丽人打败后,其大首领突地稽才有可能率八部数千之众内徙投靠了隋王朝,并确实得到了隋朝的保护而被安置于柳城即营州(今辽宁省朝阳市)一带。因有条件与当地的汉族边民密切接触而开始“悦中国风俗,请披冠带”[1],并迅速地趋于汉化成为当时靺鞨人中文明程度最为高的部分。其中的一些人还能够“曳裾庠序,高步黉门”,即接受了儒学的教育,并出现了“明习汉法”或“目击朝章”[2]之类的人物。凡此种种,无不表明,营州乱前的靺鞨社会已经发生了深刻的变化,再也不是从前的“凿穴以居”,“皆射猎为业”及“以溺洗手、面,于诸夷最为不洁”的旧面貌,而在诸多方面与当地的汉人渐渐地打成了一片,并在当地数十年定居生涯中积聚和扩展了自己的力量而成为一支不可忽视的势力,并开始不甘寂寞而积极地参与和卷入当地的政治事务之中。其实早在6世纪末叶,内徙到营州(今辽宁省朝阳市)的靺鞨人就曾支持北齐政权的营州刺使高宝宁抵抗北周势力的进攻和隋初的统一活动达五六年之久;及至隋唐之天下大乱之际,以隋金紫光禄大夫、辽西太守突地稽为首的靺鞨人,又进一步地形成为一支潜在政治势力,故当武德四年(621年)六月,“营州人石世则(当地的杂胡首领)执总管晋文衍,举州叛”唐后,竟然不得不主动地表示要“奉靺鞨突地稽为主”[3]。而当唐朝统一全国后,靺鞨人与中原内地之间各个方面的密切联系进一步地扩大和加强,尤其是在东突厥和高句丽两大割据政权灭亡后就更是如此,不但从营州回归的粟末靺鞨人等建立的渤海政权接受了唐朝的册封而越来越与唐朝之间“车书一家”并趋向于一体(留在当地的诸部靺鞨人等逐渐融入于汉族之中);就连“最处北方”[4]的黑水靺鞨人也同样需要积极主动地向唐朝靠拢并得以在其地建置了勃利州和后来的黑水州都督府,因能够接受唐朝的派官施治,其结果是既让其居地即今黑龙江流域中下游的广大地面成为当时唐朝管辖下的领土版图,也使得中原地区的封建文明在这一区域得到了进一步的传播。然而,需要特别强调的是,这一切并不是军事征服或政治强制下的产物,而完全是在长期的接触和交往中相互接近靠拢与适应调整而逐渐

① 《隋书》卷八十一《东夷·靺鞨传》。

② 《册府元龟》卷五四四《谏诤部·直谏十一》。

③ 《资治通鉴》卷一八九《唐纪五》,武德四年六月庚子;又,《新唐书》卷一《高祖纪》也称:“营州人石世则执其总管晋文衍,附于靺鞨”。

④ 《旧唐书》卷一九九下《北狄·靺鞨传》。

形成了彼此信赖相依和自愿聚拢的结果，并终于形成了你中有我，我中有你，相互依存，谁也离不开谁的血脉相通、骨肉相连的多元一体局面，并伴随着历史的发展和演变而渐渐地融为一体。

第四，总体来看，肃慎族系各族大都能够不断进取和锐意争先，其中的一些先进成分还以其生生不息的发展轨迹，不但在整个区域中甚至于积极地争取向更广大的空间发展，曾先后几度入主中原和君临全国而成功地扮演了当时中国历史舞台上的主角，从而为古代中华各族大融合的发展与巩固以及伟大祖国的统一发展和历史疆域的最终形成都做出了不可替代的重大贡献。

如果说8世纪的30年代，由于与唐朝之间矛盾的发展和演变，渤海国的二世王大武艺曾经派兵从水、陆两路分别进犯唐朝的边境地带而仅仅是投石问路，开了问鼎中原的先河的话；那么，从12世纪初期开始的女真人，则事实上已经成功地走上了入主中原的道路。这支迅速崛起于黑水、白山之间的新兴势力，不仅在短短的时间里统一了黑龙江流域，并打败了南邻高丽国而全部驱逐其侵入曷懒甸（今图们江流域）一带的势力；而且在反辽的凯歌声中于1115年建立了我国历史上著名的金政权，随即又挥师西进南下向辽地发动进攻。而随着军事上的节节胜利，以及渤海、契丹等各族人士的纷纷来降，金统治集团的胃口也越来越大，显已不满足于区区东北一隅之地而要向更广阔的空间发展。故从收国五年（1121年）底，即以“辽政不纲，人神共弃”为由，“欲中外一统”，灭亡辽国，并最终于1125年完成了灭辽的大业。不止于此，在灭辽过程中，女真上层人士还逐渐认识到北宋王朝的虚弱与腐朽，于是凭借其军事和政治上的优势，在灭辽后不久即挥师南下，进攻宋地，仅仅用了一年半多时间就灭亡了这个天朝大国，从而轻而易举地控制了秦岭、淮河以北直到外兴安岭一带的大半个中国。随后又一路南进，饮马长江，并曾把宋高宗等人逼到了浙江一带的海岛中躲避；而当战争转入相持阶段、形成谁也不可能吃掉谁的局面后，又是金朝方面主动、积极地推进北南议和，并达成了“绍兴和议”，结束了双方间十多年的战争和对抗状态，从而为当时南北两地经济文化的恢复和发展创造了有利的契机，对我国多民族国家的发展做出了重大的贡献。那么，当时的女真人何以能够后来居上而取得如此巨大的成就呢？以往人们过多强调的是辽和北宋末年统治集团的腐朽无能和金朝军力的强大。这固然不错，却也显然忽视了当时女真人自身的综合素质和政治优势。因为当时的女真人不只具有奋发进取的精神，而且善于学习吸收周邻的长处，尤其是积极吸收中原文明而大大提高了自己的素质和优势。如在先后灭辽和北宋的过程中不但悉心摄取中原地区的先进文明成果并把辽京和宋廷的文化典籍连同大量的能工巧匠以及各个方面的能人陆续运往“金源内地”，而且能够在对辽和对宋的战争中边战边学以迅速地充实提高军事和政治方面的素养。众所周知，女真人本来是以弓马骑射见长而习惯于野战即运动战；但曾几何时，到 1126—1127 年灭北宋时，其攻城之具已经“有火梯、云梯、编桥、鹅车、洞子、撞竿、钓竿之类。火梯、云梯皆与虚棚、楼橹齐高。亦有高于城者。皆可以烧楼橹。云梯、偏桥可以倚[城]而上下，三物皆用车轴推行……洞子可以治道，可以攻城。其状如合掌，上锐下阔，人往来其中，节次续之，有长三十余丈者。上用生牛皮、铁叶裹定，内用湿毡，中用大窗，矢石火炮皆不能入……炮架最难制御，金人炮架四旁，并用湿榆小橡密簇，又用生牛皮，铁叶裹定鹞头，火不能入。其炮有七梢、五梢、[三梢]、两梢、[独梢]、旋风、虎蹲等。内七梢可以至远，[其次大五梢等，亦可以至远]，其次或放双炮……十九日夜，敌人[按指金军]安炮五十余座。城上虽有虚棚，人皆不可存驻。毙于炮者，日不下数十人……自十九日夜，贼[按指金军]安炮之后，矢石不可及”。凡此一切无疑是在不久前的灭辽及对宋战争中从敌人方面学来的，当然，也不能排除利用辽、宋的降军为其效力的可能性。这既反映了当时女真人的聪明才智和过人之处，更体现了一个新兴的民族的朝气蓬勃和充满活力。而耐人寻味的是，当时的北宋将领们对金人所用的攻城利器和战法竟“皆不甚深晓”或“素不识此”①。足见当时女真人的军事和政治优势已经远远地超过了自己的对手，故其“形象”绝不是像某些人所宣扬的那样野蛮落后而只是能征善战而已。故恰恰相反，同其对手们相比，他们已经越来越习惯于运用政治智慧，即充分地采取谋略和心战等政治手段来谋取利益的最大化。如在灭宋之际，金军的整体行径就显示出了“王师”的风度，不仅其主将粘罕等人“皆善将兵，其纪律严密，故下皆用命”，并能因势利导地充分利用宋方内部矛盾以操纵和加剧其混乱局面；而且在占领汴京后，居然“不戮一人”，难怪连其对手们即当时的宋人也不得不称赞“粘罕、斡离不皆英雄”。自古云：“[君子]不在

---

① (宋)石茂良:《避戎夜话》，见《长白丛书》四集《金史辑佚》，第 191～192 页。

中国,必在四夷”。而与之完全相反,在京城被包围而“勤王”之师不至的危急关头,宋廷居然不顾有识之士的反对,竟荒唐地起用了市井无赖郭京之流:“初,京师被围,朝廷急于命将。有郭京者,乃殿前司龙卫营兵员耳。京师盛传[其]能用‘六甲法’,可以生擒粘罕、斡离不,余众可以扫荡无遗类。其法军兵七千七百七十七人,尝自试于内廷,其法不得而闻。朝廷深信不疑,授以成忠郎,赐以金、缯,动数千计。使自募兵,赐予赏赉,恩数备至。人皆呼为郭尚书……其所招人皆市井游惰,色色有之,不问骑射善否,但择年命合六甲者足矣……贼兵攻围甚急,郭京谈笑自若,似有道者。择日出兵,可致太平,直杀至阴山而止。其所招军兵,但欲砍首尔,不必战也”[1],即妄图凭借这些“六甲”神兵来抵御金军的进攻,实在是愚蠢之至和昏聩到了极点。金、宋两相比较,真是天壤之别,高下立判,足见当时的女真人确实以政治上的绝对优势以摧枯拉朽之势战胜了对手,故其成功地入主中原实乃历史之必然。

同样,满族统治者的君临天下实际上也是如此。尽管以建州女真为核心的满洲一族崛起于今辽宁省新宾县一带,但其根本和故乡毕竟在黑龙江流域的东部地区。16 世纪末叶,其领袖努尔哈赤乘明朝对东北各族控制松懈之机,逐渐统一建州女真诸部,后又利用明朝抗倭援朝而导致辽东防务的空虚,一面吞并邻近诸部和扩张自己的实力,一面与明廷较量并争夺辽东之地,并于 1616 年建立了后金政权。其子皇太极继位后,在与明朝较量的同时,进一步统一了整个东北地区,于 1636 年改国号为清。皇太极死后,小皇帝福临继立后,在多尔衮等人的辅助下,充分利用了李自成推翻明朝、中原内乱和明将吴三桂请兵援助的机会,于 1644 年进入北京并建立了我国历史上的最后一个封建王朝——清朝。虽然,在其入关前后尤其是在占领江南各地的过程中确实犯下了大量杀戮平民大众的罪恶,而且在统一全国后还曾大兴文字狱并篡改史书等,尤其是当西方列强已经踏上资本主义道路并快速发展之际,其还继续闭关锁国,夜郎自大,结果导致被动挨打、丧权辱国,不得不签订系列不平等条约的悲惨局面;故每当人们提及这个王朝之际,往往情不自禁地把近代中华民族的苦难和不幸记到满族统治者们的头上而进行种种的鞭挞和攻击。这些认识和做法固然是事出有因,即清朝统

---

① 《避戎夜话》,见《长白丛书》四集《金史辑佚》,第 179 ~ 196 页。

治者们在这一过程中确实难辞其咎;不过,从整个历史发展演变的过程来看,却显然并不公允。因为中华历史发展的实际已经充分表明,到了十六七世纪之交,作为中华民族中主体部分的老大哥汉族,无论是地主阶级的总代表——明王朝,还是农民阶级的代表——李自成的大顺和张献忠的大西政权,都已经解决不了早已迫在眉睫的社会矛盾而当不了中国的这个家了;反之,倒是来自山海关外原来女真人的后裔满洲(即满族)作为一支新兴的势力顺应了当时社会的迫切需要而给古老的神州大地带来了新的生机,即经过康熙、雍正、乾隆三朝的努力,不但相当成功地解决了迫在眉睫的社会问题和矛盾,而且为国家的统一和疆域的确定以及中华各族大融合的巩固发展做出了历史性的巨大贡献。因限于篇幅,这里只想强调以下几点:

一是轻徭薄赋,继"盛世滋丁,永不加赋"之后,又实行"摊丁入亩"和废除匠籍,即取消了几千年来的广大农民人头税,又使广大手工业者摆脱了官府的人身奴役,为经济的大发展创造了有利的条件。故到乾隆末年,全国耕地达10亿多亩,粮食产量增至2 000多亿斤,人口激增至3亿之多(约占世界的三分之一),创造了历史记录。二是当俄国利用我国的内乱和边防的空虚,侵入黑龙江流域后,是康熙大帝亲自决策,有效地组织了自卫反击战争,并终于驱逐了入侵者,迫使俄国人不得不坐到谈判桌上签订了《尼布楚条约》,有力地捍卫了祖国领土的完整和中华民族的尊严。三是在西方列强开始向我国边疆地区渗透之后,清政府在采取措施排除外部干扰的同时,又坚持平定民族分裂势力,从康熙的削平准噶尔之乱到乾隆的"十全武功",既有效地制止了民族的分裂和巩固了大统一,又恢复和开拓了许多疆土,从而把我国传统的历史疆域稳定在一千二三百万左右平方公里的范围,其后尽管在19世纪以后陆续丢失了一百多万平方公里领土,却还是保存了中国疆域的基础。四是总结了历史上的经验和教训,实施了较为开明的民族政策并相当妥善地解决了当时的民族问题,其结果不仅大大缓和了民族关系、维系和推进了中华各族的大融合,也有力地发展和巩固了中华民族多元一体的政治格局;五是在文化方面也多方采取举措,把中华的传统文化推进和升华到极致的高度。无须赘述,这一切不但远比明朝好得多,就是同历史上的任何朝代相比,也堪称最为辉煌的时代之一。

然而不幸的是,恰恰是在这个时期,正当清朝的君臣们洋洋自得于如上的盛世辉煌之际,世界的形势已经发生了巨变。即从17世纪中叶以后起,西方的一些主要国家陆续走上了资本主义的发展道路，都极大地推动了社会生产力的发展和科学技术的进步，致使劳动生产率几倍几十倍或上百倍地提高，有关各国也相继跨入了以工业文明为标志的“近代社会”，其一百多年间“所创造的生产力，比过去一切时代创造的全部生产力还要多，还要大”[1]。也正是在这样的背景下，西方列强为了追逐利润而加速其侵略扩张的步伐，并逐渐地把扩张的触角伸到了中国的周邻地区。其结果是无情地改变了中国在世界格局中的地位。我国已经被地球另一端的西方国家远远地甩在了后面。而更加不幸的是，当时的中国人既没有认识到这一巨变，更没有意识到自己的落伍，竟完全陷入了盲目麻木的状态。别说是普通的平民百姓和一般的贵族官员，就连主导了空前盛世局面的三代英主也都对这一局面茫然不晓而依旧以天朝大国自居，故步自封，闭关锁国，并限制工商业的发展，阻碍科学技术的发明和应用，其结果不仅严重地制约了我国的社会发展和进步，拉大了我国和西方国家之间的差距，而且使我国在不知不觉中走上了没落的道路，终于导致被动挨打、丧权辱国的局面而迅速陷入了半殖民地的深渊。然而，如果把这一切都一股脑儿地记到清朝统治者的账上甚至是不加分析地加到当时整个满族的头上，又不能不说是既不客观也不公正的。因为这一切虽然发生于清代，但病根却是历史上形成并传留下来的，故与其说是清代的悲剧，倒不如说是中国社会历史的悲剧，是我们整个中华民族的悲剧！因为只要是客观地回顾我国历史就不难看到：一方面，由于有着得天独厚的自然地理优势，地大物博、资源丰富，中华民族又以刻苦耐劳、聪明智慧著称于世，故所需要的一切完全可以自产与自制而无须依赖于进口，而极少同外部世界进行交流和互通，早已形成自给自足的封闭型社会而具有闭关自守、排斥交流的物质条件和社会基础，事实上最晚从明朝中叶以来中国就已经闭关自守了，可见闭关锁国并不是清朝的发明；另一方面，中国又在数千年中以经济文化发达和古代科技的先进而走在了世界的前列，但在这同时也背上了沉重的包袱而陷入盲目状态，故历代统治者及其臣僚们早已习惯于以天朝大国自居，并以轻蔑的态度对待域外一切，更不关心外部世界的动向；再加上封建制度及以儒家思想为代表的传统观念阻碍了我国社会的发展和进步，使得置身于这个封闭型社会里的人们不能不孤芳自赏、抱残

---

① 马克思、恩格斯：《共产党宣言》，人民出版社，1972 年版。

守缺,并越来越趋于保守和安于现状,其结果是严重地制约了社会的发展和进步,阻碍了神州大地上的一切由传统转向变革之路,这样下去,或迟或早总是不免要落在别人的后面。

第五,肃慎族系各族,作为今天我国56个民族中的满族、赫哲族、鄂温克族、鄂伦春族和锡伯族等族人的先世先民,既始终是古代中华诸族中与中原地区华夏——汉族并列的"四夷"中"东北夷"的重要分支,又始终都生活和繁衍在历史上中国的传统疆域之内,并且从未羁属于我国传统疆域之外的任何政治势力,当然也就是古代中华诸族中不可分割的组成部分。因为我们是现代中国人,"不能拿古人心目中的'中国'作为中国的范围",而应该以到19世纪初为止我国历史上逐渐形成的疆域范围即传统的历史疆域"作为中国的范围"①。肃慎族系各族恰恰都一直活动在这个疆域范围之内,况且,他们不但以其勤劳勇敢和聪明才智,披荆斩棘筚路蓝缕地为黑龙江流域东部地区的早期开发做出了不可代替的历史性贡献,还不同程度地扮演了当时区域历史活动的主要角色,而且由于仰慕和向往中原内地的物质文化和精神文明,故从传说时代起到近代之前为止,累朝累代都不断积极主动地增进和加强同内地之间的联系,各个方面的关系也越来越趋于亲密,于是最晚从唐时开始,其传统的分布范围即已成为当时我国疆域不可分割的组成部分。这里还必须强调指出的是,黑龙江流域东部地区之成为中国疆域的领土版图,并不是当时中原王朝依靠军事征服或政治强迫的结果,而是肃慎族系各族主动地向中原王朝靠拢或者如女真人入主中原时那样把包括其所开辟的土地在内的全部家当带入的结果。因之,人们也就有足够的把握和充分的理由认定他们是古代中华诸族中不可分割的重要分支。当然,这也就意味着他们和包括汉族在内的其他各族成员一样,都是中华大家庭中的骨肉同胞,同是中华大地的子孙,也即先贤们所谓的"四海之内,皆兄弟也",其地位理应是对等的,这也正是我国历史上各民族之间实质上是兄弟关系的深刻概括。

最后,女真人所建立的金王朝和满族所建立的清朝,无疑是古代中国历史系列中的正统王朝。既然他们和包括汉族在内的其他各族成员一样,都是中华大家庭中的骨肉同胞和一家兄弟,当然也就同样地享有在中华这个

---

① 谭其骧:《历史上的中国和中国历代疆域》,《中国边疆史地研究》1991年第1期。

大家庭中当家做主的权利和义务。何况天下者乃天下人之天下,唯有德者居之而非任何一个民族所独有。汉族在大部分时间里固然处于当家做主的地位,但其他民族成员也同样有资格管这个家,即无论是谁,只要有能力统一全国,当然也就有权代表整个中国;而正因为有时汉家朝廷腐朽透顶并毫无作为也即“失德”,才给予了其他民族入主中原或君临天下的机会,而他们也就往往以新兴之精神和鲜活之血脉注入于久远而陈腐之机体,才使得中华大家庭能够得以吐故纳新和激发活力,并造就了新的辉煌。饶有兴味的是,无论是谁一旦加入了这个大家庭就不自外于中国和中华这个大家庭,尤其是在入主中原或君临全国之后都不约而同地自称自己为“中国”甚至于以统一全国为己任。显而易见,这也正是中华民族多元一体的真谛所在。

众所周知,中华民族的多元一体论虽然事实上为20世纪80年代所提出,但作为对古代中华大家庭中各族成员的地位理应平等对待的认识和主张,实际上古已有之。明太祖朱元璋就是这方面重要的代表人物之一。据朝鲜古籍《高丽史·卷一三七·列传五十·辛禑传》的记载:洪武十四年(1388年)六月,朱元璋在论及历代中韩关系时即曾指出:“凡所交往,此以诚交,彼以诈合;将以罢交,彼又卑辞,若此之为,朕不知其何心?且朕观累朝征伐高丽者,汉伐四次,为其数寇边境,故灭之;魏伐二次,为其阴怀二心,与吴通好,故屠其所都;晋伐一次,为其侮慢无礼,故焚其宫室、俘男女五万口奴之;隋伐二次,为其寇辽西、阙蕃礼,故讨降之;唐伐四次,为其杀君并兄弟争立,故平其地,置为九都督府;辽伐四次,为其杀君并反覆寇乱,故焚其宫室、斩乱臣康兆等数万人;金伐一次,为其杀使臣,故屠其民;元伐五次,为其纳逋逃、杀使者及朝廷所置官,故兴师往讨,其王窜耽罗捕杀之。原其兴端,皆高丽自取之也,非中国帝王好吞并而欲土地者也!”

显而易见,600多年前的农民出身的明太祖不但舍弃了红巾军反元时的政治口号“驱逐鞑虏,恢复中华”,而且事实上显已摆脱了大汉族主义思潮即只有汉族才能代表中国的观念束缚。以上论述至少反映了他的四个观点:一是辽、金、元王朝和汉、魏、晋、隋、唐一样,都是中国历史上的正统王朝;二是建立辽、金、元王朝的相关各族,与汉族一样,都是历史上中国境内的民族,即古代的中华诸族而不是域外的外国之人,故完全有资格和汉族一样“当”中国这个家;三是“晋伐一次,为其侮慢无礼,故焚其宫室、俘男女五万口奴之”中的“晋”,其具体所指实为鲜卑人,也即朱元璋事实上已经承认

“事奉中国”的鲜卑慕容部确有资格“代表”晋朝;四是明时官方之所以能够把辽、金、元一律视为中国的正统王朝,并事实上将当时官修的辽、金、元“三史”同样地视为“正史”,其实就是始于他本人的认识和决策。如此等等,是何等的难能可贵和发人深省,实际上显已具有了古代中华诸族多元一体的味道,甚至可以说是中华民族多元一体论发展链条中一个重要节点。当然,这里也必须指出的是,他把 668 年被唐朝灭亡的高句丽政权(隋唐时期简称为“高丽”)和 918 年建立的王氏高丽政权混为一谈,即把中国历史序列中的高句丽(隋唐时期简称为“高丽”)王国和朝鲜历史上的高丽政权相提并论,事实上已经陷入了误区。不过,无论如何,他这一席谈,毕竟进一步地证明女真一族确实是古代中华诸族中不可分割的重要分支,而其建立的金朝无疑是中国历史上的正统王朝。不言而喻,女真人金朝如此,满族及其所建立的后金——清朝也同样是如此。

总而言之,肃慎族系各族在我国历史上的地位极其重要,作用极为突出。故重新审视这一族系有关各族的历史轨迹并正确揭示其本来的面目,不但得以为历史上中华民族多元一体理论的形成发展提供重要的学术支撑,也能够在现实生活中为增进中华民族的大团结和圆好“中国梦”做出积极的贡献。

后　记

《肃慎—女真族系研究》一书的编写,从立项制作迄今已逾八个年头,几经周折,五易其稿,终于杀青告一段落。本人因缘时会出任主编,个中的酸甜苦辣,非亲身经历难以深刻体会得到。好在这部凝聚了许多专家学者心血的新作虽然不敢说是学术精品和经典之作,却也在学术上体现了诸多的创新,尤其是充分运用最新考古资料论证了肃慎—女真族系诸族一直是以乌苏里江流域为中心的三江平原地区土生土长的原始部族,应该说还是取得了学术意义上的突破,既便于广大读者和社会各界正确了解肃慎—女真族系各族的历史脉络,也有助于人们进一步认识黑龙江、宣传黑龙江、热爱黑龙江。这里首先要感谢参与这一撰述的朋友和同人们,大家克服了许许多多难以想象的困难为本书稿的问世奠定了重要的基础;也更要诚挚地感谢所有积极关心和支持其出版的相关领导,尤其是审读专家学者的正确指导和无私帮助。

全书除绪论和结语外,分为八章:姚玉成、王乐文、梁玉多、刁丽伟、李秀莲、郝庆云、赵阿平、周喜峰分别提供各章的初稿,绪论和结语的初稿则出自石方和魏国忠,最后由魏国忠负责统稿。需要说明的是,鉴于绪论和前四章的编写难度较大,又为社会上各方面所迫切需要,故在统稿中投入了较多的时间和精力进行修改,特别是对绪论和第一章做了较大的修改和更正;第二、第四两章也做了不小的修正和补充,希望得到相关同志们的理解和谅解。至于后面的四章,因考虑到以往学术界对相关内容的研究争议不大,故除了女真族建国前的一些论述做必要的修改外,其他章节原则上大都保持了初稿的原貌而只做技术上的处理,以期做到文责自负。尽管如此,毕竟还存在着这样或那样的问题和不足,故作为全书的主编,我对这一切是都要负责和担当的;当然也由衷地希望得到方家和读者们的批评指正!

魏国忠
2017 年 3 月 29 日